世界がわかるデータブック

せかいこくせいずえ

世界国勢図会

2022/23

- 世界の国々
- 人口と都市
- 労働
- 経済成長と国民経済計算
- 資源とエネルギー
- 農林水産業
- 工業
- 貿易と国際収支
- 財政・金融・物価
- 運輸
- 情報通信・科学技術
- 諸国民の生活
- 軍備・軍縮

第33版

公益財団法人 矢野恒太記念会 編集・発行

資料を提供していただいた諸団体（50音順）

IHS Markit、IC Insights、英国国際戦略研究所（IISS）、ガートナージャパン、キャッシュレス推進協議会、国際アグリバイオ事業団、国際自動車工業連合会、国際貿易投資研究所、コンピュータエンターテインメント協会、ストックホルム国際平和研究所（SIPRI）、世界鉄鋼協会、世界半導体市場統計（WSTS）日本協議会、世界風力会議（GWEC）、電気事業連合会、電子情報技術産業協会、日本海事広報協会、日本海事センター、日本化学繊維協会、日本原子力産業協会、日本航空協会、日本自動車工業会、日本新聞協会、日本製薬工業協会、日本船主協会、日本鉄鋼連盟、日本貿易振興機構（ジェトロ）、日本ロボット工業会、BP、Futures Industry Association（FIA）、米国科学者連盟（FAS）
（株式会社、社団法人等の名称は省略しました）

世界国勢図会の版歴

1985年12月10日　初 版 発 行
1987年12月5日　第2版発行
1989年12月1日　第3版発行
1991年12月5日　第4版発行
1993年12月1日　第5版発行
1995年9月1日　第6版発行
1996年9月1日　第7版発行
1997年9月1日　第8版発行
1998年9月1日　第9版発行
1999年9月1日　第10版発行
2000年9月1日　第11版発行
2001年9月1日　第12版発行
2002年9月1日　第13版発行
2003年9月1日　第14版発行
2004年9月1日　第15版発行
2005年9月1日　第16版発行
2006年9月1日　第17版発行
2007年9月1日　第18版発行
2008年9月1日　第19版発行
2009年9月1日　第20版発行
2010年9月1日　第21版発行
2011年9月1日　第22版発行
2012年9月1日　第23版発行
2013年9月1日　第24版発行
2014年9月1日　第25版発行
2015年9月20日　第26版発行
2016年9月1日　第27版発行
2017年9月1日　第28版発行
2018年9月1日　第29版発行
2019年9月1日　第30版発行
2020年9月1日　第31版発行
2021年9月1日　第32版発行
2022年9月1日　第33版発行

まえがき

新型コロナウイルス感染症の感染拡大から２年あまりが経過しました。各国でワクチン接種が加速し、社会生活を元に戻す動きが強まっていますが、接種が十分に進んでいない途上国も多く、格差がみられます。また、コロナ禍以前から始まっていた米中対立や、コロナ禍に伴う物流の混乱などによって、経済安全保障を各国が強く意識するようになり、サプライチェーンの強靭化とともに自国中心主義や友好国間の連携が強まっています。ロシアによるウクライナ侵攻は、経済制裁やその対抗措置によって、世界の政治的・経済的分断の傾向を強めており、国際秩序の歴史的な転換点となるとの声が上がっています。すでに、エネルギーや食糧価格が高騰して、経済や国民生活への影響が広がっています。

本書は、昭和２年（1927年）に矢野恒太*が発刊した統計データブック『日本国勢図会』に掲載していた国際統計を拡充して、昭和60年（1985年）より刊行を開始しました。矢野恒太は、統計による客観的な数字こそが、社会を理解する上で最も重要であると考え、その普及に努めました。その精神を受け継ぐ本書は、国際機関などの信頼性が高いと判断した統計データを出典に、広範な分野の統計を掲載いたしました。国際統計では国別比較が難しいものもありますが、本書が日本と世界のあらましを考察する一助となれば幸いです。

刊行にあたり、ご協力いただいた方々に深く感謝の意を表します。

2022年７月

公益財団法人　矢野恒太記念会
編集長　岡田康弘

*矢野恒太（やのつねた）　慶応1.12.2～昭和26.9.23（1866.1.18～1951.9.23）
第一生命保険の創立者。保険のみならず統計、公衆衛生、社会教育など各方面に功績があった。

目　次

国際統計利用についての留意点

本書で用いた国際統計は、国際機関や各国政府あるいは業界団体などが公表した原数値、修正値、推計値などであるが、人口、GDP、貿易などがほぼ同じ基準で統計が作成されているのに対して、労働、財政、文化指標などは国によって統計の定義、分類、集計範囲が異なっている。そのため各国のデータの整合性が取れず、データの扱いには注意が必要となる。また、国際統計の多くは、毎年数値が遡って修正されるのが通例で、なかには農業生産などのように、大幅な訂正も行われている。国際統計を利用する際には、整合性が保たれていない統計が多いことに留意されて、各注釈を参照されたい。

アンケートのお願い 本書へのご意見、ご感想は、とじ込みの郵便はがきのほか、下記のウェブサイトでも受け付けております。皆様のご意見をお待ちしています。

URL： https://yanotsuneta-kinenkai.jp/q/w_zue202223.html

凡　　例

▼年次は西暦を使いました。「年度」とあるもの以外は暦年（1月から12月まで）です。「年度」は特記しない限り会計年度を指し、日本の場合はその年の4月から翌年3月までですが、国により異なります。

▼単位は原則としてメートル法によっています。重量単位tは特記しない限り、メトリック・トン（1000kg）です。

▼ドルは特記しない限り、アメリカ合衆国のドル（米ドル）です。

▼数値の単位未満は四捨五入している場合があり、合計の数値と内訳の計とが一致しない場合があります。

▼構成比（%）の内訳は、その他の項目がある場合を除き100%になるよう調整していません。

▼統計データは編集時点での最新データを使用していますが、その後訂正されることがあります。

▼ただ中国とある場合は、台湾省および香港特別行政区、マカオ特別行政区を含みません。

▼台湾、香港、マカオ、各国の属領はカッコ付きで表記しています。

統計表の記号等について

—　は皆無、または定義上該当数値がないもの

0 または0.0 は表章単位に満たないもの

…　は数値が得られないもの、不詳なもの

正誤表について　本書の訂正情報は、矢野恒太記念会のウェブサイトにてお知らせしております。

URL：https://yanotsuneta-kinenkai.jp/

各国通貨の名称と為替相場（1米ドルあたり各国通貨）（年平均）（2021年）

	ISOコード	年平均
アジア		
日本（円）	JPY	109.75
アラブ首長国連邦(ディルハム)	AED	3.67
イスラエル(新シェケル)	ILS	3.23
イラン（リアル）	IRR	42 000.00
インド（ルピー）	INR	73.92
インドネシア(ルピア)	IDR	14 308.14
カザフスタン(テンゲ)	KZT	425.91
韓国（ウォン）	KRW	1 143.95
カンボジア(リエル)	KHR	4 098.72
サウジアラビア(リヤル)	SAR	3.75
シンガポール(ドル)	SGD	1.34
スリランカ(ルピー)[1]	LKR	185.59
タイ(バーツ)	THB	31.98
(台湾)(ドル)	TWD	28.02
中国（人民元）	CNY	6.45
トルコ（リラ）	TRY	8.85
ネパール(ルピー)	NPR	118.13
パキスタン(ルピー)	PKR	162.91
バングラデシュ(タカ)	BDT	85.08
フィリピン(ペソ)	PHP	49.25
ベトナム（ドン）	VND	23 159.78
(香港)(ドル)	HKD	7.77
マレーシア(リンギット)	MYR	4.14
ミャンマー(チャット)[1]	MMK	1 381.62
モンゴル(トグログ)	MNT	2 849.29
ラオス（キープ）	LAK	9 697.92
アフリカ		
アルジェリア(ディナール)	DZD	135.06
アンゴラ(クワンザ)	AOA	631.44
エジプト(ポンド)	EGP	15.64
ガーナ（セディ）	GHS	5.81
ガボン（フラン）	XAF	554.53
ケニア(シリング)	KES	109.64
コートジボワール(フラン)	XOF	554.53
スーダン(ポンド)[1]	SDG	54.00
タンザニア(シリング)	TZS	2 297.76
チュニジア(ディナール)	TND	2.79
ナイジェリア(ナイラ)[1]	NGN	358.81
南アフリカ共和国(ランド)	ZAR	14.78
アフリカ（続き）		
モロッコ(ディルハム)	MAD	8.99
ヨーロッパ		
アイスランド(クローナ)	ISK	126.99
イギリス(ポンド)	GBP	0.73
ウクライナ(フリヴニャ)	UAH	27.29
クロアチア(クーナ)	HRK	6.36
スイス（フラン）	CHF	0.91
スウェーデン(クローナ)	SEK	8.58
チェコ（コルナ）	CZK	21.68
デンマーク(クローネ)	DKK	6.29
ノルウェー(クローネ)	NOK	8.59
ハンガリー(フォリント)	HUF	303.14
ブルガリア(レフ)	BGN	1.65
ベラルーシ(新ルーブル)	BYN	2.54
ポーランド(ズロチ)	PLN	3.86
ルーマニア(レイ)	RON	4.16
ロシア(ルーブル)	RUB	73.65
ユーロ圏(ユーロ)[2]	EUR	0.85
北中アメリカ		
アメリカ合衆国(ドル)[3]	USD	(1.18)
カナダ（ドル）	CAD	1.25
グアテマラ(ケツァル)	GTQ	7.73
コスタリカ(コロン)	CRC	620.78
ドミニカ共和国(ペソ)	DOP	57.22
メキシコ（ペソ）	MXN	20.27
南アメリカ		
アルゼンチン(ペソ)	ARS	94.99
ウルグアイ(ペソ)	UYU	43.55
コロンビア(ペソ)	COP	3 743.59
スリナム（ドル）	SRD	18.24
チリ（ペソ）	CLP	758.96
パラグアイ(グアラニ)	PYG	6 774.16
ブラジル(レアル)	BRL	5.39
ペルー（新ソル）	PEN	3.88
ボリビア(ボリビアノス)	BOB	6.91
オセアニア		
オーストラリア(ドル)	AUD	1.33
ニュージーランド(ドル)	NZD	1.41
フィジー（ドル）	FJD	2.07

IMF Data, "International Financial Statistics" およびISO（国際標準化機構）資料（いずれも2022年5月20日閲覧）より作成。1）2020年。2）参加国は、オーストリア、ベルギー、キプロス、エストニア、フィンランド、フランス、ドイツ、ギリシャ、アイルランド、イタリア、ルクセンブルク、マルタ、オランダ、ポルトガル、スロバキア、スロベニア、スペイン、リトアニア、ラトビアの19か国（2022年5月現在）。3）1ユーロあたり。

特集　新型コロナウイルス感染症

2019年12月に中国で初めて確認された新型コロナウイルス感染症（COVID-19）は、急速な勢いで世界的に拡大し、2020年1月30日にWHO（世界保健機関）が「国際的な緊急事態」を宣言した。以降、感染拡大予防のために人々の移動は制限され、生活様式は大きく変容した。経済面では、2020年の世界経済成長率（実質GDP成長率）が前年比−3.1%と落ち込み、アメリカ合衆国は−3.4%、EU（ヨーロッパ連合）は−5.9%、日本は−4.5%であった（IMF経済見通し）。感染流行から2年以上が経過した2022年は、ワクチン接種等によりコロナとの共生が進み、経済活動や日常生活が徐々に元に戻りつつある。

2022年6月末現在、世界の累計感染者数は5億4750万人で、死者数は634万人である（オックスフォード大学の「Our World in Data」より）。ワクチン接種回数は120億回を超え、重症者数や死者数を減らしてきた。しかし、経済力に劣る途上国での接種率は依然として低く、WHOによると、高所得国では80%の人々が接種を受けているのに対し、低所得国では16%が1回のワクチン接種を受けているに過ぎない。ワクチンへのアクセス不均衡を解消するため2020年に設立された「COVAX（コバックス）ファシリティ」は、途上国への支援を先進国に呼び掛け、2022年4月に開催されたCOVAXワクチン・サミットでは、各国政府および民間セクターから多くの追加の資金拠出が表明された。現在、すべての国で70%の接種が目標となっている。さらに途上国でのワクチン接種が進み、新たな武器となる治療薬が普及することが期待されている。

新型コロナの感染者数と死者数（累計）（2022年6月30日現在）

	感染者数（万人）	万人あたり（人）	死者数（万人）	万人あたり（人）	ワクチン接種回数（百万回）	百人あたり（回）
高所得国……	32 246	2 654	244.8	20.2	2 505	206
高位中所得国…	13 177	524	253.3	10.1	5 227	208
低位中所得国…	9 139	274	131.1	3.9	4 186	126
低所得国……	186	28	4.3	0.7	188	28
世界計…… 1)	**54 750**	695	**633.6**	8.0	**12 106**	154
（国別）						
アメリカ合衆国	8 763	2 632	101.7	30.6	2) 596	2) 180
インド……	4 347	312	52.5	3.8	1 975	142
ブラジル……	3 236	1 512	67.1	31.4	455	213
フランス……	3 114	4 619	15.0	22.2	146	217
ドイツ……	2 829	3 372	14.1	16.8	183	218
イギリス……	2 280	3 343	18.1	26.5	3) 149	3) 219
イタリア……	1 852	3 068	16.8	27.9	138	229
日本……	932	739	3.1	2.5	285	226
中国……	89	6	0.5	0.0	3 403	236

Our World in Data（2022年7月6日閲覧）より作成。1）ダイヤモンド・プリンセスやその他の国際運輸を含む。2）6月28日のデータ。3）6月22日のデータ。

第1章　世界の国々

2020年に本格化したコロナ禍以降、世界の混乱が続いている。2022年には、新型コロナウイルスの変異株であるオミクロン株による感染拡大や、ロシアのウクライナ侵攻などの複合的な要因により、サプライチェーン（供給網）の混乱、食料や肥料価格の高騰、エネルギー供給ひっ迫などが世界規模で起きている。コロナ感染症に関しては、世界規模でワクチン接種が普及したことで、コロナ禍から脱する道筋が見えてきた。人々の日常生活や、世界の経済活動も徐々に正常化に向かっている。しかし感染終息にはほど遠く、6月末には感染力がより強いとされるオミクロン株の新系統が確認されて、新規感染者数が増加している。

2022年2月24日、核兵器を持つ軍事大国ロシアがウクライナに侵攻を開始し、冷戦終結以降続いた現在の国際秩序が揺らいでいる。ウクライナでは多くの民間人が犠牲となっており、ロシアの戦争犯罪を追及する声も出ている。しかし、途上国を中心に多くの国はロシアのウクライナ侵攻に対して中立の立場を保っており、ロシアへの非難決議のために3月に召集された国連総会の緊急特別会合では、141か国が賛成する一方で、ロシア、ベラルーシ、北朝鮮、シリア、エリトリアの5か国が反対し、棄権したのは中国やインドを始め、カザフスタン、タジキスタン、イラン、イラク、パキスタン、バングラデシュ、スリランカ、ベトナム、

世界の国・地域（2022年6月末現在）　2022年6月末現在、日本が承認している独立国の数は195か国で、北朝鮮については未承認。最近では、クック諸島（2011年3月25日）、南スーダン共和国（2011年7月9日）、ニウエ（2015年5月15日）を新しく承認した。北朝鮮と日本を含めた世界の国の数は197か国となる（日本政府は、北朝鮮を含まない196か国を世界の国の数としている）。国連加盟国は193か国で、北朝鮮は国連に加盟しており、日本の承認国のうちバチカン、コソボ、クック諸島、ニウエは未加盟となっている。パレスチナは、2012年11月、国連のオブザーバー国家に格上げされ、2022年6月現在で139か国が承認している。台湾と国交を結んでいるのは、2022年6月現在、14か国である（2021年12月、ニカラグアが外交関係を解除）。

アルジェリア、南アフリカ共和国など35か国に及んだ。中国は、ロシアへの軍事支援の可能性は否定しているが、欧米諸国や日本などによる強力な経済制裁には反対しており、ロシアとの通常の貿易や経済活動を継続する方針を示している。インドはロシアから大量の武器供与を受けており、ロシアを正面から非難することが難しい。このほか、食料や兵器などでロシアに依存する国も多く、特に中東・アフリカ地域の国々は、ロシアに対する非難表明に消極的な姿勢である。

一方、アメリカ合衆国、イギリスやフランス、ドイツなどの西側諸国は、ウクライナを支援し武器供与を行っている。さらに、西側諸国に加

ロシアのウクライナ侵攻と停戦交渉の行方

2022年２月24日、ロシアがウクライナに侵攻を開始した。プーチン大統領は同日のテレビ演説で、隣国ウクライナがNATO（北大西洋条約機構）加入を目指すことはロシアにとっての脅威であると訴え、「特別軍事作戦」の正統性を主張した。ロシアは侵攻直前に、2014年にウクライナからの独立を宣言した東部のドネツク州とルハンスク州を独立国家として承認しており、作戦の目的は、当地域のロシア系住民の保護であると説明している。ウクライナの占領は計画に含まれないと述べたが、侵攻当初のロシア軍は、ウクライナの首都キーウなどを攻撃目標としており、プーチン大統領の当初の狙いはゼレンスキー政権の転覆と傀儡政権の樹立とみられる。

ウクライナは、ロシアの攻撃に対して激しく抵抗している。ゼレンスキー大統領は24日に非常事態宣言を発令し、ビデオ声明で、解放まで戦うことを表明した。以降、ウクライナ軍は欧米からの軍事支援を受けながら反撃を続け、４月初頭には、キーウ州全域をロシア軍から奪回した。６月現在、ロシア軍の攻撃は南部と東部地域に集中しており、穀物などの輸出のために重要な黒海の輸送路がロシア軍に閉鎖された状態である。

ロシアとウクライナ両国は、侵攻開始直後より継続的に停戦交渉を行っている。ウクライナは即時停戦やロシア軍の完全撤退を要求し、ロシアはウクライナの中立化や非武装化を求める。３月29日に行われた第４回交渉では、ウクライナがNATO加盟断念を示し、ロシアがウクライナのゼレンスキー現政権の体制転換を求めないといった譲歩が見られた。しかしロシアは、クリミア半島のロシア併合や、「ドネツク人民共和国」と「ルハンスク人民共和国」の独立承認を求めており、ウクライナはこれらを断固として拒否している。仲介国トルコは５回目の交渉開催を呼びかけており、停戦実現には両国のさらなる譲歩が必要である。

えて日本を含めた各国は、ロシアに対する経済制裁を強めている。経済制裁の主な目的は、ロシアを経済面で弱体化させて戦争継続を困難にさせることであり、ロシアの外貨資産を凍結し、国際決済システム「国際銀行間通信協会（SWIFT)」からロシアの主要銀行を排除した。貿易では、ロシアの最恵国待遇を取り消し、半導体などの重要製品輸出を禁止するほか、ロシア特産品の輸入停止や天然ガス・原油の輸入削減を進めている。しかし、天然ガスや原油の価格が急激に上昇して各国に影響が広がっているほか、中国やインドがロシア産原油の輸入を急増させている。さらに、ロシアは「非友好国」に対して天然ガス代金のルーブル建てでの支払いを要求し、それに従わないポーランド、オランダ、ブルガリアへの供給を停止するなど、エネルギーで各国に圧力をかけている。

ナイル川ダムが生み出す国際間対立

2022年2月、アフリカの角に位置する内陸国エチオピアは、ナイル川上流の「グランド・エチオピア・ルネサンス・ダム（GERD)」の発電を開始した。このアフリカ最大級の水力発電用ダムは、全長1.8キロメートルで、ナイル川をせき止める貯水池は740億立方メートルと巨大である。このダムは2011年に着工され、急速な経済成長を続けるエチオピアにとって最重要プロジェクトであった。エチオピアは、人口が約1億2000万人（2021年推計）で、人口の中央年齢が18.5歳と若い大国である。現在、深刻な電力不足が生じており、日常的に電力を利用できるのは国民の半数程度にすぎない（440ページ、表12-14参照)。今後、人口はさらに増加すると予想され、電力需要に対応していくことが急務であった。

国際河川のナイル川は、流域国が10か国に及び、各国にとって農業や生活・工業用水などに欠かせない資源である。下流に位置するエジプトとスーダンは、エチオピアの巨大ダム建設によって水量が減少することを懸念し、アフリカ連合（AU）などの仲介の下で3か国協議を続けてきた。2015年には、エチオピアに対してダムの建設を認めるかわりに、下流国の水利用に支障がないようにダムを運用することで合意している。しかし、注水ペースおよび貯水量などについての具体的な話し合いには至っておらず、エチオピアはダム運用を自国の権利と主張して、貯水を行い、発電を開始した。このエチオピアの一方的な行為にエジプトとスーダンは反発を強め、大規模な共同軍事演習を実施するなど強硬な姿勢を示している。今後、水をめぐっての対立が激化することが懸念されている。

ドイツやイタリアは、パイプライン経由でのロシア産天然ガスの依存度が高く、禁輸の徹底は困難であるほか、この影響で石炭火力発電の依存度を引き上げる方針で、地球温暖化対策が後退する事態となっている。日本は、原則としてロシアからのエネルギー依存を低下させることを明言しているが、ロシアと進めている石油・天然ガス資源開発事業サハリン1、2の権限に関しては、権益を維持する方針である。

小麦などの穀物は、世界有数の生産国であるロシアとウクライナからの供給量が激減しており、価格が上昇している。さらに、肥料価格も高騰している。その影響は経済基盤がぜい弱な貧しい国々に広がっており、特にアフリカや中東地域では、ウクライナ産の小麦の輸入が滞り、深刻な食料危機に陥っている。国連は2022年6月8日、途上国など世界94か国の16億人が、食料、エネルギー、金融などの分野のいずれかで、深刻

国民の2割が海外へ避難するベネズエラ

経済・財政が破たんしている南米ベネズエラから、2021年末現在、人口の2割以上にあたる697万人が安全を求めて海外に避難している。UNHCR（国連難民高等弁務官事務所）および地域内関連機関調整プラットフォーム（ベネズエラ難民・移民対応：R4V）の報告によると、避難先のほとんどが近隣国で、隣国コロンビアに180万人、ペルーに68万人、エクアドルに36万人などである。また、ベネズエラ国内に残る人々は800万人以上が失業者で、仕事に就いている人も多くは貧困層である。

世界有数の原油埋蔵国であるベネズエラに経済崩壊をもたらしたのは、1999年よりチャベス前大統領が進めてきた貧者救済政策と（現在のマドゥロ大統領も継続）、2014年の原油価格暴落である。政府が市場価格を統制し、民間企業の国営化を進めたことなどによって、経済成長に必要な競争原理が失われ、汚職がまん延し、国内産業は衰えていった。約20年間で人々の生活は困窮し、多くの子どもたちは重度の栄養失調となっている。

ロシアのウクライナ侵攻に関して、マドゥロ政権は対ロ制裁に参加しないことを表明しており、アメリカ合衆国から同様に経済制裁を受けているロシアやイランに協力関係を呼びかけている。一方、ヨーロッパ諸国がロシア産原油への依存度を下げていることから、米政府はベネズエラへの経済制裁を緩和し、ベネズエラ産原油の一部を債務の返済という形でヨーロッパに出荷することを認めた。しかし、米国内ではマドゥロ政権への歩み寄りに反発する声も大きく、制裁緩和の先行きは見通せない状況である。

な危機にさらされているとの報告書を発表した。

このような状況下で、中国の存在感がさらに強くなっている。コロナ対策では、ダイナミック・ゼロコロナ政策を掲げて強硬な国内統制を行い、経済活動再開の時期を早めた（ただし、2022年春には上海などで事実上のロックダウンを実施）。対外的には、中国主導の「一帯一路」経済圏構想の下、発展途上国を中心に鉄道や港湾などのインフラ開発が進んでいる。その一方で、中国への債務を抱えて、鉱物資源の開発権などを中国に譲渡する事例も増えていることが報道されている。

ロシアがウクライナ侵攻を開始してから4か月以上が経過し、経済基盤がぜい弱な国々に対する支援が一層必要となる中で、これまでの国際秩序や安全保障体制は大きな転換点を迎えている。ロシアと中国は戦略的協力関係を深め、欧米を中心とする民主主義を基盤とする国際協力体制に対抗していく姿勢である。アメリカ合衆国は、中国と対抗するため、新たな経済連携「IPEF（インド太平洋経済枠組み）」を立ち上げる。デジタル貿易や有事に対応できるサプライチェーンの構築、新興国への低利融資、温暖化ガス排出削減に向けてのクリーンエネルギー開発、税逃れや汚職防止などが柱であり、アメリカの主導力が試される。

図 1-1　世界銀行の分類による面積、人口、GNIの分布（2020年）

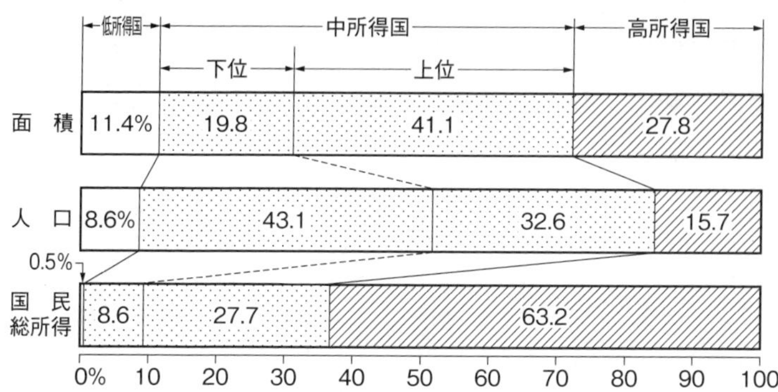

世界銀行“World Development Indicators”より作成。ほかの図表とは資料が異なるので注意。世界銀行は、アトラス方式を用いて計算された1人あたり国民総所得（GNI）によって便宜的な所得による分類を毎年行っている。2020年の1人あたりGNIは、低所得国が1045ドル以下、中所得国のうち下位が1046～4095ドル、中所得国上位が4096～12695ドル、高所得国は12696ドル以上。

表 1-1　独立国・その他の地域の一覧表

国　名	面積 (千km^2) (2020年)	人口 (千人) (2021年)	人口密度 (1 km^2あたり 人)	首　都
アジア				
日本国	378	125 502	[1] 336	東京
アゼルバイジャン共和国	87	10 313	119	バクー
アフガニスタン・イスラム共和国	653	40 099	61	カブール
アラブ首長国連邦	[2] 71	9 365	132	アブダビ
アルメニア共和国	30	2 791	94	エレバン
イエメン共和国	528	32 982	62	サヌア
イスラエル国[4]	22	8 900	403	エルサレム[4]
イラク共和国	435	43 534	100	バグダッド
イラン・イスラム共和国	1 631	87 923	54	テヘラン
インド共和国[5]	3 287	1 407 564	428	ニューデリー
インドネシア共和国	1 911	273 753	143	ジャカルタ[7]
ウズベキスタン共和国	449	34 081	76	タシケント
オマーン国	310	4 520	15	マスカット
カザフスタン共和国	2 725	19 196	7	ヌルスルタン[8]
カタール国	12	2 688	231	ドーハ
カンボジア王国	181	16 589	92	プノンペン
キプロス共和国[9]	9.3	1 244	134	ニコシア
キルギス共和国	200	6 528	33	ビシュケク
クウェート国	18	4 250	239	クウェート
サウジアラビア王国	2 207	35 950	16	リヤド
ジョージア	70	3 758	54	トビリシ
シリア・アラブ共和国	185	21 324	115	ダマスカス
シンガポール共和国	0.7	5 941	8 161	なし(都市国家)
スリランカ民主社会主義共和国	66	21 773	332	スリ・ジャヤワルダナプラ・コッテ
タイ王国	513	71 601	140	バンコク
大韓民国（韓国）	100	51 830	516	ソウル
タジキスタン共和国	141	9 750	69	ドゥシャンベ
中華人民共和国[11]	9 600	1 425 893	149	ペキン（北京）
トルクメニスタン	488	6 342	13	アシガバット
トルコ共和国	784	84 775	108	アンカラ
ネパール	147	30 035	204	カトマンズ
バーレーン王国	0.8	1 463	1 880	マナーマ
パキスタン・イスラム共和国[12]	796	231 402	291	イスラマバード
バングラデシュ人民共和国	148	169 356	1 141	ダッカ
東ティモール民主共和国	15	1 321	89	ディリ
フィリピン共和国	300	113 880	380	マニラ
ブータン王国	38	777	20	ティンプー
ブルネイ・ダルサラーム国	5.8	445	77	バンダル・スリ・ブガワン
ベトナム社会主義共和国	331	97 468	294	ハノイ

主要言語	独立年月	国内総生産（百万ドル）（2020年）	1人あたりGNI（ドル）（2020年）	貿易額（百万ドル）（2021年） 輸出	輸入
日本語	—	5 057 759	40 770	756 032	768 976
アゼルバイジャン語	1991. 8	42 607	4 177	21 697	11 556
ダリー語、パシュトゥー語	—	19 793	513	1 007	5 042
アラビア語	1971.12	358 869	36 128	425 042	319 410
アルメニア語	1991. 9	12 641	4 341	3 023	5 357
アラビア語	3)	27 958	932	1 871	10 878
ヘブライ語、アラビア語	1948. 5	407 101	46 554	59 429	90 174
アラビア語、クルド語	—	166 757	4 101	62 324	45 979
ペルシャ語、トルコ語	—	939 316	10 558	72 345	48 977
ヒンディー語[6)]	1947. 8	2 664 749	1 910	395 408	572 520
インドネシア語	1945. 8	1 058 424	3 765	229 850	196 041
ウズベク語、ロシア語	1991. 8	57 707	1 750	14 063	23 724
アラビア語	—	63 368	11 784	53 671	22 088
カザフ語、ロシア語	1991.12	171 082	7 959	60 625	41 171
アラビア語	1971. 9	146 401	49 755	86 675	27 897
カンボジア語	1953.11	25 291	1 425	17 971	28 027
ギリシャ語、トルコ語	1960. 8	24 612	26 506	3 778	10 093
キルギス語、ロシア語	1991. 8	7 736	1 082	1 659	5 570
アラビア語	1961. 6	105 949	26 772	71 436	33 180
アラビア語	—	700 118	20 306	258 400	155 006
ジョージア語	1991. 4	15 892	3 795	4 242	10 073
アラビア語	1946. 4	15 572	959	900	5 600
マレー語、英語[10)]	1965. 8	339 988	51 011	457 357	406 226
シンハラ語、タミル語、英語	1948. 2	80 677	3 666	12 502	20 637
タイ語	—	501 795	6 988	271 174	267 600
韓国語	1948. 8	1 637 896	32 193	644 400	615 093
タジク語、ロシア語	1991. 9	7 997	973	1 967	4 468
中国語	—	14 722 801	10 160	3 363 959	2 687 529
トルクメン語、ロシア語	1991.10	42 845	7 123	7 815	4 177
トルコ語	—	720 098	8 435	225 291	271 424
ネパール語	—	33 079	1 149	1 979	18 623
アラビア語	1971. 8	33 904	18 803	23 230	14 188
ウルドゥー語、英語	1947. 8	257 829	1 250	28 320	72 533
ベンガル語	1971.12	329 484	2 097	44 223	80 874
テトゥン語、ポルトガル語	2002. 5	1 902	1 807	616	873
フィリピノ語、英語	1946. 7	361 489	3 553	74 609	123 884
ゾンカ語	—	2 483	2 945	886	1 020
マレー語、英語	1984. 1	12 003	28 622	11 065	8 282
ベトナム語	13)	271 158	2 624	335 929	331 582

国　名	面積（千km²）（2020年）	人口（千人）（2021年）	人口密度（1km²あたり 人）	首　都
マレーシア…………	331	33 574	102	クアラルンプール
ミャンマー連邦共和国‥	677	53 798	80	ネーピードー
モルディブ共和国……	0.3	521	1 738	マレ
モンゴル国…………	1 564	3 348	2	ウランバートル
ヨルダン・ハシェミット王国[14]	89	11 148	125	アンマン
ラオス人民民主共和国‥	237	7 425	31	ビエンチャン
レバノン共和国………	10	5 593	535	ベイルート
アフリカ				
アルジェリア民主人民共和国	2 382	44 178	19	アルジェ
アンゴラ共和国………	1 247	34 504	28	ルアンダ
ウガンダ共和国………	242	45 854	190	カンパラ
エジプト・アラブ共和国	1 002	109 262	109	カイロ[15]
エスワティニ王国…… [16]	17	1 192	69	ムババーネ
エチオピア連邦民主共和国	1 104	120 283	109	アディスアベバ
エリトリア国…………	121	3 620	30	アスマラ
ガーナ共和国…………	239	32 833	138	アクラ
カーボベルデ共和国……	4.0	588	146	プライア
ガボン共和国…………	268	2 341	9	リーブルビル
カメルーン共和国……	476	27 199	57	ヤウンデ
ガンビア共和国………	11	2 640	234	バンジュール
ギニア共和国…………	246	13 532	55	コナクリ
ギニアビサウ共和国……	36	2 061	57	ビサウ
ケニア共和国…………	592	53 006	90	ナイロビ
コートジボワール共和国	322	27 478	85	ヤムスクロ[17]
コモロ連合…………	2.2	822	368	モロニ
コンゴ共和国…………	342	5 836	17	ブラザビル
コンゴ民主共和国……	2 345	95 894	41	キンシャサ
サントメ・プリンシペ民主共和国………	1.0	223	231	サントメ
ザンビア共和国………	753	19 473	26	ルサカ
シエラレオネ共和国……	72	8 421	116	フリータウン
ジブチ共和国…………	23	1 106	48	ジブチ
ジンバブエ共和国……	391	15 994	41	ハラレ
スーダン共和国…… [18]	1 880	45 657	24	ハルツーム
セーシェル共和国……	0.5	106	233	ビクトリア
赤道ギニア共和国……	28	1 634	58	マラボ
セネガル共和国………	197	16 877	86	ダカール
ソマリア連邦共和国……	638	17 066	27	モガディシュ
タンザニア連合共和国‥	947	63 588	67	ドドマ[20]
チャド共和国…………	1 284	17 180	13	ウンジャメナ
中央アフリカ共和国……	623	5 457	9	バンギ
チュニジア共和国……	164	12 263	75	チュニス
トーゴ共和国…………	57	8 645	152	ロメ

主要言語	独立年月	国内総生産（百万ドル）（2020年）	1人あたりGNI（ドル）（2020年）	貿易額（百万ドル）（2021年）	
				輸出	輸入
マレー語、中国語、英語	1957. 8	336 664	10 209	299 028	237 980
ミャンマー語	1948. 1	70 284	1 253	15 449	14 694
ディベヒ語	1965. 7	3 743	6 459	285	2 574
モンゴル語、カザフ語	—	13 137	3 621	9 247	6 849
アラビア語、英語	1946. 5	43 697	4 283	9 375	21 654
ラオス語	1953.10	19 082	2 500	7 620	6 531
アラビア語、仏語、英語	1943.11	63 546	9 058	4 274	14 982
アラビア語、ベルベル語、仏語	1962. 7	147 689	3 291	36 700	36 000
ポルトガル語	1975.11	62 307	1 738	33 337	12 777
英語、スワヒリ語	1962.10	38 702	832	4 200	8 745
アラビア語	—	369 309	3 496	36 420	66 558
英語、スワティ語	1968. 9	3 835	3 130	2 260	1 930
アムハラ語、英語	—	96 611	836	4 011	15 719
ティグリニャ語、アラビア語	1993. 5	2 084	581	600	1 158
英語	1957. 3	68 532	2 158	17 000	15 804
ポルトガル語、クレオール語	1975. 7	1 704	2 999	54	800
仏語	1960. 8	15 111	6 315	6 323	2 912
仏語、英語	1960. 1	39 881	1 480	4 115	5 670
英語、マンディンゴ語	1965. 2	1 830	743	33	691
仏語、各民族語	1958.10	15 490	1 079	10 440	4 086
ポルトガル語	1973. 9	1 315	680	308	378
スワヒリ語、英語	1963.12	101 014	1 847	6 739	19 559
仏語、各民族語	1960. 8	61 143	2 251	15 333	14 007
仏語、アラビア語、コモロ語	1975. 7	1 235	1 430	38	324
仏語、リンガラ語	1960. 8	10 100	1 566	6 970	2 302
仏語、キコンゴ語	1960. 6	45 308	497	19 900	9 600
ポルトガル語	1975. 7	476	2 168	19	146
英語、ベンバ語	1964.10	18 111	968	11 100	7 094
英語、クリオ語、メンデ語	1961. 4	3 787	465	663	1 791
アラビア語、仏語	1977. 6	3 423	3 367	3 282	3 968
英語、ショナ語、ンデベレ語	1980. 4	21 787	1 442	5 921	7 502
アラビア語、英語	1956. 1	62 057	1 323	4 300	9 042
英語、仏語、クレオール語	1976. 6	1 059	10 589	414	1 105
スペイン語、仏語	1968.10	10 022	6 401	5 100	1 928
仏語、ウォロフ語	1960. 4	24 412	1 417	5 091	9 736
ソマリ語、アラビア語[19]	1960. 7	1 873	117	…	…
スワヒリ語、英語	1961.12	[21] 64 740	[21] 1 100	6 354	9 968
仏語、アラビア語	1960. 8	11 154	669	2 560	1 207
サンゴ語、仏語	1960. 8	2 323	513	162	590
アラビア語、仏語	1956. 3	39 218	3 230	16 689	22 488
仏語	1960. 4	7 146	874	1 040	2 340

国　名	面積 (千km²) (2020年)	人口 (千人) (2021年)	人口密度 (1km²あたり　人)	首　都
ナイジェリア連邦共和国	924	213 401	231	アブジャ
ナミビア共和国	825	2 530	3	ウィントフック
ニジェール共和国	1 267	25 253	20	ニアメ
ブルキナファソ	274	22 101	81	ワガドゥグ
ブルンジ共和国	28	12 551	451	ブジュンブラ[22)]
ベナン共和国	115	12 997	113	ポルトノボ
ボツワナ共和国	582	2 588	4	ハボロネ
マダガスカル共和国	587	28 916	49	アンタナナリボ
マラウイ共和国	118	19 890	169	リロングウェ
マリ共和国	1 240	21 905	18	バマコ
南アフリカ共和国	1 221	59 392	49	プレトリア
南スーダン共和国[18)]	640	10 748	17	ジュバ
モーリシャス共和国	2.0	1 299	656	ポートルイス
モーリタニア・イスラム共和国	1 031	4 615	4	ヌアクショット
モザンビーク共和国	799	32 077	40	マプト
モロッコ王国	447	37 077	83	ラバト
リビア	1 676	6 735	4	トリポリ
リベリア共和国	111	5 193	47	モンロビア
ルワンダ共和国	26	13 462	511	キガリ
レソト王国	30	2 281	75	マセル
ヨーロッパ				
アイスランド共和国	103	370	4	レイキャビク
アイルランド	70	4 987	71	ダブリン
アルバニア共和国	29	2 855	99	ティラナ
アンドラ公国	0.5	79	169	アンドラ・ラ・ベリャ
イタリア共和国	302	59 240	196	ローマ
ウクライナ	604	43 531	72	キーウ[23)]
エストニア共和国	45	1 329	29	タリン
オーストリア共和国	84	8 922	106	ウィーン
オランダ王国	42	17 502	421	アムステルダム
北マケドニア共和国[25)]	26	2 103	82	スコピエ
ギリシャ共和国	132	10 445	79	アテネ
グレートブリテン及び北アイルランド連合王国（英国）	242	67 281	277	ロンドン
クロアチア共和国	57	4 060	72	ザグレブ
コソボ共和国(国連未加盟)[26)]	11	1 662	152	プリシュティナ
サンマリノ共和国	0.06	34	553	サンマリノ
スイス連邦	41	8 691	210	ベルン
スウェーデン王国	439	10 467	24	ストックホルム
スペイン王国	506	47 487	94	マドリード
スロバキア共和国	49	5 448	111	ブラチスラバ
スロベニア共和国	20	2 119	105	リュブリャナ
セルビア共和国[27)]	77	7 297	94	ベオグラード

主要言語	独立年月	国内総生産（百万ドル）（2020年）	1人あたりGNI（ドル）（2020年）	貿易額（百万ドル）（2021年）	
				輸出	輸入
英語、ハウサ語	1960.10	429 899	1 946	46 117	74 701
英語、アフリカーンス語	1990. 3	10 710	4 144	6 642	8 146
仏語、ハウサ語	1960. 8	13 741	560	1 229	2 684
仏語	1960. 8	17 369	803	4 797	4 916
仏語、キルンジ語	1962. 7	3 399	287	103	1 074
仏語	1960. 8	15 205	1 241	3 684	4 678
英語、ツワナ語	1966. 9	15 782	6 202	7 095	8 308
マダガスカル語、仏語	1960. 6	13 008	453	2 742	4 374
チェワ語、英語	1964. 7	11 762	605	874	3 073
仏語、バンバラ語	1960. 9	17 332	824	5 015	6 530
英語、アフリカーンス語	—	302 141	4 999	123 572	113 989
英語、アラビア語、部族語	2011. 7	15 903	1 367	…	…
英語、仏語、クレオール語	1968. 3	10 921	8 719	1 964	5 142
アラビア語、仏語	1960.11	7 916	1 681	3 509	3 557
ポルトガル語	1975. 6	14 029	440	5 579	8 621
アラビア語、ベルベル語	1956. 3	114 724	3 062	35 843	58 034
アラビア語	1951.12	29 153	4 399	25 697	16 352
英語、各部族語	—	2 481	431	760	1 091
ルワンダ語、英語、仏語	1962. 7	10 332	779	1 251	2 894
英語、ソト語	1966.10	2 273	1 171	1 052	2 098
アイスランド語	1944. 6	21 718	65 230	5 957	7 826
アイルランド語、英語	—	425 889	65 633	190 157	118 620
アルバニア語	—	14 910	5 091	3 559	7 718
カタルーニャ語、仏語	1993. 3	2 864	37 072	148	1 823
イタリア語	—	1 888 709	31 622	610 285	550 388
ウクライナ語、ロシア語	1991. 8	[24]155 582	[24] 3 665	68 075	72 527
エストニア語	1991. 9	30 650	22 893	21 521	23 589
独語	—	433 258	48 051	202 081	218 714
オランダ語	—	913 865	52 406	835 994	757 074
マケドニア語、アルバニア語	1991. 9	12 264	5 614	7 516	10 300
現代ギリシャ語	—	188 835	18 040	47 124	75 787
英語	—	2 764 198	40 114	468 055	694 397
クロアチア語	1991. 6	57 204	13 910	22 662	34 349
アルバニア語、セルビア語	2008. 2	7 734	4 467	…	…
イタリア語	—	1 555	40 801	…	…
独語、仏語	—	752 248	83 803	379 885	322 641
スウェーデン語	—	541 064	55 191	189 654	186 650
スペイン語	—	1 281 485	27 570	384 459	418 210
スロバキア語	1993. 1	105 173	19 048	103 620	103 579
スロベニア語	1991. 6	53 590	25 582	56 950	57 510
セルビア語	1992. 4	53 335	7 420	25 564	33 797

国　名	面積（千km²）（2020年）	人口（千人）（2021年）	人口密度（1km²あたり　人）	首　都
チェコ共和国…………	79	10 511	133	プラハ
デンマーク王国………	43	5 854	136	コペンハーゲン
ドイツ連邦共和国……	358	83 409	233	ベルリン
ノルウェー王国………	324	5 403	17	オスロ
バチカン（国連未加盟）・	0.0004	0.5	1 161	なし(都市国家の一種)
ハンガリー……………	93	9 710	104	ブダペスト
フィンランド共和国……	337	5 536	16	ヘルシンキ
フランス共和国………	552	64 531	117	パリ
ブルガリア共和国……	110	6 886	62	ソフィア
ベラルーシ共和国……	208	9 578	46	ミンスク
ベルギー王国…………	31	11 611	380	ブリュッセル
ポーランド共和国……	313	38 308	123	ワルシャワ
ボスニア・ヘルツェゴビナ	51	3 271	64	サラエボ
ポルトガル共和国……	92	10 290	112	リスボン
マルタ共和国…………	0.3	527	1 670	バレッタ
モナコ公国……………	0.002	37	18 343	モナコ
モルドバ共和国………	34	3 062	90	キシナウ[28)]
モンテネグロ…………	14	628	45	ポドゴリツァ
ラトビア共和国………	65	1 874	29	リガ
リトアニア共和国……	65	2 787	43	ビリニュス
リヒテンシュタイン公国	0.2	39	244	ファドーツ
ルーマニア……………	238	19 329	81	ブカレスト
ルクセンブルク大公国‥	2.6	639	247	ルクセンブルク
ロシア連邦……………	17 098	145 103	8	モスクワ
北中アメリカ				
アメリカ合衆国（米国）	9 834	336 998	34	ワシントンD.C.
アンティグア・バーブーダ	0.4	93	211	セントジョンズ
エルサルバドル共和国‥	21	6 314	300	サンサルバドル
カナダ…………………	9 985	38 155	4	オタワ
キューバ共和国………	110	11 256	102	ハバナ
グアテマラ共和国……	109	17 608	162	グアテマラ市
グレナダ………………	0.3	125	361	セントジョージズ
コスタリカ共和国……	51	5 154	101	サンホセ
ジャマイカ……………	11	2 828	257	キングストン
セントクリストファー・ネービス…………[29)]	0.3	48	182	バセテール
セントビンセント及びグレナディーン諸島‥	0.4	104	268	キングスタウン
セントルシア…………	0.6	180	291	カストリーズ
ドミニカ共和国………	49	11 118	228	サントドミンゴ
ドミニカ国……………	0.8	72	97	ロゾー
トリニダード・トバゴ共和国	5.1	1 526	298	ポート・オブ・スペイン
ニカラグア共和国……	130	6 851	53	マナグア

主要言語	独立年月	国内総生産(百万ドル)(2020年)	1人あたりGNI(ドル)(2020年)	貿易額(百万ドル)(2021年) 輸出	輸入
チェコ語	1993. 1	245 349	22 112	226 409	210 892
デンマーク語	—	356 085	63 552	124 756	121 478
独語	—	3 846 414	47 186	1 631 818	1 419 348
ノルウェー語	—	362 522	69 855	159 498	97 376
ラテン語、仏語、イタリア語	—	…	…	…	…
ハンガリー語	—	155 808	15 695	141 727	141 919
フィンランド語	—	269 751	49 517	81 595	85 612
仏語	—	2 630 318	39 573	585 036	714 303
ブルガリア語	—	69 888	9 867	40 861	46 176
ベラルーシ語、ロシア語	1991. 8	60 259	6 112	39 990	41 593
オランダ語、仏語、独語	—	521 861	45 505	543 313	509 197
ポーランド語	—	596 618	15 192	337 908	338 341
ボスニア語、セルビア語	1992. 3	19 801	6 032	8 614	13 029
ポルトガル語	—	228 539	22 059	75 064	97 461
マルタ語、英語	1964. 9	14 911	30 765	3 102	6 865
仏語	—	6 816	173 696	…	…
モルドバ語、ロシア語	1991. 8	11 914	3 107	3 144	7 177
モンテネグロ語、セルビア語	2006. 6	4 789	7 652	515	2 956
ラトビア語	1991. 9	33 707	17 866	20 902	24 293
リトアニア語	1991. 9	56 547	20 171	40 821	44 561
独語	—	6 872	190 044	…	…
ルーマニア語	—	248 716	12 757	87 383	116 225
ルクセンブルク語	—	73 353	74 956	16 581	25 652
ロシア語	—	1 483 498	9 927	494 025	303 927
英語	—	20 893 746	64 310	1 754 578	2 937 140
英語	1981.11	1 370	13 524	19	580
スペイン語	—	24 639	3 596	6 629	15 076
英語、仏語	—	1 644 037	43 093	503 373	499 218
スペイン語	—	107 352	9 345	1 548	8 962
スペイン語	—	77 605	4 252	13 727	26 605
英語	1974. 2	1 043	8 365	35	447
スペイン語	—	61 521	11 393	15 318	20 728
英語	1962. 8	13 812	4 452	1 343	5 599
英語	1983. 9	927	17 187	67	218
英語	1979.10	810	7 320	67	317
英語	1979. 2	1 617	8 297	76	774
スペイン語	—	78 845	6 919	12 410	24 569
英語	1978.11	507	7 245	19	296
英語	1962. 8	21 393	15 176	8 619	5 763
スペイン語	—	12 621	1 838	6 544	9 442

国　名	面積(千km²)(2020年)	人口(千人)(2021年)	人口密度(1km²あたり 人)	首　都
ハイチ共和国	28	11 448	413	ポルトープランス
パナマ共和国	75	4 351	58	パナマシティー
バハマ国	14	408	29	ナッソー
バルバドス	0.4	281	652	ブリッジタウン
ベリーズ	23	400	17	ベルモパン
ホンジュラス共和国	112	10 278	91	テグシガルパ
メキシコ合衆国	1 964	126 705	65	メキシコシティ
南アメリカ				
アルゼンチン共和国	2 796	45 277	16	ブエノスアイレス
ウルグアイ東方共和国	174	3 426	20	モンテビデオ
エクアドル共和国	257	17 798	69	キト
ガイアナ共和国[30)	215	805	4	ジョージタウン
コロンビア共和国	1 142	51 517	45	ボゴタ
スリナム共和国	164	613	4	パラマリボ
チリ共和国	756	19 493	26	サンティアゴ
パラグアイ共和国	407	6 704	16	アスンシオン
ブラジル連邦共和国	8 516	214 326	25	ブラジリア
ベネズエラ・ボリバル共和国	930	28 200	30	カラカス
ペルー共和国	1 285	33 715	26	リマ
ボリビア多民族国	1 099	12 079	11	ラパス[31)
オセアニア				
オーストラリア連邦	7 692	25 921	3	キャンベラ
キリバス共和国	0.7	129	177	タラワ
クック諸島(国連未加盟)	0.2	17	72	アバルア
サモア独立国	2.8	219	77	アピア
ソロモン諸島	29	708	24	ホニアラ
ツバル	0.03	11	431	フナフティ
トンガ王国	0.7	106	142	ヌクアロファ
ナウル共和国	0.02	13	596	ヤレン
ニウエ	0.3	2	7	アロフィ
ニュージーランド	268	5 130	19	ウェリントン
バヌアツ共和国	12	319	26	ポートビラ
パプアニューギニア独立国	463	9 949	21	ポートモレスビー
パラオ共和国	0.5	18	39	マルキョク
フィジー共和国	18	925	51	スバ
マーシャル諸島共和国	0.2	42	232	マジュロ
ミクロネシア連邦	0.7	113	161	パリキール
主なその他の地域				
北朝鮮（日本未承認）[33)	121	25 972	215	ピョンヤン(平壌)
台湾	36	23 860	659	タイペイ(台北)
パレスチナ[34)	6.0	5 133	852	ラマッラ
香港[35)	1.1	7 495	6 752	—
マカオ[35)	0.03	687	20 806	—

資料、脚注は24ページ参照。

主要言語	独立年月	国内総生産（百万ドル）（2020年）	1人あたりGNI（ドル）（2020年）	貿易額（百万ドル）（2021年） 輸出	輸入
仏語、クレオール語	—	15 505	1 363	960	3 240
スペイン語	—	52 938	11 331	13 116	20 505
英語	1973. 7	9 908	23 840	901	2 860
英語	1966.11	4 440	14 783	340	1 612
英語、スペイン語	1981. 9	1 586	3 629	316	752
スペイン語	—	23 828	2 242	10 202	14 755
スペイン語	—	1 073 439	8 033	494 225	522 460
スペイン語	—	383 067	8 138	77 935	63 185
スペイン語	—	53 629	14 647	9 507	10 320
スペイン語	—	98 808	5 438	26 699	25 687
英語、クレオール語	1966. 5	5 471	7 446	4 295	2 648
スペイン語	—	271 347	5 215	40 287	61 101
オランダ語、英語	1975.11	4 120	6 222	2 203	1 527
スペイン語	—	252 940	12 660	94 705	91 846
スペイン語、グアラニー語	—	35 304	4 812	10 547	13 560
ポルトガル語	—	1 444 733	6 667	280 815	234 690
スペイン語	—	106 359	3 380	3 555	7 795
スペイン語	—	203 196	5 898	63 106	50 835
スペイン語、ケチュア語	—	36 573	3 059	11 030	9 559
英語	—	1 423 473	54 251	343 594	261 263
キリバス語、英語	1979. 7	181	2 826	10	157
マオリ語、英語	[32]	283	16 135	22	136
サモア語、英語	1962. 1	772	3 777	29	368
英語、ピジン語	1978. 7	1 546	2 303	371	562
英語、ツバル語	1978.10	55	8 204	0	42
トンガ語、英語	1970. 6	491	5 039	22	292
英語、ナウル語	1968. 1	135	14 724	120	45
ニウエ語、英語	[32]	…	…	1	19
英語、マオリ語、手話	—	212 044	42 764	44 867	49 462
ビズラマ語、英語、仏語	1980. 7	855	2 786	53	321
英語、ピジン英語、モツ語	1975. 9	23 619	2 590	10 969	3 031
パラオ語、英語	1994.10	264	14 867	3	201
英語、フィジー語	1970.10	4 494	4 590	874	2 180
マーシャル語、英語	1986.10	244	5 038	80	80
英語、現地の8言語	1986.11	403	3 937	71	163
朝鮮語	(1948. 9)	15 847	624	135	491
中国語、台湾語	—	669 324	29 202	447 693	382 101
アラビア語	—	15 561	3 549	…	…
中国語、英語	—	349 445	49 164	669 903	712 358
中国語、ポルトガル語	—	24 333	33 175	1 620	19 219

表1-1の資料、脚注　面積は、国連“Demographic Yearbook”(2020年版) より作成。面積は、原則として海洋面積等を含まない領土面積 (surface area、内水面を含む)。人口は、国連“World Population Prospects”(2022年版) による推計人口。日本の人口は、総務省統計局「人口推計」による2021年10月1日現在の人口 (国連資料では1億2461万人と公表されている)。難民や遊牧民などの取り扱い方は国によって異なり、詳細は不明。人口密度は、本表に使用したデータで編者算出。国・地域名、主要言語および首都・政庁所在地名は、原則として外務省ホームページによる。言語は主なもので、公用語以外の通用語も示した。独立年月は1943年以降に独立した国のもの。国内総生産 (GDP) および1人あたり国民総所得 (GNI) は名目値で、国連“National Accounts Estimates of Main Aggregates”より作成 (2021年12月更新データ)。台湾のデータは“National Statistics”(2022年6月17日閲覧) による。貿易額はWTO (世界貿易機関) WTO Stat“International Trade Statistics”より作成 (2022年5月24日更新データ)。台湾のデータは内閣府「海外経済データ」などによる。先述の資料で数字がとれない場合、または年次が古い国については「…」で示した。1) 北方領土 (約5000km²) を含まない面積で算出。2) 土地面積 (land area) のみ。外務省ホームページでは83.6千km²。3) イエメン・アラブ共和国 (北イエメン) とイエメン民主人民共和国 (南イエメン) が1990年5月に統合。4) 1967年6月に併合した東エルサレム地区とゴラン高原などを含む。イスラエルはエルサレムを首都として宣言しているが、日本を含め国際的承認は得ていない。2017年12月、アメリカ合衆国が首都として認定。5) パキスタンとの係争地であるジャム・カシミール地方のインド支配地域を含む。首都はデリーと表記されることもある。6) このほかに21の憲法公認語がある。7) 2022年1月に首都をカリマンタン島に移転する法案を決定。名称はヌサンタラ。8) 2019年3月、トカエフ新大統領が前ナザルバエフ大統領の名前にちなみ、アスタナから首都名を変更。9) 1974年のトルコ軍による軍事侵攻以降、キプロスは北部のトルコ軍実効支配地域 (北キプロス・トルコ共和国) と南部のキプロス共和国実効支配地域とに分かれている。10) このほか中国語、タミール語。11) 原資料は、便宜上、人口や面積などについて香港、マカオ、台湾を含まない。12) パキスタン支配のジャム・カシミール地方を除く。13) 南北ベトナムの統一は1976年7月。14) 外務省資料は国名をヨルダンとしている。しかし、正式名称の変更は行われていない。15) カイロ近郊に首都移転予定。16) 旧スワジランド王国。2018年4月、エスワティニ王国に変更すると宣言し、同日発効。17) 実質的な首都機能はアビジャン。18) 面積は外務省データ。南スーダンは2011年7月9日にスーダンから分離独立。19) このほか英語、イタリア語。20) ドドマは法律上の首都。政府官庁が存在し、事実上の首都機能を有するのはダルエスサラーム。21) ザンジバルを含まず。ザンジバルの2020年国内総生産は1724百万ドル、1人あたりGNIは1017ドル。22) 2019年1月、ブジュンブラからギテガに首都を移転する法案が採択された。一部機関はブジュンブラに所在。23) 2022年3月末、首都キエフの呼称をウクライナ語の発音のキーウに変更。24) 原資料では、クリミア自治共和国とセバストポリ市を含まないことが明記されている。25) 2019年2月、「北マケドニア共和国」として国名を正式変更。26) 2008年2月、セルビアから独立。面積は外務省データ。27) 旧ユーゴスラビア社会主義連邦共和国のうちセルビアとモンテネグロで1992年に新ユーゴスラビア連邦共和国を樹立し、2003年に国家連合「セルビア・モンテネグロ」と国名変更。2006年6月、モンテネグロ共和国が独立。2008年2月、コソボがセルビアから分離・独立を宣言したが、セルビアはこれを認めていない。面積は外務省データ。28) 2022年5月、首都キシニョフの呼称を公的に使用されているルーマニア語の発音に近いキシナウに変更。29) 国連はセントキッツ・ネービスを国名として使用。30) 憲法上の国名はガイアナ協同共和国。31) 憲法上の首都はスクレ。32) ニュージーランドと自由連合関係にある。33) 日本は国家承認を行っていない。34) ヨルダン川西岸とガザ地区。35) 中華人民共和国の特別行政区。便宜上、統計データの多くは中華人民共和国に含まれない。

表 1-2　その他の地域（属領）の面積と人口

	面積 (km²) (2020)	人口 (千人) (2021)
アフリカ		
イギリス領		
アセンション島	88	…
セントヘレナ島	123	[1] 5
トリスタンダクーニャ	98	…
西サハラ・・・・・[2]	266 000	566
フランス領		
マヨット・・・・・	368	316
レユニオン・・・	2 510	966
ヨーロッパ		
イギリス領		
ガーンジー島[3]	64	63
ジャージー島[3]	116	110
ジブラルタル[4]	6	33
マン島・・・・・・・	572	84
デンマーク領		
フェロー諸島・	1 393	53
ノルウェー領		
スバールバル・ヤンマイエン島	62 422	[5] …
フィンランド領		
オーランド諸島	1 583	[5] …
北中アメリカ		
アメリカ領		
プエルトリコ・	8 868	3 256
米領バージン諸島	347	100
イギリス領		
アンギラ・・・・・	91	16
英領バージン諸島	151	31
ケイマン諸島・	264	68
タークス・カイコス諸島・・・	948	45
モンセラット・	103	4
バミューダ諸島	54	64
オランダ領		
アルバ・・・・・・・	180	107
キュラソー・[6]	444	190
シント・マールテン[6]	34	44
デンマーク領		
グリーンランド	2 166 086	56
フランス領		
グアドループ島	1 639	396
サン・バルテルミー島	22	11
サンピエール・ミクロン島	242	6
サン・マルタン	53	32
マルチニーク島	1 090	369
南アメリカ		
イギリス領		
フォークランド(マルビナス)諸島[7]	12 173	4
フランス領		
仏領ギアナ・・・	83 534	297
オセアニア		
アメリカ領		
米領サモア・・・	199	45
グアム・・・・・・・	541	171
北マリアナ諸島	457	49
イギリス領		
ピトケアン島・	5	[5] …
オーストラリア領		
ノーフォーク島	36	[5] …
ニュージーランド領		
トケラウ諸島・	12	2
フランス領		
仏領ポリネシア	3 687	304
ニューカレドニア	19 100	288
ワリス・フテュナ	142	12

面積は国連“Demographic Yearbook”(2020年版)、人口は国連“World Population Prospects”(2022年版) より作成。2021年の人口は推計値。面積の単位は前表 (千km²) と異なるので注意。本表の数値は、原則、表1-1の当該国データに含まれない。1) 人口は同島とアセンション島、トリスタンダクーニャ島の計。2) 旧スペイン領。モロッコが領有権を主張し、独立を宣言した現地住民と紛争が続く。3) ガーンジー島とジャージー島、および属島でチャネル諸島を形成。4) イギリスとスペインが領有権を争う。5) 人口は、表1-1の当該国数値に含まれる。6) 2010年10月にオランダ領アンティルは解体され、キュラソー島とシントマールテン島は独立自治領となった。7) アルゼンチンも領有権を主張。2013年３月の国民投票では、99%以上の島民がイギリスへの帰属維持を支持。

2022年　主な選挙

韓国大統領選挙（3月9日）

保守系の最大野党「国民の力」の尹錫悦（ユン・ソンニョル）氏が48.56%の得票率（0.73ポイントの僅差）で当選。5月10日、大統領に就任し、5年ぶりの保守政権が発足した。北朝鮮に対して厳しい姿勢を取り、アメリカ合衆国との同盟関係を強化する構えで、日本とも協力関係を改善する考えを強調。

ハンガリー総選挙（4月3日）

与党のハンガリー市民同盟（フィデス）／キリスト教民主国民党（KDNP）連合が勝利し、4期連続で政権を担う。親ロシア派で強権的なオルバーン首相の続投で、EUの連帯を脅かすことが懸念される。元首はカタリン大統領。

フランス大統領選挙（4月10日、4月24日決選投票）

欧米協調を重視する現職マクロン氏が、決選投票で、極右政党国民連合のルペン氏を破り再選を果たす。それぞれの得票率は58.54%と41.46%と僅差。6月の国民議会選挙（定数577）では、与党連合が選挙前から大幅に議席を減らし（345→244議席)、国民連合は議席を大きく増やした（8→89議席)。

フィリピン大統領選挙（5月9日）

故マルコス元大統領の長男、フェルディナンド（ボンボン）・マルコス氏が大差で勝利。任期満了のドゥテルテ大統領の政策を引き継ぎ、インフラ整備や麻薬犯罪の取り締まりなどを行うとするが、具体的な経済政策は不透明。

オーストラリア総選挙（5月21日）

野党・労働党が、現政権の物価高や気候変動への対応などに不満を抱く有権者の支持を集めて、与党・保守連合を破り勝利。5月22日、アルバニージー氏が首相に就任し、9年ぶりの政権交代となった。

コロンビア大統領選挙（5月29日、6月19日決選投票）

4年に1度の大統領選挙。急進左派のペトロ氏が勝利。コロンビア初の左派政権が誕生し、親米路線からの転換が予想されている。

ケニア大統領選挙（8月9日予定）

ケニアでは、政治家が民族ごとの支持基盤を固める傾向が強く、これまでの大統領選挙では、民族間で暴動が発生し、多くの死者数を出すなどの混乱が起きていた。今回選挙でも支持者間の衝突の発生が懸念される。

スウェーデン議会選挙（9月11日予定）

NATO加盟を正式に表明した中で実施される選挙。クルド系議員の動向が選挙情勢に大きな影響を与えるとみられる。

ブラジル大統領選挙（10月2日予定）

左派・労働者党（PT）のルーラ元大統領と、右派・自由党（PL）の現職ボルソナーロ氏の争いになる模様。新型コロナによる経済困難で、燃料や食品価格の上昇などの問題が争点。大統領選での汚職も大きな問題となっている。

アメリカ合衆国議会選挙（中間選挙）（11月8日予定）

連邦上院議員の3分の1と連邦下院議員の全議席が改選となる選挙。

表 1-3　各国の主な宗教（各国における最近年の推計）

世界…………	キリスト教31.1%、イスラム教24.9%、ヒンズー教15.2%、仏教6.6%、民間信仰5.6%、無所属15.6%
アジア・中東	
アラブ首長国連邦	イスラム教（国教）76%、キリスト教９%
イエメン………	イスラム教（国教）99.1%（スンニ派65%、シーア派35%）
イスラエル……	ユダヤ教74%、イスラム教18%、キリスト教1.9%
イラク…………	イスラム教（国教）95-98%（シーア派61-64%、スンニ派29-34%）
イラン…………	イスラム教（国教）99.6%（シーア派90-95%、スンニ派5-10%）
インド…………	ヒンズー教79.8%、イスラム教14.2%、キリスト教2.3%、シーク教1.7%
インドネシア…	イスラム教87.2%、他にキリスト教、ヒンズー教
オマーン………	イスラム教85.9%、キリスト教6.4%、ヒンズー教5.7%
カタール………	イスラム教65.2%、キリスト教13.7%、ヒンズー教15.9%
クウェート……	イスラム教（国教）74.6%、キリスト教18.2%
サウジアラビア・	イスラム教（国教、スンニ派85-90%、シーア派10-12%）
シリア…………	イスラム教（国教）87%（スンニ派74%、その他アラウィ派、シーア派など13%）、キリスト教10%
中国……………	仏教18.2%、キリスト教5.1%、イスラム教1.8%、民間信仰21.9%、無所属52.1%
トルコ…………	イスラム教99.8%（主にスンニ派）
パキスタン……	イスラム教（国教）96.5%（スンニ派85-90%、シーア派10-15%）
バーレーン……	イスラム教73.7%、キリスト教9.3%
バングラデシュ・	イスラム教88.4%、その他11.6%
マレーシア……	イスラム教（国教）61.3%、仏教19.8%、キリスト教9.2%、ヒンズー教6.3%
ミャンマー……	仏教87.9%、キリスト教6.2%、イスラム教4.3%
ヨルダン………	イスラム教97.1%（国教、主にスンニ派）、キリスト教2.1%
レバノン………	イスラム教（スンニ派31.9%、シーア派31.2%）、キリスト教32.4%（大半がマロン派）、ドルーズ教4.5%
アフリカ	
アルジェリア…	イスラム教（国教、主にスンニ派）99%
エジプト………	イスラム教（主にスンニ派）90%、キリスト教10%
エチオピア……	エチオピア正教43.8%、イスラム教31.3%、プロテスタント22.8%
ケニア…………	キリスト教85.5%（プロテスタント33.4%、カトリック20.6%、福音派20.4%）、イスラム教10.9%
コンゴ民主共和国	カトリック29.9%、プロテスタント26.7%、キンバンギズム2.8%、その他のキリスト教36.5%
ソマリア………	イスラム教スンニ派（国教）
チュニジア……	イスラム教（国教、スンニ派）99%
南アフリカ共和国	キリスト教86%、アフリカ伝統宗教5.4%
南スーダン……	キリスト教60.5%、民間信仰32.9%、イスラム教6.2%
モザンビーク…	カトリック27.2%、イスラム教18.9%、シオニスト15.6%、福音派／ペンテコステ派15.3%
リビア…………	イスラム教（正教、スンニ派）96.6%、キリスト教2.7%

米国CIA "The World Factbook"（2022年６月20日閲覧）より作成。

図 1-2　国連の主な組織（2022年 6 月現在）

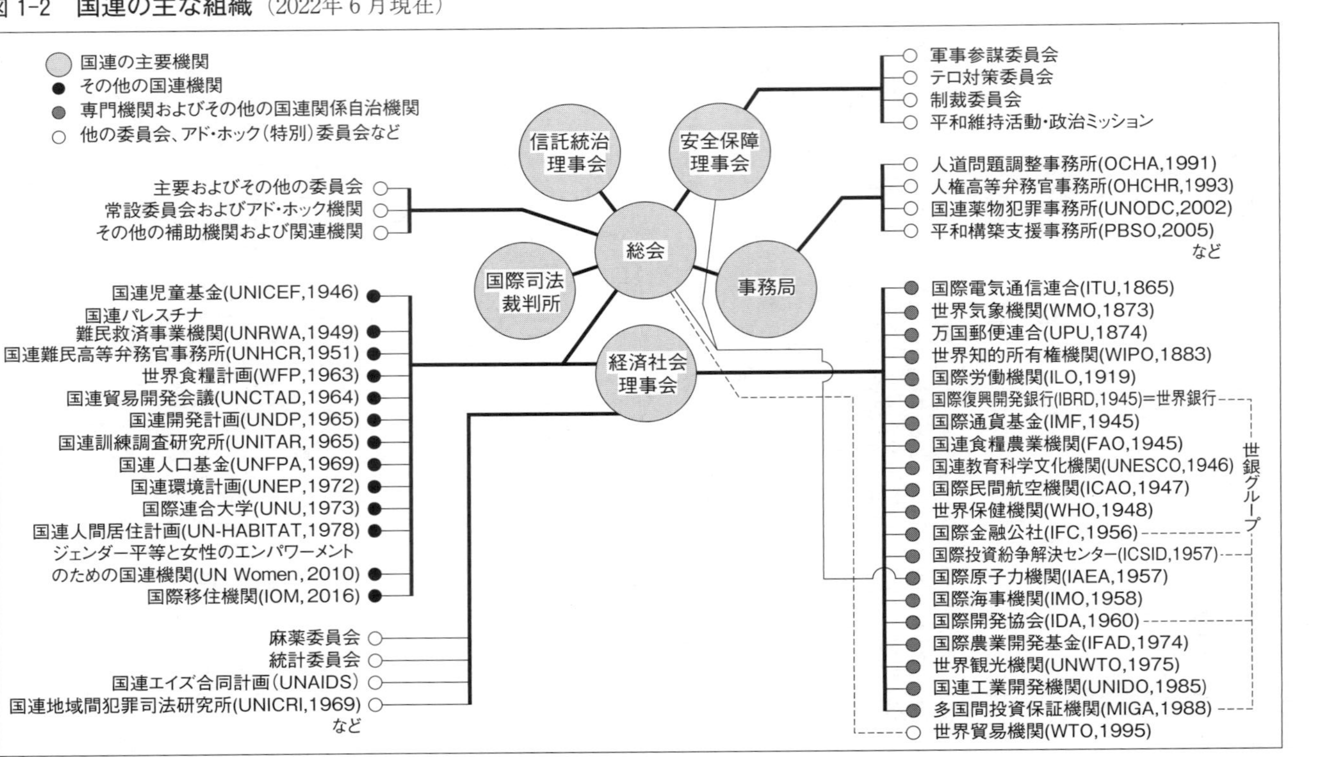

国際連合（The United Nations）

【成立】 第２次世界大戦で全体主義国家と戦った連合諸国が、勝利のために築いた連合組織を戦後も維持し、世界平和を守るための恒久的な世界機関へと発展させたもの。第２次世界大戦末期の1945年４月25日から６月26日までサンフランシスコで開かれた「国際機関創設のための連合国会議」において、世界50か国の代表により国際連合憲章が起草された（後にポーランドが加わり原加盟国は51か国）。「1945年10月24日」―― 国際連合（以下国連）が正式に発足した。この日は国連の日と定められている。本部はニューヨーク。

【公用語】 英語、スペイン語、フランス語、ロシア語、中国語、アラビア語。

【予算】 国連の通常予算は２年ごとに編成される。主な財源は加盟国の分担金であり、各国の分担率は、国民総生産（GNP、現在の国民総所得 ―― GNI）を考慮した分担金委員会の勧告に基づき総会で３年ごとに決定される。また、加盟国は通常予算以外でも、基本的な分担率を修正した率に応じて、平和維持活動（PKO）の経費を割り当てられる。国連開発計画（UNDP）や国連難民高等弁務官事務所（UNHCR）といった国連の活動計画や基金の多くは、主として各国の自発的拠出金によってまかなわれており、国連児童基金（UNICEF）のように個人から提供されることもある。

【主な機構】 国連は、総会、安全保障理事会、経済社会理事会、国際司法裁判所、事務局、信託統治理事会（活動停止）の６主要機関から成る。

（総会） 国連の主要審議機関で、年１回（９月から12月中旬まで）開かれる通常総会と、必要に応じて安全保障理事会および加盟国の過半数の要請によって開かれる特別総会（緊急特別総会を含む）がある。全加盟国の代表によって構成され、投票権は１国１票。国連憲章に定められたすべての事項について審議、勧告する。平和と安全保障に関する勧告、新加盟国の承認、安保理非常任理事国の選出、経済社会理事会の理事国の選出、予算事項、加盟国の除名などの重要問題に関する表決には、出席投票国の３分の２の多数が必要であり、その他の問題は単純多数決による。総会の勧告には拘束力はなく、安全保障理事会が処理中の紛争や事態に関しては、安保理の要請がない限り勧告できない。主要委員会は６つあり、それぞれ軍縮、経済、人権、非植民地化、行政・予算、法律を担当している。信頼性を失ったとの批判を受けていた人権委員会は、2006年３月に廃止され、新しく人権理事会が設立された。

（安全保障理事会） 国際の平和と安全の維持について、主要な責任を持つ。全加盟国は安保理の決定を受け入れ、履行しなければならない。アメリカ、イギリス、フランス、ロシア、中国の常任理事国５か国（拒否権を持つ）と非常任理事国10か国（任期２年）の計15の理事国で構成。議事手続き事項の決定には15か国のうち少なくとも９か国の賛成が必要である。実質事項に関する決定には、常任理事国すべての賛成を含む９票が必要である。2022年６月現在の非常任理事国は、インド、アイルランド、ケニア、メキシコ、ノルウェー（以上2022年末まで）、アルバニア、ブラジル、ガボン、ガーナ、アラブ首長国連邦（以上2023年末まで)。

(経済社会理事会) 国連およびその専門機関などの経済的・社会的活動を調整する機関。アフリカ14、アジア11、中南米10、東ヨーロッパ6、西ヨーロッパとその他13の合計54か国で構成され、任期は3年である。毎年、総会で3年の任期を終えた18か国の後任として新たな18か国が選出される。

(国際司法裁判所) 国連の主要な司法機関。加盟国は裁判所の判決に従う義務がある。総会と安保理によって選出された15人の裁判官で構成され(現行ではアフリカ3、アジア3、中南米2、東ヨーロッパ2、西ヨーロッパとその他5)、任期は9年間、3年ごとに5人が改選される。本部はオランダのハーグ。

(事務局) 国連の日常業務を遂行するほか、他の国連機関を補佐し、それらの機関が決定した計画や政策を実施する。国連本部と世界各地に勤務する職員で構成される。事務総長はその最高責任者で、安保理の勧告に基づき総会が任命する(任期5年)。事務総長の職は任期5年で、慣習として、各地域の出身者が交代で務めることになっている。2017年1月、ポルトガルのアントニオ・グテーレス氏が第9代国連事務総長に就任(2022年1月より2期目)。

(信託統治理事会) この制度は信託統治地域の施政を監督するためのものであったが、1994年10月1日、最後の信託統治領パラオが正式に独立したのを受け、94年11月、活動停止を決定した。

表 1-4　国連通常予算の分担率と分担額

	分担率(%)				2022年度[1] 分担額(千ドル)
	2013～2015年	2016～2018年	2019～2021年	2022～2024年	
アメリカ合衆国	*22.000*	*22.000*	*22.000*	*22.000*	693 417
中国	*5.148*	*7.921*	*12.005*	*15.254*	480 790
日本	*10.833*	*9.680*	*8.564*	*8.033*	253 192
ドイツ	*7.141*	*6.389*	*6.090*	*6.111*	192 612
イギリス	*5.179*	*4.463*	*4.567*	*4.375*	137 895
フランス	*5.593*	*4.859*	*4.427*	*4.318*	136 099
イタリア	*4.448*	*3.748*	*3.307*	*3.189*	100 514
カナダ	*2.984*	*2.921*	*2.734*	*2.628*	82 832
韓国	*1.994*	*2.039*	*2.267*	*2.574*	81 130
スペイン	*2.973*	*2.443*	*2.146*	*2.134*	67 261
オーストラリア	*2.074*	*2.337*	*2.210*	*2.111*	66 537
ブラジル	*2.934*	*3.823*	*2.948*	*2.013*	63 448
ロシア	*2.438*	*3.088*	*2.405*	*1.866*	58 814
オランダ	*1.654*	*1.482*	*1.356*	*1.377*	43 402
世界計×	*100.000*	*100.000*	*100.000*	*100.000*	**3 151 896**

国際連合資料より作成。国連分担率は3年ごとに見直される。1)単年分の通常予算で、職員課金からの収入を含む総額。職員課金は、出身国への納税義務が免除されている国連職員が、国連に対して支払う所得税にあたるもので、出身国の分担金に繰り込まれている。アメリカ合衆国は、自国職員から所得税を徴収しているため、職員課金からの収入はない(2022年度は61430千ドル相当)。×その他とも。

図 1-3　世界の難民数等の推移（各年末現在）

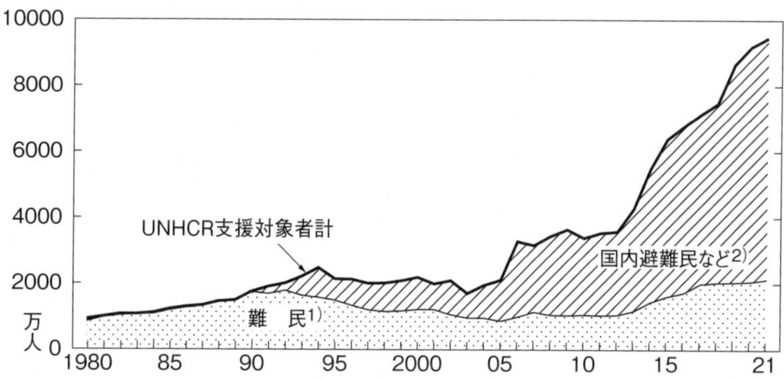

資料・注記は表1-6に同じ。UNHCR支援対象者のみを対象とし、パレスチナ難民（約580万人）は含まない。1）自国を逃れほかの国の保護を受けている者。2）国内避難民のほかに、庇護希望者、帰還難民、無国籍者などが含まれる。

図 1-4　地域別（受入国ベース）と種類別の難民等の割合（2021年末現在）

地域別：アフリカ 41.4%、アジア・大洋州 33.3、ヨーロッパ 7.4、北米・中南米 17.9

種類別：難民 22.5%、庇護申請者 4.9、国内避難民 54.2、帰還難民・帰還国内避難民 6.0、その他[1] 12.4

0%　10　20　30　40　50　60　70　80　90　100

資料・注記は表1-6に同じ。地域区分は国連統計部の区分で表1-1と同じ。トルコやシリアなどの中東諸国はアジアに含む。1）ベネズエラからの避難民を含む。

表 1-5　2021年中の主な新たな難民発生の動き（単位　千人）

発生国（from）	難民	主な受入国（to）
南スーダン……	112	スーダン、ウガンダ、ケニア、エチオピア
中央アフリカ共和国	102	コンゴ民主、チャド、カメルーン、コンゴ
シリア………	84	ドイツ、オーストリア、イラク、エジプト
アフガニスタン・	57	フランス、ドイツ、ギリシャ、トルコ
カメルーン……	46	チャド、ナイジェリア、フランス、カナダ
コンゴ民主共和国	35	ウガンダ、ザンビア、マラウィ、フランス
ソマリア……	35	エチオピア、ウガンダ、イエメン、ドイツ
ナイジェリア …	31	ニジェール、カメルーン、カナダ、チャド
ベネズエラ… 1)	28	スペイン、メキシコ、ブラジル、パラグアイ

資料・注記は表1-6に同じ。暫定的な難民数や受入国を含む。1）難民申請を行っていない国外への避難民が多数発生（約545千人）しており、受入国は近隣国である。

表 1-6　難民・国内避難民などの発生国（2021年末現在）（単位　千人）

発生国	難民1)	庇護2) 申請者	帰還 難民	国内 避難民	帰還国内 避難民	計3)
シリア・・・・・・・・・	6 849	140	36	6 865	74	13 968
コンゴ民主共和国	908	148	1	5 408	1 041	7 522
コロンビア・・・・・	116	81	0	6 766	—	7 467
アフガニスタン・	2 713	263	1	3 458	791	7 320
ベネズエラ・・・・4)	199	971	—	—	—	6 967
エチオピア・・・・・	149	139	1	3 646	1 548	5 488
南スーダン・・・・・	2 363	5	270	2 017	—	4 655
イエメン・・・・・・・	38	35	0	4 289	—	4 362
ソマリア・・・・・・・	777	60	3	2 968	544	4 351
スーダン・・・・・・・	825	75	0	3 037	—	3 937
ナイジェリア・・・	384	83	17	3 085	205	3 774
ウクライナ・・・・5)	28	19	—	854	—	2 326
ミャンマー・・・・・	1 177	44	—	671	130	2 023
イラク・・・・・・・・・	344	254	1	1 187	121	1 937
中央アフリカ共和国	738	14	6	692	371	1 823
ブルキナファソ・	20	6	—	1 580	—	1 619
カメルーン・・・・・	125	22	—	933	53	1 134
世界計×・・・・3)	**21 327**	**4 624**	**429**	**51 323**	**5 266**	**94 664**

国連難民高等弁務官事務所（UNHCR）"Global Trends 2021"（資料編）より作成。データはUNHCRの支援対象者のみ（支援を要する帰還難民数などを含む）で、UNRWA（国連パレスチナ難民救済事業機関）の援助下にある約580万人のパレスチナ難民数を含まないことから、一般的に使用される「難民数」とは異なることに注意。難民や国内避難民の認定を受けてないが、それに相当する状況にある人びとを含む。1）自国を逃れてほかの国の保護を受けている者。2）難民・亡命認定のプロセスが終了していない者。3）その他の支援対象者を含む。世界計には無国籍者4338千人（ロヒンギャ難民等で重複がある）、分類不詳4224千人、ベネズエラからの国外避難民4406千人（亡命等を申請していない）を含む。4）計には、国外へ避難したが難民申請を完了していない4406千人と分類不詳1390万人を含む。5）1425千人が分類不詳として公表されている。×その他とも。

表 1-7　支援対象者の受入国（2021年末現在）（単位　千人）

受入国	支援 対象者	難民	受入国	支援 対象者	難民
コロンビア・・・・	9 139	2	ナイジェリア・・	3 386	77
シリア・・・・・・・・	7 189	14	南スーダン・・・・	2 635	334
コンゴ民主共和国	6 976	524	ウクライナ・・・・	2 320	2
エチオピア・・・・	6 020	821	イラク・・・・・・・・	1 648	280
アフガニスタン	4 400	67	アメリカ合衆国	1 642	339
イエメン・・・・・・	4 391	89	ウガンダ・・・・・・	1 640	1 530
スーダン・・・・・・	4 171	1 104	ブルキナファソ	1 614	25
トルコ・・・・・・・・	4 065	3 760	パキスタン・・・・	1 609	1 491
ソマリア・・・・・・	3 545	14	ドイツ・・・・・・・・	1 525	1 256

資料・注記は表1-6に同じ。ベネズエラからの移動避難民を含む支援対象者数。難民数は、難民に相当する状況にある人びとを含む。

主な国際機構・会議（2022年6月末現在）

OECD　経済協力開発機構（Organisation for Economic Co-operation and Development）**[設立]**1961年9月。**[本部]**パリ（フランス）。**[主な目的]**自由貿易の拡大と途上国への援助。**[加盟国]**38か国。1980年代の加盟国は、アメリカ合衆国、カナダ、イギリス、フランス、ドイツ、イタリア、ベルギー、オランダ、ルクセンブルク、ノルウェー、スウェーデン、デンマーク、アイスランド、フィンランド、アイルランド、スイス、オーストリア、ギリシャ、トルコ、スペイン、ポルトガル、日本、オーストラリア、ニュージーランド、1990年代にメキシコ、チェコ、ハンガリー、ポーランド、韓国が加盟、2000年以降は、スロバキア、チリ、スロベニア、イスラエル、エストニア、ラトビア、リトアニア（2018年）、コロンビア（2020年）、コスタリカ（2021年）。

EU　欧州連合（European Union）**[設立]**欧州共同体（EC）が前身で、1993年11月に発効したマーストリヒト条約による。**[本部]**（拠点都市）はブリュッセル（ベルギー）、ストラスブール（フランス）、ルクセンブルク。**[主な目的]**経済通貨統合、共通外交・安全保障政策の実施。欧州憲法に代わるリスボン条約は2009年12月に発効。1999年に発足した統一通貨ユーロ圏には、現在17か国が参加で、スウェーデン、デンマークは未導入。**[加盟国]**27か国。フランス、ドイツ（旧西ドイツ）、イタリア、ベルギー、オランダ、ルクセンブルクの原加盟6か国に、アイルランドとデンマーク（1973年）、ギリシャ（1981年）、スペイン、ポルトガル（1986年）、オーストリア、フィンランド、スウェーデン（1995年）、ポーランド、ハンガリー、チェコ、スロバキア、スロベニア、エストニア、ラトビア、リトアニア、マルタ、キプロス（2004年）、ブルガリアとルーマニア（2007年）、クロアチア（2013年）が加盟。イギリスは2020年1月31日に離脱。現在、加盟候補国（交渉開始が決定）は、トルコ、北マケドニア、モンテネグロ、セルビア、アルバニア、ウクライナ、モルドバ（ジョージアは加盟候補国として認められず）。潜在的加盟候補国（要件が整った段階で加盟候補国に認定される）は、ボスニア・ヘルツェゴビナとコソボ。

ASEAN　東南アジア諸国連合（Association of South-East Asian Nations）**[設立]**1967年8月。**[本部]**ジャカルタ（インドネシア）。**[主な目的]**域内における経済の発展、社会の進歩、文化の発展を促進すること、共通の利益への活発な協力と相互扶助を推進すること、東南アジア地域の政治・経済の安定を確保すること。**[加盟国]**10か国。インドネシア、マレーシア、フィリピン、シンガポール、タイ（以上5か国は原加盟国）と、ブルネイ（1984年）、ベトナム（1995年）、ラオスとミャンマー（1997年）、カンボジア（1999年）。

AIIB　アジアインフラ投資銀行（Asian Infrastructure Investment Bank）**[設立]**中国が創設を提唱し、2015年12月に発足。**[本部]**北京（中国）。**[主な目的]**アジアのインフラ建設に対して低い金利で融資を行う銀行。**[加盟国]**105か国・地域（2022年6月28日現在）。創設参加は57か国。アジア・中東以外では、イギリス、フランス、ドイツ、イタリアなどのヨーロッパ諸国、コートジボワール、チュニジアなどのアフリカ諸国、アルゼンチン、ブラジル、ペルー（2022年３月正式加盟）などの中南米諸国が広く参加している。

SCO　上海協力機構（The Shanghai Cooperation Organisation）**[設立]**2001年６月。**[本部]**北京。**[主な目的]**安全保障の確立と経済・文化交流。**[加盟国]**８か国。中国、ロシア、カザフスタン、キルギス、タジキスタン、ウズベキスタン、インド、パキスタン。準加盟国として、イラン（正式加盟手続き中）、モンゴル、アフガニスタン、ベラルーシ。

AU　アフリカ連合（African Union）**[設立]**2002年。1963年に創設されたアフリカ統一機構（OAU）が新機構として発足。**[本部]**アディスアベバ（エチオピア）。**[主な目的]**共通の議会、裁判所、通貨の導入など。アフリカ地域における戦争、虐殺、人権侵害など非人道的犯罪や紛争の解決を目的とする「平和安全保障委員会」を創設し、平和維持軍の編成・派遣を行う。**[加盟国]**西サハラ（サハラ・アラブ民主共和国）を含む55か国・地域。2017年１月、モロッコが加盟（西サハラ領有問題をめぐって、1985年にOAUから脱退）。

ECOWAS　西アフリカ諸国経済共同体（Economic Community of West African States）**[設立]**1975年。**[本部]**アブジャ（ナイジェリア）。**[主な目的]**西アフリカ地域の経済交流の推進。また、地域の紛争解決を目的とする平和維持活動組織、西アフリカ諸国監視グループ（ECOMOG）を設立。**[加盟国]**15か国。ガーナ、カーボベルデ、ガンビア、ギニア、ギニアビサウ、コートジボワール、シエラレオネ、セネガル、トーゴ、ナイジェリア、ニジェール、ブルキナファソ、ベナン、マリ、リベリア。

アラブ連盟（League of Arab States）**[設立]**1945年。**[本部]**カイロ（エジプト）。**[主な目的]**アラブ諸国の政治、文化、社会、経済面での協力、独立と主権の擁護、紛争の調停と仲介。地域の治安に対応するため、2015年３月に「アラブ合同軍」の創設を原則合意。**[加盟国]**22か国・地域（パレスチナを含む）。エジプト、イラク、サウジアラビア、シリア、レバノン、ヨルダン、イエメン（加盟時は北イエメン）の原加盟国に加えて、アルジェリア、バーレーン、ジブチ、クウェート、リビア、モーリタニア、モロッコ、オマーン、カタール、ソマリア、スーダン、チュニジア、アラブ首長国連邦、コモロ、パレスチナ。シリアは、2011年11月に加盟資格が停止されている。

GCC　湾岸協力会議（Gulf Cooperation Council）**[設立]**1981年。**[本部]**リヤド（サウジアラビア）。**[主な目的]**軍事、経済、情報、司法などの分野で共通の制度を設置すること。通貨統合を目指すが、足並みはそろっていない。**[加盟国]**６か国。アラブ首長国連邦、バーレーン、クウェート、オマーン、カタール、サウジアラビア。イエメンが加盟申請中。

OIC　イスラム諸国会議機構（Organisation of Islamic Cooperation）**[設立]**1971年。**[本部]**エルサレム解放までジッダ（サウジアラビア）に事務所が置かれている。**[主な目的]**イスラム世界の連帯強化と聖都であるエルサレムの奪回。付属機関にイスラム開発銀行やイスラム商工業・商品取引会議所を持つ。**[加盟国]**イスラム諸国57か国（パレスチナを含む）。シリアは加盟資格停止中。

第2章　人口と都市

2022年5月に発表されたWHO（世界保健機関）の推計によると、新型コロナウイルスによる死亡者は2020年1月から21年12月までの2年間で1490万人にのぼった。同期間に、公式に発表されたコロナ死者数は540万人で、WHOの推計はそのおよそ3倍となる。なお、WHOの推計には、感染による直接的な影響だけでなく、医療機関の負担が増大したことで適切な治療が受けられなかったなど、間接的な要因も含まれる。

感染拡大による経済の混乱や将来への不安から、世界的に婚姻率が下がり、出生率も低下している。世界銀行“World Bank Indicator”によると、世界全体の出生率は人口1000人あたりで2019年の17.7から20年には17.3に低下した。出生率の回復は大きな問題となっており、各国は社会の持続的な成長のため、出産や育児への支援を進めている。

国連“World Population Prospects：The 2022 Revision”によると、2021年7月1日現在、世界の人口は79億930万人となった。地域別にみるとアジアが全体の59％を占めて最も多いが、アフリカの人口増加が著しく、2020～21年の増加率はアフリカが最も高くなっている。

2021年、人口が最も多い国は中国で、それに次いでインド、アメリカ合衆国の人口が多い。中国では人口の急速な増加を抑えるため、1979年より一人っ子政策が行われてきた。これにより人口の増加は抑制されたものの、近年は高齢化や労働力不足が進んでいる。一人っ子政策は2015年に廃止され、16年からは二人っ子政策が始まった。しかし、その後も出生数は伸びず、2021年5月には中国共産党が3人まで子どもを認める方針を発表したものの、21年の出生数は1062万人となり、1949年の建国以来最小となった。国連の予測では、中国の人口は2021年をピークにして、22年以降減少に転じ、23年にはインドを下回るとしている。一方、アメリカ合衆国では、2022年6月、連邦最高裁が「人工妊娠中絶は憲法で認められた権利」と定めた1973年の判決を覆した。州によっては中絶が禁止となり、アメリカ社会に大きな波紋を呼んでいる。

一人の女性が産む子どもの平均数を合計特殊出生率という。人口を同じ規模に保つには、先進国では合計特殊出生率が約2.1以上必要である。しかし、先進国では1960年代から合計特殊出生率が急速に低下し、70年代に入ると多くの国で2.1を割り込んだ。1990年代以降は、アメリカ合衆国やフランスなど合計特殊出生率が回復に向かう国と、イタリアや日本など低水準のまま推移していく国とに分かれた。韓国、台湾、香港など1980年代に経済が急成長した国・地域では、先進国よりも急速に少子化が進んでいる。韓国、台湾、香港では、2020年に初めて出生数が死亡数を下回る「自然減」となり、21年も自然減が続いた。特に韓国の合計特殊出生率は低く、2021年に0.8と過去最低を更新しており、OECD（経済協力開発機構）加盟国で唯一、1を下回っている。

世界の移民数は2020年に2億8060万人となり、10年前の1.3倍に増えた。移民の受け入れはアメリカ合衆国が最も多く、ドイツがそれに続く。移民は、人口が減り、高齢化が進む先進国の社会や経済を支えている。ドイツでは移民の受け入れ体制の整備を進め、2000年から減少していた人口が、2007年以降増加している。しかし、コロナ禍以降は、世界各国で出入国の制限が続いて移民の流入が抑えられており、関係国では労働者不足に陥るなど、経済や人口の動向に大きな影響が出ている。

2021年、世界の65歳以上の高齢者数は7億6127万人で、2000年からの21年間で1.8倍に増えた。人口全体に占める割合は、2000年の6.9%から21年には9.6%となった。近年は、世界的に合計特殊出生率が低下し、平均寿命が延びたことから、先進国だけでなく途上国でも高齢化が進行している。中国の発表では、2021年に65歳以上人口が初めて2億人を超えた。2050年には世界の6人に1人が65歳以上になるとみられており、各国には高齢化に対応した社会保障制度の整備が求められている。

人口が都市部に集中する「都市化」が、世界的に進んでいる。都市の人口は2020年に44億人にのぼり、全人口の56%を占めている。過度な人口の集中は、スラム化や環境汚染、交通渋滞など様々な問題を引き起こす。コロナ禍でリモートワークなどが普及して、都市を離れる人も増えているが、都市化の進行が今後緩和されるのか注目される。

図 2-1 世界人口の地域別割合

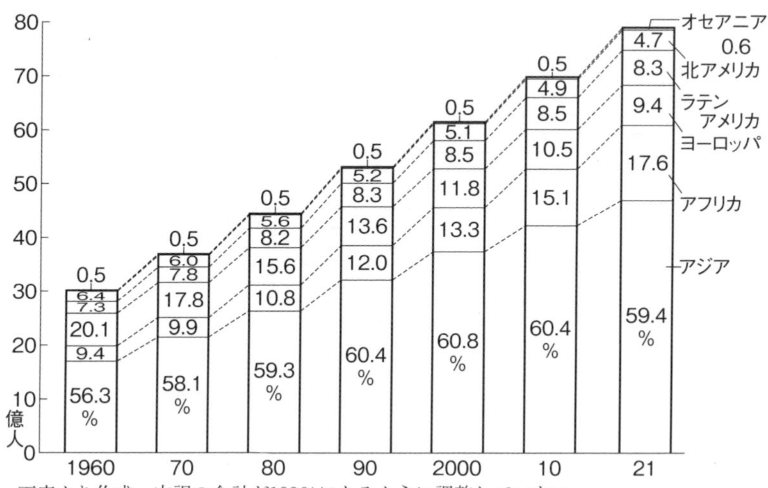

下表より作成。内訳の合計が100%になるように調整していない。

表 2-1 地域別世界人口の推移（単位 百万人）

	1960	1970	1980	1990	2000
アジア…………	1 700	2 146	2 636	3 211	3 736
アフリカ………	284	365	482	638	819
ヨーロッパ……	606	657	693	721	727
北アメリカ…… 1)	194	222	248	276	313
ラテンアメリカ 2)	220	287	362	443	523
オセアニア……	16	19	23	27	31
世界計………	**3 019**	**3 695**	**4 444**	**5 316**	**6 149**

	2010	2019	2020	2021	人口増加率（2020～21）（%）
アジア…………	4 221	4 629	4 664	4 695	*0.65*
アフリカ………	1 055	1 328	1 361	1 394	*2.43*
ヨーロッパ……	736	746	746	745	*-0.14*
北アメリカ…… 1)	345	372	374	375	*0.35*
ラテンアメリカ 2)	591	647	652	656	*0.65*
オセアニア……	37	43	44	44	*1.27*
世界計………	**6 986**	**7 765**	**7 841**	**7 909**	*0.87*

国連“World Population Prospects：The 2022 Revision”（2022年7月閲覧）より作成。各年7月1日現在の推計人口。現在人口。旧ソ連の各構成国はアジア、ヨーロッパにそれぞれ振り分けられている。アメリカは人口動向が類似した二つの地域に区分。表2-2などでは、アメリカを大陸別に北中、南アメリカと区分。1）北部アメリカ。2）カリブ海諸国、中央アメリカおよび南アメリカ。

図 2-2　人口の多い国（2021年）

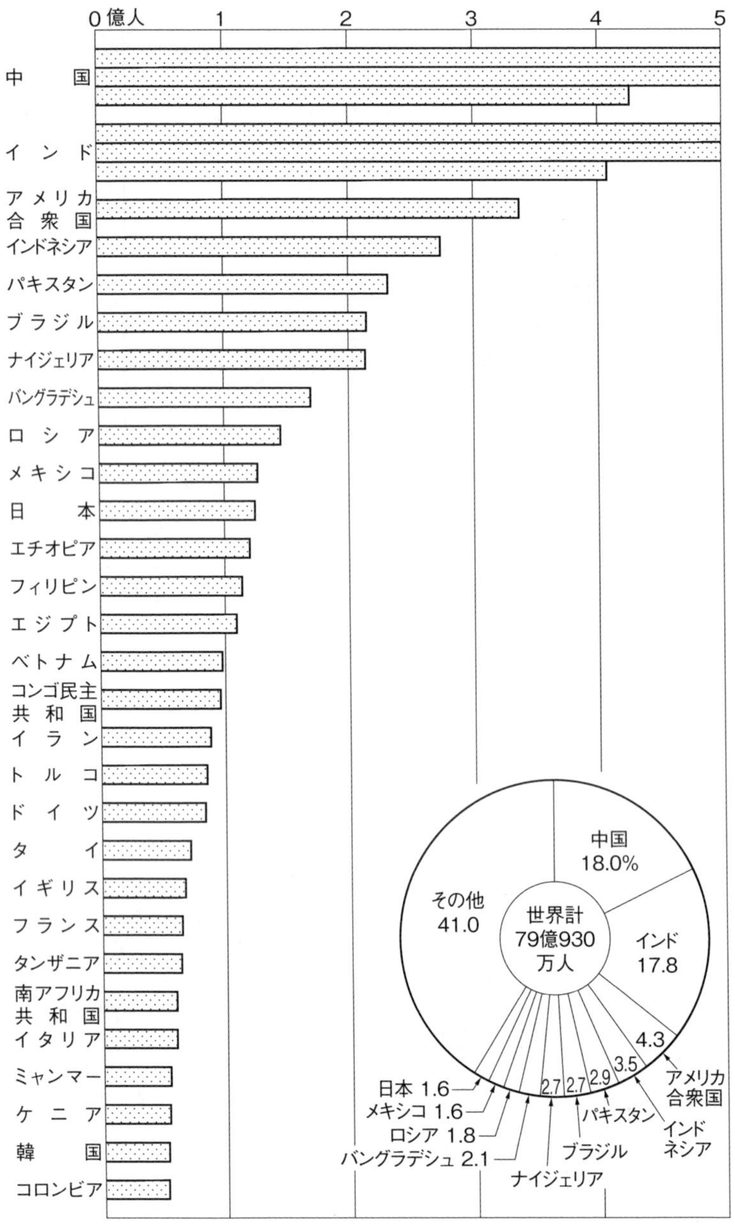

表2-2より作成。

表 2-2 各国の人口の推移（Ⅰ）（単位 千人）

	2000	2010	2019	2020	2021
アジア					
日本	126 804	128 105	125 792	125 245	124 613
アゼルバイジャン 1)	8 190	9 237	10 233	10 285	10 313
アフガニスタン	19 543	28 190	37 769	38 972	40 099
アラブ首長国連邦	3 275	8 482	9 212	9 287	9 365
アルメニア	3 169	2 946	2 821	2 806	2 791
イエメン	18 629	24 744	31 547	32 284	32 982
イスラエル	6 117	7 328	8 608	8 757	8 900
イラク	24 629	31 265	41 564	42 557	43 534
イラン	65 544	75 374	86 564	87 290	87 923
インド	1 059 634	1 240 614	1 383 112	1 396 387	1 407 564
インドネシア	214 072	244 016	269 583	271 858	273 753
ウズベキスタン	24 926	28 614	32 977	33 527	34 081
オマーン	2 344	2 882	4 603	4 543	4 520
カザフスタン	15 236	16 628	18 754	18 979	19 196
カタール	646	1 714	2 807	2 760	2 688
韓国	46 789	48 813	51 804	51 845	51 830
カンボジア	12 119	14 364	16 208	16 397	16 589
北朝鮮	23 367	24 686	25 755	25 867	25 972
キプロス 2)	948	1 130	1 229	1 238	1 244
キルギス	4 935	5 484	6 324	6 425	6 528
クウェート	1 935	2 943	4 441	4 360	4 250
サウジアラビア	21 547	29 412	35 827	35 997	35 950
ジョージア 3)	4 265	3 837	3 771	3 766	3 758
シリア	16 308	22 338	20 098	20 773	21 324
シンガポール	4 054	5 164	5 866	5 910	5 941
スリランカ	18 776	20 669	21 650	21 715	21 773
タイ	63 067	68 270	71 308	71 476	71 601

各国の人口について 人口統計には、全数調査（センサス）や標本調査など調査による数値と、それらの調査で得た数値に基づいて計算した推計人口や将来推計人口がある。人口センサスは日本では国勢調査にあたり、各国とも概ね5～10年ごとに実施している。一方、推計人口は、人口センサスが行われない年の人口について、センサス人口から各年の出生、死亡、出入国者数を加減するなどして推計したもので、国により推計方法は異なる。将来推計人口は、センサス人口を基準に、出生、死亡、国際人口移動数について将来の仮定を設けて推計したものである。国連では、人口部が概ね2年に一度“World Population Prospects”を公表し、推計人口と将来推計人口を計算している。本書の表2-2や2-8は、この資料を用いている。また、国連の統計部では、各国から報告されたセンサス人口や推計人口を取りまとめ、毎年“Demographic Yearbook”を公表している。表2-6や2-11は、この資料を用いている。

各国の人口の推移（Ⅱ）（単位　千人）

	2000	2010	2019	2020	2021
タジキスタン	6 273	7 622	9 337	9 543	9 750
中国[4)]	1 264 099	1 348 191	1 421 864	1 424 930	1 425 893
(台湾)	22 195	23 083	23 778	23 821	23 860
(香港)	6 731	7 132	7 496	7 501	7 495
(マカオ)	432	557	664	676	687
トルクメニスタン	4 569	5 268	6 158	6 250	6 342
トルコ	64 114	73 195	83 482	84 135	84 775
ネパール	24 560	27 162	28 832	29 349	30 035
バーレーン	711	1 214	1 494	1 477	1 463
パキスタン	154 370	194 454	223 293	227 197	231 402
(パレスチナ)[5)]	3 140	3 992	4 910	5 019	5 133
バングラデシュ	129 193	148 391	165 516	167 421	169 356
東ティモール	878	1 088	1 280	1 300	1 321
フィリピン	77 958	94 637	110 381	112 191	113 880
ブータン	587	706	767	773	777
ブルネイ	334	396	438	442	445
ベトナム	79 001	87 411	95 777	96 649	97 468
マレーシア	22 945	28 718	32 804	33 200	33 574
ミャンマー	45 538	49 391	53 040	53 423	53 798
モルディブ	283	362	505	514	521
モンゴル	2 451	2 703	3 232	3 294	3 348
ヨルダン	5 056	6 931	10 699	10 929	11 148
ラオス	5 431	6 323	7 212	7 319	7 425
レバノン	4 321	4 996	5 782	5 663	5 593
アフリカ					
アルジェリア	30 775	35 856	42 705	43 452	44 178
アンゴラ	16 394	23 364	32 354	33 428	34 504
ウガンダ	24 021	32 342	42 949	44 405	45 854
エジプト	71 371	87 252	105 619	107 465	109 262
エスワティニ[6)]	1 030	1 100	1 170	1 181	1 192
エチオピア	67 032	89 238	114 121	117 191	120 283
エリトリア	2 393	3 148	3 499	3 556	3 620
ガーナ	19 666	25 575	31 522	32 180	32 833
カーボベルデ	458	521	577	583	588
ガボン	1 273	1 711	2 243	2 293	2 341
カメルーン	15 092	19 878	25 782	26 491	27 199
ガンビア	1 438	1 937	2 509	2 574	2 640
ギニア	8 337	10 271	12 878	13 205	13 532
ギニアビサウ	1 231	1 567	1 970	2 016	2 061
ケニア	30 852	41 518	50 951	51 986	53 006
コートジボワール	16 800	21 120	26 148	26 812	27 478
コモロ	537	656	791	806	822
コンゴ共和国	3 134	4 438	5 571	5 702	5 836
コンゴ民主共和国	48 616	66 391	89 907	92 853	95 894
サントメ・プリンシペ	144	182	215	219	223

各国の人口の推移（Ⅲ）（単位　千人）

	2000	2010	2019	2020	2021
ザンビア	9 891	13 792	18 380	18 928	19 473
シエラレオネ	4 584	6 437	8 047	8 234	8 421
ジブチ	742	919	1 074	1 090	1 106
ジンバブエ	11 835	12 840	15 355	15 670	15 994
スーダン 7)8)	26 299	33 740	43 232	44 440	45 657
セーシェル	80	92	104	106	106
赤道ギニア	685	1 095	1 553	1 596	1 634
セネガル	9 704	12 530	16 001	16 436	16 877
ソマリア	8 721	12 027	15 981	16 537	17 066
タンザニア	34 464	45 111	59 873	61 705	63 588
チャド	8 259	11 895	16 127	16 645	17 180
中央アフリカ共和国	3 759	4 660	5 209	5 343	5 457
チュニジア	9 893	10 895	12 049	12 162	12 263
トーゴ	5 008	6 572	8 243	8 443	8 645
ナイジェリア	122 852	160 953	203 304	208 327	213 401
ナミビア	1 819	2 099	2 447	2 489	2 530
ニジェール	11 623	16 648	23 443	24 334	25 253
ブルキナファソ	11 883	16 117	20 952	21 523	22 101
ブルンジ	6 308	9 127	11 875	12 220	12 551
ベナン	6 998	9 446	12 290	12 643	12 997
ボツワナ	1 727	2 092	2 500	2 546	2 588
マダガスカル	16 216	21 731	27 533	28 225	28 916
マラウイ	11 229	14 718	18 867	19 377	19 890
マリ	11 239	15 529	20 567	21 224	21 905
南アフリカ共和国	46 813	51 785	58 087	58 802	59 392
南スーダン 7)	6 114	9 714	10 448	10 606	10 748
モーリシャス ь	1 216	1 283	1 296	1 298	1 299
モーリタニア	2 695	3 419	4 384	4 499	4 615
モザンビーク	17 769	23 074	30 286	31 178	32 077
モロッコ	28 554	32 465	36 304	36 689	37 077
リビア	5 155	6 492	6 569	6 654	6 735
リベリア	2 895	4 020	4 985	5 088	5 193
ルワンダ	8 110	10 309	12 835	13 146	13 462
レソト	1 999	2 023	2 226	2 254	2 281
ヨーロッパ					
アイスランド	281	318	361	367	370
アイルランド	3 769	4 525	4 896	4 946	4 987
アルバニア	3 182	2 913	2 874	2 867	2 855
アンドラ	66	72	76	78	79
イギリス	58 850	62 760	66 779	67 059	67 281
イタリア	56 966	59 822	59 728	59 501	59 240
ウクライナ 9)	48 880	45 683	44 211	43 910	43 531
エストニア	1 397	1 332	1 327	1 329	1 329
オーストリア	8 010	8 363	8 880	8 908	8 922
オランダ	15 899	16 617	17 363	17 435	17 502

各国の人口の推移（Ⅳ）（単位　千人）

	2000	2010	2019	2020	2021
北マケドニア[10]	2 038	2 094	2 114	2 111	2 103
ギリシャ	11 038	11 034	10 574	10 512	10 445
クロアチア	4 548	4 369	4 130	4 097	4 060
コソボ[13]	1 823	1 793	1 687	1 671	1 662
サンマリノ	27	32	34	34	34
スイス	7 182	7 822	8 576	8 639	8 691
スウェーデン	8 871	9 382	10 268	10 369	10 467
スペイン[♮]	40 742	46 573	47 131	47 364	47 487
スロバキア	5 377	5 396	5 454	5 457	5 448
スロベニア	1 984	2 057	2 113	2 118	2 119
セルビア[11][12][13]	7 935	7 654	7 401	7 358	7 297
チェコ	10 235	10 465	10 537	10 531	10 511
デンマーク	5 341	5 551	5 796	5 826	5 854
ドイツ	81 552	81 325	83 148	83 329	83 409
ノルウェー[♮]	4 491	4 890	5 348	5 380	5 403
バチカン[#]	0.65	0.60	0.53	0.52	0.51
ハンガリー	10 202	9 987	9 772	9 751	9 710
フィンランド[♮]	5 176	5 363	5 522	5 529	5 536
フランス	58 665	62 445	64 400	64 480	64 531
ブルガリア	8 098	7 592	7 053	6 979	6 886
ベラルーシ	10 256	9 731	9 674	9 634	9 578
ベルギー	10 264	10 878	11 511	11 562	11 611
ポーランド	38 504	38 597	38 494	38 428	38 308
ボスニア・ヘルツェゴビナ	4 179	3 811	3 361	3 318	3 271
ポルトガル	10 301	10 588	10 290	10 298	10 290
マルタ	399	419	504	515	527
モナコ	32	33	37	37	37
モルドバ[14]	4 252	3 678	3 109	3 085	3 062
モンテネグロ[11]	633	631	630	629	628
ラトビア	2 393	2 102	1 917	1 897	1 874
リトアニア	3 600	3 139	2 849	2 820	2 787
リヒテンシュタイン	33	36	38	39	39
ルーマニア	21 920	20 335	19 524	19 442	19 329
ルクセンブルク	436	507	620	630	639
ロシア	146 845	143 243	145 742	145 617	145 103
北中アメリカ					
アメリカ合衆国	282 399	311 183	334 320	335 942	336 998
アンティグア・バーブーダ	75	86	92	93	93
エルサルバドル	5 958	6 114	6 280	6 293	6 314
カナダ	30 683	33 963	37 523	37 889	38 155
キューバ	11 106	11 290	11 317	11 301	11 256
グアテマラ	11 736	14 543	17 106	17 363	17 608
グレナダ	107	114	123	124	125

各国の人口の推移（V）（単位　千人）

	2000	2010	2019	2020	2021
コスタリカ……	3 979	4 622	5 085	5 123	5 154
ジャマイカ……	2 612	2 734	2 814	2 820	2 828
セントクリストファー・ネービス	45	47	48	48	48
セントビンセント・グレナディーン諸島……	114	109	105	105	104
セントルシア……	160	171	179	179	180
ドミニカ共和国…	8 541	9 776	10 882	11 000	11 118
ドミニカ国……	68	69	71	72	72
トリニダード・トバゴ	1 332	1 410	1 520	1 518	1 526
ニカラグア……	5 123	5 856	6 664	6 756	6 851
ハイチ……	8 360	9 843	11 160	11 307	11 448
パナマ……	3 002	3 624	4 233	4 294	4 351
バハマ……	325	373	405	406	408
バルバドス……	265	275	280	281	281
ベリーズ……	240	322	389	395	400
ホンジュラス……	6 657	8 451	9 959	10 122	10 278
メキシコ……	97 873	112 532	125 085	125 998	126 705
南アメリカ					
アルゼンチン……	37 071	41 100	44 746	45 036	45 277
ウルグアイ……	3 292	3 353	3 428	3 429	3 426
エクアドル……	12 627	14 990	17 344	17 589	17 798
ガイアナ……	759	748	799	797	805
コロンビア……	39 215	44 816	50 187	50 931	51 517
スリナム……	479	546	600	607	613
チリ……	15 352	17 004	19 039	19 300	19 493
パラグアイ……	5 124	5 769	6 530	6 619	6 704
ブラジル……	175 874	196 353	211 783	213 196	214 326
ベネズエラ……	24 428	28 715	28 972	28 490	28 200
ペルー……	26 654	29 230	32 825	33 305	33 715
ボリビア……	8 593	10 223	11 777	11 936	12 079
オセアニア					
オーストラリア・ᶣ	19 018	22 019	25 357	25 670	25 921
キリバス……	89	108	124	126	129
クック諸島…… 15)	16	17	17	17	17
サモア……	184	195	212	215	219
ソロモン諸島……	430	540	675	691	708
ツバル……	10	11	11	11	11
トンガ……	103	107	105	105	106
ナウル……	10	10	12	12	13
ニウエ…… 16)#	2.1	1.8	1.9	1.9	1.9
ニュージーランド	3 855	4 346	4 959	5 061	5 130
バヌアツ……	192	245	304	312	319
パプアニューギニア	5 508	7 583	9 542	9 750	9 949

各国の人口の推移（Ⅵ）（単位　千人）

	2000	2010	2019	2020	2021
パラオ…………	20	19	18	18	18
フィジー………	833	905	918	920	925
マーシャル諸島‥	54	53	45	43	42
ミクロネシア連邦	112	108	111	112	113

国連“World Population Prospects : The 2022 Revision”（2022年7月11日閲覧）より作成。現在人口（調査時にその地域に存在する人口）。各年7月1日現在の推計人口。これまで、“World Population Prospects”では、セルビアの人口にコソボの人口を含んでいたが、最新の2022年版より、セルビアとコソボの人口が別々に掲載されるようになった。各国とも海外領土・自治領を含まない。1）ナゴルノ・カラバフを含む。2）北キプロスを含む。3）2015年4月、「グルジア」から国名呼称変更。南オセチアとアブハジアを含む。4）台湾、香港、マカオを含まない。5）東エルサレムを含む。6）2018年4月、「スワジランド」から国名変更。7）2011年7月、スーダンから南スーダンが独立。8）南スーダンを含まない新スーダンの数値。9）クリミアを含む。10）2019年2月、「マケドニア（正式にはマケドニア・旧ユーゴスラビア共和国）」から国名変更。11）2006年6月、セルビア・モンテネグロからモンテネグロが独立。12）コソボを含まず。13）2008年2月にコソボはセルビアからの独立を宣言、同年3月18日に日本はコソボを国家として承認。14）トランスニストリアを含む。15）2011年3月25日に日本はクック諸島を国家として承認。16）2015年5月15日に日本はニウエを国家として承認。♮印は海外領土・自治領を含む。#印は人口数が少なく推移がわからないため、千人以下の数値についても記載した。

表 2-3　各国の人口増加率（Ⅰ）（%）

	2001〜11年平均増加率	2011〜21年平均増加率		2001〜11年平均増加率	2011〜21年平均増加率
アジア			キプロス……	*1.7*	*0.8*
日本…………	*0.1*	*-0.3*	キルギス……	*1.1*	*1.6*
			クウェート……	*4.7*	*3.1*
アゼルバイジャン	*1.2*	*1.0*	サウジアラビア	*3.2*	*1.8*
アフガニスタン	*4.0*	*3.2*	ジョージア‥ 1)	*-0.8*	*-0.2*
アラブ首長国連邦	*9.5*	*0.9*	シリア………	*3.1*	*-0.6*
アルメニア……	*-0.7*	*-0.5*	シンガポール‥	*2.5*	*1.2*
イエメン……	*2.9*	*2.6*			
イスラエル……	*1.8*	*1.8*	スリランカ……	*1.0*	*0.4*
イラク………	*2.4*	*3.0*	タイ…………	*0.8*	*0.4*
イラン………	*1.4*	*1.4*	タジキスタン‥	*2.0*	*2.3*
			中国…………	*0.6*	*0.5*
インド………	*1.5*	*1.1*	（台湾）………	*0.4*	*0.3*
インドネシア‥	*1.3*	*1.0*	（香港）………	*0.5*	*0.4*
ウズベキスタン	*1.4*	*1.6*	（マカオ）……	*2.7*	*1.9*
オマーン……	*3.1*	*3.5*			
カザフスタン‥	*1.0*	*1.3*	トルクメニスタン	*1.5*	*1.7*
カタール……	*10.3*	*4.1*	トルコ………	*1.3*	*1.3*
韓国…………	*0.4*	*0.5*	ネパール……	*0.9*	*1.0*
カンボジア……	*1.7*	*1.3*	パキスタン……	*2.2*	*1.5*
北朝鮮………	*0.5*	*0.5*	バングラデシュ	*1.3*	*1.2*

各国の人口増加率（Ⅱ）（%）

	2001～11年平均増加率	2011～21年平均増加率
フィリピン	1.9	1.7
ブータン	1.7	0.9
ベトナム	1.0	1.0
マレーシア	2.2	1.4
ミャンマー	0.8	0.8
モンゴル	1.0	2.0
ヨルダン	3.3	4.6
ラオス	1.5	1.5
レバノン	1.4	1.0
アフリカ		
アルジェリア	1.6	1.9
アンゴラ	3.7	3.6
ウガンダ	3.0	3.3
エジプト	2.0	2.0
エチオピア	2.9	2.7
ガーナ	2.6	2.3
カメルーン	2.8	2.9
ギニア	2.2	2.5
ケニア	3.0	2.2
コートジボワール	2.3	2.5
コンゴ民主共和国	3.2	3.4
ザンビア	3.4	3.2
シエラレオネ	3.1	2.4
ジンバブエ	0.9	2.1
スーダン	2.5	2.9
ソマリア	3.0	3.4
タンザニア	2.7	3.2
チャド	3.7	3.4
チュニジア	1.0	1.1
トーゴ	2.7	2.5
ナイジェリア	2.7	2.6
ナミビア	1.4	1.7
ニジェール	3.7	3.9
ブルキナファソ	3.1	2.9
ブルンジ	3.9	2.9
ボツワナ	1.9	1.9
マダガスカル	3.0	2.6
マラウイ	2.8	2.8
マリ	3.3	3.2
南アフリカ共和国	1.1	1.3
南スーダン	4.8	0.5
モザンビーク	2.7	3.0
モロッコ	1.3	1.2
リビア	1.6	0.9
リベリア	3.4	2.2
ルワンダ	2.5	2.4
ヨーロッパ		
アイルランド	1.7	0.9
アルバニア	-0.8	-0.2
イギリス	0.7	0.6
イタリア	0.5	-0.1
ウクライナ	-0.6	-0.4
エストニア	-0.4	0.0
オーストリア	0.4	0.6
オランダ	0.4	0.5
ギリシャ	-0.1	-0.5
クロアチア	-0.3	-0.7
スイス	0.9	0.9
スウェーデン	0.6	1.0
スペイン	1.3	0.2
スロバキア	0.0	0.1
スロベニア	0.4	0.3
チェコ	0.3	0.0
デンマーク	0.4	0.5
ドイツ	-0.0	0.2
ノルウェー	0.9	0.9
ハンガリー	-0.2	-0.2
フィンランド	0.4	0.3
フランス	0.6	0.3
ブルガリア	-0.6	-0.9
ベラルーシ	-0.5	-0.1
ベルギー	0.6	0.6
ポーランド	-0.0	-0.1
ボスニア・ヘルツェゴビナ	-1.1	-1.3
ポルトガル	0.2	-0.3
モルドバ	-1.5	-1.6
ラトビア	-1.3	-1.0
リトアニア	-1.4	-1.1
ルーマニア	-0.7	-0.5
ロシア	-0.2	0.1
北中アメリカ		
アメリカ合衆国	1.0	0.7
エルサルバドル	0.2	0.3
カナダ	1.0	1.1
キューバ	0.1	-0.0
グアテマラ	2.1	1.7
コスタリカ	1.4	1.0

各国の人口増加率（Ⅲ）（%）

	2001～11年平均増加率	2011～21年平均増加率		2001～11年平均増加率	2011～21年平均増加率
ジャマイカ・・・・	*0.5*	*0.3*	チリ・・・・・・・・・・	*1.0*	*1.3*
ドミニカ共和国	*1.3*	*1.2*	パラグアイ・・・・	*1.2*	*1.4*
ニカラグア・・・・	*1.4*	*1.4*	ブラジル・・・・・・	*1.1*	*0.8*
ハイチ・・・・・・・・	*1.6*	*1.4*	ベネズエラ・・・・	*1.6*	*-0.3*
パナマ・・・・・・・・	*1.9*	*1.7*	ペルー・・・・・・・・	*0.9*	*1.4*
ホンジュラス・・	*2.3*	*1.8*	ボリビア・・・・・・	*1.7*	*1.5*
メキシコ・・・・・・	*1.4*	*1.0*	**オセアニア**		
南アメリカ			オーストラリア	*1.5*	*1.5*
アルゼンチン・・	*1.0*	*0.9*	ニュージーランド	*1.2*	*1.6*
ウルグアイ・・・・	*0.2*	*0.2*	パプアニューギニア・・・・・・	*3.2*	*2.5*
エクアドル・・・・	*1.7*	*1.6*	世界計・・・・・・	*1.3*	*1.1*
コロンビア・・・・	*1.3*	*1.3*			

表2-1、2-2より作成。各国の範囲は表2-2に同じ。中国には台湾、香港およびマカオを含まず。人口の少ない国の増加率については誤差が大きくなる傾向があり、必ずしも実態を正確に表してはいないことに留意すること。1)「グルジア」から国名呼称変更。

表 2-4　人口動態（Ⅰ）（人口千人あたり）

	調査年	出生率	死亡率	自然増加率	自然増加数(千人)
アジア					
日本・・・・・・・・・・・・・・・・・	2020	6.8	11.1	-4.3	-532
アゼルバイジャン・・・・・・	2020	12.6	7.5	5.1	51
アフガニスタン* ・・・・・・	2020	31.2	6.2	25.0	…
アラブ首長国連邦・・・・・・	2019	10.0	0.9	9.1	86
アルメニア・・・・・・・・・・・・	2020	12.3	12.2	0.1	0
イエメン* ・・・・・・・・・・・・	2020	29.3	6.0	23.3	1) 614
イスラエル・・・・・・・・・・ 2)	2020	19.2	5.3	13.9	129
イラク* ・・・・・・・・・・・・・・	2020	28.1	4.7	23.4	1) 660
イラン・・・・・・・・・・・・・・・・	2020	13.4	5.9	7.5	626
インド・・・・・・・・・・・・・・・・	2019	18.5	5.7	12.8	17 180
インドネシア* ・・・・・・・・	2020	17.4	6.6	10.9	3) 4 793
ウズベキスタン・・・・・・・・	2020	24.6	5.1	19.5	666
オマーン* ・・・・・・・・・・・・	2020	17.8	2.4	15.4	74
カザフスタン* ・・・・・・・・	2020	22.8	8.6	14.2	265
カタール・・・・・・・・・・・・・・	2020	10.2	1.0	9.2	26
韓国・・・・・・・・・・・・・・・・・・	2020	5.3	5.9	-0.6	-33
カンボジア* ・・・・・・・・・・	2020	21.6	6.0	15.6	…
北朝鮮* ・・・・・・・・・・・・・・	2020	13.8	9.3	4.5	…
キプロス・・・・・・・・・・・・・・	2019	10.9	7.1	3.8	3
キルギス・・・・・・・・・・・・・・	2020	24.0	6.1	17.9	118
クウェート・・・・・・・・・・・・	2020	11.8	2.4	9.4	42
サウジアラビア・・・・・・・・	2017	15.0	1.8	13.2	429

人口動態（Ⅱ）（人口千人あたり）

	調査年	出生率	死亡率	自然増加率	自然増加数(千人)
ジョージア	2020	12.5	13.6	-1.1	-4
シリア*	2020	22.7	4.8	17.9	[3] 778
シンガポール	2020	9.5	5.5	4.0	17
スリランカ	2020	13.8	6.0	7.8	169
タイ*	2020	10.0	7.9	2.1	86
タジキスタン*	2020	29.2	4.7	24.5	[4] 201
中国	2020	8.5	7.1	1.4	2 040
(台湾)	2021	6.6	7.8	-1.3	-30
(香港)	2020	5.8	6.8	-1.0	-8
(マカオ)	2020	8.1	3.3	4.8	3
トルクメニスタン*	2020	22.3	7.0	15.3	…
トルコ	2019	14.2	5.2	9.0	748
ネパール	2011	11.4	4.5	6.9	197
バーレーン	2019	12.5	2.0	10.5	16
パキスタン*	2020	27.4	6.8	20.5	…
(パレスチナ*)	2020	28.2	3.5	24.8	118
バングラデシュ*	2020	17.5	5.5	12.0	2 188
東ティモール	2015	30.2	7.7	22.5	27
フィリピン	2020	12.9	5.5	7.4	802
ブータン	2017	15.5	6.7	8.8	6
ブルネイ	2020	14.3	3.9	10.4	5
ベトナム*	2020	16.1	6.4	9.7	…
マレーシア	2020	14.4	5.1	9.3	304
ミャンマー*	2020	17.2	8.3	9.0	[4] 570
モルディブ	2019	11.5	1.9	9.6	5
モンゴル	2020	23.4	5.1	18.3	61
ヨルダン*	2020	21.1	3.9	17.2	144
ラオス	2015	18.8	4.1	14.7	99
レバノン*	2020	17.2	4.6	12.6	[5] 78
アフリカ					
アルジェリア*	2020	22.8	4.7	18.1	[1] 885
アンゴラ	2014	44.5	9.2	35.3	913
ウガンダ*	2020	36.7	6.2	30.4	…
エジプト	2020	22.6	6.6	16.0	1 608
エスワティニ* [7]	2020	25.4	8.9	16.5	[6] 18
エチオピア*	2020	31.4	6.3	25.2	…
エリトリア*	2020	29.2	6.9	22.3	…
ガーナ*	2020	28.6	7.1	21.5	[8] 412
カーボベルデ*	2020	18.6	5.5	13.1	…
ガボン*	2020	30.3	6.6	23.7	…
カメルーン*	2020	34.4	8.9	25.5	…
ガンビア*	2020	37.6	7.6	30.0	…
ギニア	2014	41.5	11.3	30.2	320
ギニアビサウ*	2020	34.0	9.3	24.7	…

人口動態（Ⅲ）（人口千人あたり）

	調査年	出生率	死亡率	自然増加率	自然増加数(千人)
ケニア*	2020	27.9	5.3	22.6	954
コートジボワール*	2020	35.2	9.7	25.5	[6] 590
コモロ*	2020	30.9	7.1	23.9	…
コンゴ共和国*	2020	32.0	6.5	25.4	[5] 98
コンゴ民主共和国*	2020	40.1	9.1	31.0	…
サントメ・プリンシペ	2017	26.3	6.1	20.2	4
ザンビア*	2020	35.4	6.2	29.2	[1] 66
シエラレオネ*	2020	32.4	11.3	21.1	…
ジブチ*	2020	20.5	6.9	13.6	[9] 10
ジンバブエ*	2020	29.0	7.7	21.3	…
スーダン*	2020	31.5	7.0	24.4	…
セーシェル	2020	15.8	6.8	9.0	1
セネガル	2013	33.7	6.8	26.9	369
ソマリア*	2020	41.4	10.5	30.9	…
タンザニア*	2020	36.0	6.1	29.9	[10] 1 139
チャド*	2020	41.2	11.7	29.4	…
中央アフリカ共和国*	2020	34.9	11.7	23.2	…
チュニジア*	2020	16.6	6.3	10.3	[4] 124
トーゴ*	2020	32.3	8.2	24.1	…
ナイジェリア*	2020	37.0	11.4	25.6	…
ナミビア	2011	29.1	10.7	18.4	[1] 24
ニジェール*	2020	45.2	7.8	37.4	…
ブルキナファソ*	2020	37.0	7.7	29.3	[11] 504
ブルンジ*	2020	37.8	7.6	30.2	…
ベナン	2012	40.2	8.4	31.8	297
ボツワナ*	2020	23.7	5.7	17.9	[4] 41
マダガスカル*	2020	32.1	5.8	26.3	…
マラウイ	2018	32.8	6.3	26.5	466
マリ*	2020	40.6	9.2	31.4	[12] 604
南アフリカ共和国*	2020	19.8	9.4	10.4	…
南スーダン*	2020	34.3	10.2	24.1	…
モーリシャス	2020	10.5	8.7	1.8	2
モザンビーク*	2020	36.8	8.0	28.9	…
モロッコ*	2020	18.1	5.1	13.0	…
リビア*	2020	17.8	5.1	12.7	[12] 112
リベリア*	2020	32.4	7.3	25.1	…
ヨーロッパ					
アイスランド	2020	12.4	6.3	6.1	2
アイルランド	2020	11.3	6.4	4.9	24
アルバニア	2019	10.0	7.7	2.3	7
イギリス	2020	10.2	10.3	-0.1	-5
イタリア	2020	6.8	12.5	-5.7	-342
ウクライナ[13]	2019	7.3	13.8	-6.5	-272
エストニア	2020	9.9	11.9	-2.0	-3

人口動態（Ⅳ）（人口千人あたり）

	調査年	出生率	死亡率	自然増加率	自然増加数(千人)
オーストリア…………	2019	9.6	9.4	0.2	2
オランダ……………	2020	9.7	9.7	0.0	0
北マケドニア………14)	2019	9.6	9.8	-0.2	-1
ギリシャ……………	2020	7.9	12.2	-4.3	-46
クロアチア…………	2020	8.8	14.1	-5.3	-21
サンマリノ…………	2020	6.4	9.9	-3.5	-0
スイス………………	2019	10.0	7.9	2.1	18
スウェーデン………	2019	11.2	8.7	2.5	26
スペイン……………	2020	7.2	10.4	-3.2	-152
スロバキア…………	2019	10.5	9.8	0.7	4
スロベニア…………	2020	8.9	11.4	-2.5	-5
セルビア…………15)	2020	8.9	16.9	-8.0	-55
チェコ………………	2020	10.3	12.1	-1.8	-19
デンマーク…………	2019	10.5	9.3	1.2	7
ドイツ………………	2020	9.3	11.9	-2.6	-212
ノルウェー…………	2020	9.9	7.6	2.3	12
ハンガリー…………	2020	9.4	14.5	-5.1	-50
フィンランド………	2020	8.4	10.0	-1.6	-9
フランス……………	2019	11.0	9.2	1.8	115
ブルガリア…………	2019	8.8	15.5	-6.7	-47
ベラルーシ…………	2019	9.3	12.8	-3.5	-33
ベルギー……………	2020	9.9	11.0	-1.1	-13
ポーランド…………	2019	9.9	10.8	-0.9	-35
ボスニア・ヘルツェゴビナ	2019	8.1	11.1	-3.0	-10
ポルトガル…………	2020	8.2	12.0	-3.8	-39
マルタ………………	2020	8.6	7.9	0.7	0
モルドバ……………	2020	11.7	15.5	-3.8	-10
モンテネグロ………	2020	11.4	11.7	-0.3	-0
ラトビア……………	2020	9.2	15.1	-5.9	-11
リトアニア…………	2020	8.9	15.6	-6.7	-19
リヒテンシュタイン……	2020	9.1	8.2	0.9	0
ルーマニア…………	2020	10.3	15.4	-5.1	-100
ルクセンブルク……	2020	10.3	7.4	2.9	2
ロシア………………	2020	9.8	14.5	-4.7	-689
北中アメリカ					
アメリカ合衆国……	2019	11.4	8.7	2.7	893
エルサルバドル* ……	2020	17.8	7.1	10.7	…
カナダ………………	2019	9.9	7.6	2.3	88
キューバ……………	2019	9.8	9.7	0.1	1
グアテマラ…………	2018	22.1	4.8	17.3	300
グレナダ……………	2017	12.5	7.9	4.6	1
コスタリカ…………	2020	11.4	5.1	6.3	32
ジャマイカ* ………	2020	15.7	7.6	8.1 4)	16
セントルシア………	2014	11.7	7.9	3.8	1

第2章 人口と都市

人口動態（V）（人口千人あたり）

	調査年	出生率	死亡率	自然増加率	自然増加数(千人)
ドミニカ共和国*	2020	18.9	6.2	12.6	99
トリニダード・トバゴ	2019	11.8	8.3	3.5	5
ニカラグア*	2020	19.8	5.1	14.7	4) 106
ハイチ*	2020	23.6	8.4	15.2	…
パナマ	2020	16.3	5.9	10.4	45
バハマ*	2020	13.8	6.9	6.9	1) 2
バルバドス	2014	10.5	9.3	1.2	0
(プエルトリコ) 16)	2020	5.8	9.6	-3.8	-13
ベリーズ*	2020	20.2	4.8	15.5	5
ホンジュラス*	2020	21.1	4.5	16.6	…
メキシコ	2019	16.5	5.9	10.6	1 344
南アメリカ					
アルゼンチン	2019	13.9	7.6	6.3	284
ウルグアイ	2019	10.6	9.9	0.7	3
エクアドル*	2020	19.2	5.1	14.1	150
ガイアナ*	2020	19.5	7.7	11.8	…
コロンビア*	2020	14.4	5.7	8.7	4) 398
スリナム	2019	16.9	6.6	10.3	6
チリ	2019	11.0	5.7	5.3	101
パラグアイ*	2020	20.1	5.6	14.5	4) 87
ブラジル	2018	14.3	6.2	8.1	1 700
ベネズエラ*	2020	17.3	7.2	10.1	1) 389
ペルー*	2020	17.5	5.7	11.9	249
ボリビア*	2020	21.2	6.8	14.4	4) 192
オセアニア					
オーストラリア	2020	11.5	6.3	5.2	133
ソロモン諸島*	2020	31.4	4.2	27.2	…
トンガ*	2020	23.8	7.0	16.7	…
(ニューカレドニア) 17)	2017	14.6	5.5	9.1	3
ニュージーランド	2020	11.3	6.4	4.9	25
パプアニューギニア*	2020	26.5	7.3	19.2	…
パラオ	2018	14.0	7.8	6.2	0
フィジー	2017	15.8	7.9	7.9	7

国連“Population and Vital Statistics Report”（2022年5月更新版など）より作成。上記資料にデータがない国については、世界銀行“World Development Indicators”（2022年6月閲覧）のデータによった。ただし、日本は厚生労働省「人口動態統計年報」、台湾は政府資料による。中国には台湾、香港、マカオを含まず。インドにはジャム・カシミール地方のインド支配地域を含み、パキスタンには同地方のパキスタン支配地域を含まず。出生率、死亡率は、それぞれ粗出生率、粗死亡率。自然増加数は出生数から死亡数を引いた数。*印の国の出生率、死亡率、自然増加率は世界銀行のデータによる。1）2017年。2）東エルサレムを含む。3）2010年。4）2019年。5）2014年。6）2018年。7）スワジランドから国名変更。8）2013年。9）2011年。10）2012年。11）2008年。12）2009年。13）クリミアとセバストポリ市を含まない。14）旧マケドニア。2019年2月に国名変更。15）コソボを除く。16）アメリカ合衆国領。17）フランス領。

表 2-5　男女別人口と人口性比（Ⅰ）（2021年）（単位　千人）

	人口総数	男	女	人口性比*
アジア				
日本	124 613	60 568	64 045	94.6
アゼルバイジャン	10 313	5 089	5 224	97.4
アフガニスタン	40 099	20 255	19 845	102.1
アラブ首長国連邦	9 365	6 512	2 853	228.2
アルメニア	2 791	1 256	1 534	81.9
イエメン	32 982	16 668	16 313	102.2
イスラエル	8 900	4 437	4 463	99.4
イラク	43 534	21 797	21 736	100.3
イラン	87 923	44 427	43 497	102.1
インド	1 407 564	726 503	681 060	106.7
インドネシア	273 753	137 852	135 901	101.4
ウズベキスタン	34 081	17 052	17 030	100.1
オマーン	4 520	2 762	1 759	157.0
カザフスタン	19 196	9 230	9 966	92.6
カタール	2 688	1 954	735	266.0
韓国	51 830	25 885	25 945	99.8
カンボジア	16 589	8 212	8 377	98.0
北朝鮮	25 972	12 844	13 128	97.8
キルギス	6 528	3 205	3 322	96.5
クウェート	4 250	2 591	1 659	156.1
サウジアラビア	35 950	20 766	15 184	136.8
ジョージア 1)	3 758	1 767	1 991	88.7
シリア	21 324	10 681	10 643	100.4
シンガポール	5 941	3 107	2 834	109.7
スリランカ	21 773	10 490	11 283	93.0
タイ	71 601	34 794	36 807	94.5
タジキスタン	9 750	4 906	4 844	101.3
中国	1 425 893	728 050	697 843	104.3
(台湾)	23 860	11 821	12 039	98.2
(香港)	7 495	3 457	4 038	85.6
トルクメニスタン	6 342	3 142	3 200	98.2
トルコ	84 775	42 490	42 286	100.5
ネパール	30 035	14 371	15 664	91.7
バーレーン	1 463	909	555	163.8
パキスタン	231 402	116 816	114 586	101.9
(パレスチナ)	5 133	2 560	2 573	99.5
バングラデシュ	169 356	83 998	85 358	98.4
フィリピン	113 880	57 817	56 063	103.1
ブータン	777	412	366	112.5
ベトナム	97 468	48 136	49 332	97.6
マレーシア	33 574	17 167	16 407	104.6
ミャンマー	53 798	26 783	27 015	99.1
モンゴル	3 348	1 661	1 686	98.5

男女別人口と人口性比（Ⅱ）（2021年）（単位　千人）

	人口総数	男	女	人口性比*
ヨルダン	11 148	5 780	5 368	107.7
ラオス	7 425	3 743	3 682	101.6
レバノン	5 593	2 713	2 879	94.2
アフリカ				
アルジェリア	44 178	22 497	21 681	103.8
アンゴラ	34 504	17 051	17 452	97.7
ウガンダ	45 854	22 701	23 153	98.0
エジプト	109 262	55 260	54 002	102.3
エチオピア	120 283	60 443	59 840	101.0
ガーナ	32 833	16 376	16 457	99.5
ガボン	2 341	1 192	1 149	103.8
カメルーン	27 199	13 564	13 634	99.5
ガンビア	2 640	1 313	1 327	99.0
ギニア	13 532	6 686	6 846	97.7
ケニア	53 006	26 279	26 726	98.3
コートジボワール	27 478	13 878	13 601	102.0
コンゴ共和国	5 836	2 914	2 921	99.8
コンゴ民主共和国	95 894	47 575	48 319	98.5
ザンビア	19 473	9 609	9 864	97.4
シエラレオネ	8 421	4 219	4 202	100.4
ジンバブエ	15 994	7 544	8 450	89.3
スーダン	45 657	22 815	22 842	99.9
セネガル	16 877	8 297	8 580	96.7
ソマリア	17 066	8 556	8 510	100.5
タンザニア	63 588	31 418	32 171	97.7
チャド	17 180	8 624	8 556	100.8
中央アフリカ共和国	5 457	2 728	2 729	100.0
チュニジア	12 263	6 057	6 206	97.6
トーゴ	8 645	4 345	4 300	101.1
ナイジェリア	213 401	107 827	105 574	102.1
ナミビア	2 530	1 221	1 309	93.3
ニジェール	25 253	12 809	12 444	102.9
ブルキナファソ	22 101	11 011	11 090	99.3
ブルンジ	12 551	6 232	6 319	98.6
ベナン	12 997	6 510	6 487	100.3
ボツワナ	2 588	1 278	1 311	97.5
マダガスカル	28 916	14 491	14 425	100.5
マラウイ	19 890	9 671	10 219	94.6
マリ	21 905	11 061	10 844	102.0
南アフリカ共和国	59 392	28 895	30 498	94.7
南スーダン	10 748	5 321	5 428	98.0
モーリシャス	1 299	641	658	97.4
モーリタニア	4 615	2 261	2 354	96.0
モザンビーク	32 077	15 737	16 340	96.3

男女別人口と人口性比（Ⅲ）（2021年）（単位　千人）

	人口総数	男	女	人口性比*
モロッコ	37 077	18 666	18 411	101.4
リビア	6 735	3 410	3 326	102.5
リベリア	5 193	2 585	2 608	99.1
ルワンダ	13 462	6 582	6 880	95.7
レソト	2 281	1 126	1 156	97.4
ヨーロッパ				
アイルランド	4 987	2 471	2 516	98.2
アルバニア	2 855	1 426	1 429	99.8
イギリス	67 281	33 239	34 042	97.6
イタリア	59 240	28 873	30 367	95.1
ウクライナ	43 531	20 147	23 384	86.2
エストニア	1 329	630	699	90.2
オーストリア	8 922	4 391	4 531	96.9
オランダ	17 502	8 696	8 805	98.8
北マケドニア 2)	2 103	1 049	1 055	99.4
ギリシャ	10 445	5 117	5 328	96.0
クロアチア	4 060	1 977	2 083	94.9
スイス	8 691	4 314	4 377	98.6
スウェーデン	10 467	5 273	5 195	101.5
スペイン	47 487	23 272	24 215	96.1
スロバキア	5 448	2 660	2 788	95.4
スロベニア	2 119	1 065	1 054	101.0
チェコ	10 511	5 176	5 334	97.0
デンマーク	5 854	2 912	2 942	99.0
ドイツ	83 409	41 154	42 255	97.4
ノルウェー	5 403	2 726	2 677	101.8
ハンガリー	9 710	4 654	5 056	92.1
フィンランド	5 536	2 735	2 801	97.6
フランス	64 531	31 195	33 336	93.6
ブルガリア	6 886	3 339	3 547	94.2
ベラルーシ	9 578	4 415	5 163	85.5
ベルギー	11 611	5 735	5 877	97.6
ポーランド	38 308	18 524	19 783	93.6
ボスニア・ヘルツェゴビナ	3 271	1 610	1 661	97.0
ポルトガル	10 290	4 855	5 435	89.3
モルドバ	3 062	1 453	1 608	90.4
モンテネグロ	628	306	322	95.0
ラトビア	1 874	868	1 006	86.3
リトアニア	2 787	1 308	1 479	88.4
ルーマニア	19 329	9 345	9 984	93.6
ルクセンブルク	639	322	318	101.3
ロシア	145 103	67 393	77 710	86.7
北中アメリカ				
アメリカ合衆国	336 998	166 942	170 056	98.2

第2章 人口と都市

男女別人口と人口性比（Ⅳ）（2021年）（単位　千人）

	人口総数	男	女	人口性比*
エルサルバドル	6 314	3 007	3 307	90.9
カナダ	38 155	18 960	19 195	98.8
キューバ	11 256	5 589	5 667	98.6
グアテマラ	17 608	8 717	8 892	98.0
コスタリカ	5 154	2 579	2 575	100.1
ジャマイカ	2 828	1 403	1 425	98.5
ドミニカ共和国	11 118	5 582	5 536	100.8
トリニダード・トバゴ	1 526	753	773	97.4
ニカラグア	6 851	3 376	3 475	97.1
ハイチ	11 448	5 673	5 775	98.2
パナマ	4 351	2 177	2 175	100.1
ホンジュラス	10 278	5 191	5 088	102.0
メキシコ	126 705	61 856	64 849	95.4
南アメリカ				
アルゼンチン	45 277	22 415	22 862	98.0
ウルグアイ	3 426	1 659	1 767	93.9
エクアドル	17 798	8 887	8 911	99.7
コロンビア	51 517	25 415	26 101	97.4
チリ	19 493	9 675	9 818	98.5
パラグアイ	6 704	3 365	3 339	100.8
ブラジル	214 326	105 291	109 035	96.6
ベネズエラ	28 200	13 957	14 243	98.0
ペルー	33 715	16 695	17 020	98.1
ボリビア	12 079	6 059	6 021	100.6
オセアニア				
オーストラリア	25 921	12 868	13 053	98.6
ニュージーランド	5 130	2 542	2 587	98.3
パプアニューギニア	9 949	5 138	4 812	106.8
フィジー	925	464	461	100.6
世界計×	**7 909 295**	**3 976 648**	**3 932 647**	101.1

表2-2の資料より作成。現在人口。2021年7月1日現在。各国の範囲については表2-2と同じ。表2-2の注記を参照のこと。中国には香港、マカオ、台湾を含まず。*人口性比は女性100人に対する男性の数。1）2015年4月、「グルジア」から国名呼称変更。2）旧マケドニア。2019年2月に国名変更。表2-2注記参照。×その他とも。

現在人口と常住人口　人口を調査する際、調査時にいる場所で各人を調査する方法を現在地方式、調査時に常住している場所で調査する方法を常住地方式という。現在人口（de facto population）は現在地方式による人口で、調査地域の居住者か非居住者かを問わない。一方、常住人口（de jure population）は常住地方式による人口で、調査地域に通常居住している者の人数である。日本の国勢調査では、1950年以降、常住地方式によって人口を調査している。

図 2-3　**人口ピラミッド**（年齢階級別人口構成）

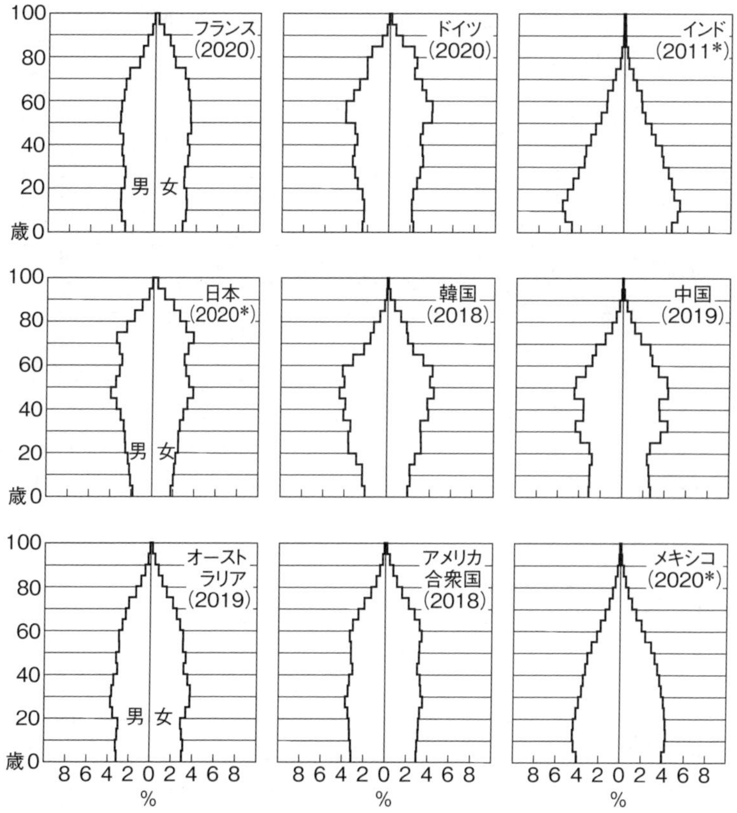

国連資料などより作成。5歳階級別人口構成図。ただし、95～100歳は95歳以上人口。
*センサス。表2-6も参照。

人口ピラミッド　人口ピラミッドは人口総数に対する男女年齢別の人口構成を図式化したもので、実数で描く絶対ピラミッドと、総数に占める割合で示す相対ピラミッドが一般的である。上記の図は男女5歳階級別の相対ピラミッドで、先進国、開発途上国の中から9か国を選んで図式化した。人口ピラミッドの型で代表的なものに富士山型やつりがね型がある。アジアやアフリカの開発途上国では、年少人口の割合が多く、年齢が上がるにつれてしだいに先細りする富士山型を示す。一方、先進国は出生率、死亡率がともに低いつりがね型となる。人口ピラミッドの型は、国の発展とともに富士山型からつりがね型へ、出生率がさらに低下するとつぼ型へ移行するが、日本や韓国では少子化が進んで年少人口の幅が細くなっている。また、人口ピラミッドは戦争やベビーブームなど、それぞれの国の過去の社会現象が反映されて、ひょうたん型などにもなる。

図 2-4　年齢 3 階級別人口構成割合

	0〜14歳	15〜64歳	65歳以上
日本(2020)	11.9%	59.5	28.6
インド(2016)	28.1%	65.8	6.2
インドネシア(2020)	24.5%	68.7	6.7
中国(2020)	17.9%	68.6	13.5
フィリピン(2020)	30.3%	64.1	5.6
エジプト(2020)	34.2%	61.9	3.9
南アフリカ共和国(2020)	28.6%	65.3	6.1
イギリス(2018)	17.9%	63.8	18.2
スペイン(2020)	14.5%	65.9	19.6
ドイツ(2020)	13.7%	64.6	21.8
フランス(2020)	17.7%	61.7	20.6
ロシア(2012)	15.7%	71.4	12.9
アメリカ合衆国(2018)	18.6%	65.4	16.0
メキシコ(2020)	25.3%	66.5	8.2
アルゼンチン(2020)	24.3%	64.1	11.5
ブラジル(2018)	21.3%	69.4	9.2
オーストラリア(2019)	18.7%	65.4	15.9

0%　10　20　30　40　50　60　70　80　90　100

表2-6より作成。カッコ内は年次。四捨五入の関係で内訳の合計が100%にならない場合がある。

表 2-6　年齢別人口構成（I）

	調査時点	人口総数（千人）	年齢別人口（%）		
			0～14歳	15～64歳	65歳以上
アジア					
日本 ♮#	2020.10.1*1)	126 146	*11.9*	*59.5*	*28.6*
アゼルバイジャン ♮	2020.1.1	10 067	*22.4*	*70.4*	*7.2*
アフガニスタン	2020.7.1	31 390	*47.0*	*50.2*	*2.8*
アラブ首長国連邦	2005.12.5 *	4 106	*19.5*	*79.7*	*0.8*
アルメニア ♮	2019.7.1	2 962	*20.2*	*67.6*	*12.1*
イエメン ♮	2017.7.1	28 170	*40.6*	*56.5*	*2.9*
イスラエル ♮	2019.7.1	9 054	*28.2*	*60.0*	*11.9*
イラク	2020.7.1	39 854	*40.5*	*56.5*	*3.1*
イラン ♮	2020.7.1	84 038	*24.6*	*68.9*	*6.5*
インド	2016.3.1	1 291 074	*28.1*	*65.8*	*6.2*
インドネシア ♮	2020.7.1	269 603	*24.5*	*68.7*	*6.7*
ウズベキスタン ♮	2020.1.1	33 905	*29.1*	*66.1*	*4.8*
オマーン	2020.12.12*	4 471	*26.5*	*70.9*	*2.6*
カザフスタン	2020.7.1	18 756	*29.0*	*63.2*	*7.8*
カタール	2019.7.1	2 799	*14.2*	*84.6*	*1.2*
韓国 ♮	2018.7.1	51 607	*12.8*	*72.9*	*14.3*
カンボジア	2015.7.1	15 405	*29.2*	*66.2*	*4.6*
北朝鮮 ♮	2008.10.1 *	24 052	*23.2*	*68.1*	*8.7*
キプロス ♮	2020.1.1	888	*16.0*	*67.6*	*16.3*
キルギス ♮	2020.7.1	6 580	*33.0*	*62.1*	*4.9*
クウェート	2020.1.1	4 465	*20.7*	*75.5*	*3.8*
サウジアラビア	2020.7.1	35 013	*24.4*	*72.4*	*3.2*
ジョージア ♮	2020.7.1	3 723	*20.5*	*64.4*	*15.2*
シリア	2011.7.1	21 124	*37.2*	*58.7*	*4.1*
シンガポール ♮	2020.6.30*	4 044	*14.5*	*70.3*	*15.2*
スリランカ ♮	2020.7.1	21 919	*25.2*	*66.9*	*7.8*
タイ ♮	2020.7.1	66 535	*16.9*	*71.2*	*11.9*
タジキスタン	2020.7.1	9 314	*34.3*	*62.2*	*3.5*
中国 ♮#	2020.12.31	1 412 120	*17.9*	*68.6*	*13.5*
（台湾） ♮#	2021.12.31	23 375	*12.4*	*70.8*	*16.9*
（香港） ♮	2020.7.1	7 482	*11.6*	*70.0*	*18.3*
（マカオ） ♮	2020.7.1	685	*13.2*	*74.6*	*12.2*
トルコ ♮	2019.12.31	83 155	*23.1*	*67.8*	*9.1*
ネパール ♮	2016.7.1	28 431	*30.6*	*63.7*	*5.7*
バーレーン ♮	2020.3.17*	1 502	*20.1*	*76.7*	*3.2*
パキスタン ♮	2017.3.15*	207 685	*40.3*	*56.0*	*3.7*
（パレスチナ）	2019.7.1	4 977	*38.4*	*58.3*	*3.3*
バングラデシュ	2020.7.1	168 220	*28.8*	*65.7*	*5.5*
フィリピン ♮	2020.7.1	108 772	*30.3*	*64.1*	*5.6*
ブータン	2020.5.30	749	*24.4*	*69.2*	*6.3*
ブルネイ ♮	2020.7.1	454	*20.4*	*73.6*	*6.0*
ベトナム ♮	2020.4.1	97 204	*24.2*	*67.8*	*8.0*

年齢別人口構成（Ⅱ）

	調査時点	人口総数（千人）	年齢別人口（%）		
			0～14歳	15～64歳	65歳以上
マレーシア ♮	2020. 7. 1	32 657	*23.3*	*69.7*	*7.0*
ミャンマー	2020.10. 1	54 818	*26.9*	*66.5*	*6.6*
モンゴル ♮	2020. 1. 9 *	3 197	*32.1*	*63.6*	*4.2*
ヨルダン	2020.12.31	10 806	*34.3*	*62.0*	*3.7*
ラオス ♮	2020. 7. 1	7 231	*31.7*	*63.9*	*4.5*
アフリカ					
アルジェリア ♮	2020. 7. 1	44 226	*30.5*	*62.8*	*6.7*
アンゴラ	2020. 7. 1	31 128	*45.8*	*51.7*	*2.5*
ウガンダ	2020. 7. 1	41 584	*45.2*	*52.3*	*2.5*
エジプト	2020. 7. 1	100 604	*34.2*	*61.9*	*3.9*
エチオピア	2020. 7. 1	100 697	*38.1*	*58.8*	*3.1*
ガーナ	2015. 7. 1	27 670	*37.6*	*57.9*	*4.4*
カメルーン ♮	2019. 7. 1	25 492	*41.0*	*56.3*	*2.7*
ケニア	2019. 8. 24*	47 557	*39.0*	*57.1*	*3.9*
コートジボワール	2020. 7. 1	26 454	*41.8*	*55.7*	*2.5*
コンゴ民主共和国 ♮	2020. 7. 1	101 758	*48.1*	*49.2*	*2.7*
ザンビア ♮	2020. 7. 1	17 885	*45.6*	*51.8*	*2.6*
ジンバブエ	2020. 7. 1	15 474	*37.2*	*59.1*	*3.7*
スーダン	2020. 7. 1	41 139	*37.0*	*59.8*	*3.2*
セネガル ♮	2020. 7. 1	16 961	*41.9*	*54.4*	*3.7*
タンザニア	2020. 7. 1	57 638	*43.3*	*53.7*	*3.0*
チュニジア	2019. 7. 1	11 658	*25.2*	*65.9*	*8.9*
トーゴ ♮	2020. 7. 1	7 796	*38.2*	*58.0*	*3.8*
ナイジェリア	2016. 7. 1	193 393	*41.8*	*54.9*	*3.2*
ナミビア	2020. 7. 1	2 504	*36.6*	*59.2*	*4.2*
ニジェール ♮	2017. 7. 1	20 651	*51.6*	*45.7*	*2.6*
ブルキナファソ ♮	2020. 7. 1	21 510	*46.2*	*51.0*	*2.8*
ブルンジ	2020. 7. 1	12 310	*41.5*	*55.6*	*2.9*
ベナン	2019. 7. 1	11 858	*43.8*	*53.5*	*2.7*
マダガスカル	2019. 7. 1	25 589	*46.7*	*50.9*	*2.4*
マラウイ ♮	2020. 7. 1	18 450	*42.2*	*52.7*	*5.0*
マリ	2018. 7. 1	19 418	*47.2*	*50.6*	*2.2*
南アフリカ共和国	2020. 7. 1	59 622	*28.6*	*65.3*	*6.1*
南スーダン	2018. 7. 1	12 323	*48.1*	*50.1*	*1.8*
モーリタニア	2016. 7. 1	3 783	*43.0*	*53.3*	*3.7*
モザンビーク	2020. 7. 1	30 067	*45.8*	*47.5*	*6.7*
モロッコ ♮	2020. 7. 1	35 952	*25.9*	*66.7*	*7.4*
リビア	2015. 7. 1	6 162	*28.4*	*67.1*	*4.5*
ルワンダ	2019. 7. 1	12 374	*38.2*	*58.5*	*3.3*
ヨーロッパ					
アイルランド ♮	2020. 1. 1	4 964	*20.3*	*65.3*	*14.4*
アルバニア ♮	2020. 1. 1	2 846	*16.8*	*68.4*	*14.8*
イギリス ♮	2018. 1. 1	66 274	*17.9*	*63.8*	*18.2*

年齢別人口構成（Ⅲ）

	調査時点	人口総数（千人）	年齢別人口（%）		
			0～14歳	15～64歳	65歳以上
イタリア……… ♮	2020.1.1	59 641	*13.0*	*63.8*	*23.2*
ウクライナ…… ♮2)	2020.1.1	41 733	*15.3*	*67.6*	*17.1*
エストニア…… ♮	2020.1.1	1 329	*16.5*	*63.5*	*20.0*
オーストリア…… ♮	2020.1.1	8 901	*14.4*	*66.6*	*19.0*
オランダ……… ♮	2020.1.1	17 408	*15.7*	*64.9*	*19.5*
北マケドニア… ♮3)	2020.1.1	2 076	*16.2*	*69.3*	*14.5*
ギリシャ…………	2020.1.1	10 719	*14.3*	*63.5*	*22.3*
クロアチア…… ♮	2020.1.1	4 058	*14.3*	*64.6*	*21.0*
スイス………… ♮	2019.12.31	8 606	*15.0*	*66.3*	*18.7*
スウェーデン…… ♮	2020.1.1	10 328	*17.8*	*62.2*	*20.0*
スペイン……… ♮	2020.1.1	47 333	*14.5*	*65.9*	*19.6*
スロバキア…… ♮	2020.1.1	5 458	*15.8*	*67.6*	*16.6*
スロベニア…… ♮	2020.1.1	2 096	*15.1*	*64.7*	*20.2*
セルビア……… ♮4)	2020.1.1	6 927	*14.3*	*64.8*	*21.0*
チェコ………… ♮	2020.1.1	10 694	*16.0*	*64.1*	*19.9*
デンマーク…… ♮	2020.7.1	5 825	*16.3*	*63.7*	*20.0*
ドイツ………… ♮	2020.1.1	83 167	*13.7*	*64.6*	*21.8*
ノルウェー…… ♮	2020.1.1	5 368	*17.3*	*65.1*	*17.5*
ハンガリー…… ♮	2020.1.1	9 770	*14.5*	*65.6*	*19.9*
フィンランド…… ♮	2020.1.1	5 525	*15.8*	*62.0*	*22.3*
フランス……… ♮	2020.1.1	65 124	*17.7*	*61.7*	*20.6*
ブルガリア…… ♮	2020.1.1	6 951	*14.4*	*63.9*	*21.6*
ベラルーシ…… ♮	2019.10.4 *	9 413	*16.9*	*67.7*	*15.4*
ベルギー……… ♮	2019.1.1	11 456	*16.9*	*64.2*	*18.9*
ポーランド…… ♮	2020.7.1	37 930	*15.4*	*66.0*	*18.6*
ボスニア・ヘルツェゴビナ ♮	2013.9.30*	3 531	*15.4*	*70.4*	*14.2*
ポルトガル…… ♮	2020.1.1	10 296	*13.6*	*64.3*	*22.1*
モルドバ……… ♮	2020.7.1	2 620	*18.4*	*66.9*	*14.7*
モンテネグロ…… ♮	2020.1.1	622	*17.9*	*66.5*	*15.6*
ラトビア……… ♮	2020.1.1	1 908	*16.0*	*63.5*	*20.5*
リトアニア…… ♮	2020.1.1	2 794	*15.1*	*65.0*	*19.9*
ルーマニア………	2020.1.1	19 329	*15.7*	*65.4*	*18.9*
ルクセンブルク‥ ♮	2020.1.1	626	*16.0*	*69.5*	*14.5*
ロシア………… ♮	2012.7.1	143 202	*15.7*	*71.4*	*12.9*
北中アメリカ					
アメリカ合衆国‥ ♮	2018.7.1	327 167	*18.6*	*65.4*	*16.0*
エルサルバドル‥ ♮	2020.7.1	6 766	*24.9*	*66.7*	*8.4*
カナダ………… ♮	2020.7.1	38 005	*15.9*	*66.1*	*18.0*
キューバ……… ♮	2020.7.1	11 188	*15.8*	*68.6*	*15.6*
グアテマラ…… ♮	2020.7.1	16 858	*32.7*	*62.0*	*5.3*
コスタリカ…… ♮	2020.7.1	5 111	*19.4*	*68.3*	*12.3*
ジャマイカ…… ♮	2019.7.1	2 733	*21.1*	*69.3*	*9.6*

年齢別人口構成（Ⅳ）

	調査時点	人口総数（千人）	年齢別人口（%）		
			0～14歳	15～64歳	65歳以上
セントルシア……	2018.7.1	179	18.5	72.1	9.4
ドミニカ共和国‥ ♮	2020.7.1	10 448	27.5	65.2	7.3
トリニダード・トバゴ……… ♮	2019.7.1	1 364	20.6	70.4	9.0
ニカラグア…… ♮	2020.7.1	6 596	30.3	64.0	5.7
ハイチ……… ♮	2018.7.1	11 412	32.8	62.5	4.7
パナマ…………	2020.7.1	4 279	25.8	65.6	8.7
バハマ……… ♮	2019.7.1	385	23.2	69.7	7.1
バルバドス…… ♮	2010.5.1*	278	19.7	67.3	12.9
(プエルトリコ)‥ ♮	2019.7.1	3 194	14.3	64.4	21.3
ホンジュラス…… ♮	2020.7.1	9 304	31.4	62.8	5.8
メキシコ……… ♮	2020.3.15*	126 014	25.3	66.5	8.2
南アメリカ					
アルゼンチン……	2020.7.1	45 377	24.3	64.1	11.5
ウルグアイ…… ♮	2020.7.1	3 531	19.7	65.7	14.6
エクアドル………	2020.7.1	17 519	28.7	63.9	7.5
ガイアナ…………	2012.9.15*	747	30.1	64.8	5.1
コロンビア…… ♮	2020.7.1	50 372	23.5	67.2	9.3
スリナム……… ♮	2019.7.1	598	26.0	65.9	8.1
チリ……………	2020.7.1	19 458	19.2	68.7	12.1
パラグアイ………	2020.7.1	7 253	28.9	64.4	6.7
ブラジル……… ♮	2018.7.1	208 495	21.3	69.4	9.2
ベネズエラ………	2019.7.1	32 065	25.7	67.0	7.3
ペルー…………	2020.6.30	32 626	24.9	66.1	9.0
ボリビア………	2020.7.1	11 633	31.2	62.1	6.7
オセアニア					
オーストラリア‥ ♮	2019.7.1	25 366	18.7	65.4	15.9
サモア…………	2020.7.1	203	38.0	57.2	4.9
ソロモン諸島……	2020.7.1	694	35.4	60.5	4.1
トンガ…………	2016.11.30*	101	36.3	57.6	6.0
ニュージーランド♮	2020.7.1	5 084	19.0	65.4	15.6
バヌアツ………	2020.7.1	300	38.9	57.0	4.1
フィジー………	2020.9.17	891	29.4	64.1	6.5
ミクロネシア連邦 ♮	2020.7.1	105	35.7	61.1	3.2

国連“Demographic Yearbook”(各年版。2020年版は2022年5月閲覧）および総務省統計局「国勢調査」、中国国家統計局、台湾政府のデータより作成。現在人口。年齢不詳を除いた内訳。国によりデータが改訂されている。本表と表2-2の人口数は推計主体、推計方法が異なる。そのため、本表と表2-2の調査年が同じであっても人口数は異なる。年齢別人口割合は四捨五入の関係で内訳の合計が100%にならない場合がある。中国には台湾、香港、マカオを含まない。インドにはジャム・カシミール地方のインド支配地域を含み、パキスタンには同地方のパキスタン支配地域を含まない。#各国の統計機関による数値。*国勢調査。♮常住人口。1）2020年国勢調査の不詳補完値による。2）クリミアおよびセバストポリ市を含まない。3）旧マケドニア。2019年2月に国名変更。4）コソボを含まない。

表 2-7　人口高齢化の推移と予測（Ⅰ）（%）

	1980	1990	2000	2010	2021	2030	2050
アジア…………	4.3	4.8	5.8	6.9	9.4	12.2	19.0
日本……………	9.3	12.4	17.8	23.6	29.8	31.4	37.5
アラブ首長国連邦‥	1.2	1.0	0.9	0.2	1.8	2.6	12.8
イスラエル………	9.0	9.7	10.0	10.0	11.9	13.1	16.2
イラク…………	4.5	3.7	3.2	3.1	3.4	4.0	7.2
イラン…………	3.3	3.3	4.1	5.0	7.4	10.5	22.1
インド…………	4.0	4.1	4.5	5.1	6.8	8.8	15.0
インドネシア……	3.7	4.0	5.0	5.9	6.8	9.0	15.0
韓国……………	3.8	4.9	7.1	11.0	16.7	25.0	39.4
カンボジア………	3.0	3.0	3.1	3.6	5.5	8.5	12.9
クウェート………	1.3	1.5	1.6	1.8	4.5	10.3	33.6
サウジアラビア…	2.7	2.6	2.6	2.2	2.6	5.7	20.7
シンガポール……	4.9	5.6	6.3	7.2	14.1	22.8	34.2
タイ……………	3.4	4.3	6.1	8.8	14.5	21.3	31.6
中国……………	4.4	5.3	6.9	8.6	13.1	18.2	30.1
(台湾)…………	4.0	6.1	8.4	10.4	16.0	22.7	35.3
トルコ…………	4.7	4.7	5.4	6.4	8.4	11.7	21.1
パキスタン………	3.4	3.5	3.5	3.7	4.2	4.9	6.4
バングラデシュ…	3.4	3.5	3.8	4.4	5.8	7.9	15.4
フィリピン………	3.3	3.3	3.8	4.3	5.3	6.9	10.8
ベトナム………	5.5	5.6	6.2	6.5	8.8	12.3	20.0
マレーシア………	3.3	3.7	4.1	5.1	7.3	9.9	17.4
ミャンマー………	4.1	4.4	4.9	5.2	6.6	8.7	13.6
アフリカ………	3.2	3.2	3.2	3.2	3.5	3.9	5.7
アルジェリア……	3.1	3.1	4.2	4.8	6.2	8.5	16.5
ウガンダ………	2.9	2.8	2.2	1.6	1.7	2.0	3.2
エジプト………	4.2	4.2	4.5	4.1	4.8	5.9	9.8
エチオピア………	2.8	2.7	2.6	2.8	3.1	3.6	5.6
ガーナ…………	2.6	2.6	3.2	3.2	3.5	4.4	7.3
ケニア…………	2.0	2.1	2.2	2.1	2.8	3.4	5.9
コンゴ民主共和国‥	2.8	2.8	3.0	3.1	3.0	2.9	3.4
スーダン………	2.4	2.7	2.5	2.4	3.4	3.9	5.4
タンザニア………	2.9	2.9	2.8	2.9	3.1	3.2	4.8
チュニジア………	3.7	4.4	5.4	6.8	8.8	12.2	20.2
ナイジェリア……	3.2	3.2	3.1	3.1	3.0	3.1	4.3
南アフリカ共和国‥	3.9	3.9	4.2	4.9	6.0	7.0	11.0
南スーダン………	2.5	2.4	2.5	2.5	2.8	3.5	5.1
モロッコ………	2.7	3.0	4.3	5.2	7.4	10.2	16.4
ヨーロッパ………	12.4	12.7	14.7	16.3	19.4	22.9	28.9
アイルランド……	10.9	11.5	11.2	11.3	14.8	18.1	26.4
イギリス………	14.9	15.7	15.7	16.3	18.9	22.0	26.1
イタリア………	13.3	15.0	18.3	20.4	23.7	28.3	37.1
オーストリア……	15.4	14.9	15.4	17.6	19.4	24.0	30.4
オランダ………	11.5	12.8	13.6	15.4	20.0	23.9	27.2
ギリシャ………	13.1	13.9	16.9	19.3	22.5	25.8	34.5
スイス…………	13.8	14.6	15.3	16.8	19.0	23.0	29.3

人口高齢化の推移と予測（Ⅱ）（％）

	1980	1990	2000	2010	2021	2030	2050
スウェーデン	16.3	17.8	17.3	18.3	20.1	21.8	24.8
スペイン	11.2	13.7	16.7	16.9	19.9	24.7	36.6
チェコ	13.4	12.5	13.7	15.5	20.5	21.7	26.1
デンマーク	14.4	15.6	14.8	16.6	20.3	22.5	24.4
ドイツ	15.7	14.9	16.4	20.5	22.2	26.4	30.5
ノルウェー	14.8	16.3	15.2	15.0	18.1	20.9	25.3
ハンガリー	13.4	13.4	15.0	16.6	20.4	21.0	27.5
フィンランド	12.0	13.4	14.9	17.3	22.9	25.8	27.9
フランス	14.0	14.1	16.2	17.0	21.3	24.4	28.5
ブルガリア	12.1	14.1	16.8	18.4	22.4	24.2	31.4
ベルギー	14.4	14.9	16.8	17.2	19.4	23.0	27.4
ポーランド	10.1	10.1	12.2	13.4	18.8	21.7	30.1
ポルトガル	11.5	13.7	16.3	18.6	22.6	26.5	34.3
ルーマニア	10.7	10.5	13.4	15.7	18.9	19.6	27.5
ロシア	10.2	10.0	12.3	12.8	15.6	19.2	24.4
北アメリカ	11.1	12.2	12.3	13.1	16.9	20.8	23.8
アメリカ合衆国	11.3	12.3	12.3	13.0	16.7	20.5	23.6
カナダ	9.4	11.2	12.5	14.1	18.5	22.8	25.5
中南アメリカ 1)	4.1	4.5	5.2	6.3	8.1	10.5	17.3
エルサルバドル	2.9	3.1	4.9	6.9	8.2	9.8	15.7
キューバ	7.4	8.5	9.9	12.7	15.7	20.7	29.1
ドミニカ共和国	3.3	3.3	4.7	5.6	7.2	9.8	15.7
ニカラグア	2.5	2.7	3.2	3.9	5.2	6.7	12.8
ハイチ	4.2	3.9	3.7	4.0	4.5	5.3	8.4
ホンジュラス	3.2	3.2	3.0	3.1	4.2	5.4	11.0
メキシコ	3.7	4.1	5.0	6.2	8.1	10.8	18.9
南アメリカ	4.3	4.9	5.9	7.2	9.4	12.4	19.8
アルゼンチン	7.7	8.7	9.7	10.5	11.8	13.3	19.1
エクアドル	3.7	4.0	4.8	5.9	7.6	10.0	17.0
コロンビア	3.5	3.9	4.6	5.9	8.7	12.6	20.9
チリ	4.6	5.9	8.0	9.8	12.7	16.9	25.8
パラグアイ	4.4	4.0	4.2	5.1	6.2	7.8	12.5
ブラジル	3.8	4.5	5.5	6.9	9.6	13.0	21.9
ベネズエラ	3.2	3.9	4.8	5.7	8.3	10.4	14.7
ペルー	4.1	3.6	4.7	7.1	8.3	10.2	16.6
ボリビア	3.8	3.8	5.1	4.8	4.9	5.7	9.3
オセアニア	7.9	9.0	9.7	10.5	12.7	15.0	18.5
オーストラリア	9.6	11.1	12.4	13.6	16.6	19.5	23.8
ニュージーランド	9.8	11.1	11.7	13.0	15.9	19.7	24.3
世界	5.9	6.1	6.9	7.7	9.6	11.8	16.5

国連“World Population Prospects: The 2022 Revision”（2022年７月11日閲覧）より作成。65歳以上人口の全人口に占める割合。現在人口。各年７月１日現在で、2021年までは推計人口、2030年および50年は将来推計人口の中位推計値。中国には香港、マカオおよび台湾を含まない。各国の範囲については表2-2に同じ。表2-2の注記も参照のこと。1）カリブ海諸国および中央アメリカ。

図 2-5　将来推計人口

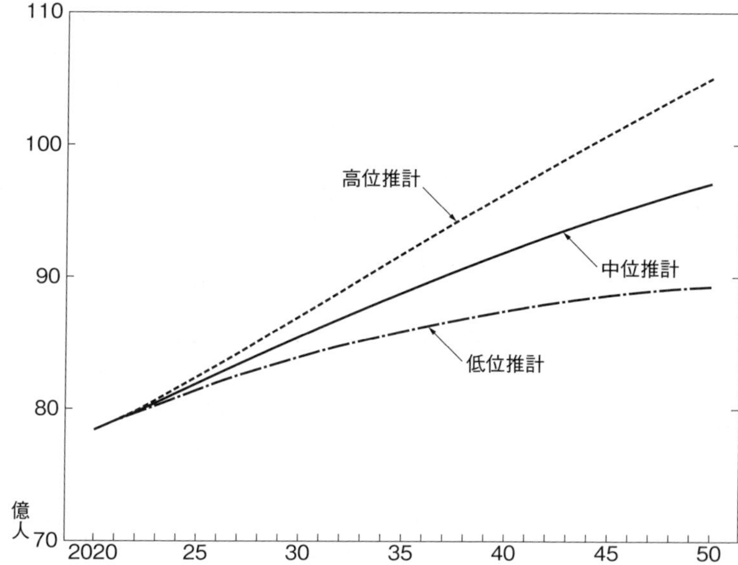

図 2-6　地域別の人口の推移と予測

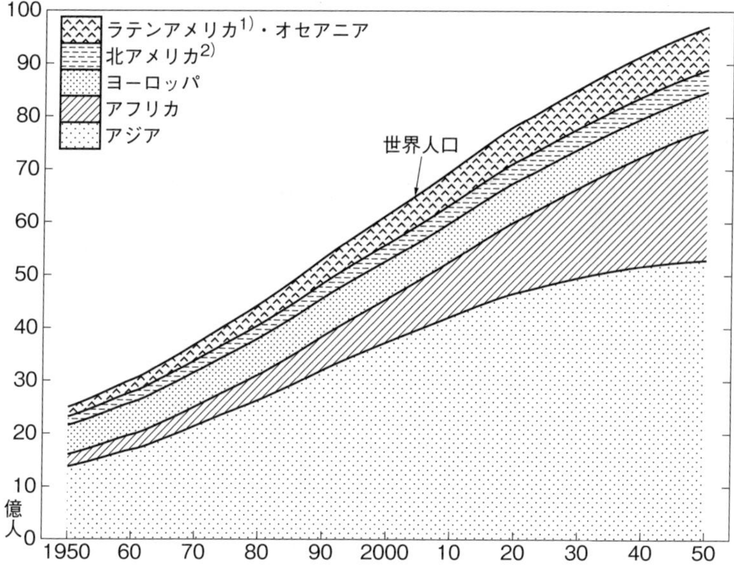

表2-8の資料より作成。図2-5も同じ。2021年までは推計人口で、それ以降は予測（中位推計)。1）カリブ海諸国、中央アメリカおよび南アメリカ。2）北部アメリカ。

表 2-8　人口予測（I）

	人口（千人）			年平均人口増加率（%）	
	2021	2030	2050	2021～2030	2030～2050
アジア	4 694 576	4 958 807	5 292 948	*0.61*	*0.33*
日本	124 613	118 515	103 784	*-0.56*	*-0.66*
アフガニスタン	40 099	50 331	74 075	*2.56*	*1.95*
イエメン	32 982	39 923	55 296	*2.14*	*1.64*
イラク	43 534	52 801	74 515	*2.17*	*1.74*
イラン	87 923	92 921	99 007	*0.62*	*0.32*
インド	1 407 564	1 514 994	1 670 491	*0.82*	*0.49*
インドネシア	273 753	292 150	317 225	*0.73*	*0.41*
ウズベキスタン	34 081	38 313	45 593	*1.31*	*0.87*
カザフスタン	19 196	21 128	25 610	*1.07*	*0.97*
韓国	51 830	51 290	45 771	*-0.12*	*-0.57*
北朝鮮	25 972	26 569	25 807	*0.25*	*-0.15*
サウジアラビア	35 950	40 461	48 375	*1.32*	*0.90*
シリア	21 324	29 825	38 306	*3.80*	*1.26*
タイ	71 601	72 060	67 880	*0.07*	*-0.30*
中国	1 425 893	1 415 606	1 312 636	*-0.08*	*-0.38*
(台湾)	23 860	24 028	22 446	*0.08*	*-0.34*
トルコ	84 775	88 880	95 829	*0.53*	*0.38*
ネパール	30 035	33 133	37 401	*1.10*	*0.61*
パキスタン	231 402	274 030	367 808	*1.90*	*1.48*
バングラデシュ	169 356	184 424	203 905	*0.95*	*0.50*
フィリピン	113 880	129 453	157 892	*1.43*	*1.00*
ベトナム	97 468	102 700	107 013	*0.58*	*0.21*
マレーシア	33 574	36 688	41 032	*0.99*	*0.56*
ミャンマー	53 798	56 988	59 929	*0.64*	*0.25*
アフリカ	1 393 676	1 710 666	2 485 136	*2.30*	*1.88*
アルジェリア	44 178	49 787	60 001	*1.34*	*0.94*
アンゴラ	34 504	44 912	72 328	*2.97*	*2.41*
ウガンダ	45 854	58 380	87 622	*2.72*	*2.05*
エジプト	109 262	125 152	160 340	*1.52*	*1.25*
エチオピア	120 283	149 296	214 812	*2.43*	*1.84*
ガーナ	32 833	38 776	52 232	*1.87*	*1.50*
カメルーン	27 199	34 051	51 280	*2.53*	*2.07*
ギニア	13 532	16 622	23 712	*2.31*	*1.79*
ケニア	53 006	63 104	85 212	*1.96*	*1.51*
コートジボワール	27 478	34 211	51 358	*2.47*	*2.05*
コンゴ民主共和国	95 894	127 582	217 494	*3.22*	*2.70*
ザンビア	19 473	24 676	37 460	*2.67*	*2.11*
ジンバブエ	15 994	19 179	26 439	*2.04*	*1.62*
スーダン	45 657	56 997	84 494	*2.50*	*1.99*
セネガル	16 877	21 126	32 563	*2.53*	*2.19*
ソマリア	17 066	22 317	36 463	*3.03*	*2.49*
タンザニア	63 588	81 885	129 932	*2.85*	*2.34*

人口予測（Ⅱ）

	人口（千人）			年平均人口増加率（%）	
	2021	2030	2050	2021～2030	2030～2050
チャド	17 180	22 460	36 452	*3.02*	*2.45*
ナイジェリア	213 401	262 580	377 460	*2.33*	*1.83*
ニジェール	25 253	35 218	67 043	*3.76*	*3.27*
ブルキナファソ	22 101	27 524	40 542	*2.47*	*1.96*
ブルンジ	12 551	15 801	24 209	*2.59*	*2.16*
マダガスカル	28 916	35 604	51 593	*2.34*	*1.87*
マラウイ	19 890	24 944	37 159	*2.55*	*2.01*
マリ	21 905	28 712	47 440	*3.05*	*2.54*
南アフリカ共和国	59 392	64 659	73 530	*0.95*	*0.64*
南スーダン	10 748	12 570	17 461	*1.76*	*1.66*
モザンビーク	32 077	40 921	63 044	*2.74*	*2.18*
モロッコ	37 077	40 226	45 045	*0.91*	*0.57*
ヨーロッパ	745 174	736 574	703 007	*-0.13*	*-0.23*
イギリス	67 281	69 176	71 685	*0.31*	*0.18*
イタリア	59 240	57 544	52 250	*-0.32*	*-0.48*
ウクライナ	43 531	38 295	32 868	*-1.41*	*-0.76*
オランダ	17 502	17 944	17 897	*0.28*	*-0.01*
スイス	8 691	9 144	9 754	*0.57*	*0.32*
スペイン	47 487	47 077	44 220	*-0.10*	*-0.31*
ドイツ	83 409	82 763	78 932	*-0.09*	*-0.24*
フランス	64 531	65 543	65 827	*0.17*	*0.02*
ポーランド	38 308	38 701	34 932	*0.11*	*-0.51*
ロシア	145 103	141 433	133 133	*-0.28*	*-0.30*
北アメリカ	375 279	393 297	421 398	*0.52*	*0.35*
アメリカ合衆国	336 998	352 162	375 392	*0.49*	*0.32*
カナダ	38 155	41 009	45 891	*0.80*	*0.56*
中南アメリカ 1)	221 844	237 365	258 090	*0.75*	*0.42*
グアテマラ	17 608	20 004	24 601	*1.43*	*1.04*
メキシコ	126 705	134 534	143 772	*0.67*	*0.33*
南アメリカ	434 254	460 220	491 079	*0.65*	*0.33*
アルゼンチン	45 277	47 679	51 621	*0.58*	*0.40*
コロンビア	51 517	54 130	56 988	*0.55*	*0.26*
ブラジル	214 326	223 909	230 886	*0.49*	*0.15*
ベネズエラ	28 200	32 027	35 937	*1.42*	*0.58*
ペルー	33 715	36 702	42 023	*0.95*	*0.68*
オセアニア	44 492	49 212	57 834	*1.13*	*0.81*
オーストラリア	25 921	28 202	32 193	*0.94*	*0.66*
世界計	**7 909 295**	**8 546 141**	**9 709 492**	*0.86*	*0.64*

国連“World Population Prospects: The 2022 Revision”(2022年7月閲覧）より作成。現在人口。各年7月1日現在で、2021年は推計人口、2030、50年は将来推計の中位推計値。各国の範囲については表2-2と同じであるため、表2-2の注記も参照のこと。中国には香港、マカオ、台湾を含まない。1）カリブ海諸国および中央アメリカ。

表 2-9　都市人口割合の推移（Ⅰ）（%）

	1980	1990	2000	2010	2020 %	2020 都市人口（千人）
アジア	27.1	32.3	37.5	44.8	51.1	2 361 464
日本	76.2	77.3	78.6	90.8	91.8	116 100
アゼルバイジャン	52.8	53.7	51.4	53.4	56.4	5 696
アフガニスタン	16.0	21.2	22.1	23.7	26.0	9 904
アラブ首長国連邦	80.7	79.1	80.2	84.1	87.0	8 542
イエメン	16.5	20.9	26.3	31.8	37.9	11 465
イスラエル	88.6	90.4	91.2	91.8	92.6	8 068
イラク	65.5	69.7	68.5	69.1	70.9	29 423
イラン	49.7	56.3	64.0	70.6	75.9	63 421
インド	23.1	25.5	27.7	30.9	34.9	483 099
インドネシア	22.1	30.6	42.0	49.9	56.6	154 189
ウズベキスタン	40.8	41.4	46.1	51.0	50.4	16 756
オマーン	47.6	66.1	71.6	75.2	86.3	4 443
カザフスタン	54.1	56.3	56.1	56.8	57.7	10 829
韓国	56.7	73.8	79.6	81.9	81.4	41 934
カンボジア	9.9	15.5	18.6	20.3	24.2	4 050
北朝鮮	56.9	58.4	59.4	60.4	62.4	16 120
クウェート	94.8	98.0	99.0	100.0	100.0	4 303
サウジアラビア	65.9	76.6	79.8	82.1	84.3	29 256
シリア	46.7	48.9	51.9	55.6	55.5	10 498
シンガポール	100.0	100.0	100.0	100.0	100.0	5 935
タイ	26.8	29.4	31.4	43.9	51.4	35 698
中国 1)	19.4	26.4	35.9	49.2	61.4	875 076
トルコ	43.8	59.2	64.7	70.8	76.1	63 803
ネパール	6.1	8.9	13.4	16.8	20.6	6 226
パキスタン	28.1	30.6	33.0	35.0	37.2	77 438
バングラデシュ	14.9	19.8	23.6	30.5	38.2	64 815
フィリピン	37.5	47.0	46.1	45.3	47.4	52 009
ベトナム	19.2	20.3	24.4	30.4	37.3	36 727
マレーシア	42.0	49.8	62.0	70.9	77.2	25 362
ミャンマー	24.0	25.2	27.0	28.9	31.1	17 068
モンゴル	52.1	57.0	57.1	67.6	68.7	2 203
ヨルダン	60.0	73.3	78.3	86.1	91.4	9 333
アフリカ	26.8	31.5	35.0	38.9	43.5	587 738
アルジェリア	43.5	52.1	59.9	67.5	73.7	31 951
アンゴラ	24.3	37.1	50.1	59.8	66.8	21 937
ウガンダ	7.5	11.1	14.8	19.4	25.0	11 775
エジプト	43.9	43.5	42.8	43.0	42.8	44 041
エチオピア	10.4	12.6	14.7	17.3	21.7	24 463
ガーナ	31.2	36.4	43.9	50.7	57.3	17 626
カメルーン	31.9	39.7	45.5	51.6	57.6	14 942
ギニア	23.6	28.0	30.9	33.7	36.9	5 071

都市人口割合の推移（Ⅱ）（%）

	1980	1990	2000	2010	2020 %	2020 都市人口（千人）
ケニア	*15.6*	*16.7*	*19.9*	*23.6*	*28.0*	14 975
コートジボワール	*36.8*	*39.3*	*43.2*	*47.3*	*51.7*	13 532
コンゴ民主共和国	*27.1*	*30.6*	*35.1*	*40.0*	*45.6*	40 848
ザンビア	*39.8*	*39.4*	*34.8*	*39.4*	*44.6*	8 336
ジンバブエ	*22.4*	*29.0*	*33.8*	*33.2*	*32.2*	5 700
スーダン[2)]	*20.0*	*28.6*	*32.5*	*33.1*	*35.3*	15 349
セネガル	*35.8*	*38.9*	*40.3*	*43.8*	*48.1*	8 277
ソマリア	*26.8*	*29.7*	*33.2*	*39.3*	*46.1*	7 431
タンザニア	*14.6*	*18.9*	*22.3*	*28.1*	*35.2*	22 113
チャド	*18.8*	*20.8*	*21.6*	*22.0*	*23.5*	3 830
チュニジア	*50.6*	*57.9*	*63.4*	*66.7*	*69.6*	8 281
ナイジェリア	*22.0*	*29.7*	*34.8*	*43.5*	*52.0*	107 113
ニジェール	*13.4*	*15.4*	*16.2*	*16.2*	*16.6*	4 003
ブルキナファソ	*8.8*	*13.8*	*17.8*	*24.6*	*30.6*	6 398
マダガスカル	*18.5*	*23.6*	*27.1*	*31.9*	*38.5*	10 670
南アフリカ共和国	*48.4*	*52.0*	*56.9*	*62.2*	*67.4*	39 551
モザンビーク	*13.2*	*25.0*	*29.1*	*31.8*	*37.1*	11 978
モロッコ	*41.2*	*48.4*	*53.3*	*58.0*	*63.5*	23 552
リビア	*70.1*	*75.7*	*76.4*	*78.1*	*80.7*	5 376
ルワンダ	*4.7*	*5.4*	*14.9*	*16.9*	*17.4*	2 281
ヨーロッパ	*67.6*	*69.9*	*71.1*	*72.9*	*74.9*	556 684
アイルランド	*55.3*	*56.9*	*59.2*	*61.5*	*63.7*	3 111
イギリス	*78.5*	*78.1*	*78.7*	*81.3*	*83.9*	56 495
イタリア	*66.6*	*66.7*	*67.2*	*68.3*	*71.0*	42 007
ウクライナ	*61.7*	*66.8*	*67.1*	*68.6*	*69.6*	30 335
オーストリア	*65.4*	*63.0*	*60.2*	*57.4*	*58.7*	5 159
オランダ	*64.7*	*68.7*	*76.8*	*87.1*	*92.2*	15 847
ギリシャ	*69.3*	*71.5*	*72.7*	*76.3*	*79.7*	8 850
スイス	*74.5*	*73.9*	*73.4*	*73.6*	*73.9*	6 409
スウェーデン	*83.1*	*83.1*	*84.0*	*85.1*	*88.0*	8 905
スペイン	*72.8*	*75.4*	*76.3*	*78.4*	*80.8*	37 544
スロバキア	*51.6*	*56.5*	*56.2*	*54.7*	*53.8*	2 931
スロベニア	*48.0*	*50.4*	*50.8*	*52.7*	*55.1*	1 148
チェコ	*75.2*	*75.2*	*74.0*	*73.3*	*74.1*	7 875
デンマーク	*83.7*	*84.8*	*85.1*	*86.8*	*88.1*	5 108
ドイツ	*72.8*	*73.1*	*75.0*	*77.0*	*77.5*	63 930
ノルウェー	*70.5*	*72.0*	*76.0*	*79.1*	*83.0*	4 522
ハンガリー	*64.2*	*65.8*	*64.6*	*68.9*	*71.9*	6 922
フィンランド	*71.7*	*79.4*	*82.2*	*83.8*	*85.5*	4 772
フランス	*73.3*	*74.1*	*75.9*	*78.4*	*81.0*	53 218
ブルガリア	*62.1*	*66.4*	*68.9*	*72.3*	*75.7*	5 253
ベラルーシ	*56.5*	*66.0*	*70.0*	*74.7*	*79.5*	7 484
ベルギー	*95.4*	*96.4*	*97.1*	*97.7*	*98.1*	11 397

都市人口割合の推移（Ⅲ）（%）

	1980	1990	2000	2010	2020	
					%	都市人口（千人）
ポーランド	58.1	61.3	61.7	60.9	60.0	22 782
ポルトガル	42.8	47.9	54.4	60.6	66.3	6 776
ラトビア	67.1	69.3	68.1	67.8	68.3	1 293
リトアニア	61.2	67.6	67.0	66.8	68.0	1 941
ルーマニア	46.1	53.2	53.0	53.8	54.2	10 507
ロシア	69.8	73.4	73.4	73.7	74.8	107 486
北アメリカ	73.9	75.4	79.1	80.8	82.6	304 761
アメリカ合衆国	73.7	75.3	79.1	80.8	82.7	273 975
カナダ	75.7	76.6	79.5	80.9	81.6	30 670
中南アメリカ 3)	58.6	63.8	67.4	71.2	74.7	171 019
エルサルバドル	44.1	49.3	58.9	65.5	73.4	4 759
キューバ	68.1	73.4	75.3	76.6	77.2	8 874
グアテマラ	38.7	42.0	45.3	48.4	51.8	9 284
コスタリカ	43.1	50.0	59.1	71.7	80.8	4 074
ジャマイカ	46.7	49.4	51.8	53.7	56.3	1 640
ドミニカ共和国	51.3	55.2	61.8	73.8	82.5	9 169
ニカラグア	50.3	53.1	55.2	56.9	59.0	3 787
ハイチ	20.5	28.5	35.6	47.5	57.1	6 492
ホンジュラス	34.9	40.5	45.5	51.9	58.4	5 672
メキシコ	66.3	71.4	74.7	77.8	80.7	108 074
南アメリカ	67.6	74.2	79.6	82.4	84.6	368 409
アルゼンチン	82.9	87.0	89.1	90.8	92.1	41 920
ウルグアイ	85.4	89.0	92.0	94.4	95.5	3 338
エクアドル	47.0	55.1	60.3	62.7	64.2	11 124
コロンビア	63.7	69.5	74.0	78.0	81.4	40 892
チリ	81.2	83.3	86.1	87.1	87.7	16 206
パラグアイ	41.7	48.7	55.3	59.3	62.2	4 394
ブラジル	65.5	73.9	81.2	84.3	87.1	186 217
ベネズエラ	79.2	84.3	87.6	88.1	88.3	29 284
ペルー	64.6	68.9	73.0	76.4	78.3	26 082
ボリビア	45.5	55.6	61.8	66.4	70.1	8 095
オセアニア	70.9	70.3	68.3	68.1	68.2	28 919
オーストラリア	85.6	85.4	84.2	85.2	86.2	21 904
ニュージーランド	83.4	84.7	86.0	86.2	86.7	4 191
世界計	39.3	43.0	46.7	51.7	56.2	**4 378 994**

国連“World Urbanization Prospects: The 2018 Revision”（2022年5月閲覧）より作成。同資料は“World Population Prospects: The 2017 Revision”を基準にしている。現在人口。各国の人口センサスを基礎とした国連による推計値。都市の定義は、国により違いがあるために単純に比較することはできない。おもな都市の考え方としては、人口集中地区、行政単位、非農業人口が多いことなどがあげられる。各国の範囲については表2-2に同じ。表2-12の脚注も参照のこと。1）香港、マカオ、台湾を含まない。2）南スーダンを含まない。3）カリブ海諸国および中央アメリカ。

表 2-10　各国の世帯人員別の世帯数と構成比

	調査年	総数	世帯人員			
			1人	2人	3人	4人以上
世帯数(千世帯)						
日本…………♮	2020	55 705	21 151	15 657	9 230	9 668
インド…………	2001	192 672	7 564	15 871	22 473	146 764
韓国…………♮	2020	20 927	6 643	5 865	4 201	4 218
中国…………♮	2010	401 934	58 396	97 948	107 979	137 612
バングラデシュ‥	2011	31 863	1 031	3 407	6 159	21 266
エチオピア……	2007	15 634	1 297	1 851	2 248	10 239
南アフリカ共和国	2011	15 056	4 151	2 936	2 261	5 708
イギリス……♮	2011	26 442	8 087	9 018	4 117	5 220
イタリア……♮	2011	24 612	7 667	6 666	4 892	5 386
スペイン……♮	2011	18 084	4 193	5 442	3 917	4 532
ドイツ………♮	2011	36 933	13 765	12 576	5 185	5 408
ポーランド……♮	2011	13 432	3 229	3 464	2 704	4 036
ロシア………♮	2010	54 561	14 019	15 564	12 284	12 694
アメリカ合衆国·♮	2010	116 716	31 205	38 243	18 758	28 511
カナダ………♮	2016	14 072	3 968	4 836	2 141	3 127
メキシコ………	2010	28 159	2 475	4 393	5 391	15 900
オーストラリア·♮	2016	1) 8 862	2 024	2 768	1 338	2 156
構成比（%）						
日本…………♮	2020	*100.0*	*38.0*	*28.1*	*16.6*	*17.4*
インド…………	2001	*100.0*	*3.9*	*8.2*	*11.7*	*76.2*
韓国…………♮	2020	*100.0*	*31.7*	*28.0*	*20.1*	*20.2*
中国…………♮	2010	*100.0*	*14.5*	*24.4*	*26.9*	*34.2*
バングラデシュ‥	2011	*100.0*	*3.2*	*10.7*	*19.3*	*66.7*
エチオピア……	2007	*100.0*	*8.3*	*11.8*	*14.4*	*65.5*
南アフリカ共和国	2011	*100.0*	*27.6*	*19.5*	*15.0*	*37.9*
イギリス……♮	2011	*100.0*	*30.6*	*34.1*	*15.6*	*19.7*
イタリア……♮	2011	*100.0*	*31.2*	*27.1*	*19.9*	*21.9*
スペイン……♮	2011	*100.0*	*23.2*	*30.1*	*21.7*	*25.1*
ドイツ………♮	2011	*100.0*	*37.3*	*34.0*	*14.0*	*14.6*
ポーランド……♮	2011	*100.0*	*24.0*	*25.8*	*20.1*	*30.0*
ロシア………♮	2010	*100.0*	*25.7*	*28.5*	*22.5*	*23.3*
アメリカ合衆国·♮	2010	*100.0*	*26.7*	*32.8*	*16.1*	*24.4*
カナダ………♮	2016	*100.0*	*28.2*	*34.4*	*15.2*	*22.2*
メキシコ………	2010	*100.0*	*8.8*	*15.6*	*19.1*	*56.5*
オーストラリア2) ♮	2016	*100.0*	*24.4*	*33.4*	*16.2*	*26.0*

国連“Population Censuses' Datasets”(2022年5月閲覧) より作成。各国とも国勢調査による。日本は国勢調査の一般世帯。生計を共にしている人の集まり、または、独立して生計を立てている単身者。原則として、学校の寄宿舎や病院、療養所などの施設で生活している者を除く。現在人口。♮常住人口。1）不詳を含む。2）不詳を除いて算出。

表 2-11　各国の大都市人口（Ⅰ）（単位　千人）

	都市名	調査年	市域人口	郊外を含む人口
アジア				
アゼルバイジャン·♮	#バクー	2019	2 285	…
アフガニスタン····	#カブール	2020	4 435	…
アラブ首長国連邦··	ドバイ	2002	1 089	…
	#アブダビ	〃	527	…
アルメニア·······♮	#エレバン	2019	1 083	…
イエメン··········	#サヌア	2009	1 976	2 023
イスラエル·······♮	テルアビブヤッフォ	2019	456	[1] 2 706
	#エルサレム[2]	〃	928	…
イラク···········	#バグダッド♭	1987*	3 841	…
	モースル	2015	1 384	…
	バスラ	〃	1 226	…
イラン··········♮	#テヘラン	2016*	8 694	…
	マシュハド	〃	3 001	…
	イスファハン	〃	1 961	…
	キャラジ	〃	1 592	…
	シーラーズ	〃	1 566	…
	タブリーズ	〃	1 559	…
	ゴム	〃	1 201	…
	アフワーズ	〃	1 185	…
インド···········	ムンバイ（ボンベイ）	2011*	…	12 442
	デリー[3]	〃	…	11 035
	ベンガルール(バンガロール)	〃	…	8 495
	ハイデラバード	〃	…	6 993
	アーメダバード	〃	…	5 634
	チェンナイ（マドラス）	〃	…	4 647
	スーラト	〃	…	4 502
	コルカタ（カルカッタ）	〃	…	4 497
	プネー	〃	…	3 124
	ジャイプル	〃	…	3 046
	ラクナウ	〃	…	2 817
	カーンプル	〃	…	2 768
	ナーグプル	〃	…	2 406
	インドール	〃	…	1 994
	ターネー	〃	…	1 841
インドネシア·····♮	#ジャカルタ	2018	10 428	…
	ボゴール	〃	5 162	…
	タンゲラン	〃	3 051	…
	スラバヤ	〃	2 885	…
	バンドン	〃	2 525	…
	メダン	〃	2 270	…
	チルボン	〃	1 892	…
	パレンバン	〃	1 649	…
ウズベキスタン···♮	#タシケント	2020	2 572	…
カザフスタン······	アルマティ	2020	1 947	…
	#ヌルスルタン	〃	1 160	…
	シムケント	〃	1 056	…
カタール··········	#ドーハ	2015*	956	…

各国の大都市人口（Ⅱ）（単位　千人）

	都市名	調査年	市域人口	郊外を含む人口
カンボジア········	#プノンペン	2011	1 571	…
	バッタンバン	〃	1 126	…
韓国············♮	#ソウル	2019	9 662	…
	プサン（釜山）	〃	3 373	…
	インチョン（仁川）	〃	2 944	…
	テグ（大邱）	〃	2 432	…
	テジョン（大田）	〃	1 509	…
	クアンジュ（光州）	〃	1 494	…
	ウルサン（蔚山）	〃	1 147	…
北朝鮮··········♮	#ピョンヤン（平壌）	2008*	2 581	…
キルギス·········♮	#ビシュケク	2020	1 049	1 064
サウジアラビア····	#リヤド	2010*	5 188	…
	ジッダ	〃	3 431	…
	マッカ（メッカ）	〃	1 535	…
	マディーナ	〃	1 100	…
ジョージア·······♮	#トビリシ	2020	1 154	1 185
シリア···········	アレッポ	2008	…	4 450
	#ダマスカス	〃	1 680	…
	ホムス	〃	…	1 667
	ハマー	〃	…	1 508
シンガポール·····♮	シンガポール	2020	5 686	…
タイ············♮	#バンコク	2020	…	8 358
	ナコンラチャシマ	〃	…	2 483
	サムットプラカーン	〃	…	2 027
タジキスタン······	#ドゥシャンベ	2017	824	…
中国··········· ♮[4]	チョンチン（重慶）[5]	2020	…	32 054
	シャンハイ（上海）[5]	〃	…	24 871
	#ペキン（北京）[5]	〃	…	21 893
	テンチン（天津）[5]	〃	…	13 866
	コワンチョウ（広州）	2000*	8 525	…
	ウーハン（武漢）	〃	8 313	…
	ホンコン（香港）	2020	7 482	…
	シェンチェン（深圳）	2000*	7 009	…
	トンコワン（東莞）	〃	6 446	…
	シェンヤン（瀋陽）	〃	5 303	…
	シーアン（西安）	〃	4 482	…
	チョンツー（成都）	〃	4 334	…
	ナンキン（南京）	〃	3 624	…
	ハルビン（哈爾浜）	〃	3 482	…
	ターリエン（大連）	〃	3 245	…
	チャンチュン（長春）	〃	3 226	…
	クンミン（昆明）	〃	3 035	…
	チーナン（済南）	〃	3 000	…
	コイヤン（貴陽）	〃	2 985	…
	ツーポー（淄博）	〃	2 817	…
	チンタオ（青島）	〃	2 721	…
	チョンチョウ（鄭州）	〃	2 589	…
	タイユアン（太原）	〃	2 558	…

各国の大都市人口（Ⅲ）（単位　千人）

	都市名	調査年	市域人口	郊外を含む人口
中国（つづき）・・ ♮4)	チャオヤン（潮陽）	2000*	2 471	…
	ハンチョウ（杭州）	〃	2 451	…
	チュンシャン（中山）	〃	2 363	…
（台湾）・・・・・・・・・・・・♮	シンペイ（新北）	2021	4 008	…
	タイチュン（台中）	〃	2 813	…
	カオシュン（高雄）	〃	2 745	…
	タイペイ（台北）	〃	2 524	…
	タオユェン（桃園）	〃	2 272	…
	タイナン（台南）	〃	1 862	…
トルコ・・・・・・・・・・・・♮	イスタンブール	2019	…	15 519
	#アンカラ	〃	…	5 639
	イズミル	〃	…	4 367
	ブルサ	〃	…	3 056
	アンタルヤ	〃	…	2 512
	アダナ	〃	…	2 238
	コンヤ	〃	…	2 232
	シャンルウルファ	〃	…	2 074
	ガズィアンテプ	〃	…	2 069
	コジャエリ	〃	…	1 953
	メルスィン	〃	…	1 840
日本・・・・・・・・・・・・・♮	#東京	2020*6)	7) 9 733	8) 14 048
	横浜	〃	3 777	…
	大阪	〃	2 752	…
	名古屋	〃	2 332	…
	札幌	〃	1 973	…
	福岡	〃	1 612	…
	川崎	〃	1 538	…
	神戸	〃	1 525	…
	京都	〃	1 464	…
	さいたま	〃	1 324	…
	広島	〃	1 201	…
	仙台	〃	1 097	…
ネパール・・・・・・・・・♮	#カトマンズ	2011*	975	…
パキスタン・・・・・・・・	カラチ	2017*	14 910	…
	ラホール	〃	11 126	…
	ファイサラバード	〃	3 204	…
	ラワルピンディー	〃	2 098	…
	グジュランワラ	〃	2 027	…
	ペシャワール	〃	1 970	…
	ムルターン	〃	1 872	…
	ハイデラバード	〃	1 733	…
	#イスラマバード	〃	1 015	…
バングラデシュ・・・・	#ダッカ	2011*	8 906	…
	チッタゴン	〃	2 592	…
フィリピン・・・・・・・♮	#マニラ	2020*	1 847	9) 8 594
	ケソンシティー	〃	2 960	…
	ダバオ	〃	1 777	…
	カローカン	〃	1 662	…

各国の大都市人口（Ⅳ）（単位　千人）

	都市名	調査年	市域人口	郊外を含む人口
ベトナム………♮	ホーチミン（サイゴン）	2020	…	9 228
	#ハノイ	〃	…	8 247
	ハイフォン	〃	…	2 053
	カントー	〃	…	1 241
	ダナン	〃	…	1 169
マレーシア………♮	#クアラルンプール	2020	1 854	…
ミャンマー………	ヤンゴン（ラングーン）	2014*	…	5 211
	マンダレー	〃	…	1 226
	#ネーピードー	〃	…	1 160
モンゴル………	#ウランバートル	2020	1 569	…
ヨルダン………	#アンマン	2020	3 908	…
ラオス………♮	#ビエンチャン	2020	…	948
アフリカ				
アルジェリア……♮	#アルジェ	2008*	2 713	…
	オラン	〃	1 166	…
アンゴラ………	#ルアンダ	2020	…	1 687
ウガンダ………	#カンパラ	2019	1 651	…
エジプト………	#カイロ♮	2017*	…	9 540
	アレクサンドリア♮	〃	…	5 164
	ギーザ	2010	3 122	…
	カルユービーヤ	〃	2 054	…
	ダカリーヤ	〃	1 503	…
エチオピア………	#アディスアベバ	2020	3 687	…
エリトリア………	#アスマラ	2020	524	599
ガーナ………	クマシ	2010*	1 730	…
	#アクラ	〃	1 594	…
ガボン………	#リーブルビル	2013*	…	704
カメルーン………♮	ドゥアラ	2019	3 227	…
	#ヤウンデ	〃	3 159	…
ギニア………♮	#コナクリ	2020	1 985	2 432
ケニア………	#ナイロビ	2019*	…	4 396
	モンバサ	〃	…	1 208
コートジボワール・♮	アビジャン	2014*	4 395	…
ザンビア………♮	#ルサカ	2010*	1 747	…
シエラレオネ……	#フリータウン	2020	1 200	…
ジンバブエ………	#ハラレ	2012*	1 485	…
セネガル………♮	#ダカール	2011	1 056	…
ソマリア………	#モガディシュ	2001	1 212	…
タンザニア………	ダルエスサラーム	2018	5 147	…
	アルーシャ	〃	1 001	…
	#ドドマ	〃	507	…
チャド………♮	#ウンジャメナ	2019	1 522	…
チュニジア………	#チュニス	2014*	…	1 056
トーゴ………	#ロメ	2015	…	1 789
ナイジェリア……	ラゴス♭	1991*	5 195	…
	カノ	〃	2 167	…
	イバダン	〃	1 835	…

各国の大都市人口（V）（単位　千人）

	都市名	調査年	市域人口	郊外を含む人口
ナミビア…………	#ウィントフック	2020	506	…
ニジェール………♮	#ニアメ	2019	1 284	…
ブルキナファソ……	#ワガドゥグ	2006*	1 475	…
マダガスカル……♮	#アンタナナリボ	2018*	1 275	…
マラウイ…………♮	#リロングウェ	2018*	989	…
マリ………………	#バマコ	2009*	…	1 810
南アフリカ共和国‥	#プレトリア10)	2011*	742	…
モーリタニア………	#ヌアクショット	2019	1 196	…
モザンビーク………	マトラ	2020	1 199	…
	#マプト	〃	1 125	…
モロッコ…………♮	カサブランカ	2020	3 566	…
	マラケシュ	〃	1 044	1 405
	フェズ	〃	1 229	1 249
	タンジェ	〃	1 152	1 215
	ケニトラ	〃	696	1 151
	サレ	〃	1 024	1 094
	#ラバト	〃	537	…
リベリア…………	#モンロビア	2008*	…	971
ルワンダ…………♮	#キガリ	2012*	859	…
ヨーロッパ				
アイルランド……♮	#ダブリン	2016	544	…
イギリス…………♮	#ロンドン	2011*	…	8 136
	グラスゴー	〃	…	1 209
	バーミンガム	〃	1 086	…
イタリア…………♮	#ローマ	2018	2 847	…
	ミラノ	〃	1 381	…
	ナポリ	〃	960	…
ウクライナ………♮	#キーウ	2018	2 893	…
	ハルキウ	〃	1 431	…
	オデーサ	〃	994	…
	ドニプロ	〃	990	993
	ドネツィク	〃	910	926
オーストリア……♮	#ウイーン	2019	1 897	…
オランダ…………♮	#アムステルダム	2015	822	12) 1 069
	ロッテルダム	〃	624	12) 1 003
北マケドニア…♮11)	#スコピエ	2016	547	…
ギリシャ…………	#アテネ	2011*	664	13)*3 073
クロアチア………♮	#ザグレブ	2011*	790	…
スイス……………♮	チューリヒ	2019	420	1 402
スウェーデン……♮	#ストックホルム	2007	789	14) 1 904
スペイン…………♮	#マドリード	2019	3 300	…
	バルセロナ	〃	1 650	…
セルビア…………♮	#ベオグラード	2019	1 387	1 694
チェコ……………♮	#プラハ	2020	1 324	…
デンマーク………♮	#コペンハーゲン	2020	633	…
ドイツ……………♮	#ベルリン	2019	3 645	…
	ハンブルク	〃	1 841	…

各国の大都市人口（Ⅵ）（単位　千人）

	都市名	調査年	市域人口	郊外を含む人口
ドイツ…♮(つづき)	ミュンヘン	2019	1 472	…
	ケルン	〃	1 086	…
ノルウェー……♮	#オスロ	2019	681	…
ハンガリー……♮	#ブダペスト	2019	1 751	2 624
フィンランド……♮	#ヘルシンキ	2019	651	1) *956
フランス……♮	#パリ	2015*	2 206	10 706
	リヨン	〃	513	1 640
	マルセイユ	〃	862	1 585
	リール	〃	233	1 039
	トゥールーズ	〃	472	948
	ニース	〃	343	943
	ボルドー	〃	250	904
ブルガリア……♮	#ソフィア	2020	1 243	…
ベラルーシ……♮	#ミンスク	2019*	2 018	…
ベルギー……♮	#ブリュッセル	2011*	174	1 550
ポーランド……♮	#ワルシャワ	2020	1 793	…
ポルトガル……♮	#リスボン	2018	507	15)*2 683
	ポルト	〃	215	15)*1 261
ラトビア……♮	#リガ	2020	627	…
リトアニア……♮	#ビリニュス	2019	557	…
ルーマニア……	#ブカレスト	2020	1 835	…
ロシア……♮	#モスクワ	2012	11 918	…
	サンクトペテルブルク	〃	4 991	…
	ノボシビルスク	〃	1 511	…
	エカテリンブルク	〃	1 387	1 420
	ニジニ・ノブゴロド	〃	1 257	1 266
	サマーラ	〃	1 170	1 170
	カザン	〃	1 169	…
	オムスク	〃	1 159	…
	チェリャビンスク	〃	1 150	…
	ロストフ・ナ・ドヌー	〃	1 100	…
	ウファ	〃	1 075	1 084
	ボルゴグラード	〃	1 019	…
	クラスノヤルスク	〃	1 007	1 008
北中アメリカ				
アメリカ合衆国…♮	ニューヨーク	2020	8 253	19 124
	ロサンゼルス	〃	3 970	13 110
	シカゴ	〃	2 678	9 407
	ダラス	〃	1 343	7 694
	ヒューストン	〃	2 316	7 154
	#ワシントンD.C.	〃	713	6 325
	マイアミ	〃	472	6 173
	フィラデルフィア	〃	1 578	6 108
	アトランタ	〃	513	6 088
	フェニックス	〃	1 708	5 060
	ボストン	〃	692	4 878
	サンフランシスコ	〃	867	4 697

各国の大都市人口（Ⅶ）（単位　千人）

	都市名	調査年	市域人口	郊外を含む人口
アメリカ合衆国…♮(つづき)	リバーサイド(カリフォルニア州)	2020	331	4 678
	デトロイト	〃	665	4 304
	シアトル	〃	770	4 019
	ミネアポリス	〃	433	3 657
	サンディエゴ	〃	1 422	3 332
	タンパ	〃	408	3 244
エルサルバドル…♮	#サンサルバドル	2020	200	[1)] 1 959
カナダ…………♮	トロント	2020	2 988	6 555
	モントリオール	〃	1 821	4 364
	バンクーバー	〃	697	2 738
	カルガリー	〃	1 362	1 543
	エドモントン	〃	1 047	1 469
	#オタワ	〃	1 043	[16)] 1 461
キューバ………♮	#ハバナ	2020	2 132	…
グアテマラ……♮	#グアテマラ市	2002*	942	…
コスタリカ……♮	#サンホセ	2020	347	[1)] *1 346
ジャマイカ……♮	#キングストン	2011*	…	592
ドミニカ共和国…♮	#サントドミンゴ	2020	1 043	…
ニカラグア……♮	#マナグア	2009	…	985
ハイチ…………♮	#ポルトープランス	1999	991	…
パナマ…………	#パナマシティー	2019	434	1 127
ホンジュラス…♮	#テグシガルパ	2013*	997	…
メキシコ………♮	#メキシコシティ	2020	…	21 943
	グアダラハラ	〃	…	5 243
	モンテレイ	〃	…	5 134
	プエブラ[17)]	〃	…	3 179
	トルーカ	〃	…	2 378
	ティフアナ	〃	…	2 011
	レオン	〃	…	1 881
	ケレタロ	〃	…	1 478
	フアレス	〃	…	1 465
	ラグナ[18)]	〃	…	1 463
	メリダ	〃	…	1 238
	サンルイスポトシ[19)]	〃	…	1 227
	アグアスカリエンテス	〃	…	1 144
南アメリカ				
アルゼンチン……	#ブエノスアイレス	2020	…	15 417
	コルドバ	〃	…	1 564
	ロサリオ	〃	…	1 322
	メンドーサ	〃	…	1 025
ウルグアイ……♮	#モンテビデオ	2020	1 383	…
エクアドル……	グアヤキル	2020	2 630	…
	#キト	〃	1 828	…
コロンビア……♮	#ボゴタ	2020	7 744	…
	メデジン	〃	2 533	…
	カリ	〃	2 253	…
	バランキージャ	〃	1 274	…

各国の大都市人口（Ⅷ）（単位　千人）

	都市名	調査年	市域人口	郊外を含む人口
コロンビア(つづき)♮	カルタヘナ	2020	1 029	…
チリ……………	#サンティアゴ	2017	5 614	…
パラグアイ………	#アスンシオン	2014	513	2 887
ブラジル……♮20)	サンパウロ	2016	12 038	…
	リオデジャネイロ	〃	6 499	…
	#ブラジリア	〃	2 977	…
	サルバドール	〃	2 938	…
	フォルタレザ	〃	2 610	…
	ベロオリゾンテ	〃	2 513	…
	マナウス	〃	2 094	…
	クリチバ	〃	1 894	…
	レシフェ	〃	1 626	…
	ポルトアレグレ	〃	1 481	…
	ゴイアニア	〃	1 449	…
	ベレン	〃	1 446	…
	グアルーリョス	〃	1 337	…
ベネズエラ………	#カラカス	2015	2 082	…
	マラカイボ	〃	1 653	…
ペルー…………	#リマ	2018	…	10 351
ボリビア………	サンタクルス	2010	1 616	…
	#ラパス21)	〃	835	…
オセアニア				
オーストラリア…♮	シドニー	2019	4 914	5 312
	メルボルン	〃	4 894	5 078
	ブリスベン	〃	2 430	2 514
	パース	〃	2 045	2 086
	アデレード	〃	1 341	1 360
ニュージーランド・♮	オークランド	2020	1 718	…

国連“Demographic Yearbook”（2020年版など。2022年5月閲覧）より作成。日本は総務省「国勢調査」、台湾は政府資料による。現在人口（調査時にその地域に存在する人口）。市域人口(City proper)か郊外を含む人口(Urban agglomeration)が100万人を超える都市のうち主要な都市を掲載。ただし、ヨーロッパは90万人以上の都市、中国やインド、アメリカ合衆国など人口の多い国は人口数の多い上位の都市を掲載。また、人口が50万人を超える首都も掲載した。国により「都市」の定義は異なる。表2-12の注記参照。なお、調査年が前年版と同じであっても国により数値が改訂されている場合がある。♮印は常住人口（その地域に通常居住している人口）。#印は首都。*印は国勢調査人口。♭印はデータが古いため、表2-13の国連による推計値も参照のこと。1）2000年。2）東エルサレムを含む。国際的には首都として認められていない。3）ニューデリーと軍管区を含まず。4）参考として中国国家統計局のデータによる2019年の主要都市人口（戸籍人口）を80ページに掲載。5）中国国家統計局のデータによる。6）国勢調査の確定値。10月1日現在。7）23区人口。8）東京都人口。9）1994年。10）行政上の首都。11）旧マケドニア。表2-2注記参照。12）2011年。13）1991年。14）2006年。15）2001年。16）オタワ・ガティノー首都圏。17）プエブラ－トラスカラ都市圏。18）ラグナ都市圏。主要都市はトレオンなど。19）サンルイスポトシ－ソレダー・デグラシアーノ・サンチェス都市圏。20）各都市の市域人口に農村部の人口を含む場合がある。21）事実上の首都。憲法上の首都はスクレ。

表 2-12　地域別の都市人口と人口予測

	都市人口（千人）			都市化率[1]（%）		
	2000	2020	2030	2000	2020	2030
アジア……	1 399 722	2 361 464	2 802 262	*37.5*	*51.1*	*56.7*
アフリカ……	285 998	587 738	824 014	*35.0*	*43.5*	*48.4*
ヨーロッパ…	516 725	556 684	572 890	*71.1*	*74.9*	*77.5*
北アメリカ‥[2]	247 471	304 761	334 780	*79.1*	*82.6*	*84.7*
中南アメリカ[3]	118 900	171 019	196 222	*67.4*	*74.7*	*78.1*
南アメリカ…	278 162	368 409	404 258	*79.6*	*84.6*	*86.5*
オセアニア…	21 329	28 919	32 831	*68.3*	*68.2*	*68.9*
先進国……[4]	883 880	1 003 640	1 049 699	*74.2*	*79.1*	*81.4*
開発途上国…	1 984 428	3 375 354	4 117 558	*40.1*	*51.7*	*56.7*
世界計……	**2 868 308**	**4 378 994**	**5 167 258**	*46.7*	*56.2*	*60.4*

国連“World Urbanization Prospects:The 2018 Revision”(2022年5月閲覧）より作成。同資料は“World Population Prospects:The 2017 Revision”を基準にしている。年央の現在人口。2000年は推計人口で、20・30年は将来推計人口。旧ソ連の各構成国はアジアとヨーロッパに分類。1）総人口に対する都市人口の割合。2）北部アメリカ。3）カリブ海諸国および中央アメリカ。4）北アメリカ、ヨーロッパ諸国とオーストラリア、ニュージーランド、日本。

都市について　「都市」は国により定義が異なり、各国の都市人口を単純に比較することはできない。上記の国連資料では、都市の区分として**固有市域**（City proper、法的に一定の境界があり、通常ある種の地方政府で行政的に承認された都市的性格をもつ地域）や**都市およびそれに隣接した周辺地域**（Urban agglomeration、固有市域および固有市域の都市境界線の外側に隣接する人口密集地域）、**大都市圏**（Metropolitan area、行政区分を超えて社会・経済的なつながりをもつ地域）がある。

ウクライナ・モルドバ都市の呼称変更

2022年2月末以降のロシアによるウクライナへの侵攻を受け、日本政府は同年3月31日、ウクライナの地名の呼称について、これまでのロシア語の読み方に基づく表記から、ウクライナ語の読み方に基づく表記に変更すると発表した。首都は「キエフ」から「キーウ」に、「チェルノブイリ」は「チョルノービリ」となる。これに合わせて本書でも表記を変更し、上記のほか、表2-11「各国の大都市人口」では「ハリコフ」を「ハルキウ」に、「オデッサ」を「オデーサ」に、「ドネツク」を「ドネツィク」などと表記している。また、日本政府は2022年5月13日に、モルドバの地名の呼称をロシア語の読み方に基づく表記から、同国で公的に使用されているルーマニア語の読み方に基づく表記に変更すると発表した。モルドバの首都の呼称は「キシニョフ」から、「キシナウ」に変更される。同国東部の親ロシア派地域（トランスニストリア）でも緊張が高まるなか、モルドバへの連帯を示すものとして、モルドバ政府からの変更要請を受け入れた。

表 2-13　各国の主要都市の人口と人口予測（Ⅰ）

都市名	国名	人口（千人）			2010～2030年増加率（%）1)
		2010	2020	2030	
デリー#	インド	21 988	30 291	38 939	2.90
東京# 2)	日本	36 860	37 393	36 574	-0.04
上海*	中国	20 314	27 058	32 869	2.44
ダッカ#	バングラデシュ	14 731	21 006	28 076	3.28
カイロ#	エジプト	16 899	20 901	25 517	2.08
ムンバイ(ボンベイ)#	インド	18 257	20 411	24 572	1.50
北京	中国	16 441	20 463	24 282	1.97
メキシコシティ#	メキシコ	20 137	21 782	24 111	0.90
サンパウロ#	ブラジル	19 660	22 043	23 824	0.97
キンシャサ	コンゴ民主共和国	9 382	14 342	21 914	4.33
ラゴス	ナイジェリア	10 441	14 368	20 600	3.46
カラチ	パキスタン	12 612	16 094	20 432	2.44
ニューヨーク 3)	アメリカ合衆国	18 365	18 804	19 958	0.42
重慶	中国	11 244	15 872	19 649	2.83
大阪# 4)	日本	19 313	19 165	18 658	-0.17
コルカタ(カルカッタ)#	インド	14 003	14 850	17 584	1.15
イスタンブール	トルコ	12 585	15 190	17 124	1.55
ラホール	パキスタン	8 432	12 642	16 883	3.53
マニラ#	フィリピン	11 887	13 923	16 841	1.76
ブエノスアイレス	アルゼンチン	14 246	15 154	16 456	0.72
バンガロール	インド	8 296	12 327	16 227	3.41
広州	中国	10 278	13 302	16 024	2.25
天津	中国	10 150	13 589	15 745	2.22
深圳	中国	10 223	12 357	14 537	1.78
リオデジャネイロ#	ブラジル	12 374	13 458	14 408	0.76
チェンナイ	インド	8 506	10 971	13 814	2.45
ロサンゼルス 5)	アメリカ合衆国	12 160	12 447	13 209	0.41
モスクワ*	ロシア	11 461	12 538	12 796	0.55
ハイデラバード	インド	7 531	10 004	12 714	2.65
ジャカルタ#	インドネシア	9 626	10 770	12 687	1.39
ボゴタ	コロンビア	8 418	10 978	12 343	1.93
リマ#	ペルー	8 920	10 719	12 266	1.61
ルアンダ	アンゴラ	5 300	8 330	12 129	4.23
バンコク	タイ	8 269	10 539	12 101	1.92
パリ	フランス	10 460	11 017	11 710	0.57
ホーチミン	ベトナム	6 189	8 602	11 054	2.94
南京	中国	6 162	8 847	11 011	2.94
ダルエスサラーム	タンザニア	3 870	6 702	10 789	5.26
成都	中国	7 573	9 136	10 728	1.76
テヘラン*	イラン	8 059	9 135	10 240	1.20
ロンドン	イギリス	8 044	9 304	10 228	1.21
ソウル 6)	韓国	9 796	9 963	10 163	0.18
アーメダバード	インド	6 250	8 059	10 148	2.45
西安	中国	5 526	8 001	9 984	3.00

各国の主要都市の人口と人口予測（Ⅱ）

都市名	国名	人口（千人）			2010～2030年増加率（%）1)
		2010	2020	2030	
クアラルンプール#	マレーシア	5 810	7 997	9 805	*2.65*
スーラト	インド	4 445	7 185	9 711	*3.99*
武漢	中国	7 515	8 365	9 611	*1.24*
シカゴ	アメリカ合衆国	8 616	8 865	9 424	*0.45*
名古屋# 7)	日本	9 098	9 552	9 407	*0.17*
蘇州	中国	3 997	7 070	9 389	*4.36*
バグダッド#	イラク	5 652	7 144	9 365	*2.56*
杭州	中国	5 758	7 642	9 260	*2.40*
瀋陽	中国	5 849	7 220	8 569	*1.93*
リヤド*	サウジアラビア	5 220	7 231	8 547	*2.50*
プネー	インド	4 960	6 629	8 442	*2.69*
仏山	中国	6 653	7 327	8 350	*1.14*
東莞	中国	7 118	7 408	8 279	*0.76*
ハルツーム	スーダン8)	4 517	5 829	8 023	*2.91*
香港	中国	7 025	7 548	7 987	*0.64*
ハルビン	中国	5 140	6 387	7 597	*1.97*
アディスアベバ*	エチオピア	3 126	4 794	7 352	*4.37*
ヒューストン	アメリカ合衆国	4 976	6 371	7 254	*1.90*

表2-12の資料より作成。年央の現在人口。2010年は推計人口で、20・30年は将来推計人口。2030年時点の都市人口が多い順に掲載。都市およびそれに隣接した周辺地域（Urban agglomeration）の人口。ただし、#印は大都市圏、*印は固有市域の人口。都市の区分については、表2-12の脚注参照。1）年平均人口増加率。2）東京都特別区部などを中心とする関東大都市圏。3）ニューヨーク・ニューアーク。4）大阪市などを中心とする近畿大都市圏。5）ロサンゼルス・ロングビーチ・サンタアナ。6）ソウル特別市。7）名古屋市を中心とする中京大都市圏。8）2011年7月、スーダンから南スーダンが独立。

（参考）中国の主要都市人口（2019年）（単位　千人）

	総人口		総人口		総人口
重慶*	34 163	武漢	9 064	南京	7 098
成都	15 001	鄭州	8 816	昆明	5 785
上海*	14 693	済南	7 967	南昌	5 360
北京*	13 974	杭州	7 954	貴陽	4 278
天津*	11 082	合肥	7 704	太原	3 835
石家荘	10 524	瀋陽	7 564	蘭州	3 319
西安	9 567	長春	7 538	西寧	2 094
広州	9 537	長沙	7 382	海口	1 829
ハルビン	9 513	福州	7 101		

中国国家統計局の資料より作成。22省（台湾を除く）の省都と4直轄市の人口を掲載。このほか、青島市8311千人、南寧市7820千人、寧波市6085千人、大連市5987千人などの人口が多い。市が管轄する包括的な市域の人口。戸籍人口。なお、表2-11の中国の都市人口は常住人口。*直轄市。

表 2-14 国際移住者数の推移（年央人口）

	国際移住者数（千人）					国際移住者率
	1990	2000	2010	2020	うち男性	2020（%）
アジア	48 210	49 067	66 124	85 619	49 797	*1.8*
ヨーロッパ	49 608	56 859	70 627	86 706	41 979	*11.6*
北アメリカ	27 610	40 352	50 971	58 709	28 321	*15.9*
アフリカ	15 690	15 052	17 807	25 389	13 439	*1.9*
ラテンアメリカ	7 136	6 540	8 327	14 795	7 473	*2.3*
オセアニア	4 732	5 362	7 129	9 381	4 646	*22.0*
世界計	**152 986**	**173 231**	**220 983**	**280 598**	**145 656**	*3.6*
アメリカ合衆国 1)*	23 251	34 814	44 184	50 633	24 479	*15.3*
ドイツ 1)	5 936	8 993	9 812	15 762	7 892	*18.8*
サウジアラビア 2)3)	4 998	5 263	8 430	13 455	9 235	*38.6*
ロシア 1)	11 525	11 900	11 195	11 637	5 712	*8.0*
イギリス 1)*	3 650	4 730	7 120	9 360	4 464	*13.8*
アラブ首長国連邦 2)3)	1 307	2 447	7 317	8 716	6 420	*88.1*
フランス 1)*	5 897	6 279	7 310	8 525	4 131	*13.1*
カナダ 1)	4 333	5 512	6 761	8 049	3 828	*21.3*
オーストラリア 1)4)	3 955	4 386	5 883	7 686	3 812	*30.1*
スペイン 1)4)	822	1 657	6 280	6 842	3 273	*14.6*
イタリア 1)	1 428	2 122	5 788	6 387	2 966	*10.6*
トルコ 1)3)	1 164	1 281	1 374	6 053	3 124	*7.2*
ウクライナ 1)5)	6 893	5 527	4 819	4 997	2 149	*11.4*
インド 1)3)	7 595	6 411	5 574	4 879	2 274	*0.4*
カザフスタン 1)3)	3 619	2 874	3 335	3 732	1 850	*19.9*
タイ 1)3)	529	1 258	3 234	3 632	1 822	*5.2*
マレーシア 2)3)	696	1 464	2 417	3 477	2 156	*10.7*
ヨルダン 2)3)	1 146	1 928	2 787	3 458	1 757	*33.9*
パキスタン 1)3)	6 208	4 182	3 944	3 277	1 813	*1.5*
クウェート 2)3)	1 074	1 128	1 875	3 110	2 063	*72.8*
(香港) 1)3)	2 218	2 669	2 780	2 962	1 108	*39.5*
南アフリカ共和国 1)3)	1 164	1 017	2 115	2 860	1 627	*4.8*
イラン 2)3)	4 292	2 476	2 722	2 797	1 518	*3.3*
日本 2)	1 075	1 686	2 134	2 771	1 347	*2.2*
コートジボワール 1)2)3)	1 816	2 164	2 367	2 565	1 420	*9.7*
シンガポール 1)	727	1 352	2 165	2 524	1 113	*43.1*
スイス 1)	1 392	1 571	2 075	2 491	1 222	*28.8*
オマーン 2)3)	304	624	816	2 373	1 984	*46.5*
オランダ 1)*	1 182	1 556	1 833	2 358	1 134	*13.8*

国連“International Migrant Stock 2020”（2022年5月閲覧）より作成。移民・難民の数。2020年の国際移住者の多い順に掲載。ラテンアメリカはカリブ海諸国、中央アメリカおよび南アメリカ。国際移住者率は国際移住者数の全人口に対する割合。1）外国生まれの人口。2）外国人人口。3）難民を含む。4）海外領土、自治領を含む。5）クリミアを含む。*海外領土・自治領を除き、海外領土・自治領で生まれた者を含む。

表 2-15　国際移住者の出身国（年央人口）（単位　千人）

	2000		2010		2020
ロシア……	10 665	インド……	13 222	インド……	17 869
メキシコ…	9 563	メキシコ…	12 415	メキシコ…	11 186
インド……	7 928	ロシア……	10 119	ロシア……	10 757
中国………	5 885	中国………	8 715	中国………	10 461
ウクライナ·1)	5 597	バングラデシュ	6 320	シリア……	8 457
バングラデシュ	5 441	ウクライナ·1)	5 430	バングラデシュ	7 402
アフガニスタン	4 751	アフガニスタン	5 270	パキスタン··	6 328
イギリス…	3 860	パキスタン··	4 791	ウクライナ·1)	6 139
カザフスタン	3 554	フィリピン··	4 693	フィリピン··	6 094
パキスタン··	3 406	イギリス…	4 433	アフガニスタン	5 854
ドイツ……	3 235	カザフスタン	3 798	ベネズエラ··	5 415
イタリア…	3 067	ポーランド··	3 716	ポーランド··	4 825
フィリピン··	3 063	ドイツ……	3 697	イギリス…	4 733
トルコ……	2 847	(パレスチナ) 2)	3 540	インドネシア	4 601
(パレスチナ) 2)	2 767	インドネシア	3 416	カザフスタン	4 204
インドネシア	2 415	ルーマニア··	3 363	(パレスチナ) 2)	4 023
ベトナム…	2 159	モロッコ…	2 861	ルーマニア··	3 987
モロッコ…	2 077	トルコ……	2 709	ドイツ……	3 855
ポーランド··	2 048	アメリカ合衆国	2 671	ミャンマー··	3 712
ポルトガル··	1 994	ベトナム…	2 631	エジプト…	3 610
アメリカ合衆国	1 979	エジプト…	2 587	トルコ……	3 411
韓国………	1 875	イタリア…	2 559	ベトナム…	3 392
世界計×··	**173 231**	世界計×··	**220 983**	世界計×··	**280 598**

表2-14の資料より作成。出身国別にみた移民・難民の数。中国には台湾、香港、マカオを含まない。1）クリミアを含む。2）東エルサレムを含む。×その他とも。

図 2-7　各国の国際移住者の出身国（2020年）

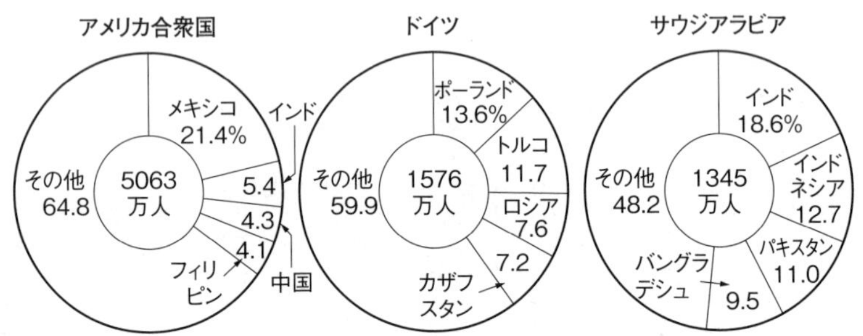

表2-14の資料より作成。各国が受け入れている移民・難民の出身国。年央人口。表2-14、15を参照のこと。なお、ロシアの国際移住者（1164万人）の出身国の内訳は、ウクライナ28.1%、カザフスタン22.0%、ウズベキスタン9.8%、アゼルバイジャン6.6%、その他33.5%である。

表 2-16　結婚率と離婚率（2020年）（人口千あたり　件）

	結婚率	離婚率
アジア		
アゼルバイジャン	3.5	1.4
アルメニア	4.1	1.1
イスラエル 1)	5.3	1.8
イラン 1)	6.4	2.1
ウズベキスタン	8.7	0.8
カザフスタン	6.9	2.6
カタール 1)	1.3	0.7
韓国	4.2	2.1
キプロス 1)	9.0	2.6
キルギス	6.0	1.4
クウェート	2.9	1.3
ジョージア	4.4	2.1
シンガポール	5.6	1.7
タジキスタン 1)	8.8	1.4
トルコ	5.8	1.6
日本	4.3	1.6
(パレスチナ)	8.1	1.6
ブルネイ	8.1	1.4
(香港) 1)	5.9	…
(マカオ)	4.0	1.9
モンゴル	4.3	1.0
ヨルダン	6.2	1.6
アフリカ		
エジプト 1)	9.4	2.3
セイシェル	12.7	1.7
モーリシャス	5.5	1.6
ヨーロッパ		
アイルランド 1)	4.1	2) 0.7
アルバニア	6.1	1) 2.1
アンドラ	2.9	…
イギリス 3)	4.4	2) 1.7
イタリア 1)	3.1	1.4
ウクライナ 1)	5.6	3.3
エストニア	4.6	1.9
オーストリア	4.6	1.7
オランダ	2.9	1) 1.7
北マケドニア 1)	6.7	0.8
ギリシャ	2.9	2) 1.8
クロアチア 1)	4.9	1.5
スイス 1)	4.5	2.0
スウェーデン	3.6	1) 2.5
スペイン 1)	3.5	1.9
スロバキア 1)	5.4	1.7
スロベニア	2.5	0.8
セルビア 1)	5.1	1.3
チェコ 1)	5.1	2.0
デンマーク	4.9	2.7
ドイツ 1)	5.0	1.7
ノルウェー 1)	4.0	1.9
ハンガリー	6.9	1.5
フィンランド 1)	3.7	2.4
フランス 4)	3.5	3) 1.9
ブルガリア	3.2	1.3
ベラルーシ	5.4	3.7
ベルギー 1)	3.8	2.0
ポーランド 1)	4.8	1.7
ボスニア・ヘルツェゴビナ 1)	5.4	0.8
ポルトガル 1)	3.2	2.0
マルタ 1)	5.3	0.7
モルドバ	5.9	3.3
モンテネグロ	3.3	1.3
ラトビア	5.6	2.7
リトアニア	5.5	2.7
ルーマニア	4.2	1) 1.6
ルクセンブルク 1)	3.5	2.3
北中アメリカ		
アメリカ合衆国 1)	6.1	2.3
キューバ 1)	5.4	2.9
グアテマラ	3.4	0.2
コスタリカ	3.7	2.3
ジャマイカ 4)	6.1	1.2
ドミニカ共和国	3.4	1.2
パナマ	1.4	0.7
メキシコ	2.6	1) 1.3
南アメリカ		
アルゼンチン 1)	2.7	…
ウルグアイ 1)	1.6	0.9
スリナム 1)	3.1	1.4
チリ 1)	3.2	…
ベネズエラ 2)	2.6	0.7
ペルー 1)	2.6	0.5
オセアニア		
オーストラリア 1)	4.5	1.9
ニュージーランド 1)	3.8	1.7

国連“Demographic Yearbook”（2020年版）より作成。日本は厚生労働省による。民法等に基づくもののみ。1）2019年。2）2017年。3）2016年。4）2018年。

表 2-17　保健統計（I）

	平均寿命（年）				健康寿命[1]（年）	
	2000	2019	男	女	2000	2019
アジア						
アゼルバイジャン‥	65.52	71.43	68.78	74.09	58.50	63.65
アフガニスタン‥‥	54.99	63.21	63.29	63.16	46.76	53.95
アラブ首長国連邦‥	73.18	76.08	75.10	78.42	63.85	65.99
イエメン‥‥‥‥‥	62.69	66.63	64.41	68.92	54.46	57.53
イスラエル‥‥‥‥	78.57	82.62	80.79	84.36	69.21	72.38
イラク‥‥‥‥‥‥	68.77	72.42	69.93	74.97	59.52	62.66
イラン‥‥‥‥‥‥	72.56	77.35	75.69	79.09	62.56	66.26
インド‥‥‥‥‥‥	62.11	70.79	69.52	72.17	52.95	60.33
インドネシア‥‥‥	67.17	71.31	69.40	73.30	59.03	62.83
ウズベキスタン‥‥	65.27	73.01	70.76	75.21	58.08	64.68
オマーン‥‥‥‥‥	69.07	73.90	72.97	75.26	60.94	64.68
カザフスタン‥‥‥	63.15	73.95	69.98	77.61	56.10	64.99
カタール‥‥‥‥‥	71.29	77.17	78.03	76.63	62.45	67.06
韓国‥‥‥‥‥‥‥	76.21	83.30	80.32	86.09	67.36	73.06
カンボジア‥‥‥‥	58.68	70.12	67.23	72.75	51.39	61.51
北朝鮮‥‥‥‥‥‥	63.95	72.63	69.29	75.69	57.75	65.01
キプロス‥‥‥‥‥	78.75	83.14	81.12	85.12	69.13	72.41
キルギス‥‥‥‥‥	65.95	74.18	70.75	77.31	58.66	65.78
クウェート‥‥‥‥	77.86	80.97	79.25	83.95	67.70	70.09
サウジアラビア‥‥	70.52	74.31	73.11	76.15	61.18	64.02
ジョージア‥‥‥‥	69.41	73.28	68.79	77.76	61.94	64.68
シリア‥‥‥‥‥‥	71.46	72.67	71.18	74.26	62.80	62.87
シンガポール‥‥‥	78.44	83.22	81.05	85.45	69.49	73.55
スリランカ‥‥‥‥	71.89	76.87	73.80	79.81	62.99	67.05
タイ‥‥‥‥‥‥‥	71.25	77.70	74.36	81.04	62.64	68.26
タジキスタン‥‥‥	65.58	69.50	67.58	71.55	58.35	62.01
中国‥‥‥‥‥‥‥	71.58	77.43	74.73	80.49	63.71	68.53
トルクメニスタン‥	63.32	69.75	66.48	72.97	56.64	62.11
トルコ‥‥‥‥‥‥	74.41	78.62	76.44	80.67	64.97	68.41
日本‥‥‥‥‥‥‥	81.12	84.26	81.49	86.94	71.58	74.09
ネパール‥‥‥‥‥	65.26	70.88	68.88	72.75	56.25	61.34
バーレーン‥‥‥‥	70.47	75.81	75.04	77.02	61.88	65.88
パキスタン‥‥‥‥	60.08	65.61	64.59	66.72	52.35	56.87
バングラデシュ‥‥	65.59	74.25	72.99	75.64	57.05	64.30
東ティモール‥‥‥	62.67	69.62	67.93	71.41	53.05	60.89
フィリピン‥‥‥‥	69.03	70.43	67.40	73.60	60.58	62.00
ブータン‥‥‥‥‥	65.70	73.11	72.03	74.39	57.06	63.36
ブルネイ‥‥‥‥‥	72.20	74.32	73.39	75.36	63.89	65.65
ベトナム‥‥‥‥‥	71.45	73.74	69.56	78.11	63.30	65.30
マレーシア‥‥‥‥	72.80	74.72	72.61	77.08	63.99	65.66
ミャンマー‥‥‥‥	59.99	69.13	65.91	72.20	52.95	60.85
モンゴル‥‥‥‥‥	60.52	68.10	63.82	72.76	53.82	60.29

中位年齢2)（歳）	新生児死亡率3)	乳児死亡率4)	5歳未満児死亡率5)	妊産婦死亡率6)	合計特殊出生率7)	
2021	2020	2020	2020	2017	2020	
						アジア
31.44	9.84	17.32	19.39	26	1.70	アゼルバイジャン
16.73	35.19	44.97	57.98	638	4.18	アフガニスタン
32.84	3.60	5.62	6.57	3	1.37	アラブ首長国連邦
18.67	28.11	45.71	59.58	164	3.61	イエメン
29.04	1.91	2.90	3.58	3	2.90	イスラエル
19.79	14.38	21.32	25.24	79	3.54	イラク
31.92	8.26	11.14	12.94	16	2.14	イラン
27.60	20.35	27.01	32.63	145	2.18	インド
29.44	11.72	19.55	23.00	177	2.27	インドネシア
26.59	7.63	12.46	13.95	29	2.90	ウズベキスタン
28.76	4.90	9.45	11.01	19	2.78	オマーン
29.53	4.76	8.92	10.02	10	3.13	カザフスタン
33.04	3.53	4.93	5.76	9	1.83	カタール
43.35	1.45	2.59	3.03	11	0.84	韓国
26.52	13.21	22.05	25.68	160	2.45	カンボジア
35.63	8.89	11.60	16.50	89	1.89	北朝鮮
37.59	1.64	2.25	2.77	6	1.31	キプロス
23.74	11.67	15.67	17.53	60	3.00	キルギス
38.34	4.96	7.58	8.86	12	2.07	クウェート
29.78	3.46	5.99	7.01	17	2.24	サウジアラビア
36.37	4.99	8.23	9.26	25	2.05	ジョージア
20.94	10.73	18.45	22.40	31	2.73	シリア
41.78	0.79	1.85	2.24	8	1.10	シンガポール
32.47	4.02	5.92	6.93	36	2.17	スリランカ
39.27	4.91	7.41	8.65	37	1.50	タイ
21.47	14.02	28.35	32.28	17	3.52	タジキスタン
37.95	3.46	5.47	7.34	29	1.70	中国
25.84	23.53	36.10	41.76	7	2.70	トルクメニスタン
30.93	5.04	8.13	9.49	17	2.04	トルコ
48.36	0.85	1.82	2.49	5	1.34	日本
23.65	16.86	23.59	28.16	186	1.85	ネパール
32.75	2.88	5.78	6.76	14	1.94	バーレーン
20.17	40.39	54.15	65.18	140	3.39	パキスタン
26.28	17.49	24.32	29.10	173	1.99	バングラデシュ
20.27	19.41	36.52	42.27	142	3.85	東ティモール
24.50	12.56	20.95	26.37	121	2.49	フィリピン
28.19	15.26	23.18	27.62	183	1.93	ブータン
31.82	6.13	9.64	11.51	31	1.80	ブルネイ
32.02	9.96	16.70	20.94	43	2.05	ベトナム
29.90	4.64	7.38	8.62	29	1.97	マレーシア
29.03	22.34	35.04	43.65	250	2.12	ミャンマー
26.79	7.89	13.22	15.37	45	2.83	モンゴル

保健統計（Ⅱ）

	平均寿命（年）				健康寿命[1)]（年）	
	2000	2019	男	女	2000	2019
ヨルダン	72.65	77.87	77.02	78.78	63.56	67.60
ラオス	58.41	68.51	66.19	70.95	51.77	60.51
レバノン	74.61	76.44	74.03	79.15	64.66	65.96
アフリカ						
アルジェリア	72.21	77.13	76.23	78.12	62.71	66.39
アンゴラ	49.30	63.06	60.70	65.52	42.87	54.84
ウガンダ	48.76	66.69	63.24	70.10	42.52	58.21
エジプト	69.82	71.82	69.59	74.14	61.21	62.97
エスワティニ[8)]	47.05	57.73	53.36	63.18	41.28	50.06
エチオピア	50.58	68.70	66.90	70.52	44.33	59.89
エリトリア	54.51	64.08	61.30	67.07	47.01	55.73
ガーナ	59.24	66.28	63.66	69.16	51.90	57.98
ガボン	58.10	66.47	63.59	69.73	50.50	57.56
カメルーン	52.82	62.36	60.29	64.50	46.05	54.52
ギニア	54.26	61.01	59.48	62.25	47.54	53.32
ギニアビサウ	50.28	60.22	57.36	62.98	44.05	52.62
ケニア	53.87	66.09	63.70	68.44	46.94	57.68
コートジボワール	50.33	62.92	60.53	65.81	43.96	54.81
コンゴ共和国	52.12	64.74	63.81	65.61	45.35	56.25
コンゴ民主共和国	52.44	62.35	60.00	64.82	45.26	54.09
ザンビア	44.46	62.45	59.54	65.37	38.95	54.40
シエラレオネ	48.73	60.77	59.60	61.90	42.22	52.92
ジブチ	59.84	65.81	64.10	67.78	52.73	58.00
ジンバブエ	46.57	60.68	57.51	63.61	41.03	53.07
スーダン	62.47	69.15	67.55	70.76	54.27	59.91
赤道ギニア	54.31	62.19	60.87	63.58	46.81	53.86
セネガル	58.60	68.58	66.82	70.14	50.76	59.37
ソマリア	49.87	56.47	54.01	59.22	44.01	49.72
タンザニア	52.47	67.34	65.37	69.26	45.44	58.46
チャド	51.08	59.63	57.95	61.34	44.70	52.02
中央アフリカ共和国	44.34	53.10	50.21	56.26	38.69	46.37
チュニジア	74.12	77.04	74.88	79.19	64.80	66.89
トーゴ	55.95	64.27	61.52	67.23	48.93	56.19
ナイジェリア	53.63	62.62	61.20	64.10	46.46	54.39
ナミビア	53.32	64.58	60.58	68.45	46.60	56.06
ニジェール	50.35	63.29	62.06	64.56	44.18	55.52
ブルキナファソ	51.64	62.70	60.06	65.23	44.88	54.86
ブルンジ	43.78	63.84	61.55	66.14	38.13	55.58
ベナン	56.59	63.43	61.19	65.66	49.59	55.52
ボツワナ	45.59	62.25	58.95	65.46	40.08	53.89
マダガスカル	58.82	65.35	64.10	66.60	51.32	57.31
マラウイ	44.73	65.62	62.31	68.93	39.07	57.06
マリ	52.64	62.80	62.20	63.40	45.61	54.63

中位年齢2)(歳)	新生児死亡率3)	乳児死亡率4)	5歳未満児死亡率5)	妊産婦死亡率6)	合計特殊出生率7)	
2021	2020	2020	2020	2017	2020	
23.41	8.81	12.92	15.02	46	2.64	ヨルダン
23.78	21.71	35.34	44.08	185	2.58	ラオス
28.27	3.99	5.97	6.98	29	2.06	レバノン
						アフリカ
27.80	16.29	19.46	22.68	112	2.94	アルジェリア
16.18	27.28	48.34	71.47	241	5.37	アンゴラ
15.94	19.23	31.86	43.32	375	4.70	ウガンダ
23.94	10.31	16.65	19.46	37	3.24	エジプト
21.48	20.30	37.42	46.64	437	2.92	エスワティニ8)
18.46	26.95	35.37	48.71	401	4.05	エチオピア
18.19	17.69	29.69	39.27	480	3.93	エリトリア
20.37	22.91	33.02	44.71	308	3.77	ガーナ
21.62	19.68	30.69	41.73	252	3.87	ガボン
17.46	26.21	48.34	72.21	529	4.44	カメルーン
17.71	29.87	61.99	95.56	576	4.55	ギニア
18.26	35.10	51.40	76.84	667	4.33	ギニアビサウ
19.15	20.49	31.15	41.87	342	3.37	ケニア
17.60	33.16	57.88	77.91	617	4.54	コートジボワール
18.16	18.67	32.98	44.63	378	4.32	コンゴ共和国
15.58	26.80	63.79	81.18	473	5.72	コンゴ民主共和国
16.93	24.00	41.66	61.38	213	4.50	ザンビア
18.83	31.40	80.10	107.80	1 120	4.08	シエラレオネ
23.74	30.44	47.18	55.88	248	2.63	ジブチ
18.05	25.73	37.93	53.89	458	3.46	ジンバブエ
18.40	26.77	39.92	56.58	295	4.29	スーダン
20.90	28.67	58.28	78.49	301	4.35	赤道ギニア
17.77	20.56	28.85	38.08	315	4.49	セネガル
15.19	36.79	72.72	114.60	829	5.89	ソマリア
16.79	20.12	34.72	48.87	524	4.77	タンザニア
15.00	32.81	67.40	110.00	1 140	5.55	チャド
14.69	38.76	77.50	103.00	829	4.57	中央アフリカ共和国
31.74	11.77	14.29	16.62	43	2.15	チュニジア
18.65	24.46	44.36	64.38	396	4.20	トーゴ
17.02	35.46	72.24	113.80	917	5.25	ナイジェリア
21.34	20.14	30.14	40.16	195	3.29	ナミビア
14.46	24.12	45.61	77.52	509	6.74	ニジェール
16.59	25.75	52.82	84.99	320	5.03	ブルキナファソ
15.58	20.86	38.64	54.35	548	5.24	ブルンジ
17.46	29.73	56.54	85.94	397	4.70	ベナン
23.48	21.92	36.08	44.84	144	2.80	ボツワナ
18.96	20.27	36.26	50.24	335	3.98	マダガスカル
16.77	19.07	29.02	38.58	349	4.06	マラウイ
15.08	31.65	58.77	90.99	562	5.69	マリ

保健統計（Ⅲ）

	平均寿命（年）				健康寿命[1)]（年）	
	2000	2019	男	女	2000	2019
南アフリカ共和国‥	55.75	65.25	62.20	68.29	48.48	56.15
南スーダン‥‥‥‥	54.15	62.79	60.83	64.84	46.36	53.66
モーリシャス‥‥‥	71.17	74.07	70.95	77.32	61.94	63.94
モーリタニア‥‥‥	61.96	68.38	68.08	68.73	54.36	59.76
モザンビーク‥‥‥	50.69	58.14	54.46	61.73	43.58	50.36
モロッコ‥‥‥‥‥	69.35	72.99	71.68	74.31	60.69	63.69
リビア‥‥‥‥‥‥	74.40	75.78	74.21	77.34	64.59	65.22
リベリア‥‥‥‥‥	53.77	64.08	63.15	65.00	45.82	54.91
ルワンダ‥‥‥‥‥	47.51	69.10	66.88	71.24	41.19	60.21
レソト‥‥‥‥‥‥	47.82	50.75	47.66	54.24	41.98	44.24
ヨーロッパ						
アイスランド‥‥‥	79.70	82.33	80.81	83.87	69.82	71.98
アイルランド‥‥‥	76.41	81.84	80.20	83.48	67.08	71.07
アルバニア‥‥‥‥	73.55	78.00	76.25	79.91	65.24	69.08
イギリス‥‥‥‥‥	77.85	81.40	79.79	82.99	67.57	70.13
イタリア‥‥‥‥‥	79.36	82.97	80.91	84.90	69.04	71.92
ウクライナ‥‥‥‥	67.53	73.02	68.00	77.81	59.71	64.30
エストニア‥‥‥‥	70.94	78.88	74.70	82.60	62.56	69.24
オーストリア‥‥‥	78.17	81.65	79.44	83.78	68.18	70.94
オランダ‥‥‥‥‥	78.01	81.79	80.40	83.15	68.77	71.44
北マケドニア‥‥‥	71.11	74.82	72.84	76.87	63.19	66.14
ギリシャ‥‥‥‥‥	78.17	81.10	78.64	83.57	68.63	70.87
クロアチア‥‥‥‥	74.36	78.64	75.54	81.60	65.43	68.62
スイス‥‥‥‥‥‥	79.72	83.45	81.75	85.08	69.29	72.52
スウェーデン‥‥‥	79.57	82.40	80.83	83.97	69.86	71.91
スペイン‥‥‥‥‥	79.08	83.22	80.68	85.68	69.06	72.09
スロバキア‥‥‥‥	73.30	78.23	74.84	81.44	64.72	68.54
スロベニア‥‥‥‥	76.05	81.31	78.59	84.06	66.52	70.74
セルビア‥‥‥‥‥[9)]	71.43	75.87	73.46	78.28	63.43	66.88
チェコ‥‥‥‥‥‥	74.95	79.13	76.30	81.93	65.94	68.79
デンマーク‥‥‥‥	76.93	81.32	79.59	83.02	67.57	71.04
ドイツ‥‥‥‥‥‥	78.09	81.72	78.72	84.77	68.46	70.89
ノルウェー‥‥‥‥	78.53	82.62	81.08	84.13	68.43	71.36
ハンガリー‥‥‥‥	71.34	76.44	73.09	79.59	63.03	67.19
フィンランド‥‥‥	77.60	81.61	79.16	84.04	67.78	71.00
フランス‥‥‥‥‥	78.91	82.48	79.76	85.09	69.30	72.08
ブルガリア‥‥‥‥	71.61	75.07	71.65	78.60	63.54	66.28
ベラルーシ‥‥‥‥	68.85	74.81	69.65	79.62	60.82	65.97
ベルギー‥‥‥‥‥	77.66	81.42	79.29	83.51	67.84	70.56
ポーランド‥‥‥‥	73.70	78.27	74.53	81.93	65.00	68.66
ボスニア・ヘルツェゴビナ‥	75.42	76.75	74.38	79.09	66.17	67.19
ポルトガル‥‥‥‥	76.58	81.57	78.56	84.40	66.83	70.96

中位年齢[2]（歳）	新生児死亡率[3]	乳児死亡率[4]	5歳未満児死亡率[5]	妊産婦死亡率[6]	合計特殊出生率[7]	
2021	2020	2020	2020	2017	2020	
27.15	10.57	25.78	32.22	119	2.36	南アフリカ共和国
16.07	40.20	63.34	97.86	1 150	4.54	南スーダン
36.81	10.51	14.80	16.52	61	1.44	モーリシャス
17.57	31.17	49.03	70.71	766	4.45	モーリタニア
16.81	28.34	52.77	70.55	289	4.71	モザンビーク
28.67	11.52	16.02	18.69	70	2.35	モロッコ
26.27	5.96	9.53	11.13	72	2.18	リビア
17.95	30.56	58.15	78.28	661	4.18	リベリア
19.00	17.88	30.27	40.47	248	3.93	ルワンダ
22.08	44.26	69.88	89.52	544	3.07	レソト
						ヨーロッパ
35.86	0.99	1.54	1.93	4	1.72	アイスランド
37.60	1.98	2.62	3.02	5	1.63	アイルランド
37.27	7.78	8.76	9.84	15	1.58	アルバニア
39.64	2.74	3.62	4.21	7	1.56	イギリス
46.83	1.72	2.47	2.91	2	1.24	イタリア
40.76	4.81	6.94	8.11	19	1.22	ウクライナ
41.47	0.93	1.65	2.11	9	1.58	エストニア
42.75	2.30	2.97	3.62	5	1.44	オーストリア
41.74	2.73	3.58	4.16	5	1.55	オランダ
38.27	3.86	5.20	5.93	7	1.30	北マケドニア
44.74	2.44	3.58	4.07	3	1.34	ギリシャ
43.73	3.01	3.87	4.55	8	1.48	クロアチア
41.83	2.81	3.52	4.00	5	1.46	スイス
39.49	1.45	2.15	2.64	4	1.66	スウェーデン
43.88	1.70	2.71	3.25	4	1.23	スペイン
40.57	2.96	4.69	5.75	5	1.57	スロバキア
43.20	1.23	1.76	2.18	7	1.60	スロベニア
42.90	3.56	4.87	5.63	12	1.48	セルビア[9]
42.61	1.56	2.32	2.92	3	1.71	チェコ
41.26	2.51	3.13	3.61	4	1.67	デンマーク
44.87	2.25	3.10	3.65	7	1.53	ドイツ
39.33	1.28	1.79	2.20	2	1.48	ノルウェー
42.74	2.12	3.36	4.05	12	1.56	ハンガリー
42.37	1.35	1.88	2.31	3	1.37	フィンランド
41.59	2.56	3.45	4.37	8	1.83	フランス
44.53	2.97	5.14	6.15	10	1.56	ブルガリア
40.17	1.00	2.19	2.91	2	1.38	ベラルーシ
40.87	2.39	3.44	4.23	5	1.55	ベルギー
40.87	2.69	3.74	4.36	2	1.38	ポーランド
41.82	4.10	4.95	5.73	10	1.24	ボスニア・ヘルツェゴビナ
45.00	1.80	2.73	3.30	8	1.40	ポルトガル

第2章 人口と都市

保健統計（Ⅳ）

	平均寿命（年）				健康寿命[1)]（年）	
	2000	2019	男	女	2000	2019
モンテネグロ……	73.56	75.88	73.15	78.65	65.17	66.97
ラトビア…………	70.18	75.38	70.58	79.84	61.57	66.25
リトアニア………	72.04	75.99	71.23	80.43	63.12	66.69
ルーマニア………	71.39	75.57	71.95	79.26	63.27	66.85
ロシア……………	65.29	73.23	68.18	78.00	57.34	64.21
北中アメリカ						
アメリカ合衆国……	76.69	78.50	76.28	80.73	65.80	66.12
エルサルバドル……	72.50	75.03	70.58	79.13	62.73	64.87
カナダ……………	79.10	82.24	80.40	84.05	69.42	71.25
キューバ…………	76.76	77.76	75.37	80.25	67.12	67.84
グアテマラ………	66.78	72.02	68.95	75.04	57.84	62.30
コスタリカ………	78.00	80.85	78.31	83.44	68.04	69.97
ジャマイカ………	74.22	75.98	74.36	77.68	65.40	66.55
ドミニカ共和国……	73.22	72.84	69.76	76.19	64.10	63.98
ニカラグア………	73.26	75.04	72.07	77.93	63.69	65.46
パナマ……………	77.23	79.29	76.65	82.06	67.20	68.68
バハマ……………	70.94	73.21	69.85	76.59	62.69	64.35
ベリーズ…………	70.34	74.41	71.36	77.77	62.29	65.29
ホンジュラス……	70.04	71.94	70.67	73.16	61.22	62.98
メキシコ…………	74.41	76.01	73.13	78.86	64.55	65.76
南アメリカ						
アルゼンチン……	74.09	76.58	73.51	79.50	65.14	67.13
ウルグアイ………	74.82	77.10	73.48	80.56	65.94	67.51
エクアドル………	74.53	78.45	76.41	80.50	65.25	68.48
ガイアナ…………	62.96	65.69	62.45	69.39	54.97	57.24
コロンビア………	73.75	79.31	76.69	81.87	64.14	68.96
スリナム…………	69.94	71.48	68.50	74.63	61.31	62.39
チリ………………	76.77	80.74	78.09	83.25	67.00	70.05
パラグアイ………	74.80	75.81	73.08	78.85	65.00	65.80
ブラジル…………	71.47	75.90	72.45	79.39	61.66	65.40
ベネズエラ………	74.09	73.95	69.91	78.17	64.68	64.44
ペルー……………	74.42	79.90	78.46	81.34	64.90	69.50
ボリビア…………	66.02	72.14	71.15	73.13	57.89	63.27
オセアニア						
オーストラリア……	79.69	83.04	81.25	84.84	68.57	70.93
ニュージーランド‥	78.57	81.96	80.36	83.52	67.80	70.24
パプアニューギニア	63.29	65.30	63.40	67.36	55.28	57.08

WHO（世界保健機関）"Global Health Observatory（GHO）data"（2022年6月閲覧）より作成。ただし、中位年齢は国連"World Population Prospects:The 2022 Revision"、合計特殊出生率は世界銀行"World Development Indicators"（ともに2022年7月閲覧）による。1）健康上の理由で日常生活が制限されることなく過ごせる年齢寿命。2）上の世代と下の世代の人口数がちょうど同じになる年齢。3）生存出生児1000人のうち28日以内で↗

中位年齢[2](歳)	新生児死亡率[3]	乳児死亡率[4]	5歳未満児死亡率[5]	妊産婦死亡率[6]	合計特殊出生率[7]	
2021	2020	2020	2020	2017	2020	
38.19	1.14	1.95	2.39	6	1.75	モンテネグロ
43.59	2.26	3.44	4.00	19	1.55	ラトビア
43.69	1.91	2.68	3.28	8	1.48	リトアニア
41.87	3.48	5.63	6.88	19	1.60	ルーマニア
38.81	2.32	4.36	5.41	17	1.51	ロシア
						北中アメリカ
37.68	3.38	5.44	6.35	19	1.64	アメリカ合衆国
26.27	6.25	11.08	12.88	46	2.00	エルサルバドル
40.16	3.18	4.38	4.99	10	1.40	カナダ
41.16	2.36	4.08	5.11	36	1.59	キューバ
22.07	11.15	20.06	23.65	95	2.78	グアテマラ
32.89	5.58	6.73	7.91	27	1.72	コスタリカ
30.82	9.29	11.43	13.28	80	1.95	ジャマイカ
27.11	23.43	27.87	33.76	95	2.30	ドミニカ共和国
24.54	9.40	13.79	16.04	98	2.35	ニカラグア
28.83	7.99	12.34	14.34	52	2.42	パナマ
32.45	6.56	10.53	12.26	70	1.73	バハマ
25.17	7.75	10.03	11.66	36	2.25	ベリーズ
23.43	8.79	13.94	16.22	65	2.39	ホンジュラス
29.01	8.37	11.77	13.67	33	2.08	メキシコ
						南アメリカ
31.30	4.58	7.61	8.56	39	2.23	アルゼンチン
35.22	4.11	5.32	6.19	17	1.95	ウルグアイ
27.55	6.75	11.15	12.95	59	2.38	エクアドル
25.48	17.25	23.78	28.40	169	2.42	ガイアナ
30.77	7.20	11.35	13.19	83	1.77	コロンビア
27.93	10.89	15.70	17.57	120	2.37	スリナム
34.86	4.39	5.77	6.75	13	1.61	チリ
25.64	10.00	16.18	18.90	84	2.38	パラグアイ
32.82	8.67	13.13	14.70	60	1.71	ブラジル
28.06	14.62	21.06	24.22	125	2.23	ベネズエラ
28.20	6.71	9.95	12.82	88	2.21	ペルー
23.94	13.47	20.72	25.37	155	2.65	ボリビア
						オセアニア
36.95	2.37	3.14	3.70	6	1.58	オーストラリア
36.50	2.64	3.93	4.72	9	1.61	ニュージーランド
21.76	21.46	35.23	43.93	145	3.48	パプアニューギニア

↘死亡する人数。4）生存出生児1000人のうち満１歳未満で死亡する人数。5）生存出生児1000人のうち５歳未満で死亡する人数。6）妊娠中または分娩後42日以内の母体の死亡で出生10万人あたり。7）１人の女性（通常15～49歳の女性を指す）が生涯に産むであろう平均子ども数。8）旧スワジランド。9）中位年齢と合計特殊出生率以外はコソボを含むデータとされるが、詳細は不明。

第3章 労　　働

コロナ禍で、多くの国では2020年より大規模なロックダウン（都市封鎖）などが実施され、職場の一時的な閉鎖や営業時間の縮小などが行われた。その結果、2020年の世界の総就労時間は、ILOモデル推定でコロナ危機前の2019年第４四半期（季節調整値）と比べて8.6％減少（週48時間労働のフルタイム労働者換算で、2億4980万人分の労働時間が減少）した。2020年12月から欧米でワクチン接種が始まり、各国で感染対策と経済活動の両立が模索されるようになり、その後は厳しい職場閉鎖などを行う国がほとんど無くなった。さらに、各国で財政・金融政策による下支えが行われ、世界経済が回復に向かう中で、2021年の総就労時間はコロナ前から3.9％減少（同１億1373万人分）と、大幅に改善した（表3-1）。ただし、2022年に入ると総就労時間の回復傾向が逆転し、2021年第４四半期の3.2％減から、2022年第２四半期は4.2％減に低下した。この主な要因は、中国における上海などでのコロナ封じ込めである。

失業率をみると、欧米ではコロナ禍で一時的に上昇したものの、その後低下し、2022年第２四半期までにほぼコロナ前の水準となった。アメリカでは、コロナ禍に伴う失業保険の手厚い給付の影響から、2020年１月の3.5％から４月には14.7％に上昇したが、2022年５月時点では3.6％となっている。欧米では労働力が不足しており、アメリカとイギリスで賃金上昇率が高い。特にアメリカは、2021年には求人数が失業者数を大幅に上回っている。レジャー・接客業では、賃上げ等を実施した同業他社に従業員が引き抜かれるケースが増えており、2021年半ば以降に賃金上昇率と自発的離職率が急上昇している。2022年に入っても、人手不足で十分に稼働できていない企業が多く、高インフレの影響で賃金の要求水準が上がるなか、企業の賃金と福利厚生コストが拡大している。このため、生産性の向上以上に労働コストが上昇する状況に直面しており、企業の負担感が増している。

失業率を世界全体でみると、2019年の5.4％からコロナ禍の2020年には6.6％に拡大し、21年でも6.2％と依然として高い水準にある。ブラジルや南アフリカなどでは、2021年に雇用情勢がさらに悪化し、失業率が上昇している。ILOは、労働市場のひっ迫度は先進国でも国によって差があり、発展途上国では労働市場の需給が大幅に緩んでいると指摘している。労働で得られる所得は、世界全体では2021年で0.9％増加したが、欧米や中国など一部の国の労働者の所得拡大によるところが大きく、調査対象189か国のうち140か国は労働所得が回復していない。

日本は主要国の中で賃金上昇率が低い（図3-1）。経済産業省が2022年５月に公表した「未来人材ビジョン」や同検討資料等によると、日本は海外と比べ昇進が遅いうえに、日本企業の部長の年収は、平均賃金が日本より低いタイよりも低い。ただ、中国や欧米と比較して、転職が賃金増加につながらない傾向が強く、転職や起業の意向を持つ人も少ない。こうしたことから、日本の労働市場は硬直性が高く、高付加価値の業種に労働者が集まり労働生産性が高まる構造になっていない。他方、企業の人材投資（OJT以外）のGDP比は、アメリカの2.08％に対して日本は0.10％（2010～14年）と少なく、企業の人材投資が足りないほか、社外学習や自己啓発を行う人も少なく、労働者がスキルを高める機会が少ない。

表 3-1　コロナ禍による総就労時間の減少

	減少率1)（%）		フルタイム2)換算（千人）	
	2020	2021	2020	2021
インド･･････････	*14.0*	*5.2*	64 919	24 212
インドネシア････	*7.0*	*6.6*	7 413	7 026
アメリカ合衆国･･	*9.5*	*5.1*	11 840	6 314
中国･･･････････	*4.1*	*0.8*	29 927	6 006
ベトナム････････	*2.6*	*8.8*	1 236	4 186
バングラデシュ･･	*12.0*	*6.1*	7 921	4 064
パキスタン･･････	*9.3*	*5.5*	6 299	3 786
ミャンマー･･････	*9.4*	*12.7*	2 143	2 930
ナイジェリア････	*9.1*	*4.9*	4 743	2 650
日本･･･････････	*5.1*	*4.6*	2 752	2 477
コロンビア･･････	*19.5*	*10.1*	4 098	2 137
南アフリカ共和国	*13.6*	*13.5*	1 992	2 010
フィリピン･･････	*16.6*	*5.1*	6 326	1 990
メキシコ････････	*14.5*	*3.8*	6 997	1 879
イラン･････････	*5.2*	*8.0*	1 175	1 822
ブラジル････････	*14.8*	*2.4*	10 836	1 739
（参考）EU･････ 3)	*7.3*	*3.3*	11 411	5 062
世界計×･･････	*8.6*	*3.9*	**249 803**	**113 728**

ILOSTATより作成。2022年７月５日閲覧。1）コロナ禍以前の2019年第４四半期の総就労時間（季節調整値）に対する減少率。2）減少した就労時間を週48時間のフルタイム労働者として換算。3）イギリスを除くEU27か国。×その他とも。

表 3-2 労働力人口と労働力率（I）（ILOモデル推定、15歳以上）（2020年）

	労働力人口（千人）	男	女	労働力率（%）	男	女
アジア						
アフガニスタン‥	9 417	7 635	1 782	*41.6*	*65.6*	*16.2*
アラブ首長国連邦	6 377	5 309	1 068	*75.7*	*87.2*	*45.7*
イエメン‥‥‥‥	6 710	6 155	555	*36.8*	*67.5*	*6.1*
イラク‥‥‥‥‥	10 369	8 986	1 382	*41.4*	*71.5*	*11.1*
イラン‥‥‥‥‥	25 884	21 531	4 353	*41.0*	*67.8*	*13.8*
インド‥‥‥‥‥	457 779	366 383	91 395	*44.9*	*69.4*	*18.6*
インドネシア‥‥	136 460	82 657	53 802	*67.4*	*81.5*	*53.2*
ウズベキスタン‥	13 734	8 316	5 418	*57.6*	*70.8*	*44.8*
カザフスタン‥‥	9 207	4 748	4 459	*69.2*	*75.4*	*63.6*
韓国‥‥‥‥‥‥	28 163	16 232	11 931	*62.8*	*72.6*	*53.1*
カンボジア‥‥‥	9 186	4 738	4 447	*79.5*	*85.8*	*73.8*
北朝鮮‥‥‥‥‥	16 875	8 605	8 270	*81.7*	*86.1*	*77.5*
サウジアラビア‥	15 992	12 653	3 339	*61.0*	*80.2*	*32.0*
スリランカ‥‥‥	7 919	5 260	2 659	*48.5*	*68.3*	*30.8*
タイ‥‥‥‥‥‥	39 037	21 142	17 895	*67.0*	*75.4*	*59.2*
（台湾）‥‥‥‥‥	12 294	6 891	5 403	*59.1*	*67.1*	*51.3*
中国‥‥‥‥‥‥	808 348	448 398	359 951	*68.3*	*74.5*	*61.8*
トルコ‥‥‥‥‥	31 624	21 449	10 175	*49.3*	*68.5*	*31.0*
日本‥‥‥‥‥‥	68 654	38 307	30 347	*62.0*	*71.4*	*53.2*
ネパール‥‥‥‥	16 046	7 235	8 811	*77.4*	*79.5*	*75.7*
パキスタン‥‥‥	71 809	57 342	14 467	*49.9*	*77.7*	*20.6*
バングラデシュ‥	68 413	47 730	20 683	*56.7*	*78.6*	*34.5*
フィリピン‥‥‥	41 971	25 560	16 411	*54.8*	*67.0*	*42.6*
ベトナム‥‥‥‥	55 885	29 366	26 519	*74.8*	*80.0*	*69.7*
マレーシア‥‥‥	16 086	9 882	6 204	*64.9*	*77.7*	*51.5*
ミャンマー‥‥‥	23 004	13 830	9 174	*56.7*	*71.9*	*43.1*
アフリカ						
アルジェリア‥‥	12 103	9 772	2 330	*39.9*	*64.0*	*15.4*
アンゴラ‥‥‥‥	13 416	6 779	6 637	*76.1*	*78.8*	*73.6*
ウガンダ‥‥‥‥	16 497	8 444	8 053	*66.8*	*70.8*	*63.1*
エジプト‥‥‥‥	27 870	22 659	5 211	*41.2*	*67.0*	*15.4*
エチオピア‥‥‥	53 546	28 831	24 715	*77.5*	*84.1*	*71.0*
ガーナ‥‥‥‥‥	13 365	7 108	6 256	*68.4*	*72.1*	*64.7*
カメルーン‥‥‥	11 576	6 154	5 422	*75.3*	*80.5*	*70.1*
ケニア‥‥‥‥‥	24 135	12 258	11 877	*73.1*	*75.4*	*70.8*
コートジボワール	8 549	5 047	3 502	*55.4*	*64.7*	*45.9*
コンゴ民主共和国	31 466	16 539	14 927	*64.8*	*68.8*	*60.9*
ザンビア‥‥‥‥	7 552	3 902	3 650	*73.4*	*77.7*	*69.2*
ジンバブエ‥‥‥	7 204	3 517	3 687	*83.4*	*88.7*	*79.0*
スーダン‥‥‥‥	12 577	8 812	3 764	*47.6*	*67.5*	*28.2*
タンザニア‥‥‥	28 002	14 493	13 509	*83.1*	*86.8*	*79.4*
ナイジェリア‥‥	62 259	34 727	27 532	*53.4*	*59.2*	*47.6*
ニジェール‥‥‥	8 868	5 083	3 785	*72.8*	*84.0*	*61.7*
ブルキナファソ‥	7 535	4 154	3 381	*64.8*	*72.6*	*57.3*

労働力人口と労働力率（II）（ILOモデル推定、15歳以上）（2020年）

	労働力人口(千人)	男	女	労働力率(%)	男	女
マダガスカル……	13 955	7 173	6 782	*84.1*	*87.3*	*80.9*
マラウイ…………	8 186	4 208	3 977	*75.1*	*79.6*	*70.8*
マリ………………	7 341	4 214	3 126	*68.4*	*79.4*	*57.6*
南アフリカ共和国	21 346	11 811	9 535	*50.6*	*57.4*	*44.0*
モザンビーク……	13 662	6 518	7 143	*78.1*	*78.7*	*77.6*
モロッコ…………	11 665	8 668	2 998	*43.2*	*65.4*	*21.7*
ルワンダ…………	6 441	3 118	3 323	*82.2*	*82.0*	*82.3*
ヨーロッパ						
イギリス…………	35 096	18 404	16 692	*62.8*	*67.2*	*58.6*
イタリア…………	25 521	14 679	10 842	*48.5*	*57.8*	*39.8*
ウクライナ………	20 240	10 573	9 667	*55.1*	*63.4*	*48.2*
オランダ…………	9 324	4 960	4 364	*64.6*	*69.3*	*59.9*
スウェーデン……	5 355	2 824	2 531	*64.4*	*68.1*	*60.6*
スペイン…………	22 697	12 107	10 589	*56.7*	*62.1*	*51.6*
チェコ……………	5 394	3 002	2 392	*59.8*	*68.1*	*51.8*
ドイツ……………	44 408	23 544	20 864	*61.6*	*66.5*	*56.8*
フランス…………	30 151	15 534	14 617	*54.5*	*58.8*	*50.6*
ベルギー…………	5 176	2 764	2 412	*53.8*	*58.5*	*49.3*
ポーランド………	17 998	10 003	7 995	*56.1*	*65.0*	*47.9*
ルーマニア………	8 948	5 121	3 827	*55.1*	*65.5*	*45.4*
ロシア……………	73 734	37 760	35 975	*61.9*	*70.1*	*55.1*
（再掲）EU……1)	215 375	116 127	99 248	*56.7*	*63.1*	*50.7*
北中アメリカ						
アメリカ合衆国‥	164 492	88 339	76 153	*60.9*	*66.6*	*55.4*
カナダ……………	20 351	10 767	9 584	*64.0*	*68.6*	*59.5*
グアテマラ………	6 788	4 551	2 237	*56.8*	*78.8*	*36.3*
メキシコ…………	53 080	32 850	20 231	*55.5*	*71.3*	*40.8*
南アメリカ						
アルゼンチン……	19 132	10 864	8 268	*56.0*	*66.1*	*46.6*
エクアドル………	7 698	4 580	3 118	*60.1*	*72.1*	*48.3*
コロンビア………	24 826	14 581	10 245	*62.7*	*75.9*	*50.3*
チリ………………	8 537	5 023	3 514	*55.3*	*66.5*	*44.6*
ブラジル…………	96 540	55 225	41 315	*57.3*	*67.4*	*47.7*
ベネズエラ………	10 460	6 791	3 669	*50.6*	*67.7*	*34.4*
ペルー……………	16 202	9 066	7 136	*65.3*	*73.7*	*56.9*
ボリビア…………	5 252	3 013	2 238	*64.5*	*74.3*	*54.7*
オセアニア						
オーストラリア‥	13 383	7 122	6 262	*65.0*	*70.0*	*60.2*
世界計×………	**3 406 993**	**2 071 600**	**1 335 392**	*58.6*	*71.3*	*46.0*

ILO "ILOSTAT"（2022年7月5日閲覧）より作成。ILOによる2021年11月時点の推定値。労働力人口は就業者と失業者の合計。労働力人口の対象は国により異なる場合があるが、本表はILOが一部の国の数値を調整している。労働力率は労働年齢人口に対する労働力人口の割合。1）イギリスを除く27か国。×その他とも。

表 3-3　産業別就業者数（Ⅰ）（ILOモデル推定）（2019年）（単位　千人）

	イラン	インド	インドネシア	ウズベキスタン	韓国	北朝鮮
農林漁業	4 353	199 809	37 281	3 520	1 399	7 068
鉱業・採石	200	2 022	1 660	87	14	233
製造業	4 324	56 772	18 907	1 689	4 431	1 218
電気・ガス・水道1)	326	2 841	554	126	203	110
建設	3 021	55 977	8 119	1 263	2 013	494
卸売・小売2)	3 982	48 650	26 318	1 345	3 677	3 802
運輸・情報通信3)	2 621	29 040	6 428	680	2 288	687
宿泊・飲食	409	9 252	6 878	294	2 320	93
金融・保険	347	5 078	2 188	68	805	140
不動産・専門サービス4)	864	11 224	2 477	225	3 032	227
公務・社会保障5)	1 447	7 788	4 662	799	1 079	282
教育	1 539	18 432	6 873	936	1 899	589
医療・福祉	807	5 877	1 803	503	2 231	248
計×	**25 071**	**468 657**	**130 876**	**13 679**	**27 214**	**16 134**

	サウジアラビア	タイ	（台湾）	中国	トルコ	日本
農林漁業	326	12 057	595	194 382	5 218	2 279
鉱業・採石	134	62	4	2 738	127	29
製造業	1 143	6 249	3 265	149 540	5 274	10 903
電気・ガス・水道1)	176	220	122	4 901	289	278
建設	1 897	2 233	965	53 186	1 581	5 112
卸売・小売2)	1 969	6 372	2 040	116 903	4 013	11 113
運輸・情報通信3)	612	1 526	759	34 468	1 523	6 009
宿泊・飲食	606	2 909	904	35 791	1 742	4 257
金融・保険	150	526	463	11 318	303	980
不動産・専門サービス4)	768	1 207	833	24 866	2 200	4 243
公務・社会保障5)	1 863	1 644	306	41 619	1 987	2 942
教育	1 476	1 181	586	37 547	1 854	4 009
医療・福祉	744	657	412	19 150	1 535	10 507
計×	**13 507**	**38 371**	**11 858**	**767 181**	**28 766**	**67 506**

	ネパール	パキスタン	バングラデシュ	フィリピン	ベトナム	マレーシア
農林漁業	10 393	26 130	25 742	10 049	20 894	1 566
鉱業・採石	16	163	105	190	222	95
製造業	1 293	11 518	9 959	3 764	10 309	2 559
電気・ガス・水道1)	62	545	143	161	297	161
建設	1 068	5 487	4 116	4 283	4 577	1 302
卸売・小売2)	1 022	10 880	9 722	8 835	7 283	2 623
運輸・情報通信3)	400	4 561	6 287	3 982	2 276	951
宿泊・飲食	399	1 427	1 437	2 001	2 845	1 568
金融・保険	54	403	493	607	423	357
不動産・専門サービス4)	166	1 136	935	2 281	927	1 299
公務・社会保障5)	131	1 860	1 078	2 894	1 823	721
教育	357	3 037	2 517	1 340	2 222	1 020
医療・福祉	63	1 158	551	567	581	571
計×	**16 144**	**70 921**	**67 197**	**44 116**	**56 139**	**15 258**

産業別就業者数（Ⅱ）（ILOモデル推定）（2019年）（単位　千人）

	ミャンマー	アンゴラ	ウガンダ	エジプト	エチオピア	ガーナ
農林漁業	11 764	6 211	11 761	5 537	34 603	3 682
鉱業・採石	146	137	66	40	316	113
製造業	2 530	152	634	3 490	2 680	2 018
電気・ガス・水道1)	53	40	21	472	319	51
建設	1 348	503	338	3 428	1 526	426
卸売・小売2)	4 374	2 191	1 455	3 718	3 636	2 505
運輸・情報通信3)	1 387	319	353	2 471	715	412
宿泊・飲食	426	98	328	858	840	627
金融・保険	171	72	29	176	233	103
不動産・専門サービス4)	333	228	109	729	652	303
公務・社会保障5)	151	862	127	1 686	341	310
教育	572	617	471	2 195	1 177	804
医療・福祉	81	273	147	851	387	388
計×	**24 066**	**12 243**	**16 303**	**26 881**	**51 939**	**12 388**

	ケニア	コンゴ民主共和国	タンザニア	ナイジェリア	マダガスカル	南アフリカ共和国
農林漁業	12 567	18 376	17 341	20 444	8 712	882
鉱業・採石	162	1 590	310	333	161	417
製造業	500	999	759	4 721	806	1 798
電気・ガス・水道1)	62	51	49	213	12	140
建設	710	165	603	1 654	208	1 369
卸売・小売2)	3 784	3 899	3 513	12 160	1 142	2 849
運輸・情報通信3)	556	465	823	3 183	272	1 019
宿泊・飲食	404	236	1 242	2 030	206	587
金融・保険	99	53	89	520	15	440
不動産・専門サービス4)	406	102	288	1 288	108	2 134
公務・社会保障5)	452	567	233	2 345	111	809
教育	803	1 142	568	2 729	318	1 001
医療・福祉	473	322	222	1 186	82	1 038
計×	**23 116**	**28 571**	**26 639**	**57 829**	**13 588**	**16 686**

	モザンビーク	イギリス	イタリア	ウクライナ	スペイン	ドイツ
農林漁業	8 966	352	915	2 540	797	515
鉱業・採石	71	130	25	458	33	69
製造業	624	3 087	4 351	2 329	2 494	8 074
電気・ガス・水道1)	21	444	359	545	235	588
建設	380	2 430	1 348	1 252	1 276	2 882
卸売・小売2)	1 259	4 179	3 312	3 443	3 075	5 823
運輸・情報通信3)	200	3 057	1 773	1 548	1 633	3 535
宿泊・飲食	59	1 806	1 492	408	1 716	1 597
金融・保険	17	1 331	641	263	430	1 259
不動産・専門サービス4)	172	4 593	2 730	731	2 208	4 862
公務・社会保障5)	210	2 185	1 252	1 081	1 346	2 929
教育	278	3 538	1 604	1 800	1 375	2 903
医療・福祉	110	4 565	1 939	1 226	1 684	5 656
計×	**12 768**	**33 689**	**23 539**	**18 387**	**19 785**	**42 709**

産業別就業者数（Ⅲ）（ILOモデル推定）（2019年）（単位　千人）

	フランス	ポーランド	ロシア	アメリカ合衆国	カナダ	メキシコ
農林漁業	702	1 619	4 085	2 189	294	6 907
鉱業・採石	25	235	1 607	612	294	204
製造業	3 305	3 668	9 986	17 194	1 772	9 315
電気・ガス・水道1)	442	374	2 328	2 116	189	345
建設	1 886	1 414	4 832	12 191	1 500	4 345
卸売・小売2)	3 515	2 488	10 905	20 147	2 901	11 982
運輸・情報通信3)	2 364	1 591	7 405	16 360	1 228	2 871
宿泊・飲食	1 058	435	1 845	10 811	1 235	4 513
金融・保険	948	436	1 584	7 993	1 002	569
不動産・専門サービス4)	3 114	1 300	5 231	19 851	2 053	3 285
公務・社会保障5)	2 561	1 137	4 889	5 579	1 404	2 379
教育	2 104	1 383	6 663	14 564	1 733	2 723
医療・福祉	4 107	1 061	5 545	22 862	2 601	1 606
計×	**27 709**	**17 683**	**70 036**	**161 547**	**19 476**	**55 824**

	アルゼンチン6)	コロンビア	ブラジル	ペルー	オーストラリア	世界全体7)
農林漁業	11	3 760	8 564	5 022	325	883 514
鉱業・採石	8	215	423	178	243	21 385
製造業	2 233	2 804	10 779	1 579	872	453 693
電気・ガス・水道1)	151	137	891	29	152	26 386
建設	1 691	1 636	6 773	1 001	1 154	247 888
卸売・小売2)	3 411	4 777	17 950	3 646	1 771	489 839
運輸・情報通信3)	1 424	1 884	6 191	1 328	1 099	200 313
宿泊・飲食	723	1 681	5 592	1 379	895	135 668
金融・保険	398	342	1 301	124	440	51 824
不動産・専門サービス4)	1 651	1 793	8 086	920	1 431	151 354
公務・社会保障5)	1 533	740	5 088	692	834	142 435
教育	1 559	986	6 622	885	1 105	177 402
医療・福祉	1 187	1 022	4 844	453	1 829	135 528
計×	**18 757**	**23 781**	**94 631**	**18 346**	**12 721**	**3 303 104**

ILO "ILOSTAT"（2022年7月5日閲覧）より作成。ILOによる2020年11月時点の推定値で本書昨年版と同じであるが、昨年版のデータから数値が一部更新されている。基本的に15歳以上であるが、国の法律や慣習によって若干異なる場合があるほか、産業分類等も国によって異なる場合があり、ILOにより調整されている。1）蒸気・空調供給、下水処理、廃棄物管理等を含む。2）自動車・オートバイ修理業を含む。3）保管業を含む。4）法律や会計サービス等、科学・技術サービス、広告や市場調査等、管理支援サービス（物品賃貸や職業紹介、警備など）を含む。5）国防を含む。社会保障は強制加入のもの。6）原資料に明記されていないが、ILOによると都市部のみ。7）その他の国々を含む。×その他（芸術・娯楽・レクリエーションや、その他のサービス業、家事代行、治外法権機関や団体など）とも。

表 3-4　失業者数・失業率（ILOモデル推定）（15歳以上）

	失業率（%）			失業者数（千人）		
	2019	2020	2021	2019	2020	2021
イラン・・・・・・・・	*10.7*	*12.2*	*11.5*	2 931	3 150	3 027
インド・・・・・・・・	*5.3*	*8.0*	*6.0*	25 438	36 611	28 176
インドネシア・・	*3.6*	*4.3*	*4.4*	4 931	5 840	6 141
韓国・・・・・・・・・・	*3.8*	*3.9*	*3.5*	1 065	1 107	1 000
タイ・・・・・・・・・・	*0.7*	*1.1*	*1.4*	279	429	554
中国・・・・・・・・・・	*4.5*	*5.0*	*4.8*	36 830	40 417	39 015
トルコ・・・・・・・・	*13.7*	*13.1*	*13.4*	4 569	4 146	4 366
日本・・・・・・・・・・	*2.4*	*2.8*	*2.8*	1 653	1 922	1 915
パキスタン・・・・	*3.5*	*4.3*	*4.4*	2 538	3 090	3 211
バングラデシュ	*4.4*	*5.4*	*5.2*	3 072	3 703	3 651
フィリピン・・・・	*2.2*	*2.5*	*2.4*	1 001	1 058	1 055
ベトナム・・・・・・	*2.0*	*2.4*	*2.2*	1 140	1 336	1 216
マレーシア・・・・	*3.3*	*4.5*	*4.6*	518	724	750
ミャンマー・・・・	*0.5*	*1.1*	*2.2*	119	243	488
ウガンダ・・・・・・	*1.9*	*2.8*	*2.9*	317	457	509
エジプト・・・・・・	*7.8*	*9.2*	*9.3*	2 198	2 555	2 655
エチオピア・・・・	*2.3*	*3.2*	*3.7*	1 255	1 733	2 065
ケニア・・・・・・・・	*5.0*	*5.7*	*5.7*	1 185	1 383	1 434
コンゴ民主共和国	*4.5*	*5.3*	*5.4*	1 376	1 657	1 775
タンザニア・・・・	*2.2*	*2.5*	*2.6*	607	708	769
ナイジェリア・・	*8.5*	*9.7*	*9.8*	5 302	6 048	6 311
南アフリカ共和国	*28.5*	*29.2*	*33.6*	6 545	6 237	7 607
イギリス・・・・・・	*3.7*	*4.5*	*4.5*	1 314	1 569	1 589
イタリア・・・・・・	*10.0*	*9.2*	*9.8*	2 610	2 338	2 508
ウクライナ・・・・	*8.2*	*9.1*	*8.9*	1 706	1 848	1 789
スペイン・・・・・・	*14.1*	*15.5*	*14.7*	3 260	3 525	3 392
ドイツ・・・・・・・・	*3.1*	*3.8*	*3.5*	1 400	1 692	1 564
フランス・・・・・・	*8.4*	*8.0*	*8.1*	2 559	2 415	2 490
ポーランド・・・・	*3.3*	*3.2*	*3.4*	592	569	615
ロシア・・・・・・・・	*4.5*	*5.6*	*5.0*	3 342	4 122	3 657
（参考）EU・・・1)	*6.7*	*7.0*	*7.0*	14 540	15 144	15 246
アメリカ合衆国	*3.7*	*8.1*	*5.5*	6 119	13 242	9 032
カナダ・・・・・・・・	*5.7*	*9.5*	*7.5*	1 171	1 925	1 571
メキシコ・・・・・・	*3.5*	*4.5*	*4.4*	1 970	2 362	2 509
アルゼンチン・・	*9.8*	*11.5*	*10.9*	2 003	2 193	2 274
コロンビア・・・・	*10.0*	*15.0*	*14.3*	2 618	3 734	3 715
ブラジル・・・・・・	*11.9*	*13.7*	*14.4*	12 452	13 216	14 320
ペルー・・・・・・・・	*3.4*	*7.2*	*4.8*	635	1 163	897
オーストラリア	*5.2*	*6.5*	*5.1*	692	865	699
世界全体・・・・	*5.4*	*6.6*	*6.2*	**185 948**	**223 667**	**214 208**

ILO "ILOSTAT" より作成。2022年7月5日閲覧。2021年11月時点のILOモデル推定値で、一部の国は実数値。2021年は予測値。失業者を①仕事をしておらず、②働くことができる状態にあり、③仕事を探しているものと定義したもの。1）イギリスを除くEU27か国。

図 3-1　失業率と製造業の賃金

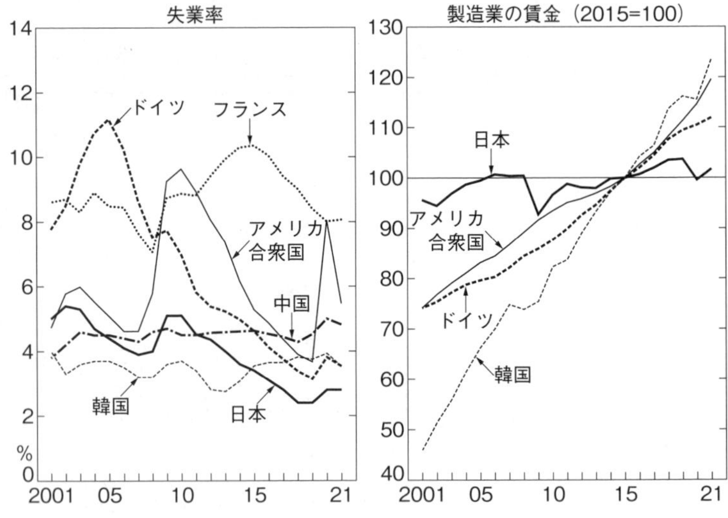

表3-4およびOECD. Stat（2022年7月5日閲覧）より作成。失業者について、アメリカは失業者に再雇用を前提とした一時解雇を含むほか、2020年はコロナ禍に伴う失業保険の特例加算による手厚い給付があり、同年の失業率が急増した。

表 3-5　男女別失業率（ILOモデル推定）（15歳以上）（2020年）（%）

	男	女		男	女
イラン	*10.6*	*19.8*	南アフリカ共和国	*27.8*	*31.0*
インド	*8.6*	*5.5*	イギリス	*4.8*	*4.2*
インドネシア	*4.6*	*3.8*	イタリア	*8.4*	*10.2*
韓国	*3.9*	*4.0*	ウクライナ	*9.5*	*8.8*
タイ	*1.1*	*1.1*	スペイン	*13.9*	*17.4*
中国	*5.5*	*4.3*	ドイツ	*4.2*	*3.4*
トルコ	*12.3*	*14.8*	フランス	*8.1*	*8.0*
日本	*3.0*	*2.5*	ロシア	*5.6*	*5.5*
パキスタン	*4.1*	*5.0*	（参考）EU 1)	*6.8*	*7.3*
バングラデシュ	*4.3*	*8.0*	アメリカ合衆国	*7.8*	*8.3*
フィリピン	*2.4*	*2.7*	カナダ	*9.5*	*9.4*
ベトナム	*2.0*	*2.8*	メキシコ	*4.7*	*4.1*
マレーシア	*4.4*	*4.7*	アルゼンチン	*10.8*	*12.4*
ミャンマー	*1.0*	*1.2*	コロンビア	*12.2*	*19.0*
エジプト	*5.8*	*23.6*	ブラジル	*11.9*	*16.0*
エチオピア	*2.5*	*4.0*	オーストラリア	*6.6*	*6.4*
ケニア	*5.5*	*6.0*	世界全体	*6.6*	*6.4*
コンゴ民主共和国	*5.9*	*4.5*			
ナイジェリア	*10.6*	*8.6*			

資料は表3-4に同じ。表3-4の男女別データ。1）イギリスを除くEU27か国。

表 3-6 若年労働者の失業率（ILOモデル推定）（2020年）（%）

イラン	*28.5*	ウガンダ	*4.0*	ポーランド	*10.8*
インド	*24.9*	エジプト	*23.4*	ロシア	*17.0*
インドネシア	*14.5*	エチオピア	*4.9*	（参考）EU 1)	*16.7*
韓国	*10.2*	ケニア	*13.6*	アメリカ合衆国	*14.9*
タイ	*5.2*	コンゴ民主共和国	*9.7*	カナダ	*20.3*
中国	*11.9*	タンザニア	*4.4*	メキシコ	*8.0*
トルコ	*24.5*	ナイジェリア	*19.7*	アルゼンチン	*30.3*
日本	*4.6*	南アフリカ共和国	*59.6*	コロンビア	*25.9*
パキスタン	*9.2*	イギリス	*13.5*	ブラジル	*30.5*
バングラデシュ	*14.8*	イタリア	*29.5*	ペルー	*13.0*
フィリピン	*7.1*	ウクライナ	*16.8*	オーストラリア	*14.3*
ベトナム	*7.3*	スペイン	*38.5*	世界全体	*15.2*
マレーシア	*14.0*	ドイツ	*7.2*		
ミャンマー	*2.5*	フランス	*20.2*		

資料、注記は表3-4に同じ。15～24歳労働者。1）イギリスを除くEU27か国。

表 3-7 貧困労働者とぜい弱な就業形態の労働者（15歳以上）（2020年）

貧困労働者（ワーキングプア）	千人	%	ぜい弱な就業形態の労働者	千人	%
インド	41 213	*9.8*	中国	319 432	*41.6*
コンゴ民主共和国	20 439	*68.6*	インド	311 460	*74.0*
ナイジェリア	19 325	*34.4*	インドネシア	64 681	*49.5*
タンザニア	13 427	*49.2*	エチオピア	44 379	*85.7*
マダガスカル	10 344	*76.0*	ナイジェリア	44 365	*78.9*
エチオピア	9 765	*18.8*	パキスタン	37 969	*55.3*
モザンビーク	7 917	*60.2*	バングラデシュ	35 464	*54.8*
アンゴラ	6 276	*51.0*	ベトナム	28 836	*52.9*
ケニア	6 252	*27.5*	ブラジル	24 184	*29.0*
ウガンダ	5 514	*34.4*	コンゴ民主共和国	23 513	*78.9*
マラウイ	4 962	*65.0*	タンザニア	22 481	*82.4*
インドネシア	4 661	*3.6*	タイ	18 567	*48.1*
ブルンジ	3 958	*79.1*	ミャンマー	14 567	*64.0*
ザンビア	3 656	*55.5*	フィリピン	14 270	*34.9*
ニジェール	3 461	*39.3*	北朝鮮	14 017	*85.6*
バングラデシュ	3 275	*5.1*	ケニア	13 998	*61.5*
イエメン	3 117	*53.6*	メキシコ	12 993	*25.6*
世界計×	**228 463**	*7.2*	世界計×	**1 389 833**	*43.7*

ILO "ILOSTAT" より作成。2022年7月5日閲覧。ILOモデルによる2021年11月時点の推定値。**貧困労働者**は購買力平価換算で1日1.90ドル未満で暮らす労働者。世界計は2010年の4億1674万人から19年は2億2033万人にまで減少したが、2020年はコロナ禍もあり2億2846万人となった。**ぜい弱な就業形態の労働者**は、個人事業主と寄与的家族従業者の合計（雇用主や従業者を含まず）。これらはすべてがぜい弱とは言えないが、社会保障を十分に受けられない人が多いほか、生産性が低く低収入で、かつ収入の変動が大きく生活が不安定になりがちな人が多い。割合は就業者全体に対するもの。×その他とも。

表 3-8　未活用労働指標（15歳以上）（ILOモデル推定）（2019年）

	労働力人口に対する割合（%）		労働力人口と潜在労働力の合計に対する割合（%）		（参考）ニート率（15～24歳）（%）[2]
	失業者（失業率）	失業者＋[1] 追加就労希望就業者	失業者＋潜在労働力	失業者＋[1] 潜在労働力＋追加就労希望就業者	
イラン・・・・・・・・	10.7	20.5	17.3	26.4	30.4
インド・・・・・・・・	5.3	8.1	6.5	9.4	29.5
インドネシア・・	3.6	7.1	7.7	11.0	20.5
韓国・・・・・・・・・・	3.8	6.4	8.2	10.7	15.5
タイ・・・・・・・・・・	0.7	1.6	1.0	1.9	14.9
中国・・・・・・・・・・	4.5	9.0	6.6	11.4	17.8
トルコ・・・・・・・・	13.7	14.7	18.0	19.0	26.0
日本・・・・・・・・・・	2.4	5.0	3.0	5.5	3.1
パキスタン・・・・	3.5	4.7	5.3	6.2	30.1
バングラデシュ	4.4	6.9	7.4	9.7	26.1
フィリピン・・・・	2.2	13.4	5.3	16.1	18.8
ベトナム・・・・・・	2.0	2.2	3.0	3.1	9.7
ミャンマー・・・・	0.5	3.0	1.0	3.4	14.9
エジプト・・・・・・	7.8	10.8	14.6	20.1	28.0
エチオピア・・・・	2.3	23.0	5.3	25.4	10.8
ケニア・・・・・・・・	5.0	12.1	11.9	15.4	19.7
コンゴ民主共和国	4.5	12.7	8.3	16.1	20.9
タンザニア・・・・	2.2	14.8	7.4	17.5	14.6
ナイジェリア・・	8.5	16.2	13.7	17.0	24.5
南アフリカ共和国	28.5	32.2	38.2	41.4	32.5
イギリス・・・・・・	3.7	8.9	6.2	11.3	10.5
イタリア・・・・・・	10.0	13.0	19.1	21.9	18.1
ウクライナ・・・・	8.2	8.4	8.9	9.1	15.1
スペイン・・・・・・	14.1	20.0	17.5	23.2	12.1
ドイツ・・・・・・・・	3.1	6.0	5.1	7.9	5.7
フランス・・・・・・	8.4	15.5	11.6	18.5	10.5
ポーランド・・・・	3.3	4.9	5.5	7.0	8.1
ロシア・・・・・・・・	4.5	5.2	6.8	7.4	12.5
（参考）EU・・[3]	6.7	10.4	10.3	13.9	10.0
アメリカ合衆国	3.7	4.4	4.5	5.2	10.4
カナダ・・・・・・・・	5.7	6.9	6.2	7.5	12.4
メキシコ・・・・・・	3.5	11.4	8.0	15.4	18.3
アルゼンチン・・	9.8	23.0	14.6	27.3	19.2
コロンビア・・・・	10.0	17.8	10.8	18.6	24.0
ブラジル・・・・・・	11.9	18.6	18.0	24.2	23.5
オーストラリア	5.2	13.4	12.4	19.6	8.6
世界全体・・・・	5.4	10.1	8.5	13.0	21.8

資料は表3-7に同じ。**追加就労希望就業者**は、フルタイムで働くことを希望するパート労働者等のうち、すぐに働くことができる人。**潜在労働力**は、すぐには働けないが働きたい人や、就労をあきらめた人（労働力人口に含まない）。1）2020年11月時点のILO推定。2）就労せず、教育や職業訓練も受けていない若者の割合。3）イギリスを除く27か国。

表 3-9　雇用者の平均労働時間とパートタイム雇用率（2021年）

	雇用者の週あたり平均労働時間（時間）			パートタイム雇用率（%）（労働時間週35時間未満）		
	全体	男	女	全体	男	女
イラン	1)2) 42.4	1)2) 44.5	1)2) 31.2	3)4) 32.2	3)4) 26.9	3)4) 55.7
インド	1)2) 46.4	1)2) 49.2	1)2) 38.4	…	…	…
インドネシア	2) 36.5	2) 38.2	2) 34.0	38.4	32.4	47.4
韓国	2) 38.5	2) 41.1	2) 35.2	25.5	18.5	34.7
シンガポール 1)	42.6	…	…	5) 10.7	5) 7.7	5) 14.1
タイ 1)	2) 40.3	2) 40.4	2) 40.1	21.8	21.4	22.4
中国 6)7)8)	46.1	46.8	45.2	…	…	…
トルコ 1)	43.0	44.9	38.7	31.8	27.5	41.2
日本 1)9)	2) 36.6	2) 40.8	2) 31.3	37.6	25.3	52.9
パキスタン	2) 46.7	2) 50.5	2) 33.7	14.5	6.4	42.6
バングラデシュ 10)	2) 46.9	2) 50.9	2) 37.9	19.5	10.1	40.7
フィリピン 1)	2) 35.6	2) 35.3	2) 36.2	37.6	36.9	38.7
ベトナム	2) 39.2	2) 40.2	2) 37.9	31.8	27.6	36.4
(香港) 6)11)	43.0	44.0	43.0	16.9	14.8	19.0
マレーシア	1)2)9) 43.2	1)2)9) 43.9	1)2)9) 42.0	11)12)13) 11.0	11)12)13) 9.3	11)12)13) 11.0
エジプト 1)	2) 40.2	2) 41.1	2) 35.3	6.8	6.0	11.1
ケニア 12)	2) 45.2	2) 48.3	2) 41.8	25.9	20.7	31.5
ジンバブエ 12)	2) 36.6	2) 39.7	2) 32.6	24.1	23.8	24.5
南アフリカ共和国	2) 41.4	2) 43.5	2) 38.6	14.4	11.2	18.3
イギリス 12)	35.9	39.6	31.5	41.1	27.6	56.2
イタリア	36.1	38.8	32.2	35.6	24.7	50.7
オランダ	31.3	35.4	26.6	60.7	45.6	77.7
ギリシャ	40.3	42.4	37.4	25.9	19.3	34.8
スウェーデン	35.2	36.6	33.4	47.0	41.1	53.8
スペイン	36.4	38.8	33.7	36.0	27.9	45.6
チェコ	38.3	39.6	36.6	28.7	23.8	35.1
ドイツ	34.3	37.8	30.1	42.6	28.3	59.0
フランス	36.0	38.3	33.6	40.0	31.5	48.9
ポーランド	40.1	41.4	38.3	19.6	14.6	25.7
ロシア	1)2) 36.0	1)2) 37.6	1)2) 34.4	6)14) 8.9	6)14) 6.3	6)14) 11.7
アメリカ合衆国 15)	2) 36.6	2) 38.6	2) 34.3	25.3	19.9	31.3
メキシコ	2) 42.0	2) 45.0	2) 37.5	27.2	21.0	36.7
アルゼンチン 16)	2) 34.6	2) 38.5	2) 29.4	40.0	29.9	53.3
コロンビア	2) 41.7	2) 44.3	2) 37.5	25.1	18.5	35.3
ブラジル	2) 38.1	2) 40.1	2) 35.2	25.1	19.0	33.6
オーストラリア 1)9)	11)17) 32.3	11)17) 35.8	11)17) 28.4	11)17) 46.6	11)17) 35.8	11)17) 58.6

ILOSTATより作成。2022年7月8日閲覧。自営業者や家族従業者などを含む。本表のパートタイム雇用は労働時間週35時間未満の共通定義に基づき、各国統計と異なる場合がある。1）2020年。2）主業のみ。3）2018年。4）10歳以上。5）国民および居住者。6）2016年。7）都市部のみ。8）フルタイム労働者。9）自営の生産労働者（農業など）を除く。10）2017年。11）施設人口（学校などの寮や病院等の施設の居住者）を除く。12）2019年。13）64歳以下。14）72歳以下。15）16歳以上。16）主要都市圏のみ。17）軍隊、徴兵を除く。

表 3-10　従業者の平均賃金（月収換算）（2020年）（単位　ドル）

	購買力平価換算ドル	米ドル換算
アゼルバイジャン	1 422	416
イスラエル 1)2)3)	2 546	2 948
インド	803	230
インドネシア 4)	385	136
カタール 5)	4 345	3 174
韓国 6)7)	3 824	3 183
カンボジア 8)	…	263
サウジアラビア 5)9)10)	3 875	1 750
シンガポール 9)10)11)12)	4 395	3 286
スリランカ 8)	648	204
タイ	1 208	490
中国 10)13)14)	1 372	847
トルコ 3)9)10)	1 974	707
日本 3)7)10)	2 696	2 882
パキスタン 8)	582	144
バングラデシュ 15)	400	147
フィリピン	749	307
ベトナム	846	296
(香港) 12)13)16)	2 384	1 932
マレーシア 5)9)	1 786	698
ミャンマー	8) 480	157
ヨルダン	977	453
ラオス 15)	631	240
レバノン 8)	1 473	780
ウガンダ 15)	300	101
エジプト	655	176
ケニア 8)	317	137
コートジボワール 8)	575	231
ザンビア	551	163
タンザニア	539	186
チャド 1)	503	219
ナイジェリア 8)	339	148
ナミビア 1)	1 030	547
ボツワナ	1 018	455
アイルランド 17)18)	3 607	4 105
イギリス	3 124	3 142
イタリア 3)10)	2 977	2 521
ウクライナ 9)19)20)	1 421	430
エストニア	2 365	1 654
オーストリア 8)	3 401	3 187
オランダ 1)20)21)	2 986	2 968
ギリシャ 5)9)16)22)	1 422	1 021
クロアチア 1)20)21)	2 270	1 393
スイス 12)13)17)18)23)	5 421	7 602
スウェーデン 20)21)	3 780	3 920
スペイン 1)9)21)	2 815	2 363
チェコ	2 629	1 660
デンマーク 1)20)21)	4 277	5 279
ドイツ 5)19)20)22)24)	5 517	4 994
ノルウェー	4 588	5 177
ハンガリー 1)20)21)	2 050	1 176
フィンランド 7)9)18)	3 449	3 645
フランス 8)10)	3 815	3 563
ベルギー 1)3)20)25)	3 806	3 793
ポーランド	2 676	1 325
ポルトガル 2)9)16)	1 460	1 086
リトアニア 19)	2 827	1 632
ルーマニア 3)19)	2 670	1 228
ルクセンブルク 10)	5 180	5 892
ロシア 8)	1 686	691
アメリカ合衆国 26)	4 502	4 502
グアテマラ 8)	606	357
コスタリカ 5)9)	1 471	906
ドミニカ共和国	668	299
メキシコ	635	328
アルゼンチン 27)	…	514
ウルグアイ	1 233	880
チリ 3)7)8)9)28)	1 747	1 152
ブラジル	1 010	479
オーストラリア 1)9)10)	3 844	4 467
ニュージーランド 8)9)	3 285	3 373

資料は表3-9に同じ。購買力平価は2017年基準。一部の国で軍隊などを除く。1）2018年。2）自給自足労働者を含む。3）加重平均。4）2015年。5）自営の生産労働者を除く。6）民間部門のみ。7）従業者５人以上の事業所。8）2019年。9）主業のみ。10）フルタイム労働者。11）国民と居住者。12）中央値。13）2016年。14）都市部のみ。15）2017年。16）施設人口を除く。17）従業者３人以上の事業所。18）農業を除く。19）家事代行などを除く。20）従業者10人以上の事業所。21）農業、公務、家事代行などを除く。22）軍隊や徴兵を除く。23）地方公共団体を除く。24）民間を除く。25）農業、非市場サービスを除く。26）16歳以上。27）主要都市のみ。28）農林水産業、狩猟を除く。

表 3-11 法定最低賃金（月収換算）（2020年）（単位 ドル）

	購買力平価換算ドル	米ドル換算		購買力平価換算ドル	米ドル換算
イスラエル……[1)]	1 270	1 487	イギリス………	1 842	1 852
イラク………[1)]	750	338	ウクライナ……	579	175
インドネシア…[1)]	303	111	オランダ………	1 970	1 919
韓国…………	1 827	1 521	ギリシャ……[2)]	1 207	866
カンボジア……[1)]	…	182	スイス………[1)]	2 805	3 800
クウェート…[1)2)]	411	247	スペイン………	1 584	1 266
スリランカ……	212	67	チェコ………	996	629
タイ………[1)3)]	528	220	ドイツ………	1 948	1 764
中国…………[3)]	521	319	フランス………	1 843	1 758
トルコ…………	1 173	420	ベルギー……[2)]	1 927	1 857
日本…………	1 263	1 350	ポーランド……	1 346	667
パキスタン‥[1)2)4)]	472	117	ポルトガル……	1 137	846
バングラデシュ・[1)]	48	18	ルーマニア……	1 142	525
フィリピン……	572	234	ルクセンブルク‥	2 151	2 447
ベトナム………	544	190	ロシア………	411	156
マレーシア……[1)]	654	266	アメリカ合衆国‥	1 257	1 257
ウガンダ……[5)]	5	2	カナダ………	1 593	1 551
ガボン………[1)]	459	256	アルゼンチン…[8)]	…	239
コートジボワール[5)]	248	108	コロンビア……[9)]	577	238
シエラレオネ…[1)]	184	55	ブラジル………	427	203
タンザニア……[1)]	129	44	ペルー………	492	…
南アフリカ共和国[1)6)]	512	242			
モザンビーク‥[1)7)]	311	112	オーストラリア‥	2 060	2 246

資料は表3-9に同じ。購買力平価は2017年基準。国全体で最低賃金が定められていない場合は首都や主要都市で、複数の地域の平均の場合もある。最低賃金が職業別で設定される国は、製造業または非熟練労働者。1）2019年。2）民間部門のみ。3）首都。4）非熟練労働者で主業のみ。5）2018年。6）卸売業、小売業。民間と国有企業の単純労働者。7）製造業。8）18歳以上。9）施設人口や軍隊、徴兵を除く。

表 3-12 主要国の男女賃金格差（男性＝100）（2020年）

イスラエル・[1)]	77.3	スイス………	86.2	ポーランド…	91.3
韓国………	68.5	スウェーデン・	92.6	ポルトガル…	88.3
トルコ……[1)]	90.0	スペイン…[1)]	91.4	アメリカ合衆国	82.3
日本………	77.5	チェコ………	87.6	カナダ………	83.9
アイルランド[2)]	94.8	デンマーク・[2)]	94.9	メキシコ……	90.4
イギリス……	87.7	ドイツ……[2)]	86.1	コロンビア・[2)]	96.0
イタリア…[2)]	92.4	ノルウェー…	95.2	チリ………	91.4
オーストリア・	86.7	フィンランド[2)]	82.8		
オランダ…[1)]	87.3	フランス…[1)]	88.2	オーストラリア	87.7
ギリシャ……	91.1	ベルギー…[2)]	96.2	ニュージーランド	95.4

OECD "OECD.Stat"（2022年7月8日閲覧）より作成。男性を100としたときの女性の賃金。フルタイム雇用者の中位所得。1）2018年。2）2019年。

表 3-13　労働生産性（単位　購買力平価換算米ドル）

	就業者1人あたりGDP			労働時間あたりGDP		
	2010	2020	(日本=100) (2020)	2010	2020	(日本=100) (2020)
イスラエル……	72 094	81 745	109.3	36.9	45.9	95.6
インド…………	10 786	18 101	24.2	…	…	…
インドネシア……	18 698	24 606	32.9	…	…	…
韓国…………	69 227	79 622	106.5	32.1	41.8	87.2
中国…………	15 970	31 394	42.0	…	…	…
トルコ…………	66 058	88 884	118.9	35.2	51.3	107.0
日本…………	75 282	74 771	100.0	43.4	48.0	100.0
南アフリカ共和国	45 219	44 140	59.0	20.2	1) 19.9	1) 42.1
アイルランド……	123 855	194 907	260.7	72.0	111.8	233.1
イギリス………	86 238	84 030	112.4	57.2	61.5	128.1
イタリア………	93 558	85 262	114.0	52.7	54.9	114.4
オーストリア……	99 780	97 664	130.6	64.3	69.8	145.4
オランダ………	93 487	94 244	126.0	65.9	67.0	139.6
ギリシャ………	75 391	59 206	79.2	39.0	34.3	71.4
クロアチア……	58 996	61 249	81.9	30.4	33.4	69.6
スイス…………	111 531	113 513	151.8	69.2	75.7	157.9
スウェーデン……	96 257	100 428	134.3	64.9	70.5	147.0
スペイン………	83 215	82 020	109.7	48.8	52.3	108.9
チェコ…………	64 998	72 309	96.7	36.1	42.4	88.5
デンマーク……	93 783	101 220	135.4	65.9	75.4	157.2
ドイツ…………	87 137	88 639	118.5	61.1	66.9	139.5
ノルウェー……	112 657	117 351	156.9	78.8	83.2	173.4
ハンガリー……	60 371	63 221	84.6	34.2	39.3	81.9
フィンランド……	92 992	94 185	126.0	58.7	61.5	128.2
フランス………	96 213	95 209	127.3	62.5	67.7	141.0
ブルガリア……	34 291	41 366	55.3	20.8	25.8	53.7
ベルギー………	108 679	107 459	143.7	69.1	74.5	155.3
ポーランド……	57 395	72 363	96.8	31.3	41.0	85.4
ポルトガル……	65 784	64 532	86.3	37.7	40.0	83.4
ルーマニア……	42 630	59 434	79.5	23.2	33.1	69.0
ルクセンブルク‥	153 867	143 209	191.5	101.2	100.9	210.3
ロシア…………	46 266	51 874	69.4	23.4	27.7	57.7
(参考)EU……2)	82 641	84 393	112.9	49.6	54.7	114.1
アメリカ合衆国‥	115 876	128 327	171.6	67.8	73.4	153.0
カナダ…………	82 889	93 498	125.0	48.3	56.9	118.5
メキシコ………	41 798	42 947	57.4	19.4	20.2	42.2
コロンビア……	25 842	32 132	43.0	10.9	16.4	34.1
チリ…………	47 252	55 538	74.3	22.8	30.4	63.4
ブラジル………	29 037	1) 28 718	1) 36.9	…	…	…
オーストラリア‥	87 526	94 276	126.1	49.9	55.8	116.3
ニュージーランド	68 849	73 699	98.6	39.2	42.4	88.3

資料は表3-12に同じ。2015年基準購買力平価換算。1）2019年。2）イギリスを除く27か国。

第４章　経済成長と国民経済計算

IMF（国際通貨基金）が2022年４月に公表した世界経済見通しによると、2021年の世界全体の成長率（実質GDPの対前年増減率）は、コロナウイルス感染拡大防止のための経済活動制限が段階的に緩和されたことをうけ、6.1％の成長となった。しかし、積極的な財政・金融政策を背景に多くの国でインフレが進行しているほか、ロシアによるウクライナ侵攻によって世界経済のリスクが急激に高まっている。ロシアとウクライナは経済規模として大きくはないものの、主要な食料、鉱物、エネルギー資源の輸出国であるため、食料やエネルギー供給に大きな影響を及ぼしており､価格の高騰によって各国経済のインフレが加速している。IMFは2022年の世界経済について、ウクライナ侵攻と、それに伴う対ロシア制裁の影響を反映して、成長率を3.6％と予測している。

アメリカ合衆国は、コロナの影響を受けて2020年前半には景気が急激に悪化したが、大規模な財政措置や経済回復を重視した政策により、その後は持ち直しに転じた。堅調な消費需要や設備投資、輸入が成長を後押しし、2021年の実質GDP成長率は5.7％のプラス成長となった。IMF見通しによるアメリカの2022年の成長率は3.7％で、今後も個人消費や設備投資などの堅調な推移により成長が続いていくと見られているが、ウクライナ情勢や、中国でのコロナ再拡大を受けたロックダウンなどによって、サプライチェーンの混乱やエネルギー価格等の高騰が継続し、経済成長を下押しすることが懸念される。

中国は2020年、多くの国がマイナス成長を示した中、主要国で唯一2.3％のプラス成長を遂げた。2021年には、年初に高い成長率を実現し、その後、洪水やコロナの感染再拡大、不動産規制などの様々な要因から成長は減速したものの、年間の実質GDP成長率は8.1％と、政府の目標である６％成長を大きく上回る結果となった。IMF見通しによると、中国の2022年の経済成長率は4.4％で、コロナ対策や不動産規制、サプライチェーンの混乱によって中国経済は減速すると見られる。一方、IMF

が公表している中長期的な見通しでは、中国は今後も経済成長を続けGDPはアメリカに迫っていくものと予測されている。しかし、中国では少子高齢化が急激に進行し、全人口に占める労働力人口の割合が減少している。2030年には総人口も減少に転じると見込まれ、中長期的な経済成長の阻害要因になると懸念されている。

欧州では、2021年の春以降、行動制限が緩和されたことに伴い個人消費が持ち直し、ユーロ圏の2021年の経済成長率は5.3%のプラス成長となった。2022年は、ロシアによるウクライナ侵攻に伴い先行きの不透明感が強まっている。すでに、エネルギーや食品などの大幅な価格上昇により、急激なインフレとなっている。IMFの見通しによると、2022年の実質GDP成長率はユーロ圏が2.8%、ドイツ2.1%、フランス2.9%、イタリアが2.3%、スペインが4.8%と見込まれており、ウクライナ侵攻は物価上昇を加速させ、経済成長を大幅に減速させると予測している。

インド、東南アジアの経済は、コロナの影響で大きく落ち込んだ2020年の反動から、2021年はプラス成長となった。ベトナム、シンガポール、インドネシア、インドはコロナ前の2019年の水準を上回ったが、タイ、マレーシア、フィリピンは回復が遅れ、2019年の水準を下回っている。東南アジア諸国は自動車部品の生産などで製造業において重要な位置を占めている。2021年夏に、変異株による感染再拡大でマレーシアやベトナムの工場の稼働が制限された際は、各国の製造業に影響を及ぼし、特に日本の自動車生産業は大きく落ち込んだ。

2021年の日本経済は、緊急事態宣言が断続的に発出される中、個人消費や設備投資の動きは一進一退となり、景気回復は鈍化した。個人消費は飲食等のサービス消費の弱さに加え、半導体不足や、東南アジアでの感染再拡大に伴う部品供給不足による新車販売台数の減少など、財の消費にも影響が出た。設備投資は自動車減産やソフトウェア投資の減少の影響により減少した。2022年は、コロナの感染状況が落ち着き、消費が回復することで経済回復も進むと期待されていたが、原材料価格の高騰やウクライナ侵攻、急速な円安により先行きの不透明感が増しており、IMF見通しは1月の3.3%から、4月には2.4%に下方修正されている。

図 4-1　世界のGDP(国内総生産)の推移（名目）

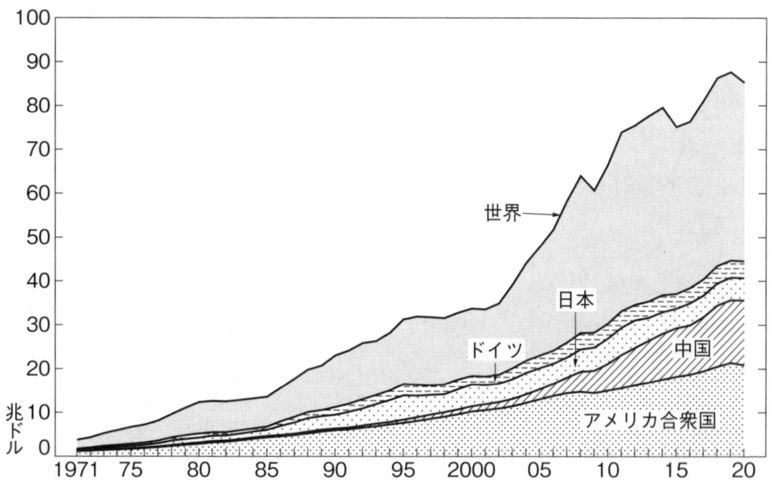

国連“National Accounts－Analysis of Main Aggregates”より作成。

表 4-1　国際機関の経済成長率見通し（対前年比、％）

	IMF			OECD		
	2021	2022	2023	2021	2022	2023
先進国・・・・・・・・・・1)	5.2	3.3	2.4	5.5	2.7	1.6
日本・・・・・・・・・・・	1.6	2.4	2.3	1.7	1.7	1.8
アメリカ合衆国・	5.7	3.7	2.3	5.7	2.5	1.2
ユーロ圏・・・・・・・	5.3	2.8	2.3	5.3	2.6	1.6
ドイツ・・・・・・・	2.8	2.1	2.7	2.9	1.9	1.7
フランス・・・・・	7.0	2.9	1.4	6.8	2.4	1.4
イギリス・・・・・・・	7.4	3.7	1.2	7.4	3.6	0.0
オーストラリア・	4.7	4.2	2.5	4.8	4.2	2.5
新興・開発途上国・	6.8	3.8	4.4	…	…	…
アジア・・・・・・・・・	7.3	5.4	5.6	…	…	…
中国・・・・・・・・・	8.1	4.4	5.1	8.1	4.4	4.9
インド・・・・・・・	8.9	8.2	6.9	8.7	6.9	6.2
中南米・・・・・・・・・	6.8	2.5	2.5	…	…	…
ブラジル・・・・・	4.6	0.8	1.4	5.0	0.6	1.2
中東・中央アジア	5.7	4.6	3.7	…	…	…
サハラ以南アフリカ	4.5	3.8	4.0	…	…	…
世界全体・・・・・・・	6.1	3.6	3.6	5.8	3.0	2.8

IMF“World Economic Outlook Database, April 2022”およびOECD“Economic Outlook”(2022年6月）より作成。実質GDPの対前年増加率。1）IMFの先進国には韓国、台湾、香港、シンガポールのアジアNIEsを含む。OECDの先進国はOECD加盟38か国。

表 4-2　主な経済地域（2020年）

	面積（千km²）	人口（百万人）	GDP（名目）（億ドル）	貿易額（億ドル） 輸出	輸入
ASEAN（10か国）・・	4 487	669	29 962	13 852	12 687
EU（27か国）・・・・・・・	4 132	445	152 922	50 759	45 164
USMCA（3か国）・・	21 783	500	236 112	22 329	32 150
MERCOSUR（6か国）	13 921	309	20 597	2 915	2 401
（参考）					
アメリカ合衆国・・・・	9 834	336	208 937	14 249	24 069
中国・・・・・・・・・・・・・・	9 600	1 425	147 228	25 900	20 660
日本・・・・・・・・・・・・・・	378	125	50 578	6 413	6 355
イギリス・・・・・・・・・・	242	67	27 642	3 995	6 383

面積は国連“Demographic Yearbook 2020”、人口は同“World Population Prospects:2022”による年央値（いずれも2022年7月12日閲覧）。GDPは国連“National Accounts－Analysis of Main Aggregates”（2022年7月10日閲覧）、貿易額はWTO Stat“International Trade Statistics”（2022年6月10日閲覧）より作成。ASEAN、EUは33ページを参照。EUはイギリスを除く27か国。USMCA（米国・メキシコ・カナダ協定）はNAFTA（北米自由貿易協定）に代えて2020年7月に発効。MERCOSUR（南米南部共同市場、メルコスール）はアルゼンチン、ウルグアイ、パラグアイ、ブラジル、ベネズエラ、ボリビア。

図 4-2　主な経済地域のGDP（2020年）

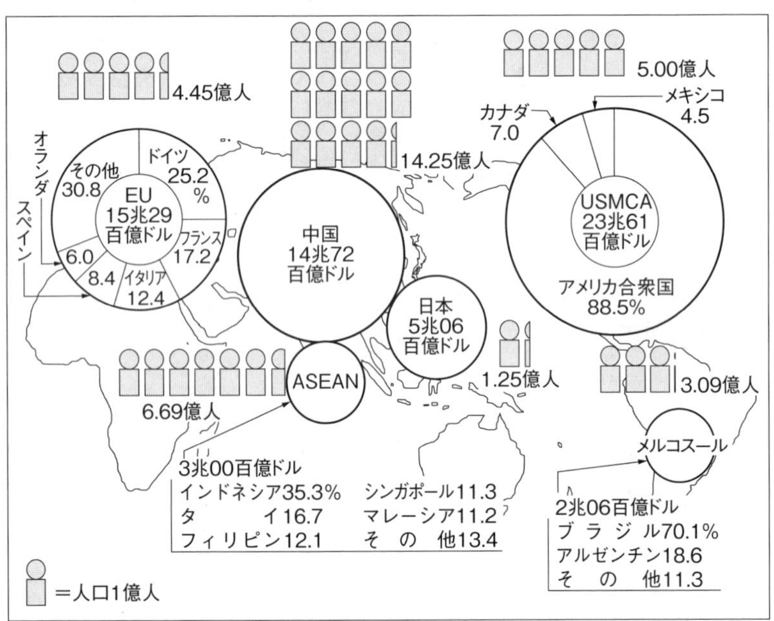

資料、注記は表4-2を参照。

図 4-3　**GDPの多い国**（名目）（2020年）

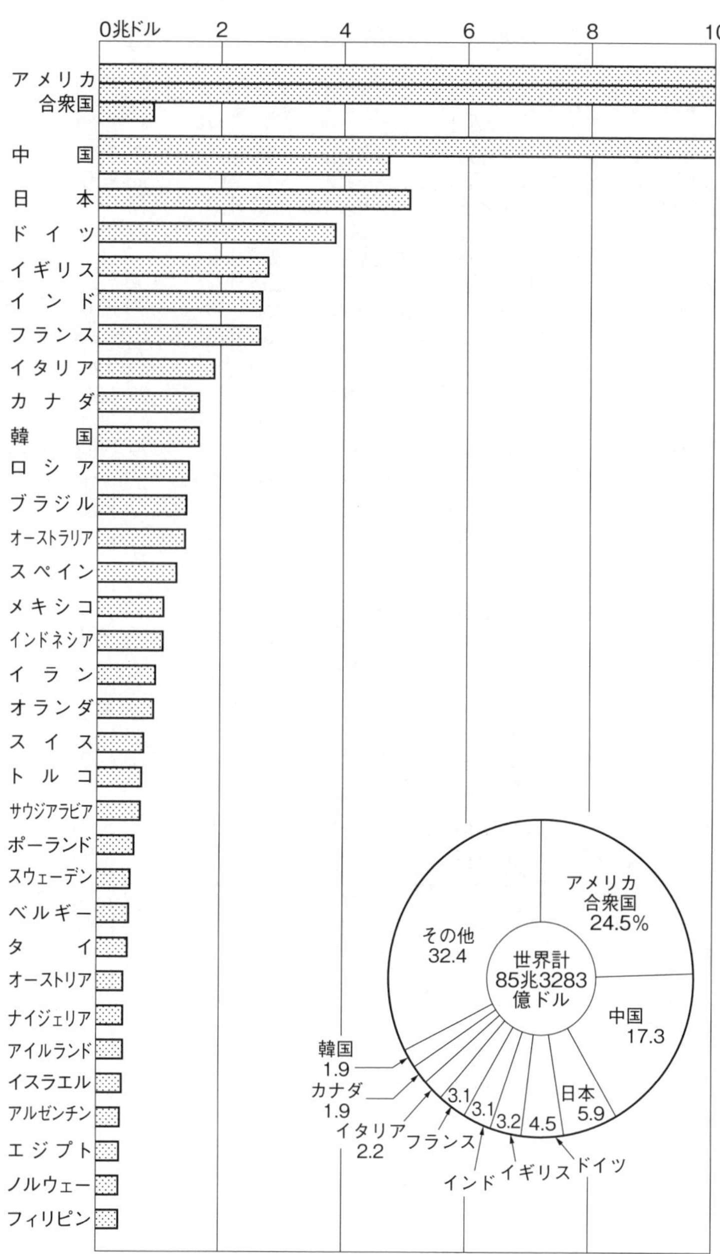

表4-3より作成。

表 4-3　各国のGDP（国内総生産）の推移（Ⅰ）（名目）（単位　百万ドル）

	2010	2018	2019	2020	1人[1)] あたり (ドル)
アジア					
アゼルバイジャン	52 906	47 112	48 174	42 607	4 202
アフガニスタン	14 699	18 419	18 904	19 793	508
アラブ首長国連邦	289 787	422 215	417 216	358 869	36 285
アルメニア・・・・	9 875	12 458	13 619	12 641	4 266
イエメン・・・・・・	30 907	22 903	25 246	27 958	937
イスラエル・・・・	234 655	373 641	397 935	407 101	47 034
イラク・・・・・・・・	138 517	227 367	235 097	166 757	4 146
イラン・・・・・・・・	523 804	526 365	653 593	939 316	11 183
インド・・・・・・・・	1 669 620	2 761 338	2 889 949	2 664 749	1 931
インドネシア・・	755 094	1 042 272	1 119 091	1 058 424	3 870
ウズベキスタン	46 909	50 393	57 727	57 707	1 724
オマーン・・・・・・	56 913	79 789	76 332	63 368	12 409
カザフスタン・・	148 047	179 340	181 667	171 082	9 111
カタール・・・・・・	125 122	183 335	175 838	146 401	50 815
韓国・・・・・・・・・・	1 144 067	1 724 755	1 651 223	1 637 896	31 947
カンボジア・・・・	11 242	24 572	27 098	25 291	1 513
北朝鮮・・・・・・・・	13 945	17 487	16 331	15 847	618
キプロス・・・・・・	25 707	25 523	25 759	24 612	28 133
キルギス・・・・・・	4 794	8 271	8 871	7 736	1 186
クウェート・・・・	115 416	138 202	136 192	105 949	24 809
サウジアラビア	528 207	786 522	792 967	700 118	20 110
ジョージア・・・・	12 243	17 600	17 477	15 892	3 984
シリア・・・・・・・・	60 465	22 093	26 597	15 572	890
シンガポール・・	239 808	375 970	374 398	339 988	58 114
スリランカ・・・・	56 726	87 963	83 991	80 677	3 768
タイ・・・・・・・・・・	341 105	506 611	544 264	501 795	7 189
(台湾)・・・・・・・・	444 245	609 251	611 336	669 324	28 383
タジキスタン・・	5 642	7 765	8 301	7 997	838
中国・・・・・・・・・・	6 087 188	13 894 906	14 279 966	14 722 801	10 229
トルクメニスタン	22 583	38 292	43 461	42 845	7 104
トルコ・・・・・・・・	776 967	778 477	761 002	720 098	8 538
日本・・・・・・・・・・	5 759 072	5 036 892	5 148 782	5 057 759	39 990
ネパール・・・・・・	18 365	31 732	34 268	33 079	1 135
バーレーン・・・・	25 713	37 654	38 474	33 904	19 925
パキスタン・・・・	174 508	284 150	253 088	257 829	1 167
(パレスチナ)・・	9 682	16 277	17 134	15 561	3 050
バングラデシュ	114 508	269 628	301 051	329 484	2 001
フィリピン・・・・	208 369	346 842	376 823	361 489	3 299
ブルネイ・・・・・・	13 707	13 567	13 469	12 003	27 437
ベトナム・・・・・・	115 932	245 214	261 921	271 158	2 786
(香港)・・・・・・・・	228 639	361 692	365 708	349 445	46 611
(マカオ)・・・・・・	28 242	55 302	55 154	24 333	37 474
マレーシア・・・・	255 018	358 712	364 684	336 664	10 402
ミャンマー・・・・	44 847	73 617	74 279	70 284	1 292

各国のGDP（国内総生産）の推移（Ⅱ）（名目）（単位　百万ドル）

	2010	2018	2019	2020	1人[1]あたり（ドル）
モンゴル……	7 189	13 109	13 997	13 137	4 007
ヨルダン……	27 134	42 932	44 503	43 697	4 283
ラオス……	7 313	18 142	18 741	19 082	2 623
レバノン……	38 444	55 276	53 556	63 546	9 310
アフリカ					
アルジェリア‥	161 207	175 415	171 158	147 689	3 368
アンゴラ……	83 799	101 353	89 417	62 307	1 896
ウガンダ……	30 701	34 066	37 718	38 702	846
エジプト……	214 630	249 751	317 359	369 309	3 609
エスワティニ‥	4 439	4 665	4 471	3 835	3 306
エチオピア……	26 311	80 210	92 562	96 611	840
ガーナ……	42 587	67 277	68 353	68 532	2 206
ガボン……	14 359	16 867	16 874	15 111	6 789
カメルーン……	26 144	38 694	39 007	39 881	1 502
ギニア……	6 853	11 857	13 514	15 490	1 179
ケニア……	43 820	92 203	100 554	101 014	1 879
コートジボワール	26 264	58 011	58 540	61 143	2 318
コンゴ共和国‥	13 678	13 360	12 525	10 100	1 830
コンゴ民主共和国	21 566	47 146	47 320	45 308	506
ザンビア……	20 265	26 312	23 310	18 111	985
ジンバブエ……	12 042	24 312	21 935	21 787	1 466
スーダン……	54 740	48 363	34 895	62 057	1 415
赤道ギニア……	16 299	13 097	11 417	10 022	7 143
セネガル……	16 725	23 117	23 306	24 412	1 458
タンザニア‥ [2]	31 553	57 004	61 027	64 740	1 115
チャド……	10 971	11 372	11 272	11 154	679
チュニジア……	44 051	39 771	39 195	39 218	3 318
トーゴ……	3 426	6 974	6 894	7 146	863
ナイジェリア‥	363 360	421 821	474 517	429 899	2 085
ナミビア……	11 282	13 681	12 566	10 710	4 215
ニジェール……	7 631	12 809	12 916	13 741	568
ブルキナファソ	10 100	16 060	15 991	17 369	831
ベナン……	6 970	14 262	14 392	15 205	1 254
ボツワナ……	12 787	18 663	18 362	15 782	6 711
マダガスカル‥	9 983	13 760	14 105	13 008	470
マラウイ……	6 960	9 877	11 146	11 762	615
マリ……	10 679	17 071	17 282	17 332	856
南アフリカ共和国	375 348	368 094	351 431	302 141	5 094
南スーダン……	14 925	8 093	16 442	15 903	1 421
モーリシャス‥	10 004	14 182	14 046	10 921	8 587
モーリタニア‥	5 629	7 353	7 890	7 916	1 702
モザンビーク‥	11 105	14 845	15 390	14 029	449
モロッコ……	93 217	118 096	119 871	114 724	3 108
リビア……	75 418	76 231	59 830	29 153	4 243
ルワンダ……	6 120	9 641	10 357	10 332	798

各国のGDP（国内総生産）の推移（Ⅲ）（名目）（単位　百万ドル）

	2010	2018	2019	2020	1人[1]あたり（ドル）
ヨーロッパ					
アイスランド･･	13 751	26 267	24 858	21 718	63 644
アイルランド･･	221 660	385 042	399 122	425 889	86 251
アルバニア････	11 927	15 156	15 400	14 910	5 181
イギリス･････	2 491 110	2 900 791	2 878 674	2 764 198	40 718
イタリア･････	2 134 018	2 091 932	2 009 384	1 888 709	31 238
ウクライナ･･ [3]	136 012	130 902	153 930	155 582	3 557
エストニア････	19 535	30 490	31 046	30 650	23 106
オーストリア･･	391 893	455 168	445 012	433 258	48 106
オランダ･････	846 555	914 043	910 194	913 865	53 334
北マケドニア･･	9 407	12 683	12 547	12 264	5 886
ギリシャ･････	296 835	212 049	205 144	188 835	18 117
クロアチア････	60 426	62 248	62 246	57 204	13 934
コソボ･･････	5 339	7 879	7 899	7 734	4 368
スイス･･････	603 434	735 539	731 718	752 248	86 919
スウェーデン･･	495 813	555 455	533 880	541 064	53 575
スペイン･････	1 420 722	1 420 994	1 393 046	1 281 485	27 409
スロバキア････	90 713	105 613	105 284	105 173	19 264
スロベニア････	48 161	54 164	54 179	53 590	25 777
セルビア･････	41 819	50 641	51 514	53 335	7 656
チェコ･･････	209 070	248 950	252 498	245 349	22 911
デンマーク････	321 995	356 841	347 561	356 085	61 477
ドイツ･･････	3 396 354	3 977 289	3 888 327	3 846 414	45 909
ノルウェー････	428 757	437 000	405 510	362 522	66 871
ハンガリー････	132 231	160 587	163 526	155 808	16 129
フィンランド･･	249 181	275 715	268 782	269 751	48 685
フランス･････	2 642 610	2 790 957	2 728 870	2 630 318	38 959
ブルガリア････	50 682	66 362	68 914	69 888	10 058
ベラルーシ････	57 232	60 031	64 410	60 259	6 377
ベルギー･････	480 952	543 274	535 289	521 861	45 028
ポーランド････	479 834	587 409	597 284	596 618	15 764
ボスニア・ヘルツェゴビナ･･	17 176	20 184	20 203	19 801	6 035
ポルトガル････	237 881	242 313	239 987	228 539	22 413
マルタ･･････	9 027	15 328	15 726	14 911	33 771
モナコ･･････	5 362	7 194	7 384	6 816	173 696
モルドバ･････	6 975	11 457	11 971	11 914	2 954
モンテネグロ･･	4 139	5 507	5 542	4 789	7 626
ラトビア･････	23 964	34 429	34 309	33 707	17 871
リトアニア････	37 138	53 751	54 697	56 547	20 772
リヒテンシュタイン･････	5 621	6 839	6 684	6 872	180 227
ルーマニア････	166 309	241 456	249 880	248 716	12 929
ルクセンブルク	56 159	71 285	70 196	73 353	117 182
ロシア･･････	1 539 845	1 657 328	1 687 450	1 483 498	10 166

各国のGDP（国内総生産）の推移（Ⅳ）（名目）（単位　百万ドル）

	2010	2018	2019	2020	1人[1]あたり（ドル）
北中アメリカ					
アメリカ合衆国	15 048 970	20 527 159	21 372 582	20 893 746	63 123
エルサルバドル	18 448	26 021	26 897	24 639	3 799
カナダ……	1 617 267	1 721 906	1 741 497	1 644 037	43 560
キューバ……	64 328	100 050	103 428	107 352	9 478
グアテマラ……	40 682	73 209	77 020	77 605	4 332
（ケイマン諸島）	4 277	5 522	5 936	6 256	95 191
コスタリカ……	37 659	62 336	63 951	61 521	12 077
ジャマイカ……	13 221	15 731	15 831	13 812	4 665
ドミニカ共和国	53 160	85 555	88 941	78 845	7 268
トリニダード・トバゴ……	22 198	23 821	23 887	21 393	15 286
ニカラグア……	8 759	13 025	12 611	12 621	1 905
ハイチ……	11 812	15 822	14 007	15 505	1 360
パナマ……	29 440	64 928	66 788	52 938	12 269
バハマ……	10 096	12 838	13 164	9 908	25 194
（バミューダ）…	6 635	7 224	7 484	7 719	123 945
（プエルトリコ）	98 381	100 925	104 915	103 138	36 052
ホンジュラス…	15 839	24 068	25 090	23 828	2 406
メキシコ……	1 057 801	1 222 346	1 268 868	1 073 439	8 326
南アメリカ					
アルゼンチン…	426 487	517 627	445 445	383 067	8 476
ウルグアイ……	40 285	64 515	61 231	53 629	15 438
エクアドル……	69 555	107 562	108 108	98 808	5 600
ガイアナ……	3 433	4 788	5 174	5 471	6 956
コロンビア……	286 563	334 198	323 430	271 347	5 333
チリ……	218 538	297 572	279 385	252 940	13 232
パラグアイ……	27 261	40 225	37 907	35 304	4 950
ブラジル……	2 208 838	1 916 934	1 886 015	1 444 733	6 797
ベネズエラ……	393 806	204 044	150 131	106 359	3 740
ペルー……	147 528	222 575	228 473	203 196	6 163
ボリビア……	19 650	40 288	40 895	36 573	3 133
オセアニア					
オーストラリア	1 299 463	1 458 953	1 380 208	1 423 473	55 823
（ニューカレドニア）・	9 355	9 847	9 438	9 709	34 006
ニュージーランド	146 518	211 953	213 435	212 044	43 972
パプアニューギニア	14 251	24 216	24 829	23 619	2 640
（仏領ポリネシア）	6 081	6 298	6 166	5 817	20 707
世界計×……	**66 461 443**	**86 357 998**	**87 718 575**	**85 328 323**	10 949

国連“National Accounts - Analysis of Main Aggregates”（2022年7月10日閲覧）より作成。台湾は台湾“National Statistics”による。1）2020年。2）ザンジバルを除く。3）クリミアとセバストポリを除く。

第4章 経済成長と国民経済計算

表 4-4　各国のGNI（国民総所得）（Ⅰ）（名目）（単位　百万ドル）

	2000	2010	2018	2019	2020
アジア					
アゼルバイジャン	5 178	49 738	44 853	46 319	42 356
アフガニスタン	3 342	14 725	18 610	19 205	19 982
アラブ首長国連邦	107 823	289 704	423 639	419 277	357 317
イエメン……	10 157	29 194	22 826	25 232	27 806
イスラエル…	124 198	230 314	373 367	395 686	402 948
イラク……	23 458	118 729	209 259	215 561	164 934
イラン……	111 813	524 187	528 889	653 639	886 837
インド……	471 090	1 651 729	2 731 758	2 862 526	2 635 927
インドネシア・	161 393	722 008	1 011 213	1 085 070	1 029 919
ウズベキスタン	16 009	48 110	51 899	58 600	58 581
オマーン……	18 670	53 332	74 512	70 188	60 176
カザフスタン・	17 150	128 676	157 201	158 691	149 445
カタール……	17 403	112 179	179 590	171 428	143 348
韓国……	572 324	1 145 776	1 731 702	1 665 474	1 650 493
カンボジア…	3 140	10 728	22 915	25 534	23 831
北朝鮮……	10 593	13 960	17 517	16 480	16 003
キプロス……	8 972	25 340	24 548	24 556	23 189
クウェート…	44 417	124 837	145 469	142 642	114 332
サウジアラビア	190 407	535 251	793 855	800 686	706 933
ジョージア…	3 340	12 026	16 915	16 699	15 137
シリア……	18 686	59 105	25 626	28 663	16 782
シンガポール・	95 489	237 217	332 410	329 662	298 430
スリランカ…	18 820	56 109	85 565	81 573	78 494
タイ……	123 900	326 815	482 064	524 213	487 772
(台湾)……	335 101	457 379	623 005	626 731	688 656
中国……	1 199 177	6 061 120	13 820 027	14 246 152	14 623 751
トルクメニスタン	4 716	20 689	39 044	43 576	42 959
トルコ……	278 663	765 098	766 528	748 166	711 415
日本……	4 957 338	5 847 341	5 135 479	5 252 426	5 156 421
ネパール……	5 726	18 494	31 940	34 623	33 468
バーレーン…	8 839	23 337	35 576	36 213	31 994
パキスタン…	75 797	181 154	299 304	270 110	276 143
(パレスチナ)・	4 819	10 281	19 064	20 165	18 107
バングラデシュ	47 141	123 783	281 923	314 503	345 278
フィリピン…	94 969	231 747	383 817	414 552	389 324
ベトナム……	30 726	111 513	230 004	246 721	255 422
(香港)……	173 048	233 478	378 891	384 049	368 578
(マカオ)……	6 247	24 910	48 936	48 828	21 542
マレーシア…	86 182	246 905	347 540	354 963	330 425
ミャンマー…	8 462	43 629	73 285	73 861	68 196
ヨルダン……	8 713	26 919	42 733	44 510	43 705
ラオス……	1 732	6 850	17 295	17 866	18 192
レバノン……	17 232	37 017	54 166	52 285	61 823
アフリカ					
アルジェリア・	52 339	161 125	171 267	167 258	144 324

各国のGNI（国民総所得）（Ⅱ）（名目）（単位　百万ドル）

	2000	2010	2018	2019	2020
アンゴラ……	9 960	75 568	93 075	81 508	57 127
ウガンダ……	6 661	30 322	33 107	36 736	38 066
エジプト……	95 564	213 495	243 471	305 831	357 760
エチオピア…	8 005	26 262	79 851	91 993	96 088
ガーナ………	10 258	41 883	65 957	66 867	67 042
カメルーン…	9 607	26 706	37 954	38 260	39 294
ケニア………	13 662	35 093	90 811	98 945	99 326
コートジボワール	10 074	25 299	55 809	56 976	59 385
コンゴ民主共和国	8 094	20 520	46 297	46 467	44 492
ザンビア……	3 445	18 874	25 885	22 910	17 800
ジンバブエ…	8 408	10 614	22 707	21 550	21 431
スーダン…… [1]	12 520	54 180	50 189	36 395	58 030
セネガル……	5 777	15 937	22 568	22 564	23 729
タンザニア・[2]	12 200	30 977	56 378	60 034	63 885
チュニジア…	20 531	41 984	38 407	37 478	38 179
ナイジェリア・	64 076	347 582	384 819	436 672	401 228
ブルキナファソ	2 938	9 835	15 512	15 445	16 776
マリ…………	2 924	10 259	16 561	16 671	16 690
南アフリカ共和国	133 188	367 344	356 460	341 522	296 479
南スーダン…	…	19 610	7 764	16 118	15 302
モロッコ……	38 247	91 933	115 795	117 528	113 027
リビア………	38 680	75 388	77 554	60 893	30 225
ヨーロッパ					
アイスランド・	8 741	11 617	26 546	25 376	22 259
アイルランド・	87 139	185 645	298 216	309 766	324 081
イギリス……	1 668 172	2 492 138	2 860 062	2 862 007	2 723 175
イタリア……	1 139 462	2 129 496	2 115 037	2 026 751	1 911 917
ウクライナ・[3]	30 319	135 958	134 253	158 582	160 284
エストニア…	5 482	18 485	29 849	30 467	30 368
オーストリア・	195 086	395 171	450 713	443 403	432 771
オランダ……	423 909	849 075	924 513	913 992	897 973
ギリシャ……	132 622	290 269	209 712	203 279	188 029
クロアチア…	21 452	58 558	61 854	62 139	57 105
スイス………	297 511	636 448	706 130	705 415	725 286
スウェーデン・	262 994	509 281	565 956	549 426	557 392
スペイン……	592 609	1 400 016	1 424 746	1 395 572	1 289 015
スロバキア…	20 637	88 810	104 169	103 455	103 993
スロベニア…	20 242	47 523	53 358	53 359	53 184
セルビア……	9 866	40 931	48 057	48 731	51 696
チェコ………	60 621	193 418	235 281	237 234	236 797
デンマーク…	160 421	327 262	366 755	357 604	368 106
ドイツ………	1 932 213	3 464 482	4 105 202	4 014 394	3 953 466
ノルウェー…	169 045	433 408	453 417	417 279	378 698
ハンガリー…	44 476	126 010	154 298	159 224	151 621
フィンランド・	124 923	252 405	276 823	270 142	274 361
フランス……	1 383 768	2 703 781	2 855 661	2 787 417	2 671 814

各国のGNI（国民総所得）（Ⅲ）（名目）（単位　百万ドル）

	2000	2010	2018	2019	2020
ブルガリア・・・	12 845	49 556	64 212	66 967	68 558
ベラルーシ・・・	10 734	56 069	57 861	62 500	57 751
ベルギー・・・・・	242 292	488 334	548 082	540 432	527 385
ポーランド・・・	171 167	462 731	563 132	572 794	574 983
ボスニア・ヘルツェゴビナ・・	6 292	17 456	20 064	20 190	19 789
ポルトガル・・・	116 393	230 312	236 395	233 753	224 931
ラトビア・・・・・	7 949	24 205	33 871	33 796	33 699
リトアニア・・・	11 318	36 897	52 084	52 791	54 912
ルーマニア・・・	36 942	165 193	236 051	246 563	245 414
ルクセンブルク	18 841	38 380	45 178	45 471	46 921
ロシア・・・・・・・	254 444	1 491 145	1 616 936	1 633 929	1 448 704
北中アメリカ					
アメリカ合衆国	10 383 667	15 172 073	20 946 778	21 708 650	21 286 637
エルサルバドル	11 022	17 910	24 551	25 559	23 325
カナダ・・・・・・・	725 232	1 585 303	1 692 830	1 719 170	1 626 425
キューバ・・・・・	29 943	62 896	98 651	101 982	105 851
グアテマラ・・・	16 725	39 487	71 702	75 605	76 179
コスタリカ・・・	14 326	36 450	59 010	60 212	58 036
ドミニカ共和国	22 933	51 257	81 710	84 666	75 055
トリニダード・トバゴ・・・・・	7 554	21 117	23 151	23 715	21 239
ハイチ・・・・・・・	6 374	11 834	15 872	14 055	15 538
パナマ・・・・・・・	10 782	26 353	59 269	61 682	48 891
(プエルトリコ)	42 106	64 295	67 740	70 765	70 187
ホンジュラス・	6 965	15 110	22 173	23 175	22 201
メキシコ・・・・・	647 463	1 045 220	1 189 366	1 232 368	1 035 765
南アメリカ					
アルゼンチン・	299 144	411 955	498 933	427 696	367 804
ウルグアイ・・・	22 757	38 782	60 859	58 184	50 879
エクアドル・・・	16 732	68 569	104 605	104 935	95 951
コロンビア・・・	97 567	276 075	325 604	316 299	265 364
チリ・・・・・・・・・	75 396	203 115	284 105	269 286	242 005
パラグアイ・・・	8 029	25 909	38 825	36 855	34 325
ブラジル・・・・・	636 572	2 140 607	1 863 631	1 835 497	1 417 069
ベネズエラ・・・	115 753	388 949	172 677	115 171	96 115
ペルー・・・・・・・	50 334	136 692	211 455	218 652	194 461
ボリビア・・・・・	8 172	18 783	39 337	39 930	35 710
オセアニア					
オーストラリア	397 301	1 247 302	1 412 416	1 351 406	1 383 392
ニュージーランド	51 351	139 235	204 641	207 570	206 218
パプアニューギニア	5 356	13 182	23 596	23 780	23 169
世界計×・・・	**33 635 195**	**66 222 593**	**86 263 547**	**87 616 509**	**85 225 773**

資料は表4-3に同じ。1）旧スーダンで、現在の南スーダンを含む。2）ザンジバルを除く。3）2010年以降、クリミアとセバストポリを除く。

図 4-4　１人あたりGNI（国民総所得）の多い国（名目）（2020年）

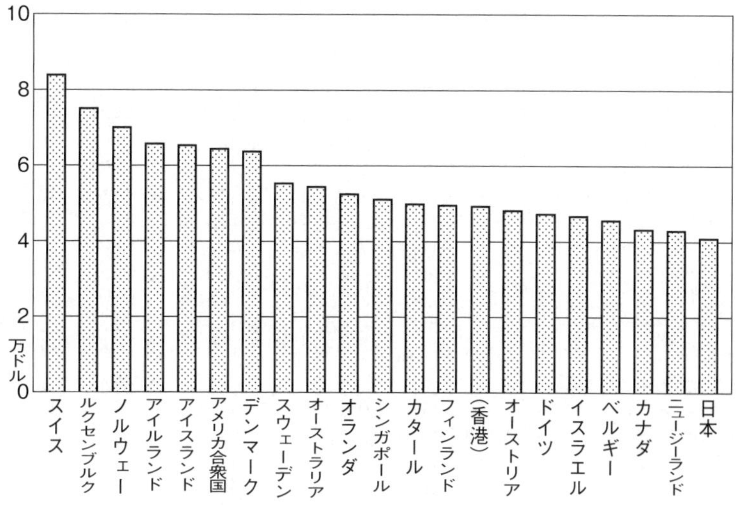

表4-5より作成。このほかに１人あたりGNIの多い国・地域としてリヒテンシュタイン（19万44ドル）、モナコ（17万3696ドル）などがある。

購買力平価でみたGDP

国の経済活動を示すGDPを国際比較する場合、ドル換算など為替レートに基づく通貨換算が一般的である（図4-3、表4-3など）。しかし、全く同じ経済活動が行われていたとしても、物価の高い高所得国の方がモノやサービスの単価が高いためにGDPが高くなる。また、為替レートは貿易の対象とならない医療や教育などの物価を反映していないほか、投機などの影響で変動しやすく、比較には注意を要する。そこで、各国通貨を購買力平価（国による生活費等の違いを反映させたもの）で換算して、経済活動の実質比較を行う国際比較プログラム（ICP）が実施されている。

2017年の購買力平価による2017年の世界のGDPシェアをみると、１位は中国で16.4％、２位はアメリカで16.3％であった。同年の為替レートに基づくシェアでは、中国が15.2％に対しアメリカが24.5％と差があるが、購買力平価でみると両国の経済活動は同規模であった。３番目はインドで6.7％（為替レートでは3.2％）、４位が日本で4.3％（同6.1％）である。また、OECD加盟国の占める割合は約50％で、世界の経済活動の半分が非加盟国である低・中所得国で占められていることが明らかとなった。

表 4-5 各国の1人あたりGNI（I）（名目）（単位 ドル）

	2000	2010	2018	2019	2020
アジア					
アゼルバイジャン・・	637	5 507	4 508	4 610	4 177
アフガニスタン・・・・	161	505	501	505	513
アラブ首長国連邦・・	34 404	33 884	43 987	42 912	36 128
イエメン・・・・・・・・・	583	1 261	801	865	932
イスラエル・・・・・・・・	20 888	31 350	44 546	46 445	46 554
イラク・・・・・・・・・・・	998	3 992	5 445	5 484	4 101
イラン・・・・・・・・・・・	1 704	7 106	6 466	7 883	10 558
インド・・・・・・・・・・・	446	1 338	2 020	2 095	1 910
インドネシア・・・・・・	763	2 986	3 778	4 009	3 765
ウズベキスタン・・・・	646	1 687	1 598	1 777	1 750
オマーン・・・・・・・・・	8 232	17 535	15 429	14 108	11 784
カザフスタン・・・・・・	1 149	7 917	8 581	8 554	7 959
カタール・・・・・・・・・	29 374	60 430	64 562	60 531	49 755
韓国・・・・・・・・・・・・	12 080	23 126	33 841	32 513	32 193
カンボジア・・・・・・・・	258	750	1 410	1 549	1 425
北朝鮮・・・・・・・・・・・	461	572	689	645	624
キプロス・・・・・・・・・	12 935	30 551	28 486	28 274	26 506
クウェート・・・・・・・・	21 719	41 725	35 160	33 905	26 772
サウジアラビア・・・・	9 214	19 519	23 555	23 365	20 306
ジョージア・・・・・・・・	766	2 934	4 226	4 178	3 795
シリア・・・・・・・・・・・	1 139	2 767	1 512	1 679	959
シンガポール・・・・・・	23 701	46 231	57 735	56 796	51 011
スリランカ・・・・・・・・	1 002	2 769	4 031	3 825	3 666
タイ・・・・・・・・・・・・・	1 968	4 864	6 943	7 529	6 988
(台湾)・・・・・・・・・・・	15 105	19 765	26 421	26 561	29 202
中国・・・・・・・・・・・・	929	4 428	9 680	9 936	10 160
トルクメニスタン・・	1 044	4 067	6 673	7 333	7 123
トルコ・・・・・・・・・・・	4 406	10 578	9 309	8 968	8 435
日本・・・・・・・・・・・・	38 874	45 490	40 373	41 403	40 770
ネパール・・・・・・・・・	239	685	1 137	1 210	1 149
バーレーン・・・・・・・・	13 300	18 807	22 668	22 065	18 803
パキスタン・・・・・・・・	532	1 010	1 410	1 247	1 250
(パレスチナ)・・・・・・	1 495	2 535	3 920	4 048	3 549
バングラデシュ・・・・	369	839	1 747	1 929	2 097
フィリピン・・・・・・・・	1 218	2 466	3 599	3 834	3 553
ブルネイ・・・・・・・・・	19 959	35 011	31 823	31 920	28 622
ベトナム・・・・・・・・・	385	1 268	2 407	2 558	2 624
(香港)・・・・・・・・・・・	26 194	33 515	51 398	51 646	49 164
(マカオ)・・・・・・・・・・	14 604	46 281	77 475	76 240	33 175
マレーシア・・・・・・・・	3 716	8 753	11 023	11 110	10 209
ミャンマー・・・・・・・・	181	862	1 364	1 367	1 253
モンゴル・・・・・・・・・	548	2 430	3 711	3 852	3 621
ヨルダン・・・・・・・・・	1 701	3 707	4 288	4 406	4 283
ラオス・・・・・・・・・・・	325	1 096	2 449	2 492	2 500
レバノン・・・・・・・・・	4 484	7 474	7 897	7 626	9 058

各国の１人あたりGNI（Ⅱ）（名目）（単位　ドル）

	2000	2010	2018	2019	2020
アフリカ					
アルジェリア……	1 686	4 479	4 056	3 885	3 291
アンゴラ…………	607	3 235	3 021	2 561	1 738
ウガンダ…………	282	935	775	830	832
エジプト…………	1 388	2 580	2 474	3 046	3 496
エチオピア………	121	300	731	821	836
ガーナ……………	532	1 690	2 216	2 198	2 158
カメルーン………	619	1 313	1 505	1 479	1 480
ギニア……………	505	664	922	1 006	1 079
ケニア……………	427	835	1 767	1 882	1 847
コートジボワール‥	612	1 232	2 226	2 216	2 251
コンゴ共和国……	759	2 975	2 170	1 827	1 566
コンゴ民主共和国‥	172	318	551	535	497
ザンビア…………	331	1 387	1 492	1 283	968
ジンバブエ………	708	836	1 573	1 471	1 442
スーダン…………	1) 374	1 568	1 201	850	1 323
セネガル…………	590	1 257	1 423	1 385	1 417
タンザニア………2)	374	719	1 030	1 065	1 100
チュニジア………	2 115	3 948	3 321	3 205	3 230
ナイジェリア……	524	2 193	1 965	2 173	1 946
ニジェール………	203	463	564	549	560
マダガスカル……	280	465	507	504	453
マリ………………	267	682	868	848	824
南アフリカ共和国‥	2 962	7 172	6 168	5 832	4 999
南スーダン………	…	2 062	707	1 457	1 367
モザンビーク……	279	458	492	497	440
モロッコ…………	1 328	2 842	3 214	3 222	3 062
ヨーロッパ					
アイスランド……	31 168	36 266	78 839	74 850	65 230
アイルランド……	23 034	40 762	61 887	63 444	65 633
アルバニア………	1 148	4 005	5 251	5 276	5 091
イギリス…………	28 311	39 271	42 597	42 381	40 114
イタリア…………	20 099	35 895	34 886	33 472	31 622
ウクライナ………3)	621	2 969	3 034	3 605	3 665
エストニア………	3 918	13 876	22 563	22 983	22 893
オーストリア……	24 176	46 989	50 691	49 514	48 051
オランダ…………	26 617	50 895	54 193	53 459	52 406
ギリシャ…………	11 967	26 660	19 930	19 409	18 040
クロアチア………	4 845	13 530	14 882	15 045	13 910
スイス……………	41 646	81 505	82 825	82 107	83 803
スウェーデン……	29 611	54 236	56 757	54 743	55 191
スペイン…………	14 516	29 831	30 513	29 860	27 570
スロバキア………	3 822	16 433	19 103	18 958	19 048
スロベニア………	10 184	23 258	25 680	25 670	25 582
セルビア…………	1 313	5 614	6 847	6 967	7 420
チェコ……………	5 892	18 357	22 060	22 194	22 112

各国の1人あたりGNI（Ⅲ）（名目）（単位　ドル）

	2000	2010	2018	2019	2020
デンマーク	30 035	58 915	63 760	61 956	63 552
ドイツ	23 737	42 863	49 386	48 067	47 186
ノルウェー	37 571	88 706	84 942	77 578	69 855
ハンガリー	4 352	12 693	15 895	16 441	15 695
フィンランド	24 080	47 040	50 126	48 831	49 517
フランス	22 732	41 627	42 501	41 386	39 573
ブルガリア	1 606	6 674	9 106	9 567	9 867
ベラルーシ	1 087	5 952	6 121	6 612	6 112
ベルギー	23 565	44 643	47 733	46 834	45 505
ポーランド	4 439	12 072	14 850	15 118	15 192
ポルトガル	11 303	21 736	23 049	22 858	22 059
ラトビア	3 334	11 423	17 564	17 724	17 866
リトアニア	3 232	11 812	18 593	19 130	20 171
ルーマニア	1 669	8 069	12 101	12 733	12 757
ルクセンブルク	43 204	75 569	74 768	73 849	74 956
ロシア	1 738	10 393	11 095	11 201	9 927
北中アメリカ					
アメリカ合衆国	36 859	49 099	64 039	65 971	64 310
カナダ	23 709	46 425	45 660	45 954	43 093
キューバ	2 691	5 603	8 701	8 998	9 345
グアテマラ	1 436	2 699	4 157	4 300	4 252
コスタリカ	3 615	7 963	11 803	11 929	11 393
ジャマイカ	3 262	4 528	5 108	5 203	4 452
ドミニカ共和国	2 707	5 287	7 689	7 884	6 919
ニカラグア	957	1 461	1 914	1 833	1 838
パナマ	3 558	7 235	14 190	14 526	11 331
ホンジュラス	1 059	1 817	2 313	2 378	2 242
メキシコ	6 547	9 161	9 425	9 660	8 033
南アメリカ					
アルゼンチン	8 113	10 073	11 247	9 551	8 138
ウルグアイ	6 855	11 545	17 644	16 808	14 647
エクアドル	1 319	4 568	6 123	6 040	5 438
コロンビア	2 462	6 105	6 557	6 283	5 215
チリ	4 914	11 904	15 169	14 209	12 660
パラグアイ	1 508	4 147	5 581	5 232	4 812
ブラジル	3 642	10 937	8 897	8 697	6 667
ベネズエラ	4 785	13 676	5 978	4 039	3 380
ペルー	1 902	4 709	6 610	6 726	5 898
ボリビア	971	1 869	3 465	3 468	3 059
オセアニア					
オーストラリア	20 920	56 300	56 728	53 620	54 251
ニュージーランド	13 307	31 861	43 145	43 397	42 764
世界全体	5 476	9 521	11 307	11 362	10 936

資料は表4-3に同じ。1）旧スーダンで、現在の南スーダンを含む。2）ザンジバルを含まず。3）2010年以降、クリミアとセバストポリを除く。

図 4-5 実質経済成長率の推移（Ⅰ）

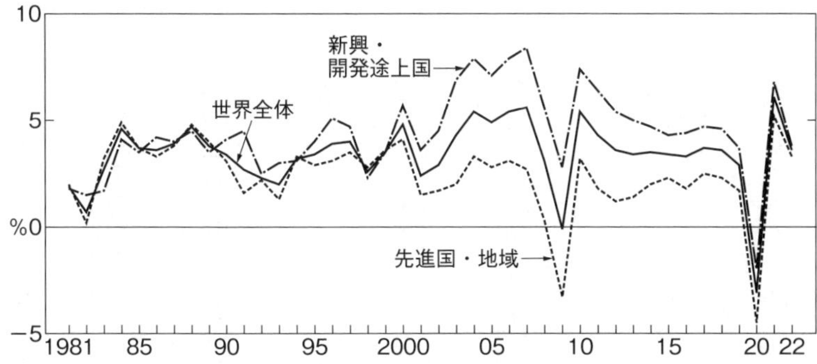

資料、注記は表4-6に同じ。実質国内総生産の対前年増減率。IMFでは、先進国・地域をアメリカ合衆国、カナダ、ユーロ参加国、デンマーク、アイスランド、ノルウェー、スウェーデン、スイス、イギリス、チェコ、サンマリノ、アンドラ、イスラエル、日本、韓国、台湾、香港、マカオ、シンガポール、オーストラリア、ニュージーランド、プエルトリコとし、それ以外の国を新興・開発途上国に分類している。

実質経済成長率の推移（Ⅱ）

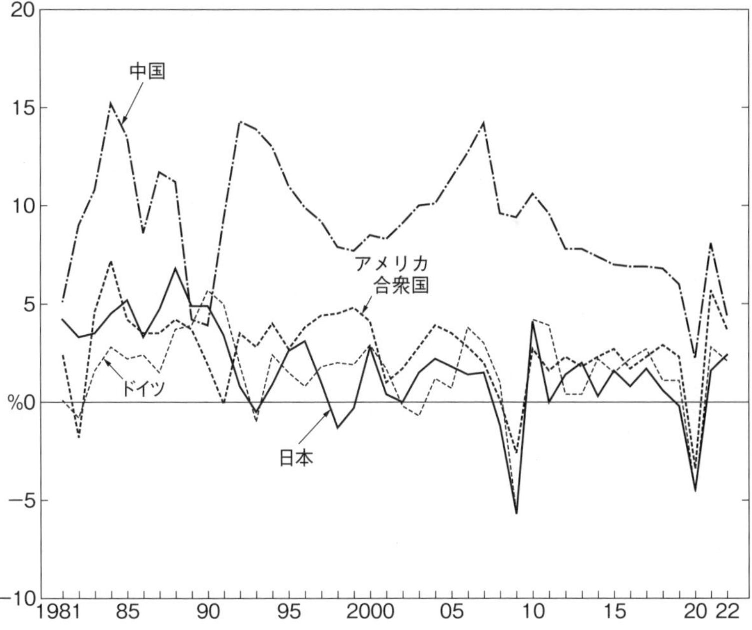

表 4-6　各国の実質経済成長率（Ⅰ）（%）

	2017	2018	2019	2020	2021	2022
アジア						
アフガニスタン･･	2.6	1.2	3.9	-2.4	…	…
アラブ首長国連邦	2.4	1.2	3.4	-6.1	2.3	4.2
イスラエル･･････	4.4	4.0	3.8	-2.2	8.2	5.0
イラク･････････	-3.4	4.7	5.8	-15.7	5.9	9.5
イラン･････････	2.8	-2.3	-1.3	1.8	4.0	3.0
インド･････････	6.8	6.5	3.7	-6.6	8.9	8.2
インドネシア････	5.1	5.2	5.0	-2.1	3.7	5.4
韓国･･････････	3.2	2.9	2.2	-0.9	4.0	2.5
カンボジア･･････	7.0	7.5	7.1	-3.1	2.2	5.1
クウェート･･････	-4.7	2.4	-0.6	-8.9	1.3	8.2
サウジアラビア･･	-0.7	2.5	0.3	-4.1	3.2	7.6
シンガポール････	4.7	3.7	1.1	-4.1	7.6	4.0
タイ･･････････	4.2	4.2	2.2	-6.2	1.6	3.3
(台湾)･････････	3.3	2.8	3.1	3.4	6.3	3.2
中国･･････････	6.9	6.8	6.0	2.2	8.1	4.4
トルコ･････････	7.5	3.0	0.9	1.8	11.0	2.7
日本･･････････	1.7	0.6	-0.2	-4.5	1.6	2.4
パキスタン･･････	4.6	6.1	3.1	-1.0	5.6	4.0
バングラデシュ･･	7.3	7.9	8.2	3.5	5.0	6.4
フィリピン･･････	6.9	6.3	6.1	-9.6	5.6	6.5
ベトナム･･･････	6.9	7.2	7.2	2.9	2.6	6.0
(香港)･････････	3.8	2.8	-1.7	-6.5	6.4	0.5
マレーシア･･････	5.8	4.8	4.4	-5.6	3.1	5.6
ミャンマー･･････	5.8	6.4	6.8	3.2	-17.9	1.6
モンゴル･･･････	5.6	7.7	5.6	-4.6	1.4	2.0
ラオス･････････	6.9	6.3	4.7	-0.4	2.1	3.2
アフリカ						
アルジェリア････	1.4	1.2	0.8	-4.9	4.0	2.4
アンゴラ･･･････	-0.2	-2.0	-0.7	-5.6	0.7	3.0
エジプト･･･････	4.1	5.3	5.6	3.6	3.3	5.9
エチオピア･･････	10.2	7.7	9.0	6.1	6.3	3.8
カメルーン･･････	3.5	4.0	3.5	0.5	3.5	4.3
ケニア･････････	3.8	5.6	5.0	-0.3	7.2	5.7
コンゴ民主共和国	3.7	5.8	4.4	1.7	5.2	6.4
スーダン･･･････	0.8	-2.3	-2.5	-3.6	0.5	0.3
チュニジア･･････	2.2	2.5	1.5	-9.3	3.1	2.2
ナイジェリア････	0.8	1.9	2.2	-1.8	3.6	3.4
南アフリカ共和国	1.2	1.5	0.1	-6.4	4.9	1.9
モロッコ･･･････	4.2	3.1	2.6	-6.3	7.2	1.1
ヨーロッパ						
アイスランド････	4.2	4.9	2.4	-7.1	4.3	3.3
アイルランド････	8.9	9.0	4.9	5.9	13.5	5.2
イギリス･･･････	2.1	1.7	1.7	-9.3	7.4	3.7
イタリア･･･････	1.7	0.9	0.5	-9.0	6.6	2.3
ウクライナ･･････	2.4	3.5	3.2	-3.8	3.4	-35.0
オーストリア････	2.3	2.5	1.5	-6.7	4.5	2.6

各国の実質経済成長率（Ⅱ）（%）

	2017	2018	2019	2020	2021	2022
オランダ･･･････････	2.9	2.4	2.0	−3.8	5.0	3.0
ギリシャ･･･････････	1.1	1.7	1.8	−9.0	8.3	3.5
スイス･･････････	1.7	2.9	1.2	−2.5	3.7	2.2
スウェーデン････	2.6	2.0	2.0	−2.9	4.8	2.9
スペイン････････	3.0	2.3	2.1	−10.8	5.1	4.8
チェコ･･････････	5.2	3.2	3.0	−5.8	3.3	2.3
デンマーク･･････	2.8	2.0	2.1	−2.1	4.1	2.3
ドイツ･･････････	2.7	1.1	1.1	−4.6	2.8	2.1
ノルウェー･･････	2.3	1.1	0.7	−0.7	3.9	4.0
ハンガリー･･････	4.3	5.4	4.6	−4.7	7.1	3.7
フィンランド････	3.2	1.1	1.2	−2.3	3.3	1.6
フランス････････	2.4	1.8	1.8	−8.0	7.0	2.9
ブルガリア･･････	2.8	2.7	4.0	−4.4	4.2	3.2
ベルギー････････	1.6	1.8	2.1	−5.7	6.3	2.1
ポーランド･･････	4.8	5.4	4.7	−2.5	5.7	3.7
ポルトガル･･････	3.5	2.8	2.7	−8.4	4.9	4.0
ルーマニア･･････	7.3	4.5	4.2	−3.7	5.9	2.2
ルクセンブルク･･	1.3	2.0	3.3	−1.8	6.9	1.8
ロシア･･････････	1.8	2.8	2.2	−2.7	4.7	−8.5
(参考)ユーロ圏･･	2.6	1.8	1.6	−6.4	5.3	2.8
北中アメリカ						
アメリカ合衆国･･	2.3	2.9	2.3	−3.4	5.7	3.7
カナダ･･････････	3.0	2.8	1.9	−5.2	4.6	3.9
グアテマラ･･････	3.1	3.3	3.9	−1.5	8.0	4.0
コスタリカ･･････	4.2	2.6	2.4	−4.1	7.6	3.3
ドミニカ共和国･･	4.7	7.0	5.1	−6.7	12.3	5.5
パナマ･･････････	5.6	3.7	3.0	−17.9	15.3	7.5
ホンジュラス････	4.8	3.8	2.7	−9.0	12.5	3.8
メキシコ････････	2.1	2.2	−0.2	−8.2	4.8	2.0
南アメリカ						
アルゼンチン････	2.8	−2.6	−2.0	−9.9	10.2	4.0
エクアドル･･････	2.4	1.3	0.0	−7.8	4.2	2.9
コロンビア･･････	1.4	2.6	3.2	−7.0	10.6	5.8
チリ････････････	1.3	4.0	0.8	−6.1	11.7	1.5
パラグアイ･･････	4.8	3.2	−0.4	−0.8	4.2	0.3
ブラジル････････	1.3	1.8	1.2	−3.9	4.6	0.8
ベネズエラ･･････	−15.7	−19.6	−35.0	−30.0	−1.5	1.5
ペルー･･････････	2.5	4.0	2.2	−11.0	13.3	3.0
ボリビア････････	4.2	4.2	2.2	−8.7	6.1	3.8
オセアニア						
オーストラリア･･	2.4	2.8	2.0	−2.2	4.7	4.2
ニュージーランド	3.5	3.4	2.9	−2.1	5.6	2.7
世界全体･･････	3.7	3.6	2.9	−3.1	6.1	3.6

IMF“World Economic Outlook Database, April 2022”より作成。2022年7月10日閲覧。直近2～3年は見通し。

表 4-7　各国の国内総生産（支出側）（Ⅰ）（名目）（単位　百万ドル）
（各国別の上段：2010年、中段：2019年、下段：2020年）

	民間最終消費支出	政府最終消費支出	総資本形成[1)]	財貨・サービスの輸出	（控除）財貨・サービスの輸入	国内総生産（支出側）[2)]
アジア						
アゼルバイジャン	20 825	5 757	9 555	28 730	10 942	52 906
	27 703	5 359	9 783	23 630	17 712	48 174
	25 802	6 788	10 347	15 209	15 538	42 607
アフガニスタン	14 113	2 875	2 117	2 686	5 104	14 699
	18 075	4 584	2 191	2 306	8 251	18 904
	17 631	3 564	2 365	2 660	6 428	19 793
アラブ首長国連邦	122 408	29 069	78 594	238 328	178 611	289 787
	163 819	51 225	93 787	403 987	295 603	417 216
	140 386	50 499	81 484	334 939	248 440	358 869
アルメニア	7 981	1 106	3 236	2 307	4 389	9 875
	11 364	1 711	2 371	5 632	7 458	13 619
	9 530	2 027	2 269	3 822	5 007	12 641
イエメン	22 313	4 038	5 920	9 263	10 627	30 907
	25 781	2 938	4 792	2 482	10 746	25 246
	28 981	2 641	964	1 537	6 163	27 958
イスラエル	132 880	52 981	44 394	81 346	76 947	234 655
	214 897	89 504	84 814	117 444	108 723	397 935
	201 536	96 602	90 039	114 117	95 192	407 101
イラク	72 796	30 989	25 991	64 564	55 823	138 517
	108 896	48 953	59 219	96 439	78 409	235 097
	91 803	34 416	42 323	53 781	58 319	166 757
イラン	219 856	74 211	206 653	124 810	95 131	523 804
	319 749	102 798	241 835	150 178	178 799	653 593
	445 235	144 990	361 971	194 473	237 187	939 316
インド	913 697	183 785	664 290	374 010	448 364	1 669 620
	1 747 944	324 484	930 312	532 600	605 658	2 889 949
	1 591 747	292 114	819 034	497 327	511 840	2 664 749
インドネシア	424 493	68 003	248 276	183 481	169 158	755 094
	648 300	98 588	378 034	206 431	212 655	1 119 091
	624 137	98 318	342 585	181 714	169 583	1 058 424
ウズベキスタン	26 754	6 254	12 423	13 094	9 261	46 909
	31 262	9 756	26 081	17 469	24 240	57 727
	31 971	10 132	21 619	15 184	21 198	57 707
オマーン	19 078	10 642	13 023	38 408	24 237	56 913
	31 039	18 755	15 401	43 687	32 550	76 332
	27 825	17 999	11 849	30 958	25 105	63 368
カザフスタン	67 185	16 007	37 565	65 502	44 257	148 047
	94 974	16 590	50 190	66 198	51 629	181 667
	90 582	21 799	48 791	51 711	44 470	171 082

各国の国内総生産（支出側）（II）（名目）（単位　百万ドル）
（各国別の上段：2010年、中段：2019年、下段：2020年）

	民間最終消費支出	政府最終消費支出	総資本形成1)	財貨・サービスの輸出	（控除）財貨・サービスの輸入	国内総生産（支出側）2)
カタール	20 232	17 497	39 134	77 976	29 717	125 122
	43 125	32 564	74 872	92 046	66 770	175 838
	38 339	34 062	62 131	70 933	59 065	146 401
韓国	577 012	162 513	372 418	538 898	506 774	1 144 067
	803 033	281 994	520 051	648 532	602 387	1 651 223
	760 379	295 800	521 850	596 945	536 733	1 637 896
カンボジア	9 139	713	1 953	6 080	6 692	11 242
	18 824	1 303	6 567	16 554	16 927	27 098
	17 983	1 393	6 437	15 793	16 160	25 291
北朝鮮	…	…	…	821	1 552	13 945
	…	…	…	959	1 820	16 331
	…	…	…	931	1 766	15 847
キプロス	16 914	4 761	6 176	12 951	15 096	25 707
	16 313	4 159	5 232	19 472	19 417	25 759
	15 677	4 916	4 643	18 712	19 335	24 612
クウェート	33 345	19 773	20 380	76 952	35 034	115 416
	56 323	34 350	34 073	72 581	61 136	136 192
	43 938	25 674	27 567	57 207	48 437	105 949
サウジアラビア	170 511	106 713	163 355	261 831	174 203	528 207
	308 752	189 112	228 184	285 860	218 941	792 967
	300 990	199 763	184 782	184 429	169 847	700 118
ジョージア	9 941	1 870	2 513	4 035	6 115	12 243
	12 330	2 291	4 421	9 581	11 147	17 477
	12 391	2 294	4 156	5 936	8 886	15 892
シリア	36 635	7 495	16 137	19 747	19 549	60 465
	15 882	3 208	7 584	8 588	8 664	26 597
	9 298	1 878	4 443	5 026	5 072	15 572
シンガポール	87 141	23 241	66 327	474 817	411 718	239 808
	133 449	38 564	92 322	658 537	552 706	374 398
	112 228	42 212	76 903	599 198	490 680	339 988
スリランカ	38 829	4 797	17 218	11 091	15 209	56 726
	58 660	7 927	22 547	19 426	24 570	83 991
	57 059	8 387	20 359	13 379	18 507	80 677
タイ	177 973	53 897	86 493	226 788	207 270	341 105
	270 745	88 074	129 166	323 769	272 916	544 264
	265 341	88 789	119 704	258 073	233 333	501 795
中国	2 089 503	887 941	2 833 964	1 654 823	1 432 425	6 087 188
	5 604 609	2 394 829	6 176 248	2 641 283	2 476 295	14 279 966
	5 657 377	2 413 996	6 410 894	2 726 148	2 343 359	14 722 801

各国の国内総生産（支出側）（Ⅲ）（名目）（単位　百万ドル）
（各国別の上段：2010年、中段：2019年、下段：2020年）

	民間最終消費支出	政府最終消費支出	総資本形成[1]	財貨・サービスの輸出	（控除）財貨・サービスの輸入	国内総生産（支出側）[2]
トルクメニスタン	1 139	2 102	11 716	17 234	10 044	22 583
	4 734	3 920	21 558	32 278	19 173	43 461
	4 711	3 863	21 230	31 808	18 902	42 845
トルコ	486 996	115 570	207 858	164 672	198 129	776 967
	432 887	117 835	188 829	248 066	228 411	761 002
	408 636	109 292	197 198	206 415	233 857	720 098
日本	3 275 101	1 105 891	1 300 992	859 167	782 080	5 759 072
	2 803 595	1 020 718	1 326 072	894 082	895 685	5 148 782
	2 700 734	1 066 446	1 290 054	785 366	786 216	5 057 759
ネパール	15 785	1 631	5 298	1 560	5 858	18 365
	26 242	2 782	14 180	2 666	14 211	34 268
	28 000	2 980	9 394	2 236	11 209	33 079
バーレーン	10 590	3 324	7 016	17 880	13 097	25 713
	15 380	6 065	12 726	29 564	25 208	38 474
	14 596	5 779	11 687	24 061	22 219	33 904
パキスタン	139 110	18 003	27 580	23 587	33 772	174 508
	209 690	29 704	39 509	25 610	51 425	253 088
	202 453	33 843	39 722	24 694	42 884	257 829
（パレスチナ）	9 025	2 501	1 922	1 367	5 264	9 682
	15 428	3 540	4 592	2 659	9 162	17 134
	13 876	3 647	3 635	2 496	7 949	15 561
バングラデシュ	84 867	5 812	30 054	18 349	24 938	114 508
	206 839	18 879	95 043	46 131	64 533	301 051
	225 537	20 562	104 627	44 090	63 863	329 484
フィリピン	146 259	20 254	42 594	68 501	69 240	208 369
	275 859	46 981	99 488	106 953	152 459	376 823
	271 612	55 231	62 838	91 052	119 244	361 489
ブルネイ	2 017	3 036	3 247	9 240	3 833	13 707
	2 755	3 373	5 210	7 805	6 811	13 469
	2 852	3 053	4 873	6 886	6 355	12 003
ベトナム	77 166	6 947	41 380	83 474	92 995	115 932
	178 531	16 922	70 310	279 720	274 243	261 921
	185 374	18 418	72 296	287 761	279 836	271 158
（香港）	140 328	20 256	54 623	469 447	456 015	228 639
	251 065	39 422	69 006	648 999	642 784	365 708
	229 584	44 070	69 051	615 834	609 094	349 445
（マカオ）	6 693	2 301	3 741	24 690	9 183	28 242
	13 795	5 568	7 788	45 353	17 349	55 154
	11 713	6 431	6 717	15 148	15 676	24 333

各国の国内総生産（支出側）（Ⅳ）（名目）（単位　百万ドル）
（各国別の上段：2010年、中段：2019年、下段：2020年）

	民間最終消費支出	政府最終消費支出	総資本形成[1]	財貨・サービスの輸出	（控除）財貨・サービスの輸入	国内総生産（支出側）[2]
マレーシア	122 705	32 084	59 640	221 688	181 099	255 018
	218 160	42 649	76 739	237 849	210 713	364 684
	204 951	43 781	66 249	206 955	185 271	336 664
ミャンマー	26 552	2 603	11 860	7 779	6 930	44 847
	40 953	13 450	21 990	20 537	21 603	74 279
	37 209	11 698	20 808	18 367	16 092	70 284
モンゴル	3 970	912	3 026	3 356	4 074	7 189
	7 650	1 696	5 534	8 413	9 254	13 997
	7 532	1 934	3 226	7 746	7 168	13 137
ヨルダン	17 894	5 223	9 507	12 752	18 241	27 134
	32 697	7 470	10 375	16 137	22 096	44 503
	33 530	7 486	10 313	15 418	23 025	43 697
ラオス	5 317	848	1 957	2 522	3 517	7 313
	12 386	2 552	5 492	6 333	8 023	18 741
	12 637	2 577	5 611	6 486	8 229	19 082
レバノン	33 790	4 698	9 587	13 464	23 095	38 444
	49 155	8 694	6 598	10 915	21 804	53 556
	60 895	9 960	9 814	17 008	34 029	63 546
アフリカ						
アルジェリア	55 327	27 771	66 789	61 975	50 655	161 207
	74 454	29 004	78 718	39 014	50 032	171 158
	69 880	29 165	62 911	26 103	40 372	147 689
アンゴラ	29 998	14 281	23 629	51 573	35 682	83 799
	49 905	8 945	14 783	35 180	22 305	89 417
	37 765	5 388	11 850	21 985	17 029	62 307
ウガンダ	22 790	2 129	7 401	3 359	8 804	30 701
	26 854	3 188	9 377	4 529	6 878	37 718
	27 577	3 954	9 287	4 569	8 663	38 702
エジプト	160 051	23 951	41 884	45 812	57 068	214 630
	262 167	24 310	57 100	55 538	81 768	317 359
	316 863	29 437	51 043	48 689	76 724	369 309
エチオピア	21 453	2 415	7 107	3 620	8 766	26 311
	63 574	8 509	32 641	7 349	19 323	92 562
	67 595	8 812	29 710	6 849	16 355	96 611
ガーナ	31 907	3 535	11 115	9 484	13 919	42 587
	51 414	4 814	13 441	25 598	26 914	68 353
	52 156	5 487	13 359	22 081	24 550	68 532
ガボン	4 400	1 936	4 265	8 280	4 523	14 359
	6 359	1 855	3 751	8 551	3 641	16 874
	6 558	1 797	3 408	6 873	3 525	15 111

各国の国内総生産（支出側）（Ⅴ）（名目）（単位　百万ドル）
（各国別の上段：2010年、中段：2019年、下段：2020年）

	民間最終消費支出	政府最終消費支出	総資本形成[1]	財貨・サービスの輸出	（控除）財貨・サービスの輸入	国内総生産（支出側）[2]
カメルーン	18 349	2 978	6 067	5 797	7 046	26 144
	27 689	4 237	8 813	7 885	9 616	39 007
	26 190	4 101	10 591	6 270	7 272	39 881
ギニア	5 481	861	1 393	2 079	2 961	6 853
	9 726	2 071	3 382	4 049	5 714	13 514
	11 154	2 338	3 659	9 074	11 373	15 490
ケニア	32 380	5 607	9 106	8 263	13 428	43 820
	77 917	12 369	19 216	11 471	20 408	100 554
	76 271	12 868	19 869	9 776	17 854	101 014
コートジボワール	17 573 [3]	3 143	3 622	12 605	10 824	26 264
	39 982 [3]	6 141	11 742	13 918	13 244	58 540
	41 392 [3]	6 383	13 555	13 001	12 811	61 143
コンゴ民主共和国	15 110	2 087	6 207	8 866	10 704	21 566
	33 525	3 299	11 989	15 173	16 667	47 320
	35 096	3 691	9 682	11 383	14 544	45 308
ザンビア	11 063	1 901	6 055	7 503	6 257	20 265
	9 848	4 122	9 152	8 074	7 961	23 310
	6 969	2 664	5 848	8 474	5 892	18 111
ジンバブエ	10 809	1 844	2 259	3 569	6 440	12 042
	17 529	4 781	2 114	4 285	6 774	21 935
	17 161	5 016	2 083	4 226	6 700	21 787
スーダン	41 751	2 666	13 425	2 636	5 743	54 740
	30 995	2 771	4 351	2 956	6 178	34 895
	49 386	11 499	3 120	3 177	2 994	62 057
セネガル	12 461	2 195	3 921	3 222	5 220	16 725
	15 968	3 208	7 443	5 666	8 978	23 306
	17 906	3 542	7 568	5 082	9 686	24 412
タンザニア[4]	21 072	3 285	10 529	6 217	8 882	31 553
	35 846	4 798	24 369	9 684	10 555	61 027
	38 694	4 880	25 820	9 072	9 176	64 740
チュニジア	27 711	7 320	11 291	21 804	24 075	44 051
	28 316	8 080	6 954	19 058	23 239	39 195
	28 330	8 034	7 568	18 415	23 138	39 218
ナイジェリア	249 730	32 150	63 814	93 240	64 170	363 360
	348 710	27 940	124 354	67 481	93 968	474 517
	299 356	37 434	126 385	37 958	71 235	429 899
ニジェール	5 553	1 082	2 489	1 374	2 867	7 631
	8 832	2 018	4 011	1 451	3 395	12 916
	9 835	2 165	3 885	1 414	3 557	13 741

各国の国内総生産（支出側）（Ⅵ）（名目）（単位　百万ドル）

（各国別の上段：2010年、中段：2019年、下段：2020年）

	民間最終消費支出	政府最終消費支出	総資本形成[1]	財貨・サービスの輸出	（控除）財貨・サービスの輸入	国内総生産（支出側）[2]
ブルキナファソ	7 231	1 460	2 221	2 072	2 884	10 100
	10 237	3 041	3 670	4 057	5 014	15 991
	11 348	3 129	3 530	4 143	5 284	17 369
ベナン	5 118	1 175	1 612	1 658	2 593	6 970
	9 851	1 488	3 689	4 264	4 900	14 392
	10 269	1 517	4 308	2 815	3 704	15 205
ボツワナ	6 284	[5] 2 526	5 295	5 579	6 555	12 787
	9 330	[5] 3 551	6 107	6 205	7 695	18 362
	8 228	[5] 3 756	5 644	4 681	7 318	15 782
マダガスカル	7 385	1 309	2 698	2 184	3 594	9 983
	10 000	2 131	3 200	4 009	4 821	14 105
	9 896	2 392	2 459	2 629	3 768	13 008
マリ	7 753	1 675	2 566	2 439	3 753	10 679
	12 783	2 720	3 696	4 317	6 235	17 282
	13 268	2 812	2 478	4 587	5 812	17 332
南アフリカ共和国	221 525	75 932	73 242	107 407	102 747	375 348
	211 692	74 840	61 813	104 916	103 147	351 431
	180 955	68 193	37 450	92 072	77 154	302 141
南スーダン	7 135	2 538	1 668	9 299	5 711	14 925
	14 920	1 466	1 333	3 425	4 702	16 442
	19 742	2 337	2 535	5 572	14 283	15 903
モザンビーク	8 214	1 982	2 436	3 159	4 686	11 105
	9 949	3 502	9 243	4 966	12 271	15 390
	9 092	2 937	8 109	4 190	10 300	14 029
モロッコ	54 774	16 730	31 763	30 047	40 097	93 217
	68 696	23 184	38 289	47 130	57 428	119 871
	66 889	23 949	32 638	40 070	48 821	114 724
リビア	21 314	13 197	14 926	49 956	23 975	75 418
	25 266	27 568	4 115	28 711	25 830	59 830
	11 303	11 845	3 352	11 220	8 567	29 153
ヨーロッパ						
アイスランド	7 071	3 413	1 913	7 116	5 762	13 751
	12 394	6 069	5 269	11 015	9 888	24 858
	11 143	6 047	4 687	7 436	7 596	21 718
アイルランド	104 924	41 381	38 303	228 856	191 942	221 660
	117 083	47 424	218 310	510 589	496 536	399 122
	106 702	53 859	174 112	558 394	463 531	425 889
アルバニア	9 316	1 331	3 615	3 337	5 792	11 927
	12 304	1 748	3 632	4 821	6 927	15 400
	12 319	1 762	3 198	3 446	5 649	14 910

各国の国内総生産（支出側）（Ⅶ）（名目）（単位 百万ドル）

（各国別の上段：2010年、中段：2019年、下段：2020年）

	民間最終消費支出	政府最終消費支出	総資本形成1)	財貨・サービスの輸出	(控除)財貨・サービスの輸入	国内総生産(支出側)2)
イギリス	1 600 102 1 849 622 1 683 712	537 375 541 207 615 864	400 323 514 252 462 767	702 243 892 532 770 479	748 933 918 939 764 991	2 491 110 2 878 674 2 764 198
イタリア	1 295 889 1 203 223 1 092 426	438 604 374 587 394 485	439 177 365 017 332 114	535 085 635 620 555 043	574 737 569 063 485 358	2 134 018 2 009 384 1 888 709
ウクライナ6)	86 738 114 454 115 570	26 370 28 894 29 963	28 390 22 914 11 686	63 998 63 417 60 740	69 484 75 749 62 377	136 012 153 930 155 582
エストニア	10 242 15 471 15 262	3 822 6 067 6 514	4 237 8 095 9 270	14 661 22 988 21 816	13 407 21 698 21 668	19 535 31 046 30 650
オーストリア	209 670 229 428 217 170	80 309 86 634 91 849	88 599 113 049 112 219	200 893 246 724 222 847	187 159 231 566 210 407	391 893 445 012 433 258
オランダ	384 757 395 787 382 893	222 164 224 045 237 158	171 187 201 120 198 694	590 926 751 254 711 505	522 480 662 011 616 384	846 555 910 194 913 865
北マケドニア	7 106 8 356 8 260	1 721 1 761 2 059	2 302 4 334 3 634	3 743 7 816 7 130	5 465 9 602 8 698	9 407 12 547 12 264
ギリシャ	199 645 141 728 131 890	66 363 41 099 43 004	53 390 25 859 28 322	64 704 82 329 60 397	87 267 85 871 74 777	296 835 205 144 188 835
クロアチア	35 932 35 433 33 692	12 850 12 821 13 700	12 653 14 184 13 677	21 636 31 588 24 040	22 645 31 781 27 906	60 426 62 246 57 204
スイス	319 257 378 256 383 472	66 715 81 734 89 304	151 606 185 036 213 314	388 603 479 508 468 967	322 747 392 815 402 809	603 434 731 718 752 248
スウェーデン	232 518 239 917 237 411	124 114 137 491 144 604	113 849 134 131 134 060	221 523 255 244 241 182	196 191 232 903 216 194	495 813 533 880 541 064
スペイン	825 282 798 900 717 319	293 136 262 324 280 134	316 865 291 006 265 154	368 701 486 934 392 403	383 262 446 118 373 524	1 420 722 1 393 046 1 281 485
スロバキア	51 578 59 551 61 273	17 482 20 582 22 572	21 932 24 731 20 353	69 728 97 140 89 856	70 007 96 720 88 882	90 713 105 284 105 173

各国の国内総生産（支出側）（Ⅷ）（名目）（単位　百万ドル）
（各国別の上段：2010年、中段：2019年、下段：2020年）

	民間最終消費支出	政府最終消費支出	総資本形成[1)]	財貨・サービスの輸出	（控除）財貨・サービスの輸入	国内総生産（支出側）[2)]
スロベニア	27 048	9 834	10 770	30 956	30 446	48 161
	28 379	9 942	11 172	45 490	40 804	54 179
	26 913	11 016	10 717	41 737	36 794	53 590
セルビア	31 566	8 004	7 360	13 489	18 599	41 819
	35 146	8 562	12 924	26 278	31 395	51 514
	35 521	9 327	12 905	25 728	30 146	53 335
チェコ	102 547	42 930	57 201	137 031	130 639	209 070
	118 233	49 420	69 721	186 582	171 458	252 498
	111 836	53 097	63 659	174 168	157 410	245 349
デンマーク	153 309	88 117	58 204	162 681	140 316	321 995
	161 917	83 613	76 340	205 059	179 368	347 561
	163 664	87 815	81 636	195 425	172 454	356 085
ドイツ	1 871 686	664 436	681 505	1 445 674	1 266 947	3 396 354
	2 018 315	789 448	860 920	1 812 903	1 593 259	3 888 327
	1 950 846	861 873	813 479	1 669 994	1 449 777	3 846 414
ノルウェー	179 864	91 498	109 074	170 473	122 152	428 757
	179 908	98 644	120 437	147 298	140 777	405 510
	158 923	96 174	109 053	117 886	119 514	362 522
ハンガリー	69 667	28 286	28 000	107 204	100 926	132 231
	80 739	32 441	46 559	133 725	129 939	163 526
	77 425	32 898	42 834	123 837	121 185	155 808
フィンランド	131 145	59 022	54 938	95 721	92 322	249 181
	141 045	62 284	64 843	107 086	106 667	268 782
	137 872	65 859	65 762	97 610	96 702	269 751
フランス	1 462 836	633 942	579 955	707 910	742 031	2 642 610
	1 462 925	627 191	664 879	862 106	888 231	2 728 870
	1 397 711	659 415	626 328	733 165	786 302	2 630 318
ブルガリア	32 523	8 365	11 414	25 396	27 016	50 682
	40 708	11 511	14 470	44 060	41 835	68 914
	41 026	13 620	14 215	38 664	37 638	69 888
ベラルーシ	31 847	9 169	23 268	29 402	36 940	57 232
	34 758	10 849	18 776	41 928	42 353	64 410
	31 010	10 189	15 831	37 301	35 421	60 259
ベルギー	247 392	114 143	111 229	364 802	356 614	480 952
	275 165	122 982	133 634	439 941	436 433	535 289
	259 234	129 202	126 087	417 561	410 223	521 861
ポーランド	295 048	92 009	103 195	191 354	201 771	479 834
	343 447	107 609	117 819	330 871	302 462	597 284
	338 641	114 541	102 907	335 206	294 676	596 618

各国の国内総生産（支出側）（IX）（名目）（単位　百万ドル）
（各国別の上段：2010年、中段：2019年、下段：2020年）

	民間最終消費支出	政府最終消費支出	総資本形成1)	財貨・サービスの輸出	（控除）財貨・サービスの輸入	国内総生産（支出側）2)
ボスニア・ヘルツェゴビナ	14 387	3 972	3 385	5 101	8 807	17 176
	14 852	3 928	5 089	8 177	11 151	20 203
	14 921	4 128	4 597	6 791	9 684	19 801
ポルトガル	156 824	48 987	50 255	71 529	89 714	237 881
	153 731	40 791	44 380	104 415	103 329	239 987
	146 753	43 757	42 857	84 633	89 460	228 539
マルタ	5 290	1 721	2 011	13 626	13 621	9 027
	7 081	2 619	3 477	22 159	19 611	15 726
	6 582	3 131	3 445	21 284	19 531	14 911
モルドバ	6 292	1 270	1 664	1 941	4 193	6 975
	10 083	1 819	3 035	3 659	6 625	11 971
	9 832	1 986	2 792	3 161	5 857	11 914
ラトビア	15 170	4 411	4 883	12 763	13 263	23 964
	19 950	6 622	7 979	20 529	20 771	34 309
	18 957	6 820	7 535	20 335	19 939	33 707
リトアニア	23 780	7 370	6 732	23 747	24 491	37 138
	32 965	9 247	9 607	42 289	39 412	54 697
	33 209	10 470	7 617	41 563	36 312	56 547
ルーマニア	106 495	25 724	45 118	53 855	64 882	166 309
	156 966	44 166	59 046	100 910	111 208	249 880
	151 972	46 896	60 950	92 666	103 768	248 716
ルクセンブルク	19 309	8 865	10 155	91 377	73 547	56 159
	23 547	12 053	12 934	144 240	122 577	70 196
	22 508	13 445	13 130	150 147	125 877	73 353
ロシア	784 523	276 474	368 726	445 513	322 367	1 539 845
	868 930	304 457	384 048	481 537	352 812	1 687 450
	770 939	270 085	355 861	378 636	305 006	1 483 498
北中アメリカ						
アメリカ合衆国	10 260 256	2 511 046	2 809 976	1 857 247	2 389 555	15 048 970
	14 428 676	2 973 918	4 566 252	2 519 727	3 115 990	21 372 582
	14 047 565	3 077 990	4 419 377	2 123 410	2 774 597	20 893 746
エルサルバドル	16 098	2 898	3 076	4 971	8 595	18 448
	22 462	4 366	4 540	7 982	12 453	26 897
	19 976	4 776	4 412	6 290	10 816	24 639
カナダ	921 815	347 315	379 766	471 714	502 011	1 617 267
	1 005 919	362 907	400 342	555 826	583 615	1 741 497
	943 653	371 814	362 971	476 045	509 774	1 644 037
キューバ	32 369	3) 22 360	6 480	14 519	11 400	64 328
	56 540	3) 33 337	11 889	12 632	10 971	103 428
	54 345	3) 41 704	10 601	8 769	8 067	107 352

各国の国内総生産（支出側）（X）（名目）（単位　百万ドル）
（各国別の上段：2010年、中段：2019年、下段：2020年）

	民間最終消費支出	政府最終消費支出	総資本形成1)	財貨・サービスの輸出	（控除）財貨・サービスの輸入	国内総生産（支出側）2)
グアテマラ	34 629	4 551	6 412	9 736	14 711	40 682
	65 365	8 565	11 022	13 593	21 525	77 020
	64 855	8 959	10 037	13 112	19 359	77 605
コスタリカ	24 628	6 259	7 469	12 363	13 061	37 659
	41 164	10 785	10 352	21 647	19 998	63 951
	39 741	10 954	9 363	19 045	17 582	61 521
ジャマイカ	10 831	2 131	2 671	4 143	6 555	13 221
	12 061	2 150	3 842	6 021	8 244	15 831
	10 523	1 876	3 371	5 235	7 193	13 812
ドミニカ共和国	39 520	5 277	14 023	12 054	17 715	53 160
	60 303	9 845	23 128	20 518	24 852	88 941
	54 950	9 955	20 012	14 425	20 498	78 845
トリニダード・トバゴ	10 479	2 494	4 077	11 920	6 772	22 198
	16 379	3 990	1 860	9 819	8 162	23 887
	15 529	3 785	1 875	6 724	6 521	21 393
ニカラグア	7 050	1 235	2 176	3 544	5 246	8 759
	8 976	1 973	2 227	5 680	6 246	12 611
	8 798	2 012	2 420	5 342	5 951	12 621
ハイチ	11 449	874	3 002	813	4 326	11 812
	13 742	1 023	2 846	1 641	5 245	14 007
	15 055	1 134	2 745	1 186	4 615	15 505
パナマ	16 888	3 713	11 250	20 621	23 032	29 440
	34 358	7 983	26 242	27 208	29 003	66 788
	27 051	6 183	21 612	22 099	24 007	52 938
（プエルトリコ）	56 784	10 842	9 012	74 310	52 567	98 381
	66 956	8 408	15 013	74 261	59 723	104 915
	65 185	7 873	11 872	73 220	55 011	103 138
ホンジュラス	12 373	2 839	3 466	7 248	10 087	15 839
	20 566	3 384	5 703	10 016	14 580	25 090
	19 444	3 568	4 461	8 394	12 039	23 828
メキシコ	691 266	124 518	241 105	314 142	328 581	1 057 801
	823 277	144 122	267 576	492 731	495 911	1 268 868
	684 218	137 300	206 475	431 419	408 315	1 073 439
南アメリカ						
アルゼンチン	273 950	64 671	75 512	80 750	68 397	426 487
	287 821	70 251	64 783	77 684	67 654	445 445
	243 636	61 966	52 774	63 642	53 195	383 067
ウルグアイ	26 974	5 094	7 818	10 612	10 215	40 285
	38 217	10 442	8 964	16 992	13 383	61 231
	32 690	9 475	9 116	13 607	11 259	53 629

各国の国内総生産（支出側）（XI）（名目）（単位　百万ドル）
（各国別の上段：2010年、中段：2019年、下段：2020年）

	民間最終消費支出	政府最終消費支出	総資本形成1)	財貨・サービスの輸出	（控除）財貨・サービスの輸入	国内総生産（支出側）2)
エクアドル	44 012	9 181	19 501	19 402	22 542	69 555
	64 497	15 583	28 006	24 917	24 896	108 108
	59 722	14 486	22 842	22 264	20 506	98 808
コロンビア	188 942	39 432	62 725	46 827	51 363	286 563
	221 710	50 965	69 568	51 271	70 084	323 430
	189 215	48 092	51 105	37 126	54 191	271 347
チリ	127 462	26 462	50 570	82 487	68 443	218 538
	176 594	40 873	64 233	78 293	80 606	279 385
	149 393	40 132	50 141	79 790	66 516	252 940
パラグアイ	17 469	2 470	6 498	11 488	10 664	27 261
	24 759	4 531	8 224	13 722	13 329	37 907
	22 515	4 544	6 775	12 256	10 786	35 304
ブラジル	1 330 228	420 052	481 556	237 189	260 184	2 208 838
	1 221 467	378 669	290 503	266 029	270 654	1 886 015
	906 062	296 068	222 559	243 739	223 694	1 444 733
ベネズエラ	220 118	44 144	86 526	112 355	69 336	393 806
	88 354	5 923	31 574	81 429	57 149	150 131
	82 902	8 667	8 117	47 935	41 261	106 359
ペルー	91 075	15 529	35 053	41 051	35 180	147 528
	147 855	30 248	48 080	54 596	52 305	228 473
	131 964	32 517	36 211	45 383	42 879	203 196
ボリビア	12 241	5) 2 718	3 342	8 093	6 745	19 650
	27 991	5) 7 420	8 128	10 210	12 853	40 895
	25 873	5) 6 711	5 794	7 498	9 255	36 573
オセアニア						
オーストラリア	711 012	231 444	344 451	278 558	266 004	1 299 463
	740 725	279 612	307 173	330 080	276 906	1 380 208
	746 520	297 221	321 228	315 194	254 673	1 423 473
ニュージーランド	84 728	28 866	29 560	44 356	40 993	146 518
	121 905	40 335	50 558	58 308	57 670	213 435
	121 985	43 688	47 195	46 404	47 228	212 044
パプアニューギニア	8 813	2 149	3 470	9 068	9 249	14 251
	14 075	5 554	1 987	12 939	9 725	24 829
	13 687	5 350	1 882	11 576	8 876	23 619

国連“National Accounts－Analysis of Main Aggregates”（2022年7月12日閲覧）より作成。1）総資本固定形成および在庫品変動。2）国により統計上の不突合を含む。3）対家計民間非営利団体を含む。4）ザンジバルを除く。5）一般政府による個人消費向け支出（教育費や医療費等が該当）を除く。6）クリミアとセバストポリを除く。

表 4-8 産業活動別国内総生産（I）（名目）（アジア）（単位　百万ドル）

	日本			アラブ首長国連邦	
	2019	2020		2019	2020
農林水産業‥	51 851	54 030	農林水産業‥	3 117	3 297
鉱工業‥‥‥	1 204 770	1 185 258	鉱工業‥‥‥	148 082	113 253
うち製造業 ‥‥	1 045 548	1 033 602	うち製造業 ‥‥	36 661	34 752
建設業‥‥‥	275 396	270 441	建設業‥‥‥	37 411	33 405
卸売・小売業	771 018	775 734	卸売・小売業	63 977	55 772
運輸・通信業	524 674	516 032	運輸・通信業	36 975	30 933
サービス業‥	2 272 636	2 228 294	サービス業‥	127 653	122 209
産業計‥‥	5 100 345	5 029 788	産業計‥‥	417 216	358 869
国内総生産×	**5 148 782**	**5 057 759**	国内総生産×	**417 216**	**358 869**

	イスラエル			イラン	
	2019	2020		2019	2020
農林水産業‥	4 291	4 560	農林水産業‥	89 898	127 993
鉱工業‥‥‥	49 610	51 807	鉱工業‥‥‥	193 843	249 053
うち製造業 ‥‥	42 906	44 960	うち製造業 ‥‥	108 293	121 240
建設業‥‥‥	23 261	23 476	建設業‥‥‥	21 882	32 679
卸売・小売業	44 868	45 786	卸売・小売業	77 218	107 367
運輸・通信業	48 684	48 077	運輸・通信業	55 306	76 320
サービス業‥	187 284	191 428	サービス業‥	198 855	274 607
産業計‥‥	357 998	365 135	産業計‥‥	637 003	868 018
国内総生産×	**397 935**	**407 101**	国内総生産×	**653 593**	**939 316**

	インド			インドネシア	
	2019	2020		2019	2020
農林水産業‥	481 970	437 072	農林水産業‥	142 267	145 046
鉱工業‥‥‥	504 366	498 882	鉱工業‥‥‥	315 625	291 631
うち製造業 ‥‥	385 156	383 714	うち製造業 ‥‥	220 502	210 396
建設業‥‥‥	194 354	185 608	建設業‥‥‥	120 284	113 334
卸売・小売業	329 968	299 611	卸売・小売業	176 749	163 878
運輸・通信業	164 244	152 429	運輸・通信業	106 596	95 016
サービス業‥	946 704	845 161	サービス業‥	211 548	211 037
産業計‥‥	2 621 606	2 418 762	産業計‥‥	1 073 069	1 019 942
国内総生産×	**2 889 949**	**2 664 749**	国内総生産×	**1 119 091**	**1 058 424**

産業活動別国内総生産（Ⅱ）（名目）（アジア）（単位　百万ドル）

	韓国			クウェート	
	2019	2020		2019	2020
農林水産業‥	27 541	30 011	農林水産業‥	524	485
鉱工業‥‥‥	449 640	444 554	鉱工業‥‥‥	75 574	45 918
うち製造業 ‥‥	416 475	406 373	うち製造業 ‥‥	9 769	7 000
建設業‥‥‥	89 966	89 115	建設業‥‥‥	3 935	2 210
卸売・小売業	158 390	145 938	卸売・小売業	6 862	5 957
運輸・通信業	123 320	121 649	運輸・通信業	9 330	8 666
サービス業‥	663 485	668 000	サービス業‥	58 337	58 543
産業計‥‥	1 512 342	1 499 267	産業計‥‥	154 561	121 780
国内総生産×	**1 651 223**	**1 637 896**	国内総生産×	**136 192**	**105 949**

	サウジアラビア			シンガポール	
	2019	2020		2019	2020
農林水産業‥	17 710	17 941	農林水産業‥	121	110
鉱工業‥‥‥	332 473	244 601	鉱工業‥‥‥	77 085	74 061
うち製造業 ‥‥	99 438	90 774	うち製造業 ‥‥	72 837	69 818
建設業‥‥‥	43 641	45 000	建設業‥‥‥	13 552	8 778
卸売・小売業	79 469	75 888	卸売・小売業	70 534	63 842
運輸・通信業	48 552	45 948	運輸・通信業	39 591	33 952
サービス業‥	271 960	271 878	サービス業‥	154 474	143 421
産業計‥‥	793 805	701 256	産業計‥‥	355 357	324 163
国内総生産×	**792 967**	**700 118**	国内総生産×	**374 398**	**339 988**

	タイ			中国	
	2019	2020		2019	2020
農林水産業‥	44 286	43 379	農林水産業‥	1 065 038	1 175 288
鉱工業‥‥‥	169 384	152 522	鉱工業‥‥‥	4 514 204	4 536 758
うち製造業 ‥‥	139 485	126 597	うち製造業 ‥‥	3 823 422	3 853 827
建設業‥‥‥	13 498	13 587	建設業‥‥‥	1 022 643	1 057 791
卸売・小売業	121 534	104 643	卸売・小売業	1 643 713	1 618 035
運輸・通信業	45 706	38 860	運輸・通信業	1 098 058	1 152 225
サービス業‥	149 855	148 803	サービス業‥	4 936 311	5 182 703
産業計‥‥	544 264	501 795	産業計‥‥	14 279 967	14 722 801
国内総生産×	**544 264**	**501 795**	国内総生産×	**14 279 966**	**14 722 801**

産業活動別国内総生産（Ⅲ）（名目）（アジア）（単位　百万ドル）

	トルコ			パキスタン	
	2019	2020		2019	2020
農林水産業‥	48 710	48 107	農林水産業‥	55 784	58 511
鉱工業‥‥‥	166 145	163 966	鉱工業‥‥‥	41 520	40 699
うち製造業 ‥‥	139 119	137 736	うち製造業 ‥‥	31 527	29 776
建設業‥‥‥	41 121	37 796	建設業‥‥‥	4 893	4 911
卸売・小売業	120 406	104 066	卸売・小売業	45 347	43 113
運輸・通信業	84 992	76 645	運輸・通信業	27 375	25 417
サービス業‥	223 865	209 584	サービス業‥	63 578	67 580
産業計‥‥	685 239	640 164	産業計‥‥	238 498	240 230
国内総生産×	**761 002**	**720 098**	国内総生産×	**253 088**	**257 829**

	フィリピン			ベトナム	
	2019	2020		2019	2020
農林水産業‥	33 237	36 817	農林水産業‥	36 555	40 276
鉱工業‥‥‥	84 631	78 936	鉱工業‥‥‥	74 775	74 664
うち製造業 ‥‥	69 774	63 883	うち製造業 ‥‥	43 172	45 273
建設業‥‥‥	29 650	23 721	建設業‥‥‥	15 561	16 782
卸売・小売業	76 250	72 035	卸売・小売業	39 189	40 133
運輸・通信業	25 494	23 009	運輸・通信業	9 048	8 551
サービス業‥	127 561	126 972	サービス業‥	60 823	64 187
産業計‥‥	376 823	361 489	産業計‥‥	235 951	244 592
国内総生産×	**376 823**	**361 489**	国内総生産×	**261 921**	**271 158**

	（香港）			マレーシア	
	2019	2020		2019	2020
農林水産業‥	263	279	農林水産業‥	26 461	27 627
鉱工業‥‥‥	8 098	7 512	鉱工業‥‥‥	119 289	107 238
うち製造業 ‥‥	3 748	3 594	うち製造業 ‥‥	78 198	75 101
建設業‥‥‥	14 657	13 749	建設業‥‥‥	17 108	13 650
卸売・小売業	77 755	65 489	卸売・小売業	74 932	67 270
運輸・通信業	31 539	24 441	運輸・通信業	34 548	32 484
サービス業‥	217 273	220 797	サービス業‥	88 228	84 687
産業計‥‥	349 584	332 266	産業計‥‥	360 566	332 955
国内総生産×	**365 708**	**349 445**	国内総生産×	**364 684**	**336 664**

産業活動別国内総生産（Ⅳ）（名目）（アフリカ）（単位　百万ドル）

	アルジェリア			アンゴラ	
	2019	2020		2019	2020
農林水産業‥	21 190	20 756	農林水産業‥	5 956	5 875
鉱工業‥‥‥	43 967	28 458	鉱工業‥‥‥	31 734	20 106
うち製造業‥‥	7 575	7 131	うち製造業‥‥	6 682	4 059
建設業‥‥‥	20 112	19 007	建設業‥‥‥	12 963	7 783
卸売・小売業	23 041	20 696	卸売・小売業	16 025	12 120
運輸・通信業	18 809	16 910	運輸・通信業	3 065	2 183
サービス業‥	37 284	35 914	サービス業‥	15 649	11 488
産業計‥‥	164 402	141 741	産業計‥‥	85 391	59 556
国内総生産×	**171 158**	**147 689**	国内総生産×	**89 417**	**62 307**

	エジプト			エチオピア	
	2019	2020		2019	2020
農林水産業‥	35 064	42 501	農林水産業‥	31 132	34 356
鉱工業‥‥‥	93 938	93 885	鉱工業‥‥‥	5 938	6 082
うち製造業‥‥	50 516	59 801	うち製造業‥‥	5 178	5 124
建設業‥‥‥	19 130	23 571	建設業‥‥‥	17 038	16 240
卸売・小売業	50 559	59 155	卸売・小売業	14 698	14 997
運輸・通信業	27 330	32 243	運輸・通信業	3 436	4 015
サービス業‥	82 263	99 360	サービス業‥	16 253	16 553
産業計‥‥	308 284	350 714	産業計‥‥	88 495	92 244
国内総生産×	**317 359**	**369 309**	国内総生産×	**92 562**	**96 611**

	カメルーン			ケニア	
	2019	2020		2019	2020
農林水産業‥	5 659	6 042	農林水産業‥	21 287	23 281
鉱工業‥‥‥	7 861	7 880	鉱工業‥‥‥	10 807	10 494
うち製造業‥‥	5 540	5 738	うち製造業‥‥	7 920	7 688
建設業‥‥‥	2 295	2 078	建設業‥‥‥	6 027	7 059
卸売・小売業	7 655	7 708	卸売・小売業	9 420	8 896
運輸・通信業	2 930	3 032	運輸・通信業	14 332	13 503
サービス業‥	9 502	9 807	サービス業‥	32 415	31 706
産業計‥‥	35 903	36 547	産業計‥‥	94 287	94 939
国内総生産×	**39 007**	**39 881**	国内総生産×	**100 554**	**101 014**

産業活動別国内総生産（V）（名目）（アフリカ）（単位　百万ドル）

	スーダン			チュニジア	
	2019	2020		2019	2020
農林水産業‥	7 051	13 281	農林水産業‥	4 025	4 604
鉱工業……	6 389	10 947	鉱工業……	7 404	7 106
うち製造業 …	2 910	5 331	うち製造業 …	5 799	5 707
建設業……	1 248	2 041	建設業……	1 506	1 426
卸売・小売業	5 762	10 969	卸売・小売業	5 655	5 166
運輸・通信業	3 084	5 399	運輸・通信業	4 108	3 550
サービス業‥	11 361	19 146	サービス業‥	14 420	15 328
産業計……	34 895	61 783	産業計……	37 118	37 180
国内総生産×	**34 895**	**62 057**	国内総生産×	**39 195**	**39 218**

	ナイジェリア			南アフリカ共和国	
	2019	2020		2019	2020
農林水産業‥	103 949	103 792	農林水産業‥	6 623	7 266
鉱工業……	100 621	88 881	鉱工業……	79 450	67 592
うち製造業 …	54 676	54 456	うち製造業 …	41 400	34 836
建設業……	29 313	32 439	建設業……	11 919	8 516
卸売・小売業	77 896	62 560	卸売・小売業	47 428	39 809
運輸・通信業	60 131	54 202	運輸・通信業	30 597	24 086
サービス業‥	97 951	82 651	サービス業‥	137 068	121 804
産業計……	469 862	424 525	産業計……	313 085	269 074
国内総生産×	**474 517**	**429 899**	国内総生産×	**351 431**	**302 141**

	モロッコ			リビア	
	2019	2020		2019	2020
農林水産業‥	14 559	13 402	農林水産業‥	2 832	1 200
鉱工業……	23 932	23 592	鉱工業……	20 030	10 847
うち製造業 …	17 857	17 520	うち製造業 …	2 017	879
建設業……	6 425	6 388	建設業……	2 276	1 095
卸売・小売業	12 638	9 970	卸売・小売業	4 739	2 582
運輸・通信業	7 296	5 959	運輸・通信業	1 783	1 297
サービス業‥	41 176	42 377	サービス業‥	32 083	13 979
産業計……	106 026	101 688	産業計……	63 742	31 001
国内総生産×	**119 871**	**114 724**	国内総生産×	**59 830**	**29 153**

産業活動別国内総生産（Ⅵ）（名目）（ヨーロッパ）（単位　百万ドル）

	アイルランド			イギリス	
	2019	2020		2019	2020
農林水産業‥	3 604	3 959	農林水産業‥	17 617	16 126
鉱工業‥‥‥	133 668	152 894	鉱工業‥‥‥	352 793	326 685
うち製造業 ‥‥	127 761	147 002	うち製造業 ‥‥	255 618	239 677
建設業‥‥‥	9 421	8 746	建設業‥‥‥	164 828	144 390
卸売・小売業	34 470	30 803	卸売・小売業	344 805	314 456
運輸・通信業	65 476	74 804	運輸・通信業	262 503	241 113
サービス業‥	128 720	127 721	サービス業‥	1 432 418	1 456 726
産業計‥‥	375 359	398 928	産業計‥‥	2 574 965	2 499 495
国内総生産×	**399 122**	**425 889**	国内総生産×	**2 878 674**	**2 764 198**

	イタリア			ウクライナ[1)]	
	2019	2020		2019	2020
農林水産業‥	38 347	37 530	農林水産業‥	13 805	14 420
鉱工業‥‥‥	354 300	332 899	鉱工業‥‥‥	30 641	27 993
うち製造業 ‥‥	298 836	280 399	うち製造業 ‥‥	16 646	15 768
建設業‥‥‥	78 102	75 515	建設業‥‥‥	4 157	4 462
卸売・小売業	292 619	254 312	卸売・小売業	21 729	22 712
運輸・通信業	165 757	155 302	運輸・通信業	17 316	17 466
サービス業‥	872 843	849 874	サービス業‥	44 787	46 389
産業計‥‥	1 801 968	1 705 433	産業計‥‥	132 434	133 441
国内総生産×	**2 009 384**	**1 888 709**	国内総生産×	**153 930**	**155 582**

	オーストリア			オランダ	
	2019	2020		2019	2020
農林水産業‥	4 832	4 765	農林水産業‥	14 889	14 460
鉱工業‥‥‥	86 517	83 144	鉱工業‥‥‥	119 549	118 075
うち製造業 ‥‥	73 956	70 466	うち製造業 ‥‥	98 068	98 385
建設業‥‥‥	27 085	27 154	建設業‥‥‥	40 302	44 355
卸売・小売業	66 677	59 290	卸売・小売業	131 066	130 513
運輸・通信業	37 120	35 256	運輸・通信業	79 950	77 972
サービス業‥	175 584	179 038	サービス業‥	425 819	429 846
産業計‥‥	397 815	388 648	産業計‥‥	811 574	815 221
国内総生産×	**445 012**	**433 258**	国内総生産×	**910 194**	**913 865**

産業活動別国内総生産（Ⅶ）（名目）（ヨーロッパ）（単位　百万ドル）

	ギリシャ			クロアチア	
	2019	2020		2019	2020
農林水産業‥	7 754	7 989	農林水産業‥	1 786	1 840
鉱工業‥‥‥	24 455	25 176	鉱工業‥‥‥	9 673	9 188
うち製造業 ‥‥	16 393	16 863	うち製造業 ‥‥	7 417	6 936
建設業‥‥‥	2 887	3 144	建設業‥‥‥	2 747	2 913
卸売・小売業	35 300	27 382	卸売・小売業	9 555	7 429
運輸・通信業	18 766	17 922	運輸・通信業	5 195	4 852
サービス業‥	88 569	84 157	サービス業‥	22 294	21 669
産業計‥‥	177 730	165 771	産業計‥‥	51 249	47 892
国内総生産×	**205 144**	**188 835**	国内総生産×	**62 246**	**57 204**

	スイス			スウェーデン	
	2019	2020		2019	2020
農林水産業‥	4 614	5 186	農林水産業‥	7 668	7 439
鉱工業‥‥‥	147 508	152 747	鉱工業‥‥‥	85 746	82 149
うち製造業 ‥‥	133 355	136 457	うち製造業 ‥‥	69 208	65 684
建設業‥‥‥	35 081	37 163	建設業‥‥‥	32 017	32 203
卸売・小売業	119 796	119 233	卸売・小売業	57 989	59 714
運輸・通信業	60 244	57 463	運輸・通信業	60 267	60 896
サービス業‥	344 499	359 817	サービス業‥	227 873	237 246
産業計‥‥	711 740	731 609	産業計‥‥	471 561	479 647
国内総生産×	**731 718**	**752 248**	国内総生産×	**533 880**	**541 064**

	スペイン			スロバキア	
	2019	2020		2019	2020
農林水産業‥	36 144	40 341	農林水産業‥	1 756	1 849
鉱工業‥‥‥	201 501	188 237	鉱工業‥‥‥	24 873	22 649
うち製造業 ‥‥	152 541	141 308	うち製造業 ‥‥	20 773	18 446
建設業‥‥‥	79 164	72 806	建設業‥‥‥	6 331	6 130
卸売・小売業	240 716	192 245	卸売・小売業	12 055	11 837
運輸・通信業	104 865	83 877	運輸・通信業	10 488	10 415
サービス業‥	600 916	592 241	サービス業‥	38 587	41 261
産業計‥‥	1 263 306	1 169 747	産業計‥‥	94 088	94 141
国内総生産×	**1 393 046**	**1 281 485**	国内総生産×	**105 284**	**105 173**

産業活動別国内総生産（Ⅷ）（名目）（ヨーロッパ）（単位　百万ドル）

	チェコ	
	2019	2020
農林水産業・・	4 700	4 699
鉱工業・・・・・・	66 718	62 721
うち製造業・・・	57 119	53 746
建設業・・・・・・	12 861	12 738
卸売・小売業	29 654	26 960
運輸・通信業	27 042	26 961
サービス業・・	87 165	89 147
産業計・・・・	228 139	223 225
国内総生産×	**252 498**	**245 349**

	デンマーク	
	2019	2020
農林水産業・・	4 247	4 652
鉱工業・・・・・・	55 758	56 342
うち製造業・・・	47 646	49 697
建設業・・・・・・	17 909	19 031
卸売・小売業	44 336	43 604
運輸・通信業	30 073	31 028
サービス業・・	150 418	155 221
産業計・・・・	302 741	309 878
国内総生産×	**347 561**	**356 085**

	ドイツ	
	2019	2020
農林水産業・・	27 870	28 283
鉱工業・・・・・・	844 336	815 911
うち製造業・・・	737 937	697 292
建設業・・・・・・	186 728	203 076
卸売・小売業	406 865	398 084
運輸・通信業	325 288	325 409
サービス業・・	1 686 176	1 713 303
産業計・・・・	3 477 264	3 484 066
国内総生産×	**3 888 327**	**3 846 414**

	ノルウェー	
	2019	2020
農林水産業・・	7 826	6 808
鉱工業・・・・・・	93 033	72 081
うち製造業・・・	25 602	24 147
建設業・・・・・・	23 926	21 747
卸売・小売業	34 699	31 471
運輸・通信業	33 117	29 860
サービス業・・	167 580	157 653
産業計・・・・	360 181	319 620
国内総生産×	**405 510**	**362 522**

	フィンランド	
	2019	2020
農林水産業・・	6 602	6 611
鉱工業・・・・・・	46 968	47 266
うち製造業・・・	38 763	39 020
建設業・・・・・・	17 194	17 552
卸売・小売業	24 775	23 937
運輸・通信業	24 984	23 517
サービス業・・	111 797	114 281
産業計・・・・	232 320	233 164
国内総生産×	**268 782**	**269 751**

	フランス	
	2019	2020
農林水産業・・	41 546	42 002
鉱工業・・・・・・	336 554	310 694
うち製造業・・・	273 100	247 025
建設業・・・・・・	138 942	121 862
卸売・小売業	323 377	298 997
運輸・通信業	240 386	222 728
サービス業・・	1 347 638	1 350 098
産業計・・・・	2 428 444	2 346 381
国内総生産×	**2 728 870**	**2 630 318**

産業活動別国内総生産（IX）（名目）（ヨーロッパ）（単位　百万ドル）

	ベルギー			ポーランド	
	2019	2020		2019	2020
農林水産業‥	3 564	3 330	農林水産業‥	13 837	14 928
鉱工業……	77 476	76 995	鉱工業……	128 052	127 337
うち製造業 …	65 822	64 604	うち製造業 …	98 647	95 607
建設業……	25 204	24 633	建設業……	39 054	37 821
卸売・小売業	63 459	57 151	卸売・小売業	100 675	98 022
運輸・通信業	47 842	47 630	運輸・通信業	58 213	57 150
サービス業‥	260 358	258 337	サービス業‥	185 270	189 915
産業計……	477 904	468 076	産業計……	525 102	525 173
国内総生産×	**535 289**	**521 861**	国内総生産×	**597 284**	**596 618**

	ポルトガル			ルーマニア	
	2019	2020		2019	2020
農林水産業‥	5 012	4 812	農林水産業‥	10 304	9 542
鉱工業……	36 143	34 598	鉱工業……	52 713	49 086
うち製造業 …	28 547	27 110	うち製造業 …	42 452	39 239
建設業……	9 053	9 646	建設業……	14 669	16 493
卸売・小売業	39 875	33 762	卸売・小売業	30 994	29 997
運輸・通信業	18 527	16 436	運輸・通信業	29 201	31 492
サービス業‥	99 093	99 843	サービス業‥	88 068	89 973
産業計……	207 703	199 096	産業計……	225 949	226 583
国内総生産×	**239 987**	**228 539**	国内総生産×	**249 880**	**248 716**

	ルクセンブルク			ロシア	
	2019	2020		2019	2020
農林水産業‥	154	150	農林水産業‥	58 986	54 892
鉱工業……	4 307	4 230	鉱工業……	427 260	355 761
うち製造業 …	3 464	3 393	うち製造業 …	222 314	199 422
建設業……	3 915	3 968	建設業……	120 043	91 732
卸売・小売業	6 926	6 480	卸売・小売業	251 171	230 623
運輸・通信業	6 573	7 884	運輸・通信業	112 462	102 992
サービス業‥	41 849	44 114	サービス業‥	547 985	502 014
産業計……	63 723	66 826	産業計……	1 517 906	1 338 015
国内総生産×	**70 196**	**73 353**	国内総生産×	**1 687 450**	**1 483 498**

産業活動別国内総生産（X）（名目）（北中アメリカ）（単位　百万ドル）

	アメリカ合衆国			カナダ	
	2019	2020		2019	2020
農林水産業‥	162 600	174 500	農林水産業‥	31 669	29 658
鉱工業‥‥‥	3 059 400	2 855 600	鉱工業‥‥‥	289 163	277 005
うち製造業 ‥‥	2 370 900	2 272 000	うち製造業 ‥‥	171 239	161 134
建設業‥‥‥	903 600	895 900	建設業‥‥‥	123 253	116 176
卸売・小売業	3 114 900	2 954 200	卸売・小売業	206 729	194 642
運輸・通信業	2 252 700	2 172 400	運輸・通信業	126 032	119 067
サービス業‥	11 879 300	11 841 200	サービス業‥	845 805	795 621
産業計‥‥	21 372 500	20 893 800	産業計‥‥	1 622 650	1 532 167
国内総生産×	**21 372 582**	**20 893 746**	国内総生産×	**1 741 497**	**1 644 037**

	キューバ			グアテマラ	
	2019	2020		2019	2020
農林水産業‥	3 612	3 963	農林水産業‥	7 266	7 949
鉱工業‥‥‥	15 009	16 068	鉱工業‥‥‥	12 838	13 163
うち製造業 ‥‥	12 907	13 881	うち製造業 ‥‥	10 630	10 934
建設業‥‥‥	10 382	10 335	建設業‥‥‥	3 969	3 970
卸売・小売業	24 256	26 227	卸売・小売業	17 200	16 694
運輸・通信業	8 679	9 482	運輸・通信業	5 278	5 189
サービス業‥	39 665	39 876	サービス業‥	25 774	26 130
産業計‥‥	101 603	105 951	産業計‥‥	72 325	73 095
国内総生産×	**103 428**	**107 352**	国内総生産×	**77 020**	**77 605**

	ドミニカ共和国			メキシコ	
	2019	2020		2019	2020
農林水産業‥	4 649	4 763	農林水産業‥	43 087	41 294
鉱工業‥‥‥	15 233	14 226	鉱工業‥‥‥	302 795	253 909
うち製造業 ‥‥	12 237	11 389	うち製造業 ‥‥	219 754	188 103
建設業‥‥‥	10 629	9 650	建設業‥‥‥	88 197	68 478
卸売・小売業	15 514	11 611	卸売・小売業	268 006	220 378
運輸・通信業	8 119	7 265	運輸・通信業	102 263	78 358
サービス業‥	28 215	26 227	サービス業‥	390 835	356 126
産業計‥‥	82 359	73 742	産業計‥‥	1 195 184	1 018 544
国内総生産×	**88 941**	**78 845**	国内総生産×	**1 268 868**	**1 073 439**

産業活動別国内総生産（XI）（名目）（南アメリカ）（単位　百万ドル）

	アルゼンチン			コロンビア	
	2019	2020		2019	2020
農林水産業‥	27 120	26 187	農林水産業‥	20 675	20 851
鉱工業……	87 182	73 664	鉱工業……	64 053	50 912
うち製造業 …	57 921	53 094	うち製造業 …	35 306	29 894
建設業……	17 096	12 409	建設業……	20 211	13 627
卸売・小売業	68 644	61 233	卸売・小売業	41 679	33 168
運輸・通信業	26 570	19 953	運輸・通信業	24 688	18 909
サービス業‥	146 811	126 962	サービス業‥	121 559	109 866
産業計…．	373 424	320 408	産業計…．	292 866	247 333
国内総生産×	**445 445**	**383 067**	国内総生産×	**323 430**	**271 347**

	チリ			ブラジル	
	2019	2020		2019	2020
農林水産業‥	10 088	9 770	農林水産業‥	79 116	81 309
鉱工業……	61 934	64 340	鉱工業……	289 550	208 259
うち製造業 …	28 329	25 115	うち製造業 …	194 402	143 467
建設業……	19 392	15 149	建設業……	63 311	50 900
卸売・小売業	31 966	27 566	卸売・小売業	249 731	191 257
運輸・通信業	19 657	15 806	運輸・通信業	128 165	96 827
サービス業‥	112 590	99 486	サービス業‥	808 700	617 091
産業計…．	255 627	232 117	産業計…．	1 618 572	1 245 644
国内総生産×	**279 385**	**252 940**	国内総生産×	**1 886 015**	**1 444 733**

	ベネズエラ			ペルー	
	2019	2020		2019	2020
農林水産業‥	4 071	5 328	農林水産業‥	15 413	15 259
鉱工業……	87 221	46 254	鉱工業……	54 542	48 595
うち製造業 …	30 730	15 672	うち製造業 …	29 701	24 793
建設業……	1 488	3 003	建設業……	15 331	13 360
卸売・小売業	31 501	23 813	卸売・小売業	34 097	25 701
運輸・通信業	7 196	6 530	運輸・通信業	19 048	16 150
サービス業‥	11 837	16 753	サービス業‥	71 082	68 114
産業計…．	143 313	101 680	産業計…．	209 513	187 179
国内総生産×	**150 131**	**106 359**	国内総生産×	**228 473**	**203 196**

産業活動別国内総生産（XII）（名目）（オセアニア）（単位　百万ドル）

	オーストラリア			ニュージーランド	
	2019	2020		2019	2020
農林水産業	27 624	32 257	農林水産業	12 066	12 178
鉱工業	252 064	263 645	鉱工業	28 712	29 019
うち製造業	77 818	79 171	うち製造業	20 981	21 183
建設業	98 556	99 029	建設業	14 823	14 222
卸売・小売業	135 437	144 232	卸売・小売業	23 529	23 856
運輸・通信業	91 840	92 096	運輸・通信業	13 811	14 091
サービス業	685 430	698 449	サービス業	102 616	100 838
産業計	1 290 951	1 329 708	産業計	195 556	194 204
国内総生産×	**1 380 208**	**1 423 473**	国内総生産×	**213 435**	**212 044**

	パプアニューギニア			フィジー	
	2019	2020		2019	2020
農林水産業	4 344	4 103	農林水産業	651	652
鉱工業	7 207	7 029	鉱工業	698	650
うち製造業	464	436	うち製造業	567	533
建設業	1 733	1 575	建設業	159	128
卸売・小売業	2 789	2 632	卸売・小売業	798	593
運輸・通信業	933	879	運輸・通信業	509	418
サービス業	6 754	6 357	サービス業	1 661	1 262
産業計	23 760	22 576	産業計	4 475	3 703
国内総生産×	**24 829**	**23 619**	国内総生産×	**5 496**	**4 494**

国連“National Accounts－Analysis of Main Aggregates”より作成。2022年5月閲覧。農林水産業には狩猟業を含む。鉱工業には電気・ガス・水道業を含む。卸売・小売業には飲食・宿泊業、自動車・家庭用品等修理業を含む。運輸・通信業には倉庫業を含む。サービス業は表中に掲げた項目以外の産業で、教育、保健・衛生、社会事業、その他サービス産業のほか、金融・保険業、不動産業、物品賃貸業および対事業所サービス業、公務などを含む。ただし、国によっては分類が一部異なる場合がある。1）クリミアおよびセバストポリを含まない。×国内総生産には産業計のほか、輸入品に課される税・関税、（控除）総資本形成に係る消費税、（控除）帰属利子、統計上の不突合が含まれる。なお、国によっては産業計が国内総生産の場合がある。

第5章　資源とエネルギー

2020年初頭からのコロナ禍が、資源とエネルギーの生産や流通に大きな影響を及ぼしている。当初は各国で行われた都市封鎖(ロックダウン)等に伴う経済の停滞で需要不足が懸念され、2020年4月には原油先物のWTI（次ページ図5-1脚注参照）の価格が史上初めてマイナスとなるなど、エネルギー価格が急落した。その後、各国で経済活動が再開したことで、価格が上昇に転じた。資源価格はエネルギーより価格の下落が限定的であったが、2020年後半から急激に上昇した。銅の価格は、2021年5月には2020年4月の約2倍となる歴史的な高値となり、その後も2022年まで高水準のまま推移している。

エネルギー価格は2021年春までにコロナ前の水準に回復し、その後も上昇が続いた。元々エネルギー開発は脱炭素の流れや2015年以降の原油価格低下の影響で停滞しており、供給力不足が深刻化している。天然ガスは、化石燃料の中では比較的クリーンなエネルギー源として需要が高まっているが、2021年初頭のヨーロッパでの寒波で消費が拡大し、大幅に価格が上昇した。原油価格も上昇し続け、2021年5月にはアメリカ合衆国を中心に消費国が、OPECプラス（173ページ参照）に大幅増産を求めたものの、拒絶されている。その結果、同年秋にはアメリカ主導で消費国による国家備蓄原油の協調放出を行うなど､各国は対応に追われた。

さらに、2022年2月のロシアによるウクライナ侵攻が、世界のエネルギー市場に更なる混乱をもたらしている。アメリカ合衆国を中心に西側諸国は、ロシア産の原油（生産量世界3位）と石炭（同5位）の禁輸などを含めた経済制裁を実施している。さらに、ロシアは経済制裁の対抗措置として、同年4月末に天然ガス（同2位）のEU各国向け供給の削減や停止を明らかにして､エネルギー資源の外交カード化を鮮明にした。ヨーロッパが輸入する天然ガスの約4割、原油の約3割はロシア由来であり､対ロ制裁とその対抗措置によるヨーロッパの打撃は大きい。また、これらの影響でエネルギーの国際価格が高騰している（図5-1参照)。

EU各国はエネルギーの脱ロシア化が喫緊の課題で、アメリカや中東から液化天然ガス（LNG）の輸入を増やすことに加え、地球温暖化対策として廃止を予定していた石炭火力の再稼働を明らかにしている。産油国も、世界的なインフレ懸念の強まりを受けて、22年6月にOPECプラスが追加増産を表明した。しかし、ロシアの供給分を補うのは難しく、今後も原油価格の高騰は続くとみられる。

金属資源でも、ロシアの世界シェアが高いレアメタル（希少金属）の供給減が懸念される。特に、電気自動車などのバッテリーに用いられるニッケルや、排ガス触媒や歯科用合金などに利用されるパラジウムは価格が高騰しており、各国に影響が及んでいる。

図 5-1　原油･石炭･天然ガスの価格（各月平均価格）（2019年1月～2022年6月）

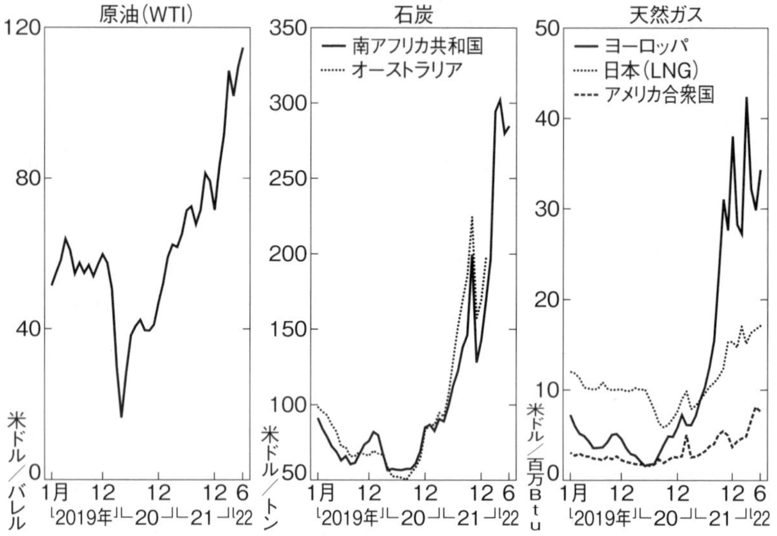

世界銀行“Commodity Price Data”（2022年7月12日閲覧）より作成。原油価格のWTIはテキサス州を中心に産出される原油で、世界の原油価格の指標となっている。オーストラリアの石炭は豪ニューカッスル港での価格。南アフリカ共和国の石炭はリチャーズベイ港での価格。ヨーロッパの天然ガスはオランダTTFの価格。アメリカ合衆国の天然ガスはヘンリーハブという天然ガス集積地での価格。日本の天然ガスはLNG（液化天然ガス）の輸入価格。Btu（British thermal unit）は熱量の単位で、天然ガスでは千立方フィートがおおむね百万Btuに相当するためよく用いられる。1Btu＝1055.06Jであるが、国際的な取り決めの違いで実際には1054～1060Jまで幅がある。

図 5-2　各種金属鉱の主要生産国（2019年）

鉱種	生産量	1位	2位	3位	4位	5位	
金鉱	3300t	中国 11.5%	オーストラリア 9.9	ロシア 9.2	アメリカ合衆国 6.1	カナダ 5.3	その他
銀鉱	2.66万t	メキシコ 22.3%	ペルー 14.5	中国 12.9	ロシア 7.5	ポーランド 5.5	その他
鉄鉱石	15.2億t	オーストラリア 37.4%	ブラジル 17.0	中国 14.4	インド 9.7	ロシア 4.2	その他
ボーキサイト1)	3.91億t	オーストラリア 26.7%	中国 23.7	ギニア 22.0	ブラジル 7.9	インドネシア 5.3	その他
銅鉱2)	2040万t	チリ 28.6%	ペルー 11.9	中国 7.8	コンゴ民主共和国 6.0	アメリカ合衆国 6.0	その他
鉛鉱2)	456万t	中国 46.1%	オーストラリア 9.5	ペルー 6.3	アメリカ合衆国 6.1		その他
亜鉛鉱1)	1200万t	中国 33.8%	ペルー 11.1	オーストラリア 10.9	アメリカ合衆国 6.0	インド 6.0	その他
すず鉱	29.6万t	中国 28.5%	インドネシア 26.2	ミャンマー 14.2	ペルー 6.7		その他
ニッケル鉱2)	240万t	インドネシア 25.3%	フィリピン 14.4	ロシア 11.3	（ニューカレドニア）9.0	カナダ 7.3	その他
タングステン鉱	8.38万t	中国 82.3%	ベトナム 5.4				その他
モリブデン鉱1)	29.8万t	中国 40.3%	チリ 19.9	アメリカ合衆国 17.1			その他
コバルト鉱	14.4万t	コンゴ民主共和国 69.4%	ロシア 4.4	オーストラリア 4.0	フィリピン 3.5		その他
マンガン鉱	1960万t	南アフリカ共和国 29.6%	オーストラリア 16.2	ガボン 12.8	ブラジル 8.9		その他

0%　10　20　30　40　50　60　70　80　90　100

資料については、本章の金属鉱生産統計の各表を参照。生産高は金属含有量。ただし、ボーキサイトは粗鉱量。1）2020年。2）2018年。

図 5-3　各種金属鉱の主要埋蔵国（2021年）

金鉱 5.4万t	オーストラリア 20.4%	ロシア 12.6	南アフリカ共和国 9.3	アメリカ合衆国 5.6	インドネシア 4.8	その他
銀鉱 53.0万t	ペルー 22.6%	オーストラリア 17.0	ポーランド 12.6	ロシア 8.5	中国 7.7	その他
鉄鉱石 850億t	オーストラリア 29.4%	ブラジル 17.6	ロシア 16.5	中国 8.1	インド 4.0	その他
ボーキサイト 320億t	ギニア 23.1%	ベトナム 18.1	オーストラリア 16.6	ブラジル 8.4	ジャマイカ 6.3	その他
銅鉱 8.8億t	チリ 22.7%	オーストラリア 10.6	ペルー 8.8	ロシア 7.0	メキシコ 6.0	その他
鉛鉱 9000万t	オーストラリア 41.1%	中国 20.0	ペルー 7.1	メキシコ 6.2	アメリカ合衆国 5.6	その他
亜鉛鉱 2.50億t	オーストラリア 27.6%	中国 17.6	ロシア 8.8	メキシコ 7.6	ペルー 7.6	その他
すず鉱 490万t	中国 22.4%	インドネシア 16.3	ミャンマー 14.3	オーストラリア 11.4	ブラジル 8.6	その他
ニッケル鉱 9500万t	インドネシア 22.1%	オーストラリア 22.1	ブラジル 16.8	ロシア 7.9	フィリピン 5.1	その他
タングステン鉱 370万t	中国 51.4%	ロシア 10.8	その他			
モリブデン鉱 1600万t	中国 51.9%	アメリカ合衆国 16.9	ペルー 14.4	その他		
コバルト鉱 760万t	コンゴ民主共和国 46.1%	オーストラリア 18.4	インドネシア 7.9	その他		
マンガン鉱 15.0億t	南アフリカ共和国 42.7%	ブラジル 18.0	オーストラリア 18.0	ウクライナ 9.3	その他	

USGS（アメリカ地質調査所）"Mineral Commodity Summaries 2022" より作成。金属含有量。ただし、ボーキサイトは粗鉱量。本章の各表を参照。

表 5-1 金鉱の生産（金属含有量）（単位 kg）

	1990	2000	2010	2018	2019
日本…………	7 300	8 399	8 544	6 453	6 322
中国…………	100 000	180 000	345 000	401 119	380 230
オーストラリア·	244 000	296 410	261 000	313 028	325 148
ロシア………	—	143 000	189 000	277 139	304 697
アメリカ合衆国·	294 000	353 000	231 000	226 000	200 000
カナダ………	169 000	156 207	102 693	191 882	174 974
ガーナ………	16 800	72 100	76 332	148 336	141 982
インドネシア…	11 200	124 596	106 316	135 000	139 000
ペルー………	9 100	132 585	164 084	140 211	128 413
メキシコ……	9 680	26 375	72 596	117 323	111 404
カザフスタン…	—	28 171	30 272	100 288	106 559
南アフリカ共和国	605 000	430 800	188 702	117 150	105 024
ウズベキスタン·	—	85 000	90 000	92 716	93 000
スーダン……1)	100	5 774	26 317	93 600	90 000
ブラジル……	102 000	50 393	62 047	85 000	89 988
パプアニューギニア	31 900	74 540	62 900	67 000	73 900
マリ…………	5 200	28 717	36 360	55 029	61 000
アルゼンチン…	1 400	25 954	63 138	58 375	59 820
タンザニア……	3 500	15 060	39 448	39 304	48 408
ブルキナファソ·	7 800	625	22 939	36 000	45 000
コンゴ民主共和国	9 300	52	12 000	46 000	43 000
ボリビア……	5 200	12 001	6 394	29 976	42 040
チリ…………	27 500	54 143	39 494	37 066	38 455
トルコ………	1 010	500	16 890	27 100	38 000
世界計×……	**2 180 000**	**2 570 000**	**2 600 000**	**3 290 000**	**3 300 000**

USGS（アメリカ地質調査所）"Minerals Yearbook" より作成。1）2010年のスーダンの数値は輸出量。×その他とも。

表 5-2 白金族の生産（2019年）（単位 kg）

	プラチナ	パラジウム	他の白金族	白金族計	%
南アフリカ共和国·	132 989	80 684	54 395	268 068	*56.4*
ロシア…………	24 000	98 000	4 026	126 026	*26.5*
カナダ…………	7 800	20 000	760	28 560	*6.0*
ジンバブエ……	13 546	11 399	2 800	27 745	*5.8*
アメリカ合衆国…	4 150	14 300	—	18 450	*3.9*
中国……………	2 500	1 300	—	3 800	*0.8*
フィンランド……	953	699	—	1 652	*0.3*
世界計×……1)	**186 000**	**227 000**	**62 000**	**475 000**	*100.0*

資料は上表に同じ。プラチナ、パラジウム、ルテニウム、オスミウム、イリジウム、ロジウムの6元素を白金族という。1）ラウンドの関係で合計は一致しない。×その他とも。

表 5-3　銀鉱の生産（金属含有量）（単位　t）

	1990	2000	2010	2018	2019	〃 %
メキシコ	2 420	2 620	3 499	6 049	5 919	*22.3*
ペルー	1 930	2 438	3 640	4 160	3 860	*14.5*
中国	130	1 600	3 500	3 422	3 443	*12.9*
ロシア	—	370	1 545	2 040	2 000	*7.5*
ポーランド	832	1 148	1 181	1 471	1 469	*5.5*
チリ	655	1 242	1 287	1 370	1 350	*5.1*
オーストラリア	1 170	2 060	1 879	1 254	1 334	*5.0*
ボリビア	311	434	1 259	1 191	1 158	*4.4*
アルゼンチン	83	78	723	961	1 080	*4.1*
アメリカ合衆国	2 120	1 980	1 280	934	981	*3.7*
インド	33	41	146	649	701	*2.6*
スウェーデン	243	329	302	471	424	*1.6*
カザフスタン	—	927	552	400	420	*1.6*
カナダ	1 500	1 212	591	392	379	*1.4*
インドネシア	67	256	335	309	350	*1.3*
モロッコ	241	289	243	230	251	*0.9*
トルコ	53	110	364	197	190	*0.7*
ウズベキスタン	…	90	59	224	189	*0.7*
世界計×	**16 600**	**18 100**	**23 300**	**26 800**	**26 600**	*100.0*

USGS（アメリカ地質調査所）"Minerals Yearbook" より作成。×その他とも。

表 5-4　ダイヤモンドの生産（単位　千カラット）

	2017 計	2018 計	2019 宝飾用	2019 工業用	2019 計	2019 〃 %
ロシア	42 700	43 200	25 400	19 900	45 300	*32.8*
ボツワナ	22 900	24 500	16 600	7 110	23 710	*17.2*
カナダ	23 234	23 194	18 638	…	18 638	*13.5*
コンゴ民主共和国	19 100	15 130	2 670	10 800	13 470	*9.8*
オーストラリア	17 143	14 081	260	12 700	12 960	*9.4*
アンゴラ	9 434	8 411	8 230	915	9 145	*6.6*
南アフリカ共和国	9 700	9 910	5 740	1 440	7 180	*5.2*
ジンバブエ	2 511	3 256	211	1 900	2 111	*1.5*
ナミビア	1 948	2 397	2 018	…	2 018	*1.5*
レソト	1 126	1 294	1 114	…	1 114	*0.8*
シエラレオネ	289	741	649	162	811	*0.6*
タンザニア	305	386	313	104	417	*0.3*
ギニア	181	293	183	46	229	*0.2*
ブラジル	255	251	166	…	166	*0.1*
世界計× 1)	**151 000**	**147 000**	**82 400**	**55 200**	**138 000**	*100.0*

資料は上表に同じ。1カラットは0.2グラム。×その他とも。1）世界計はラウンド処理してある。

表 5-5　鉄鉱石の生産推移（金属含有量）（単位　千 t）

	1990	2000	2010	2018	2019
アジア					
中国[1)]	50 500	73 500	332 000	209 311	③ 219 000
インド	34 400	48 600	147 000	127 000	④ 148 000
イラン	1 800	6 100	13 000	23 900	21 700
トルコ	2 690	2 200	2 400	5 777	9 110
カザフスタン	—	9 200	13 800	11 728	6 150
モンゴル	—	—	2 050	3 740	5 140
ベトナム	—	165	530	2 890	2 890
マレーシア	210	168	1 980	2 090	2 600
北朝鮮	4 700	1 100	1 500	2 030	2 030
インドネシア	84	269	26	661	1 730
パキスタン	—	—	145	219	202
アフリカ					
南アフリカ共和国	19 700	21 600	38 000	47 200	⑥ 41 200
モーリタニア	6 800	7 500	7 150	6 694	7 625
リベリア	2 490	—	—	2 460	2 560
アルジェリア	1 470	830	786	374	412
エジプト	1 500	950	85	312	312
ヨーロッパ					
ロシア	—	50 000	58 500	56 700	⑤ 64 287
ウクライナ	—	30 600	43 000	37 800	⑦ 39 500
スウェーデン	12 900	13 600	16 400	22 200	⑩ 22 100
ボスニア·ヘルツェゴビナ	—	182	588	863	906
オーストリア	653	500	662	897	897
ギリシャ	861	575	570	524	524
(参考) 旧ソ連	132 000	—	—	—	—
北中アメリカ					
カナダ	22 000	22 700	23 300	31 500	⑧ 35 200
アメリカ合衆国	35 700	39 700	31 300	31 300	⑨ 29 800
メキシコ	7 110	6 800	8 400	14 021	7 141
南アメリカ					
ブラジル	99 900	141 000	248 000	293 000	② 258 000
ペルー	2 150	2 810	6 140	9 534	10 120
チリ	5 040	5 460	5 850	8 493	8 427
ベネズエラ	13 100	11 100	11 100	1 550	682
コロンビア	283	363	42	344	391
オセアニア					
オーストラリア	69 800	104 000	271 000	562 137	① 568 965
ニュージーランド	1 300	808	1 400	2 270	2 270
世界計×	**540 000**	**604 000**	**1 290 000**	**1 520 000**	**1 520 000**

USGS（アメリカ地質調査所）"Minerals Yearbook" より作成。1990～2010年はUSGSの長期データ（2015年版）により遡及訂正している。円内の数字は国別順位。1）中国のデータはこれまで粗鉱石を含んでいたが、2012年以降は、利用可能な鉄鉱石のみの数値となった。×その他とも。

表 5-6　鉄鉱石の埋蔵量（金属含有量）（2021年）

	百万 t	%		百万 t	%
オーストラリア	25 000	*29.4*	ウクライナ･･･････	2 300	*2.7*
ブラジル･･････	15 000	*17.6*	カナダ･･････	2 300	*2.7*
ロシア･･････	14 000	*16.5*	イラン･･････	1 500	*1.8*
中国･･････	6 900	*8.1*	ペルー･･････	1 500	*1.8*
インド･･････	3 400	*4.0*	世界計×････	**85 000**	*100.0*

USGS（アメリカ地質調査所）“Mineral Commodity Summaries 2022” より作成。経済的に採掘可能な可採埋蔵量。×その他とも。

表 5-7　ボーキサイトの生産（粗鉱）（単位　千 t）

	1990	2000	2010	2019	2020	〃 %
オーストラリア･･	41 400	53 800	68 400	105 544	104 328	*26.7*
中国･･････	2 400	9 000	44 000	105 000	92 700	*23.7*
ギニア･･････	15 800	15 700	15 300	67 000	86 000	*22.0*
ブラジル･･････	9 680	13 900	32 000	31 938	31 000	*7.9*
インドネシア････	1 210	1 150	27 000	16 593	20 800	*5.3*
インド･･････	4 850	7 560	18 000	22 321	20 200	*5.2*
ジャマイカ･･････	10 900	11 100	8 540	9 022	7 546	*1.9*
ロシア･･････ 1)	9 250	4 200	5 690	5 574	5 570	*1.4*
カザフスタン････	—	3 730	5 310	4 118	5 000	*1.3*
サウジアラビア･･	…	…	…	4 050	4 305	*1.1*
ベトナム･･････	—	—	80	3 350	3 500	*0.9*
ギリシャ･･････	2 500	1 990	1 900	1 492	1 500	*0.4*
シエラレオネ････	1 430	—	1 090	1 884	1 342	*0.3*
トルコ･･････	773	459	1 310	819	1 300	*0.3*
ガーナ･･････	381	504	595	1 200	1 000	*0.3*
ガイアナ･･････	1 420	2 470	1 080	1 900	900	*0.2*
ボスニア･ヘルツェゴビナ	…	75	844	934	900	*0.2*
世界計×･･････	**113 000**	**136 000**	**238 000**	**387 000**	**391 000**	*100.0*

資料は表5-5に同じ。1990～2010年はUSGSの長期データ（2015年版）により遡及訂正している。×その他とも。1）1990年は旧ソ連の数値。

表 5-8　ボーキサイトの埋蔵量（乾燥重量）（2021年）

	百万 t	%		百万 t	%
ギニア･･････	7 400	*23.1*	インドネシア･･	1 200	*3.8*
ベトナム･･････	5 800	*18.1*	中国･･････	1 000	*3.1*
オーストラリア	5 300	*16.6*	インド･･････	660	*2.1*
ブラジル･･････	2 700	*8.4*			
ジャマイカ････	2 000	*6.3*	世界計×････	**32 000**	*100.0*

資料・脚注は表5-6に同じ。

表 5-9　銅鉱の生産（金属含有量）（単位　千t）

	1990	2000	2010	2017	2018	〃 %
チリ…………	1 590.0	4 600.0	5 420.0	5 503.5	5 831.6	*28.6*
ペルー………	339.0	554.0	1 250.0	2 445.6	2 437.0	*11.9*
中国…………	285.0	613.0	1 200.0	1 710.0	1 591.0	*7.8*
コンゴ民主共和国	356.0	21.0	430.0	1 094.7	1 225.6	*6.0*
アメリカ合衆国‥	1 580.0	1 440.0	1 110.0	1 260.0	1 220.0	*6.0*
オーストラリア‥	327.0	829.0	870.0	856.0	920.0	*4.5*
ザンビア……	421.0	249.0	686.0	794.1	854.1	*4.2*
ロシア………	—	570.0	703.0	705.4	751.4	*3.7*
メキシコ……	294.0	365.0	270.0	742.2	751.0	*3.7*
インドネシア….	164.0	1 010.0	878.0	622.0	651.1	*3.2*
カザフスタン….	—	430.0	427.0	557.8	602.7	*3.0*
カナダ………	794.0	634.0	525.0	595.0	542.9	*2.7*
ポーランド……	330.0	454.0	425.0	419.6	401.7	*2.0*
ブラジル……	36.4	31.8	221.0	384.5	385.8	*1.9*
イラン………	65.8	135.0	256.0	302.1	316.5	*1.6*
モンゴル……	124.0	125.0	125.0	317.7	315.2	*1.5*
スペイン……	10.9	23.3	54.3	198.4	186.5	*0.9*
ミャンマー……	4.6	26.8	12.0	115.1	153.0	*0.8*
ラオス………	—	—	132.0	153.3	151.9	*0.7*
スウェーデン….	74.3	77.8	76.0	104.6	106.1	*0.5*
ウズベキスタン‥	—	70.0	90.0	100.0	100.0	*0.5*
パプアニューギニア	170.0	201.0	160.0	105.0	96.0	*0.5*
トルコ………	33.5	76.3	97.0	83.0	79.6	*0.4*
フィリピン……	182.0	30.6	58.4	68.2	69.9	*0.3*
ブルガリア……	32.9	92.0	105.0	73.0	69.8	*0.3*
アルメニア……	—	12.2	31.1	95.8	68.9	*0.3*
ポルトガル……	163.0	76.2	74.4	63.8	51.7	*0.3*
南アフリカ共和国	179.0	137.0	103.0	65.5	48.1	0.2
(参考) 旧ソ連…	950.0	—	—	—	—	—
世界計×……	**8 950**	**13 300**	**16 100**	**19 900**	**20 400**	*100.0*

USGS（アメリカ地質調査所）"Minerals Yearbook" より作成。1990～2010年はUSGSの長期データ（2015年版）により遡及訂正している。×その他とも。

表 5-10　銅鉱の埋蔵量（金属含有量）（2021年）

	千t	%		千t	%
チリ…………	200 000	*22.7*	アメリカ合衆国	48 000	*5.5*
オーストラリア	93 000	*10.6*	コンゴ民主共和国	31 000	*3.5*
ペルー………	77 000	*8.8*	ポーランド….	31 000	*3.5*
ロシア………	62 000	*7.0*			
メキシコ……	53 000	*6.0*	世界計×….	**880 000**	*100.0*

USGS（アメリカ地質調査所）"Mineral Commodity Summaries 2022" より作成。経済的に採掘可能な可採埋蔵量。×その他とも。

表 5-11　鉛鉱の生産（金属含有量）（単位　千t）

	1990	2000	2010	2017	2018	〃 %
中国	315.0	660.0	1 850.0	2 430.0	2 100.0	*46.1*
オーストラリア	570.0	739.0	625.0	459.5	432.0	*9.5*
ペルー	210.0	271.0	262.0	306.8	289.2	*6.3*
アメリカ合衆国	497.0	465.0	369.0	310.0	280.0	*6.1*
メキシコ	187.0	138.0	192.0	243.0	240.0	*5.3*
ロシア	—	13.3	97.0	199.0	220.0	*4.8*
インド	23.2	28.9	97.0	175.0	192.5	*4.2*
ボリビア	19.9	9.5	72.8	111.6	112.1	*2.5*
カザフスタン	—	40.0	36.1	111.2	86.0	*1.9*
トルコ	18.4	17.3	23.0	68.0	76.0	*1.7*
スウェーデン	98.3	107.0	68.0	71.1	64.8	*1.4*
モロッコ	68.8	81.2	32.5	38.0	50.0	*1.1*
イラン	11.0	15.0	35.0	48.0	48.0	*1.1*
南アフリカ共和国	69.4	75.3	50.6	48.2	35.0	*0.8*
ミャンマー	2.7	1.2	7.0	20.9	35.0	*0.8*
北マケドニア	—	16.2	38.0	24.8	32.1	*0.7*
北朝鮮	14.9	60.0	13.0	35.0	30.0	*0.7*
アルゼンチン	23.4	14.1	22.6	40.1	27.0	*0.6*
ブルガリア	57.0	10.5	12.0	21.1	26.5	*0.6*
スペイン	58.5	40.3	…	3.3	21.0	*0.5*
カナダ	241.0	149.0	64.8	13.5	18.9	*0.4*
ポルトガル	…	…	…	5.2	17.6	*0.4*
アイルランド	35.3	57.8	39.1	17.1	16.7	*0.4*
ポーランド	61.3	51.2	60.2	12.7	13.2	*0.3*
インドネシア	…	…	…	8.0	11.0	*0.2*
ナイジェリア	0.1	…	…	5.0	10.0	*0.2*
ホンジュラス	5.8	4.8	16.9	6.8	9.9	*0.2*
（参考）旧ソ連	420.0	—	—	—	—	—
世界計×	**3 370**	**3 170**	**4 150**	**4 900**	**4 560**	*100.0*

USGS（アメリカ地質調査所）"Minerals Yearbook" より作成。1990～2010年はUSGSの長期データ（2015年版）により遡及訂正している。×その他とも。

表 5-12　鉛鉱の埋蔵量（金属含有量）（2021年）

	千t	%		千t	%
オーストラリア	37 000	*41.1*	ロシア	4 000	*4.4*
中国	18 000	*20.0*	インド	2 500	*2.8*
ペルー	6 400	*7.1*	カザフスタン	2 000	*2.2*
メキシコ	5 600	*6.2*			
アメリカ合衆国	5 000	*5.6*	世界計×	**90 000**	*100.0*

USGS（アメリカ地質調査所）"Mineral Commodity Summaries 2022" より作成。経済的に採掘可能な可採埋蔵量。×その他とも。

表 5-13　亜鉛鉱の生産（金属含有量）（単位　千 t）

	1990	2000	2010	2019	2020	〃 %
中国	619.0	1 780.0	3 700.0	4 213.0	4 058.0	*33.8*
ペルー	598.0	910.3	1 470.5	1 404.0	1 329.0	*11.1*
オーストラリア	940.0	1 420.0	1 480.0	1 337.0	1 312.0	*10.9*
アメリカ合衆国	543.0	852.0	748.0	753.0	723.0	*6.0*
インド	74.0	144.0	740.0	720.0	720.0	*6.0*
メキシコ	307.0	392.8	570.0	677.0	638.0	*5.3*
ボリビア	104.0	149.1	411.4	528.0	360.0	*3.0*
ロシア	…	136.0	186.9	275.0	280.0	*2.3*
スウェーデン	164.0	176.8	198.7	245.0	232.0	*1.9*
カザフスタン	…	325.0	405.3	245.0	222.0	*1.9*
カナダ	1 200.0	1 002.2	649.1	336.0	211.0	*1.8*
ブラジル	158.0	100.3	211.2	163.0	173.0	*1.4*
南アフリカ共和国	74.8	62.7	36.1	125.0	161.0	*1.3*
ポルトガル	…	…	6.4	162.0	160.0	*1.3*
イラン	29.0	90.0	130.0	140.0	140.0	*1.2*
トルコ	39.1	39.0	196.4	150.0	130.0	*1.1*
アイルランド	167.0	262.9	342.4	122.0	127.0	*1.1*
エリトリア	…	…	…	121.0	122.0	*1.0*
スペイン	258.0	201.0	17.4	91.0	90.0	*0.8*
ブルキナファソ	…	…	—	97.0	80.0	*0.7*
ナミビア	37.7	39.1	204.2	117.0	62.0	*0.5*
キューバ	…	…	…	60.0	60.0	*0.5*
フィンランド	51.7	30.5	55.6	68.0	58.0	*0.5*
モロッコ	18.8	103.1	43.7	51.0	50.0	*0.4*
タジキスタン	…	…	—	78.0	48.0	*0.4*
ポーランド	153.0	156.9	72.5	40.0	40.0	*0.3*
モンゴル	…	…	56.3	42.0	38.0	*0.3*
（参考）旧ソ連	550.0	—	—	—	—	—
世界計×	**7 150**	**8 770**	**12 300**	**12 700**	**12 000**	*100.0*

USGS（アメリカ地質調査所）"Minerals Yearbook" より作成。×その他とも。

表 5-14　亜鉛鉱の埋蔵量（金属含有量）（2021年）

	千 t	%		千 t	%
オーストラリア	69 000	*27.6*	インド	9 100	*3.6*
中国	44 000	*17.6*	アメリカ合衆国	9 000	*3.6*
ロシア	22 000	*8.8*	カナダ	5 400	*2.2*
メキシコ	19 000	*7.6*	ボリビア	4 800	*1.9*
ペルー	19 000	*7.6*			
カザフスタン	12 000	*4.8*	世界計×	**250 000**	*100.0*

USGS（アメリカ地質調査所）"Mineral Commodity Summaries 2022" より作成。経済的に採掘可能な可採埋蔵量。×その他とも。

表 5-15　すず鉱の生産（金属含有量）（単位　t）

	1990	2000	2010	2018	2019	〃 %
中国	42 000	99 400	115 000	90 000	84 500	*28.5*
インドネシア	30 200	51 629	43 258	85 000	77 468	*26.2*
ミャンマー	596	212	4 000	54 600	42 000	*14.2*
ペルー	5 130	70 901	33 848	18 601	19 853	*6.7*
ボリビア	17 200	12 464	20 190	17 251	17 000	*5.7*
ブラジル	39 100	14 200	10 400	17 591	13 993	*4.7*
コンゴ民主共和国	2 220	50	8 000	9 800	12 200	*4.1*
オーストラリア	7 380	9 146	18 263	6 871	7 738	*2.6*
ナイジェリア	192	2 760	160	7 800	5 800	*2.0*
ベトナム	850	4 100	5 400	5 500	5 500	*1.9*
（参考）旧ソ連	15 000	—	—	—	—	—
世界計×	**221 000**	**278 000**	**266 000**	**323 000**	**296 000**	*100.0*

USGS（アメリカ地質調査所）"Minerals Yearbook" より作成。×その他とも。

表 5-16　すず鉱の埋蔵量（金属含有量）（2021年）

	千t	%		千t	%
中国	1 100	*22.4*	ボリビア	400	*8.2*
インドネシア	800	*16.3*	ロシア	200	*4.1*
ミャンマー	700	*14.3*	ペルー	150	*3.1*
オーストラリア	560	*11.4*			
ブラジル	420	*8.6*	世界計×	**4 900**	*100.0*

USGS（アメリカ地質調査所）"Mineral Commodity Summaries 2022" より作成。経済的に採掘可能な可採埋蔵量。×その他とも。

表 5-17　塩の生産（単位　千t）

	2017	2018		2017	2018
中国	66 542	63 640	ロシア	7 073	6 710
アメリカ合衆国	40 000	44 000	トルコ	6 673	6 299
インド	28 000	29 000	フランス	5 003	5 653
ドイツ	14 867	15 566	イギリス	4 700	4 700
オーストラリア	11 675	12 894	ポーランド	4 598	4 411
カナダ	11 424	10 713	スペイン	4 038	4 395
チリ	7 441	10 012	パキスタン	3 715	4 171
メキシコ	9 000	9 000	ベラルーシ	3 069	3 347
ブラジル	7 382	7 400			
オランダ	6 935	6 744	世界計×	**282 000**	**290 000**

USGS（アメリカ地質調査所）"Minerals Yearbook" より作成。×その他とも。

表 5-18　ニッケル鉱の生産（金属含有量）（単位　千 t）

	1990	2000	2010	2017	2018	〃 %
インドネシア････	68.3	98.2	300.8	355.0	606.0	*25.3*
フィリピン･･････	15.8	17.4	169.3	339.4	344.9	*14.4*
ロシア･･････････	2) 280.0	315.0	269.3	267.8	272.0	*11.3*
(ニューカレドニア)1)	85.1	126.0	131.3	215.4	216.2	*9.0*
カナダ･･････････	196.0	190.8	160.1	206.4	175.8	*7.3*
オーストラリア･･	67.0	166.5	170.1	178.9	170.3	*7.1*
中国････････････	33.0	50.3	79.6	105.0	110.0	*4.6*
ブラジル････････	24.1	45.3	109.0	76.8	74.4	*3.1*
キューバ････････	40.8	68.1	69.7	52.8	51.0	*2.1*
コロンビア･･････	22.4	58.9	76.2	45.5	47.7	*2.0*
世界計×･･････	**974**	**1 290**	**1 690**	**2 190**	**2 400**	*100.0*

USGS（アメリカ地質調査所）“Minerals Yearbook” より作成。1）フランス領。2）旧ソ連の数値。×その他とも。

表 5-19　ニッケル鉱の埋蔵量（金属含有量）（2021年）

	千 t	%		千 t	%
インドネシア･･	21 000	*22.1*	フィリピン････	4 800	*5.1*
オーストラリア	21 000	*22.1*	中国･･････････	2 800	*2.9*
ブラジル･･････	16 000	*16.8*			
ロシア････････	7 500	*7.9*	世界計×････	**95 000**	*100.0*

資料は表5-16に同じ。経済的に採掘可能な可採埋蔵量。原資料では、ニューカレドニアの可採埋蔵量は不詳となっている（2016年 6700千トン）。×その他とも。

表 5-20　主なレアメタルの生産・埋蔵量（Ⅰ）（金属含有量）

		生産 (2019年) 千 t	%		埋蔵量 (2021年) 千 t	%
クロム 1)2)	南アフリカ共和国	13 243	*35.8*	カザフスタン･･･	230 000	*40.4*
	トルコ･････････	8 000	*21.6*	南アフリカ共和国	200 000	*35.1*
	カザフスタン･･･	7 000	*18.9*	インド････････	100 000	*17.5*
	インド････････	2 500	*6.8*	トルコ････････	26 000	*4.6*
	フィンランド･･･	2 293	*6.2*	フィンランド･･･	13 000	*2.3*
	世界計×･････	**37 000**	*100.0*	世界計×･････	**570 000**	*100.0*
マンガン	南アフリカ共和国	5 800	*29.6*	南アフリカ共和国	640 000	*42.7*
	オーストラリア･	3 177	*16.2*	ブラジル･･････	270 000	*18.0*
	ガボン･････････	2 509	*12.8*	オーストラリア･	270 000	*18.0*
	ブラジル･･･････	1 741	*8.9*	ウクライナ････	140 000	*9.3*
	世界計×･････	**19 600**	*100.0*	世界計×･････	**1 500 000**	*100.0*

主なレアメタルの生産・埋蔵量（Ⅱ）（金属含有量）

		生産（2019年） t	%		埋蔵量（2021年） 千t	%
コバルト	コンゴ民主共和国	100 000	*69.4*	コンゴ民主共和国	3 500	*46.1*
	ロシア	6 300	*4.4*	オーストラリア	1 400	*18.4*
	オーストラリア	5 742	*4.0*	インドネシア	600	*7.9*
	フィリピン	5 100	*3.5*	キューバ	500	*6.6*
	キューバ	3 800	*2.6*	フィリピン	260	*3.4*
	世界計×	**144 000**	*100.0*	世界計×	**7 600**	*100.0*
タングステン 1)	中国	69 000	*82.3*	中国	1 900	*51.4*
	ベトナム	4 500	*5.4*	ロシア	400	*10.8*
	ロシア	2 200	*2.6*	ベトナム	100	*2.7*
	モンゴル	1 900	*2.3*	スペイン	52	*1.4*
	北朝鮮	1 130	*1.3*	北朝鮮	29	*0.8*
	世界計×	**83 800**	*100.0*	世界計×	**3 700**	*100.0*
モリブデン 2)	中国	120 000	*40.3*	中国	8 300	*51.9*
	チリ	59 381	*19.9*	アメリカ合衆国	2 700	*16.9*
	アメリカ合衆国	51 100	*17.1*	ペルー	2 300	*14.4*
	ペルー	32 185	*10.8*	チリ	1 400	*8.8*
	メキシコ	16 563	*5.6*	ロシア	430	*2.7*
	世界計×	**298 000**	*100.0*	世界計×	**16 000**	*100.0*
バナジウム 2)	中国	70 000	*66.7*	中国	9 500	*39.6*
	ロシア	19 533	*18.6*	オーストラリア	6 000	*25.0*
	南アフリカ共和国	8 584	*8.2*	ロシア	5 000	*20.8*
	ブラジル	6 622	*6.3*	南アフリカ共和国	3 500	*14.6*
	アメリカ合衆国	17	*0.0*	ブラジル	120	*0.5*
	世界計×	**105 000**	*100.0*	世界計×	**24 000**	*100.0*
ニオブ 1)2)	ブラジル	59 819	*88.4*	ブラジル	16 000	*94.1*
	カナダ	6 500	*9.6*	カナダ	1 600	*9.4*
	コンゴ民主共和国	560	*0.8*	アメリカ合衆国	170	*1.0*
	ロシア	448	*0.7*			
	ルワンダ	156	*0.2*			
	世界計×	**67 700**	*100.0*	世界計×	**17 000**	*100.0*
タンタル	コンゴ民主共和国	780	*37.1*	オーストラリア	94	…
	ブラジル	470	*22.4*	ブラジル	40	…
	ナイジェリア	260	*12.4*			
	ルワンダ	254	*12.1*			
	中国	74	*3.5*			
	世界計×	**2 100**	*100.0*	世界計×	…	…

主なレアメタルの生産・埋蔵量（Ⅲ）（金属含有量）

		生産（2019年） t	%		埋蔵量（2021年） 千t	%
ストロンチウム 3)	スペイン	90 000	*41.3*	（原資料に掲載なし）		
	中国	50 000	*22.9*			
	メキシコ	40 000	*18.3*			
	イラン	37 000	*17.0*			
	世界計×	**218 000**	*100.0*			
アンチモン 4)	中国	89 600	*61.0*	中国	480	*24.0*
	ロシア	30 000	*20.4*	ロシア	350	*17.5*
	タジキスタン	15 240	*10.4*	ボリビア	310	*15.5*
	ボリビア	3 110	*2.1*	キルギス	260	*13.0*
	ミャンマー	2 641	*1.8*	ミャンマー	140	*7.0*
	世界計×	**147 000**	*100.0*	世界計×	**2 000**	*100.0*
ジルコニウム 1)	オーストラリア	470 000	*33.1*	オーストラリア	50 000	*71.4*
	南アフリカ共和国	370 000	*26.1*	南アフリカ共和国	5 900	*8.4*
	中国	140 000	*9.9*	モザンビーク	1 800	*2.6*
	モザンビーク	100 000	*7.0*	中国	500	*0.7*
	アメリカ合衆国	100 000	*7.0*	アメリカ合衆国	500	*0.7*
	世界計×	**1 420 000**	*100.0*	世界計×	**70 000**	*100.0*
リチウム 2)	オーストラリア	39 738	*48.2*	チリ	9 200	*41.8*
	チリ	22 971	*27.8*	オーストラリア	5 700	*25.9*
	中国	13 273	*16.1*	アルゼンチン	2 200	*10.0*
	アルゼンチン	5 847	*7.1*	中国	1 500	*6.8*
	ブラジル	1 420	*1.7*	アメリカ合衆国	750	*3.4*
	世界計×	**82 500**	*100.0*	世界計×	**22 000**	*100.0*
テルル 2)5)	中国	330	*58.7*	中国	6.6	*21.3*
	ロシア	71	*12.6*	アメリカ合衆国	3.5	*11.3*
	日本	70	*12.5*	カナダ	0.8	*2.6*
	カナダ	44	*7.8*	スウェーデン	0.7	*2.2*
	世界計×	**562**	*100.0*	世界計×	**31.0**	*100.0*
レアアース 6)	中国	132 000	*60.3*	中国	44 000	*36.7*
	アメリカ合衆国	28 000	*12.8*	ベトナム	22 000	*18.3*
	ミャンマー	25 000	*11.4*	ブラジル	21 000	*17.5*
	オーストラリア	20 000	*9.1*	ロシア	21 000	*17.5*
	マダガスカル	4 000	*1.8*	インド	6 900	*5.8*
	世界計×	**219 000**	*100.0*	世界計×	**120 000**	*100.0*

資料は生産が表5-18、埋蔵量が表5-16に同じ。埋蔵量は経済的に採掘可能な可採埋蔵量。1）精鉱量。2）生産は2020年。3）セレスタイト（天青石、硫酸ストロンチウムを主成分とする鉱物）の生産量。4）生産は2018年。5）精錬量。6）酸化物量。×その他とも。

表 5-21　一次エネルギーの生産推移（Ⅰ）（石油換算）（単位　万t）

	1980	1990	2000	2010	2018	2019
アジア……… 1)	110 804	164 247	216 084	369 046	422 008	438 045
中国…………	61 551	88 088	112 365	223 541	259 395	271 921
インド………	15 594	25 497	32 773	47 021	57 690	58 016
インドネシア‥	12 505	16 857	23 751	37 379	45 111	47 041
マレーシア……	1 724	4 775	7 696	8 839	9 825	9 791
タイ…………	1 118	2 681	4 395	7 059	7 264	7 509
パキスタン……	2 093	3 418	4 699	6 585	7 322	7 346
ベトナム……	1 318	1 828	3 992	6 590	5 902	6 005
日本…………	4 329	7 419	10 448	10 108	4 968	4 983
韓国…………	927	2 262	3 444	4 495	4 523	4 836
フィリピン……	1 164	1 653	1 898	2 532	3 101	3 222
バングラデシュ	675	1 076	1 517	2 581	3 204	3 165
ミャンマー……	952	1 066	1 542	2 244	2 752	2 885
モンゴル……	…	274	195	1 568	2 658	2 799
ブルネイ……	2 114	1 564	1 969	1 858	1 623	1 526
北朝鮮………	2 721	2 891	1 879	1 673	1 332	1 448
ヨーロッパ… 2)	227 951	276 636	246 828	278 611	291 913	292 876
ロシア………	6) 135 873	129 322	97 811	127 951	148 413	152 995
ノルウェー……	5 509	11 948	22 803	20 860	20 622	19 446
カザフスタン‥	…	9 098	7 858	15 688	17 410	16 694
フランス…… 3)	5 260	11 189	13 064	13 565	13 495	13 119
イギリス……	19 786	20 801	27 250	14 851	12 344	12 165
ドイツ………	18 563	18 616	13 522	13 158	11 257	10 439
トルクメニスタン	…	7 297	4 598	4 726	7 946	8 108
ウクライナ……	…	13 579	7 644	7 884	6 088	6 045
アゼルバイジャン	…	2 078	1 881	6 715	5 684	6 010
ポーランド……	12 664	10 388	7 924	6 708	6 155	5 932
ウズベキスタン	…	3 866	5 019	5 443	5 517	5 447
スウェーデン‥	1 613	2 968	3 066	3 299	3 682	3 711
イタリア…… 4)	1 990	2 532	2 817	3 300	3 475	3 441
スペイン……	1 577	3 461	3 148	3 444	3 395	3 410
オランダ……	7 184	6 056	5 848	7 119	3 658	3 299
チェコ………	4 121	4 117	3 084	3 207	2 766	2 684
ルーマニア……	5 260	4 046	2 833	2 748	2 506	2 454
フィンランド‥	691	1 208	1 494	1 743	1 965	1 924
ベルギー……	809	1 310	1 373	1 584	1 171	1 582
北アメリカ……	176 056	192 852	204 134	212 174	269 563	284 538
アメリカ合衆国 5)	155 339	165 207	166 645	172 335	215 788	230 979
カナダ………	20 717	27 646	37 490	39 839	53 775	53 559
中東…………	101 429	96 487	135 454	166 735	209 089	203 257
サウジアラビア	53 364	36 844	47 584	53 146	66 538	64 000
イラン………	8 076	18 784	25 367	34 227	40 898	35 152
イラク………	13 549	11 034	13 475	12 460	24 144	24 906
アラブ首長国連邦	9 022	11 020	15 721	18 589	22 807	23 754

一次エネルギーの生産推移（Ⅱ）（石油換算）（単位　万t）

	1980	1990	2000	2010	2018	2019
カタール・・・・・・	2 648	2 770	5 948	17 838	22 306	22 465
クウェート・・・・	9 360	5 037	11 423	13 455	16 474	16 208
オマーン・・・・・・	1 509	3 831	6 033	6 710	8 182	8 181
トルコ・・・・・・・・	1 714	2 483	2 640	3 163	4 037	4 570
バーレーン・・・・	1 199	1 440	1 681	2 027	2 255	2 410
アフリカ・・・・・・	54 180	68 185	87 676	116 155	117 114	118 698
ナイジェリア・・	14 486	14 630	19 794	25 398	25 165	25 866
南アフリカ共和国	7 317	11 454	14 362	15 852	15 772	15 977
アルジェリア・・	6 574	10 011	14 223	15 437	15 553	14 841
エジプト・・・・・・	3 470	5 622	5 460	8 609	8 886	9 368
アンゴラ・・・・・・	1 130	2 865	4 306	9 682	8 502	8 048
リビア・・・・・・・・	9 655	7 317	7 628	10 475	6 966	7 703
エチオピア・・・・	1 245	1 699	2 352	3 146	3 924	4 011
コンゴ民主共和国	858	1 202	1 491	2 046	3 058	3 068
ケニア・・・・・・・・	574	865	1 143	1 596	2 209	2 258
コンゴ共和国・・	382	875	1 447	1 752	1 964	2 018
モザンビーク・・	607	550	728	949	2 310	1 993
タンザニア・・・・	507	694	1 269	1 725	1 950	1 977
スーダン・・・・・[7]	709	878	1 998	3 510	1 771	1 809
ガーナ・・・・・・・・	331	439	446	404	1 459	1 676
ガボン・・・・・・・・	953	1 442	1 463	1 703	1 384	1 523
ウガンダ・・・・・・	659	804	1 043	1 421	1 281	1 422
赤道ギニア・・・・	2	4	672	2 136	1 581	1 405
中南アメリカ・・	47 386	61 997	84 983	100 796	92 938	91 056
ブラジル・・・・・・	6 440	10 438	14 825	24 769	29 660	31 191
メキシコ・・・・・・	14 704	19 554	22 931	22 254	15 894	14 928
コロンビア・・・・	1 771	4 818	7 233	10 635	12 046	12 729
ベネズエラ・・・・	13 746	14 484	21 931	20 118	11 409	8 071
アルゼンチン・・	3 813	4 711	8 267	7 813	7 492	7 818
トリニダード・トバゴ	1 316	1 263	1 904	4 256	3 422	3 444
エクアドル・・・・	1 171	1 640	2 249	2 719	3 002	3 102
ペルー・・・・・・・・	1 447	1 060	1 060	1 984	2 362	2 459
ボリビア・・・・・・	437	492	573	1 571	1 965	1 753
チリ・・・・・・・・・・	580	793	858	921	1 363	1 367
オセアニア・・・[8]	9 089	16 907	24 787	33 991	42 748	46 018
オーストラリア	8 541	15 753	23 356	32 336	41 240	44 480
ニュージーランド	547	1 155	1 431	1 655	1 508	1 538
世界計・・・・・・	**726 894**	**877 311**	**999 947**	**1 277 508**	**1 445 373**	**1 474 486**

資料は表5-22に同じ。この統計での一次エネルギーは、石炭、原油、天然ガス、原子力、水力、地熱、その他（太陽光、風力など）、バイオ燃料と廃棄物（固形バイオ燃料、液体バイオ燃料、バイオガス、産業廃棄物、都市廃棄物）。1）中東や旧ソ連構成国を含まず。2）アジア地域の旧ソ連構成国を含む。3）モナコを含む。4）サンマリノを含む。5）プエルトリコ・グアムなどを含む。6）旧ソ連の数値。7）2010年まで旧スーダンの数値。8）オーストラリアとニュージーランドのみ。

表 5-22　一次エネルギー供給の推移（Ⅰ）（石油換算）（単位　万 t）

	1980	1990	2000	2010	2018	2019
アジア[1]	141 310	208 288	285 953	478 136	588 893	606 394
中国	59 806	87 364	112 987	253 620	324 200	338 930
インド	17 487	28 023	41 788	66 721	92 682	93 794
日本	34 452	43 733	51 614	50 016	42 879	41 531
韓国	4 126	9 291	18 816	25 003	28 206	28 019
インドネシア	5 571	9 866	15 568	20 169	23 167	24 104
タイ	2 207	4 239	7 265	11 786	13 514	13 860
パキスタン	2 476	4 307	6 364	8 542	10 769	11 136
(台湾)	2 792	4 666	8 247	10 871	11 207	10 951
マレーシア	1 147	2 121	4 830	7 249	9 345	9 189
ベトナム	1 439	1 787	2 874	5 860	8 201	9 119
フィリピン	2 188	2 799	3 914	4 170	6 093	6 162
バングラデシュ	840	1 275	1 853	2 980	3 938	4 378
シンガポール	513	1 153	1 867	2 350	3 325	3 443
ミャンマー	942	1 068	1 284	1 390	2 269	2 352
北朝鮮	3 036	3 322	1 972	1 480	1 435	1 559
ネパール	456	579	811	1 021	1 439	1 411
(香港)	461	938	1 414	1 350	1 428	1 409
スリランカ	454	552	833	976	1 169	1 209
カンボジア	…	…	340	469	744	808
モンゴル	…	341	240	395	575	666
ラオス	…	…	161	269	574	566
ヨーロッパ[2]	270 301	310 528	267 079	284 167	277 391	273 590
ロシア	[5]110 959	87 933	61 937	69 330	77 152	77 265
ドイツ	35 719	35 123	33 660	32 955	30 356	29 433
フランス[3]	19 177	22 384	25 174	26 286	24 632	24 248
イギリス	19 844	20 594	22 299	20 367	17 592	17 066
イタリア[4]	13 084	14 657	17 154	17 374	15 057	14 897
スペイン	6 769	9 009	12 136	12 727	12 502	12 140
ポーランド	12 662	10 312	8 883	10 051	10 572	10 272
ウクライナ	…	25 204	13 381	13 234	9 353	8 936
カザフスタン	…	7 345	3 568	6 913	7 417	7 308
オランダ	6 437	6 652	7 478	8 273	7 310	7 154
ベルギー	4 677	4 789	5 805	6 003	5 330	5 488
スウェーデン	4 048	4 720	4 769	5 105	5 056	4 903
ウズベキスタン	…	4 739	4 627	4 513	4 811	4 707
チェコ	4 695	4 980	4 124	4 513	4 338	4 276
オーストリア	2 316	2 488	2 861	3 400	3 286	3 339
フィンランド	2 460	2 838	3 239	3 654	3 403	3 332
ルーマニア	6 524	6 198	3 625	3 492	3 344	3 294
トルクメニスタン	…	1 746	1 488	2 269	2 765	2 839
ノルウェー	1 835	2 107	2 616	3 272	2 988	2 742
ハンガリー	2 835	2 878	2 500	2 651	2 658	2 666
ベラルーシ	…	4 542	2 467	2 746	2 690	2 590
スイス	2 004	2 429	2 490	2 597	2 384	2 444

一次エネルギー供給の推移（Ⅱ）（石油換算）（単位　万 t）

	1980	1990	2000	2010	2018	2019
ギリシャ……	1 498	2 144	2 714	2 766	2 242	2 207
ポルトガル……	999	1 678	2 459	2 350	2 201	2 177
ブルガリア……	2 731	2 805	1 860	1 770	1 856	1 833
スロバキア……	1 984	2 133	1 774	1 783	1 731	1 706
デンマーク……	1 914	1 735	1 864	1 950	1 665	1 600
アゼルバイジャン	…	2 267	1 130	1 182	1 458	1 594
セルビア……	…	1 955	1 354	1 565	1 537	1 529
アイルランド…	824	991	1 380	1 436	1 386	1 364
クロアチア……	…	948	839	937	849	858
リトアニア……	…	1 606	714	705	764	761
ボスニア・ヘルツェゴビナ	…	702	435	648	747	721
スロベニア……	…	571	653	735	691	680
アイスランド…	150	227	312	541	611	601
エストニア……	…	962	472	563	616	524
ジョージア……	…	1 242	287	312	485	510
北アメリカ……	199 677	212 575	252 652	247 655	252 300	251 835
アメリカ合衆国[6]	180 481	191 447	227 286	221 578	221 623	221 275
カナダ……	19 196	21 128	25 366	26 078	30 677	30 559
中東……	15 266	27 409	44 847	73 571	91 573	91 210
イラン……	3 803	6 930	12 301	20 432	27 335	27 287
サウジアラビア	3 110	5 801	9 787	17 541	21 367	21 458
トルコ……	3 145	5 144	7 629	10 572	14 420	14 650
イラク……	972	2 004	2 664	3 304	5 387	5 524
アラブ首長国連邦	723	2 039	3 129	6 145	6 331	5 263
カタール……	332	653	1 093	2 713	3 907	4 135
クウェート……	1 043	904	1 856	3 119	3 529	3 709
オマーン……	115	422	750	1 857	2 549	2 344
イスラエル……	782	1 147	1 823	2 320	2 214	2 169
バーレーン……	267	544	818	1 268	1 433	1 542
シリア……	447	1 047	1 545	2 166	1 013	927
ヨルダン……	152	327	487	710	911	923
レバノン……	247	195	492	642	857	863
アフリカ……	27 077	38 463	49 042	68 697	82 711	85 703
ナイジェリア…	4 884	6 643	8 707	12 738	14 865	15 751
南アフリカ共和国	6 804	8 972	10 915	13 444	13 471	14 013
エジプト……	1 632	3 361	4 164	7 474	9 591	9 619
アルジェリア…	1 121	2 219	2 700	4 166	6 095	6 299
エチオピア……	1 295	1 781	2 461	3 335	4 325	4 479
コンゴ民主共和国	847	1 180	1 391	1 987	3 014	3 026
ケニア……	727	1 058	1 400	1 971	2 716	2 888
モロッコ……	541	762	1 102	1 708	2 069	2 225
タンザニア……	579	761	1 346	1 877	2 195	2 215
リビア……	705	1 117	1 580	2 033	1 716	2 187
スーダン……[7]	837	1 063	1 330	1 575	1 937	1 977
ウガンダ……	677	827	1 085	1 530	1 698	1 839

一次エネルギー供給の推移（Ⅲ）（石油換算）（単位　万t）

	1980	1990	2000	2010	2018	2019
アンゴラ……	456	588	681	1 122	1 503	1 492
チュニジア……	327	495	731	1 029	1 146	1 127
ガーナ……	402	529	633	756	1 074	1 119
ジンバブエ……	649	930	1 001	948	1 133	1 109
モザンビーク…	670	581	718	731	1 097	1 109
コートジボワール	357	435	679	831	1 049	1 062
ザンビア……	454	543	633	802	1 073	1 050
カメルーン……	366	498	635	701	962	976
マダガスカル…	183	271	422	567	805	885
マリ……	…	…	235	366	529	553
ベナン……	135	166	198	356	524	528
ブルキナファソ	123	158	147	289	472	492
中南アメリカ…	38 209	46 399	60 775	78 828	82 422	82 913
ブラジル……	11 391	14 044	18 815	26 754	28 819	29 271
メキシコ……	9 512	12 369	15 082	17 854	18 565	18 371
アルゼンチン…	4 027	4 388	6 053	7 467	7 998	7 944
コロンビア……	1 770	2 422	2 571	3 049	3 886	4 405
チリ……	948	1 401	2 517	3 085	3 906	4 136
ベネズエラ……	3 268	3 961	5 865	7 534	4 069	3 311
ペルー……	1 126	973	1 346	1 755	2 500	2 591
トリニダード・トバゴ	383	599	998	1 979	1 685	1 712
エクアドル……	500	633	811	1 287	1 462	1 538
グアテマラ……	379	441	720	1 034	1 403	1 455
ドミニカ共和国	343	401	735	759	928	983
キューバ……	1 464	1 741	1 274	1 131	1 004	957
ボリビア……	244	261	384	643	937	916
パラグアイ……	208	307	386	485	726	719
ホンジュラス…	187	238	300	474	596	574
コスタリカ……	126	168	287	455	486	530
ウルグアイ……	258	225	310	407	529	527
パナマ……	141	148	238	344	429	490
オセアニア…[8]	7 859	9 899	12 524	14 430	14 844	14 922
オーストラリア	6 961	8 614	10 811	12 624	12 872	12 874
ニュージーランド	899	1 285	1 713	1 806	1 972	2 048
世界計×……	**717 559**	**873 767**	**1 000 268**	**1 281 339**	**1 432 317**	**1 448 575**

IEA（国際エネルギー機関）"World Energy Statistics and Balances"（2022年5月13日閲覧）より作成。この統計は、国内生産に輸出入と在庫の増減を加味した国内供給である。この統計での一次エネルギーは、石炭、原油、石油製品（輸入したもの）、天然ガス、原子力、水力、地熱、その他（太陽光、風力など）、バイオ燃料と廃棄物（固形バイオ燃料、液体バイオ燃料、バイオガス、産業廃棄物、都市廃棄物）。1）中東や旧ソ連構成国を含まず。2）アジア地域の旧ソ連構成国を含む。3）モナコを含む。4）サンマリノを含む。5）旧ソ連の数値。6）プエルトリコ・グアムなどを含む。7）2010年まで旧スーダンの数値。8）オーストラリアとニュージーランドのみ。×その他とも。

表 5-23　主要国の一次エネルギー供給の構成（Ⅰ）（2019年）（熱量換算）

	日本		中国		韓国	
	PJ	%	PJ	%	PJ	%
石炭	4 830	*27.8*	86 733	*61.1*	3 351	*28.6*
石油	6 671	*38.4*	27 132	*19.1*	4 372	*37.3*
天然ガス	3 855	*22.2*	10 391	*7.3*	2 046	*17.4*
原子力	696	*4.0*	3 800	*2.7*	1 592	*13.6*
水力 1)	287	*1.6*	4 581	*3.2*	10	*0.1*
風力など 2)	391	*2.2*	4 028	*2.8*	78	*0.7*
バイオ燃料と廃棄物 3)	658	*3.8*	5 299	*3.7*	280	*2.4*
その他 4)	—	—	-60	*-0.0*	2	*0.0*
計	**17 388**	*100.0*	**141 903**	*100.0*	**11 731**	*100.0*
1人あたり（GJ）	8) 133.1		101.3		8) 222.7	

	（台湾）		インドネシア		タイ	
	PJ	%	PJ	%	PJ	%
石炭	1 635	*35.7*	2 879	*28.5*	684	*11.8*
石油	1 661	*36.2*	3 155	*31.3*	2 304	*39.7*
天然ガス	828	*18.1*	1 642	*16.3*	1 534	*26.4*
原子力	353	*7.7*	—	—	—	—
水力 1)	20	*0.4*	76	*0.8*	23	*0.4*
風力など 2)	25	*0.5*	1 017	*10.1*	32	*0.6*
バイオ燃料と廃棄物 3)	64	*1.4*	1 316	*13.0*	1 143	*19.7*
その他 4)	—	—	6	*0.1*	82	*1.4*
計	**4 585**	*100.0*	**10 092**	*100.0*	**5 803**	*100.0*
1人あたり（GJ）	8) 188.4		37.3		83.3	

	マレーシア		ベトナム		インド	
	PJ	%	PJ	%	PJ	%
石炭	940	*24.4*	1 952	*51.1*	17 495	*44.6*
石油	1 124	*29.2*	900	*23.6*	9 859	*25.1*
天然ガス	1 652	*42.9*	357	*9.4*	2 323	*5.9*
原子力	—	—	—	—	507	*1.3*
水力 1)	96	*2.5*	238	*6.2*	621	*1.6*
風力など 2)	3	*0.1*	20	*0.5*	480	*1.2*
バイオ燃料と廃棄物 3)	35	*0.9*	346	*9.1*	7 998	*20.4*
その他 4)	-2	*-0.1*	4	*0.1*	-13	*-0.0*
計	**3 847**	*100.0*	**3 818**	*100.0*	**39 270**	*100.0*
1人あたり（GJ）	120.6		39.6		28.7	

主要国の一次エネルギー供給の構成（Ⅱ）（2019年）（熱量換算）

	サウジアラビア		トルコ		南アフリカ共和国	
	PJ	%	PJ	%	PJ	%
石炭	—	—	1 754	*28.6*	4 250	*72.4*
石油	5 624	*62.6*	1 795	*29.3*	938	*16.0*
天然ガス	3 358	*37.4*	1 551	*25.3*	167	*2.8*
原子力	—	—	—	—	145	*2.5*
水力 1)	—	—	320	*5.2*	3	*0.0*
風力など 2)	2	*0.0*	572	*9.3*	58	*1.0*
バイオ燃料と廃棄物 3)	0	*0.0*	144	*2.3*	326	*5.6*
その他 4)	—	—	−2	*−0.0*	−19	*−0.3*
計	**8 984**	*100.0*	**6 134**	*100.0*	**5 867**	*100.0*
１人あたり（GJ）	262.1		8) 73.7		100.1	

	エジプト		ドイツ		フランス 5)	
	PJ	%	PJ	%	PJ	%
石炭	112	*2.8*	2 255	*18.3*	306	*3.0*
石油	1 505	*37.4*	4 172	*33.9*	2 978	*29.3*
天然ガス	2 205	*54.8*	3 166	*25.7*	1 572	*15.5*
原子力	—	—	819	*6.6*	4 353	*42.9*
水力 1)	47	*1.2*	71	*0.6*	205	*2.0*
風力など 2)	19	*0.5*	665	*5.4*	198	*1.9*
バイオ燃料と廃棄物 3)	141	*3.5*	1 293	*10.5*	747	*7.4*
その他 4)	−1	*−0.0*	−118	*−1.0*	−207	*−2.0*
計	**4 027**	*100.0*	**12 323**	*100.0*	**10 152**	*100.0*
１人あたり（GJ）	40.1		8) 139.4		8) 134.8	

	イギリス		イタリア 6)		スペイン	
	PJ	%	PJ	%	PJ	%
石炭	243	*3.4*	271	*4.4*	204	*4.0*
石油	2 482	*34.7*	2 096	*33.6*	2 156	*42.4*
天然ガス	2 798	*39.2*	2 552	*40.9*	1 294	*25.4*
原子力	613	*8.6*	—	—	637	*12.5*
水力 1)	21	*0.3*	167	*2.7*	89	*1.7*
風力など 2)	280	*3.9*	393	*6.3*	343	*6.7*
バイオ燃料と廃棄物 3)	631	*8.8*	620	*9.9*	336	*6.6*
その他 4)	76	*1.1*	137	*2.2*	25	*0.5*
計	**7 145**	*100.0*	**6 237**	*100.0*	**5 083**	*100.0*
１人あたり（GJ）	8) 97.6		8) 96.3		8) 96.3	

主要国の一次エネルギー供給の構成（Ⅲ）（2019年）（熱量換算）

	オランダ		ポーランド		ロシア	
	PJ	%	PJ	%	PJ	%
石炭	269	*9.0*	1 842	*42.8*	5 224	*16.1*
石油	1 077	*36.0*	1 263	*29.4*	6 257	*19.3*
天然ガス	1 342	*44.8*	709	*16.5*	17 502	*54.1*
原子力	43	*1.4*	—	—	2 294	*7.1*
水力 1)	0	*0.0*	7	*0.2*	701	*2.2*
風力など 2)	70	*2.3*	61	*1.4*	10	*0.0*
バイオ燃料と廃棄物 3)	183	*6.1*	381	*8.8*	427	*1.3*
その他 4)	12	*0.4*	39	*0.9*	−66	*−0.2*
計	**2 995**	*100.0*	**4 301**	*100.0*	**32 349**	*100.0*
1人あたり（GJ）	8) 166.6		8) 106.8		8) 216.5	

	ウクライナ		アメリカ合衆国 7)		カナダ	
	PJ	%	PJ	%	PJ	%
石炭	1 092	*29.2*	11 510	*12.4*	580	*4.5*
石油	564	*15.1*	33 196	*35.8*	4 309	*33.7*
天然ガス	979	*26.2*	31 079	*33.5*	4 894	*38.3*
原子力	912	*24.4*	9 200	*9.9*	1 104	*8.6*
水力 1)	23	*0.6*	1 043	*1.1*	1 367	*10.7*
風力など 2)	18	*0.5*	1 935	*2.1*	134	*1.0*
バイオ燃料と廃棄物 3)	140	*3.7*	4 540	*4.9*	577	*4.5*
その他 4)	13	*0.4*	141	*0.2*	−169	*−1.3*
計	**3 741**	*100.0*	**92 644**	*100.0*	**12 795**	*100.0*
1人あたり（GJ）	84.2		8) 257.9		8) 316.9	

	メキシコ		ブラジル		アルゼンチン	
	PJ	%	PJ	%	PJ	%
石炭	494	*6.4*	648	*5.3*	30	*0.9*
石油	3 536	*46.0*	4 391	*35.8*	1 090	*32.8*
天然ガス	2 874	*37.4*	1 333	*10.9*	1 790	*53.8*
原子力	122	*1.6*	176	*1.4*	92	*2.8*
水力 1)	85	*1.1*	1 432	*11.7*	99	*3.0*
風力など 2)	213	*2.8*	266	*2.2*	21	*0.6*
バイオ燃料と廃棄物 3)	365	*4.7*	3 915	*31.9*	165	*5.0*
その他 4)	3	*0.0*	93	*0.8*	38	*1.2*
計	**7 692**	*100.0*	**12 255**	*100.0*	**3 326**	*100.0*
1人あたり（GJ）	8) 57.8		8) 56.5		8) 68.2	

主要国の一次エネルギー供給の構成（Ⅳ）（2019年）（熱量換算）

	オーストラリア		ニュージーランド		世界計×	
	PJ	%	PJ	%	PJ	%
石炭…………	1 744	*32.4*	63	*7.3*	162 376	*26.8*
石油…………	1 813	*33.6*	279	*32.6*	187 365	*30.9*
天然ガス………	1 435	*26.6*	168	*19.5*	140 784	*23.2*
原子力………	—	—	—	—	30 461	*5.0*
水力………… 1)	56	*1.0*	92	*10.7*	15 195	*2.5*
風力など…… 2)	135	*2.5*	206	*24.0*	13 417	*2.2*
バイオ燃料と廃棄物3)	207	*3.8*	50	*5.8*	56 813	*9.4*
その他……… 4)	—	—	—	—	78	*0.0*
計…………	**5 390**	*100.0*	**858**	*100.0*	**606 490**	*100.0*
１人あたり（GJ）	8) 213.5		8) 162.9		79.1	

IEAウェブサイト“Data and statistics”（2022年５月11日閲覧）より作成。この統計は、国内生産に輸出入と在庫の増減を加味した国内供給である。石油は原油と石油製品。1PJ（ペタジュール）＝23885石油換算トン。1GJ（ギガジュール）＝0.024石油換算トン。ジュールは仕事量・エネルギーの単位。1）揚水式を除く。2）風力、太陽光、地熱、潮力など。3）固形及び液体バイオ燃料、バイオガス、産業廃棄物、都市廃棄物。4）電力の輸出入と熱の生産。マイナスは輸出超を示す。5）モナコを含む。6）サンマリノを含む。7）プエルトリコ、グアムなどを含む。8）2020年。×その他とも。

図 5-4　主要国の一次エネルギー供給構成（2019年）

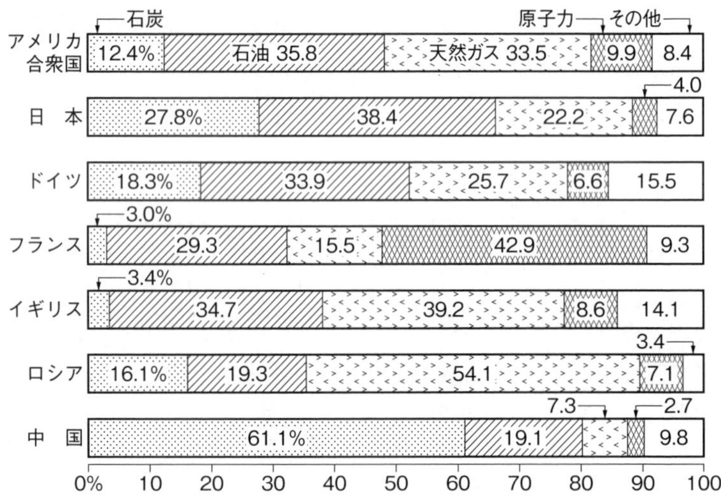

表5-23より作成。100%になるように「その他」で調整。

図 5-5　一次エネルギーの純輸出入（2019年）（石油換算）

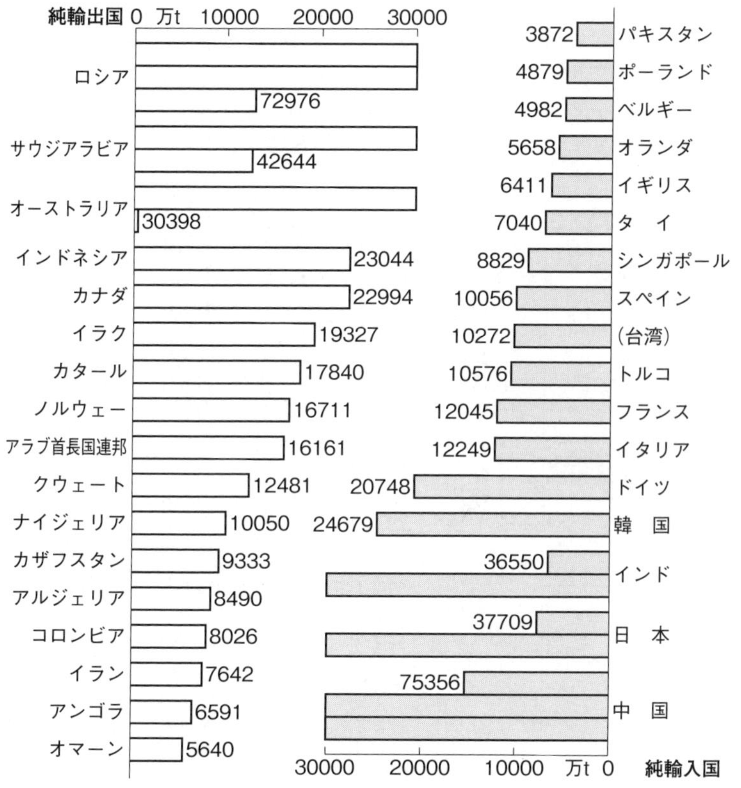

IEA（国際エネルギー機関）"World Energy Statistics and Balances"（2022年 5 月13日閲覧）より作成。純輸出＝輸出－輸入。

OPEC　石油輸出国機構（Organization of the Petroleum Exporting Countries）は1960年に発足した原油の生産・価格カルテル。本部はオーストリアのウィーン。2022年 6 月末現在の加盟国は、イラン、イラク、クウェート、サウジアラビア、ベネズエラ、リビア、アラブ首長国連邦、アルジェリア、ナイジェリア、アンゴラ、ガボン、赤道ギニア、コンゴ共和国の計13か国。OPECは低下した価格影響力の復活を目指し、ロシアやメキシコなど非加盟の主要産油国10か国を加えたOPECプラスを2016年に設立した。現在では、この枠組みが生産調整を協議する主要な場となっている。

表 5-24　主要国の一次エネルギー自給率と1人あたり供給

	自給率[1]（%）			1人あたり供給（石油換算 t）		
	1990	2000	2019	1990	2000	2019
アジア						
日本	*17.0*	*20.2*	*12.0*	3.54	3.91	3.29
中国	*100.8*	*99.4*	*80.2*	0.77	1.90	2.42
韓国	*24.3*	*18.3*	*17.3*	2.17	5.05	5.42
(台湾)	*22.9*	*14.6*	*10.5*	2.28	4.69	4.61
インドネシア	*170.9*	*152.6*	*195.2*	0.54	0.83	0.89
タイ	*63.2*	*60.5*	*54.2*	0.75	1.75	1.99
マレーシア	*225.1*	*159.3*	*106.5*	1.18	2.57	2.88
フィリピン	*59.1*	*48.5*	*52.3*	0.45	0.44	0.57
ベトナム	*102.3*	*138.9*	*65.8*	0.26	0.67	0.95
インド	*91.0*	*78.4*	*61.9*	0.32	0.54	0.69
サウジアラビア	*635.1*	*486.2*	*298.3*	3.57	6.40	6.26
トルコ	*48.3*	*34.6*	*31.2*	0.93	1.45	1.77
アフリカ						
南アフリカ共和国	*127.7*	*131.6*	*114.0*	2.44	2.62	2.39
エジプト	*167.3*	*131.1*	*97.4*	0.60	0.90	0.96
ナイジェリア	*220.2*	*227.3*	*164.2*	0.70	0.80	0.78
ヨーロッパ						
ドイツ	*53.0*	*40.2*	*35.5*	4.43	4.10	3.54
フランス[2]	*50.0*	*51.9*	*54.1*	3.84	4.04	3.59
イギリス	*101.0*	*122.2*	*71.3*	3.60	3.25	2.55
イタリア[3]	*17.3*	*16.4*	*23.1*	2.58	2.90	2.47
スペイン	*38.4*	*25.9*	*28.1*	2.29	2.73	2.58
オランダ	*91.0*	*78.2*	*46.1*	4.45	4.98	4.12
スウェーデン	*62.9*	*64.3*	*75.7*	5.51	5.44	4.77
ノルウェー	*567.1*	*871.5*	*709.2*	4.97	6.69	5.13
ポーランド	*100.7*	*89.2*	*57.7*	2.71	2.61	2.68
ウクライナ	*53.9*	*57.1*	*67.7*	4.86	2.89	2.01
ロシア	*147.1*	*157.9*	*198.0*	5.94	4.85	5.35
南北アメリカ						
アメリカ合衆国[4]	*86.3*	*73.3*	*104.4*	7.65	7.15	6.74
カナダ	*130.8*	*147.8*	*175.3*	7.63	7.67	8.13
メキシコ	*158.1*	*152.0*	*81.3*	1.42	1.56	1.46
ブラジル	*74.3*	*78.8*	*106.6*	0.94	1.37	1.39
アルゼンチン	*107.4*	*136.6*	*98.4*	1.35	1.83	1.77
ベネズエラ	*365.7*	*373.9*	*243.8*	2.02	2.65	1.16
オセアニア						
オーストラリア	*182.9*	*216.0*	*345.5*	5.05	5.73	5.08
ニュージーランド	*89.8*	*83.6*	*75.1*	3.81	4.14	4.09
世界	…	…	…	1.65	1.85	1.89

資料は表5-22に同じ。1）自給率＝生産÷供給×100。2）モナコを含む。3）サンマリノを含む。4）プエルトリコ、グアムなどを含む。

図 5-6　エネルギー資源の主要生産・埋蔵国

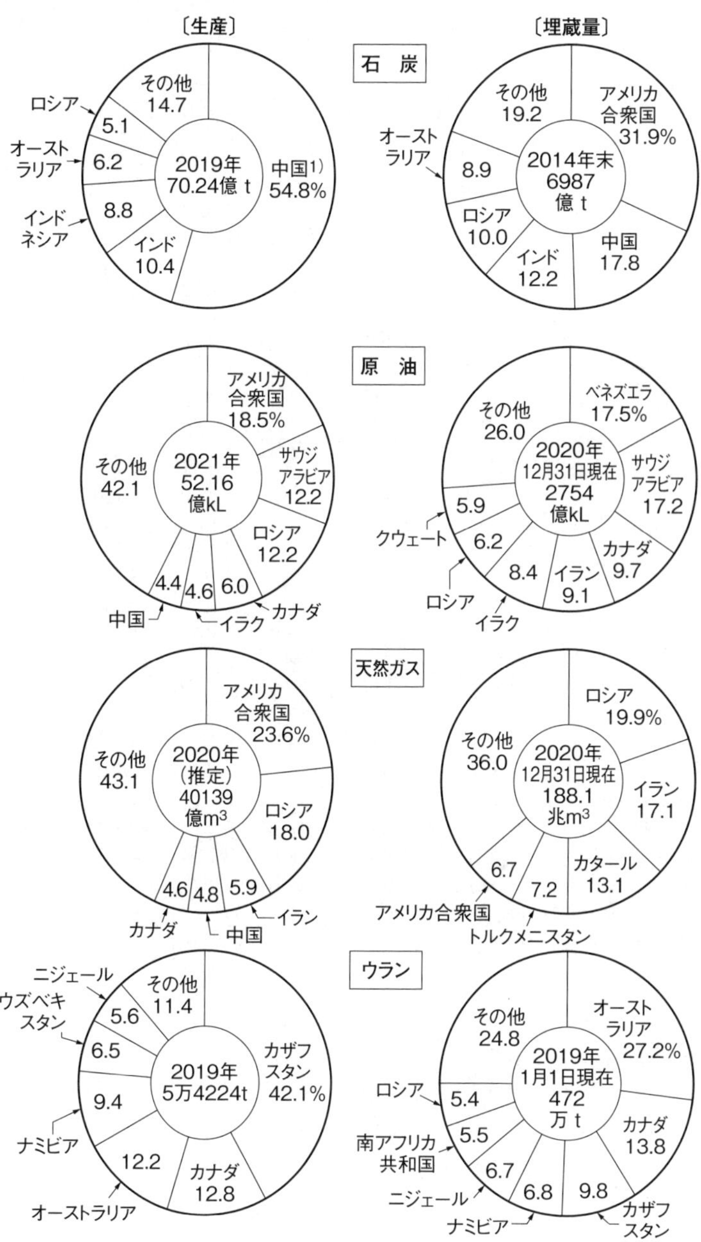

エネルギー関連の各表を参照のこと。1）褐炭を含む。

表 5-25　石炭の産出・埋蔵量（単位　万 t）

	2000	2010	2018	2019	可採埋蔵量[1]（百万 t）	可採年数（年）[2]
アジア[3]	180 451	448 144	519 805	542 296	263 767	48.6
中国[3]	129 900	342 845	369 774	384 633	124 059	32.3
インド	31 370	53 269	72 872	73 087	85 562	117.1
インドネシア	6 285	31 919	54 800	61 617	17 394	28.2
カザフスタン	7 489	10 365	10 109	9 859	25 605	259.7
ベトナム	1 161	4 394	4 205	4 716	3 116	66.1
モンゴル	83	1 944	4 439	4 482	1 170	26.1
北朝鮮	2 250	1 884	1 648	1 842	600	32.6
パキスタン	317	345	448	541	207	38.3
マレーシア	35	240	265	277	141	50.9
アフガニスタン	0	73	245	214	66	30.9
タジキスタン	1	14	184	196	375	190.9
ミャンマー	47	56	154	187	3	1.6
イラン	115	109	165	152	1 203	794.1
トルコ	239	252	110	121	380	315.1
韓国	830	208	114	109	326	300.2
ヨーロッパ	41 480	40 510	45 894	45 067	121 548	269.7
ロシア	15 254	22 258	35 861	35 756	69 634	194.7
ポーランド	10 222	7 617	6 386	6 208	16 203	261.0
ウクライナ	6 160	5 495	2 520	2 485	32 039	1 289.1
チェコ	1 486	1 144	456	354	1 107	312.7
イギリス	3 060	1 782	258	217	70	32.3
(参考) ドイツ	3 738	1 411	276	0	21	…
オセアニア	21 786	34 075	41 225	43 527	62 922	144.6
オーストラリア	21 617	33 814	41 093	43 398	62 095	143.1
ニュージーランド	170	261	132	129	825	639.0
北中アメリカ	55 877	48 178	36 211	34 711	228 330	657.8
アメリカ合衆国	52 275	44 402	32 579	30 986	222 641	718.5
カナダ	3 381	3 370	3 239	3 394	4 346	128.0
メキシコ	221	406	393	330	1 160	351.2
アフリカ	23 052	25 896	27 923	27 608	13 151	47.6
南アフリカ共和国	22 420	25 452	25 505	25 785	9 893	38.4
モザンビーク	2	4	1 610	1 088	1 792	164.7
ジンバブエ	440	288	335	308	502	163.2
ボツワナ	94	99	248	211	40	18.9
南アメリカ	5 347	8 333	9 186	9 186	8 943	97.4
コロンビア	3 814	7 441	8 428	8 434	4 881	57.9
ブラジル	681	542	484	541	1 547	286.0
チリ	37	62	226	143	1 181	827.6
世界計[3]	**327 993**	**605 136**	**680 245**	**702 395**	**698 660**	99.5

国連“Energy Statistics Yearbook 2019”および同“UN data”（2022年5月20日閲覧）より作成。埋蔵量は世界エネルギー会議による2014年末現在の数値。無煙炭と瀝青炭。日本の2019年生産量は78万トン、可採埋蔵量は340百万トン。1）技術的、経済的に採掘可能な埋蔵量。2）可採埋蔵量÷2019年の産出量。3）中国の生産量は褐炭を含む。

表 5-26 石炭の輸出入（単位 万t）

輸　出	2018	2019	輸　入	2018	2019
インドネシア・・	42 906	45 914	中国・・・・・・・・・1)	28 210	29 977
オーストラリア	38 194	39 293	インド・・・・・・・・	23 524	24 854
ロシア・・・・・・・・	21 913	20 539	日本・・・・・・・・・	18 855	18 689
アメリカ合衆国	9 793	7 917	韓国・・・・・・・・・	12 575	12 738
南アフリカ共和国	9 401	7 845	その他のアジア2)	5 495	5 558
コロンビア・・・・	8 359	7 470	ベトナム・・・・・・	2 286	4 377
カナダ・・・・・・・・	3 205	3 465	ドイツ・・・・・・・・	4 482	4 099
モンゴル・・・・・・	3 147	3 219	トルコ・・・・・・・・	3 833	3 814
カザフスタン・・	2 388	2 262	マレーシア・・・・	3 290	3 305
モザンビーク・・	1 555	1 092	タイ・・・・・・・・・	2 574	2 246
中国・・・・・・・・・	494	603	ロシア・・・・・・・・	2 607	2 192
ポーランド・・・・	486	437	ウクライナ・・・・	2 139	2 108
ベラルーシ・・・・	85	324	ブラジル・・・・・・	2 099	1 886
スペイン・・・・・・	28	153	ポーランド・・・・	1 920	1 662
ニュージーランド	125	144	パキスタン・・・・	1 569	1 642
チェコ・・・・・・・・	195	144	チリ・・・・・・・・・	1 146	1 311
計×・・・・・・・・	**143 130**	**141 535**	計×・・・・・・・・	**135 553**	**137 747**

資料は表5-25に同じ。無煙炭と瀝青炭。1）褐炭を含む。2）原資料表記による。ほとんどが（台湾）。×その他とも。

表 5-27 石炭の消費量と自給率（2019年）（単位 万t）

	消費量	自給率（%）		消費量	自給率（%）
アジア・・・・・・・・	594 300	*91.2*	ポーランド・・・・	6 877	*90.3*
中国・・・・・・・・・1)	405 537	*94.8*	ウクライナ・・・・	4 330	*57.4*
インド・・・・・・・・	100 215	*72.9*	ドイツ・・・・・・・・	3 855	*0.0*
日本・・・・・・・・・	18 766	*0.4*	イタリア・・・・・・	1 043	—
インドネシア・・	16 003	*385.0*	**北中アメリカ**・・	23 558	*147.3*
韓国・・・・・・・・・	12 762	*0.9*	アメリカ合衆国	21 406	*144.8*
ベトナム・・・・・・	8 908	*52.9*	メキシコ・・・・・・	1 150	*28.7*
カザフスタン・・	7 548	*130.6*	**アフリカ**・・・・・・	20 824	*132.6*
その他のアジア2)	5 452	—	南アフリカ共和国	18 283	*141.0*
トルコ・・・・・・・・	4 029	*3.0*	**南アメリカ**・・・・	5 009	*183.4*
マレーシア・・・・	3 560	*7.8*	ブラジル・・・・・・	2 422	*22.3*
パキスタン・・・・	2 183	*24.8*	チリ・・・・・・・・・	1 483	*9.6*
タイ・・・・・・・・・	2 023	—	**オセアニア**・・・・	3 329	*1 307.5*
北朝鮮・・・・・・・・	1 844	*99.9*	オーストラリア	3 210	*1 351.8*
モンゴル・・・・・・	1 269	*353.3*	世界計・・・・・・	**686 763**	…
ヨーロッパ・・・・	39 743	*113.4*			
ロシア・・・・・・・・	16 719	*213.9*			

資料は表5-25に同じ。無煙炭と瀝青炭。消費は生産＋輸入－輸出で、在庫の増減等を加味している。自給率は消費量に対する生産量の割合。1）褐炭を含む。2）原資料表記による。ほとんどが（台湾）。

表 5-28　原油の産出量と埋蔵量（Ⅰ）（単位　万kL）

	2010	2020	2021	〃 %	可採埋蔵量[1] (百万kL)	可採年数[2] (年)
中東・・・・・・・・・・[3]	148 766	160 669	163 403	*31.3*	132 915	81.3
サウジアラビア・・	57 251	64 240	②63 570	*12.2*	47 307	74.4
イラク・・・・・・・・・・	14 328	23 939	⑤23 808	*4.6*	23 058	96.8
アラブ首長国連邦	17 044	21 493	⑦21 287	*4.1*	15 550	73.1
イラン・・・・・・・・・・	25 655	17 947	⑧21 009	*4.0*	25 090	119.4
クウェート・・・・・・	14 881	15 683	⑩15 906	*3.0*	16 139	101.5
カタール・・・・・・・・	9 461	9 975	10 134	*1.9*	4 014	39.6
オマーン・・・・・・・・	5 018	5 532	5 637	*1.1*	854	15.2
シリア・・・・・・・・・・	2 234	250	557	*0.1*	398	71.3
北アメリカ・・・・・・	63 203	125 629	127 759	*24.5*	37 658	29.5
アメリカ合衆国・・	43 866	95 774	①96 252	*18.5*	10 932	11.4
カナダ・・・・・・・・・・	19 338	29 855	④31 506	*6.0*	[8] 26 726	84.8
旧ソ連（CIS）・[4]	78 001	78 597	80 258	*15.4*	23 253	29.0
ロシア・・・・・・・・・・	60 232	62 073	③63 512	*12.2*	17 141	27.0
カザフスタン・・・・	9 725	10 509	10 510	*2.0*	4 770	45.4
アゼルバイジャン	6 017	4 156	4 193	*0.8*	1 113	26.5
トルクメニスタン	1 314	1 274	1 464	*0.3*	95	6.5
アジア太平洋・・[5]	49 095	43 229	42 571	*8.2*	7 180	16.9
中国・・・・・・・・・・・・	23 661	22 700	⑥23 179	*4.4*	4 128	17.8
インド・・・・・・・・・・	5 231	4 485	4 330	*0.8*	722	16.7
インドネシア・・・・	5 821	4 318	4 013	*0.8*	388	9.7
マレーシア・・・・・・	4 252	3 585	3 326	*0.6*	434	13.1
オーストラリア・・	3 191	2 635	2 526	*0.5*	380	15.0
タイ・・・・・・・・・・・・	2 283	2 447	2 310	*0.4*	40	1.7
ベトナム・・・・・・・・	1 811	1 205	1 116	*0.2*	700	62.7
ブルネイ・・・・・・・・	999	640	618	*0.1*	175	28.3
中南アメリカ・・・・	60 232	45 606	45 477	*8.7*	52 380	115.2
ブラジル・・・・・・・・	12 401	17 634	⑨17 336	*3.3*	1 896	10.9
メキシコ・・・・・・・・	17 175	11 124	11 187	*2.1*	964	8.6
コロンビア・・・・・・	4 561	4 545	4 284	*0.8*	324	7.6
ベネズエラ・・・・・・	16 491	3 727	3 796	*0.7*	[9] 48 305	1272.6
アルゼンチン・・・・	4 131	3 496	3 641	*0.7*	395	10.8
エクアドル・・・・・・	2 833	2 790	2 744	*0.5*	207	7.5
ペルー・・・・・・・・・・	959	765	741	*0.1*	119	16.0
トリニダード・トバゴ	844	443	445	*0.1*	39	8.7
アフリカ・・・・・・・・	59 331	40 318	42 285	*8.1*	19 893	47.0
ナイジェリア・・・・	14 687	10 637	9 434	*1.8*	5 866	62.2
アルジェリア・・・・	9 803	7 740	7 850	*1.5*	1 940	24.7
リビア・・・・・・・・・・	10 440	2 475	7 367	*1.4*	7 690	104.4
アンゴラ・・・・・・・・	10 518	7 668	6 757	*1.3*	1 237	18.3
エジプト・・・・・・・・	4 206	3 677	3 527	*0.7*	500	14.2
コンゴ共和国・・・・	1 822	1 785	1 590	*0.3*	458	28.8
ガボン・・・・・・・・・・	1 353	1 207	1 050	*0.2*	318	30.3
南スーダン・・・・・・	…	957	885	*0.2*	557	62.8

原油の産出量と埋蔵量（Ⅱ）（単位　万kL）

	2010	2020	2021	〃 %	可採 埋蔵量[1)] （百万kL）	可採 年数[2)] （年）
赤道ギニア	1 777	922	812	*0.2*	175	21.5
チャド	708	735	676	*0.1*	239	35.3
ヨーロッパ 6)	24 862	20 935	19 848	*3.8*	2 167	10.9
ノルウェー	12 415	11 655	11 751	*2.3*	1 256	10.7
イギリス	7 882	6 103	5 073	*1.0*	398	7.8
イタリア	615	649	583	*0.1*	96	16.5
世界計	**483 490**	**514 983**	**521 600**	*100.0*	**275 446**	52.8
OPEC 7)	196 050	179 464	184 235	*35.3*	193 132	104.8

BP "Statistical Review of World Energy 2022" より作成。原資料はバレル単位の数値で、1バレル＝159リットルで編者算出。円内の数字は国別順位。原油以外にシェールオイル、オイルサンド、コンデンセート、天然ガス液を含む。1）2020年12月31日現在の推定確認埋蔵量。2）可採埋蔵量÷2021年の産出量。3）トルコを含まず。4）アゼルバイジャン、アルメニア、ウズベキスタン、カザフスタン、キルギス、タジキスタン、トルクメニスタン、ベラルーシ、モルドバ、ロシア連邦。5）中東と旧ソ連以外のアジアとオセアニア。6）トルコを含む。7）加盟国は174ページの語句解説を参照。8）オイルサンドを含む。9）オリノコ川流域の重質油を含む。

（参考）原油産出量（重量ベース）（2019年）（単位　万ｔ）

中東	122 141	**北アメリカ**	79 382	ガーナ	1 032
サウジアラビア	48 887	アメリカ合衆国	60 413	南スーダン	860
イラク	23 148	カナダ	18 969	赤道ギニア	718
アラブ首長国連邦	15 227	**中南アメリカ**	39 441	チャド	633
クウェート	13 574	ブラジル	14 147	スーダン	510
イラン	11 733	メキシコ	8 839	**アジア** 3)	32 554
オマーン	4 744	ベネズエラ	5 280	中国	19 101
カタール	3 164	コロンビア	4 653	インドネシア	3 695
バーレーン	976	エクアドル	2 771	インド	3 217
ヨーロッパ 1)	80 812	アルゼンチン	2 627	マレーシア	2 862
ロシア	52 759	**アフリカ**	37 345	タイ	1 125
カザフスタン	9 056	ナイジェリア	9 554	ベトナム	1 076
ノルウェー	7 001	アンゴラ	6 508	ブルネイ	544
イギリス	4 874	リビア	5 971	（参考）日本	21
アゼルバイジャン	3 360	アルジェリア	4 839	**オセアニア** 4)	1 529
トルクメニスタン	940	エジプト	3 022	オーストラリア	1 418
デンマーク 2)	502	コンゴ共和国	1 691	世界計	**393 203**
イタリア	428	ガボン	1 088		

IEA "World Energy Statistics and Balances" より作成。タールサンドからの人造油やシェールオイルなどを含む。天然ガス液などは含まない。また、資料が異なるために上表とは単純比較できない。1）アジアの旧ソ連構成国を含む。2）グリーンランドなどを除く。3）中東や旧ソ連構成国を除く。オーストラリア、ニュージーランド以外のオセアニアを含む。4）オーストラリアとニュージーランドのみ。

表 5-29　原油の輸出入（2019年）（単位　万 t）

輸出	サウジアラビア	35 080	アンゴラ……	6 251	コロンビア…	2 955
	ロシア……	26 734	ブラジル……	6 226	カタール……	2 779
	イラク……	19 494	ノルウェー…	6 086	アゼルバイジャン	2 770
	カナダ……	16 495	メキシコ……	5 943	アルジェリア·	2 218
	アメリカ合衆国	14 707	リビア……	5 029	エクアドル…	1 960
	アラブ首長国連邦	12 021	ベネズエラ…	4 372	コンゴ共和国·	1 590
	クウェート…	10 225	オマーン……	4 154	マレーシア…	1 439
	ナイジェリア·	9 409	イギリス……	4 083	オーストラリア	1 107
	カザフスタン·	7 001	イラン……	3 233	世界計×…	**223 537**
輸入	中国……	50 568	シンガポール·	5 333	ギリシャ……	2 283
	アメリカ合衆国	33 545	フランス……	4 834	南アフリカ共和国	2 171
	インド……	22 696	(台湾)……	4 640	ベラルーシ…	1 800
	日本……	14 538	イギリス……	4 456	オーストラリア	1 718
	韓国……	14 455	タイ……	4 361	スウェーデン·	1 635
	ドイツ……	8 599	カナダ……	4 146	イスラエル…	1 231
	スペイン……	6 630	ベルギー……	3 451	フィンランド·	1 190
	イタリア……	6 314	トルコ……	3 108	バーレーン…	1 121
	オランダ……	5 764	ポーランド…	2 662	世界計×…	**232 261**

資料および注記は表5-28参考表に同じ。×その他とも。

表 5-30　原油の国内供給量と自給率（2019年）（単位　万 t）

	国内供給量	自給率（%）		国内供給量	自給率（%）
アジア…… 1)	149 399	*21.8*	**北アメリカ**…	86 270	*92.0*
中国……	68 007	*28.1*	アメリカ合衆国	79 692	*75.8*
インド……	25 828	*12.5*	カナダ……	6 578	*288.4*
日本……	14 539	*0.1*	**中東**……	41 301	*295.7*
韓国……	14 304	*0.0*	サウジアラビア	14 492	*337.3*
タイ……	5 698	*19.7*	イラン……	8 500	*138.0*
シンガポール…	5 262	—	イラク……	3 691	*627.2*
(台湾)……	4 649	*0.0*	トルコ……	3 376	*8.8*
インドネシア…	4 641	*79.6*	クウェート…	3 350	*405.2*
ヨーロッパ… 2)	91 392	*88.4*	アラブ首長国連邦	3 249	*468.6*
ロシア……	26 182	*201.5*	**中南アメリカ**…	20 518	*192.2*
ドイツ……	8 739	*2.2*	ブラジル……	8 624	*164.1*
イタリア……	6 727	*6.4*	メキシコ……	3 094	*285.6*
スペイン……	6 565	*0.1*	**アフリカ**……	10 247	*364.5*
オランダ……	5 693	*1.3*	**オセアニア**… 3)	2 546	*60.0*
イギリス……	5 230	*93.2*	世界計……	**401 673**	—
フランス……	4 911	*1.5*			
ベルギー……	3 452	—			

資料および注記は表5-28参考表に同じ。国内供給量は生産＋輸入－輸出で、在庫の増減等を加味している。自給率は国内供給量に対する生産量の割合。1）中東や旧ソ連構成国を除く。オーストラリア、ニュージーランド以外のオセアニアを含む。2）アジアの旧ソ連構成国を含む。3）オーストラリアとニュージーランドのみ。

図 5-7　原油・天然ガスの地域別埋蔵量（2020年12月31日現在）

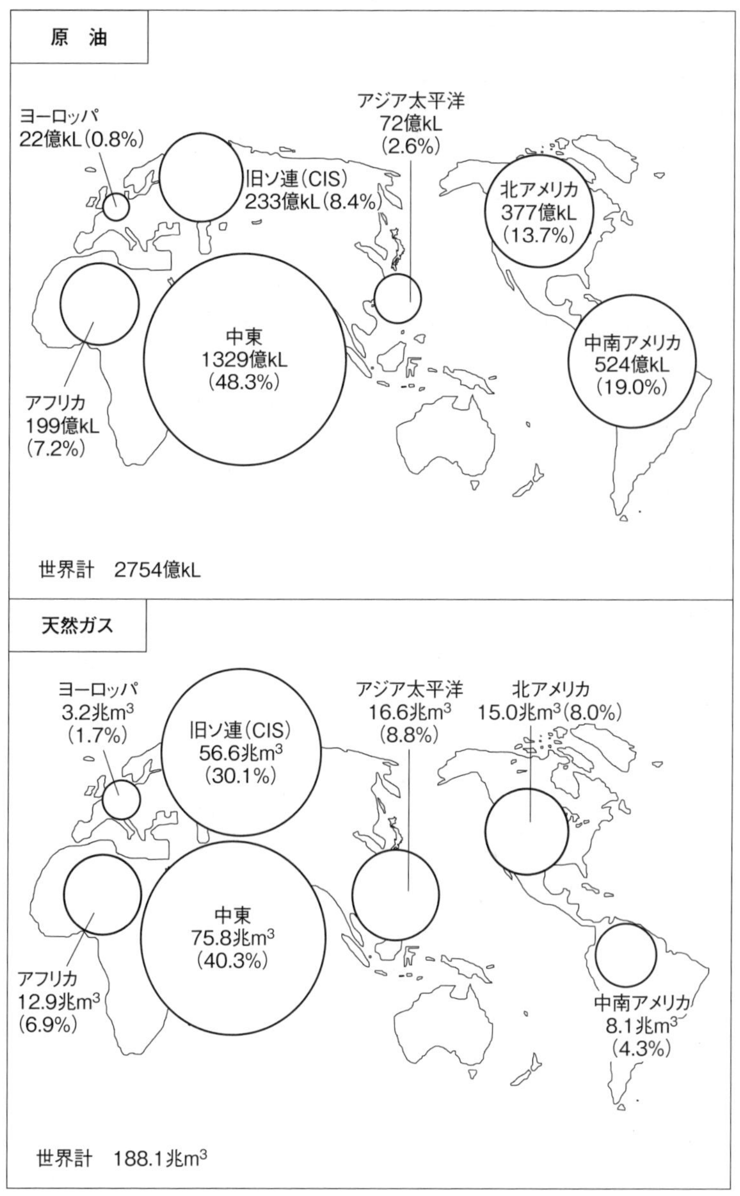

BP "Statistical Review of World Energy 2022" より作成。（　）内の数値は世界全体の埋蔵量に対する割合。

表 5-31　石油製品の精製量（単位　万 t）

	1980	1990	2000	2010	2018	2019
アジア[1]	43 005	52 261	84 069	113 992	143 323	146 598
中国	7 814	10 670	19 589	40 075	59 191	63 506
インド	2 549	5 127	10 255	20 017	26 015	26 290
韓国	2 560	4 237	12 200	11 961	15 810	15 781
日本	20 069	17 766	20 674	17 827	15 096	14 743
タイ	758	1 141	3 588	5 129	6 036	5 469
シンガポール	3 137	4 040	4 029	4 877	5 245	5 032
インドネシア	1 798	3 702	4 902	4 484	4 942	4 954
(台湾)	1 782	2 338	3 859	4 672	4 675	4 630
ヨーロッパ[2]	120 612	109 463	94 745	98 030	98 856	97 674
ロシア	[3]44 850	26 772	17 680	24 608	27 708	27 993
ドイツ	[4]13 651	10 596	11 597	10 145	9 709	9 768
イタリア	9 799	9 056	9 477	9 013	7 174	7 344
スペイン	4 852	5 280	5 983	5 764	6 760	6 522
オランダ	5 724	4 908	5 866	5 798	6 092	6 186
イギリス	8 554	8 812	8 634	7 321	5 820	5 855
フランス	11 572	7 833	8 858	7 110	5 564	5 084
ベルギー	3 344	2 937	3 822	3 509	3 407	3 515
ギリシャ	1 413	1 644	2 223	2 220	3 277	3 013
ポーランド	1 543	1 281	1 848	2 356	2 823	2 846
北アメリカ	81 636	81 474	91 159	91 183	94 571	93 198
アメリカ合衆国	72 377	73 055	81 788	81 578	85 585	83 253
カナダ	9 260	8 419	9 371	9 605	8 986	9 945
中東	13 861	22 321	30 435	35 422	42 592	42 835
サウジアラビア	3 276	7 707	8 171	9 381	12 795	12 389
イラン	3 403	4 089	7 713	8 384	8 734	8 802
アラブ首長国連邦	51	793	1 300	2 400	5 243	4 949
トルコ	1 266	2 288	2 375	1 991	2 823	3 701
クウェート	1 680	1 170	3 576	4 257	3 245	3 091
イラク	916	1 791	2 324	2 493	2 827	2 995
中南アメリカ	26 567	25 898	31 933	30 002	24 387	22 685
ブラジル	5 382	5 938	8 178	9 346	9 086	9 061
メキシコ	5 043	6 692	6 526	6 338	3 557	3 441
ベネズエラ	4 737	4 883	6 156	5 350	2 909	2 350
アフリカ	7 006	10 216	10 621	11 979	10 095	9 923
アルジェリア	1 102	2 086	2 034	2 640	3 034	2 858
エジプト	1 383	2 348	2 506	2 886	2 607	2 831
オセアニア[5]	3 184	3 552	4 177	3 593	2 740	2 983
オーストラリア	2 893	3 076	3 671	3 078	2 207	2 378
世界計×	**295 870**	**305 184**	**347 139**	**384 202**	**416 565**	**415 896**

IEA "Oil Information Statistics"（2022年5月9日閲覧）より作成。1）中東および旧ソ連構成国を含まず。オーストラリアとニュージーランド以外のオセアニアを含む。2）アジア地域の旧ソ連構成国を含む。3）旧ソ連の数値。4）旧東ドイツを含む。5）オーストラリアとニュージーランドのみ。

表 5-32 石油製品精製量の内訳 (2019年) (単位 万t)

	軽油1)	自動車1)ガソリン	重油	航空1)燃料	ナフサ	LPG	灯油
アメリカ合衆国	24 268	35 641	1 971	8 270	824	968	47
中国	16 679	14 852	2 185	5 168	4 998	3 537	187
ロシア	8 156	3 949	5 842	1 317	2 578	2 908	—
インド	11 178	3 862	817	1 521	1 951	1 087	309
韓国	4 943	1 972	853	2 153	3 676	288	278
日本	4 429	3 602	1 432	1 224	1 255	340	1 078
サウジアラビア	5 166	2 269	2 320	404	598	126	680
カナダ	3 263	3 112	507	551	117	158	10
ドイツ	4 161	2 027	703	508	666	323	0
ブラジル	3 435	1 769	1 221	480	325	401	0
イラン	2 857	1 817	2 205	155	310	222	283
イタリア	3 147	1 638	671	270	496	127	47
スペイン	2 701	909	506	45	144	117	982
オランダ	2 055	400	891	876	1 145	157	31
イギリス	2 049	1 646	302	518	207	222	206
タイ	2 064	760	515	571	945	174	162
フランス	2 080	930	618	388	427	136	—
シンガポール	1 073	812	492	1 135	430	87	26
インドネシア	1 849	1 185	717	375	221	82	90
世界計×	**135 007**	**99 943**	**39 351**	**33 612**	**28 463**	**13 538**	**5 199**

資料は表5-31に同じ。1) 液体バイオ燃料（表5-38）を含まない。×その他とも。

表 5-33 石油製品の輸出入 (2019年) (単位 万t)

輸出	アメリカ合衆国	21 747	ベルギー	2 982	ノルウェー	1 916
	ロシア	13 007	イタリア	2 652	(台湾)	1 868
	オランダ	10 474	イラン	2 599	日本	1 852
	シンガポール	8 229	クウェート	2 382	ギリシャ	1 810
	サウジアラビア	8 227	カナダ	2 223	カタール	1 751
	中国	7 170	ドイツ	2 205	フランス	1 717
	インド	6 892	スペイン	2 101	バーレーン	1 209
	韓国	6 713	イギリス	2 065	世界計×	**141 019**
	アラブ首長国連邦	4 486	アルジェリア	2 008	うちOPEC 1)	21 174
輸入	シンガポール	10 911	韓国	3 950	(香港)	2 052
	オランダ	8 381	イギリス	3 350	サウジアラビア	1 893
	アメリカ合衆国	7 814	オーストラリア	2 962	スペイン	1 846
	中国	6 403	ブラジル	2 743	マレーシア	1 536
	メキシコ	5 274	ベルギー	2 682	イタリア	1 462
	フランス	4 490	アラブ首長国連邦	2 493	(台湾)	1 428
	インド	4 379	インドネシア	2 375	フィリピン	1 338
	ドイツ	4 214	ナイジェリア	2 138	カナダ	1 327
	日本	3 977	トルコ	2 080	世界計×	**132 828**

IEA "Oil Information Statistics"（2022年5月9日閲覧）より作成。1) カタールとエクアドルを除き、コンゴ共和国を含む。×その他とも。

表 5-34　天然ガスの生産（単位　億m³）

	1980	1990	2000	2010	2019	2020
ヨーロッパ･･･ 1)	7 046	10 418	10 229	11 437	12 199	11 571
ロシア･････････	2) 4 439	6 289	5 728	6 573	7 661	7 220
ノルウェー････	260	276	533	1 104	1 190	1 159
トルクメニスタン	…	849	472	453	867	868
ウズベキスタン･	…	407	506	592	605	578
イギリス･･････	375	497	1 154	579	397	393
カザフスタン･･･	…	71	91	283	327	329
アゼルバイジャン	…	99	56	167	245	265
オランダ･･････	962	761	736	903	334	241
ウクライナ････	…	279	179	202	202	199
北アメリカ････	6 317	6 157	7 260	7 602	11 502	11 327
アメリカ合衆国･	5 535	5 066	5 443	6 039	9 622	9 486
カナダ････････	781	1 091	1 817	1 563	1 880	1 841
中東･･････････	380	914	1 969	4 673	6 556	6 543
イラン････････	43	226	589	1 439	2 327	2 352
カタール･･････	32	62	245	1 206	1 676	1 674
サウジアラビア･	112	239	377	733	982	988
アラブ首長国連邦	75	201	368	513	551	522
オマーン･･････	4	30	112	293	407	400
クウェート････	69	40	96	117	196	182
アジア･･････ 3)	615	1 341	2 509	4 317	4 928	4 902
中国･･････････	143	153	272	958	1 762	1 912
マレーシア････	27	184	504	605	720	665
インドネシア･･･	172	483	701	857	666	606
パキスタン････	67	141	236	386	345	338
インド････････	15	128	279	512	303	285
タイ･･････････	—	64	200	316	308	279
バングラデシュ･	13	48	94	199	272	257
アフリカ･･････	226	670	1 242	2 030	2 492	2 442
アルジェリア･･･	135	457	821	846	900	917
エジプト･･････	19	82	177	568	689	640
ナイジェリア･･･	15	40	125	325	462	471
中南アメリカ･･･	578	814	1 366	2 114	2 058	1 831
アルゼンチン･･･	95	186	410	413	445	408
メキシコ･･････	255	256	367	510	320	318
トリニダード･トバゴ	29	56	146	428	365	300
ブラジル･･････	10	40	76	156	267	248
オセアニア･･･ 4)	99	254	391	575	1 417	1 525
オーストラリア･	89	205	328	527	1 371	1 480
世界計×･････	**15 261**	**20 568**	**24 966**	**32 747**	**41 152**	**40 139**

IEA "Natural Gas Information Statistics" より作成。2020年は推定値。1）アジア地域の旧ソ連構成国を含む。2）旧ソ連の数値。3）中東や旧ソ連構成国を含まず。オーストラリア、ニュージーランド以外のオセアニアを含む。4）オーストラリアとニュージーランドのみ。

表 5-35　天然ガスの輸出入（2020年）（単位　億m³）

輸出	ロシア……	2 388	マレーシア‥	313	イラン……	113
	アメリカ合衆国	1 495	ナイジェリア	272	ボリビア‥‥	109
	カタール‥‥	1 267	カザフスタン	267	オーストリア	100
	ノルウェー‥	1 108	インドネシア	197	イギリス‥‥	95
	オーストラリア	1 078	トリニダード・トバゴ	152	フランス‥‥	91
	カナダ……	709	アゼルバイジャン	138	アラブ首長国連邦	78
	トルクメニスタン	557	ミャンマー‥	136	ブルネイ‥‥	68
	アルジェリア	406	オマーン‥‥	131	アンゴラ‥‥	61
	オランダ‥‥	400	ウズベキスタン	117	世界計×‥	**12 394**
輸入	中国………	1 303	フランス‥‥	464	ポーランド‥	174
	日本………	1 048	イギリス‥‥	439	オーストリア	165
	ドイツ……	833	インド……	340	タイ………	163
	アメリカ合衆国	723	スペイン‥‥	325	カザフスタン	145
	イタリア‥‥	664	（台湾）……	237	シンガポール	127
	メキシコ‥‥	635	カナダ……	236	ハンガリー‥	122
	オランダ‥‥	598	ベルギー‥‥	216	パキスタン‥	105
	韓国………	536	アラブ首長国連邦	204	マレーシア‥	98
	トルコ……	480	ベラルーシ‥	188	世界計×‥	**12 051**

資料は表5-34に同じ。推定値。×その他とも。

表 5-36　天然ガスの消費量と自給率（2020年）（単位　億m³）

	消費量	自給率（%）		消費量	自給率（%）
ヨーロッパ‥‥[1]	11 382	*101.7*	インドネシア‥	439	*138.1*
ロシア………	4 882	*147.9*	パキスタン‥‥	437	*77.4*
ドイツ………	937	*5.4*	**中東**…………	5 817	*112.5*
イギリス……	732	*53.7*	イラン………	2 185	*107.7*
イタリア……	713	*6.0*	サウジアラビア	988	*100.0*
ウズベキスタン	458	*126.1*	アラブ首長国連邦	652	*80.0*
オランダ……	438	*55.0*	カタール……	489	*342.3*
フランス……	391	*0.0*	トルコ………	480	*0.9*
北アメリカ‥‥	9 888	*114.5*	**中南アメリカ**‥	2 249	*81.4*
アメリカ合衆国	8 632	*109.9*	メキシコ……	820	*38.7*
カナダ………	1 257	*146.5*	アルゼンチン‥	478	*85.3*
アジア………[2]	8 253	*59.4*	**アフリカ**……	1 652	*147.9*
中国…………	3 208	*59.6*	エジプト……	612	*104.7*
日本…………	1 141	*2.1*	アルジェリア‥	510	*179.6*
インド………	644	*44.3*	**オセアニア**‥‥[3]	459	*332.4*
韓国…………	526	*0.4*	オーストラリア	412	*358.8*
マレーシア‥‥	454	*146.4*	世界計……	**39 700**	—
タイ…………	443	*63.1*			

資料は表5-34に同じ。推定値。自給率は消費量に対する生産量の割合。1）アジア地域の旧ソ連構成国を含む。2）中東や旧ソ連構成国を含まず。オーストラリア、ニュージーランド以外のオセアニアを含む。3）オーストラリアとニュージーランドのみ。

表 5-37　天然ガスの可採埋蔵量（2020年12月31日現在）（単位　十億m³）

中東	75 807	オーストラリア	2 390	**中南アメリカ**	8 076
イラン	32 101	インド	1 320	ベネズエラ	6 260
カタール	24 665	インドネシア	1 252	アルゼンチン	386
サウジアラビア	6 019	マレーシア	908	ブラジル	349
アラブ首長国連邦	5 939	ベトナム	646	トリニダード・トバゴ	290
イラク	3 529	ミャンマー	432	ペルー	261
クウェート	1 695	パキスタン	385	ボリビア	213
オマーン	666	ブルネイ	222	メキシコ	178
イスラエル	589	パプアニューギニア	163	コロンビア	86
シリア	269	タイ	143	**ヨーロッパ**	3 169
イエメン	266	バングラデシュ	110	ノルウェー	1 429
バーレーン	65	**北アメリカ**	14 973	ウクライナ	1 091
旧ソ連(CIS) 1)	56 602	アメリカ合衆国	12 619	イギリス	187
ロシア	37 392	カナダ	2 354	オランダ	130
トルクメニスタン	13 601	**アフリカ**	12 889	ルーマニア	79
アゼルバイジャン	2 504	ナイジェリア	5 473	ポーランド	72
カザフスタン	2 257	アルジェリア	2 279	イタリア	42
ウズベキスタン	845	エジプト	2 138	デンマーク	28
アジア・太平洋 2)	16 560	リビア	1 430	世界計	**188 074**
中国	8 399				

BP "Statistical Review of World Energy 2022" より作成。推定確認埋蔵量。1）構成国は表5-28脚注4参照。2）中東と旧ソ連以外のアジアとオセアニア。

表 5-38　液体バイオ燃料の生産（2019年）（単位　万t）

北アメリカ	5 480	ポーランド	116	**アジア** 2)	1 900
アメリカ合衆国	5 295	イギリス	72	インドネシア	685
カナダ	185	ハンガリー	68	中国	423
中南アメリカ	3 744	ベルギー	57	タイ	309
ブラジル	3 259	スウェーデン	57	インド	175
アルゼンチン	302	オーストリア	48	韓国	122
コロンビア	83	ポルトガル	39	マレーシア	121
キューバ	36	フィンランド	37	フィリピン	43
パラグアイ	31	チェコ	34	ベトナム	21
ウルグアイ	14	ルーマニア	26	(参考)日本	1
ペルー	10	スロバキア	24	**オセアニア** 3)	20
ヨーロッパ 1)	1 948	ギリシャ	21	オーストラリア	20
ドイツ	422	ブルガリア	19	**中東** 4)	20
フランス	302	リトアニア	18	**アフリカ**	7
スペイン	241	ノルウェー	9	ジンバブエ	6
オランダ	196	ラトビア	8	世界計	**13 120**
イタリア	120	ウクライナ	7		

IEA "World energy statistics and balances"（2022年5月9日閲覧）より作成。バイオガソリン、バイオディーゼル燃料およびその他の液体バイオ燃料の合計。1）アジアの旧ソ連構成国を含む。2）中東、旧ソ連構成国を含まず。オーストラリア、ニュージーランド以外のオセアニアを含む。3）オーストラリアとニュージーランドのみ。4）トルコのみ。

表 5-39　シェールガスの技術的回収可能資源量（単位　兆m³）

地域・国	資源量
中南アメリカ	56.0
アルゼンチン	22.7
メキシコ	15.4
ブラジル	6.9
ベネズエラ	4.7
パラグアイ	2.1
コロンビア	1.5
チリ	1.4
ボリビア	1.0
ウルグアイ	0.1
アフリカ	39.8
アルジェリア	20.0
南アフリカ共和国	11.0
リビア	3.4
エジプト	2.8
チャド	1.3
チュニジア	0.6
モロッコ	0.3
(西サハラ)	0.2
モーリタニア	0.0
アジア	38.9
中国	31.6
パキスタン	3.0
インド	2.7
インドネシア	1.3
タイ	0.2
モンゴル	0.1
北中アメリカ	33.8
アメリカ合衆国	17.6
カナダ	16.2
旧ソ連・東欧	18.6
ロシア	8.1
ポーランド	4.1
ウクライナ	3.6
ルーマニア	1.4
カザフスタン	0.8
ブルガリア	0.5
リトアニア	0.1
オセアニア[1)]	12.2
オーストラリア	12.2
中東	8.0
アラブ首長国連邦	5.8
オマーン	1.4
トルコ	0.7
ヨルダン	0.2
西ヨーロッパ	7.2
フランス	3.9
デンマーク	0.9
オランダ	0.7
イギリス	0.7
ドイツ	0.5
スウェーデン	0.3
スペイン	0.2
ノルウェー	0.0
合計	**214.5**

EIA（アメリカエネルギー情報局）"World Shale Resource Assessments" より作成。世界46か国で2013～15年に公表された結果をまとめたもので、2015年９月24日更新データ。技術的に回収可能だが回収コストを考慮していないもので、回収コストを踏まえたものが可採埋蔵量。1）オーストラリアのみ。

表 5-40　シェールオイルの技術的回収可能資源量（単位　億kL）

地域・国	資源量
旧ソ連・東欧	143.1
ロシア	118.6
カザフスタン	16.9
ポーランド	2.9
リトアニア	2.2
ウクライナ	1.7
ルーマニア	0.5
ブルガリア	0.3
北中アメリカ	138.3
アメリカ合衆国	124.3
カナダ	14.0
中南アメリカ	115.8
アルゼンチン	42.9
ベネズエラ	21.3
メキシコ	20.8
コロンビア	10.8
ブラジル	8.4
パラグアイ	5.9
チリ	3.7
ボリビア	1.0
ウルグアイ	1.0
アジア	89.7
中国	51.2
パキスタン	14.5
インドネシア	12.6
インド	6.0
モンゴル	5.4
タイ	0.0
アフリカ	86.3
リビア	41.5
チャド	25.8
アルジェリア	9.1
エジプト	7.3
チュニジア	2.4
(西サハラ)	0.3
モーリタニア	0.0
モロッコ	0.0
南アフリカ共和国	0.0
中東	53.4
アラブ首長国連邦	35.9
オマーン	9.9
トルコ	7.5
ヨルダン	0.2
オセアニア[1)]	24.8
オーストラリア	24.8
西ヨーロッパ	14.5
フランス	7.5
オランダ	4.6
ドイツ	1.1
イギリス	1.1
スペイン	0.2
デンマーク	0.0
ノルウェー	0.0
スウェーデン	0.0
合計	**666.1**

資料、注記は上表に同じ。タイトオイルに関するデータ。

表 5-41　アメリカ合衆国のガス生産とガス価格（単位　億m³）

	2005	2010	2018	2019	2020	2021
シェールガス…………	…	1 647	6 790	7 884	8 051	…
コールベットガス……[1]	347	543	278	256	233	…
在来型ガス…………	6 295	5 403	3 502	3 408	3 217	…
ガス井…………	4 601	3 751	2 227	2 105	1 911	…
油井…………	1 695	1 652	1 275	1 304	1 306	…
計…………	**6 642**	**7 593**	**10 569**	**11 548**	**11 501**	**11 747**
シェールガスの割合(%)	…	*21.7*	*64.2*	*68.3*	*70.0*	…
ガス卸売平均価格（千m³あたりドル）‥	306	218	149	135	121	216

EIA（アメリカエネルギー情報局）ウェブサイト（2022年5月31日閲覧）より作成。ガスの回収量で、夾雑物等を含む。卸売価格はガス供給会社への販売価格。1）石炭層のガス。

表 5-42　ウランの生産と埋蔵量（単位　t）

	2000	2010	2018	2019	確認埋蔵量[1]（千t）	可採年数[2]（年）
カザフスタン…	1 870	17 803	21 705	22 808	464.7	20.4
カナダ………	10 683	9 775	6 996	6 944	652.2	93.9
オーストラリア・	7 579	5 900	6 526	6 613	1 284.8	194.3
ナミビア……	2 715	4 503	5 520	5 103	320.7	62.8
ウズベキスタン・	2 028	2 874	3 450	3 500	50.8	14.5
ニジェール……	2 914	4 199	2 878	3 053	315.5	103.3
ロシア………	2 760	3 562	2 904	2 900	256.6	88.5
中国………	700	1 350	1 620	1 600	122.6	76.6
ウクライナ……	1 005	837	790	750	122.1	162.8
インド………	207	400	400	400	188.0	470.0
南アフリカ共和国	798	582	346	346	258.0	745.7
アメリカ合衆国・	1 522	1 630	277	67	101.9	1 520.9
パキスタン……	23	45	45	45	…	…
チェコ………	507	254	34	39	50.9	1 305.1
ドイツ………	28	8	0	30	3.0	100.0
イラン………	…	7	20	21	3.2	152.4
ハンガリー……	10	6	5	3	…	…
フランス……	296	9	0	2	…	…
ブラジル……	11	174	0	0	155.9	…
（グリーンランド）	…	…	…	…	51.4	…
モンゴル……	…	…	…	…	60.5	…
タンザニア……	…	…	…	…	39.7	…
中央アフリカ…	…	…	…	…	32.0	…
世界計×……	**36 011**	**54 680**	**53 516**	**54 224**	**4 723.7**	87.1

OECD, NEA "Uranium"（2020年）および国連 "UN data"（2022年5月31日閲覧）より作成。1）2019年1月1日現在。ウラン1kgあたり260米ドル以下で回収可能な確認資源量。2）確認埋蔵量÷2019年の生産量。×その他とも。

表 5-43　原子力発電設備容量（2022年1月1日現在）

	運転中		建設・計画中		合計	
	容量（千kW）	基数	容量（千kW）	基数	容量（千kW）	基数
アメリカ合衆国	99 277	93	2 200	2	101 477	95
フランス	64 040	56	1 650	1	65 690	57
中国	53 276	51	44 559	43	97 835	94
日本 1)	33 083	33	15 723	11	48 806	44
ロシア	29 510	34	15 813	14	45 323	48
韓国	23 416	24	5 600	4	29 016	28
カナダ	14 512	19	—	—	14 512	19
ウクライナ	13 818	15	2 100	2	15 918	17
イギリス	8 488	12	6 780	4	15 268	16
スペイン	7 397	7	—	—	7 397	7
スウェーデン	7 071	6	—	—	7 071	6
インド	6 780	22	12 100	13	18 880	35
ベルギー	6 229	7	—	—	6 229	7
ドイツ	4 291	3	—	—	4 291	3
チェコ	4 212	6	—	—	4 212	6
スイス	3 095	4	—	—	3 095	4
(台湾)	2 992	3	—	—	2 992	3
フィンランド	2 902	4	2 920	2	5 822	6
パキスタン	2 430	5	2 200	2	4 630	7
ブルガリア	2 080	2	1 000	1	3 080	3
ハンガリー	2 027	4	2 400	2	4 427	6
スロバキア	2 000	4	942	2	2 942	6
ブラジル	1 990	2	1 405	1	3 395	3
南アフリカ共和国	1 940	2	—	—	1 940	2
アルゼンチン	1 763	3	1 000	1	2 763	4
メキシコ	1 608	2	—	—	1 608	2
ルーマニア	1 410	2	1 412	2	2 822	4
アラブ首長国連邦	1 400	1	4 200	3	5 600	4
ベラルーシ	1 194	1	1 194	1	2 388	2
イラン	1 000	1	2 499	3	3 499	4
スロベニア	727	1	—	—	727	1
オランダ	512	1	—	—	512	1
アルメニア	423	1	—	—	423	1
トルコ	—	—	9 280	8	9 280	8
エジプト	—	—	4 800	4	4 800	4
バングラデシュ	—	—	2 400	2	2 400	2
ウズベキスタン	—	—	2 400	2	2 400	2
カザフスタン	—	—	…	1	…	1
ポーランド	—	—	…	1	…	1
世界計 2)	**406 893**	**431**	**146 577**	**132**	**553 470**	**563**

日本原子力産業協会「世界の原子力発電開発の動向」（2022年版）より作成。1）運転中の容量と基数には、定期点検や新規制基準審査などで停止中のものを含む。2）カザフスタンとポーランドでそれぞれ計画中の1基が出力不明で、基数のみ足し合わせた。

表 5-44　風力発電設備容量（2021年）（単位　千kW）

	年間導入量	累計量[1]		年間導入量	累計量[1]
（陸上風力）			**中南アメリカ**・・	5 819	39 624
アジア・・・・・・・[2]	37 352	375 161	ブラジル・・・・・・	3 830	21 580
中国・・・・・・・・・・	30 670	310 629	アルゼンチン・・	669	3 287
ベトナム・・・・・・	2 717	3 231	チリ・・・・・・・・・・	615	3 444
オーストラリア	1 746	9 041	メキシコ・・・・・・	473	7 262
インド・・・・・・・・	1 459	40 084	**アフリカ**・・・・・[4]	1 809	9 085
パキスタン・・・・	229	1 516	南アフリカ共和国	668	3 163
日本・・・・・・・・・・	211	4 523	エジプト・・・・・・	237	1 702
韓国・・・・・・・・・・	64	1 579			
タイ・・・・・・・・・・	16	1 554	陸上風力計・・	**72 499**	**780 275**
ヨーロッパ・・・[3]	14 095	207 796	**（洋上風力）**		
スウェーデン・・	2 104	11 195	**ヨーロッパ**・・・[3]	3 317	28 154
ドイツ・・・・・・・・	1 925	56 814	イギリス・・・・・・	2 317	12 522
トルコ・・・・・・・・	1 400	10 681	デンマーク・・・・	605	2 308
フランス・・・・・・	1 192	19 131	オランダ・・・・・・	392	3 003
イギリス・・・・・・	328	14 064	ドイツ・・・・・・・・	0	7 728
北アメリカ・・・・	13 424	148 609	**アジア**・・・・・・・[2]	17 788	28 980
アメリカ合衆国	12 747	134 354	中国・・・・・・・・・・	16 900	27 680
カナダ・・・・・・・・	677	14 255	洋上風力計・[5]	**21 106**	**57 176**

GWEC（世界風力会議）“Global Wind Report 2022” より作成。国別は原資料掲載国のみで、この他にスペインなど累計量の多い国がある。1）2021年末現在。2）オセアニアを含む。3）トルコを含む。4）中東を含む。5）掲載地域のほか、アメリカ合衆国（年間導入量０千kW、累計量42千kW）、ベルギー（導入量０千kW、導入量2262千kW）などを含む。

表 5-45　太陽光発電設備容量（2021年）

年間導入量	千kW	%	累計量[1]	千kW	%
中国・・・・・・・・・・	54 900	*31.4*	中国・・・・・・・・・・	308 500	*32.7*
アメリカ合衆国	26 900	*15.4*	アメリカ合衆国	123 000	*13.1*
インド・・・・・・・・	13 000	*7.4*	日本・・・・・・・・・・	78 200	*8.3*
日本・・・・・・・・・・	6 500	*3.7*	インド・・・・・・・・	60 400	*6.4*
ブラジル・・・・・・	5 500	*3.1*	ドイツ・・・・・・・・	59 200	*6.3*
ドイツ・・・・・・・・	5 300	*3.0*	オーストラリア	25 400	*2.7*
スペイン・・・・・・	4 900	*2.8*	イタリア・・・・・・	22 600	*2.4*
オーストラリア	4 600	*2.6*	韓国・・・・・・・・・・	21 500	*2.3*
韓国・・・・・・・・・・	4 200	*2.4*	スペイン・・・・・・	18 500	*2.0*
フランス・・・・・・	3 300	*1.9*	ベトナム・・・・・・	17 400	*1.8*
（参考）EU・・・[2]	26 800	*15.3*	（参考）EU・・・[2]	178 700	*19.0*
世界計×・・・・	**175 000**	*100.0*	世界計×・・・・	**942 000**	*100.0*

IEA PVPS “2022 Snapshot of Global Photovoltaic Markets” より作成。太陽光発電システム研究協力実施協定（PVPS）に基づく統計。PVPS非加盟国を含む。原資料のデータは百万kW単位。1）2021年末現在。2）EUはイギリスを除く27か国。×世界全体での推定値。

表 5-46　世界の発電量（Ⅰ）（単位　億kWh）

	1980	1990	2000	2010	2018	2019
アジア……… 1)	11 987	22 481	39 897	80 137	120 694	124 780
中国…………	3 006	6 213	13 557	42 080	71 427	75 041
インド………	1 193	2 895	5 611	9 745	16 079	16 237
日本…………	5 775	8 573	10 915	11 569	10 004	9 708
韓国…………	372	1 054	2 901	4 995	5 901	5 815
インドネシア…	75	327	933	1 698	2 838	2 951
(台湾)………	426	893	1 855	2 471	2 756	2 742
ベトナム……	36	87	266	949	2 183	2 380
タイ…………	144	442	960	1 595	1 823	1 907
マレーシア……	100	230	693	1 248	1 705	1 758
パキスタン……	150	377	681	944	1 285	1 333
フィリピン……	180	263	453	677	998	1 060
バングラデシュ・	24	77	158	408	786	846
シンガポール…	70	157	317	464	531	545
(香港)………	126	289	313	383	366	369
ラオス………	…	…	34	84	344	312
ミャンマー……	15	25	51	86	227	243
ヨーロッパ… 2)	34 980	45 165	45 617	51 384	51 871	51 323
ロシア………	3) 12 940	10 822	8 778	10 380	11 151	11 215
ドイツ…… 4)	4 676	5 500	5 765	6 331	6 429	6 091
フランス……	2 580	4 208	5 400	5 693	5 818	5 708
イギリス……	2 853	3 197	3 771	3 821	3 325	3 228
イタリア……	1 857	2 166	2 766	3 021	2 897	2 939
スペイン……	1 105	1 519	2 245	3 015	2 745	2 733
スウェーデン…	967	1 465	1 453	1 485	1 634	1 684
ポーランド……	1 219	1 363	1 452	1 577	1 700	1 640
ウクライナ……	…	2 988	1 714	1 888	1 598	1 541
ノルウェー……	841	1 218	1 430	1 236	1 469	1 353
オランダ……	648	720	896	1 193	1 141	1 211
カザフスタン…	…	874	513	826	1 076	1 069
ベルギー……	536	709	840	959	751	937
チェコ………	527	626	735	859	880	870
オーストリア…	420	503	613	711	686	742
スイス………	492	562	675	678	691	735
フィンランド…	407	544	700	807	703	686
ウズベキスタン・	…	563	469	520	629	635
ルーマニア……	675	643	519	610	649	596
ポルトガル……	153	285	438	541	596	532
ギリシャ……	227	350	538	574	533	486
ブルガリア……	348	421	409	467	468	443
ベラルーシ……	…	395	261	349	390	405
セルビア…… 5)	…	398	325	381	374	376
ハンガリー……	239	284	352	374	320	342
アイルランド…	109	145	240	284	311	309
デンマーク……	268	260	361	389	304	295

世界の発電量（Ⅱ）（単位　億kWh）

	1980	1990	2000	2010	2018	2019
スロバキア･････	201	261	312	279	270	284
アゼルバイジャン	…	232	187	187	252	261
トルクメニスタン	…	139	98	167	225	225
北アメリカ･････	28 007	37 008	46 584	49 815	51 092	50 372
アメリカ合衆国･	24 273	32 186	40 527	43 784	44 554	43 918
カナダ･････････	3 734	4 822	6 057	6 031	6 538	6 454
中南アメリカ･･･	3 802	6 238	10 098	14 074	16 612	16 527
ブラジル･･･････	1 394	2 228	3 489	5 157	6 014	6 263
メキシコ･･･････	670	1 158	2 057	2 755	3 576	3 442
アルゼンチン･･･	397	510	890	1 260	1 468	1 396
ベネズエラ･････	358	593	853	1 138	998	852
チリ･･････････	118	184	401	604	823	846
コロンビア･････	204	364	431	606	800	804
ペルー････････	100	138	199	359	550	570
パラグアイ･････	8	272	535	541	592	494
エクアドル･････	34	63	106	195	292	323
中東･･････････	1 184	3 020	5 974	10 992	15 410	15 790
サウジアラビア･	205	692	1 262	2 401	3 869	3 855
イラン････････	224	591	1 214	2 330	3 094	3 228
トルコ････････	233	575	1 249	2 112	3 048	3 039
アラブ首長国連邦	63	171	399	939	1 360	1 385
イラク････････	114	240	319	489	825	958
クウェート･････	90	185	323	571	741	751
イスラエル･････	124	209	427	586	689	725
カタール･･････	24	48	91	281	479	499
オマーン･･････	8	45	91	198	377	383
バーレーン･････	17	80	139	238	295	334
アフリカ･･･････	1 840	3 177	4 448	6 755	8 332	8 561
南アフリカ共和国	990	1 672	2 107	2 596	2 564	2 526
エジプト･･･････	189	423	781	1 468	1 881	1 943
アルジェリア･･･	71	161	254	457	767	815
モロッコ･･･････	52	96	129	238	358	417
リビア････････	48	102	155	326	342	337
ナイジェリア･･･	72	135	147	261	324	314
オセアニア･･･ 6)	1 187	1 873	2 495	2 976	3 054	3 088
オーストラリア･	961	1 550	2 102	2 527	2 610	2 640
ニュージーランド	226	323	392	449	444	448
世界計･･････	**82 986**	**118 962**	**155 112**	**216 133**	**267 065**	**270 442**

IEA “Electricity Information Statistics”（2022年５月13日閲覧）より作成。日本は資源エネルギー庁「電気事業便覧」による。1）旧ソ連構成国、中東を除く。オーストラリア、ニュージーランド以外のオセアニアを含む。2）アジアの旧ソ連構成国を含む。3）旧ソ連の数値。4）1990年以前も旧東ドイツを含む。5）2004年以前はモンテネグロを、1999年以前はコソボを含む。6）オーストラリアとニュージーランドのみ。

表 5-47　発電量の内訳（Ｉ）（2019年）（単位　億kWh）

	水力	火力	原子力	風力	太陽光	地熱
アジア・・・・・・・ 1)	18 044	91 028	6 468	4 983	3 748	277
中国・・・・・・・・・・・	13 044	52 200	3 484	4 060	2 240	1
インド・・・・・・・・・	1 724	12 843	465	699	506	—
日本・・・・・・・・・ 7)	863	7 928	610	69	214	21
韓国・・・・・・・・・・・	62	4 108	1 459	27	130	—
インドネシア・・・	212	2 592	—	5	1	141
(台湾)・・・・・・・・・	88	2 272	323	19	40	0
ベトナム・・・・・・・	661	1 664	—	7	48	—
タイ・・・・・・・・・・・	64	1 754	—	37	51	0
マレーシア・・・・・	267	1 482	—	—	9	—
パキスタン・・・・・	273	920	100	33	7	—
フィリピン・・・・・	80	850	—	10	12	107
バングラデシュ・	8	834	—	0	4	—
シンガポール・・・	—	541	—	—	4	—
(香港)・・・・・・・・・	—	369	—	0	0	—
ラオス・・・・・・・・・	197	115	—	—	0	—
ミャンマー・・・・・	105	137	—	—	0	—
ヨーロッパ・・・ 2)	8 257	25 569	11 421	4 422	1 406	132
ロシア・・・・・・・・・	1 965	7 140	2 090	3	13	4
ドイツ・・・・・・・・・	257	3 344	751	1 259	464	2
フランス・・・・・・・	616	621	3 990	347	122	1
イギリス・・・・・・・	77	1 817	562	643	129	—
イタリア・・・・・・・	482	1 951	—	202	237	61
スペイン・・・・・・・	269	1 171	583	556	94	—
スウェーデン・・・	654	164	661	198	7	—
ポーランド・・・・・	27	1 453	—	151	7	—
ウクライナ・・・・・	79	582	830	20	29	—
ノルウェー・・・・・	1 264	30	—	55	0	—
オランダ・・・・・・・	1	996	39	115	53	—
カザフスタン・・・	100	953	—	7	8	—
ベルギー・・・・・・・	12	346	435	97	42	—
チェコ・・・・・・・・・	32	505	302	7	23	—
オーストリア・・・	438	212	—	75	17	—
スイス・・・・・・・・・	410	38	264	1	22	—
フィンランド・・・	124	259	239	60	1	—
ウズベキスタン・	65	571	—	—	—	—
ルーマニア・・・・・	160	238	113	68	18	—
ポルトガル・・・・・	102	277	—	137	13	2
ギリシャ・・・・・・・	41	329	—	73	44	—
ブルガリア・・・・・	34	216	166	13	14	—
ベラルーシ・・・・・	4	398	—	2	2	—
セルビア・・・・・・・	102	265	—	9	0	—
ハンガリー・・・・・	2	153	163	7	15	0
アイルランド・・・	11	198	—	100	0	—
デンマーク・・・・・	0	124	—	162	10	—

発電量の内訳（Ⅱ）（2019年）（単位　億kWh）

	水力	火力	原子力	風力	太陽光	地熱
スロバキア……	46	80	153	0	6	—
アゼルバイジャン	16	244	—	1	0	—
トルクメニスタン	0	225	—	—	—	—
北アメリカ……	6 903	29 463	9 445	3 309	980	184
アメリカ合衆国·	3 106	28 187	8 433	2 982	939	184
カナダ………	3 797	1 276	1 012	327	41	—
中南アメリカ…	7 174	7 554	358	952	254	99
ブラジル……	3 979	1 493	161	560	67	—
メキシコ……	237	2 668	112	169	71	54
アルゼンチン…	279	974	85	50	8	—
ベネズエラ……	496	354	—	1	0	—
チリ………	225	506	—	49	64	2
コロンビア……	546	256	—	1	1	—
ペルー………	314	231	—	17	8	—
パラグアイ……	494	0	—	—	—	—
エクアドル……	247	75	—	1	0	—
中東………	1 082	14 099	71	234	197	90
サウジアラビア·	—	3 851	—	—	4	—
イラン………	159	2 988	71	6	4	—
トルコ………	888	1 740	—	217	93	90
アラブ首長国連邦	—	1 347	—	—	36	—
イラク………	18	939	—	—	1	—
クウェート……	—	749	—	0	0	—
イスラエル……	—	688	—	2	33	—
カタール……	—	499	—	—	—	—
オマーン……	—	383	—	—	0	—
バーレーン……	—	334	—	—	—	—
アフリカ……	1 414	6 673	133	175	74	49
南アフリカ共和国	58	2 222	133	66	33	—
エジプト……	131	1 760	—	37	15	—
アルジェリア…	2	807	—	0	7	—
モロッコ……	17	324	—	47	4	—
リビア………	—	337	—	—	0	—
ナイジェリア…	67	246	—	—	0	—
オセアニア…[6]	415	2 243	—	200	150	80
オーストラリア·	160	2 155	—	177	148	—
ニュージーランド	256	88	—	23	1	80
世界計……	**43 290**	**176 629**	**27 897**	**14 274**	**6 810**	**911**

IEAウェブサイト"Data and Statistics"（2022年5月12日閲覧）より作成。前表2019年の内訳。発電源はほかに、潮力、波力および太陽熱などがある。火力発電には、化石燃料によるもの以外に、バイオ燃料や廃棄物等によるものを含む。脚注（1）から（6）は前表参照。7）電気事業便覧による数値で住宅等の太陽光発電を含まず、IEAの統計とは数値が異なる（IEA統計で日本の太陽光発電は690億kWh、その他の発電源の発電量も数値が若干異なる）。なお、本表のアジア計および世界計は、日本もIEAの数値を用いて集計している。

図 5-8　各国の発電エネルギー源別割合（2019年）

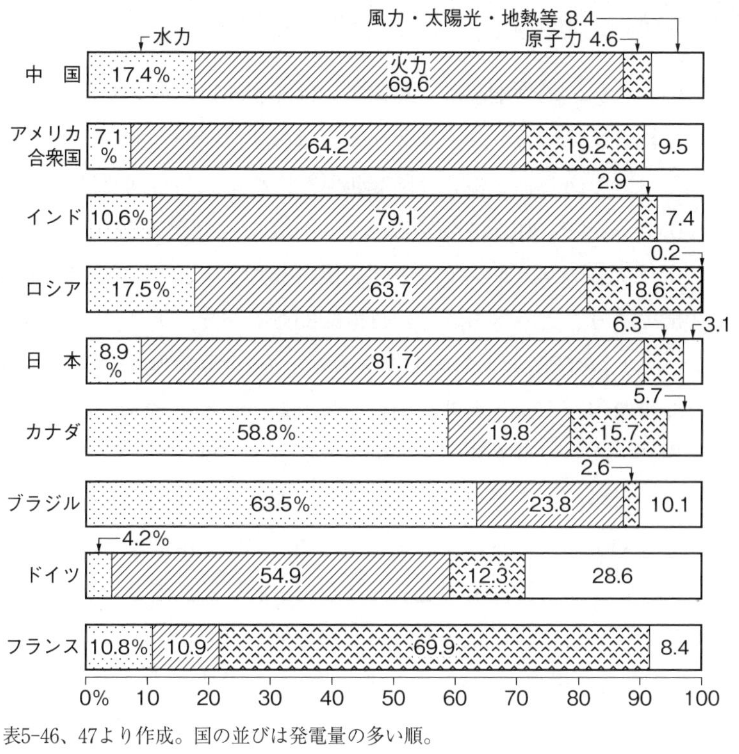

表5-46、47より作成。国の並びは発電量の多い順。

表 5-48　再生可能エネルギーによる発電量（2019年）

	発電量（億kWh）	割合（%）		発電量（億kWh）	割合（%）
中国	20 149	*26.9*	イタリア	1 158	*39.4*
アメリカ合衆国	7 670	*17.5*	フランス	1 131	*19.8*
ブラジル	5 154	*82.3*	スペイン	1 010	*37.0*
カナダ	4 273	*66.2*	スウェーデン	989	*58.7*
インド	3 247	*20.0*	ベトナム	745	*31.3*
ドイツ	2 424	*39.8*	コロンビア	564	*70.1*
ロシア	1 968	*17.5*	メキシコ	551	*16.0*
日本	1 863	*17.8*	オーストリア	544	*73.3*
トルコ	1 323	*43.5*	オーストラリア	517	*19.6*
ノルウェー	1 313	*97.1*	ベネズエラ	497	*58.4*
イギリス	1 205	*37.3*	世界計×	**70 145**	*25.9*

資料は表5-46に同じ。表5-46の内数。日本もIEAの数値で表5-46とは比較できない（表5-47脚注7）を参照）。水力（揚水水力を除く）、地熱、太陽光、風力、波力、潮力、バイオ燃料、可燃性廃棄物による発電量。割合は総発電量に対するもの。×その他とも。

第６章　農林水産業

〔**農業**〕 世界の穀物生産量（2020年）は29億9614万トンで、生産国の上位の中国６億1552万トン、アメリカ合衆国４億3488万トン、インド３億3504万トンであり、この３カ国で46％を占める。品目別では、小麦が７億6093万トンで、中国１億3425万トン、インド１億760万トンの順である。米は７億5674万トンで、中国２億1186万トン、インド１億7831万トンの順であり、とうもろこしは11億6235万トンで、アメリカ３億6025万トン、中国２億6067万トンの順である。一方、世界の穀物輸出量（2020年）は４億9164万トンであり、国別で最も輸出が多いアメリカが全体の18％を占め、次いでウクライナ、アルゼンチン、ロシアと続く。輸入が最も多いのは中国で、世界の穀物輸入量（2020年）４億7115万トンのうち８％を占め、次いで日本、メキシコの順である。中国は世界最大の穀物生産国であるが、国内需要を満たせない。特に2020年は、アフリカ豚熱からの養豚の急回復による飼料需要が急増した。

FAO（国連食糧農業機関）が2022年６月に発表した「食料見通し」によると、2022/23年の世界の穀物生産は４年ぶりに落ち込み、生産量は前年比0.6％減となる見通しである。減少の大半はとうもろこしであるが、小麦と米も減少と予測している。需要は前年比0.1％減の見込みで、飼料用の減少が主な要因であるが、減少は20年ぶりのことである。

農林水産省が発表した「2031年における世界の食料需給見通し」(2022年３月）によると、需要面では、アジア・アフリカ等の総人口の継続的な増加と緩やかな所得水準の向上等に伴い、増加が続くものの、今後の経済成長の鈍化を反映して、これまでより緩やかとなる見通しである。供給面では、多くの穀物で収穫面積の伸びが低下するものの、主に生産性の伸びの上昇によって、生産量は増加すると予測している。

ロシアによるウクライナ侵攻が及ぼす影響については、流動的な要素が多く中長期的な予想は困難であるが、足元の状況としては穀物価格の高騰や、供給面の逼迫をもたらしている（202ページ参照）。

表 6-1　農林水産業の概況（Ⅰ）(2019年)

	農林水産業就業人口[1)] (千人)	対総就業人口比 (%)	農地面積[2)] (千ha) 耕地・樹園地	牧場・牧草地	国土に占める農地割合(%)	農林水産業の付加価値割合(2020年)(%)
アジア・・・・・・・・・	597 575	*29.7*	590 072	1 077 882	*52.1*	*7.5*
アゼルバイジャン	1 752	*36.0*	2 356	2 423	*55.2*	*7.6*
アフガニスタン・	4 052	*42.5*	8 010	30 000	*58.2*	*28.3*
アラブ首長国連邦	93	*1.4*	91	300	*4.0*	*0.9*
アルメニア・・・・・	241	*23.9*	505	1 172	*56.4*	*12.3*
イエメン・・・・・・・	1 632	*27.6*	1 452	22 000	*44.4*	*19.6*
イスラエル・・・・・	34	*0.9*	478	160	*28.9*	*1.2*
イラク・・・・・・・・・	1 669	*18.3*	5 250	4 000	*21.3*	*5.8*
イラン・・・・・・・・・	4 353	*17.4*	17 536	29 477	*26.9*	*14.7*
インド・・・・・・・・・	199 809	*42.6*	169 317	10 261	*54.6*	*18.1*
インドネシア・・・	37 281	*28.5*	51 300	11 000	*32.5*	*14.2*
ウズベキスタン・	3 520	*25.7*	4 437	21 118	*56.9*	*27.3*
オマーン・・・・・・・	102	*3.9*	110	1 351	*4.7*	*2.2*
カザフスタン・・・	1 284	*14.9*	29 989	184 464	*78.7*	*5.8*
カタール・・・・・・・	25	*1.2*	17	50	*5.8*	*0.3*
韓国・・・・・・・・・・・	1 399	*5.1*	1 581	56	*16.3*	*2.0*
カンボジア・・・・・	3 216	*34.6*	4 066	1 500	*30.7*	*24.4*
北朝鮮・・・・・・・・・	7 068	*43.8*	2 580	50	*21.8*	*22.4*
キプロス・・・・・・・	14	*2.4*	124	2	*13.5*	*2.2*
キルギス・・・・・・・	459	*19.3*	1 364	9 004	*51.9*	*14.6*
クウェート・・・・・	42	*1.8*	14	136	*8.4*	*0.4*
サウジアラビア・	326	*2.4*	3 598	170 000	*80.8*	*2.6*
ジョージア・・・・・	687	*38.2*	428	1 940	*34.0*	*8.4*
シリア・・・・・・・・・	486	*10.1*	5 733	8 188	*75.2*	*20.6*
スリランカ・・・・・	2 033	*24.9*	2 372	440	*42.9*	*8.9*
タイ・・・・・・・・・・・	12 057	*31.4*	21 310	800	*43.1*	*8.6*
(台湾)・・・・・・・・・・	595	*5.0*	790	…	*22.0*	…
タジキスタン・・・	969	*44.6*	853	3 875	*33.4*	*24.9*
中国・・・・・・・・・・・	194 382	*25.3*	134 881	392 833	*55.2*	*8.0*
トルクメニスタン	475	*20.7*	2 000	31 838	*69.3*	*11.4*
トルコ・・・・・・・・・	5 218	*18.1*	23 099	14 617	*48.0*	*7.5*
日本・・・・・・・・・・・	2 279	*3.4*	3 800	597	*11.6*	*1.1*
ネパール・・・・・・・	10 393	*64.4*	2 326	1 795	*28.0*	*26.2*
バーレーン・・・・・	9	*0.9*	5	4	*11.0*	*0.3*
パキスタン・・・・・	26 130	*36.8*	31 300	5 000	*45.6*	*24.4*
(パレスチナ)・・・	61	*6.0*	185	277	*76.7*	*8.3*
バングラデシュ・	25 742	*38.3*	8 797	600	*63.7*	*13.0*
東ティモール・・・	205	*39.3*	230	150	*25.6*	*16.1*
フィリピン・・・・・	10 049	*22.8*	10 940	1 500	*41.5*	*10.2*
ブータン・・・・・・・	209	*55.8*	100	413	*13.4*	*16.5*
ブルネイ・・・・・・・	4	*2.0*	10	3	*2.3*	*1.2*
ベトナム・・・・・・・	20 894	*37.2*	11 746	642	*37.4*	*16.5*
マレーシア・・・・・	1 566	*10.3*	8 286	285	*26.0*	*8.3*

農林水産業の概況（Ⅱ）（2019年）

	農林水産業就業人口[1]（千人）	対総就業人口比（%）	農地面積[2]（千ha） 耕地・樹園地	牧場・牧草地	国土に占める農地割合（%）	農林水産業の付加価値割合（2020年）（%）
ミャンマー……	11 764	*48.9*	12 500	298	*18.9*	*21.5*
モンゴル……	337	*25.3*	1 334	112 040	*72.5*	*13.3*
ヨルダン……	54	*2.5*	288	742	*11.5*	*5.7*
ラオス……	2 316	*61.4*	1 719	675	*10.1*	*18.5*
レバノン……	258	*11.3*	258	400	*63.0*	*2.6*
アフリカ……	223 900	*49.0*	275 731	842 870	*36.9*	*17.5*
アルジェリア…	1 059	*9.4*	8 517	32 842	*17.4*	*14.6*
アンゴラ……	6 211	*50.7*	5 215	51 737	*45.7*	*9.9*
ウガンダ……	11 761	*72.1*	9 100	5 315	*59.7*	*25.6*
エジプト……	5 537	*20.6*	3 836	—	*3.8*	*12.1*
エスワティニ…	35	*12.1*	190	1 032	*70.4*	*8.9*
エチオピア……	34 603	*66.6*	17 903	20 000	*33.4*	*37.2*
エリトリア……	953	*63.1*	692	6 900	*62.3*	*17.3*
ガーナ……	3 682	*29.7*	5 221	7 383	*52.8*	*20.5*
カーボベルデ…	22	*10.6*	54	25	*19.6*	*5.6*
ガボン……	173	*29.9*	495	1 718	*8.3*	*7.0*
カメルーン……	4 774	*43.5*	7 750	2 000	*20.5*	*16.5*
ガンビア……	191	*27.0*	445	160	*53.5*	*22.8*
ギニア……	2 578	*60.7*	3 800	10 700	*59.0*	*25.1*
ギニアビサウ…	471	*60.5*	550	265	*22.6*	*32.6*
ケニア……	12 567	*54.4*	6 330	21 300	*47.6*	*24.5*
コートジボワール	3 138	*40.3*	8 000	13 200	*65.7*	*21.5*
コモロ……	75	*34.6*	116	15	*70.4*	*38.1*
コンゴ共和国…	662	*33.5*	628	10 000	*31.1*	*7.5*
コンゴ民主共和国	18 376	*64.3*	13 300	18 200	*13.4*	*21.6*
サントメ・プリンシペ……	12	*19.1*	43	1	*45.8*	*14.3*
ザンビア……	3 232	*49.6*	3 836	20 000	*31.7*	*3.1*
シエラレオネ…	1 397	*54.5*	1 749	2 200	*54.6*	*63.3*
ジブチ……	91	*24.5*	2	1 700	*73.4*	*1.4*
ジンバブエ……	4 424	*66.2*	4 100	12 100	*41.5*	*9.2*
スーダン……	3 972	*38.4*	19 991	48 195	*36.8*	*21.5*
赤道ギニア……	193	*39.5*	180	104	*10.1*	*3.0*
セネガル……	1 197	*30.1*	3 278	5 600	*45.1*	*16.6*
(セントヘレナ諸島)……	…	…	4	8	*30.8*	…
ソマリア……	2 768	*80.3*	1 125	43 000	*69.2*	*60.2*
タンザニア……	17 341	*65.1*	15 650	24 000	*41.9*	*28.6*
チャド……	4 408	*75.1*	5 238	45 000	*39.1*	*27.7*
中央アフリカ…	1 281	*69.9*	1 880	3 200	*8.2*	*33.4*
チュニジア……	480	*13.7*	4 993	4 750	*59.6*	*12.4*
トーゴ……	879	*32.5*	2 820	1 000	*67.3*	*22.0*
ナイジェリア…	20 444	*35.4*	40 500	28 623	*74.8*	*24.4*

農林水産業の概況（Ⅲ）（2019年）

	農林水産業就業人口[1)]（千人）	対総就業人口比（%）	農地面積[2)]（千ha） 耕地・樹園地	牧場・牧草地	国土に占める農地割合（%）	農林水産業の付加価値割合（2020年）（%）
ナミビア	164	*21.9*	810	38 000	*47.1*	*9.7*
ニジェール	6 090	*72.5*	17 818	28 782	*36.8*	*40.5*
（西サハラ）	44	*21.1*	4	5 000	*18.8*	…
ブルキナファソ	1 867	*26.2*	6 100	6 000	*44.1*	*22.3*
ブルンジ	4 238	*86.2*	1 550	483	*73.1*	*37.2*
ベナン	1 804	*38.3*	3 400	550	*34.4*	*30.4*
ボツワナ	177	*19.9*	262	25 600	*44.5*	*2.4*
（マイヨット島）	…	…	20	0	*53.5*	…
マダガスカル	8 712	*64.1*	3 600	37 295	*69.6*	*26.8*
マラウイ	5 799	*76.4*	3 800	1 850	*47.7*	*26.7*
マリ	4 159	*62.4*	6 561	34 640	*33.2*	*38.1*
南アフリカ共和国	882	*5.3*	12 413	83 928	*79.0*	*2.7*
南スーダン	2 482	*60.4*	2 478	25 773	*43.7*	*5.8*
モーリシャス	34	*6.0*	79	7	*42.2*	*3.9*
モーリタニア	343	*30.9*	411	39 250	*38.5*	*22.1*
モザンビーク	8 966	*70.2*	5 950	35 464	*51.8*	*28.8*
モロッコ	3 659	*33.3*	8 612	21 000	*66.3*	*13.2*
リビア	325	*16.4*	2 050	13 300	*8.7*	*3.9*
リベリア	922	*42.6*	700	1 254	*17.5*	*75.6*
ルワンダ	3 920	*62.3*	1 402	410	*68.8*	*28.5*
レソト	329	*44.3*	142	2 000	*70.6*	*5.2*
レユニオン	…	…	37	11	*19.0*	…
ヨーロッパ	18 165	*5.3*	288 795	173 793	*19.8*	*1.9*
アイスランド	8	*4.0*	121	1 751	*18.2*	*4.8*
アイルランド	101	*4.4*	444	4 080	*64.4*	*1.0*
アルバニア	465	*36.6*	696	478	*40.8*	*21.9*
アンドラ	…	…	1	18	*40.0*	*0.6*
イギリス	352	*1.0*	6 132	11 390	*71.9*	*0.6*
イタリア	915	*3.9*	9 329	3 792	*43.4*	*2.2*
ウクライナ	2 540	*13.8*	33 777	7 534	*68.4*	*10.8*
エストニア	21	*3.2*	697	292	*21.8*	*2.5*
オーストリア	163	*3.7*	1 392	1 259	*31.6*	*1.2*
オランダ	185	*2.1*	1 049	768	*43.7*	*1.8*
北マケドニア	111	*13.9*	460	805	*49.2*	*10.8*
ギリシャ	452	*11.6*	3 222	2 882	*46.3*	*4.8*
クロアチア	105	*6.2*	897	607	*17.1*	*3.8*
スイス	123	*2.6*	424	1 083	*36.5*	*0.7*
スウェーデン	84	*1.7*	2 544	461	*5.7*	*1.6*
スペイン	797	*4.0*	16 760	9 447	*51.8*	*3.4*
スロバキア	72	*2.8*	1 367	518	*38.4*	*2.0*
スロベニア	42	*4.3*	234	378	*29.9*	*2.4*
セルビア	572	*15.6*	2 785	675	*39.2*	*7.6*
チェコ	142	*2.7*	2 532	992	*44.7*	*2.1*

農林水産業の概況（Ⅳ）（2019年）

	農林水産業就業人口[1)]（千人）	対総就業人口比（%）	農地面積[2)]（千ha） 耕地・樹園地	牧場・牧草地	国土に占める農地割合（%）	農林水産業の付加価値割合（2020年）（%）
デンマーク	64	*2.2*	2 419	207	*61.2*	*1.5*
ドイツ	515	*1.2*	11 914	4 751	*46.6*	*0.8*
ノルウェー	56	*2.0*	803	179	*1.6*	*2.1*
ハンガリー	215	*4.7*	4 488	790	*56.7*	*4.0*
フィンランド	97	*3.8*	2 250	24	*6.7*	*2.8*
フランス	702	*2.5*	19 075	9 546	*52.1*	*1.8*
ブルガリア	215	*6.6*	3 629	1 408	*45.4*	*4.0*
ベラルーシ	530	*11.1*	5 820	2 568	*40.4*	*7.8*
ベルギー	45	*0.9*	881	475	*44.4*	*0.7*
ポーランド	1 619	*9.2*	11 395	3 128	*46.4*	*2.8*
ボスニア・ヘルツェゴビナ	203	*18.0*	1 121	1 095	*43.3*	*7.3*
ポルトガル	270	*5.5*	1 698	1 876	*38.8*	*2.4*
マルタ	2	*1.0*	10	—	*32.4*	*0.5*
(マン島)	…	…	24	17	*72.5*	…
モルドバ	282	*21.0*	1 922	340	*66.8*	*11.0*
モンテネグロ	17	*7.1*	15	243	*18.7*	*8.2*
ラトビア	67	*7.3*	1 328	632	*30.3*	*4.6*
リトアニア	87	*6.4*	2 247	728	*45.6*	*3.6*
ルーマニア	1 840	*21.2*	9 378	4 448	*58.0*	*4.2*
ルクセンブルク	2	*0.7*	64	68	*50.7*	*0.2*
ロシア	4 085	*5.8*	123 442	92 052	*12.6*	*4.1*
北中アメリカ	17 645	*6.4*	235 839	353 839	*25.8*	*1.2*
アメリカ合衆国	2 189	*1.4*	160 437	245 374	*41.3*	*0.8*
アンティグア・バーブーダ	…	…	5	4	*20.5*	*2.5*
エルサルバドル	437	*16.3*	881	315	*56.8*	*5.7*
カナダ	294	*1.5*	38 815	19 342	*5.9*	*1.9*
キューバ	868	*17.3*	3 663	2 738	*58.3*	*3.7*
グアテマラ	2 218	*31.2*	2 045	1 811	*35.4*	*10.9*
(グアドループ)	…	…	25	25	*30.5*	…
(グリーンランド)	…	…	—	243	*0.6*	*19.2*
グレナダ	…	…	7	1	*23.5*	*5.8*
コスタリカ	268	*11.8*	576	1 200	*34.7*	*4.7*
ジャマイカ	211	*15.2*	215	229	*40.4*	*9.8*
セントルシア	9	*9.6*	10	1	*17.1*	*2.6*
ドミニカ共和国	424	*8.7*	1 232	1 197	*49.9*	*6.5*
ドミニカ国	…	…	23	2	*33.3*	*17.8*
トリニダード・トバゴ	20	*3.0*	47	7	*10.5*	*1.1*
ニカラグア	889	*30.6*	1 790	3 275	*38.9*	*17.5*
ハイチ	1 285	*28.8*	1 350	490	*66.3*	*20.9*
パナマ	286	*14.3*	750	1 509	*30.0*	*2.8*

農林水産業の概況（V）（2019年）

	農林水産業就業人口1)（千人）	対総就業人口比（%）	農地面積2)（千ha）		国土に占める農地割合（%）	農林水産業の付加価値割合（2020年）（%）
			耕地・樹園地	牧場・牧草地		
バハマ	4	*2.2*	12	2	*1.0*	*0.5*
バルバドス	4	*2.7*	8	2	*23.3*	*1.6*
（プエルトリコ）	10	*1.1*	65	103	*18.9*	*0.6*
ベリーズ	28	*16.8*	122	50	*7.5*	*13.3*
ホンジュラス	1 288	*29.5*	1 596	1 915	*31.2*	*12.6*
（マルチニーク）	…	…	16	16	*27.7*	…
メキシコ	6 907	*12.4*	22 129	73 977	*48.9*	*4.1*
南アメリカ	24 007	*12.3*	132 359	405 722	*30.2*	*7.1*
アルゼンチン	3) 11	…	33 701	74 681	*39.0*	*8.2*
ウルグアイ	134	*8.4*	2 047	12 000	*79.7*	*8.5*
エクアドル	2 437	*29.7*	2 429	2 901	*20.8*	*10.4*
ガイアナ	41	*15.4*	460	781	*5.8*	*17.8*
コロンビア	3 760	*15.8*	9 872	39 824	*43.5*	*8.4*
スリナム	16	*8.1*	68	16	*0.5*	*8.5*
チリ	791	*9.0*	1 656	14 015	*20.7*	*4.2*
パラグアイ	633	*18.7*	4 824	17 000	*53.7*	*11.3*
（フォークランド諸島）	…	…	—	1 130	*92.8*	…
ブラジル	8 564	*9.1*	63 518	173 361	*27.8*	*6.5*
（仏領ギアナ）	…	…	19	14	*0.4*	…
ベネズエラ	899	*8.1*	3 300	18 200	*23.6*	*5.2*
ペルー	5 022	*27.4*	5 678	18 800	*19.0*	*8.2*
ボリビア	1 698	*30.5*	4 787	33 000	*34.4*	*13.5*
オセアニア	2 222	*11.6*	33 264	341 923	*43.8*	*3.2*
オーストラリア	325	*2.6*	30 920	331 557	*46.8*	*2.4*
キリバス	…	…	34	—	*42.0*	*25.2*
（グアム）	0	*0.2*	8	8	*29.6*	…
サモア	15	*30.2*	64	12	*26.7*	*10.5*
ソロモン諸島	125	*37.3*	109	8	*4.0*	*33.6*
トンガ	6	*18.7*	31	4	*46.7*	*21.1*
（ニューカレドニア）	2	*1.9*	10	174	*9.9*	*2.2*
ニュージーランド	150	*5.8*	620	9 725	*38.6*	*6.3*
バヌアツ	72	*56.8*	145	42	*15.3*	*23.1*
パプアニューギニア	1 460	*56.2*	1 000	190	*2.6*	*18.2*
フィジー	61	*17.6*	250	175	*23.3*	*17.6*
（仏領ポリネシア）	7	*6.8*	26	20	*13.1*	*3.5*
ミクロネシア連邦	…	…	19	3	*31.4*	*25.8*
世界計	**883 514**	*26.7*	**1 556 059**	**3 196 030**	*35.2*	*4.5*

FAOSTAT、ILOSTATおよび国連“National Accounts Main Aggregates Database”より作成。2022年7月11日閲覧。日本の農地面積は農林水産統計「耕地面積」による。1）ILOのモデル推計値（2020年11月時点）。2)「牧場・牧草地」は、「砂漠」や「ステップ（温帯内陸部の半乾燥草原で乾季には枯れ野、降雨季には緑野に変化する）」との区別が不明瞭な国もあり、国によって定義が異なる場合がある。3）都市部のみ。

表 6-2　化学肥料消費量（2019年）（単位　千 t）

窒素肥料（N含有量）		リン酸肥料（P_2O_5含有量）		カリ肥料（K_2O含有量）	
中国………	26 738	中国………	10 221	中国………	10 245
インド……	18 864	インド……	7 465	ブラジル……	6 774
アメリカ合衆国	11 672	ブラジル……	4 860	アメリカ合衆国	4 305
ブラジル……	4 912	アメリカ合衆国	3 974	インド……	2 641
パキスタン…	3 505	パキスタン…	1 100	インドネシア・	1 733
インドネシア・	2 928	カナダ……	1 082	マレーシア…	1 053
カナダ……	2 568	オーストラリア	958	ポーランド…	569
フランス……	2 131	インドネシア・	840	ベトナム……	511
ロシア……	1 727	バングラデシュ	760	フランス……	470
トルコ……	1 683	アルゼンチン・	759	バングラデシュ	430
ベトナム……	1 494	ベトナム……	731	カナダ……	427
ウクライナ…	1 468	トルコ……	667	ドイツ……	420
（参考）日本‥	369	（参考）日本‥	338	（参考）日本‥	270
世界計×…	**107 736**	世界計×…	**43 405**	世界計×…	**37 391**

FAOSTAT（2022年6月25日閲覧）より作成。×その他とも。

ウクライナ侵攻がもたらす食糧危機

2022年2月からのロシアによるウクライナ侵攻によって、世界的な規模で食糧不足や食糧価格の高騰が懸念されている。ロシアとウクライナは世界有数の穀物輸出国であり、小麦の輸出量は両国を合わせると世界全体の3割弱を占める（2020年）。しかし、ウクライナでは、戦争で春の作付けが滞り、夏以降の収穫に影響が出る見通しである。

また、黒海に面したウクライナ南部の港湾都市オデーサなどが、ロシア軍によって事実上封鎖されている。ウクライナからの輸出が滞っており、同国のゼレンスキー大統領は2022年6月、2200万から2500万トンの穀物が港に留め置かれていると述べた。ロシアはさらに、自国の穀物輸出を制限して、エネルギー資源とともに欧米諸国との交渉カードとしている。

その影響で、アフリカ諸国が大きな打撃を受けている。これらの国々は、貧困や紛争で食糧を自給できず、これまでウクライナとロシアからの安価な小麦輸入に頼ってきた。しかし、コロナ禍による物流の停滞や、小麦生産国のアメリカやカナダでの天候不順の影響で食糧価格が上昇する中、今回の軍事侵攻が追い打ちをかけており、小麦でつくるパンの価格が5割上がった地域もある。WFP（国連世界食糧計画）は、紛争がこのまま継続すれば、サハラ以南のアフリカを中心に急性食料不安が4700万人増加すると予測している。ウクライナの穀物は2021年に世界の4億人をまかなってきたとした上で、これを輸出できないことは、壊滅的な世界規模の飢餓の危機に繋がると警告している。

図 6-1　穀物や肥料の価格高騰

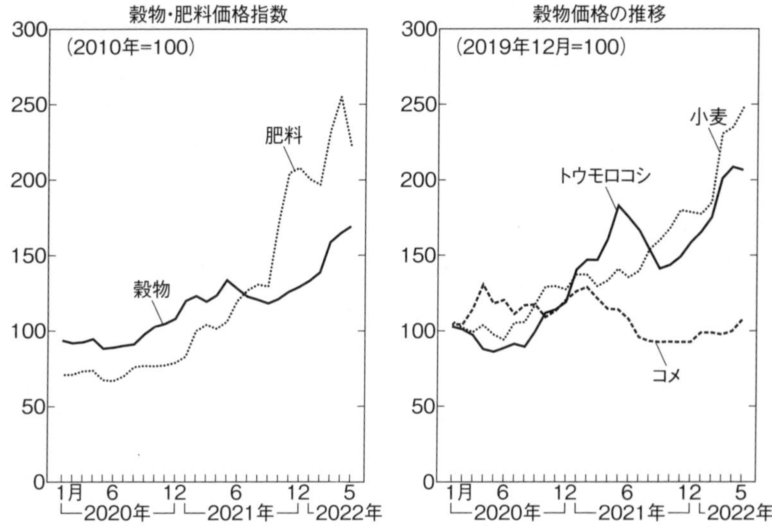

世界銀行“Commodity Price Data”より作成。2022年6月30日閲覧。小麦とトウモロコシはアメリカで、小麦は硬質赤色冬小麦、コメはタイの白米で5％砕米。

表 6-3　遺伝子組換え作物栽培面積（単位　百万ha）

国別	2018	2019
アメリカ合衆国	75.0	71.5
ブラジル	51.3	52.8
アルゼンチン	23.9	24.0
カナダ	12.7	12.5
インド	11.6	11.9
パラグアイ	3.8	4.1
中国	2.9	3.2
南アフリカ共和国	2.7	2.7
パキスタン	2.8	2.5
ボリビア	1.3	1.4
ウルグアイ	1.3	1.2
計×	**191.7**	**190.4**
うち先進国	88.6	84.7
途上国	103.1	105.7

作物別	2018	2019
大豆	95.9	91.9
とうもろこし	58.9	60.9
綿	24.9	25.7
なたね	10.1	10.1
その他 1)	1.9	1.8
計	**191.7**	**190.4**

作物の形質別	2018	2019
除草剤耐性	87.5	81.5
多重形質 2)	80.5	85.1
防虫	23.7	23.6
計×	**191.7**	**190.4**

ISAAA（国際アグリバイオ事業団）“Global Status of Commercialized Biotech/GM Crops in 2019”より作成。2019年は継続的な遺伝子組換え作物の導入が始まって24年目となり、栽培または輸入を通じて導入している国は70か国にのぼる。このうち栽培をしている国は29か国（先進国5か国、途上国24か国）である。1）アルファルファ、てんさいなど。2）複数の有用な形質が付与されたもの。×その他とも。

表 6-4　各国の農作物の生産（Ⅰ）（2020年）（単位　千t）

	穀物生産量	小麦	米	とうもろこし	大豆	いも類
アジア………	1 444 426	347 921	676 610	365 306	33 560	324 104
アゼルバイジャン	3 151	1 819	9	315	0	1 038
アフガニスタン·	6 026	5 185	440	272	…	855
アラブ首長国連邦	16	…	…	16	…	4
アルメニア……	242	132	…	6	…	437
イエメン………	447	101	…	40	…	234
イスラエル……	246	117	…	73	…	532
イラク………	8 885	6 238	464	419	0	675
イラン………	22 013	15 000	2 000	1 400	140	4 475
インド………	335 035	107 590	178 305	30 160	11 226	57 529
インドネシア…	77 149	…	54 649	22 500	1 040	21 547
ウズベキスタン·	7 122	6 158	293	475	7	3 144
オマーン……	182	3	…	25	…	16
カザフスタン…	20 179	14 258	557	958	261	4 007
カタール……	2	0	…	1	…	0
韓国…………	4 945	17	4 713	92	81	883
カンボジア……	11 910	…	10 960	950	180	7 745
北朝鮮………	4 663	89	2 113	2 214	230	1 217
キプロス……	76	32	0	…	0	80
キルギス……	1 901	629	44	714	2	1 327
クウェート……	21	0	…	16	…	44
サウジアラビア·	1 181	555	0	59	…	561
ジョージア……	412	102	…	255	2	209
シリア………	5 323	2 848	…	227	6	647
シンガポール…	…	…	…	…	…	0
スリランカ……	5 435	…	5 121	314	8	425
タイ…………	35 508	1	30 231	4 806	29	29 496
(台湾)………	1 965	5	1 751	206	4	345
タジキスタン…	1 281	846	99	182	0	986
中国…………	615 518	134 250	211 860	260 670	19 600	133 947
トルクメニスタン	1 533	1 320	150	43	…	304
トルコ………	37 185	20 500	980	6 500	155	5 200
日本…………	10 923	949	9 706	0	219	3 324
ネパール……	10 936	2 185	5 551	2 836	38	3 291
バーレーン……	…	…	…	…	…	0
パキスタン……	42 541	25 248	8 419	8 465	0	4 937
(パレスチナ)…	51	34	…	…	…	64
バングラデシュ·	59 960	1 029	54 906	4 015	105	9 852
東ティモール…	144	…	69	75	1	63
フィリピン……	27 414	…	19 295	8 119	1	3 399
ブータン……	103	2	54	41	0	81
ブルネイ……	3	…	3	…	…	4
ベトナム……	47 321	…	42 759	4 560	65	12 155
(香港)………	0	…	0	…	…	0

各国の農作物の生産（Ⅱ）（2020年）（単位　千 t）

	穀物生産量	小麦	米	とうもろこし	大豆	いも類
(マカオ)········	…	…	…	…	…	…
マレーシア·····	2 390	…	2 322	68	…	87
ミャンマー·····	27 553	111	25 100	2 041	145	934
モルディブ·····	0	…	…	0	…	2
モンゴル·······	430	406	…	…	…	244
ヨルダン·······	95	22	…	24	0	193
ラオス·········	4 837	…	3 687	1 150	15	6 938
レバノン·······	174	140	…	3	…	629
アフリカ·······	208 209	25 233	37 890	90 525	3 439	333 595
アルジェリア···	4 393	3 107	0	3	…	4 659
アンゴラ·······	2 428	3	10	2 300	41	10 956
ウガンダ·······	3 436	25	200	2 750	75	6 053
エジプト·······	22 320	9 000	4 894	7 500	50	5 791
エスワティニ···	90	1	1	87	…	73
エチオピア·····	30 249	5 479	190	10 022	209	5 114
エリトリア·····	305	25	…	20	…	55
ガーナ·········	4 570	…	973	3 071	177	31 736
カーボベルデ···	0	…	…	0	…	8
ガボン·········	46	…	2	45	4	624
カメルーン·····	3 733	0	329	2 091	24	8 299
ガンビア·······	174	…	28	35	…	12
ギニア·········	4 667	…	2 916	908	…	3 479
ギニアビサウ···	253	…	198	7	…	128
ケニア·········	4 881	405	181	3 789	2	3 472
コートジボワール	2 817	…	1 481	1 176	0	14 286
コモロ·········	37	…	31	6	…	89
コンゴ共和国···	30	…	1	13	…	1 675
コンゴ民主共和国	3 551	9	1 379	2 112	26	42 761
サントメ・プリンシペ···	1	…	…	1	…	13
ザンビア·······	3 685	192	35	3 387	297	4 157
シエラレオネ···	1 170	…	1 050	27	…	1 888
ジブチ·········	0	…	…	0	…	…
ジンバブエ·····	1 598	150	1	1 202	60	307
スーダン·······	3 821	751	34	14	…	924
セーシェル·····	…	…	…	…	…	0
赤道ギニア·····	…	…	…	…	…	209
セネガル·······	3 641	…	1 350	762	…	1 680
ソマリア·······	177	1	1	75	…	103
タンザニア·····	12 493	77	4 528	6 711	24	13 075
チャド·········	2 882	2	278	407	…	1 023
中央アフリカ···	136	…	6	90	…	1 356
チュニジア·····	1 565	1 042	…	…	…	450
トーゴ·········	1 357	…	160	885	2	2 054

各国の農作物の生産（Ⅲ）（2020年）（単位　千t）

	穀物生産量	小麦	米	とうもろこし	大豆	いも類
ナイジェリア	28 673	55	8 172	12 000	600	118 327
ナミビア	174	12	…	64	…	383
ニジェール	5 878	4	179	47	…	1 104
ブルキナファソ	5 123	…	395	1 920	48	194
ブルンジ	466	9	150	260	3	3 931
ベナン	2 203	…	412	1 612	254	7 371
ボツワナ	162	1	…	62	…	113
マダガスカル	4 459	1	4 232	225	0	4 205
マラウイ	4 028	1	145	3 692	180	14 095
マリ	10 352	37	3 010	3 517	15	1 074
南アフリカ共和国	18 237	2 109	3	15 300	1 246	2 630
南スーダン	874	…	…	131	…	796
モーリシャス	1	…	0	1	…	18
モーリタニア	486	9	365	15	…	11
モザンビーク	1 949	15	137	1 632	75	6 251
モロッコ	3 304	2 562	46	30	1	1 715
リビア	209	130	…	3	…	367
リベリア	270	…	270	…	3	706
ルワンダ	754	13	117	449	24	3 664
レソト	99	8	…	70	…	129
ヨーロッパ	526 445	255 019	4 067	123 945	10 627	107 694
アイスランド	7	…	…	…	…	7
アイルランド	1 893	365	0	0	0	300
アルバニア	684	233	…	399	0	255
イギリス	18 962	9 658	…	…	…	5 520
イタリア	16 945	6 716	1 507	6 793	1 006	1 435
ウクライナ	64 342	24 912	61	30 290	2 798	20 838
エストニア	1 633	841	0	0	0	88
オーストリア	5 650	1 653	…	2 412	205	886
オランダ	1 364	932	0	166	…	7 020
北マケドニア	579	246	20	150	0	193
ギリシャ	3 105	1 095	287	1 178	2	451
クロアチア	3 746	868	0	2 431	266	174
スイス	1 008	527	…	220	5	490
スウェーデン	5 955	3 214	0	13	…	877
スペイン	27 321	8 144	739	4 214	5	2 052
スロバキア	4 581	2 133	0	1 643	132	166
スロベニア	749	158	0	430	5	89
セルビア	11 472	2 874	…	7 873	752	673
チェコ	8 127	4 902	0	826	33	696
デンマーク	9 468	4 070	0	39	0	2 763
ドイツ	43 265	22 172	0	4 020	91	11 715
ノルウェー	1 239	303	…	…	…	361
ハンガリー	15 567	5 121	12	8 365	166	270

各国の農作物の生産（Ⅳ）（2020年）（単位　千t）

	穀物生産量	小麦	米	とうもろこし	大豆	いも類
フィンランド…	3 416	687	0	…	…	624
（フェロー諸島）·	…	…	…	…	…	2
フランス……	56 850	30 144	76	13 419	407	8 692
ブルガリア……	8 598	4 848	66	3 014	6	192
ベラルーシ……	8 404	2 848	…	1 076	…	5 231
ベルギー……	2 566	1 741	0	421	…	3 929
ポーランド……	34 865	12 433	0	6 695	15	7 849
ボスニア・ヘルツェゴビナ	1 944	322	…	1 426	37	441
ポルトガル……	1 056	84	133	682	…	410
マルタ……	0	0	0	0	0	8
モルドバ……	1 478	570	…	785	33	172
モンテネグロ…	7	2	…	3	…	24
ラトビア……	3 497	2 660	0	0	0	181
リトアニア……	6 545	4 819	0	142	3	297
ルーマニア……	19 374	6 755	25	10 942	354	2 699
ルクセンブルク·	146	72	0	1	0	16
ロシア……	130 038	85 896	1 142	13 879	4 308	19 607
北中アメリカ…	543 620	87 862	13 146	405 801	119 225	32 260
アメリカ合衆国·	434 875	49 691	10 323	360 252	112 549	20 349
アンティグア・バーブーダ…	0	…	…	0	…	0
エルサルバドル·	1 019	…	28	886	5	73
カナダ……	65 014	35 183	…	13 563	6 359	5 295
キューバ……	526	…	267	257	…	1 268
グアテマラ……	1 985	1	32	1 910	41	594
グレナダ……	0	…	…	0	…	3
コスタリカ……	152	…	138	14	…	173
ジャマイカ……	2	…	0	2	…	286
セントクリストファー・ネービス	…	…	…	…	…	1
セントビンセント・グレナディーン諸島……	1	…	…	1	…	14
セントルシア…	…	…	…	…	…	4
ドミニカ共和国·	994	…	943	51	…	404
ドミニカ国……	0	…	…	0	…	37
トリニダード・トバゴ……	6	…	1	5	…	14
ニカラグア……	905	…	477	371	10	391
ハイチ……	370	…	172	180	…	874
パナマ……	530	…	392	133	0	55
バハマ……	1	…	…	1	…	3
バルバドス……	0	…	…	0	…	3

各国の農作物の生産（V）（2020年）（単位　千t）

	穀物生産量	小麦	米	とうもろこし	大豆	いも類
(プエルトリコ)・	0	…	0	0	…	7
ベリーズ………	112	…	14	83	14	2
ホンジュラス…	754	1	66	667	1	86
メキシコ………	36 375	2 987	295	27 425	246	2 325
南アメリカ……	245 767	29 956	24 968	176 293	186 596	45 923
アルゼンチン…	86 573	19 777	1 223	58 396	48 797	2 961
ウルグアイ……	3 503	776	1 209	763	1 990	153
エクアドル……	2 690	15	1 337	1 305	27	502
ガイアナ………	692	…	688	4	…	107
コロンビア……	4 925	6	3 424	1 479	119	4 332
スリナム………	286	…	286	0	0	10
チリ…………	2 760	1 231	170	593	…	1 303
パラグアイ……	8 433	1 303	1 188	5 835	11 024	3 385
ブラジル………	125 568	6 348	11 091	103 964	121 798	23 071
ベネズエラ……	2 016	1	429	1 552	9	1 178
ペルー…………	5 407	188	3 437	1 448	2	7 341
ボリビア………	2 914	311	487	955	2 829	1 578
オセアニア……	27 675	14 934	62	483	17	4 047
オーストラリア・	26 614	14 480	50	268	17	1 154
キリバス………	…	…	…	…	…	2
(クック諸島)…	…	…	…	…	…	0
サモア…………	…	…	…	…	…	28
ソロモン諸島…	3	…	3	…	…	199
ツバル…………	…	…	…	…	…	0
(トケラウ)……	…	…	…	…	…	0
トンガ…………	…	…	…	…	…	24
ナウル…………	0	…	…	0	…	…
ニウエ…………	…	…	…	…	…	3
(ニューカレドニア)	10	0	…	10	…	7
ニュージーランド	1 019	454	…	190	…	565
バヌアツ………	1	…	…	1	…	54
パプアニューギニア	18	…	1	12	…	1 845
フィジー………	10	…	8	2	…	143
(仏領ポリネシア)	…	…	…	…	…	10
ミクロネシア連邦	0	…	0	0	…	12
世界計×……	**2 996 142**	**760 926**	**756 744**	**1 162 353**	**353 464**	**847 622**

FAOSTATより作成（2022年7月4日閲覧）。穀物は小麦、米（もみ量）、とうもろこし、大麦やさまざまな雑穀類の合計。いも類はキャッサバやばれいしょ、かんしょ、タロイモなど。

表 6-5　主な国の主要食料需給（Ⅰ）（2019年）（単位　千 t）

		生産と輸出入				主な用途	
		生産量	輸入量	輸出量	国内供給量	食料[1]	飼料
日本	穀物	11 832	25 029	338	36 181	17 801	14 746
	米	10 527	943	68	11 255	10 146	412
	小麦	1 038	5 680	268	6 600	5 615	630
	いも類	3 513	717	13	4 141	3 183	22
	ばれいしょ	2 399	496	3	2 797	2 383	5
	かんしょ	749	15	4	793	456	2
	豆類	109	114	0	253	178	20
	野菜	10 826	2 617	23	13 283	12 271	7
	果実	2 550	2 454	54	4 992	4 231	—
	肉類	4 052	3 450	18	6 661	6 483	—
	豚肉	1 279	1 540	2	2 823	2 771	—
	家きん肉	2 298	1 094	10	2 552	2 454	—
	乳[2]	7 316	379	8	7 687	6 021	92
	卵	2 640	34	9	2 665	2 529	—
	魚介類	3 819	4 306	722	7 403	5 843	1 534
中国	穀物	612 913	19 570	6 778	619 897	291 658	227 261
	米	209 614	3 725	4 051	206 786	183 645	7 061
	小麦	133 596	3 873	734	124 716	94 783	20 485
	とうもろこし	260 779	4 799	1 144	274 071	8 895	195 490
	いも類	150 642	21 617	768	173 036	98 436	45 287
	ばれいしょ	91 819	262	556	91 525	63 875	15 020
	かんしょ	51 794	0	40	53 459	30 172	20 090
	豆類	5 025	2 256	386	6 331	1 994	3 543
	野菜	662 505	537	14 635	647 469	554 687	38 285
	果実	172 447	6 646	4 787	174 336	146 792	0
	肉類	75 142	5 749	854	90 842	91 289	1
	牛肉	6 590	2 274	89	8 795	8 869	—
	豚肉	42 553	2 242	161	56 075	56 075	—
	家きん肉	20 442	795	588	20 001	20 372	—
	乳[2]	36 347	1 322	26	37 641	33 412	142
	卵	33 090	0	104	32 964	29 842	—
	魚介類	62 197	11 690	8 220	65 919	55 188	9 731
インド	穀物	324 331	739	16 208	295 099	254 733	18 116
	米	177 645	9	14 597	161 258	148 173	4 120
	小麦	103 596	36	673	95 244	82 510	3 500
	いも類	56 327	60	529	57 927	41 752	763
	ばれいしょ	50 190	2	490	51 622	35 813	731
	豆類	21 516	3 221	338	24 580	20 958	1 937
	野菜	135 789	160	2 533	133 221	121 811	0
	果実	100 412	954	1 111	99 614	86 834	0
	肉類	7 943	2	1 123	6 767	6 769	—
	乳[2]	187 635	9	68	187 576	100 830	3 185
	卵	5 000	0	69	4 921	4 166	—
	魚介類	11 608	78	1 749	9 937	9 240	383

主な国の主要食料需給（Ⅱ）(2019年)（単位　千t）

		生産と輸出入				主な用途	
		生産量	輸入量	輸出量	国内供給量	食料1)	飼料
アメリカ合衆国	穀物	421 810	11 444	78 983	362 744	36 159	158 135
	小麦	52 367	4 817	28 474	29 917	26 349	2 633
	とうもろこし	347 048	1 464	42 066	314 098	4 075	149 863
	いも類	20 634	3 665	4 022	20 266	17 442	339
	ばれいしょ	19 182	3 232	3 731	18 683	16 309	88
	豆類	2 485	542	1 172	1 821	893	764
	野菜	32 160	11 559	4 757	38 435	35 365	301
	果実	22 974	23 857	5 289	41 131	35 101	—
	肉類	48 113	2 294	8 087	42 322	42 266	48
	牛肉	12 349	1 472	1 430	12 393	12 394	—
	豚肉	12 543	563	2 919	10 147	10 147	—
	家きん肉	22 858	123	3 725	19 295	19 282	—
	乳2)	99 082	1 634	3 176	97 557	75 982	714
	卵	6 707	16	277	6 446	5 407	—
	魚介類	5 476	5 651	2 636	8 491	7 283	703
オーストラリア	穀物	29 272	1 249	14 398	16 103	2 411	11 181
	小麦	17 598	795	9 884	8 616	1 894	5 116
	大麦	8 819	10	3 891	4 514	0	3 983
	いも類	1 304	166	64	1 423	1 253	34
	ばれいしょ	1 225	146	62	1 327	1 186	22
	豆類	1 917	17	1 270	866	38	712
	野菜	2 123	388	218	2 285	2 161	0
	果実	3 170	497	583	3 124	1 640	—
	肉類	4 820	367	2 313	2 905	2 910	—
	牛肉	2 352	12	1 705	658	658	—
	乳2)	8 795	1 012	1 857	7 988	5 574	50
	卵	256	6	1	261	210	—
	魚介類	273	622	68	826	658	167
ブラジル	穀物	121 240	11 681	45 124	91 958	25 797	50 420
	米	10 369	988	1 403	10 349	7 912	0
	とうもろこし	101 139	1 467	42 974	63 636	5 848	47 237
	いも類	22 249	901	101	22 869	10 657	9 289
	キャッサバ	17 497	13	83	17 427	6 359	8 792
	豆類	2 921	203	166	2 961	2 739	0
	野菜	11 720	595	422	11 872	10 696	0
	果実	37 250	599	11 900	26 182	20 878	—
	肉類	28 839	57	7 716	21 008	21 006	—
	牛肉	10 200	44	2 386	7 833	7 833	—
	家きん肉	14 137	5	4 099	9 907	9 906	—
	乳2)	35 129	667	53	35 658	29 333	378
	卵	3 348	1	24	3 314	2 642	—
	魚介類	1 299	732	90	1 941	1 889	50

FAOSTAT（2022年7月4日閲覧）より作成。1）砂糖・油脂・アルコール類を除く。2）バターを除く。

表 6-6 主な国の食料自給率（カロリーベース）の推移（%）

	1970	1980	1990	2000	2010	2015	2018
カナダ	109	156	187	161	225	255	266
オーストラリア	206	212	233	280	182	214	200
アメリカ合衆国	112	151	129	125	135	129	132
フランス	104	131	142	132	130	132	125
スペイン	93	102	96	96	92	83	100
ドイツ 1)	68	76	93	96	93	93	86
オランダ	65	72	78	70	68	64	65
イギリス	46	65	75	74	69	71	65
スウェーデン	81	94	113	89	72	77	63
イタリア	79	80	72	73	62	62	60
スイス	—	—	—	59	52	51	51
日本 2)	60	53	48	40	39	39	37
韓国	80	70	63	51	47	43	35

農林水産省ウェブサイトより作成。食料自給率（カロリーベース）は、総供給熱量に占める国産供給熱量の割合。畜産物、加工食品については、輸入飼料、輸入原料を考慮。1）統合前の東西ドイツを合わせた形で遡及。2）日本は会計年度。

表 6-7 主な国の農産物自給率（2019年）（%）

	穀類	小麦	米	とうもろこし	いも類	豆類	肉類
インド	110	109	110	120	97	88	117
インドネシア	89	0	96	99	91	71	135
韓国	25	0	91	1	70	22	64
タイ	120	0	147	91	149	94	146
中国	99	107	101	95	87	79	83
日本	33	16	94	0	85	43	61
ナイジェリア	84	1	100	96	100	115	99
南アフリカ共和国	76	44	0	95	106	84	90
イギリス	98	99	0	0	89	103	75
イタリア	60	62	197	49	55	47	81
ウクライナ	441	354	32	1248	98	310	109
オランダ	11	19	0	3	181	1	326
スウェーデン	137	140	0	9	85	117	70
スペイン	57	54	109	32	65	53	145
ドイツ	101	125	0	46	124	78	120
フランス	187	200	12	148	138	118	102
スイス	46	44	0	52	84	50	78
ロシア	151	174	94	133	95	157	97
アメリカ合衆国	116	175	153	110	102	136	114
カナダ	186	351	0	96	138	470	139
ブラジル	132	46	100	159	97	99	137
オーストラリア	182	204	14	97	92	221	166

FAOSTAT（2022年7月4日閲覧）より作成。生産量／国内供給量で編者算出。

図 6-2　穀物等の生産量の割合（2020年）

穀物計	30.0億t	中国 20.5%	アメリカ合衆国 14.5	インド 11.2			その他
小麦	7.61億t	中国 17.6%	インド 14.1	ロシア 11.3	アメリカ合衆国 6.5	カナダ 4.6	その他
米	7.57億t	中国 28.0%	インド 23.6	バングラデシュ 7.3	インドネシア 7.2	ベトナム 5.7	その他
とうもろこし	11.6億t	アメリカ合衆国 31.0%	中国 22.4	ブラジル 8.9			その他
大麦	1.57億t	ロシア 13.3%	スペイン 7.3	ドイツ 6.9	カナダ 6.8		その他
いも類計	8.48億t	中国 15.8%	ナイジェリア 14.0	インド 6.8	コンゴ民主共和国 5.0		その他
キャッサバ	3.03億t	ナイジェリア 19.8%	コンゴ民主共和国 13.6	タイ 9.6	ガーナ 7.2	ブラジル 6.0	その他
ばれいしょ	3.59億t	中国 21.8%	インド 14.3	ウクライナ 5.8	ロシア 5.5	アメリカ合衆国 5.2	その他
かんしょ	0.89億t	中国 54.7%	マラウイ 7.7	タンザニア 5.0	ナイジェリア 4.3		その他
大豆	3.53億t	ブラジル 34.5%	アメリカ合衆国 31.8	アルゼンチン 13.8			その他
さとうきび	18.7億t	ブラジル 40.5%	インド 19.8	中国 5.8	パキスタン 4.3		その他
てん菜	2.53億t	ロシア 13.4%	アメリカ合衆国 12.1	ドイツ 11.3	フランス 10.4	トルコ 9.1	その他
分みつ類[1)]	1.79億t	インド 19.1%	ブラジル 15.5	タイ 8.3	中国 6.6		その他

0%　10　20　30　40　50　60　70　80　90　100

FAOSTATより作成（各表参照）。1）2019年。

表 6-8　小麦の主な生産国（単位　千 t）

	1989〜1991平均[1]	1999〜2001平均[1]	2009〜2011平均[1]	2019	2020	収量[2] (kg/ha)
中国	94 995	102 463	115 902	133 596	134 250	5 742
インド	53 031	72 446	82 786	103 596	107 590	3 431
ロシア	[3]87 014	37 484	53 162	74 453	85 896	2 976
アメリカ合衆国	61 204	58 736	58 282	52 581	49 691	3 342
カナダ	29 613	24 709	25 179	32 670	35 183	3 512
フランス	33 177	35 284	37 512	40 605	30 144	6 680
パキスタン	14 433	19 320	24 186	24 349	25 248	2 868
ウクライナ	…	15 043	20 020	28 370	24 912	3 795
ドイツ	15 454	21 358	23 919	23 063	22 172	7 820
トルコ	18 881	19 333	20 691	19 000	20 500	2 965
アルゼンチン	10 383	14 742	11 197	19 460	19 777	2 939
イラン	7 605	8 740	10 971	15 550	15 000	1 978
オーストラリア	13 279	22 991	23 555	17 598	14 480	1 468
カザフスタン	…	11 007	16 474	11 452	14 258	1 183
ポーランド	8 919	8 946	9 512	10 807	12 433	5 239
イギリス	14 143	14 383	14 737	16 225	9 658	6 963
世界計×	**559 119**	**586 002**	**673 780**	**764 981**	**760 926**	3 474

FAOSTAT（2022年7月6日閲覧）より作成。掲載国以外の生産量は表6-4を参照。1）3年平均で編者算出。2）収穫面積1haあたり収穫量。3）旧ソ連。×その他とも。

表 6-9　米の主な生産国（もみ量）（単位　千 t）

	1989〜1991平均[1]	1999〜2001平均[1]	2009〜2011平均[1]	2019	2020	収量[2] (kg/ha)
中国	184 425	187 992	197 288	209 614	211 860	7 043
インド	111 290	133 954	145 845	177 645	178 305	3 962
バングラデシュ	26 935	36 109	49 611	54 586	54 906	4 809
インドネシア	44 864	51 075	58 852	54 604	54 649	5 128
ベトナム	19 281	32 011	40 451	43 495	42 759	5 920
タイ	19 398	26 372	35 401	28 618	30 231	2 906
ミャンマー	13 590	20 894	30 928	26 270	25 100	3 771
フィリピン	9 672	12 377	16 241	18 815	19 295	4 089
ブラジル	9 313	11 009	12 455	10 369	11 091	6 611
カンボジア	2 524	4 055	8 203	10 886	10 960	3 757
アメリカ合衆国	7 105	9 256	9 796	8 396	10 323	8 540
日本	12 688	11 551	10 664	10 527	9 706	6 639
パキスタン	4 862	6 920	8 933	7 414	8 419	2 524
ナイジェリア	3 010	3 109	4 210	8 435	8 172	1 555
ネパール	3 371	4 072	4 336	5 610	5 551	3 805
スリランカ	2 330	2 804	3 949	4 592	5 121	4 802
世界計×	**517 168**	**603 364**	**698 069**	**749 190**	**756 744**	4 609

資料・注記は上表に同じ。掲載国以外の生産量は表6-4参照。×その他とも。

表 6-10　とうもろこしの主な生産国（単位　千 t）

	1989～1991平均[1)]	1999～2001平均[1)]	2009～2011平均[1)]	2019	2020	収量[2)] (kg/ha)
アメリカ合衆国	194 240	244 260	320 109	345 962	360 252	10 795
中国	91 507	116 059	178 060	260 779	260 670	6 318
ブラジル	23 854	35 508	53 915	101 126	103 964	5 696
アルゼンチン	5 995	15 215	19 861	56 861	58 396	7 554
ウクライナ	…	3 075	15 092	35 880	30 290	5 618
インド	8 892	12 238	20 068	27 715	30 160	3 057
メキシコ	13 280	18 466	20 360	27 228	27 425	3 832
インドネシア	6 394	9 409	17 867	22 586	22 500	5 689
南アフリカ共和国	10 092	9 050	11 742	11 276	15 300	5 860
ロシア	[3)] 11 659	1 110	4 670	14 282	13 879	5 081
カナダ	7 017	8 168	10 988	13 404	13 563	9 632
フランス	11 848	15 931	15 134	12 845	13 419	7 935
ナイジェリア	5 529	4 726	7 971	12 700	12 000	1 593
ルーマニア	8 023	8 317	9 578	17 432	10 942	4 083
エチオピア	[4)] 1 718	2 938	5 527	9 636	10 022	4 240
パキスタン	1 189	1 653	3 769	7 883	8 465	5 970
世界計×	**484 968**	**604 875**	**853 793**	**1 141 360**	**1 162 353**	5 755

資料は表6-8に同じ。掲載国以外の生産量は表6-4参照。1) 3年平均で編者算出。2) 収穫面積1haあたり収穫量。3) 旧ソ連。4) エリトリア独立前。×その他とも。

表 6-11　大麦の主な生産国（単位　千 t）

	1989～1991平均[1)]	1999～2001平均[1)]	2009～2011平均[1)]	2019	2020	収量[2)] (kg/ha)
ロシア	[3)] 46 301	14 697	14 390	20 489	20 939	2 533
スペイン	9 346	8 249	7 912	7 744	11 465	4 171
ドイツ	14 295	12 967	10 450	11 592	10 769	6 459
カナダ	12 281	12 423	8 349	10 383	10 741	3 824
フランス	10 146	9 628	10 585	13 565	10 274	5 209
オーストラリア	4 227	6 176	7 952	8 819	10 127	2 009
トルコ	6 533	7 733	7 383	7 600	8 300	2 684
イギリス	7 865	6 578	5 805	8 048	8 117	5 848
ウクライナ	…	7 827	9 805	8 917	7 636	3 216
アルゼンチン	422	557	2 802	4 702	4 483	4 108
デンマーク	4 996	3 874	3 208	3 625	4 157	6 363
カザフスタン	…	2 057	2 142	3 830	3 659	1 341
イラン	3 166	2 036	2 732	3 600	3 600	1 746
アメリカ合衆国	9 367	6 083	4 076	3 756	3 600	4 170
ポーランド	4 128	3 172	3 569	3 312	2 945	4 361
エチオピア	[4)] 967	928	1 794	2 378	2 261	2 521
世界計×	**170 604**	**133 925**	**135 767**	**158 463**	**157 031**	3 043

資料・注記は上表に同じ。×その他とも。

表 6-12 キャッサバ（いも）の主な生産国（単位 千t）

	1989～1991平均1)	1999～2001平均1)	2009～2011平均1)	2019	2020	収量2) (kg/ha)
ナイジェリア	20 817	32 258	41 849	59 412	60 002	7 754
コンゴ民主共和国	18 694	15 965	26 287	40 050	41 014	8 143
タイ	21 557	17 989	24 669	31 080	28 999	20 323
ガーナ	3 913	8 306	13 325	19 368	21 812	23 020
インドネシア	16 300	16 527	23 334	16 350	18 302	26 086
ブラジル	24 159	22 163	24 907	17 593	18 205	14 996
ベトナム	2 439	2 476	9 008	10 175	10 488	20 029
アンゴラ	1 613	4 319	13 673	9 000	8 782	9 574
カンボジア	60	173	5 260	7 500	7 664	30 074
タンザニア	7 383	5 022	5 037	8 184	7 550	7 257
コートジボワール	1 402	2 100	2 309	5 877	6 444	5 530
マラウイ	156	2 354	4 028	5 708	5 859	24 231
モザンビーク	3 994	5 630	5 790	6 019	5 404	6 677
インド	5 070	6 204	8 586	4 976	5 043	30 750
中国	3 267	3 800	4 517	4 876	4 876	16 253
世界計×	**155 214**	**175 457**	**250 157**	**299 028**	**302 662**	10 716

資料は表6-8に同じ。1) 3年平均で編者算出。2) 収穫面積1haあたり収穫量。×その他とも。

表 6-13 ばれいしょの主な生産国（単位 千t）

	1989～1991平均1)	1999～2001平均1)	2009～2011平均1)	2019	2020	収量2) (kg/ha)
中国	31 153	62 315	75 980	75 595	78 184	18 547
インド	14 944	23 246	37 769	50 190	51 300	23 772
ウクライナ	…	16 635	20 873	20 269	20 838	15 724
ロシア	3)66 883	28 987	28 319	22 075	19 607	16 643
アメリカ合衆国	17 995	21 611	19 160	19 251	18 790	50 793
ドイツ	13 929	12 088	11 221	10 602	11 715	42 834
バングラデシュ	1 131	2 970	7 175	9 655	9 606	20 822
フランス	5 193	6 341	7 061	8 560	8 692	40 522
ポーランド	33 247	21 179	9 171	6 482	7 849	34 768
オランダ	6 947	7 891	7 119	6 961	7 020	42 675
イギリス	6 333	6 805	6 254	5 307	5 520	38 873
ペルー	1 433	3 010	3 884	5 389	5 467	16 472
カナダ	2 905	4 361	5 066	5 364	5 295	36 873
ベラルーシ	…	7 992	7 368	6 105	5 231	20 641
エジプト	1 694	1 827	3 880	5 201	5 216	29 203
トルコ	4 320	5 457	4 541	4 980	5 200	35 143
世界計×	**266 801**	**308 109**	**342 809**	**354 812**	**359 071**	21 769

資料・注記は上表に同じ。3) 旧ソ連。×その他とも。

表 6-14　かんしょの主な生産国（単位　千t）

	1989～1991平均1)	1999～2001平均1)	2009～2011平均1)	2019	2020	収量2)(kg/ha)
中国	105 180	119 167	66 686	51 723	48 949	21 851
マラウイ	…	…	…	6 370	6 918	22 800
タンザニア	343	764	2 472	3 922	4 435	7 249
ナイジェリア	149	2 464	3 428	3 884	3 868	2 559
アンゴラ	167	253	1 005	1 680	1 728	9 457
エチオピア	3) 150	277	569	1 756	1 599	25 739
アメリカ合衆国	532	613	1 063	1 624	1 558	24 553
ウガンダ	1 712	2 422	1 909	1 485	1 536	4 197
インドネシア	2 078	1 747	2 102	1 516	1 487	21 166
ベトナム	1 992	1 670	1 297	1 432	1 373	12 533
ルワンダ	863	1 017	829	1 248	1 276	7 104
インド	1 265	1 090	1 087	1 156	1 186	10 224
マダガスカル	486	519	978	1 113	1 131	8 561
ブルンジ	665	734	949	1 023	950	10 823
(参考) 日本	1 346	1 048	925	749	688	20 773
世界計×	**123 396**	**141 017**	**94 918**	**91 490**	**89 488**	12 092

資料は表6-8に同じ。1）3年平均で編者算出。2）収穫面積1haあたり収穫量。3）エリトリア独立前。×その他とも。

表 6-15　大豆の主な生産国（単位　千t）

	1989～1991平均1)	1999～2001平均1)	2009～2011平均1)	2019	2020	収量2)(kg/ha)
ブラジル	19 629	33 905	66 972	114 317	121 798	3 275
アメリカ合衆国	52 944	75 317	88 808	96 667	112 549	3 379
アルゼンチン	9 354	22 339	44 186	55 264	48 797	2 918
中国	10 314	15 020	14 850	18 100	19 600	1 987
インド	2 300	6 107	11 638	13 268	11 226	928
パラグアイ	1 481	3 181	6 542	8 520	11 024	3 036
カナダ	1 314	2 373	4 164	6 145	6 359	3 115
ロシア	3) 882	342	1 269	4 360	4 308	1 593
ボリビア	296	1 106	1 816	2 991	2 829	2 084
ウクライナ	…	61	1 663	3 699	2 798	2 051
ウルグアイ	31	18	1 454	2 828	1 990	2 171
南アフリカ共和国	108	193	597	1 170	1 246	1 767
インドネシア	1 453	1 076	911	980	1 040	1 507
イタリア	1 592	890	528	1 043	1 006	3 926
セルビア	…	…	444	701	752	3 175
ナイジェリア	221	425	428	700	600	927
フランス	237	257	124	429	407	2 178
世界計×	**106 187**	**165 382**	**250 024**	**336 329**	**353 464**	2 784

資料・注記は上表に同じ。3）旧ソ連。×その他とも。

表 6-16　砂糖の生産（単位　千t）

さとうきび	2019	2020	てん菜	2019	2020
ブラジル……	753 470	757 117	ロシア……	54 350	33 915
インド……	405 416	370 500	アメリカ合衆国	25 991	30 498
中国……	109 388	108 121	ドイツ……	29 728	28 618
パキスタン……	66 380	81 009	フランス……	38 024	26 195
タイ……	131 002	74 968	トルコ……	18 086	23 026
メキシコ……	59 334	53 953	ポーランド……	13 837	14 172
アメリカ合衆国	28 973	32 749	エジプト……	12 247	13 044
オーストラリア	32 415	30 283	中国……	12 273	11 598
インドネシア…	29 100	28 914	ウクライナ……	10 205	9 150
グアテマラ……	27 249	28 350	オランダ……	6 645	6 691
コロンビア……	32 663	24 650	イラン……	5 681	6 226
フィリピン……	20 719	24 399	イギリス……	7 763	5 980
南アフリカ共和国	19 242	18 220	ベルギー……	5 072	4 784
アルゼンチン…	18 375	18 046	ベラルーシ……	4 945	4 011
エジプト……	15 336	14 914	日本……	3 986	3 912
キューバ……	17 000	13 895	チェコ……	3 661	3 671
世界計×……	**1 955 308**	**1 869 715**	世界計×……	**280 919**	**252 969**

分みつ糖1)	2018	2019	分みつ糖1)（つづき）	2018	2019
インド……	34 309	34 300	トルコ……	2 468	2 494
ブラジル……	28 001	27 732	南アフリカ共和国	2 258	2 295
タイ……	15 435	14 867	インドネシア…	2 172	2 258
中国……	11 387	11 760	コロンビア……	2 335	2 204
アメリカ合衆国	8 505	7 374	フィリピン……	2 115	2 037
ロシア……	6 273	7 310	アルゼンチン…	1 850	1 893
メキシコ……	6 226	6 710	ベトナム……	1 903	1 813
フランス……	5 801	4 897	ウクライナ……	1 754	1 490
パキスタン……	5 462	4 881	イラン……	1 525	1 250
オーストラリア	4 605	4 517	キューバ……	1 233	1 211
グアテマラ……	2 693	2 963	ペルー……	1 183	1 196
エジプト……	2 600	2 600	世界計×……	**181 563**	**179 462**

資料は表6-8に同じ。1）粗糖換算。×その他とも。

表 6-17　主な野菜の生産国（Ⅰ）（単位　千t）

たまねぎ	2019	2020	たまねぎ（つづき）	2019	2020
インド……	22 819	26 738	バングラデシュ	1 803	1 954
中国……	23 677	23 660	スーダン……	1 919	1 950
アメリカ合衆国	3 551	3 821	インドネシア…	1 580	1 815
エジプト……	3 077	3 156	ロシア……	1 670	1 738
トルコ……	2 200	2 280	オランダ……	1 738	1 701
パキスタン……	2 080	2 122	アルジェリア…	1 614	1 666
イラン……	1 807	2 064	世界計×……	**99 521**	**104 554**

主な野菜の生産国（Ⅱ）（単位　千t）

キャベツ類1)	2019	2020	きゅうり	2019	2020
中国	33 689	33 797	中国	70 339	72 780
インド	9 127	9 207	トルコ	1 960	1 927
ロシア	2 623	2 630	ロシア	1 626	1 687
韓国	2 188	2 556	イラン	665	1 206
ウクライナ	1 733	1 759	メキシコ	826	1 160
日本	1 472	1 414	ウクライナ	1 034	1 013
インドネシア	1 413	1 407	ウズベキスタン	855	813
アメリカ合衆国	1 130	1 203	スペイン	739	795
ベトナム	1 043	1 028	アメリカ合衆国	751	646
ケニア	829	944	エジプト	566	613
トルコ	820	852	日本	548	539
ポーランド	899	755	カザフスタン	495	538
世界計×	**70 259**	**70 862**	世界計×	**87 976**	**91 258**

にんじん	2019	2020	なす	2019	2020
中国	17 978	18 069	中国	35 591	36 558
ウズベキスタン	2 770	2 876	インド	12 680	12 777
アメリカ合衆国	1 692	1 582	エジプト	1 347	1 341
ロシア	1 559	1 369	トルコ	823	835
ウクライナ	869	862	インドネシア	575	618
ドイツ	791	802	イラン	594	595
イギリス	830	800	イタリア	301	305
ポーランド	678	689	日本	302	297
インドネシア	699	676	スペイン	245	282
カザフスタン	604	644	フィリピン	250	243
日本	595	601	イラク	137	207
トルコ	666	591	シリア	155	180
世界計×	**41 249**	**40 952**	世界計×	**55 377**	**56 619**

トマト	2019	2020	唐辛子・ピーマン2)	2019	2020
中国	62 870	64 768	中国	16 592	16 651
インド	19 007	20 573	メキシコ	3 238	2 818
トルコ	12 842	13 204	インドネシア	2 589	2 773
アメリカ合衆国	12 162	12 227	トルコ	2 626	2 637
エジプト	6 814	6 731	スペイン	1 402	1 473
イタリア	5 778	6 248	エジプト	956	1 056
イラン	5 458	5 787	ナイジェリア	760	762
スペイン	5 001	4 313	アルジェリア	675	718
メキシコ	4 272	4 137	アメリカ合衆国	737	715
ブラジル	3 921	3 754	オランダ	415	430
ナイジェリア	3 799	3 694	チュニジア	435	420
世界計×	**183 015**	**186 821**	世界計×	**36 026**	**36 137**

資料は表6-8に同じ。1）白菜やからし菜、パクチー等を含む。2）香辛料として生産されるものは除外されている。×その他とも。

表 6-18 主な果実の生産（Ⅰ）（単位 千t）

オレンジ類*	2019	2020	りんご	2019	2020
中国	30 763	30 620	中国	42 425	40 500
ブラジル	18 075	17 735	アメリカ合衆国	5 029	4 651
インド	9 509	9 854	トルコ	3 619	4 300
アメリカ合衆国	5 819	5 623	ポーランド	3 081	3 554
スペイン	5 053	5 516	インド	2 316	2 734
メキシコ	5 223	5 179	イタリア	2 304	2 462
エジプト	4 034	4 126	イラン	2 241	2 207
トルコ	3 100	2 920	ロシア	1 951	2 041
イラン	2 895	2 804	フランス	1 754	1 620
インドネシア	2 563	2 723	チリ	1 603	1 620
イタリア	2 414	2 433	ウズベキスタン	1 124	1 148
パキスタン	2 211	2 226	ウクライナ	1 154	1 115
モロッコ	2 557	1 733	ドイツ	991	1 023
南アフリカ共和国	1 863	1 732	南アフリカ共和国	892	993
アルゼンチン	1 452	1 482	ブラジル	1 223	983
（参考）日本	775	719	（参考）日本	702	720
世界計×	**114 553**	**114 059**	世界計×	**87 481**	**86 443**

ぶどう	2019	2020	もも	2019	2020
中国	14 195	14 769	中国	14 754	15 000
イタリア	7 900	8 222	スペイン	1 546	1 306
スペイン	5 745	6 818	イタリア	1 225	1 015
フランス	5 490	5 884	トルコ	831	892
アメリカ合衆国	6 315	5 389	ギリシャ	927	891
トルコ	4 100	4 209	イラン	591	664
インド	3 041	3 125	アメリカ合衆国	618	560
チリ	2 702	2 773	エジプト	350	338
アルゼンチン	2 520	2 056	チリ	330	308
南アフリカ共和国	1 883	2 028	インド	267	266
イラン	1 946	1 991	アルゼンチン	210	222
ウズベキスタン	1 603	1 607	ブラジル	183	202
（参考）日本	173	163	（参考）日本	108	99
世界計×	**77 000**	**78 034**	世界計×	**24 842**	**24 570**

さくらんぼ	2019	2020	すもも	2019	2020
トルコ	664	725	中国	6 495	6 465
アメリカ合衆国	320	295	ルーマニア	693	758
チリ	270	255	セルビア	559	583
ウズベキスタン	176	185	チリ	445	416
イラン	128	164	イラン	359	376
イタリア	99	104	トルコ	318	329
ギリシャ	82	94	アメリカ合衆国	328	246
（参考）日本	16	17	（参考）日本	18	17
世界計×	**2 629**	**2 610**	世界計×	**12 338**	**12 225**

主な果実の生産（Ⅱ）（単位　千t）

バナナ	2019	2020	パイナップル	2019	2020
インド	30 460	31 504	フィリピン	2 748	2 703
中国	11 656	11 513	コスタリカ	3 328	2 624
インドネシア	7 281	8 183	ブラジル	2 418	2 456
ブラジル	6 832	6 637	インドネシア	2 196	2 447
エクアドル	6 583	6 023	中国	2 159	2 220
フィリピン	6 050	5 955	インド	1 711	1 799
グアテマラ	4 344	4 477	タイ	1 825	1 533
アンゴラ	4 037	4 115	ナイジェリア	1 514	1 508
タンザニア	3 407	3 419	メキシコ	1 041	1 208
コスタリカ	2 249	2 529	コロンビア	1 009	883
メキシコ	2 399	2 464	ベトナム	708	704
コロンビア	2 914	2 435	ガーナ	667	669
ペルー	2 252	2 315	アンゴラ	588	595
ベトナム	2 194	2 191	ペルー	565	583
ケニア	1 716	1 857	ドミニカ共和国	461	502
世界計×	**117 525**	**119 834**	世界計×	**28 216**	**27 816**

すいか	2019	2020	なし	2019	2020
中国	60 861	60 083	中国	17 314	16 000
トルコ	3 871	3 492	イタリア	429	619
インド	2 495	2 787	アメリカ合衆国	649	610
イラン	1 935	2 736	アルゼンチン	600	600
アルジェリア	2 207	2 287	トルコ	531	546
ブラジル	2 292	2 185	南アフリカ共和国	407	431
アメリカ合衆国	1 835	1 742	オランダ	373	400
セネガル	1 190	1 677	ベルギー	332	393
ロシア	1 785	1 584	スペイン	331	324
エジプト	1 401	1 491	インド	300	306
（参考）日本	324	309	（参考）日本	239	198
世界計×	**101 068**	**101 620**	世界計×	**24 279**	**23 109**

オリーブ	2019	2020	なつめやし（デーツ）	2019	2020
スペイン	5 965	8 138	エジプト	1 644	1 691
イタリア	2 194	2 207	サウジアラビア	1 540	1 542
チュニジア	1 185	2 000	イラン	1 308	1 283
モロッコ	1 912	1 409	アルジェリア	1 136	1 152
トルコ	1 525	1 317	イラク	639	735
アルジェリア	869	1 080	パキスタン	565	543
エジプト	981	933	スーダン	439	465
シリア	844	781	オマーン	377	369
ポルトガル	926	723	チュニジア	289	332
世界計×	**21 587**	**23 640**	世界計×	**9 212**	**9 454**

資料は表6-8に同じ。*みかん等を含む。×その他とも。

図 6-3　野菜・果実の生産量の割合

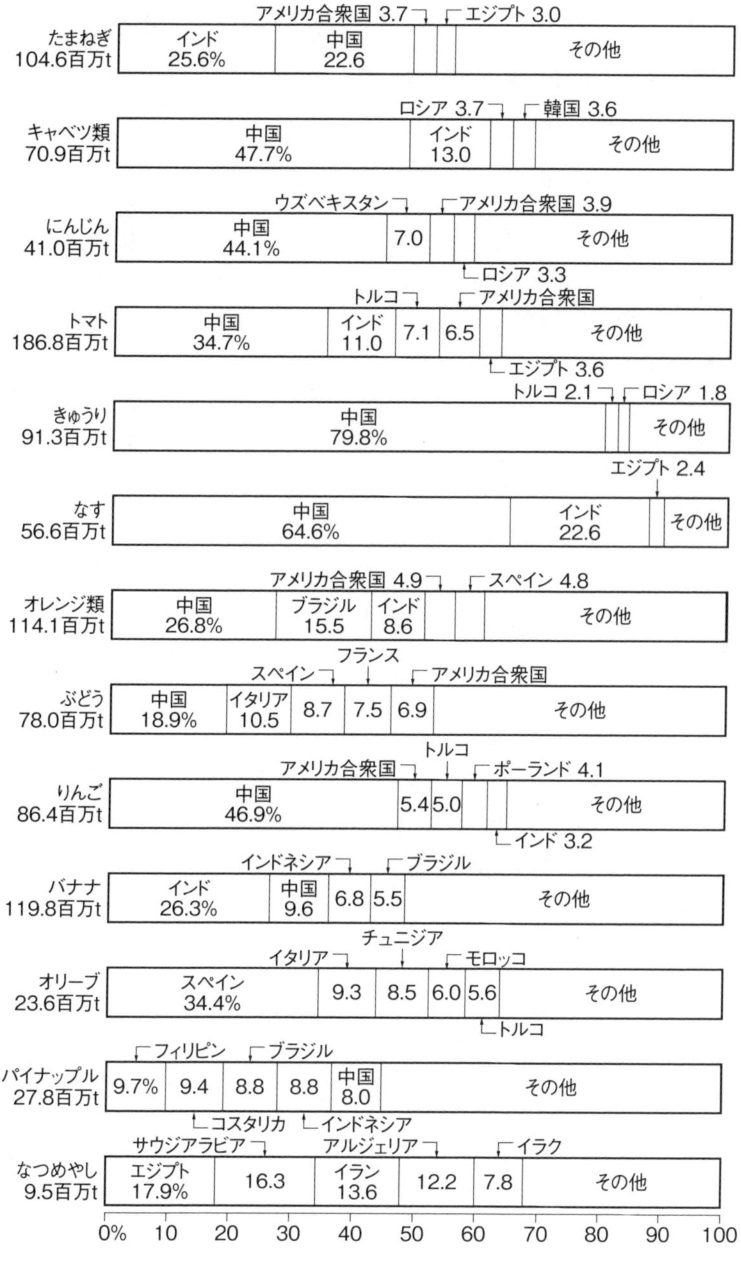

たまねぎ 104.6百万t：インド 25.6%　中国 22.6　アメリカ合衆国 3.7　エジプト 3.0　その他

キャベツ類 70.9百万t：中国 47.7%　インド 13.0　ロシア 3.7　韓国 3.6　その他

にんじん 41.0百万t：中国 44.1%　ウズベキスタン 7.0　アメリカ合衆国 3.9　ロシア 3.3　その他

トマト 186.8百万t：中国 34.7%　インド 11.0　トルコ 7.1　アメリカ合衆国 6.5　エジプト 3.6　その他

きゅうり 91.3百万t：中国 79.8%　トルコ 2.1　ロシア 1.8　その他

なす 56.6百万t：中国 64.6%　インド 22.6　エジプト 2.4　その他

オレンジ類 114.1百万t：中国 26.8%　ブラジル 15.5　インド 8.6　アメリカ合衆国 4.9　スペイン 4.8　その他

ぶどう 78.0百万t：中国 18.9%　イタリア 10.5　スペイン 8.7　フランス 7.5　アメリカ合衆国 6.9　その他

りんご 86.4百万t：中国 46.9%　アメリカ合衆国 5.4　トルコ 5.0　ポーランド 4.1　インド 3.2　その他

バナナ 119.8百万t：インド 26.3%　中国 9.6　インドネシア 6.8　ブラジル 5.5　その他

オリーブ 23.6百万t：スペイン 34.4%　イタリア 9.3　チュニジア 8.5　モロッコ 6.0　トルコ 5.6　その他

パイナップル 27.8百万t：フィリピン 9.7%　コスタリカ 9.4　ブラジル 8.8　インドネシア 8.8　中国 8.0　その他

なつめやし 9.5百万t：エジプト 17.9%　サウジアラビア 16.3　イラン 13.6　アルジェリア 12.2　イラク 7.8　その他

0%　10　20　30　40　50　60　70　80　90　100

FAOSTATより作成。各表参照。

表 6-19　主な植物油脂原料と植物油脂の生産国（Ｉ）（単位　千ｔ）

なたね	2019	2020	落花生(殻付き)	2019	2020
カナダ	19 912	19 485	中国	17 520	17 993
中国	13 485	14 000	インド	6 727	9 952
インド	9 256	9 124	ナイジェリア	4 461	4 493
ドイツ	2 830	3 527	アメリカ合衆国	2 480	2 782
フランス	3 523	3 297	スーダン	2 828	2 773
ポーランド	2 269	2 987	セネガル	1 421	1 797
ロシア	2 060	2 572	ミャンマー	1 616	1 647
ウクライナ	3 280	2 557	アルゼンチン	1 337	1 285
オーストラリア	2 366	2 299	ギニア	958	1 074
アメリカ合衆国	1 553	1 576	インドネシア	1 175	860
チェコ	1 157	1 245	チャド	873	840
イギリス	1 752	1 038	タンザニア	680	690
リトアニア	692	972	ブラジル	581	651
ハンガリー	912	877	ニジェール	544	594
ルーマニア	798	780	カメルーン	500	500
世界計×	**71 839**	**72 376**	世界計×	**49 544**	**53 639**

ごま	2019	2020	オリーブ油	2018	2019
スーダン	1 210	1 525	スペイン	1 790	1 129
ミャンマー	744	740	イタリア	290	337
タンザニア	680	710	ギリシャ	328	290
インド	689	658	チュニジア	278	240
ナイジェリア	510	490	トルコ	255	218
中国	467	447	モロッコ	178	204
ブルキナファソ	375	270	ポルトガル	109	154
エチオピア	263	260	シリア	118	154
チャド	218	202	アルジェリア	87	92
南スーダン	191	190	エジプト	40	41
ウガンダ	144	146	(パレスチナ)	15	40
世界計×	**6 549**	**6 804**	世界計×	**3 676**	**3 098**

ひまわりの種子	2019	2020	やし油	2018	2019
ロシア	15 379	13 314	フィリピン	1 341	1 194
ウクライナ	15 254	13 110	インドネシア	951	895
アルゼンチン	3 826	3 233	インド	320	352
中国	2 420	2 375	ベトナム	171	179
ルーマニア	3 569	2 199	メキシコ	131	130
トルコ	2 100	2 067	スリランカ	55	65
ブルガリア	1 937	1 734	マレーシア	40	47
ハンガリー	1 707	1 698	モザンビーク	30	31
フランス	1 298	1 607	タイ	29	30
アメリカ合衆国	887	1 353	バングラデシュ	26	23
タンザニア	1 040	1 075	パプアニューギニア	27	23
世界計×	**56 021**	**50 230**	世界計×	**3 310**	**3 161**

主な植物油脂原料と植物油脂の生産国（Ⅱ）（単位　千 t）

パーム油	2018	2019
インドネシア	40 567	42 869
マレーシア	19 516	19 858
タイ	2 775	3 040
コロンビア	1 632	1 528
ナイジェリア	1 130	1 220
グアテマラ	875	880
ホンジュラス	653	707
パプアニューギニア	648	578
コートジボワール	450	510
エクアドル	560	420
ブラジル	363	401
カメルーン	300	300
世界計×	**71 735**	**74 583**

大豆油	2018	2019
中国	16 167	15 528
アメリカ合衆国	10 884	11 290
ブラジル	9 387	11 263
アルゼンチン	7 249	8 081
インド	1 508	1 438
メキシコ	797	875
ロシア	744	741
パラグアイ	756	704
エジプト	560	653
オランダ	649	635
ドイツ	645	624
スペイン	573	580
ボリビア	528	523
世界計×	**57 251**	**59 904**

ひまわり油	2018	2019
ウクライナ	5 149	5 836
ロシア	4 643	5 418
アルゼンチン	1 305	1 415
トルコ	990	1 100
ハンガリー	684	687
ルーマニア	515	533
フランス	615	533
ブルガリア	496	525
スペイン	525	493
カザフスタン	264	320
世界計×	**18 411**	**20 055**

なたね油	2018	2019
カナダ	4 118	4 187
中国	3 643	3 070
インド	2 475	2 543
フランス	1 783	1 665
日本	1 026	1 015
アメリカ合衆国	717	813
イギリス	833	764
ベルギー	653	585
ロシア	506	564
メキシコ	566	538
チェコ	479	478
パキスタン	401	422
オーストラリア	383	384
アラブ首長国連邦	297	311
世界計×	**24 729**	**24 408**

ごま油	2018	2019
中国	286	275
ミャンマー	162	155
インド	87	97
日本	53	53
ナイジェリア	64	46
トルコ	34	38
サウジアラビア	25	35
世界計×	**1 047**	**1 034**

落花生油	2018	2019
中国	1 821	1 596
ナイジェリア	369	375
インド	571	352
ギニア	110	206
ミャンマー	190	188
世界計×	**4 534**	**4 229**

コーン油	2018	2019
アメリカ合衆国	1 708	1 774
中国	484	514
ブラジル	146	168
南アフリカ共和国	84	85
日本	83	81
世界計×	**3 404**	**3 542**

資料は表6-8に同じ。×その他とも。

表 6-20　し好品農作物の生産国（単位　千t）

コーヒー豆	2019	2020	茶	2019	2020
ブラジル	3 012	3 700	中国	2 777	2 970
ベトナム	1 687	1 763	インド	1 390	1 425
コロンビア	885	833	ケニア	459	570
インドネシア	742	773	アルゼンチン	375	335
エチオピア	483	585	スリランカ	300	278
ペルー	363	377	トルコ	261	255
ホンジュラス	472	365	ベトナム	234	240
インド	320	298	インドネシア	129	138
ウガンダ	313	291	ミャンマー	132	126
グアテマラ	216	225	タイ	97	98
ラオス	171	186	バングラデシュ	91	90
メキシコ	166	176	(参考)日本	82	70
世界計×	**10 029**	**10 688**	世界計×	**6 762**	**7 024**

カカオ豆	2019	2020	葉たばこ(未加工のもの)	2019	2020
コートジボワール	2 235	2 200	中国	2 612	2 134
ガーナ	812	800	インド	758	761
インドネシア	774	739	ブラジル	770	702
ナイジェリア	348	340	ジンバブエ	185	203
エクアドル	284	328	インドネシア	197	200
カメルーン	280	290	アメリカ合衆国	212	177
ブラジル	259	270	モザンビーク	142	159
シエラレオネ	15	193	パキスタン	104	133
ペルー	142	160	アルゼンチン	108	109
世界計×	**5 615**	**5 757**	世界計×	**6 458**	**5 886**

資料は表6-8に同じ。×その他とも。

表 6-21　植物品種出願件数（2020年）（単位　件）

	出願件数1)	内国人	外国人	出願人居住地別出願件数2)	
中国	8 960	8 329	631	中国	8 362
欧州植物品種庁	3 427	2 785	642	オランダ	3 438
アメリカ合衆国	1 432	732	700	アメリカ合衆国	2 190
ウクライナ	1 260	556	704	フランス	970
オランダ	837	630	207	ドイツ	939
ロシア	800	502	298	日本	660
韓国	729	632	97	韓国	646
日本	713	457	256	ウクライナ	557
世界計×	**22 520**	**16 600**	**5 920**	世界計×	**22 520**

WIPO "World Intellectual Property Indicators 2021" より作成。1）各国で受理した出願件数。ヨーロッパは各国のほか、欧州植物品種庁（EU全体に出願したのと同じ効力がある）への出願分もある。2）各受理件数を国籍別に集計したもの。×調査対象71省庁の計。

図 6-4　主な農産物の輸出国（2020年）

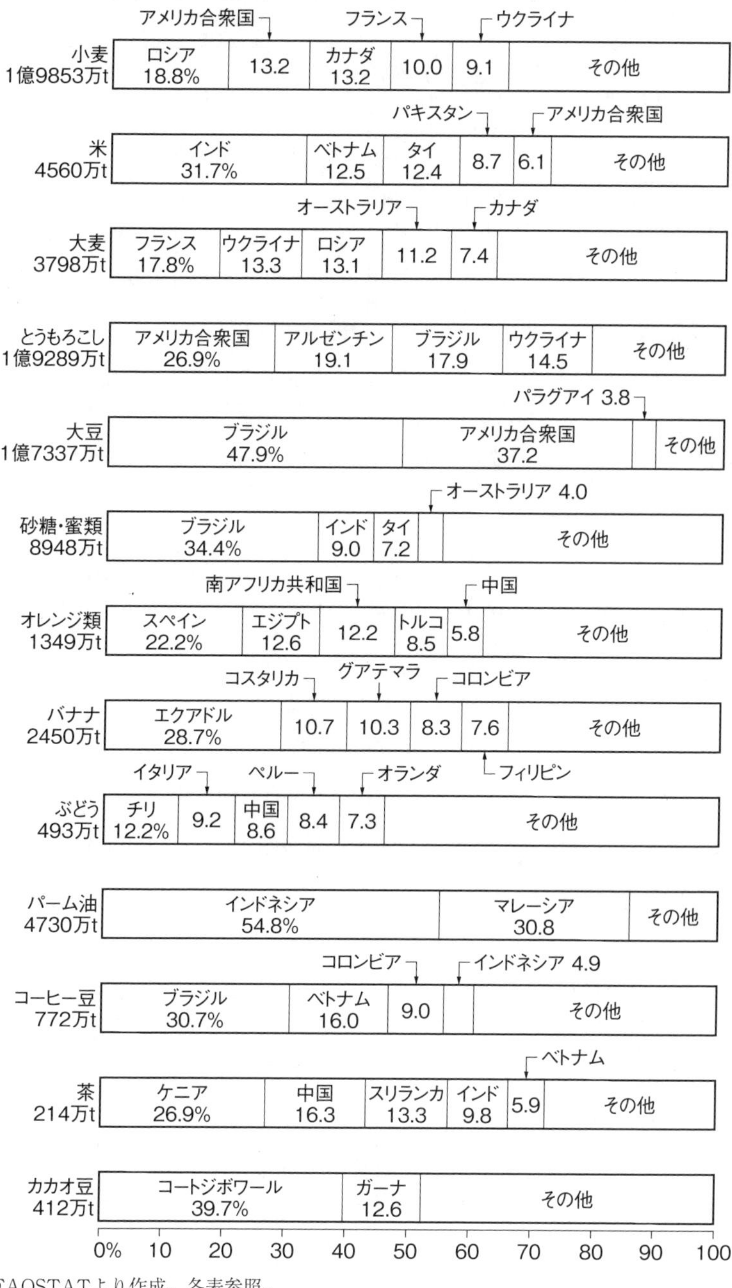

FAOSTATより作成。各表参照。

表 6-22　小麦の輸出入（単位　千t）

輸出	2019	2020	輸出（つづき）	2019	2020
ロシア	31 873	37 267	ポーランド	2 080	4 689
アメリカ合衆国	27 069	26 132	ルーマニア	6 103	4 305
カナダ	22 805	26 111	リトアニア	3 115	3 979
フランス	19 957	19 793	ブルガリア	4 884	3 223
ウクライナ	13 901	18 056	ラトビア	2 453	3 012
オーストラリア	9 592	10 400	ハンガリー	2 320	2 979
アルゼンチン	10 543	10 197	チェコ	1 745	2 498
ドイツ	5 551	9 259	スロバキア	873	1 274
カザフスタン	5 376	5 199	世界計×	**180 171**	**198 527**

輸入	2019	2020	輸入（つづき）	2019	2020
インドネシア	10 716	10 300	サウジアラビア	3 099	3 109
トルコ	10 005	9 659	タイ	2 736	3 097
エジプト	10 424	9 043	イエメン	2 820	3 045
中国	3 205	8 152	ウズベキスタン	2 186	2 800
イタリア	7 474	7 994	パキスタン	…	2 491
アルジェリア	6 776	7 054	スーダン	2 114	2 429
ブラジル	6 576	6 160	ペルー	2 011	2 271
フィリピン	7 154	6 150	南アフリカ共和国	1 826	2 215
バングラデシュ	4 595	6 015	イギリス	1 210	2 133
ナイジェリア	4 660	5 903	チュニジア	1 849	1 995
モロッコ	3 845	5 522	コロンビア	1 910	1 935
日本	5 331	5 374	アメリカ合衆国	1 836	1 910
オランダ	5 266	4 297	ケニア	1 999	1 882
スペイン	5 293	4 152	イスラエル	1 680	1 598
ドイツ	3 191	3 999	(台湾)	1 349	1 415
ベルギー	3 876	3 852	スリランカ	972	1 404
メキシコ	4 805	3 726	アラブ首長国連邦	1 263	1 401
韓国	3 746	3 709	マレーシア	1 386	1 391
ベトナム	2 760	3 148	世界計×	**179 803**	**192 784**

FAOSTAT（2022年7月7日閲覧）より作成。×その他とも。

表 6-23　米の輸出入（Ⅰ）（精米換算）（単位　千t）

輸出	2019	2020	輸出（つづき）	2019	2020
インド	9 732	14 463	ウルグアイ	839	962
ベトナム	5 454	5 686	パラグアイ	691	795
タイ	7 751	5 665	イタリア	665	749
パキスタン	4 556	3 944	カンボジア	555	631
アメリカ合衆国	3 054	2 792	ガイアナ	285	579
中国	2 723	2 271	ベルギー	337	410
ミャンマー	2 171	1 845	タンザニア	111	343
ブラジル	968	1 218	世界計×	**43 104**	**45 595**

米の輸出入（Ⅱ）（精米換算）（単位　千t）

輸入	2019	2020	輸入（つづき）	2019	2020
中国	2 496	2 902	イギリス	629	729
フィリピン	3 030	1 908	ニジェール	590	693
サウジアラビア	1 393	1 535	日本	678	676
コートジボワール	1 342	1 338	ギニア	528	663
ガーナ	1 087	1 320	イエメン	639	624
マレーシア	969	1 219	キューバ	600	618
アメリカ合衆国	958	1 183	ベルギー	507	614
セネガル	892	1 127	フランス	582	613
イラン	1 425	1 112	カメルーン	837	600
モザンビーク	946	1 060	ケニア	608	599
南アフリカ共和国	967	1 031	ハイチ	474	550
イラク	1 292	1 004	ベネズエラ	478	526
ネパール	616	886	ソマリア	456	523
ベナン	1 529	876	トルコ	484	521
ブラジル	693	869	アンゴラ	446	499
メキシコ	973	765	カナダ	545	479
アラブ首長国連邦	677	747	世界計×	**45 264**	**45 275**

資料は表6-22に同じ。×その他とも。

表 6-24　大麦の輸出入（単位　千t）

輸出	2019	2020	輸出（つづき）	2019	2020
フランス	7 172	6 778	ルーマニア	1 124	1 309
ウクライナ	2 387	5 046	カザフスタン	1 640	980
ロシア	3 941	4 963	ハンガリー	420	832
オーストラリア	2 872	4 258	デンマーク	522	718
カナダ	2 183	2 807	スウェーデン	220	422
ドイツ	1 581	2 405	シリア	53	402
アルゼンチン	2 517	2 233	リトアニア	293	384
イギリス	1 666	1 575	世界計×	**31 100**	**37 981**
輸入	**2019**	**2020**	**輸入（つづき）**	**2019**	**2020**
中国	5 929	8 079	イラン	3 287	816
サウジアラビア	3 906	2 898	タイ	348	794
オランダ	2 157	2 630	リビア	569	791
ベルギー	2 011	1 942	ルーマニア	149	752
ドイツ	1 268	1 489	ブラジル	671	661
日本	1 148	1 209	ヨルダン	860	528
モロッコ	382	1 126	イタリア	497	450
チュニジア	543	958	クウェート	330	446
トルコ	563	889	アラブ首長国連邦	301	414
アルジェリア	122	840	世界計×	**31 279**	**32 859**

資料は表6-22に同じ。×その他とも。

表 6-25　とうもろこしの輸出入（単位　千t）

輸出	2019	2020	輸出（つづき）	2019	2020
アメリカ合衆国	41 562	51 839	ロシア	3 120	2 289
アルゼンチン	36 076	36 882	パラグアイ	2 993	2 107
ブラジル	42 752	34 432	インド	379	1 767
ウクライナ	25 363	27 952	ポーランド	1 146	1 490
ルーマニア	6 676	5 651	クロアチア	883	1 213
フランス	3 672	4 559	ミャンマー	931	1 191
ハンガリー	3 026	4 041	カナダ	1 217	1 132
セルビア	3 133	3 608	オランダ	1 051	849
南アフリカ共和国	1 181	2 585	スロベニア	763	841
ブルガリア	2 589	2 560	世界計×	**184 710**	**192 891**

輸入	2019	2020	輸入（つづき）	2019	2020
メキシコ	16 524	15 953	イギリス	2 782	2 671
日本	15 986	15 770	トルコ	4 347	2 300
ベトナム	11 448	12 145	バングラデシュ	1 291	2 219
韓国	11 367	11 664	ベルギー	2 000	1 923
中国	4 791	11 294	ポルトガル	2 123	1 900
スペイン	10 013	8 067	カナダ	2 318	1 793
エジプト	8 078	7 880	イスラエル	1 693	1 785
イラン	7 389	6 205	タイ	756	1 599
コロンビア	5 993	6 162	グアテマラ	1 323	1 468
イタリア	6 394	5 995	ブラジル	1 460	1 372
オランダ	6 383	5 946	ルーマニア	618	1 349
アルジェリア	4 356	5 010	アイルランド	1 539	1 313
(台湾)	4 806	4 424	ドミニカ共和国	1 384	1 280
マレーシア	3 755	3 849	ベネズエラ	1 605	1 025
ドイツ	4 563	3 803	チュニジア	1 026	1 005
ペルー	4 010	3 792	オーストリア	1 094	967
サウジアラビア	3 261	3 071	コスタリカ	941	954
モロッコ	2 731	2 867	ジンバブエ	74	895
チリ	2 411	2 789	世界計×	**184 012**	**185 238**

資料は表6-22に同じ。×その他とも。

表 6-26　大豆の輸出入（Ⅰ）（単位　千t）

輸出	2019	2020	輸出（つづき）	2019	2020
ブラジル	74 073	82 973	ロシア	894	1 196
アメリカ合衆国	52 388	64 571	オランダ	910	1 055
パラグアイ	4 901	6 619	クロアチア	215	265
アルゼンチン	10 054	6 360	セルビア	182	250
カナダ	4 013	4 434	ベルギー	208	194
ウルグアイ	2 971	2 152	フランス	135	187
ウクライナ	2 962	1 789	世界計×	**155 335**	**173 367**

大豆の輸出入（Ⅱ）（単位　千 t）

輸入	2019	2020	輸入（つづき）	2019	2020
中国…………	88 586	100 327	パキスタン……	2 021	2 140
アルゼンチン…	4 548	5 317	ロシア………	2 029	2 072
オランダ……	4 113	4 537	ベトナム……	1 718	1 872
エジプト……	4 257	4 063	イラン………	2 302	1 491
タイ…………	3 209	4 045	ポルトガル……	1 139	1 392
メキシコ……	4 851	3 900	韓国…………	1 264	1 328
ドイツ………	3 666	3 867	ブラジル……	144	822
スペイン……	3 323	3 336	イギリス……	643	815
日本…………	3 392	3 163	マレーシア……	771	732
トルコ………	2 742	3 040	アルジェリア…	100	706
(台湾)………	2 678	2 595	サウジアラビア・	681	652
インドネシア…	2 705	2 475	ベルギー……	547	651
バングラデシュ・	2 200	2 318	チュニジア……	669	634
イタリア……	2 050	2 212	世界計×……	**152 702**	**167 049**

資料は表6-22に同じ。×その他とも。

表 6-27　砂糖・蜜類の輸出入（単位　千 t）

輸出	2019	2020	輸出（つづき）	2019	2020
ブラジル……	18 049	30 805	アラブ首長国連邦	442	1 539
インド………	6 267	8 047	オランダ……	1 501	1 503
タイ…………	10 446	6 448	ポーランド……	1 253	1 148
オーストラリア・	3 056	3 605	メキシコ……	1 977	1 145
ドイツ………	2 954	2 644	南アフリカ共和国	1 589	1 123
フランス……	2 829	2 546	ベルギー……	1 350	1 073
アメリカ合衆国・	2 337	2 225	エルサルバドル・	799	921
グアテマラ……	2 492	2 151	コロンビア……	806	882
中国…………	2 176	2 064	エスワティニ…	886	770
ロシア………	1 415	2 046	世界計×……	**81 499**	**89 481**

輸入	2019	2020	輸入（つづき）	2019	2020
中国…………	3 750	6 535	ドイツ………	1 875	1 924
インドネシア…	4 631	6 097	イギリス……	2 044	1 783
アメリカ合衆国・	5 254	5 354	サウジアラビア・	1 453	1 588
アルジェリア…	2 296	2 597	スーダン……	1 404	1 537
バングラデシュ・	2 297	2 561	スペイン……	1 855	1 520
韓国…………	2 595	2 541	イラク………	1 012	1 370
マレーシア……	2 051	2 348	日本…………	1 500	1 360
インド………	1 088	2 096	モロッコ……	1 227	1 316
ナイジェリア…	1 931	2 036	アラブ首長国連邦	998	1 301
カナダ………	1 901	2 013	イラン………	1 471	1 279
イタリア……	2 141	2 003	世界計×……	**81 154**	**85 832**

資料は表6-22に同じ。分みつ糖や各種糖類、蜂蜜などの合計。×その他とも。

表 6-28 その他の主な農作物の輸出（Ⅰ）（単位 千t）

オレンジ類[1]	2019	2020	バナナ	2019	2020
スペイン・・・・・・・	3 178	2 996	エクアドル・・・・・	6 668	7 040
エジプト・・・・・・・	1 937	1 696	コスタリカ・・・・・	2 382	2 624
南アフリカ共和国	1 482	1 649	グアテマラ・・・・・	2 586	2 514
トルコ・・・・・・・・・	991	1 152	コロンビア・・・・・	1 896	2 034
中国・・・・・・・・・・・	694	776	フィリピン・・・・・	2 420	1 866
モロッコ・・・・・・・	611	557	ベルギー・・・・・・・	924	1 007
アメリカ合衆国・	534	552	オランダ・・・・・・・	925	879
オランダ・・・・・・・	444	493	パナマ・・・・・・・・・	642	700
パキスタン・・・・・	412	478	アメリカ合衆国・	594	592
ギリシャ・・・・・・・	377	440	ホンジュラス・・・	593	559
チリ・・・・・・・・・・・	244	273	メキシコ・・・・・・・	572	496
ペルー・・・・・・・・・	179	244	コートジボワール	411	347
オーストラリア・	287	243	ドイツ・・・・・・・・・	284	301
ポルトガル・・・・・	133	181	ドミニカ共和国・	394	269
イタリア・・・・・・・	169	161	カンボジア・・・・・	112	250
世界計×・・・・・	**13 183**	**13 488**	世界計×・・・・・	**24 803**	**24 497**

りんご	2019	2020	ぶどう	2019	2020
中国・・・・・・・・・・・	971	1 058	チリ・・・・・・・・・・・	651	604
イタリア・・・・・・・	928	935	イタリア・・・・・・・	425	455
アメリカ合衆国・	833	808	中国・・・・・・・・・・・	367	425
チリ・・・・・・・・・・・	674	660	ペルー・・・・・・・・・	376	415
ポーランド・・・・・	974	657	オランダ・・・・・・・	375	359
南アフリカ共和国	469	508	アメリカ合衆国・	377	354
フランス・・・・・・・	381	408	南アフリカ共和国	321	325
ニュージーランド	391	401	トルコ・・・・・・・・・	206	212
イラン・・・・・・・・・	461	400	(香港)・・・・・・・・・	210	208
オランダ・・・・・・・	197	236	スペイン・・・・・・・	161	200
トルコ・・・・・・・・・	257	211	メキシコ・・・・・・・	219	187
モルドバ・・・・・・・	218	194	インド・・・・・・・・・	215	181
セルビア・・・・・・・	217	173	オーストラリア・	146	153
世界計×・・・・・	**8 776**	**8 201**	世界計×・・・・・	**4 937**	**4 932**

レモン・ライム	2019	2020	なたね(からし菜の種含む)	2019	2020
メキシコ・・・・・・・	769	807	カナダ・・・・・・・・・	8 250	11 781
スペイン・・・・・・・	740	738	ウクライナ・・・・・	3 039	2 382
トルコ・・・・・・・・・	471	469	オランダ・・・・・・・	924	1 965
南アフリカ共和国	350	458	オーストラリア・	1 617	1 671
アルゼンチン・・・	232	255	フランス・・・・・・・	1 591	1 060
オランダ・・・・・・・	214	249	ベルギー・・・・・・・	340	949
アメリカ合衆国・	124	120	ハンガリー・・・・・	863	714
ブラジル・・・・・・・	105	119	リトアニア・・・・・	320	675
エジプト・・・・・・・	96	118	ロシア・・・・・・・・・	442	647
世界計×・・・・・	**3 672**	**4 025**	世界計×・・・・・	**20 852**	**25 083**

その他の主な農作物の輸出（Ⅱ）（単位　千t）

なたね油	2019	2020
カナダ	3 199	3 402
ドイツ	875	1 089
ロシア	667	686
ベルギー	345	443
フランス	223	368
アラブ首長国連邦	206	343
オランダ	286	312
ベラルーシ	273	291
チェコ	279	276
デンマーク	159	169
イギリス	194	153
世界計×	**7 768**	**8 468**

大豆油	2019	2020
アルゼンチン	5 043	5 271
アメリカ合衆国	952	1 239
ブラジル	1 042	1 110
パラグアイ	653	631
オランダ	600	615
ロシア	601	611
スペイン	306	394
ボリビア	416	377
ウクライナ	340	302
トルコ	116	208
ドイツ	169	197
エジプト	126	170
ネパール	50	169
世界計×	**12 181**	**13 046**

パーム油	2019	2020
インドネシア	27 246	25 937
マレーシア	15 201	14 575
オランダ	1 344	1 280
グアテマラ	806	740
パプアニューギニア	540	698
コロンビア	637	621
ホンジュラス	222	471
ドイツ	334	310
コスタリカ	211	232
タイ	240	219
トルコ	91	180
エクアドル	187	163
ケニア	138	155
世界計×	**49 352**	**47 301**

コーヒー豆	2019	2020
ブラジル	2 231	2 373
ベトナム	1 410	1 231
コロンビア	753	695
インドネシア	326	376
ホンジュラス	412	363
ドイツ	356	340
ウガンダ	277	329
ベルギー	232	241
エチオピア	238	230
ペルー	232	213
インド	233	206
グアテマラ	215	189
ニカラグア	170	149
メキシコ	98	101
コスタリカ	63	70
タンザニア	68	58
世界計×	**7 949**	**7 719**

茶	2019	2020
ケニア	476	576
中国	367	349
スリランカ	170	285
インド	258	210
ベトナム	135	126
ウガンダ	69	72
アルゼンチン	75	66
アラブ首長国連邦	66	58
マラウイ	47	47
インドネシア	42	45
世界計×	**2 036**	**2 140**

カカオ豆	2019	2020
コートジボワール	1 622	1 636
ガーナ	644	520
エクアドル	271	323
カメルーン	312	313
ベルギー	199	223
ナイジェリア	300	217
インドネシア	31	211
オランダ	249	153
マレーシア	111	96
ドミニカ共和国	68	65
ペルー	60	54
世界計×	**4 099**	**4 117**

その他の主な農作物の輸出（Ⅲ）（単位　千t）

葉たばこ	2019	2020	葉たばこ（つづき）	2019	2020
ブラジル……	530	485	タンザニア……	51	57
ベルギー……	230	220	アルゼンチン…	53	56
中国……	194	186	トルコ……	47	48
ジンバブエ……	174	178	ドイツ……	53	41
インド……	186	177	オランダ……	28	35
マラウイ……	136	112	フィリピン……	39	33
アメリカ合衆国・	105	98	ギリシャ……	29	32
モザンビーク…	90	61	インドネシア…	41	31
イタリア……	67	59	世界計×……	**2 440**	**2 257**

資料は表6-22に同じ。1）みかん、なつみかん類を含む。×その他とも。

表 6-29　綿花の生産と輸出入（単位　千t）

生産	2018	2019	生産（つづき）	2018	2019
インド……	4 767	6 033	コートジボワール	165	212
中国……	6 103	4 892	タンザニア……	111	184
アメリカ合衆国・	4 004	4 335	トルクメニスタン	204	158
ブラジル……	1 933	2 688	スーダン……	187	150
パキスタン……	1 677	1 556	カメルーン……	100	140
トルコ……	977	814	タジキスタン…	86	115
ウズベキスタン・	769	769	カザフスタン…	113	114
オーストラリア・	950	414	アゼルバイジャン	61	85
メキシコ……	414	368	ミャンマー……	97	83
アルゼンチン…	266	308	エジプト……	124	73
ベナン……	278	300	チャド……	9	71
マリ……	276	295	スペイン……	65	70
ブルキナファソ・	176	247	世界計×……	**24 864**	**25 515**

輸出	2019	2020	輸入	2019	2020
アメリカ合衆国・	3 563	3 822	中国……	1 849	2 158
ブラジル……	1 614	2 125	ベトナム……	1 341	1 389
インド……	616	965	バングラデシュ・	1 142	1 191
ギリシャ……	360	289	トルコ……	946	1 065
ベナン……	270	280	パキスタン……	399	819
オーストラリア・	541	170	インドネシア…	654	486
ブルキナファソ・	218	167	エジプト……	239	190
アルゼンチン…	92	117	インド……	687	174
タジキスタン…	94	100	タイ……	205	134
ウズベキスタン・	159	100	マレーシア……	205	122
スーダン……	79	98	韓国……	145	115
アゼルバイジャン	86	98	メキシコ……	176	95
世界計×……	**8 959**	**9 225**	世界計×……	**8 708**	**8 500**

FAOSTAT（2022年7月8日閲覧）より作成。×その他とも。

表 6-30 羊毛の生産と輸出入（洗上羊毛量）（単位 千t）

生産	2019	2020	生産（つづき）	2019	2020
中国	204.7	200.2	パキスタン	26.8	27.1
オーストラリア	197.2	170.3	アルゼンチン	25.2	24.4
ニュージーランド	91.0	90.7	カザフスタン	23.7	24.1
トルコ	42.4	47.9	トルクメニスタン	24.0	24.1
イギリス	42.3	42.6	アルジェリア	21.1	22.7
モロッコ	35.2	35.3	ウズベキスタン	21.1	21.3
イラン	35.1	35.0	インドネシア	15.2	14.9
ロシア	30.1	31.0	ウルグアイ	15.9	14.8
南アフリカ共和国	28.2	28.4	シリア	11.1	11.1
インド	27.6	27.5	世界計×	**1 096.6**	**1 071.0**

輸出	2019	2020	輸入	2019	2020
オーストラリア	167.5	155.2	中国	188.9	146.7
ニュージーランド	89.1	77.4	インド	53.5	64.9
南アフリカ共和国	25.3	30.2	イギリス	29.6	18.2
イギリス	23.0	18.3	チェコ	17.3	14.8
シリア	12.0	14.4	イタリア	19.3	11.9
トルコ	9.7	11.1	リトアニア	9.5	8.9
モンゴル	14.8	7.5	ウルグアイ	11.0	6.6
ベルギー	6.7	5.9	南アフリカ共和国	1.7	6.0
世界計×	**472.3**	**403.4**	世界計×	**429.5**	**350.7**

資料は表6-29に同じ。脂付き羊毛を60%で洗上換算。輸出入は脂付きと洗い上げの合計。×その他とも。

表 6-31 絹の生産と輸出入（生糸ベース）（単位 t）

生産	2018	2019	生産（つづき）	2018	2019
中国	137 026	136 000	イラン	900	900
インド	30 000	30 000	ブラジル	489	488
ベトナム	1 222	1 778	北朝鮮	400	400
タイ	1 600	1 600	(参考)日本	24	19
ウズベキスタン	1 254	1 500	世界計×	**173 392**	**173 162**

輸出	2019	2020	輸入	2019	2020
中国	4 305	2 354	インド	3 264	1 920
ベトナム	910	668	ルーマニア	1 222	959
ウズベキスタン	782	517	イタリア	911	495
イタリア	382	331	ベトナム	976	346
アラブ首長国連邦	79	99	イラン	384	221
ドイツ	67	98	日本	292	147
世界計×	**6 761**	**4 299**	世界計×	**8 389**	**5 086**

資料は表6-29に同じ。輸出入も生糸のみで、繭などでの貿易を含まず。×その他とも。

〔畜産業・林業・水産業〕 世界の肉類生産量（2020年）は3億3718万トンで、前年比で0.5%増加した。アメリカ合衆国、ブラジル、ロシア、メキシコなどの生産が増えたが、世界最大の生産国である中国は、前年比で0.8%減少した。中国では、アフリカ豚熱により、2018年以降感染や殺処分を恐れた畜産家が、新たな肥育を控えた。この影響で、2019年は豚肉生産が前年比で21%減少したが、20年はさらに3.3%減少し、豚肉不足が深刻になっている。中国政府は、豚肉の需給改善を国家的課題として、豚の大量増産に乗り出している。FAO（国連食糧農業機関）が2022年6月に発表した「食料見通し」によると、2021年の世界の肉類生産量は横ばいの見込みであるが、2022年は豚肉が前年比2.5%増、他の肉類も増加して、肉類生産量は1.4%増加の見通しである。

世界の木材伐採高（2020年）は、39億1195万m³であった。2010年以降、木材伐採高は消費量とともに増加傾向にある。一方、2021年には「ウッドショック」と呼ばれる木材価格の世界的な高騰が起きた。アメリカや中国で住宅需要が旺盛となったものの、コロナ禍で伐採や運搬の労働者が不足し十分な供給ができない状況が続いたもので、2022年には各国の材木価格がやや下落基調にある。

2020年の世界の漁業生産量は9142万トン、養殖業生産量は1億2258万トンであった。漁業生産量は、1980年代後半以降横ばいであるが、養殖業生産量は急速に伸びている（図6-6参照）。漁業生産を国別に見ると、先進国の漁獲量は、おおむね横ばいから減少しているのに対し、中国、インドネシアなどアジアの新興国が増加している。中国の養殖業生産は2000年から2020年にかけて2.4倍に伸び、世界全体の58%（2020年）を占めている。FAOの「食料見通し」によると、2022年の世界の漁業・養殖業生産量は前年比1.5%増となり、このうち漁業生産量は0.2%増、養殖業生産量は2.9%増となる見込みである。外食産業と観光産業の回復により、多くの水産物需要が増加して価格が高騰している。しかし、燃料価格の高騰によるコスト増が各国の漁業関係者の収益を圧迫しており、2022年2月からのロシアによるウクライナ侵攻によって情勢はさらに厳しさを増している。

図 6-5　家畜・畜産物の生産量の割合（2020年）

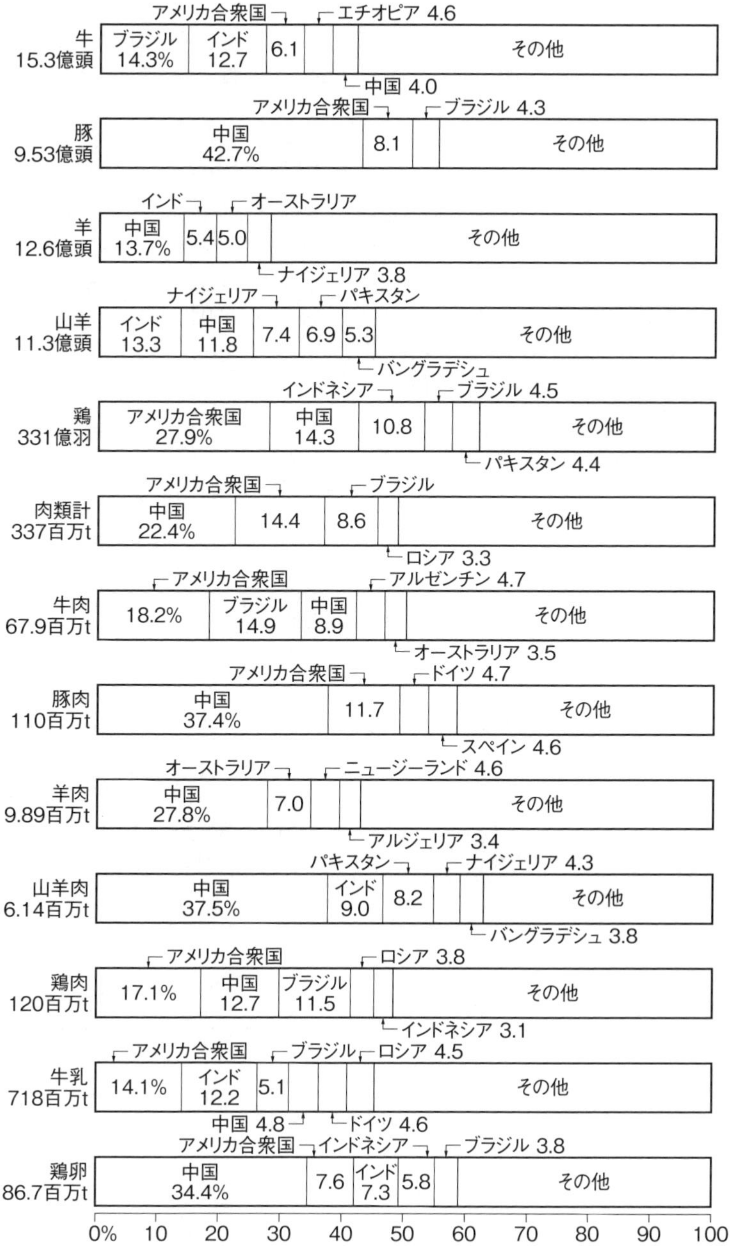

牛 15.3億頭
アメリカ合衆国　エチオピア 4.6
ブラジル 14.3%　インド 12.7　6.1　その他
中国 4.0

豚 9.53億頭
アメリカ合衆国　ブラジル 4.3
中国 42.7%　8.1　その他

羊 12.6億頭
インド　オーストラリア
中国 13.7%　5.4　5.0　その他
ナイジェリア 3.8

山羊 11.3億頭
ナイジェリア　パキスタン
インド 13.3　中国 11.8　7.4　6.9　5.3　その他
バングラデシュ

鶏 331億羽
インドネシア　ブラジル 4.5
アメリカ合衆国 27.9%　中国 14.3　10.8　その他
パキスタン 4.4

肉類計 337百万t
アメリカ合衆国　ブラジル
中国 22.4%　14.4　8.6　その他
ロシア 3.3

牛肉 67.9百万t
アメリカ合衆国　アルゼンチン 4.7
18.2%　ブラジル 14.9　中国 8.9　その他
オーストラリア 3.5

豚肉 110百万t
アメリカ合衆国　ドイツ 4.7
中国 37.4%　11.7　その他
スペイン 4.6

羊肉 9.89百万t
オーストラリア　ニュージーランド 4.6
中国 27.8%　7.0　その他
アルジェリア 3.4

山羊肉 6.14百万t
パキスタン　ナイジェリア 4.3
中国 37.5%　インド 9.0　8.2　その他
バングラデシュ 3.8

鶏肉 120百万t
アメリカ合衆国　ロシア 3.8
17.1%　中国 12.7　ブラジル 11.5　その他
インドネシア 3.1

牛乳 718百万t
アメリカ合衆国　ブラジル　ロシア 4.5
14.1%　インド 12.2　5.1　その他
中国 4.8　ドイツ 4.6

鶏卵 86.7百万t
アメリカ合衆国　インドネシア　ブラジル 3.8
中国 34.4%　7.6　インド 7.3　5.8　その他

0%　10　20　30　40　50　60　70　80　90　100

FAOSTATより作成（各表参照）。

表 6-32　各国の畜産業（I）（2020年）

	家畜頭数（羽数）				肉類[1)]生産量（千t）	牛乳生産量（千t）
	牛（千頭）	豚（千頭）	羊（千頭）	鶏（百万羽）		
アジア						
アゼルバイジャン	2 504	6	7 484	30.2	346	2 157
アフガニスタン	5 086	…	13 614	13.7	313	1 808
アラブ首長国連邦	99	…	2 006	24.6	173	43
アルメニア	579	223	640	4.4	107	605
イエメン	1 664	…	9 239	70.1	417	225
イスラエル	559	184	500	51.1	839	1 563
イラク	2 020	…	6 724	78.5	255	286
イラン	5 324	…	46 587	1 009.2	3 111	7 509
インド	194 482	8 852	68 100	791.0	7 475	87 822
インドネシア	17 467	9 070	17 769	3 560.1	4 673	948
ウズベキスタン	13 154	52	18 829	61.3	1 215	10 930
オマーン	413	…	630	4.8	88	171
カザフスタン	7 850	817	17 750	41.7	1 161	6 004
カタール	45	…	1 022	1.2	43	8
韓国	3 805	11 078	1	178.5	2 743	1 795
カンボジア	2 804	1 902	…	12.5	182	24
北朝鮮	581	2 306	171	16.7	334	84
キプロス	78	359	2) 311	2) 2.8	79	275
キルギス	1 716	29	5 508	4.7	239	1 668
クウェート	31	…	726	55.5	120	67
サウジアラビア	700	…	9 447	202.4	1 189	2 594
ジョージア	870	156	842	9.3	69	559
シリア	885	0	16 073	18.7	353	1 310
シンガポール	0	…	…	3.9	128	…
スリランカ	1 104	93	11	24.3	253	414
タイ	4 641	7 536	40	285.8	2 871	1 200
(台湾)	152	5 512	0	102.3	1 612	437
タジキスタン	2 336	0	3 819	10.2	233	978
中国	60 976	406 500	173 095	4 748.1	75 367	34 400
トルクメニスタン	2 279	8	13 970	16.5	302	1 793
トルコ	17 965	1	42 127	379.3	3 275	20 000
日本	3 907	9 124	15	319.7	4 138	7 438
ネパール	7 459	1 520	806	82.6	412	920
バーレーン	8	…	62	9.9	41	11
パキスタン	49 624	…	31 225	1 443.0	4 737	22 508
(パレスチナ)	26	…	767	7.4	69	67
バングラデシュ	24 391	…	2 274	296.6	722	842
東ティモール	228	445	32	1.2	35	…
フィリピン	2 542	12 796	30	178.3	3 142	17
ブータン	281	18	11	1.4	7	180
ベトナム	6 231	22 028	…	409.5	5 389	1 049
(香港)	2	160	0	1.3	155	0
マレーシア	659	1 876	121	295.6	1 867	43

各国の畜産業（Ⅱ）（2020年）

	家畜頭数（羽数）				肉類[1)] 生産量（千 t）	牛乳 生産量（千 t）
	牛（千頭）	豚（千頭）	羊（千頭）	鶏（百万羽）		
ミャンマー……	18 886	19 193	1 594	348.7	3 465	2 233
モンゴル………	4 732	25	30 049	1.0	625	651
ヨルダン………	77	…	2 970	29.0	254	320
ラオス…………	2 188	4 298	…	46.6	200	7
レバノン………	87	8	432	68.0	179	322
アフリカ						
アルジェリア…	1 740	5	30 906	137.3	799	2 415
アンゴラ………	5 120	3 740	1 173	47.3	342	220
ウガンダ………	15 541	2 638	2 024	36.3	439	1 766
エジプト………	2 412	11	2 972	167.0	2 197	3 270
エスワティニ…	621	36	37	3.9	26	40
エチオピア……	70 292	36	42 915	57.0	919	4 693
エリトリア……	2 134	…	2 413	1.2	40	120
ガーナ…………	1 922	759	5 458	95.5	301	46
ガボン…………	39	224	222	3.2	40	14
カメルーン……	6 055	1 953	3 633	55.4	306	180
ガンビア………	487	13	65	1.5	9	78
ギニア…………	8 368	160	2 528	34.1	154	177
ギニアビサウ…	721	474	528	2.2	27	19
ケニア…………	21 654	649	25 346	57.2	593	4 048
コートジボワール	1 756	439	2 263	84.4	318	35
コンゴ共和国…	352	106	124	3.0	59	4
コンゴ民主共和国	1 268	998	914	18.7	243	8
ザンビア………	3 740	1 066	258	41.1	332	389
シエラレオネ…	598	269	975	25.0	47	151
ジンバブエ……	5 513	272	376	7.6	194	427
スーダン………	31 757	…	40 946	50.7	1 004	3 011
セネガル………	3 713	478	7 426	88.5	288	221
ソマリア………	4 826	4	12 064	3.8	194	456
タンザニア……	28 335	521	7 855	38.0	686	3 010
チャド…………	32 237	112	38 705	6.2	819	201
中央アフリカ…	4 679	1 082	440	7.3	187	81
チュニジア……	613	5	6 333	96.1	346	1 400
トーゴ…………	469	1 121	1 786	30.5	90	12
ナイジェリア…	20 745	7 991	47 744	166.1	1 450	525
ナミビア………	2 948	105	1 349	4.4	73	112
ニジェール……	16 139	43	13 655	20.7	196	823
ブルキナファソ・	10 312	2 506	10 849	39.8	263	214
ブルンジ………	628	847	747	2.6	36	65
ベナン…………	2 592	545	994	22.7	85	128
ボツワナ………	1 045	2	240	0.8	66	268
マダガスカル…	8 949	1 769	868	41.3	161	491
マラウイ………	1 946	7 795	366	18.8	451	66
マリ……………	12 474	87	20 143	52.1	182	285

各国の畜産業（Ⅲ）（2020年）

	家畜頭数（羽数）				肉類[1] 生産量 (千t)	牛乳 生産量 (千t)
	牛 (千頭)	豚 (千頭)	羊 (千頭)	鶏 (百万羽)		
南アフリカ共和国	12 298	1 357	21 605	179.0	3 447	3 822
南スーダン……	13 784	…	14 959	15.0	252	2 453
モーリシャス…	4	22	4	16.5	50	2
モーリタニア…	1 954	…	11 102	4.7	120	149
モザンビーク…	2 604	1 695	226	27.7	229	539
モロッコ………	3 167	8	22 089	207.7	1 447	2 500
リビア…………	218	…	7 454	36.5	185	147
リベリア………	46	363	304	8.7	41	9
ルワンダ………	1 333	1 541	634	5.6	109	173
レソト…………	425	47	1 732	0.4	10	173
ヨーロッパ						
アイスランド…	81	27	401	0.2	34	155
アイルランド…	6 529	1 679	3 877	…	1 189	8 561
アルバニア……	363	158	1 558	6.8	79	897
イギリス………	9 615	5 148	32 697	172.0	4 174	15 558
イタリア………	6 400	8 543	7 034	…	3 485	12 712
ウクライナ……	3 092	5 727	659	202.5	2 487	9 058
エストニア……	253	317	[2] 73	2.1	77	848
オーストリア…	1 855	2 806	394	…	870	3 815
オランダ………	3 691	11 541	710	101.9	3 109	14 522
北マケドニア…	222	164	631	1.6	23	405
ギリシャ………	539	743	8 260	[3] 37.3	442	683
クロアチア……	423	1 033	662	12.5	230	596
スイス…………	1 515	1 240	344	12.3	482	3 765
スウェーデン…	1 391	1 383	501	10.8	568	2 773
スペイン………	6 636	32 796	15 439	…	7 504	7 606
スロバキア……	442	538	294	10.4	140	918
スロベニア……	486	229	114	4.2	140	631
セルビア………	886	2 983	1 685	14.9	517	1 539
チェコ…………	1 340	1 546	204	[2] 21.8	472	3 268
デンマーク……	1 500	13 391	[2] 138	[2] 22.5	1 886	5 666
ドイツ…………	11 302	26 070	1 484	…	7 822	33 165
ノルウェー……	869	785	2 225	16.4	361	1 545
ハンガリー……	933	2 850	944	30.9	1 013	2 014
フィンランド…	835	1 104	140	8.5	409	2 407
フランス………	17 789	13 737	7 301	242.0	5 417	25 147
ブルガリア……	589	592	1 308	[2] 20.8	202	882
ベラルーシ……	4 292	2 872	89	45.9	1 261	7 752
ベルギー………	2 335	6 218	[2] 117	[3] 32.3	1 806	4 449
ポーランド……	6 279	11 727	278	182.5	5 246	14 822
ボスニア・ヘルツェゴビナ……	427	547	1 014	16.7	89	629
ポルトガル……	1 691	2 259	2 181	…	847	1 994
マルタ…………	14	45	13	…	10	42

各国の畜産業（Ⅳ）（2020年）

	家畜頭数（羽数）				肉類[1] 生産量（千 t）	牛乳 生産量（千 t）
	牛（千頭）	豚（千頭）	羊（千頭）	鶏（百万羽）		
モルドバ	124	397	677	40.9	130	291
モンテネグロ	80	27	186	0.8	14	168
ラトビア	399	307	92	2) 2.3	90	988
リトアニア	630	580	141	2) 11.6	226	1 488
ルーマニア	1 911	3 750	10 464	2) 74.0	1 023	3 680
ルクセンブルク	191	82	10	2) 0.1	23	447
ロシア	18 126	25 163	20 655	497.0	11 222	31 960
北中アメリカ						
アメリカ合衆国	93 793	77 312	5 200	9 222.1	48 711	101 251
エルサルバドル	693	250	5	17.5	176	408
カナダ	11 265	13 970	796	171.7	5 196	9 331
キューバ	3 752	1 121	1 458	30.2	223	455
グアテマラ	4 084	2 961	606	36.0	531	513
コスタリカ	1 428	396	3	24.5	295	1 201
ジャマイカ	160	218	1	14.2	139	12
ドミニカ共和国	3 055	521	258	179.7	442	892
トリニダード・トバゴ	35	30	13	37.5	67	2
ニカラグア	5 300	529	7	25.0	308	1 400
ハイチ	1 524	1 010	259	5.9	106	50
パナマ	1 506	366	…	25.6	324	214
(プエルトリコ)	366	50	6	15.1	42	340
ホンジュラス	2 839	461	17	47.6	268	683
メキシコ	35 639	18 788	8 726	591.6	7 537	12 564
南アメリカ						
アルゼンチン	54 461	5 377	14 572	118.5	6 227	11 113
ウルグアイ	11 182	162	6 337	39.8	581	2 205
エクアドル	4 336	1 060	497	159.6	808	1 787
ガイアナ	96	10	132	30.3	52	55
コロンビア	28 245	6 711	1 683	201.6	2 820	7 071
チリ	3 197	2 713	1 815	114.5	1 588	2 275
パラグアイ	14 026	1 333	307	23.6	660	541
ブラジル	218 150	41 124	20 629	1 479.4	29 126	36 508
ベネズエラ	16 239	3 000	605	129.1	952	2 172
ペルー	5 636	3 265	11 098	171.1	2 157	2 138
ボリビア	10 143	3 210	7 613	235.6	922	543
オセアニア						
オーストラリア	23 503	2 258	63 529	100.9	4 797	8 797
ニュージーランド	10 083	235	26 029	24.8	1 454	21 871
パプアニューギニア	92	2 119	8	4.6	507	0
フィジー	93	154	31	5.5	33	12
世界計×	**1 525 939**	**952 632**	**1 263 137**	**33 097.1**	**337 180**	**718 038**

FAOSTAT（2022年7月8日閲覧）より作成。1）牛肉、水牛肉、馬肉、羊肉、山羊肉、豚肉、家きん（鶏、あひるなど）肉などの合計。2）2019年。3）2018年。×その他とも。

第6章 農林水産業

表 6-33　世界の家畜頭数・羽数（Ⅰ）（単位　千頭）

牛	2019	2020	豚	2019	2020
ブラジル……	215 009	218 150	中国……	310 407	406 500
インド……	193 463	194 482	アメリカ合衆国	78 228	77 312
アメリカ合衆国	94 805	93 793	ブラジル……	40 556	41 124
エチオピア……	65 354	70 292	スペイン……	31 246	32 796
中国……	63 672	60 976	ドイツ……	26 053	26 070
アルゼンチン…	55 008	54 461	ロシア……	23 727	25 163
パキスタン……	47 821	49 624	ベトナム……	19 616	22 028
メキシコ……	35 225	35 639	ミャンマー…	20 835	19 193
チャド……	30 612	32 237	メキシコ……	18 365	18 788
スーダン……	31 489	31 757	カナダ……	13 975	13 970
タンザニア……	27 817	28 335	フランス……	13 510	13 737
コロンビア……	27 240	28 245	デンマーク……	12 728	13 391
バングラデシュ	24 187	24 391	フィリピン……	12 709	12 796
オーストラリア	24 723	23 503	ポーランド……	11 216	11 727
ケニア……	20 899	21 654	オランダ……	11 921	11 541
世界計×……	**1 511 107**	**1 525 939**	世界計×……	**852 618**	**952 632**

羊	2019	2020	山羊	2019	2020
中国……	163 490	173 095	インド……	148 885	150 248
インド……	74 261	68 100	中国……	137 232	133 453
オーストラリア	65 755	63 529	ナイジェリア…	82 634	83 715
ナイジェリア…	46 842	47 744	パキスタン……	76 143	78 207
イラン……	41 304	46 587	バングラデシュ	58 731	60 027
エチオピア……	39 894	42 915	エチオピア……	50 502	52 464
トルコ……	37 276	42 127	チャド……	38 793	41 190
スーダン……	40 896	40 946	ケニア……	35 173	36 021
チャド……	35 864	38 705	スーダン……	32 032	32 228
イギリス……	33 580	32 697	マリ……	26 486	27 811
パキスタン……	30 859	31 225	モンゴル……	29 262	27 720
アルジェリア…	29 379	30 906	インドネシア…	18 463	19 096
モンゴル……	32 267	30 049	ニジェール……	18 108	18 832
ニュージーランド	26 822	26 029	タンザニア……	18 388	18 619
ケニア……	27 441	25 346	南スーダン……	17 330	17 590
世界計×……	**1 240 310**	**1 263 137**	世界計×……	**1 108 973**	**1 128 106**

鶏 (百万羽)	2019	2020	鶏(つづき) (百万羽)	2019	2020
アメリカ合衆国	9 177.2	9 222.1	ロシア……	497.4	497.0
中国……	5 056.4	4 748.1	ベトナム……	382.6	409.5
インドネシア…	3 735.5	3 560.1	トルコ……	342.6	379.3
ブラジル……	1 457.7	1 479.4	ミャンマー……	335.6	348.7
パキスタン……	1 321.0	1 443.0	日本……	323.1	319.7
イラン……	989.0	1 009.2	バングラデシュ	286.9	296.6
インド……	807.9	791.0	マレーシア……	285.1	295.6
メキシコ……	580.8	591.6	世界計×……	**33 235.5**	**33 097.1**

世界の家畜頭数・羽数（Ⅱ）（単位　千頭）

水牛	2019	2020	馬	2019	2020
インド	109 852	109 719	アメリカ合衆国	10 482	10 528
パキスタン	40 002	41 191	メキシコ	6 383	6 387
中国	27 380	27 221	ブラジル	5 851	5 962
ネパール	5 309	5 258	モンゴル	4 215	4 094
ミャンマー	4 022	4 125	中国	3 671	3 672
フィリピン	2 874	2 866	カザフスタン	2 852	3 140
ベトナム	2 388	2 333	アルゼンチン	2 544	2 587
エジプト	1 427	1 671	エチオピア	2 111	2 148
ブラジル	1 434	1 502	コロンビア	1 145	1 585
バングラデシュ	1 490	1 493	チャド	1 269	1 323
ラオス	1 222	1 234	ロシア	1 283	1 311
インドネシア	1 134	1 179	キューバ	911	915
タイ	946	924	スーダン	792	793
カンボジア	654	640	ペルー	751	752
世界計×	**202 455**	**203 533**	世界計×	**59 054**	**59 998**

資料は表6-32に同じ。牛や豚、羊、鶏の飼養頭数（羽数）は、表6-32も参照のこと。×その他とも。

表 6-34　畜産物の生産（Ⅰ）（単位　千ｔ）

牛肉	2019	2020
アメリカ合衆国	12 349	12 357
ブラジル	10 200	10 100
中国	5 988	6 034
アルゼンチン	3 136	3 168
オーストラリア	2 352	2 372
メキシコ	2 028	2 081
ロシア	1 625	1 634
フランス	1 428	1 435
カナダ	1 394	1 382
パキスタン	1 136	1 179
ドイツ	1 107	1 091
南アフリカ共和国	1 037	1 039
ウズベキスタン	945	962
トルコ	1 075	962
イギリス	914	932
インド	916	917
コロンビア	770	744
イタリア	780	732
ニュージーランド	684	701
スペイン	695	678
(参考)日本	471	477
世界計×	**67 916**	**67 883**

羊肉	2019	2020
中国	2 463	2 747
オーストラリア	732	690
ニュージーランド	449	458
アルジェリア	329	336
イギリス	307	296
インド	276	281
イラン	203	271
スーダン	265	266
パキスタン	241	244
モンゴル	168	214
ロシア	198	196
世界計×	**9 477**	**9 885**

山羊肉	2019	2020
中国	2 372	2 306
インド	551	555
パキスタン	491	504
ナイジェリア	268	261
バングラデシュ	227	231
エチオピア	143	148
世界計×	**6 074**	**6 142**

畜産物の生産（Ⅱ）（単位　千t）

豚肉	2019	2020	鶏肉	2019	2020
中国	42 553	41 133	アメリカ合衆国	20 173	20 490
アメリカ合衆国	12 543	12 845	中国	14 760	15 144
ドイツ	5 232	5 118	ブラジル	13 517	13 787
スペイン	4 641	5 003	ロシア	4 606	4 577
ブラジル	4 126	4 482	インドネシア	3 929	3 708
ロシア	3 937	4 282	メキシコ	3 477	3 579
ベトナム	3 329	3 550	インド	4 180	3 551
カナダ	2 173	2 299	日本	2 298	2 348
フランス	2 200	2 201	アルゼンチン	2 203	2 219
ポーランド	1 989	1 985	イラン	2 186	2 219
オランダ	1 628	1 662	ポーランド	2 111	2 200
メキシコ	1 600	1 652	トルコ	2 138	2 138
デンマーク	1 500	1 596	南アフリカ共和国	1 808	1 873
フィリピン	1 608	1 500	イギリス	1 726	1 784
韓国	1 364	1 403	タイ	1 740	1 782
日本	1 279	1 306	ペルー	1 763	1 723
イタリア	1 464	1 287	パキスタン	1 518	1 657
ミャンマー	1 093	1 127	コロンビア	1 693	1 620
ベルギー	1 039	1 099	マレーシア	1 589	1 532
イギリス	957	984	ミャンマー	1 458	1 500
世界計×	**109 636**	**109 835**	世界計×	**118 617**	**119 505**

鶏卵	2019	2020	牛乳	2019	2020
中国	28 454	29 825	アメリカ合衆国	99 083	101 251
アメリカ合衆国	6 707	6 608	インド	90 000	87 822
インド	6 291	6 292	ブラジル	35 966	36 508
インドネシア	4 753	5 044	中国	32 012	34 400
ブラジル	3 150	3 261	ドイツ	33 080	33 165
メキシコ	2 950	3 016	ロシア	31 101	31 960
日本	2 640	2 633	フランス	25 062	25 147
ロシア	2 492	2 492	パキスタン	21 691	22 508
トルコ	1 244	1 237	ニュージーランド	21 786	21 871
フランス	926	985	トルコ	20 782	20 000
コロンビア	863	983	イギリス	15 540	15 558
パキスタン	895	946	ポーランド	14 503	14 822
ウクライナ	954	924	オランダ	14 555	14 522
スペイン	864	913	イタリア	12 494	12 712
アルゼンチン	830	873	メキシコ	12 276	12 564
ドイツ	763	840	アルゼンチン	10 340	11 113
マレーシア	654	807	ウズベキスタン	10 662	10 930
イギリス	791	774	カナダ	9 210	9 331
イラン	869	756	(参考)日本	7 314	7 438
世界計×	**84 363**	**86 670**	世界計×	**708 264**	**718 038**

資料は表6-32に同じ。×その他とも。肉類の合計は表6-32を参照。

表 6-35　主な肉類の輸出入国（単位　千 t）

輸出	2019	2020	輸入	2019	2020
牛肉（世界計）··	**9 400**	**9 143**	**牛肉**（世界計）··	**9 559**	**9 556**
ブラジル·······	1 570	1 724	中国···········	1 660	2 118
オーストラリア·	1 305	1 104	アメリカ合衆国·	979	1 072
アメリカ合衆国·	966	943	日本···········	615	600
アルゼンチン···	562	616	韓国···········	444	443
ニュージーランド	460	472	オランダ·······	422	376
オランダ·······	488	448	ドイツ·········	354	342
カナダ·········	386	379	(香港)·········	365	333
ポーランド·····	378	374	イタリア·······	332	306
アイルランド···	361	360	ロシア·········	302	261
ウルグアイ·····	336	305	チリ···········	256	252
パラグアイ·····	249	272	イギリス·······	239	249
メキシコ·······	249	267	フランス·······	255	210
ドイツ·········	271	236	エジプト·······	231	185
豚肉（世界計）	**19 109**	**20 882**	**豚肉**（世界計）	**18 614**	**20 329**
アメリカ合衆国·	3 045	3 387	中国···········	3 109	5 785
スペイン·······	2 422	2 970	日本···········	1 433	1 351
ドイツ·········	2 915	2 818	ドイツ·········	1 169	1 061
カナダ·········	1 341	1 605	イタリア·······	1 083	1 014
オランダ·······	1 544	1 584	メキシコ·······	1 196	997
デンマーク·····	1 404	1 520	イギリス·······	944	918
ブラジル·······	961	1 281	ポーランド·····	724	729
ベルギー·······	887	935	(香港)·········	682	689
ポーランド·····	719	701	韓国···········	671	533
フランス·······	691	694	フランス·······	532	514
イギリス·······	387	412	アメリカ合衆国·	515	486
イタリア·······	323	314	オランダ·······	448	461
メキシコ·······	222	302	ルーマニア·····	360	354
羊肉（世界計）··	**1 248**	**1 146**	**羊肉**（世界計）··	**1 214**	**1 149**
オーストラリア·	495	434	中国···········	392	365
ニュージーランド	390	400	アメリカ合衆国·	109	123
イギリス·······	95	88	フランス·······	87	79
アイルランド···	54	57	イギリス·······	60	59
スペイン·······	41	38	ドイツ·········	42	47
鶏肉（世界計）··	**14 564**	**14 505**	**鶏肉**（世界計）··	**12 915**	**13 472**
ブラジル·······	3 951	3 900	中国···········	780	1 527
アメリカ合衆国·	3 343	3 547	メキシコ·······	970	881
オランダ·······	1 290	1 170	サウジアラビア·	636	617
ポーランド·····	920	941	日本···········	563	535
トルコ·········	481	522	アラブ首長国連邦	669	475
ベルギー·······	450	459	ドイツ·········	497	471
ウクライナ·····	293	433	(香港)·········	645	451
イギリス·······	318	378	イラク·········	92	429

資料は表6-32に同じ。牛肉には水牛肉を含まず。豚肉には調製品や加工品を含む。

表 6-36　木材の伐採（Ⅰ）(2020年)

	森林面積(千ha)(2019)	対国土面積比(%)	木材伐採高(千m³)	用材	薪炭材	うち針葉樹(千m³)
アジア	621 427	*19.4*	1 158 909	453 043	705 866	163 826
アフガニスタン	1 208	*1.9*	3 719	1 760	1 959	1 587
アルメニア	329	*11.1*	1 546	0	1 546	—
インド	71 894	*21.9*	350 667	49 517	301 150	15 204
インドネシア	92 739	*48.4*	121 950	83 346	38 604	7
韓国	6 297	*62.7*	4 273	4 026	247	2 500
カンボジア	8 224	*45.4*	7 439	322	7 117	13
北朝鮮	6 051	*50.2*	7 802	1 500	6 302	5 110
スリランカ	2 116	*32.3*	5 142	693	4 449	—
タイ	19 909	*38.8*	32 957	14 600	18 357	—
(台湾)	…	…	1 466	1 460	6	1 100
タジキスタン	423	*3.0*	3 674	—	3 674	1 837
中国	218 099	*22.8*	337 140	180 237	156 903	91 910
トルコ	22 064	*28.1*	28 703	23 306	5 397	17 860
日本	24 935	*66.0*	30 349	23 417	6 932	21 027
ネパール	5 962	*40.5*	12 950	1 300	11 650	55
パキスタン	3 767	*4.7*	33 593	4 060	29 533	2 675
バングラデシュ	1 883	*12.8*	25 672	405	25 267	—
フィリピン	7 154	*23.8*	15 228	3 853	11 376	40
ブータン	2 723	*70.9*	5 444	125	5 319	33
ベトナム	14 567	*44.0*	57 335	37 335	20 000	1 300
マレーシア	19 164	*58.0*	17 172	14 791	2 381	22
ミャンマー	28 834	*42.6*	42 648	4 360	38 288	362
ラオス	16 630	*70.2*	7 127	1 432	5 695	—
アフリカ	640 609	*21.1*	791 610	79 202	712 408	30 974
アルジェリア	1 939	*0.8*	8 929	139	8 791	6 117
アンゴラ	67 162	*53.9*	6 223	1 250	4 973	—
ウガンダ	2 379	*9.8*	49 961	5 330	44 631	935
エジプト	45	*0.0*	18 161	268	17 893	9
エスワティニ	496	*28.6*	2 252	934	1 318	984
エチオピア	17 142	*15.1*	117 374	2 935	114 439	8 018
ガーナ	7 978	*33.4*	52 380	2 214	50 166	50
ガボン	23 542	*88.0*	3 989	2 919	1 070	—
カメルーン	20 396	*42.9*	14 554	3 832	10 722	—
ギニア	6 229	*25.3*	13 071	651	12 420	—
ギニアビサウ	1 988	*55.0*	3 096	132	2 964	—
ケニア	3 611	*6.2*	25 917	969	24 948	3 025
コートジボワール	2 950	*9.1*	11 659	2 400	9 259	—
コンゴ共和国	21 961	*64.2*	3 970	2 419	1 551	—
コンゴ民主共和国	127 257	*54.3*	92 412	4 611	87 801	—
ザンビア	45 002	*59.8*	25 725	2 692	23 033	892
シエラレオネ	2 555	35.3	6 355	330	6 025	—
ジンバブエ	17 491	*44.8*	10 047	623	9 424	597
スーダン	18 532	*10.0*	16 740	1 157	15 583	—
赤道ギニア	2 457	*87.6*	1 747	1 300	447	—

木材の伐採（Ⅱ）（2020年）

	森林面積（千ha）（2019）	対国土面積比（%）	木材伐採高（千m³）	用材	薪炭材	うち針葉樹（千m³）
セネガル········	8 108	*41.2*	6 442	816	5 626	—
ソマリア········	6 057	*9.5*	16 545	110	16 435	—
タンザニア······	46 214	*48.8*	28 178	2 838	25 340	1 107
チャド··········	4 422	*3.4*	8 965	761	8 204	—
中央アフリカ····	22 333	*35.8*	2 845	845	2 000	—
チュニジア······	701	*4.3*	3 914	304	3 610	919
トーゴ··········	1 212	*21.3*	4 612	188	4 424	—
ナイジェリア····	21 790	*23.6*	76 905	10 022	66 883	—
ナミビア········	6 710	*8.1*	2 015	…	2 015	—
ニジェール······	1 092	*0.9*	12 804	701	12 103	—
ブルキナファソ··	6 266	*22.9*	15 699	1 171	14 528	—
ブルンジ········	280	*10.0*	6 624	625	5 999	138
ベナン··········	3 185	*27.8*	7 053	385	6 668	—
マダガスカル····	12 443	*21.2*	15 384	174	15 210	100
マラウイ········	2 284	*19.3*	7 475	1 430	6 045	108
マリ············	13 296	*10.7*	6 706	817	5 889	—
南アフリカ共和国	17 086	*14.0*	28 687	16 662	12 025	6 779
南スーダン······	7 157	*11.1*	4 750	…	4 750	—
モーリタニア····	318	*0.3*	2 283	32	2 251	—
モザンビーク····	36 966	*46.2*	18 708	1 984	16 724	10
モロッコ········	5 732	*12.8*	6 684	109	6 575	1 057
リビア··········	217	*0.1*	1 178	116	1 062	—
リベリア········	7 648	*68.7*	10 237	463	9 773	—
ルワンダ········	275	*10.4*	6 212	1 212	5 000	98
レソト··········	35	*1.1*	2 159	14	2 145	14
ヨーロッパ······	1 017 239	*43.4*	803 681	633 229	170 452	571 811
アイルランド····	778	*11.1*	3 912	3 627	285	3 887
イギリス········	3 182	*13.1*	10 533	8 103	2 429	9 807
イタリア········	9 512	*31.5*	15 841	5 002	10 839	5 305
ウクライナ······	9 684	*16.0*	16 773	8 996	7 777	10 924
エストニア······	2 438	*53.8*	10 638	6 502	4 136	5 861
オーストリア····	3 896	*46.4*	16 790	11 462	5 327	13 946
オランダ········	369	*8.9*	3 063	740	2 323	893
ギリシャ········	3 902	*29.6*	1 359	412	947	267
クロアチア······	1 937	*22.0*	5 234	3 027	2 207	876
スイス··········	1 266	*30.7*	4 652	2 807	1 845	3 190
スウェーデン····	27 980	*52.9*	76 060	70 600	5 460	66 780
スペイン········	18 568	*36.7*	18 308	15 356	2 951	10 068
スロバキア······	1 926	*39.3*	7 448	6 924	524	4 035
スロベニア······	1 240	*60.5*	3 881	2 804	1 077	2 108
セルビア········	2 722	*30.8*	8 236	1 782	6 454	514
チェコ··········	2 675	*33.9*	33 347	26 621	6 726	32 042
デンマーク······	628	*14.6*	3 842	1 781	2 061	2 913
ドイツ··········	11 419	*31.9*	84 051	61 790	22 261	65 366
ノルウェー······	12 172	*19.5*	11 771	10 242	1 530	10 480

木材の伐採（Ⅲ）（2020年）

	森林面積（千ha）（2019）	対国土面積比（%）	木材伐採高（千m³）	用材	薪炭材	うち針葉樹（千m³）
ハンガリー……	2 054	*22.1*	5 575	2 892	2 684	918
フィンランド……	22 409	*66.2*	60 233	51 296	8 937	47 338
フランス……	17 170	*31.3*	47 703	24 259	23 444	18 705
ブルガリア……	3 880	*35.0*	5 404	3 072	2 332	2 836
ベラルーシ……	8 753	*42.2*	27 050	16 992	10 058	20 360
ベルギー……	689	*22.6*	5 212	4 319	893	3 377
ポーランド……	9 471	*30.3*	40 584	35 864	4 720	30 881
ボスニア・ヘルツェゴビナ……	2 188	*42.7*	4 303	2 819	1 484	2 125
ポルトガル……	3 312	*35.9*	13 311	11 692	1 618	4 362
モルドバ……	387	*11.4*	1 264	45	1 219	3
ラトビア……	3 407	*52.7*	15 347	12 727	2 620	8 692
リトアニア……	2 200	*33.7*	6 366	4 372	1 994	3 570
ルーマニア……	6 929	*29.1*	15 530	10 948	4 582	6 463
ロシア……	815 312	*47.7*	217 000	201 891	15 109	171 763
北中アメリカ……	753 009	*33.0*	662 414	512 451	149 963	463 970
アメリカ合衆国‥	309 795	*31.5*	429 700	369 175	60 525	319 368
エルサルバドル‥	588	*28.0*	4 779	682	4 097	13
カナダ……	346 965	*35.1*	132 180	130 430	1 750	108 466
キューバ……	3 242	*29.5*	1 752	611	1 141	190
グアテマラ……	3 539	*32.5*	22 271	654	21 617	13 591
コスタリカ……	3 019	*59.1*	4 465	1 221	3 244	100
ニカラグア……	3 508	*26.9*	6 274	105	6 169	768
ハイチ……	350	*12.6*	2 379	239	2 140	271
パナマ……	4 225	*56.1*	1 383	407	976	7
ホンジュラス……	6 380	*56.7*	8 983	845	8 138	3 525
メキシコ……	65 820	*33.5*	46 090	7 651	38 439	17 627
南アメリカ……	846 311	*47.5*	408 502	228 946	179 557	91 171
アルゼンチン……	28 681	*10.3*	16 977	12 898	4 079	7 375
ウルグアイ……	2 010	*11.4*	17 975	15 346	2 629	3 511
エクアドル……	12 562	*49.0*	7 500	2 440	5 060	1 648
コロンビア……	59 341	*52.0*	9 014	2 604	6 410	2 415
チリ……	18 088	*23.9*	59 487	43 563	15 924	30 648
パラグアイ……	16 382	*40.3*	11 745	4 044	7 701	—
ブラジル……	497 799	*58.5*	266 288	142 989	123 299	45 099
ベネズエラ……	46 272	*50.7*	5 670	1 317	4 353	425
ペルー……	72 503	*56.4*	7 283	759	6 524	8
ボリビア……	51 034	*46.5*	4 030	1 526	2 504	40
オセアニア……	185 249	*21.6*	86 836	76 818	10 018	53 497
オーストラリア‥	134 005	*17.3*	36 836	32 710	4 125	17 202
ソロモン諸島……	2 524	*87.3*	3 336	3 200	136	—
ニュージーランド	9 866	*36.9*	35 969	35 969	—	35 669
パプアニューギニア	35 889	*77.5*	9 605	4 072	5 533	40
世界計……	**4 063 843**	*30.1*	**3 911 952**	**1 983 688**	**1 928 264**	**1 375 249**

FAOSTAT（2022年7月8日閲覧）より作成。地域計にはその他の国々を含む。

表 6-37 木材の貿易 (2020年)

丸太輸出	千m³	%	丸太輸入	千m³	%
ニュージーランド	21 856	*15.6*	中国	59 562	*42.4*
チェコ	18 269	*13.0*	オーストリア	12 475	*8.9*
ロシア	16 451	*11.7*	スウェーデン	7 345	*5.2*
ドイツ	12 668	*9.0*	フィンランド	6 460	*4.6*
アメリカ合衆国	7 388	*5.3*	ドイツ	6 142	*4.4*
カナダ	6 082	*4.3*	ベルギー	5 053	*3.6*
オーストラリア	5 114	*3.6*	カナダ	4 419	*3.1*
ポーランド	3 715	*2.6*	韓国	3 579	*2.5*
ノルウェー	3 582	*2.6*	イタリア	3 321	*2.4*
ラトビア	3 453	*2.5*	インド	2 678	*1.9*
フランス	3 175	*2.3*	ポルトガル	2 559	*1.8*
パプアニューギニア	2 901	*2.1*	日本	2 189	*1.6*
ベルギー	2 394	*1.7*	ポーランド	2 182	*1.6*
スペイン	2 356	*1.7*	ベトナム	2 127	*1.5*
スロバキア	2 290	*1.6*	スロバキア	2 000	*1.4*
ソロモン諸島	2 182	*1.6*	ラトビア	1 781	*1.3*
リトアニア	2 092	*1.5*	ルーマニア	1 714	*1.2*
エストニア	1 738	*1.2*	フランス	1 167	*0.8*
スロベニア	1 584	*1.1*	イギリス	1 151	*0.8*
ブラジル	1 390	*1.0*	アメリカ合衆国	1 145	*0.8*
世界計×	**140 313**	*100.0*	世界計×	**140 373**	*100.0*

製材輸出	千m³	%	製材輸入	千m³	%
ロシア	31 377	*20.5*	中国	33 840	*23.4*
カナダ	26 738	*17.5*	アメリカ合衆国	26 260	*18.2*
スウェーデン	14 013	*9.2*	イギリス	7 218	*5.0*
ドイツ	10 306	*6.7*	ドイツ	5 345	*3.7*
フィンランド	8 218	*5.4*	日本	5 041	*3.5*
オーストリア	6 079	*4.0*	エジプト	4 178	*2.9*
アメリカ合衆国	5 470	*3.6*	イタリア	4 051	*2.8*
ベラルーシ	4 096	*2.7*	ベルギー	3 684	*2.5*
チェコ	3 623	*2.4*	オランダ	3 446	*2.4*
タイ	3 580	*2.3*	フランス	2 988	*2.1*
ラトビア	3 500	*2.3*	デンマーク	2 978	*2.1*
ブラジル	3 419	*2.2*	ウズベキスタン	2 684	*1.9*
ウクライナ	3 297	*2.2*	ベトナム	2 611	*1.8*
チリ	3 267	*2.1*	韓国	2 182	*1.5*
ルーマニア	1 926	*1.3*	メキシコ	2 129	*1.5*
ニュージーランド	1 720	*1.1*	サウジアラビア	2 109	*1.5*
フランス	1 576	*1.0*	オーストリア	1 942	*1.3*
ベルギー	1 300	*0.9*	エストニア	1 509	*1.0*
クロアチア	1 220	*0.8*	カナダ	1 383	*1.0*
リトアニア	1 212	*0.8*	リトアニア	1 337	*0.9*
世界計×	**152 834**	*100.0*	世界計×	**144 680**	*100.0*

資料は表6-36に同じ。×その他とも。

表 6-38　各国の漁業生産量（I）（単位　千t）

	2000	2010	2019	2020	海面	内水面
アジア						
中国	14 824	15 054	14 170	①13 446	11 986	1 460
インドネシア	4 159	5 390	7 335	② 6 989	6 494	495
インド	3 726	4 716	5 479	④ 5 523	3 727	1 796
ベトナム	1 630	2 250	3 441	⑦ 3 422	3 273	148
日本	5 192	4 188	3 252	⑧ 3 215	3 193	22
バングラデシュ	1 004	1 727	1 896	⑪ 1 920	671	1 248
フィリピン	1 920	2 503	1 830	⑫ 1 915	1 767	148
ミャンマー	1 093	1 961	1 951	⑬ 1 854	1 010	843
タイ	2 997	1 811	1 542	⑭ 1 655	1 524	132
マレーシア	1 293	1 437	1 465	⑰ 1 393	1 387	6
韓国	1 838	1 735	1 425	⑱ 1 375	1 370	6
イラン	384	444	832	802	699	103
オマーン	120	164	579	793	793	0
(台湾)	1 094	853	754	607	606	0
カンボジア	284	490	514	533	123	410
パキスタン	599	456	489	493	345	148
スリランカ	297	390	472	387	327	60
トルコ	503	486	463	364	331	33
ジョージア	2	46	252	231	231	0
北朝鮮	213	218	205	202	197	5
モルディブ	119	123	135	149	149	0
イエメン	115	164	131	131	131	0
(香港)	157	168	123	119	119	—
アフリカ						
モロッコ	915	1 144	1 476	⑯ 1 398	1 382	16
ナイジェリア	441	617	825	783	429	354
モーリタニア	114	276	721	678	663	15
南アフリカ共和国	664	641	449	603	602	1
ウガンダ	219	414	603	566	—	566
タンザニア	327	351	471	470	64	405
セネガル	436	410	516	452	421	31
エジプト	384	385	397	419	101	317
モザンビーク	42	163	401	400	303	97
アンゴラ	239	310	401	377	368	10
ガーナ	454	351	318	356	275	81
ナミビア	591	382	467	330	327	3
ギニア	92	114	360	310	270	40
カメルーン	112	181	297	282	251	31
コンゴ民主共和国	245	224	238	218	8	210
シエラレオネ	75	200	202	201	199	2
マラウイ	50	98	155	171	—	171
セーシェル	33	87	142	132	132	0
ケニア	216	141	126	123	25	98
マリ	110	100	109	118	—	118

各国の漁業生産量（Ⅱ）（単位　千ｔ）

	2000	2010	2019	2020	海面	内水面
マダガスカル……	121	130	114	111	94	17
チャド…………	83	91	107	107	—	107
ザンビア…………	67	76	97	107	—	107
ヨーロッパ						
ロシア…………	4 027	4 076	4 983	⑤ 5 081	4 801	280
ノルウェー………	2 892	2 838	2 479	⑨ 2 604	2 603	0
アイスランド……	2 000	1 082	1 061	⑲ 1 035	1 035	0
スペイン…………	1 063	975	885	804	798	6
デンマーク………	1 534	828	629	733	733	0
（フェロー諸島）…	454	394	653	646	646	0
イギリス…………	754	613	620	626	625	1
フランス…………	694	452	531	466	465	1
オランダ…………	496	434	320	305	304	1
ドイツ……………	204	243	224	212	195	17
アイルランド……	312	348	238	209	208	0
ポーランド………	218	190	211	206	188	18
スウェーデン……	339	212	184	180	171	9
ポルトガル………	192	224	185	160	160	0
イタリア…………	304	235	187	142	138	4
フィンランド……	156	156	164	141	116	25
北中アメリカ						
アメリカ合衆国…	4 789	4 397	4 824	⑥ 4 253	4 242	12
メキシコ…………	1 350	1 528	1 581	⑮ 1 512	1 363	149
カナダ……………	1 033	976	793	740	718	22
（グリーンランド）·	160	209	265	259	259	0
パナマ……………	228	182	232	188	187	0
ベリーズ…………	30	400	214	187	187	—
南アメリカ						
ペルー……………	10 659	4 306	4 851	③ 5 675	5 659	16
チリ………………	4 548	3 048	2 380	⑩ 2 183	2 183	0
アルゼンチン……	922	812	826	⑳ 838	818	19
ブラジル…………	667	785	710	709	484	225
エクアドル………	596	400	608	635	635	0
ベネズエラ………	360	219	275	258	236	22
オセアニア						
ニュージーランド	553	437	413	365	364	0
パプアニューギニア	110	226	287	218	204	14
キリバス…………	35	43	239	213	213	0
ミクロネシア連邦·	23	32	182	194	194	0
オーストラリア…	206	181	170	180	179	1
世界計×………	**94 781**	**88 276**	**93 298**	**91 421**	**79 948**	**11 473**

FAO Fisheries & Aquaculture（2022年7月8日閲覧）より作成。貝類、海藻類を含み、水生ほ乳類（鯨類、アシカなど）、ワニ類を除く。養殖業は含まず。 円内の数字は世界順位。×その他とも。

表 6-39　各国の養殖業生産量（単位　千 t）

	2000	2010	2019	2020	海面	内水面
中国	29 750	47 790	68 424	70 484	39 538	30 945
インドネシア	994	6 278	15 426	14 845	11 454	3 391
インド	1 943	3 790	7 933	8 641	1 077	7 564
ベトナム	514	2 701	4 501	4 615	1 680	2 934
バングラデシュ	657	1 309	2 489	2 584	232	2 352
韓国	668	1 377	2 400	2 328	2 308	20
フィリピン	1 101	2 546	2 358	2 323	2 038	285
エジプト	340	920	1 642	1 592	352	1 240
チリ	425	713	1 407	1 505	1 504	2
ノルウェー	491	1 020	1 453	1 490	1 490	0
ミャンマー	99	853	1 082	1 145	64	1 081
日本	1 292	1 151	947	996	967	29
タイ	738	1 286	963	962	557	406
エクアドル	61	273	696	775	761	14
北朝鮮	468	510	680	680	666	15
ブラジル	172	412	600	630	78	552
イラン	41	220	458	481	56	424
アメリカ合衆国	457	497	490	449	205	244
トルコ	79	168	373	421	293	128
カンボジア	14	60	307	400	21	380
マレーシア	168	581	412	400	303	97
ロシア	77	121	248	291	102	189
メキシコ	54	126	251	279	204	75
(台湾)	256	315	292	279	159	119
スペイン	311	257	311	277	257	19
ナイジェリア	26	201	290	262	0	262
イギリス	152	201	233	221	211	10
フランス	267	203	196	191	150	41
コロンビア	62	80	171	179	6	173
カナダ	128	162	187	171	160	11
パキスタン	12	140	161	162	0	162
ペルー	7	89	161	144	83	61
ギリシャ	95	121	129	132	129	2
ラオス	42	82	123	130	—	130
ウガンダ	1	95	103	124	—	124
イタリア	217	153	132	123	86	37
ニュージーランド	86	111	115	119	117	2
オーストラリア	32	76	94	106	105	1
サウジアラビア	6	26	76	100	77	23
ウズベキスタン	6	7	82	98	—	98
(ザンジバル) 1)	50	125	97	90	90	—
(フェロー諸島)	35	48	95	89	89	—
ネパール	15	28	71	77	—	77
世界計×	**43 017**	**77 994**	**119 799**	**122 580**	**68 131**	**54 449**

資料は表6-38に同じ。魚介類と海藻類の合計。1) タンザニアに属する。×その他とも。

図 6-6　世界の漁業・養殖業生産量の推移

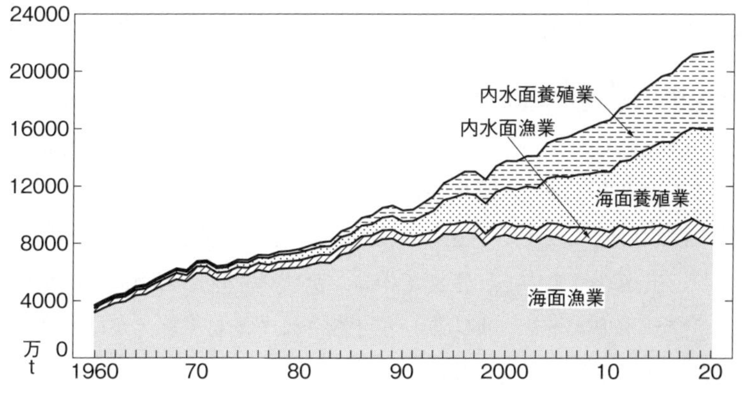

農林水産省ウェブサイトより作成。2020年はFAO "Fisheries & Aquaculture" (2022年7月8日閲覧) による。

表 6-40　水産物の輸出入（単位　百万ドル）

輸出額	2018	2019	輸入額	2018	2019
中国	21 857	20 256	アメリカ合衆国	23 977	23 521
ノルウェー	12 014	12 023	中国	14 692	18 341
ベトナム	8 912	8 695	日本	15 714	15 493
インド	6 940	6 857	スペイン	8 641	8 139
チリ	6 932	6 675	フランス	7 079	6 734
タイ	6 077	5 865	イタリア	7 108	6 619
オランダ	5 670	5 724	ドイツ	6 048	5 887
カナダ	5 345	5 612	韓国	5 960	5 621
エクアドル	4 896	5 520	スウェーデン	5 630	5 271
ロシア	5 307	5 491	イギリス	4 421	4 601
アメリカ合衆国	5 788	5 423	オランダ	4 536	4 520
デンマーク	5 067	4 861	デンマーク	3 953	4 017
スペイン	5 093	4 753	タイ	4 069	3 774
インドネシア	4 705	4 740	(香港)	3 880	3 467
スウェーデン	4 839	4 501	カナダ	3 072	3 235
ペルー	3 310	3 540	ポーランド	2 592	2 622
イギリス	2 864	3 014	ポルトガル	2 578	2 434
ドイツ	3 024	2 763	ロシア	2 281	2 273
ポーランド	2 541	2 542	ベルギー	2 292	2 144
アイスランド	2 379	2 374	ベトナム	1 859	1 889
日本	2 393	2 294	(台湾)	1 675	1 737
世界計×	**166 579**	**163 305**	世界計×	**162 063**	**162 177**

資料は表6-38に同じ。輸出はf.o.b.（本船渡し）価格、輸入はc.i.f.（保険料・運賃込）価格。輸出には再輸出は含まず。×その他とも。

第7章　工　　業

製造業を取り巻く環境は、近年急激に変化している。コロナ禍で2020年前半は各地でのロックダウンや工場閉鎖により、部品調達や製品輸送などに支障が生じた。工業生産が一時的に大幅に低下したが、各国の大規模な財政措置の波及効果もあり、2020年後半には回復に向かっていく。しかし、アメリカを中心に港湾でのコンテナの停滞など物流の混乱が続き、サプライチェーン（供給網）が寸断されて素材や部品が届かず、生産活動が制限される工場が相次いだ。

さらに、2021年以降、半導体不足が深刻化した。需要面では、コロナ禍によるテレワークの普及や巣ごもり需要の拡大で、パソコン向けなどの需要が増えた。一方、供給面ではコロナ禍以前から米中対立によって、アメリカが輸入規制や自国技術を活用した半導体製造に対する規制を実施したことで、台湾や韓国などに製造が集中していた。そこに2021年初旬から災害や半導体工場での事故が続出したことで、供給不足に陥った。アメリカ商務省の調査によると、製造業が確保している半導体製品の在庫日数は、中央値で2019年の40日から2021年には5日未満に減少している。半導体不足は自動車など多くの産業の工業生産を制限し、さらにこれらの製品の生産を支える素材産業にも影響を及ぼした。

各国政府は、サプライチェーンを強靭化することが生産活動を安定化させ、国益を守ることにつながると考えるようになった。半導体は設計と製造の分業化が進んでおり、自社ブランドで垂直統合しているメーカーがある一方、アメリカを中心に工場を持たず設計のみ行い、製造を台湾や韓国の製造受託メーカーに委託するメーカーがある（表7-19）。高い製造技術を有する製造受託メーカーに対して、アメリカや日本は工場誘致を進めており、半導体供給の安定化を目指している。また、各国政府は半導体以外でも、国民生活や経済活動に不可欠な医薬品やレアアースなど「特定重要物資」の調達に関与を強め、従来の経済合理性による国境を越えた資源等の調達や生産拠点の最適配置から、経済安全保障を重視した供給網の囲い込みが始まっている（下の解説参照）。

2020年後半以降の銅鉱石など資源価格の高止まりに加え、2022年２月からのロシアによるウクライナ侵攻で原油価格などが高騰し、各国メーカーの生産コストが上昇している。さらに、ロシアが世界生産の多くを担うニッケルやパラジウムの供給不安も懸念される。このほか、化学肥料原料の価格が世界的に高騰しているが、輸出国の中国が2021年10月から国内流通を優先させたことや、ウクライナ侵攻に伴う経済制裁でロシアからの調達が滞ったことが影響している。一方、一部の半導体は市況の見通しが悪化している。インフレによってスマートフォンやパソコンなどの買い替え需要の減少が見込まれるほか、2022年春の中国でのコロ

サプライチェーン強靭化とリスク可視化

世界の製造業は、これまで素材や部品の調達先や製造拠点などで、国境を越えた最適配置を行い、最もコストが低く効率の良いサプライチェーン（供給網）を構築してきた。しかし、米中対立やコロナ禍によるロックダウン、ロシアによるウクライナ侵攻など、外部環境の変化によるリスクが高まっている。グローバルな分業体制となって、一部の国の影響が連鎖的に広がるようになったほか、各社が経済合理性を追求したことで、半導体などで特定の調達先に集約化される傾向が強まり、ぜい弱性が上がっている。また、環境問題・脱炭素社会実現に向けた対応や、調達先の人権問題など、サプライチェーンに対するさまざま課題が山積している。

サプライチェーン強靭化のため、アメリカや日本、ヨーロッパ各国はそれぞれ重要技術や重要物資の生産基盤を囲い込む産業政策を展開している。中国ではこれに加えて、各国のサプライチェーンの中国依存を高めることが、外国からの人為的な供給停止に対する反撃や抑止力になるとして、重要技術の育成を目指している。他方、アメリカなどでは政府がサプライチェーンのぜい弱な部分の洗い出しを進め、対応を模索している。

企業にとって、自社のサプライチェーンのぜい弱性を可視化することは、安定した経営のために重要である。サプライヤーをさらに支える２次以降のサプライヤー（下請け等）のリスク把握や、自社外の各工程のCO_2排出量、環境規制や人権問題の把握等に対するニーズが高まっている。しかし、経済産業省によると、日本は欧米と比べてサプライチェーンを隅々まで可視化できているメーカーが少ない。可視化を経営課題として十分認識できていないケースや、データ取得のためのシステム等の遅れ、取引先に対する交渉力の弱さなどが指摘され、今後の課題となっている。

ナ封じ込めに伴うサプライチェーンの混乱、暗号資産（仮想通貨）の大幅下落によるマイニング向け需要の低迷などの影響がみられる。

近年の製造業にとって、地球温暖化防止のためCO_2（二酸化炭素）排出抑制は大きな課題であり、各国が対応を進めている。自動車では、主要国で電気自動車の普及が拡大しており、2021年の世界の電気自動車（乗用車）販売台数は前年の２倍以上となった（表7-13）。製造過程でのCO_2排出量が多い鉄鋼業では、石炭（コークス）のかわりに水素を用いる水素還元技術の開発を進めて、従来の高炉法からの転換を目指している。経済産業省等「2022年版ものづくり白書」によると、2021年は全世界のCO_2排出量に占める割合の約９割となる、150を超える国・地域が年限つきのカーボンニュートラル（二酸化炭素排出実質ゼロ）を宣言するなど、各国の気候変動政策が進んだ一年となった。ただし、ロシアによるウクライナ侵攻に伴う天然ガスの高騰や供給不安で、各国はエネルギー政策の見直しを迫られる事態となっており、脱炭素社会の実現に向けた取り組みは、より難しさを増している。

図 7-1　主要国の工業付加価値額（名目値）

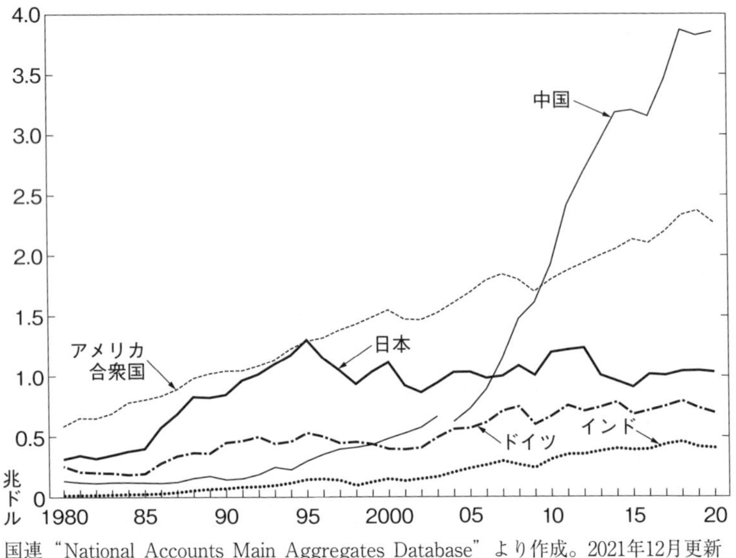

国連“National Accounts Main Aggregates Database”より作成。2021年12月更新データ。中国の2003年以前は鉱業・エネルギー等を含む。

図 7-2　主要国の工業生産指数（2015年平均＝100）

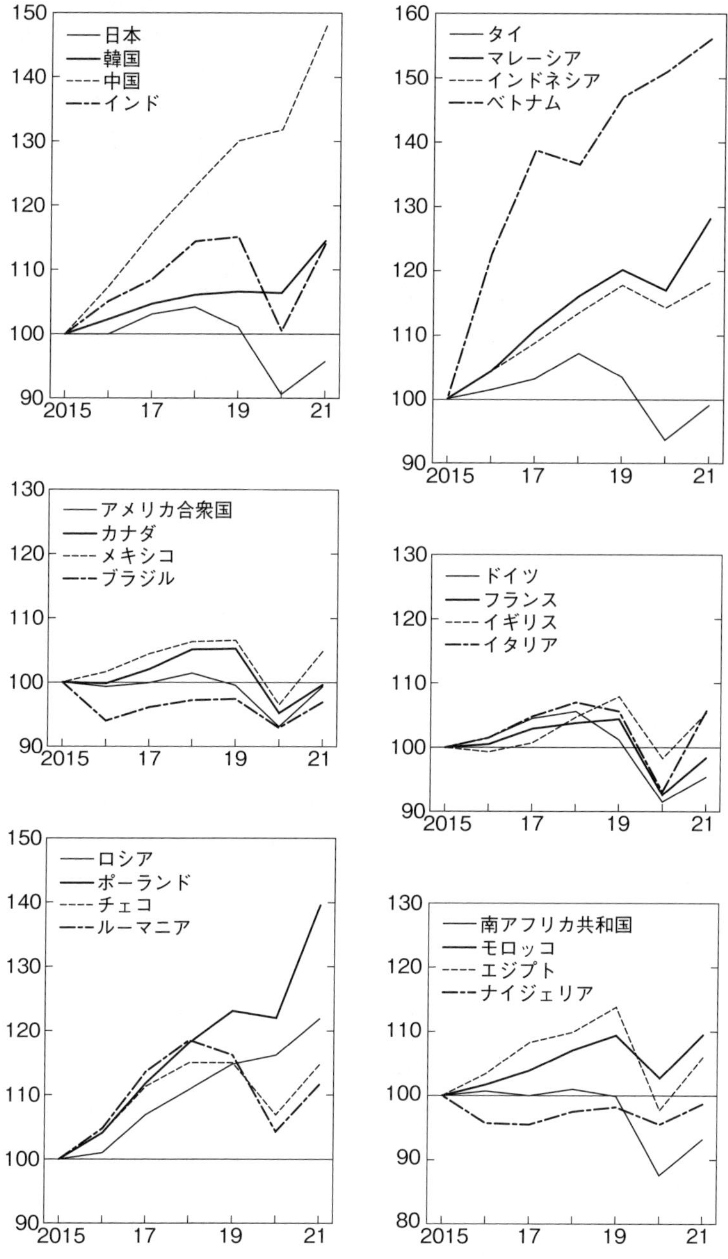

UNIDO Statistics Data Portal（2022年 7 月 3 日閲覧）より作成。

表 7-1　主要国の業種別工業出荷額（Ⅰ）（2020年）（単位　億ドル）

	アラブ首長国連邦(2019)[5)6)]	イスラエル(2018)	イラン[6)8)] (2018)	インド(2018)	インドネシア[5)6)9)]	ウズベキスタン[5)]
食料品工業[1)]	100	164	246	1 944	1 412	53
繊維工業	29	18	43	864	431	47
石油製品[2)]	295	233	343	1 658	208	12
化学工業	169	(石油製品に含む)	336	1 701	433	25
金属工業	283	96	270	2 233	344	76
鉄鋼・非鉄	159	27	214	1 900	237	69
金属製品	124	69	56	334	107	7
機械工業	160	354	356	2 825	1 030	59
一般機械	100	62	45	620	142	7
電気機械[3)4)]	[7)] 36	[7)] 250	[7)] 78	[7)] 836	[7)] 410	[7)] 11
自動車	9	9	221	1 043	358	40
計×	**1 247**	**1 033**	**1 794**	**12 966**	**4 897**	**309**

	カザフスタン(2019)	カタール[5)6)]	韓国(2019)	クウェート[5)] (2019)	サウジアラビア[5)6)]	シンガポール
食料品工業[1)]	77	[10)] 10	834	[10)] 19	177	86
繊維工業	3	3	319	5	43	4
石油製品[2)]	27	93	954	248	292	[14)] 299
化学工業	23	103	1 494	72	385	494
金属工業	184	50	1 935	15	131	72
鉄鋼・非鉄	177	30	1 256	6	67	10
金属製品	8	19	679	9	64	62
機械工業	41	[11)12)13)] 14	6 487	[11)12)] 20	109	1 496
一般機械	22	4	1 098	2	43	219
電気機械[3)4)]	[7)] 6	[11)12)] 9	[7)] 3 278	[11)12)] 8	[7)] 53	[7)] 1 128
自動車	10	0	1 663	0	9	11
計×	**391**	**310**	**13 509**	**413**	**1 363**	**2 628**

	タイ(2018)	（台湾）	中国[15)]	トルコ	日本(2019)	バーレーン(2018)
食料品工業[1)]	826	322	15 122	629	3 521	[10)] 14
繊維工業	189	156	7 407	553	343	6
石油製品[2)]	101	231	7 838	125	1 213	138
化学工業	331	753	17 132	280	2 622	12
金属工業	423	893	25 167	710	3 881	59
鉄鋼・非鉄	210	542	19 544	447	2 494	50
金属製品	213	352	5 623	263	1 387	9
機械工業	1 596	3 571	56 453	997	13 454	[11)] 15
一般機械	220	351	11 342	270	2 949	1
電気機械[3)4)]	[7)] 640	[7)] 2 917	[7)] 29 533	[7)] 296	[7)] 4 274	[11)] 10
自動車	685	156	13 639	368	[16)] 6 231	0
計×	**4 270**	**6 621**	**151 663**	**4 051**	**29 123**	**276**

主要国の業種別工業出荷額（Ⅱ）（2020年）（単位　億ドル）

	パキスタン[6)17)] (2018)	バングラデシュ[6)18)]	フィリピン[5)]	ベトナム	マレーシア[6)]	アルジェリア[5)] (2017)
食料品工業[1)]	274	238	192	860	461	123
繊維工業	304	876	12	316	42	9
石油製品[2)]	73	3	50	150	420	423
化学工業	136	56	42	228	306	18
金属工業	57	45	46	412	296	30
鉄鋼・非鉄	48	35	32	186	143	29
金属製品	9	10	14	226	153	0
機械工業	91	91	236	881	1 128	[20)21)] 7
一般機械	10	3	17	112	101	2
電気機械[3)4)]	[7)] 27	[7)] 41	[7)] 130	[7)] 531	[7)] 844	[7)] 3
自動車	42	2	68	99	135	[20)] 3
計×	**1 075**	[19)] **1 612**	**652**	**3 713**	**3 155**	**633**

	エジプト[8)22)] (2019)	南アフリカ共和国	モロッコ (2019)	アイルランド[5)]	イギリス[5)27)]	イタリア[5)]
食料品工業[1)]	274	[10)] 322	161	[10)26)] 258	[10)] 1 015	1 622
繊維工業	82	[23)] 36	52	3	102	498
石油製品[2)]	176	[24)] 398（石油製品・化学工業計）	4	…	664	536
化学工業	140		109	…	600	1 041
金属工業	129	…	63	47	709	1 534
鉄鋼・非鉄	89	…	28	17	232	617
金属製品	40	…	35	30	477	917
機械工業	112	[11)25)] 310	178	[11)12)13)25)] 29	2 607	3 075
一般機械	15	…	26	…	758	1 512
電気機械[3)4)]	[7)] 77	[7)11)] 49	[7)] 42	[11)12)] 19	[7)] 423	[7)] 620
自動車	20	[16)] 261	89	9	874	621
計×	**1 111**	**1 325**	**665**	**2 659**	**6 853**	**10 411**

	ウクライナ[8)]	オーストリア[5)]	オランダ[5)]	ギリシャ[5)]	スイス[5)]	スウェーデン[5)]
食料品工業[1)]	225	270	[24)] 802	160	[10)] 398	205
繊維工業	10	21	38	14	26	11
石油製品[2)]	28	67	194	116	…	85
化学工業	44	198	625	54	…	248
金属工業	168	340	326	83	294	314
鉄鋼・非鉄	142	173	82	55	64	148
金属製品	26	167	243	28	230	166
機械工業	105	769	1 132	46	[28)] 1 344	799
一般機械	47	319	523	19	398	287
電気機械[3)4)]	[7)] 22	[7)] 224	[7)] 354	[7)] 23	[7)] 879	[7)] 114
自動車	12	176	154	1	…	349
計×	**693**	**2 114**	**3 527**	**552**	**3 855**	**2 146**

主要国の業種別工業出荷額（Ⅲ）（2020年）（単位　億ドル）

	スペイン[5]	スロバキア[5]	スロベニア[5]	セルビア	チェコ[5]	デンマーク[5]
食料品工業[1]	1 359	[10] 47	[10] 24	73	[10] 152	[10] 271
繊維工業	98	8	5	12	29	16
石油製品[2]	287	…	…	23	…	…
化学工業	588	18	[29] 15	22	119	…
金属工業	650	106	58	49	239	94
鉄鋼・非鉄	267	44	26	21	77	15
金属製品	383	61	33	28	162	79
機械工業	1 400	474	113	50	1 014	372
一般機械	327	68	31	15	200	255
電気機械[3)4]	[7] 224	[7] 81	[7] 43	[7] 15	[7] 277	[7] 80
自動車	678	319	38	18	508	28
計×	**5 230**	**801**	**310**	**292**	**1 884**	**1 318**

	ドイツ[5]	ノルウェー[5]	ハンガリー[5)30]	フィンランド[5]	フランス[5]	ブルガリア[5]
食料品工業[1]	2 295	[10] 260	139	122	[10] 1 992	67
繊維工業	182	11	9	10	[31] 155	21
石油製品[2]	551	…	64	83	270	…
化学工業	2 072	78	82	90	1 288	18
金属工業	2 439	112	88	166	778	79
鉄鋼・非鉄	950	64	32	80	236	55
金属製品	1 490	48	56	86	542	24
機械工業	9 154	233	602	465	3 603	77
一般機械	3 300	107	80	217	803	28
電気機械[3)4]	[7] 2 018	[7] 50	[7] 212	[7] 199	[7] 689	[7] 29
自動車	3 324	9	297	22	1 132	14
計×	**19 761**	**837**	**1 145**	**1 244**	**9 388**	**384**

	ベラルーシ	ベルギー[5]	ポーランド[5]	ポルトガル[5]	ルーマニア[8)32]	ロシア[5]
食料品工業[1]	118	567	765	169	143	1 127
繊維工業	15	43	66	76	38	85
石油製品[2]	72	225	183	54	47	[33] 1 632
化学工業	51	779	203	69	37	564
金属工業	35	357	437	107	100	1 546
鉄鋼・非鉄	16	224	127	30	48	1 144
金属製品	19	133	310	77	52	401
機械工業	83	436	998	215	387	[34] 1 131
一般機械	41	188	227	49	59	[34] 395
電気機械[3)4]	[7] 21	[7] 85	[7] 336	[7] 50	[7] 81	[7] 327
自動車	16	145	363	105	229	409
計×	**449**	**2 751**	**3 523**	**929**	[19] **950**	**7 440**

主要国の業種別工業出荷額（Ⅳ）（2020年）（単位　億ドル）

	アメリカ合衆国[35]	カナダ[36]	(プエルトリコ[37]) (2017)	メキシコ[5]	アルゼンチン	エクアドル[6)39] (2019)
食料品工業[1]	9 832	853	[10] 56	798	737	138
繊維工業	542	42	12	74	49	4
石油製品[2]	3 619	493	…	228	123	53
化学工業	6 960	379	684	368	233	16
金属工業	5 483	623	7	402	144	18
鉄鋼・非鉄	2 009	335	1	261	86	12
金属製品	3 473	288	6	142	58	5
機械工業	16 174	1 394	13	1 677	241	17
一般機械	3 493	[3)4)7] 376	0	98	77	2
電気機械[3)4]	[7] 4 467	[11)12] 75	[7] 13	[7] 218	50	[7] 7
自動車	5 726	680	0	1 309	100	5
計×	**52 213**	**4 772**	**779**	**4 054**	[38] **1 830**	**297**

	コロンビア[17]	チリ[40] (2019)	ブラジル[6]	ペルー	オーストラリア	ニュージーランド
食料品工業[1]	[10] 218	[10] 313	1 468	245	795	316
繊維工業	34	8	193	46	44	14
石油製品[2]	144	23	[33] 587	[14] 85	117	53
化学工業	94	142	[41] 928	[41)42] 46	237	32
金属工業	42	58	634	[43] 83	685	67
鉄鋼・非鉄	28	16	441	[43] 52	448	24
金属製品	15	41	193	31	238	42
機械工業	[11)12)13] 44	37	1 350	51	465	82
一般機械	7	27	326	16	131	[7] 56
電気機械[3)4]	[11)12] 14	[7] 8	[7] 368	[7] 11	[7] 143	
自動車	17	1	596	6	102	26
計×	**699**	**759**	**6 049**	**727**	**2 855**	**688**

UNIDO Statistics Data Portal（2022年7月3日閲覧）より作成。国により定義が異なる場合があり、一部は修理やサービス等を含む。1）たばこを含む。2）石炭製品、核燃料を含む。3）事務用機器（パソコン等）を含む。4）テレビ、通信機器類を含む。5）生産者価格。6）工業以外の収益を含む。7）精密機器（医療、光学用等）を含む。8）要素費用価格。9）雇用者30人以上の事業所。10）たばこを除く。11）事務用機器を除く。12）テレビ、通信機器類を除く。13）精密機器を除く。14）石油製品のみ。15）売上高2000万元以上の企業。16）船舶など自動車以外の輸送用機械を含む。17）従業者10人以上の事業所。18）雇用者10人以上の事業所。19）数値を得られた業種のみ集計。20）自動車はトラック類のみ。21）飛行機などを除く。22）民間事業所は雇用者10人以上。23）皮革製品を含む。24）ゴム・プラスチック製品を含む。25）一般機械を除く。26）飲料を除く。27）付加価値税、源泉徴収税登録企業。28）自動車を除く。29）医薬品を除く。30）雇用者1人以上の企業。31）2019年。32）売上高。33）核燃料を除く。34）武器を除く。35）年間を通じて賃金雇用者1人以上を雇用する製造事業所。36）工業製品の収益のみ。37）製品の販売収益のみ。38）修理等を含む。39）従業者50人以上または年間売上100万ドル以上の企業。40）単一事業所は従業者10人以上。41）核燃料を含む。42）化学繊維を除く。43）鋳造品を除く。×その他とも。

表 7-2　粗鋼の生産（単位　千 t）

	1990	2000	2010	2019	2020	2021
中国…………	66 350	128 500	638 743	995 419	1 064 732	1 032 790
インド………	14 963	26 924	68 976	111 351	100 256	118 244
日本…………	110 339	106 444	109 599	99 284	83 186	96 334
アメリカ合衆国·	89 726	101 824	80 495	87 761	72 732	85 791
ロシア………	1) 67 029	59 136	66 942	71 729	71 621	75 585
韓国…………	23 125	43 107	58 914	71 412	67 079	70 418
トルコ………	9 443	14 325	29 143	33 743	35 810	40 360
ドイツ………	2) 38 434	46 376	43 830	39 627	35 680	40 066
ブラジル……	20 567	27 865	32 948	32 569	31 415	36 174
イラン………	1 425	6 600	11 995	25 609	28 990	28 460
イタリア……	25 467	26 759	25 750	23 190	20 379	24 426
(台湾)………	9 748	16 896	19 755	21 954	20 959	23 233
ベトナム……	102	306	4 314	17 469	19 900	23 019
ウクライナ…	1) 41 759	31 767	33 432	20 848	20 616	21 366
メキシコ……	8 734	15 631	16 870	18 387	16 803	18 454
インドネシア…	2 892	2 848	3 664	8 565	12 871	14 300
スペイン……	12 936	15 874	16 343	13 588	10 998	14 185
フランス……	19 016	20 954	15 414	14 450	11 596	13 947
カナダ………	12 281	16 595	13 009	12 897	10 986	12 976
エジプト……	2 247	2 838	6 676	7 257	8 229	10 294
サウジアラビア·	1 790	2 981	5 015	8 191	7 775	8 735
ポーランド…	13 633	10 498	7 993	8 956	7 856	8 454
オーストリア…	4 291	5 707	7 206	7 424	6 765	7 884
イギリス……	17 841	15 019	9 708	7 218	7 086	7 222
ベルギー……	11 453	11 636	7 973	7 760	6 119	6 909
マレーシア…	1 100	3 650	5 694	6 948	6 619	6 900
オランダ……	5 412	5 666	6 651	6 657	6 054	6 620
オーストラリア·	6 676	7 129	7 296	5 493	5 490	5 780
バングラデシュ·	90	…	1 900	5 100	5 500	5 500
タイ…………	685	2 100	4 145	4 246	4 467	5 473
パキスタン…	780	950	1 401	3 304	3 803	5 283
南アフリカ共和国	8 619	8 481	7 617	6 152	3 877	5 020
アルゼンチン…	3 636	4 474	5 138	4 645	3 651	4 875
スロバキア…	1) 3 798	3 733	4 583	3 931	3 444	4 863
チェコ………	1) 7 286	6 216	5 180	4 437	4 465	4 817
スウェーデン…	4 455	5 227	4 846	4 721	4 409	4 678
カザフスタン…	1) 5 675	4 769	4 220	4 134	3 892	4 380
フィンランド…	2 860	4 096	4 029	3 473	3 498	4 340
アルジェリア…	836	842	662	2 400	4 000	4 200
ルーマニア…	9 761	4 672	3 721	3 448	2 790	3 375
アラブ首長国連邦	45	90	500	3 327	2 722	2 997
世界計×……	**770 429**	**850 020**	**1 435 254**	**1 875 330**	**1 880 410**	**1 951 924**

WSA（世界鉄鋼協会）ウェブサイト（2022年7月4日閲覧）、同“Steel Statistical Yearbook”および日本鉄鋼連盟「鉄鋼統計要覧」より作成。粗鋼はすべての鋼を示す統計用語で、各種の鋼材を粗鋼換算している。1）1992年。2）旧西ドイツ。×その他とも。

図 7-3　主要国の粗鋼生産と国別割合（表7-2より作成）

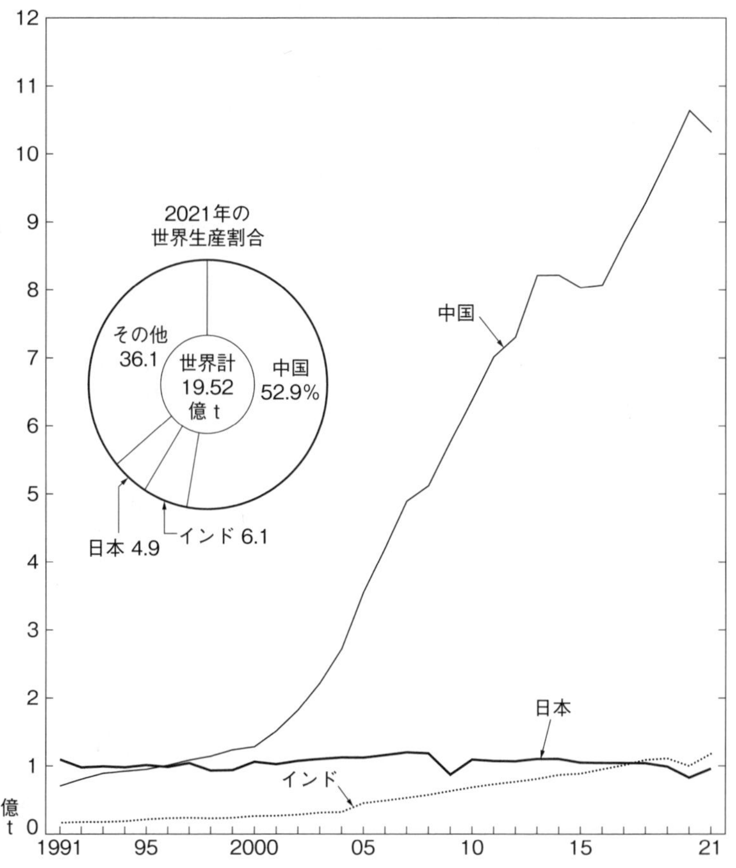

表 7-3　世界の鉄鋼メーカー別粗鋼生産量（2021年）（単位　千 t）

宝鋼集団（中）…………	119 950	山東鋼鉄集団（中）……	28 250
アルセロール・ミタル（ル）	79 260	徳龍鋼鉄（中）…………	27 820
鞍鋼集団（中）…………	55 650	JFEスチール（日）……	26 850
日本製鉄（日）…………	49 460	湖南華菱鋼鉄集団（中）‥	26 210
江蘇沙鋼集団（中）……	44 230	ニューコア（米）………	25 650
ポスコ（韓）……………	42 960	方大鋼鉄集団（中）……	19 980
河北鋼鉄集団（中）……	41 640	現代製鉄（韓）…………	19 640
建龍集団（中）…………	36 710	広西柳州鋼鉄集団（中）‥	18 830
首鋼集団（中）…………	35 430	JSW（印）………………	18 590
タタ・スチール（印）……	30 590	SAIL（印）………………	17 330

WSA（世界鉄鋼協会）“WORLD STEEL IN FIGURES 2022” より作成。ル＝ルクセンブルク。原資料で万 t 単位で公表。子会社や合弁の持ち分を含む。

表 7-4　鋼材および半鋼材の輸出入（単位　千 t）

輸　出	2019	2020	輸　入	2019	2020
中国	63 744	51 393	中国	15 511	37 905
日本	33 127	29 823	アメリカ合衆国	27 116	19 880
ロシア	29 464	28 573	ドイツ	23 096	18 239
韓国	29 986	27 619	イタリア	20 652	15 461
ドイツ	24 061	21 231	ベトナム	15 432	13 634
トルコ	19 660	18 529	トルコ	12 337	12 526
インド	13 356	17 113	フランス	14 589	11 763
ウクライナ	15 559	15 198	韓国	16 352	11 502
イタリア	17 948	14 933	ポーランド	10 960	10 829
ベルギー	16 936	12 915	タイ	16 745	10 752
ブラジル	12 733	10 648	ベルギー	13 006	10 400
フランス	13 557	10 168	メキシコ	11 542	9 744
(台湾)	11 262	9 985	インドネシア	13 454	9 308
マレーシア	5 159	8 362	スペイン	10 342	8 694
オランダ	10 037	8 299	オランダ	9 582	7 783
スペイン	9 342	7 867	(台湾)	7 318	7 328
世界計×	**439 077**	**396 047**	世界計×	**440 875**	**386 328**

WSA（世界鉄鋼協会）ウェブサイト（2022年7月4日閲覧）より作成。×その他とも。

表 7-5　粗鋼消費量（見掛消費）（単位　千 t、1人あたりはkg）

	1990	2000	2010	2019	2020	1人あたり消費 (2020)
中国	68 279	138 086	612 063	911 890	995 040	691.3
インド	21 700	30 200	69 082	102 622	89 333	64.7
アメリカ合衆国	103 052	133 360	92 400	97 613	80 043	241.8
日本	99 032	79 600	67 400	63 210	52 630	416.1
韓国	21 478	40 000	54 573	53 226	48 964	955.0
ロシア	1) 59 057	29 412	41 444	43 517	42 382	290.4
ドイツ	2) 35 550	42 091	40 479	35 142	31 163	371.9
トルコ	6 593	13 370	25 131	26 078	29 481	349.6
ベトナム	215	2 935	12 293	24 313	23 337	239.8
メキシコ	8 804	19 800	20 648	24 713	21 716	168.4
ブラジル	11 048	17 500	29 004	20 977	21 449	100.9
イタリア	28 404	32 483	27 212	24 986	20 414	337.6
(台湾)	15 350	25 300	21 350	17 615	18 506	777.0
イラン	5 177	10 296	21 878	18 490	17 206	204.9
タイ	6 783	7 428	16 378	18 467	16 286	233.3
インドネシア	4 690	5 471	10 744	15 944	15 092	55.2
世界計×	**773 442**	**847 142**	**1 419 631**	**1 776 680**	**1 773 844**	227.6

WSA（世界鉄鋼協会）ウェブサイト（2022年7月4日閲覧）および同“Steel Statistical Yearbook”より作成。粗鋼換算による生産＋輸入－輸出。1）1992年。2）旧西ドイツ。×その他とも。

表 7-6 銅、アルミニウムの生産（単位 千 t）

銅（精製銅）	1980	1990	2000	2010	2017	2018
中国	295	560	1 370	4 670	8 915	9 291
チリ	* 811	* 1 190	* 2 670	* 3 240	* 2 430	* 2 461
日本	1 014	1 010	1 440	1 550	1 488	1 595
アメリカ合衆国	1 730	2 020	1 800	1 100	1 080	1 110
ロシア	1) 855	1) 1 230	840	874	956	1 031
コンゴ民主共和国	…	* 141	—	* 262	* 830	* 953
韓国	79	186	* 468	565	664	675
ドイツ	2) 374	533	709	704	694	672
インド	26	* 42	243	664	829	554
ポーランド	*3) 357	* 346	518	547	522	502
カザフスタン	…	…	* 395	* 323	* 468	* 483
メキシコ	86	153	411	247	463	437
ザンビア	* 608	* 438	* 277	* 530	* 431	* 425
スペイン	154	166	316	347	415	424
オーストラリア	166	274	* 487	* 424	* 386	* 408
ベルギー	374	332	423	381	399	390
ペルー	* 230	* 228	* 452	* 394	* 335	* 337
世界計×	**8 869**	**10 800**	**14 900**	**19 100**	**23 900**	**24 400**
うち一次銅	…	8 860	12 900	15 900	19 700	20 200

アルミニウム（一次4) のみ）	1980 5)	1990	2000	2010	2019	2020
中国	360	850	2 800	16 200	35 044	37 080
ロシア	1) 1 760	1) 3 520	3 250	3 950	3 637	3 639
インド	185	433	644	1 610	3 640	3 558
カナダ	1 068	1 570	2 370	2 960	2 854	3 119
アラブ首長国連邦	25	174	470	1 400	2 570	2 520
オーストラリア	303	1 230	1 770	1 930	1 570	1 582
バーレーン	126	213	509	851	1 365	1 549
ノルウェー	653	845	1 030	1 110	1 300	1 330
アメリカ合衆国	4 654	4 050	3 670	1 730	1 090	1 010
アイスランド	73	87	224	806	844	860
マレーシア	…	—	—	60	760	760
サウジアラビア	…	—	—	—	790	740
南アフリカ共和国	87	159	673	807	717	717
ブラジル	261	931	1 280	1 540	650	684
カタール	…	—	—	126	627	632
モザンビーク	…	—	54	557	565	571
ドイツ	2) 731	740	644	402	540	550
世界計×	**15 383**	**19 300**	**24 300**	**41 200**	**62 900**	**65 200**

USGS（アメリカ地質調査所）"Minerals Yearbook" より作成。2022年 7 月 4 日閲覧。1990～2010年はUSGSの長期データ（2015年版）。推定値や暫定値を含む。銅は二次銅（再生銅）を含む。*一次銅（新製銅）のみ。1）旧ソ連。2）旧西ドイツ。3）おそらく二次銅を含む。4）新製アルミニウム。アルミ精錬は大量の電力を消費するため、日本は2015年以降新製アルミの生産は無く、再生アルミのみ。5）インゴットの数値。×その他とも。

表 7-7　その他の主な金属の生産（単位　千 t）

鉛	2017	2018	亜鉛	2019	2020
中国・・・・・・・・・・	5 050	4 910	中国・・・・・・・・・・	6 162	6 425
アメリカ合衆国#	1 140	1 170	韓国・・・・・・・・・*	986	987
韓国・・・・・・・・・・	803	800	インド・・・・・・・*	691	688
インド・・・・・・・・	570	623	カナダ・・・・・・・*	655	682
メキシコ・・・・・1)	323	434	日本・・・・・・・・・・	527	501
イギリス・・・・・・	354	354	スペイン・・・・・*	508	500
ドイツ・・・・・・・・	354	315	オーストラリア*	436	442
カナダ・・・・・・・・	280	251	メキシコ・・・・・*	389	363
ロシア・・・・・・・・	122	201	カザフスタン・・	318	319
日本・・・・・・・・・・	199	197	ペルー・・・・・・・*	340	305
ブラジル・・・・・#	180	195	フィンランド・*	291	297
オーストラリア	184	188	ベルギー・・・・・*	270	270
スペイン・・・・・#	168	175	ブラジル・・・・・*	253	257
イタリア・・・・・・	174	168	オランダ・・・・・*	250	250
ポーランド・・・・	160	160	ロシア・・・・・・・・	207	212
カザフスタン・・	149	153	ノルウェー・・・*	195	192
ベルギー・・・・・#	136	129	ドイツ・・・・・・・・	182	180
スウェーデン・・	121	112	イタリア・・・・・・	189	180
ブルガリア・・・・	103	103	アメリカ合衆国	115	180
イラン・・・・・・・・	100	85	フランス・・・・・*	160	160
タジキスタン・・	100	73	ポーランド・・・*	159	154
フランス・・・・・#	70	70	イラン・・・・・・・・	140	140
トルコ・・・・・・・#	58	58	ブルガリア・・・*	74	75
世界計×・・・・	**11 400**	**11 400**	世界計×・・・・	**13 600**	**13 800**

ニッケル2)（含有量）	2017	2018	スズ	2018	2019
中国・・・・・・・・・・	656	716	中国・・・・・・・・・*	182.0	166.0
日本・・・・・・・・・・	187	187	インドネシア・*	81.4	76.4
ロシア・・・・・・・・	157	158	マレーシア・・・*	27.2	24.3
カナダ・・・・・・・・	154	133	ペルー・・・・・・・*	18.3	19.6
オーストラリア	109	114	ボリビア・・・・・*	15.6	14.0
ニューカレドニア	104	108	ブラジル・・・・・*	12.9	11.9
インドネシア・・	97	98	アメリカ合衆国#	9.9	10.5
ノルウェー・・・3)	87	91	タイ・・・・・・・・・*	10.7	9.6
ブラジル・・・・・・	69	65	ベルギー・・・・・#	9.3	9.3
フィンランド・・	60	61	ベトナム・・・・・*	4.9	4.8
南アフリカ共和国	47	45	日本・・・・・・・・・*	1.7	1.5
韓国・・・・・・・・・4)	47	45	ルワンダ・・・・・*	—	1.0
コロンビア・・・4)	41	43	インド・・・・・・・・	0.0	0.0
世界計×・・・・	**1 990**	**2 040**	世界計×・・・・	**374.0**	**349.0**

資料は表7-6に同じ。推定値や暫定値が一部含まれる。二次（再生）金属を含む。*一次（新製）金属のみ。#二次金属のみ。1）アンチモン鉛を含む。2）金属ニッケルのほか、ニッケル酸化物やフェロニッケルなどに含まれるニッケル含有量。3）金属ニッケル。4）フェロニッケル。×その他とも。

表 7-8 造船竣工量（100総トン以上の鋼船）（単位 千総トン）

	1990	2000	2010	2019	2020	2021
中国	404	1 484	36 437	23 195	23 261	26 188
韓国	3 441	12 218	31 698	21 744	18 264	19 311
日本	6 663	12 001	20 218	16 216	12 937	10 776
フィリピン	3	144	1 161	806	608	634
イタリア	392	537	634	529	518	501
ドイツ	1) 874	975	932	469	291	382
ベトナム	2) 3	1	583	559	579	368
フィンランド	256	223	225	297	182	221
トルコ	29	64	364	195	155	218
(台湾)	515	602	580	418	316	197
フランス	64	200	258	355	132	188
ルーマニア	175	135	613	141	88	181
ロシア	2) 143	67	180	111	265	147
ポーランド	141	626	167	76	53	93
インドネシア	19	50	182	180	123	90
インド	77	42	109	12	23	89
オランダ	190	296	138	61	92	82
スペイン	367	460	288	231	46	60
バングラデシュ	2) 1	3) 0	7	52	89	43
クロアチア	2) 384	342	387	78	38	32
オーストラリア	26	43	17	33	12	32
アメリカ合衆国	23	73	238	223	75	31
マレーシア	25	7	89	21	24	22
イギリス	127	104	1	3	7	18
ノルウェー	91	109	21	71	26	12
ポルトガル	71	47	9	10	10	10
カナダ	3	29	4	6	3	8
リトアニア	4) 2	6	27	…	2	6
シンガポール	47	16	119	15	11	6
世界計×	**15 885**	**31 696**	**96 433**	**66 363**	**58 317**	**60 000**

IHS Maritime & Trade, “World Fleet Statistics” および IHS Markit “World Shipbuilding Statistics” より作成。トン数は船の容量を示す単位。本データは本年版で統計終了。1）旧西ドイツ。2）1992年。3）1999年。4）1993年。×その他とも。

表 7-9 二輪自動車の生産（単位 千台）

	2018	2019		2018	2019
インド	24 500	21 036	ブラジル	1 037	1 108
中国	15 578	17 367	(台湾)	1 089	1 028
タイ	2 063	1 948	日本	652	567
パキスタン	1 903	1 677	マレーシア	465	553
フィリピン	1 259	1 162	イタリア	329	329

日本自動車工業会「日本の自動車工業」(2021年）より作成。原資料掲載国のみ。

表 7-10　自動車の生産台数（単位　千台）

	1990	2000	2010	2019	乗用車	トラック・バス
アジア	…	18 187	41 938	51 119	41 951	9 168
中国	470	2 069	18 265	25 751	21 390	4 361
日本	13 487	10 141	9 629	9 685	8 329	1 355
インド	364	801	3 557	1) 4 524	1) 3 629	1) 895
韓国	1 322	3 115	4 272	3 951	3 613	338
タイ	2) 305	412	1 645	2 014	795	1 218
トルコ	209	431	1 095	1 461	983	479
インドネシア	2) 271	293	703	1 287	1 046	241
イラン	2) 50	278	1 599	821	770	51
マレーシア	2) 205	283	568	572	534	38
(台湾)	2) 342	373	303	251	190	62
ヨーロッパ	…	19 727	18 543	3) 19 784	17 424	3) 2 360
EU 4)	15 010	17 106	17 079	3) 18 002	15 839	3) 2 163
ドイツ	5) 4 977	5 527	5 906	6) 4 947	4 664	6) 284
スペイン	2 053	3 033	2 388	2 823	2 248	574
フランス	3 769	3 348	2 229	6) 2 175	1 666	6) 510
チェコ	…	455	1 076	1 434	1 428	6
スロバキア	…	182	562	1 108	1 108	—
イギリス	1 566	1 814	1 393	1 381	1 303	78
イタリア	2 121	1 738	838	915	542	373
ポーランド	335	505	869	650	435	215
ルーマニア	111	78	351	490	490	—
ハンガリー	10	137	211	498	498	—
ポルトガル	2) 138	247	159	346	282	64
ベルギー	386	1 033	555	286	247	39
ロシア	7) 1 974	1 206	1 403	1 719	1 524	196
北中アメリカ	…	17 697	12 154	16 823	4 370	12 453
アメリカ合衆国	9 785	12 800	7 743	10 893	2 512	8 381
メキシコ	821	1 936	2 342	4 013	1 397	2 616
カナダ	1 947	2 962	2 068	1 917	461	1 455
南アメリカ	…	2 087	4 190	3 338	2 635	703
ブラジル	914	1 682	8) 3 382	2 945	2 448	496
アルゼンチン	100	340	717	6) 315	108	6) 206
アフリカ	…	329	515	1 114	796	318
南アフリカ共和国	335	357	472	632	349	283
モロッコ	2) 22	19	42	403	369	35
オセアニア	…	347	244	6	—	6
世界計	**48 554**	**58 374**	**77 584**	3) **92 183**	**67 175**	3) **25 008**

2000年以降はOICA（国際自動車工業連合会）ウェブサイト（2022年７月４日閲覧）、1990年は日本自動車工業会資料より作成。完成車の生産台数で、日本など一部で完成度の高いノックダウン車両（部品やモジュールで輸出し、現地で組み立て）を含む。他の国でも年次により含む場合がある。ノックダウンの扱い等のため、一部の国で他国との重複分を含むが、原資料で2000、10年は国別データをそのまま掲載する一方、世界計や地域計でダブルカウント分を除いている。乗用車とトラック・バスの分類は、国や年次により異↗

2020	乗用車	トラック・バス	2021	乗用車	トラック・バス	
45 931	37 025	8 907	48 340	39 255	9 085	**アジア**
25 225	19 994	5 231	26 082	21 408	4 674	中国
8 068	6 960	1 108	7 847	6 619	1 228	日本
1) 3 382	1) 2 837	1) 545	1) 4 399	1) 3 631	1) 768	インド
3 507	3 212	295	3 462	3 163	300	韓国
1 427	538	889	1 686	595	1 091	タイ
1 298	855	443	1 276	783	493	トルコ
690	551	139	1 122	890	232	インドネシア
881	826	55	894	838	56	イラン
485	458	27	482	446	35	マレーシア
246	181	65	265	197	69	(台湾)
3) 15 283	13 355	3) 1 928	3) 14 718	12 701	3) 2 017	**ヨーロッパ**
3) 13 798	12 045	3) 1 752	3) 13 093	11 290	3) 1 803	EU 4)
6) 3 743	3 515	6) 227	6) 3 309	3 096	6) 213	ドイツ
2 268	1 801	468	2 098	1 662	436	スペイン
6) 1 316	928	6) 389	6) 1 351	918	6) 433	フランス
1 159	1 153	6	1 111	1 105	6	チェコ
991	991	—	1 000	1 000	—	スロバキア
987	921	66	932	860	73	イギリス
777	452	325	796	442	353	イタリア
451	279	172	439	261	179	ポーランド
438	438	—	421	421	—	ルーマニア
406	406	—	394	394	—	ハンガリー
264	211	53	290	229	61	ポルトガル
267	237	30	261	224	37	ベルギー
1 436	1 261	175	1 566	1 353	214	ロシア
13 374	3 220	10 155	13 428	2 560	10 868	**北中アメリカ**
8 821	1 924	6 897	9 167	1 563	7 604	アメリカ合衆国
3 177	967	2 210	3 146	708	2 437	メキシコ
1 376	328	1 048	1 115	288	827	カナダ
2 319	1 747	571	2 724	1 933	791	**南アメリカ**
2 014	1 607	407	2 248	1 708	540	ブラジル
6) 257	93	6) 164	6) 435	184	6) 251	アルゼンチン
800	562	238	931	607	324	**アフリカ**
447	238	209	499	239	260	南アフリカ共和国
328	300	29	403	338	65	モロッコ
5	—	5	5	—	5	**オセアニア**
3) 77 712	**55 909**	**3) 21 803**	**3) 80 146**	**57 054**	**3) 23 092**	世界計

↘なる場合がある。世界計や地域計は各国の合計で、トラック・バスを含まない国もそのまま計上。1）一部の欧州メーカーを含まず。2）原資料（日本自動車工業会「主要国自動車統計」）でノックダウンの組立とされ、生産に計上されていない。3）一部の国でトラック・バスを除く。4）1990年以前はEC 7 か国、2000年はEU15か国、2010年はイギリスを含む27か国、2019～21年はイギリスを含む28か国。5）旧西ドイツ。6）大型トラック・バスを除く。7）旧ソ連。8）第一四半期のみノックダウン車両を含まず。

図 7-4　主要国の自動車生産

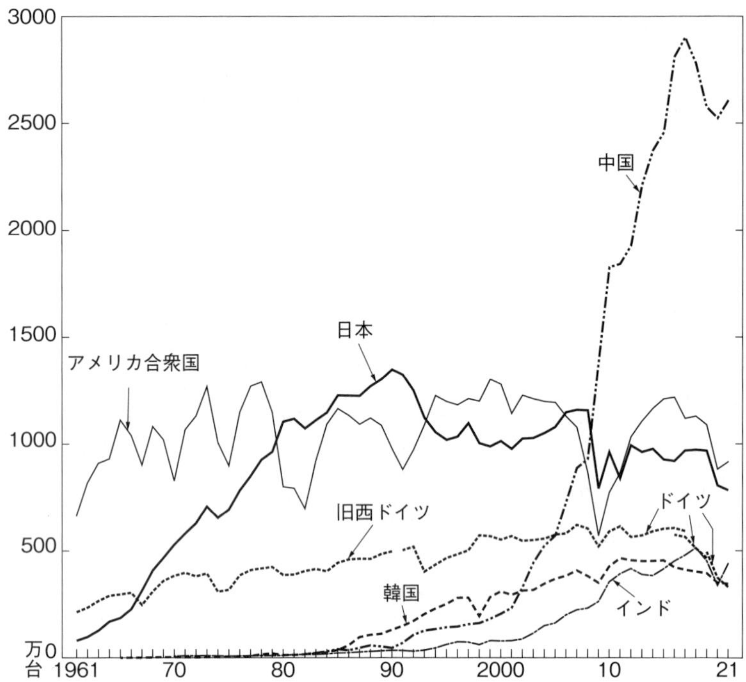

表7-10より作成。ドイツは2011年以降重トラック、バスを除く。2016～18年は乗用車のみ。この他の国でも、年によって統計範囲が異なる場合がある。

表 7-11　主要国の自動車輸出台数（単位　千台）

	2018	乗用車	トラック・バス	2019	乗用車	トラック・バス
フランス……	6 376	5 303	1 073	5 738	4 674	1 064
日本…………	4 817	4 358	460	4 818	4 373	445
ドイツ………	4 212	3 993	219	3 699	3 487	212
アメリカ合衆国	2 880	2 345	535	3 192	2 600	592
韓国…………	2 450	2 342	107	2 401	2 313	88
スペイン……	2 304	1 873	431	2 310	1 867	443
イギリス……	1 288	1 238	50	1 102	1 056	46
中国…………	1 041	758	283	1 024	725	299
インド………	776	676	100	738	677	61
イタリア……	699	383	317	605	292	312
ブラジル……	643	501	142	440	351	89

日本自動車工業会「日本の自動車工業」(2021年版) より作成。原資料に記載は無いが、本書2019/20年版で引用していた日本自動車工業会「世界自動車統計年報」(2019年版で終了) では、フランスはフランスメーカーの国外からの出荷台数を含んでいるとしていた。

表 7-12 自動車販売台数（単位 千台）

	2019	2020	2021	うち乗用車 2019	2020	2021
中国	25 797	25 311	26 275	21 472	20 178	21 482
アメリカ合衆国	17 488	14 881	15 409	4 720	3 402	3 350
日本	5 195	4 599	4 448	4 301	3 810	3 676
インド	3 817	2 939	3 759	2 962	2 433	3 082
ドイツ	4 017	3 267	2 973	3 607	2 918	2 622
フランス	2 756	2 100	2 142	2 214	1 650	1 659
ブラジル	2 788	2 058	2 120	2 262	1 616	1 558
イギリス	2 737	1 965	2 044	2 311	1 631	1 647
ロシア	1 779	1 631	1 742	1 568	1 434	1 483
韓国	1 795	1 906	1 735	1 497	1 618	1 469
カナダ	1 976	1 586	1 705	497	319	321
イタリア	2 133	1 565	1 664	1 917	1 382	1 457
オーストラリア	1 063	917	1 050	799	677	753
メキシコ	1 360	978	1 047	764	532	520
スペイン	1 501	1 031	1 034	1 258	851	859
インドネシア	1 030	532	887	786	389	660
トルコ	492	796	773	387	610	562
タイ	1 008	792	749	469	343	312
サウジアラビア	534	453	557	460	388	476
ポーランド	656	510	555	556	428	447
計×	**91 227**	**78 774**	**82 685**	**64 036**	**53 917**	**56 398**

国際自動車工業連合会（OICA）ウェブサイト（2022年7月4日閲覧）より作成。販売または登録された台数。一部の国は重トラック・バスを除く。×その他とも。

表 7-13 電気自動車（乗用車）の販売台数（単位 千台）

	2020	〃 %1)	2021	BEV	PHEV	〃 %1)
中国	1 159.6	*5.3*	3 334.2	2 734.0	600.1	*16.0*
ドイツ	394.9	*13.5*	681.4	356.0	325.4	*26.0*
アメリカ合衆国	295.4	*2.2*	631.2	466.3	164.8	*4.6*
イギリス	175.0	*11.2*	312.3	192.1	120.2	*19.0*
フランス	184.6	*11.3*	308.7	170.9	137.8	*18.9*
ノルウェー	105.7	*74.7*	151.9	113.7	38.2	*86.2*
イタリア	59.9	*4.3*	138.0	67.3	70.7	*9.5*
スウェーデン	94.2	*32.3*	136.1	57.9	78.2	*43.3*
オランダ	88.2	*25.0*	93.9	63.2	30.8	*29.7*
韓国	40.1	*2.5*	90.5	71.5	19.0	*6.2*
(参考)日本	29.3	*0.6*	44.3	21.7	22.6	*1.0*
世界計×	**2 993.3**	*4.0*	**6 571.6**	**4 651.1**	**1 920.6**	*8.6*

IEA "Global EV Outlook 2022" より作成。バッテリー式（BEV）とプラグインハイブリッド（PHEV）。1）各国の乗用車販売台数全体に占める割合。×その他とも。

表 7-14　産業用ロボットの稼動台数（各年末現在）（単位　台）

	2010	2020		2010	2020
アジア・・・・・・ 1)	513 765	1 904 353	ベルギー・・・・・・	6 251	10 384
中国・・・・・・・・・・	52 290	943 223	ハンガリー・・・・	1 406	10 081
日本・・・・・・・・・・	307 698	374 038	スロバキア・・・・	1 870	8 580
韓国・・・・・・・・・・	101 080	342 983	デンマーク・・・・	4 234	7 027
(台湾)・・・・・・・・	26 896	75 839	ロシア・・・・・・・・	1 058	6 963
タイ・・・・・・・・・・	9 635	35 262	ポルトガル・・・・	2 280	6 004
インド・・・・・・・・	4 855	28 638	フィンランド・・	4 611	4 827
シンガポール・・	3 685	27 034	スロベニア・・・・	1 032	4 520
ベトナム・・・・・・	728	17 563	ルーマニア・・・・	317	4 360
マレーシア・・・・	3 677	14 156	イスラエル・・・・	647	2 237
インドネシア・・	1 285	9 559	ノルウェー・・・・	1 012	1 417
(香港)・・・・・・・・	231	2 837	**北アメリカ**・・ 3)	173 174	382 653
フィリピン・・・・	485	1 781	アメリカ合衆国 4)	180 893	314 219
ヨーロッパ・・ 2)	352 142	614 858	メキシコ・・・・・・ 4)	1 938	40 638
ドイツ・・・・・・・・	148 256	230 601	カナダ・・・・・・・・ 4)	1 848	27 796
イタリア・・・・・・	62 378	78 152	**南アメリカ**・・ 5)	6 611	6) 27 186
フランス・・・・・・	34 495	44 817	ブラジル・・・・・・	5 721	16 117
スペイン・・・・・・	28 868	38 007	アルゼンチン・・	722	3 002
イギリス・・・・・・	13 519	23 027			
チェコ・・・・・・・・	4 462	20 571	**オセアニア**・・・・	7 066	7 653
ポーランド・・・・	3 321	17 019	オーストラリア	6 679	6 332
トルコ・・・・・・・・	2 166	16 464	ニュージーランド	387	1 321
オランダ・・・・・・	5 438	15 344	**アフリカ**・・・・・・	2 232	6 688
スウェーデン・・	9 387	14 447	南アフリカ共和国	2 074	5 064
オーストリア・・	5 749	12 607			
スイス・・・・・・・・	4 417	10 446	世界計・・・・ 6)	**1 059 162**	**3 014 879**

日本ロボット工業会資料より作成。地域は原資料の区分に従った。1）トルコ、イスラエルを除く。2）トルコ、イスラエルを含む。3）アメリカ合衆国、カナダ、メキシコのみ。4）2011年。5）メキシコを除く中南アメリカすべて。6）国を特定できないものを含む。

表 7-15　世界の主なサービスロボット販売台数（単位　千台）

業務用ロボット	2019	2020	家庭用ロボット	2019	2020
輸送・物流・・・・	32.7	43.5	家事ロボット・・	17 400	18 455
掃除用(業務用)	17.9	34.4	掃除(屋内)・・	16 345	17 232
医療用ロボット	6.5	17.9	ガーデニング	858	969
ホスピタリティ	13.2	14.9	社会交流、教育・	1 104	617
農業用・・・・・・・・	7.0	7.3	教育・・・・・・・・	155	494
調査・管理・・・・	4.5	5.7	接客等・・・・・・	949	123
建設・解体・・・・	1.2	1.6	ケア(家庭内)・・	2	3
計×・・・・・・・・	**93.2**	**131.8**	計×・・・・・・・・	**18 507**	**19 076**

資料は上表に同じ。昨年版と分類が異なる。サービスロボットは産業用ロボットを除く。×その他とも。

表 7-16　半導体メーカーの売上高（単位　百万ドル）

	2020	2021	〃 %	20/21伸び率(%)
サムスン電子（韓）…………	57 181	73 197	*12.3*	*28.0*
インテル（米）………………	72 759	72 536	*12.2*	*-0.3*
SKハイニックス（韓）………	25 854	36 352	*6.1*	*40.6*
マイクロン・テクノロジー（米）	21 780	28 624	*4.8*	*31.4*
クアルコム（米）……………	17 664	27 093	*4.6*	*53.4*
ブロードコム（米）…………	15 754	18 793	*3.2*	*19.3*
メディアテック（台）………	10 998	17 617	*3.0*	*60.2*
テキサス・インスツルメンツ（米）	13 619	17 272	*2.9*	*26.8*
エヌビディア（米）…………	10 643	16 815	*2.8*	*58.0*
AMD（米）………………	9 665	16 299	*2.7*	*68.6*
その他……………………	214 982	270 354	*45.4*	*25.8*
計……………………	**470 899**	**594 952**	*100.0*	*26.3*

Gartner（2022年４月）による。

表 7-17　半導体のメーカー別支出額（単位　百万ドル）

	2020	2021	〃 %	20/21伸び率(%)
アップル（米）……………	54 365	68 851	*11.6*	*26.6*
サムスン電子（韓）…………	35 791	45 091	*7.6*	*26.0*
レノボ（中）………………	19 089	25 410	*4.3*	*33.1*
BBKエレクトロニクス（中）・1)	14 334	21 810	*3.7*	*52.2*
デル（米）…………………	16 850	20 977	*3.5*	*24.5*
シャオミ（中）……………	10 334	16 465	*2.8*	*59.3*
ファーウェイ（中）…………	22 823	14 977	*2.5*	*-34.4*
HP（米）……………… 2)	10 797	13 927	*2.3*	*29.0*
鴻海精密工業（台）…………	6 364	8 028	*1.3*	*26.2*
ソニー（日）………………	4 149	6 847	*1.2*	*65.0*
その他……………………	276 004	352 568	*59.3*	*27.7*
計……………………	**470 899**	**594 952**	*100.0*	*26.3*

Gartner（2022年４月）による。自家消費分を含む。1）VivoやOppoを含む。2）ヒューレット・パッカード。

表 7-18　本社所在地別半導体メーカー売上シェアの推移（%）

	1990	1995	2000	2005	2010	2021
北アメリカ……	*38*	*47*	*49*	*48*	*50*	*54*
ヨーロッパ……	*9*	*9*	*9*	*10*	*8*	*6*
日本…………	*49*	*35*	*25*	*19*	*17*	*6*
アジア・太平洋地域	*4*	*9*	*17*	*23*	*25*	*34*

IC Insights（2022年４月５日）より作成。本表の半導体メーカーには、製造受託のみを行って自社で設計などを行わないファウンドリー（製造受託企業）を含まない。

表 7-19　各国半導体メーカーの業態別売上シェア（2021年）（%）

	アメリカ合衆国	韓国	(台湾)	ヨーロッパ	日本	中国
垂直統合型……	*47*	*33*	*3*	*9*	*8*	*0*
ファブレス……	*68*	*1*	*21*	*0*	*1*	*9*
全体…………	*54*	*22*	*9*	*6*	*6*	*4*

IC Insights（2022年4月5日）より作成。メーカー本社の所在地別で、ファウンドリー（製造受託企業）を含まない。垂直統合型は設計から製造、販売まで一貫して行うもの。ファブレスは設計のみを行い工場を持たず、製造をファウンドリーに委託するもの。

表 7-20　世界の半導体市場（単位　百万ドル）

	1990	2000	2010	2019	2020	2021
日本…………	19 563	46 749	46 561	35 993	36 471	43 687
南北アメリカ……	14 445	64 071	53 675	78 619	95 366	121 481
ヨーロッパ……	9 599	42 309	38 054	39 816	37 520	47 757
アジア・太平洋地域	6 912	51 264	160 025	257 879	271 032	342 967
うち中国……	…	…	…	144 494	151 488	192 487
世界計……	**50 519**	**204 394**	**298 315**	**412 307**	**440 389**	**555 893**

世界半導体市場統計(WSTS)資料より作成。WSTSに加盟する各半導体メーカーによる、各地域への出荷額の合計。WSTSは、世界の主要半導体メーカーの大多数が加盟している。

表 7-21　集積回路の貿易額（単位　百万ドル）

輸出額	2020	2021	輸入額	2020	2021
(香港)………	150 087	207 651	中国…………	349 964	432 537
(台湾)………	123 060	155 814	(香港)………	165 738	218 042
中国…………	116 496	153 775	(台湾)………	62 300	81 193
シンガポール…	84 744	…	シンガポール…	69 238	…
韓国…………	82 604	…	アメリカ合衆国	31 632	40 935
マレーシア……	45 029	54 853	韓国…………	40 233	…
アメリカ合衆国	43 175	51 609	ベトナム……	37 993	…
日本…………	26 506	30 487	マレーシア……	25 444	33 415
フィリピン……	23 660	23 963	日本…………	18 643	25 006
ドイツ………	12 713	15 821	メキシコ……	18 734	21 807
ベトナム……	13 836	…	ドイツ………	13 223	16 754
オランダ……	11 495	13 401	オランダ……	13 628	14 889
アイルランド…	8 193	…	フィリピン……	10 950	12 268
フランス……	6 303	7 258	インド………	7 555	12 262
タイ…………	6 534	…	タイ…………	8 799	…
イスラエル……	2 743	3 570	ブラジル……	4 050	5 162
メキシコ……	2 724	3 466	フランス……	3 612	4 690

国連“Comtrade Database”(2022年7月4日閲覧）より作成。

表 7-22　メーカー別スマートフォン販売台数（単位　千台）

	2020	%	2021	%
サムスン電子（韓）…………	253 025	*18.7*	272 328	*19.0*
アップル（米）……………	199 847	*14.8*	239 239	*16.7*
シャオミ（中）……………	145 803	*10.8*	189 305	*13.2*
OPPO（中）………………	111 785	*8.3*	138 242	*9.6*
Vivo（中）………………	107 388	*7.9*	136 011	*9.5*
その他……………………	533 988	*39.5*	458 734	*32.0*
計…………………………	**1 351 837**	*100.0*	**1 433 859**	*100.0*

Gartner（2022年３月）による。

表 7-23　メーカー別パソコン出荷台数（単位　千台）

	2020	%	2021	%
レノボ（中）………………	75 113	*24.4*	83 449	*24.4*
HP（米）…………………	68 181	*22.1*	74 180	*21.7*
デル（米）………………	50 738	*16.5*	59 560	*17.4*
アップル（米）……………	22 008	*7.1*	26 944	*7.9*
エイサー（台）……………	22 465	*7.3*	24 256	*7.1*
エイスース（台）…………	17 858	*5.8*	21 634	*6.3*
その他……………………	51 805	*16.8*	51 706	*15.1*
計…………………………	**308 169**	*100.0*	**341 730**	*100.0*

Gartner（2022年６月）による。クロムブック等を含み、iPadを除く。

表 7-24　電子情報産業の世界生産額（単位　兆円）

	世界生産		日系企業生産		日本国内生産	
	2019	2020	2019	2020	2019	2020
民生用電子機器………	14.7	13.5	3.9	3.4	0.5	0.4
通信機器………………	56.2	53.0	2.1	2.0	0.9	0.9
コンピュータ、情報端末	48.6	50.0	6.2	5.5	1.3	1.0
その他電子機器………	15.1	13.7	2.4	2.2	1.3	1.3
電子部品………………	24.1	23.6	8.7	8.3	2.6	2.8
ディスプレイデバイス…	13.7	15.4	1.6	1.3	1.3	1.1
半導体…………………	44.9	47.1	4.6	4.6	2.5	2.5
電子工業計…………	217.3	216.4	29.3	27.3	10.3	9.9
ソリューションサービス	101.7	108.2	7.7	7.4	…	…
電子情報産業計……	**319.0**	**324.6**	**37.0**	**34.7**	…	…

電子情報技術産業協会「電子情報産業の世界生産見通し」(2021年12月）より作成。

図 7-5　薄型テレビの出荷台数シェア（2021年）

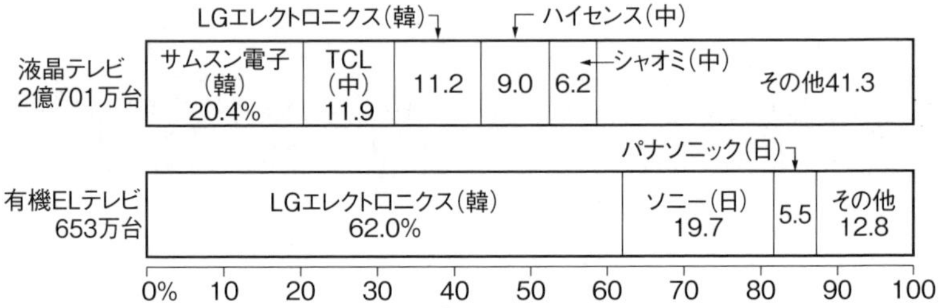

Omdia資料より作成。液晶テレビの日本企業はソニー3.6%、シャープ2.5%など。

表 7-25　主な電子機器の輸出入（単位　千台）

	2020	2021		2020	2021
電話機輸出1)			**電話機輸入**1)		
中国	1 028 398	1 016 723	（香港）	429 396	423 304
（香港）	296 410	293 306	アメリカ合衆国	202 401	231 264
ベトナム	131 693	…	アラブ首長国連邦	72 951	…
アラブ首長国連邦	69 510	…	ロシア	45 437	…
アメリカ合衆国	48 410	55 981	ドイツ	41 483	41 322
インド	…	39 663	メキシコ	…	40 137
オーストリア	3 820	18 617	フランス	34 904	38 685
ドイツ	20 832	18 278	パキスタン	33 941	37 471
スロバキア	15 230	14 663	日本	34 535	36 774
ノートPC輸出2)			**ノートPC輸入**2)		
中国	319 239	364 460	アメリカ合衆国	122 325	138 111
（香港）	29 306	33 067	（香港）	32 827	43 680
アメリカ合衆国	13 865	15 712	ポーランド	4 731	32 563
ドイツ	11 630	13 719	ドイツ	25 784	30 153
チェコ	8 625	8 870	インド	10 406	25 618
ベトナム	7 929	…	イギリス	23 189	20 785
オランダ	6 386	7 255	日本	24 820	19 744
アラブ首長国連邦	7 087	…	フランス	13 110	13 488
テレビ輸出			**テレビ輸入**		
中国	218 168	206 943	アメリカ合衆国	69 433	56 539
メキシコ	44 695	40 854	ドイツ	14 803	16 412
韓国	34 559	…	イタリア	8 557	16 134
ポーランド	19 250	19 984	フランス	13 890	14 951
ベトナム	17 757	…	イギリス	16 624	12 732
スロバキア	10 804	11 205	インド	13 650	12 449
ハンガリー	11 630	10 963	ロシア	12 438	…
シンガポール	8 376	…	ポーランド	9 478	12 078
アメリカ合衆国	11 783	8 153	フィリピン	4 969	11 922

国連“Comtrade Database”（2022年7月4日閲覧）より作成。1）携帯電話等。2）重量10kg以下の携帯型自動処理機で、CPUやディスプレイ、キーボードを有するもの。

表 7-26 基礎石油化学製品の生産（単位 千t）

	エチレン			プロピレン		
	2010	2016	2017	2010	2016	2017
アジア[1)2)]	43 584	54 210	57 025	35 008	52 857	54 769
中国[3)]	14 918	21 678	22 283	13 042	25 676	26 384
韓国	7 396	8 524	8 793	5 668	8 019	8 322
日本	7 018	6 279	6 530	5 986	5 223	5 459
インド	3 052	3 740	4 750	2 670	4 457	4 600
タイ	2 880	4 032	4 252	1 697	2 415	2 566
(台湾)	3 929	4 189	4 013	2 976	3 415	3 305
シンガポール	2 434	3 353	4 000	1 457	1 897	2 357
北アメリカ	28 548	30 394	32 273	17 200	15 132	15 370
アメリカ合衆国	23 900	25 958	27 462	16 590	14 522	14 760
カナダ	4 648	4 436	4 811	610	610	610
中東	19 467	27 044	28 182	6 020	8 701	9 686
サウジアラビア	12 501	14 325	14 927	[5)] 4 360	5 499	5 847
ヨーロッパ[1)]	22 853	21 570	22 083	16 326	15 129	15 017
西ヨーロッパ	20 793	20 155	20 194	14 602	14 079	13 653
中南アメリカ	5 441	6 870	6 691	3 845	3 859	3 897
ブラジル	3 120	3 573	3 359	2 250	2 317	2 234
CIS	2 777	3 549	3 627	1 738	2 378	2 455
アフリカ	1 500	1 340	1 650	1 035	1 263	1 275
オセアニア[4)]	430	405	380	270	125	125
世界計	**124 600**	**145 382**	**151 911**	**81 442**	**99 444**	**102 593**

	ベンゼン		トルエン		キシレン	
	2010	2017	2010	2017	2010	2017
アジア[1)2)]	21 540	28 114	8 522	12 144	22 625	26 806
中国[3)]	7 088	10 968	3 421	6 395	7 354	10 745
韓国	4 381	6 493	2 143	1 594	3 685	3 948
日本	4 764	4 384	1 393	2 129	5 935	6 759
北アメリカ	6 186	5 873	3 500	3 493	6 387	5 522
アメリカ合衆国	5 568	5 199	2 650	2 695	5 843	4 978
中東	2 624	3 324	1 190	2 121	4 000	4 200
サウジアラビア	[5)] 1 602	1 869	[5)] 345	400	[5)] 300	1 043
ヨーロッパ[1)]	8 542	7 193	2 645	2 242	3 075	2 797
西ヨーロッパ	7 884	6 401	1 972	1 780	2 600	2 221
中南アメリカ	1 231	1 172	1 184	1 233	1 256	1 204
CIS	1 366	1 465	275	350	651	615
アフリカ	130	151	5	5	120	255
オセアニア[4)]	0	0	54	10	10	0
世界計	**41 619**	**47 293**	**17 375**	**21 598**	**38 124**	**41 399**

経済産業省「世界の石油化学製品の今後の需給動向」より作成。新たなデータの公表がないが、同省によると今後も調査を継続予定。CISはバルト3国を除く旧ソ連構成国。トルコは2010年は西ヨーロッパに、2011年以降は中東に含む。1）CIS所属国を含まず。2）中東を含まず。3）（香港）を含む。4）2011年以降はニュージーランドを除く。5）2011年。

表 7-27　はん用プラスチックの生産（単位　千t）

	はん用プラスチック計			ポリエチレン		
	2010	2016	2017	2010	2016	2017
アジア・・・・・・・ 1)2)	75 491	102 996	106 963	26 714	34 745	35 905
中国・・・・・・・・ 3)	34 079	55 423	58 038	10 681	15 920	16 477
韓国・・・・・・・・・・	10 298	11 553	11 975	4 074	4 832	5 036
インド・・・・・・・・	7 069	8 786	9 310	2 693	2 770	3 150
日本・・・・・・・・・・	8 062	7 352	7 556	2 900	2 547	2 638
タイ・・・・・・・・・・	4 751	6 145	6 274	2 263	3 308	3 317
(台湾)・・・・・・・・	4 726	4 905	5 039	1 234	1 269	1 269
シンガポール・・	2 311	4 094	3 944	1 121	2 388	2 235
北アメリカ・・・・・・	32 862	35 358	36 853	16 880	18 373	18 763
アメリカ合衆国	29 441	31 398	32 981	13 636	14 665	15 143
中東・・・・・・・・・・・・	17 695	27 965	28 937	10 961	17 492	18 405
サウジアラビア	5) 10 499	14 099	14 520	3 500	8 764	9 164
ヨーロッパ・・・・ 1)	33 210	30 196	31 303	13 638	13 055	12 901
西ヨーロッパ・・	29 523	27 080	27 542	12 061	11 855	11 534
中南アメリカ・・・・	9 113	10 588	11 070	4 020	4 569	5 062
ブラジル・・・・・・	4 887	5 398	5 419	2 347	2 584	2 597
CIS ・・・・・・・・・・・・	3 473	5 310	5 525	1 774	2 472	2 418
アフリカ・・・・・・・・	2 074	2 279	2 910	1 225	1 121	1 310
オセアニア・・・・ 4)	774	507	470	367	375	355
世界計・・・・・・・・	**174 692**	**215 198**	**224 031**	**75 579**	**92 201**	**95 119**

	ポリプロピレン		ポリスチレン		ポリ塩化ビニール	
	2010	2017	2010	2017	2010	2017
アジア・・・・・・・ 1)2)	24 424	39 050	5 476	6 163	18 876	25 844
中国・・・・・・・・ 3)	10 431	21 824	1 879	2 424	11 088	17 313
韓国・・・・・・・・・・	3 806	4 303	1 014	1 035	1 404	1 601
インド・・・・・・・・	2 900	4 400	260	360	1 216	1 400
日本・・・・・・・・・・	2 709	2 506	703	706	1 749	1 706
タイ・・・・・・・・・・	1 370	1 796	288	376	830	785
北アメリカ・・・・・・	7 460	7 506	2 164	2 260	6 358	8 324
アメリカ合衆国	7 460	7 506	2 164	2 260	6 181	8 072
中東・・・・・・・・・・・・	5 818	8 801	272	491	644	1 240
サウジアラビア	5) 3 221	4 643	5) 157	303	5) 400	410
ヨーロッパ・・・・ 1)	9 848	11 085	3 713	1 580	6 011	5 737
西ヨーロッパ・・	8 653	9 565	3 415	1 414	5 394	5 029
中南アメリカ・・・・	2 521	2 987	872	1 014	1 700	2 008
ブラジル・・・・・・	1 440	1 573	409	536	691	714
CIS ・・・・・・・・・・・・	799	1 587	305	555	595	965
アフリカ・・・・・・・・	535	980	4	152	310	468
オセアニア・・・・ 4)	257	115	0	0	150	0
世界計・・・・・・・・	**51 662**	**72 111**	**12 806**	**12 215**	**34 644**	**44 586**

資料、脚注は表7-26に同じ。はん用プラスチック計は、ポリエチレン、ポリプロピレン、ポリスチレン、ポリ塩化ビニールの4大はん用プラスチックの合計。

表 7-28 化学肥料の生産（2019年）（単位 千 t）

窒素肥料	中国	32 396	オランダ	1 553	スペイン	755
	インド	13 722	ドイツ	1 509	マレーシア	748
	アメリカ合衆国	13 262	トルコ	1 144	トリニダード・トバゴ	747
	ロシア	10 913	モロッコ	1 135	ナイジェリア	724
	エジプト	4 200	ベトナム	1 100	ノルウェー	615
	インドネシア	4 138	アルジェリア	1 043	日本	524
	カナダ	3 928	ベラルーシ	988	メキシコ	513
	パキスタン	3 209	ウクライナ	983	フランス	512
	カタール	2 937	アラブ首長国連邦	933	アルゼンチン	510
	サウジアラビア	2 761	ウズベキスタン	898	オーストラリア	423
	ポーランド	2 005	リトアニア	865	韓国	404
	イラン	1 827	ルーマニア	802	世界計×	**122 972**
	オマーン	1 604	ベルギー	788		
りん酸肥料	中国	13 238	メキシコ	505	チュニジア	277
	インド	4 791	トルコ	498	韓国	264
	アメリカ合衆国	4 600	エジプト	463	カナダ	242
	ロシア	4 115	ポーランド	461	南アフリカ共和国	234
	モロッコ	3 715	オーストラリア	424	フランス	231
	サウジアラビア	1 477	イスラエル	387	ベラルーシ	217
	ブラジル	1 463	ノルウェー	375	スペイン	204
	インドネシア	659	ヨルダン	365	ニュージーランド	195
	パキスタン	512	リトアニア	329	（参考）日本	189
	ベトナム	511	ベルギー	320	世界計×	**42 856**
カリ肥料	カナダ	12 179	イスラエル	2 081	アメリカ合衆国	370
	ロシア	8 675	ヨルダン	1 486	ブラジル	239
	ベラルーシ	7 348	チリ	840	ウズベキスタン	199
	中国	6 146	スペイン	677	韓国	168
	ドイツ	2 414	ポーランド	414	世界計×	**43 643**

FAOSTATより作成。2022年7月4日閲覧。窒素肥料はN含有量、りん酸肥料はP_2O_5含有量、カリ肥料はK_2O含有量。日本のカリ肥料生産は無し。×その他とも。

表 7-29 主要国の化学繊維生産（2021年）（単位 千 t）

	合成繊維				再生・半合成繊維	化学繊維計
	ポリエステル	ナイロン	アクリル	計1)		
中国	53 630	4 150	485	61 524	2) 4 031	67 085
（台湾）	1 117	3) 194	4) —	…	…	1 340
韓国	1 123	3) 69	4) 40	1 232	…	…
日本 5)	179	3) 70	4) 97	600	151	751
ヨーロッパ 6)	1 104	3)7) 83	…	…	…	…

日本化学繊維協会「内外の化繊工業の動向」(2021年年間回顧) より作成。原資料掲載国・地域のみ。短繊維と長繊維の合計。1) その他とも。2) レーヨンの数値。3) 長繊維。4) 短繊維。5) 経済産業省「生産動態統計」より作成。6) 2020年。7) 産業用資材。

表 7-30　製薬会社の売上高と研究開発費 (2020年度) (単位　百万ドル)

	総売上高	医薬品売上高	研究開発費	従業者数(千人)
ノバルティス (スイス)········	48 659	48 659	8 980	105.8
ロシュ (スイス)··············	62 122	47 433	13 856	101.5
アッヴィ (米)···············	45 804	45 804	6 557	47.0
ジョンソン&ジョンソン (米)··	82 584	45 572	12 159	134.5
メルク (米)················	47 994	43 021	13 558	74.0
ブリストル・マイヤーズスクイブ (米)	42 518	42 518	11 143	30.3
ファイザー (米)·············	41 908	41 908	9 405	78.5
サノフィ (仏)···············	41 166	36 147	6 315	99.4
グラクソ・スミスクライン (英)	43 717	30 818	6 536	94.1
武田薬品工業 (日)···········	29 949	29 949	4 269	47.1
アストラゼネカ (英)·········	26 617	26 617	6 213	76.1
アムジェン (米)·············	25 424	25 424	4 207	24.3
ギリアド・サイエンシズ (米)··	24 689	24 689	5 039	13.6

日本製薬工業協会「DATA BOOK 2022」より作成。原資料はSPEEDA (株式会社ユーザベース)、アニュアルレポート、有価証券報告書。出典元のデータで通貨単位がドル以外のものは、編者が2020年のIMF為替年平均レートで換算。

表 7-31　セメントの生産 (単位　百万 t)

	1980	1990	2000	2010	2018	2019
中国··········	79.9	210.0	597.0	1 822.0	2 208.0	2 280.0
インド········	17.7	49.0	95.0	220.0	298.0	338.0
ベトナム······	0.6	2.5	13.3	55.8	89.1	96.9
アメリカ合衆国1)	69.6	71.4	2) 89.5	2) 67.2	2) 88.0	2) 89.0
インドネシア···	5.8	13.8	27.8	39.5	75.2	69.5
イラン········	8.0	13.0	23.9	61.0	58.0	60.0
トルコ········	12.9	24.5	35.8	62.7	72.5	57.4
ロシア········	3) 125.0	3) 137.0	32.4	50.4	53.7	55.9
ブラジル······	27.2	25.8	39.2	59.1	53.6	54.4
日本··········	88.0	84.4	81.1	51.5	55.3	53.5
韓国··········	15.6	33.6	51.3	47.4	57.5	50.0
エジプト······	3.0	14.1	24.1	44.6	81.2	47.4
メキシコ······	16.2	23.8	33.2	34.5	48.3	43.4
サウジアラビア·	2.9	12.0	18.1	42.8	42.2	42.3
パキスタン····	3.3	7.5	9.9	30.0	40.8	40.2
タイ··········	5.3	18.1	25.5	28.8	32.7	34.5
ドイツ········	4) 34.2	37.7	35.4	29.2	33.6	33.9
バングラデシュ·	0.3	0.3	3.6	13.8	30.1	33.3
フィリピン····	4.5	6.4	12.0	15.9	28.5	30.5
世界計×······	**883.1**	**1 160.0**	**1 660.0**	**3 280.0**	**4 050.0**	**4 130.0**

USGS (アメリカ地質調査所) "Minerals Yearbook" より作成。2022年7月4日閲覧。推定値や暫定値が含まれる。1) 2010年までプエルトリコを含む。2) ポルトランドセメントとメーソンリーセメントのみ。3) 旧ソ連。4) 旧西ドイツ。×その他とも。

表 7-32　パルプと紙・板紙の生産（単位　千 t）

		1980	1990	2000	2010	2019	2020
製紙パルプ	アメリカ合衆国	45 569	56 397	57 178	50 251	50 956	49 903
	ブラジル	3 404	4 364	7 341	14 164	19 755	21 016
	中国	4 128	12 515	14 470	20 050	18 557	17 905
	カナダ	19 672	22 839	26 495	18 576	16 235	14 843
	スウェーデン	8 577	9 919	11 903	11 702	11 595	11 567
	フィンランド	7 037	8 765	11 919	10 508	11 200	10 120
	ロシア	1) 8 418	1) 10 081	5 752	7 346	8 327	8 865
	インドネシア	77	786	4 189	5 820	8 189	8 189
	日本	9 488	11 151	11 319	9 426	8 390	7 071
	インド	840	1 750	2 601	4 131	6 127	6 127
	チリ	763	892	2 592	4 102	5 293	5 156
	ウルグアイ	23	26	35	1 116	2 618	2 793
	ポルトガル	678	1 462	1 774	1 838	2 644	2 592
	ドイツ	2 066	2 435	2 215	2 763	2 392	2 320
	ポーランド	643	693	994	1 180	1 681	1 777
	フランス	1 736	2 418	2 582	1 828	1 617	1 611
	オーストリア	1 161	1 356	1 580	1 703	1 629	1 581
	世界計×	**128 174**	**165 610**	**183 496**	**184 937**	**193 072**	**188 946**
紙・板紙	中国	5 346	13 989	30 500	92 700	107 650	113 100
	アメリカ合衆国	56 839	71 965	86 252	75 773	68 157	66 239
	日本	18 089	28 088	31 828	27 364	25 376	22 702
	ドイツ	7 868	12 194	18 182	23 072	22 080	21 339
	インド	962	2 185	3 794	10 111	17 284	17 284
	韓国	1 680	4 524	9 308	11 022	11 579	11 984
	インドネシア	231	1 438	6 977	9 908	11 953	11 953
	ブラジル	3 361	4 844	7 116	9 978	10 534	10 184
	ロシア	1) 8 733	1) 10 718	5 310	5 606	9 150	9 527
	スウェーデン	6 182	8 419	10 786	11 410	9 616	9 333
	カナダ	13 390	16 466	20 921	12 755	9 473	8 667
	イタリア	4 934	5 732	9 129	9 087	8 909	8 514
	フィンランド	5 919	8 968	13 509	11 758	9 720	8 210
	フランス	5 152	7 049	10 006	8 830	7 325	6 873
	スペイン	2 566	3 446	4 765	6 193	6 437	6 297
	メキシコ	1 979	2 873	3 865	4 704	5 805	5 935
	タイ	338	877	2 312	4 362	5 033	5 621
	ポーランド	1 277	1 064	1 934	3 700	4 880	4 901
	オーストリア	1 616	2 932	4 386	5 009	4 985	4 719
	(台湾)	1 479	3 337	4 494	3 665	3 870	3 870
	イギリス	3 787	4 824	6 605	4 300	3 851	3 628
	オーストラリア	1 430	2 011	2 836	3 203	3 213	3 061
	オランダ	1 701	2 770	3 332	2 859	2 895	2 869
	トルコ	478	891	1 567	2 348	2 800	2 800
	世界計×	**169 317**	**239 353**	**324 586**	**392 442**	**405 115**	**400 904**

FAOSTATより作成。2022年7月4日閲覧。1）旧ソ連。×その他とも。

表 7-33　天然ゴムの生産（単位　千 t）

	2019	2020		2019	2020
アジア………	13 123	12 747	カメルーン……	48	47
タイ…………	4 840	4 703	ガボン………	24	24
インドネシア…	3 449	3 366	ギニア………	15	15
ベトナム……	1 182	1 226	コンゴ民主共和国	10	13
インド………	960	963	**北中アメリカ**…	477	529
中国…………	840	688	グアテマラ……	397	436
マレーシア……	640	515	メキシコ……	80	93
フィリピン……	432	422	**南アメリカ**……	253	262
カンボジア……	288	349	ブラジル……	217	226
ミャンマー……	265	260	エクアドル……	19	19
ラオス………	130	154	コロンビア……	12	13
スリランカ……	75	78	ボリビア……	4	4
バングラデシュ・	23	22	**オセアニア**……	6	6
アフリカ……	1 105	1 302	パプアニューギニア………	6	6
コートジボワール	780	936	世界計……	**14 964**	**14 845**
ナイジェリア…	148	148			
リベリア……	42	65			
ガーナ………	35	50			

FAOSTATより作成。2022年7月4日閲覧。

表 7-34　バターとチーズの生産量（単位　千 t）

バター（ギーを含む）	2018	2019	チーズ	2018	2019
インド………	4 506	4 552	アメリカ合衆国・	6 109	6 159
パキスタン……	1 096	1 128	ドイツ………	2 484	2 553
アメリカ合衆国・	904	915	フランス……	1 711	1 608
ニュージーランド	502	505	イタリア……	1 282	1 298
ドイツ………	484	497	オランダ……	902	953
フランス……	352	354	ポーランド……	743	774
トルコ………	259	269	カナダ………	593	592
ロシア………	267	269	エジプト……	607	535
アイルランド…	238	251	ロシア………	663	475
イギリス……	152	194	イギリス……	470	470
オランダ……	154	191	デンマーク……	457	457
イラン………	190	190	アルゼンチン…	444	429
ポーランド……	177	185	オーストラリア・・	377	381
ベラルーシ……	115	116	ニュージーランド	380	365
カナダ………	116	112	スペイン……	314	309
ベルギー……	84	112	アイルランド…	270	279
ブラジル……	109	111	イラン………	305	273
(参考)日本……	59	62	(参考)日本……	95	98
世界計×……	**11 519**	**11 728**	世界計×……	**23 462**	**23 321**

資料は上表に同じ。×その他とも。

表 7-35　ビールの生産量（単位　千t）

	2018	2019		2018	2019
アジア	58 691	59 067	ウクライナ	1 819	1 816
中国	38 120	37 653	イタリア	1 642	1 725
ベトナム	4 300	4 600	ルーマニア	1 823	1 670
日本	2 746	2 800	**北中アメリカ**	37 758	37 673
インド	2 360	2 400	アメリカ合衆国	21 449	21 088
フィリピン	2 220	2 220	メキシコ	12 163	12 450
タイ	1 928	2 172	カナダ	2 165	2 160
韓国	1 798	1 799	**南アメリカ**	23 644	25 533
ヨーロッパ	51 700	50 696	ブラジル	15 320	17 144
ドイツ	8 657	8 041	コロンビア	2 206	2 394
ロシア	7 771	7 692	アルゼンチン	1 914	1 956
ポーランド	4 148	…	**アフリカ**	14 165	14 030
スペイン	3 813	3 930	南アフリカ共和国	3 135	3 250
イギリス	4 073	3 925	ナイジェリア	1 800	1 800
オランダ	2 491	2 413	**オセアニア**	2 067	2 060
フランス	2 238	2 250	世界計	**188 027**	**189 059**
チェコ	2 127	2 161			
ベルギー	2 100	…			

資料は表7-33に同じ。主に大麦でつくられたビールで、FAOの定義によりノンアルコールビールも含まれる。

表 7-36　ワインの生産（単位　千t）

	2018	2019		2018	2019
ヨーロッパ	18 322	16 232	チリ	1 290	1 194
イタリア	5 415	4 923	ブラジル	391	379
フランス	4 889	4 166	ペルー	82	82
スペイン	4 440	3 370	ウルグアイ	75	60
ポルトガル	588	635	**北中アメリカ**	2 504	2 700
ドイツ	633	…	アメリカ合衆国	2 384	2 583
ロシア	428	460	カナダ	70	69
ハンガリー	355	306	**アジア**	2 382	2 478
ギリシャ	300	280	中国	1 986	2 066
モルドバ	178	183	ジョージア	114	138
ルーマニア	126	…	日本	80	83
ブルガリア	117	…	**オセアニア**	1 587	1 494
スイス	111	98	オーストラリア	1 285	1 197
北マケドニア	103	91	ニュージーランド	302	297
ウクライナ	81	81	**アフリカ**	1 062	1 093
チェコ	65	68	南アフリカ共和国	950	974
南アメリカ	3 300	3 029	世界計	**29 157**	**27 025**
アルゼンチン	1 452	1 302			

資料は表7-33に同じ。

第8章　貿易と国際収支

〔**貿易**〕 新型コロナウイルスの感染拡大から2年が経ち、世界の貿易量はコロナ禍前を超える水準に回復した。世界貿易機関（WTO）が2022年4月12日に公表した見通しによると、2021年の世界の物品貿易量は前年から9.8%上昇し、2022年はさらに3.0%の成長が見込まれる。一方で、ワクチン接種が進み個人の需要が急回復する中、急な需要増に伴う物流の滞留が発生しており、部品供給不足から各国で乗用車などの生産が低下して、貿易にも影響を与えている。

欧米や日本メーカーでは、複数の国に製造拠点などを置き、部品や製品などを貿易して、国境を越えて分業を行うグローバルバリューチェーンを構築してきた。この拠点が中国に集中している。2018年にアメリカは、中国との貿易不均衡を解消するため中国への追加関税措置を断行した。同措置は中国の拠点からアメリカへの輸出を行う各国企業にも影響を及ぼしている。米中貿易摩擦の影響を避けるため、他国への工場移転やサプライチェーンの再編などを求められる企業がでてきている。

中国では、2022年初頭のコロナ感染の再拡大により、上海で事実上のロックダウンが行われた。上海は半導体製品などの工場が集積しており、工場の操業停止による部品生産の滞りが貿易にも影響を与えている。中国では強権的なゼロコロナ施策が進められており、今後もコロナウイルスの感染動向による経済活動への影響が懸念される。

2022年2月からのロシアによるウクライナ侵攻は、世界の貿易に大きな影を落とした。両国は主要な食料供給国で、特に中東やアフリカ諸国は両国の食料に依存しており、影響が深刻である。また、ロシアは世界第1位の肥料輸出国であり、価格高騰による途上国での食料危機も懸念される。ロシアへのエネルギー依存度が高い欧州では、ロシアに対する経済制裁への対抗措置として、天然ガスなどの供給が制限されており、この影響で世界的にエネルギー価格が高騰している。日本はロシアとの貿易規模は大きくないが、円安により交易条件が悪化している。

図 8-1　主要国の貿易量の推移（2010年平均＝100）

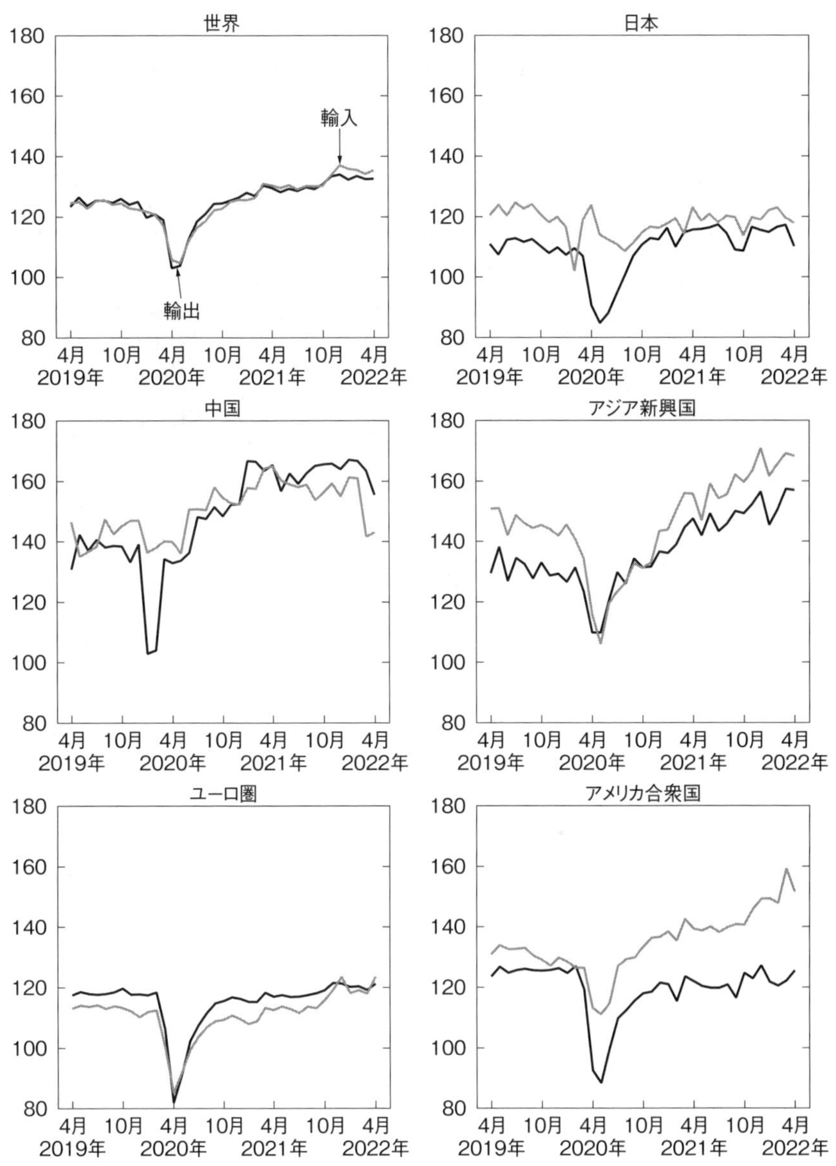

CPB（オランダ経済政策分析局）「世界貿易モニター」より作成。

表 8-1　地域別の貿易（単位　百万ドル）

	2018	2019	2020	2021	対前年増加率（%）
輸出額（世界計）	**19 546 006**	**19 004 555**	**17 645 180**	**22 283 819**	*26.3*
EU・・・・・・・・1)	5 992 950	5 825 354	5 475 445	6 625 560	*21.0*
ユーロ圏・・・2)	4 996 095	4 836 769	4 505 246	5 454 198	*21.1*
USMCA ・・・3)	2 565 438	2 549 925	2 232 888	2 752 175	*23.3*
ASEAN ・・・4)	1 445 973	1 423 179	1 385 241	1 720 051	*24.2*
メルコスール5)	353 615	327 858	291 471	393 389	*35.0*
BRICs・・・・・6)	3 581 247	3 554 660	3 494 750	4 657 779	*33.3*
輸入額（世界計）	**19 840 118**	**19 316 692**	**17 871 990**	**22 518 788**	*26.0*
EU・・・・・・・・1)	5 752 013	5 544 301	5 154 615	6 456 884	*25.3*
ユーロ圏・・・2)	4 740 489	4 560 034	4 203 938	5 260 854	*25.1*
USMCA ・・・3)	3 561 523	3 498 799	3 215 020	3 958 818	*23.1*
ASEAN ・・・4)	1 424 675	1 388 343	1 268 698	1 620 848	*27.8*
メルコスール5)	302 256	278 730	240 142	339 110	*41.2*
BRICs・・・・・6)	3 205 880	3 119 023	2 929 205	3 912 656	*33.6*

WTO Stat "International Trade Statistics"（2022年６月10日閲覧）より作成。本表は原則一般貿易方式（保税倉庫からの外国商品の移動に伴う貿易を含む）の数値。輸出額はf.o.b.（本船渡し）価格、輸入額はc.i.f.（保険料・運賃込み）価格。1）欧州連合。イギリスを含む28か国、35ページ参照。2）共通通貨ユーロ導入19か国。ドイツ、フランス、イタリア、スペイン、オランダ、ベルギー、ルクセンブルク、オーストリア、ポルトガル、アイルランド、フィンランド、ギリシャ、スロベニア、キプロス、マルタ、スロバキア、エストニア、ラトビア、リトアニア。3）米国・メキシコ・カナダ協定。参加国はアメリカ合衆国、カナダ、メキシコの３か国で、2020年７月に北米自由貿易協定（NAFTA）に代わり発効。数値は編者算出。4）東南アジア諸国連合。35ページ参照。5）MERCOSUR（南米南部共同市場）。加盟国は、ブラジル、アルゼンチン、ウルグアイ、パラグアイ、ベネズエラ、ボリビアの６か国。6）ブラジル、ロシア、インド、中国。

IPEF（インド太平洋経済枠組み）　2022年５月、アメリカ合衆国のバイデン大統領は、日本、アメリカとインド太平洋地域のあわせて13か国によるIPEF（インド太平洋経済枠組み）の立ち上げを発表した。①貿易（デジタルを含む）、②サプライチェーン、③クリーンエネルギー・脱炭素化・インフラ、④税制・汚職対策、の４つを柱とする。公正なデジタル貿易を担保するルールや租税回避に対するルールの形成、各国の半導体調達などサプライチェーンの強靭化、脱炭素社会実現に向けた相互協力などが期待される。2017年にTPPから離脱したアメリカは、IPEFでも関税には言及していない。そのため、各国にとってアメリカ市場へのアクセスを高めるような貿易協定ではないが、アメリカとアジア太平洋地域との公正なルールに基づく経済連携の強化が期待される。

図 8-2 輸出と輸入のランキング（2021年）

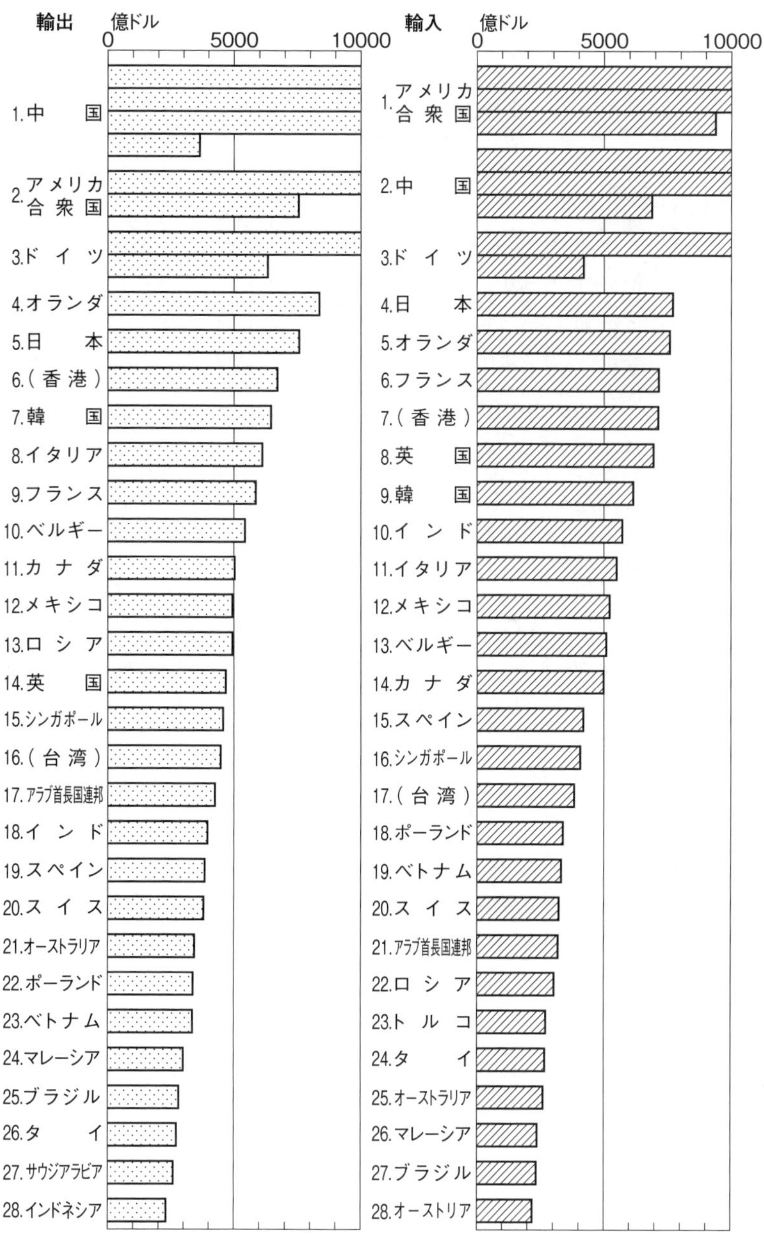

表8-2より作成。

表 8-2　各国の貿易額の推移（Ⅰ／アジア）（単位　百万ドル）

		2017	2018	2019	2020	2021
日本	輸出･･･････	698 329	738 143	705 564	641 319	756 032
	輸入･･･････	672 096	748 488	720 957	635 460	768 976
	入出超･･	26 233	-10 344	-15 392	5 859	-12 944
アゼルバイジャン	輸出･･･････	15 481	20 317	19 636	13 470	21 697
	輸入･･･････	8 783	11 466	13 668	10 731	11 556
	入出超･･	6 697	8 851	5 968	2 740	10 140
アラブ首長国連邦	輸出･･･････	313 547	387 910	389 373	335 212	425 042
	輸入･･･････	273 710	261 538	288 398	246 880	319 410
	入出超･･	39 837	126 372	100 975	88 332	105 632
イスラエル	輸出･･･････	61 150	61 952	58 507	50 152	59 429
	輸入･･･････	69 127	76 598	76 591	69 260	90 174
	入出超･･	-7 977	-14 646	-18 085	-19 108	-30 745
イラク	輸出･･･････	63 604	92 831	82 309	46 811	62 324
	輸入･･･････	48 506	56 876	46 262	40 927	45 979
	入出超･･	15 099	35 955	36 047	5 883	16 345
イラン	輸出･･･････	92 764	103 422	65 718	46 916	72 345
	輸入･･･････	49 499	49 353	41 828	38 757	48 977
	入出超･･	43 265	54 069	23 890	8 159	23 367
インド	輸出･･･････	299 241	324 778	324 340	276 410	395 408
	輸入･･･････	449 925	514 464	486 059	373 202	572 520
	入出超･･	-150 684	-189 686	-161 719	-96 792	-177 112
インドネシア	輸出･･･････	168 811	180 124	167 683	163 306	229 850
	輸入･･･････	156 925	188 708	171 276	141 622	196 041
	入出超･･	11 885	-8 584	-3 593	21 684	33 808
オマーン	輸出･･･････	32 904	41 761	38 724	30 496	53 671
	輸入･･･････	26 435	25 770	23 507	20 737	22 088
	入出超･･	6 469	15 991	15 217	9 759	31 583
カザフスタン	輸出･･･････	48 304	60 956	57 309	46 447	60 625
	輸入･･･････	29 266	32 534	37 757	37 222	41 171
	入出超･･	19 038	28 423	19 552	9 226	19 454
カタール	輸出･･･････	67 498	84 288	72 935	51 504	86 675
	輸入･･･････	29 896	31 696	29 178	25 835	27 897
	入出超･･	37 602	52 593	43 757	25 669	58 778
韓国	輸出･･･････	573 694	604 860	542 233	512 498	644 400
	輸入･･･････	478 478	535 202	503 343	467 633	615 093
	入出超･･	95 216	69 657	38 890	44 865	29 307
カンボジア	輸出･･･････	11 278	12 700	14 825	17 716	17 971
	輸入･･･････	14 283	17 489	20 279	19 114	28 027
	入出超･･	-3 005	-4 789	-5 454	-1 398	-10 056
キプロス	輸出･･･････	3 288	5 052	3 453	3 063	3 778
	輸入･･･････	9 231	10 815	9 127	8 761	10 093
	入出超･･	-5 944	-5 763	-5 674	-5 698	-6 314

各国の貿易額の推移（Ⅱ／アジア）（単位　百万ドル）

		2017	2018	2019	2020	2021
クウェート	輸出‥‥	55 015	71 938	64 483	40 116	71 436
	輸入‥‥	33 573	35 864	33 574	27 738	33 180
	入出超‥	21 442	36 075	30 909	12 378	38 256
サウジアラビア	輸出‥‥	221 835	294 373	261 603	173 854	258 400
	輸入‥‥	134 519	137 065	153 163	137 998	155 006
	入出超‥	87 316	157 309	108 440	35 856	103 394
シンガポール	輸出‥‥	373 446	412 955	390 763	362 534	457 357
	輸入‥‥	327 923	370 881	359 266	329 830	406 226
	入出超‥	45 522	42 074	31 498	32 704	51 131
スリランカ	輸出‥‥	11 360	11 890	11 940	10 047	12 502
	輸入‥‥	20 980	22 233	19 937	16 055	20 637
	入出超‥	-9 619	-10 343	-7 997	-6 008	-8 136
タイ	輸出‥‥	236 635	252 957	246 269	231 634	271 174
	輸入‥‥	221 519	248 201	236 260	206 156	267 600
	入出超‥	15 116	4 756	10 009	25 478	3 573
（台湾）	輸出‥‥	317 249	335 909	330 622	347 193	447 693
	輸入‥‥	259 266	286 333	287 164	288 053	382 101
	入出超‥	57 983	49 576	43 458	59 139	65 592
タジキスタン	輸出‥‥	1 198	1 073	1 174	1 407	1 967
	輸入‥‥	2 775	3 151	3 349	3 151	4 468
	入出超‥	-1 577	-2 078	-2 175	-1 744	-2 501
中国	輸出‥‥	2 263 346	2 486 695	2 499 457	2 589 952	3 363 959
	輸入‥‥	1 843 792	2 135 748	2 078 386	2 065 964	2 687 529
	入出超‥	419 554	350 947	421 071	523 988	676 430
トルコ	輸出‥‥	164 495	177 169	180 833	169 638	225 291
	輸入‥‥	238 715	231 152	210 345	219 517	271 424
	入出超‥	-74 221	-53 984	-29 512	-49 879	-46 133
ネパール	輸出‥‥	742	786	968	856	1 979
	輸入‥‥	10 345	12 712	12 340	9 856	18 623
	入出超‥	-9 603	-11 926	-11 372	-9 000	-16 644
バーレーン	輸出‥‥	15 376	18 044	18 120	14 066	23 230
	輸入‥‥	13 145	14 871	13 256	12 683	14 188
	入出超‥	2 231	3 172	4 864	1 383	9 042
パキスタン	輸出‥‥	21 569	23 425	23 329	21 979	28 320
	輸入‥‥	57 746	60 078	50 332	45 837	72 533
	入出超‥	-36 177	-36 653	-27 003	-23 858	-44 213
バングラデシュ	輸出‥‥	35 851	39 252	39 337	33 605	44 223
	輸入‥‥	52 836	60 495	59 094	52 804	80 874
	入出超‥	-16 985	-21 243	-19 757	-19 199	-36 650
フィリピン	輸出‥‥	68 713	67 488	70 334	63 879	74 609
	輸入‥‥	101 902	115 119	112 909	90 759	123 884
	入出超‥	-33 189	-47 631	-42 575	-26 879	-49 275

各国の貿易額の推移（Ⅲ／アジア、アフリカ）（単位　百万ドル）

		2017	2018	2019	2020	2021
ブータン	輸出	573	606	674	651	886
	輸入	1 029	1 048	981	899	1 020
	入出超	-456	-442	-307	-248	-135
ブルネイ	輸出	5 571	6 574	7 039	6 608	11 065
	輸入	3 085	4 164	5 103	5 343	8 282
	入出超	2 486	2 410	1 936	1 266	2 783
ベトナム	輸出	215 014	243 699	264 268	282 629	335 929
	輸入	212 919	236 862	253 393	262 701	331 582
	入出超	2 094	6 836	10 874	19 928	4 348
（香港）	輸出	549 865	568 456	534 887	548 773	669 903
	輸入	588 913	626 616	577 834	569 769	712 358
	入出超	-39 048	-58 161	-42 947	-20 995	-42 455
マレーシア	輸出	218 130	247 455	238 195	234 127	299 028
	輸入	195 417	217 602	204 998	189 856	237 980
	入出超	22 713	29 853	33 197	44 272	61 048
ミャンマー	輸出	13 879	16 614	17 997	16 692	15 449
	輸入	19 253	19 334	18 588	17 947	14 694
	入出超	-5 375	-2 720	-591	-1 256	754
モンゴル	輸出	6 201	7 012	7 620	7 576	9 247
	輸入	4 337	5 875	6 128	5 299	6 849
	入出超	1 863	1 137	1 492	2 277	2 399
ヨルダン	輸出	7 511	7 750	8 317	7 943	9 375
	輸入	20 498	20 310	19 170	17 233	21 654
	入出超	-12 987	-12 560	-10 853	-9 290	-12 279
ラオス	輸出	4 873	5 408	5 806	6 115	7 620
	輸入	5 667	6 315	6 272	5 370	6 531
	入出超	-794	-907	-466	745	1 089
レバノン	輸出	4 026	3 830	4 829	4 085	4 274
	輸入	19 911	20 396	19 641	11 355	14 982
	入出超	-15 885	-16 566	-14 812	-7 270	-10 708
アルジェリア	輸出	35 191	41 797	35 824	23 797	36 700
	輸入	46 059	46 330	41 934	34 392	36 000
	入出超	-10 868	-4 533	-6 111	-10 595	700
アンゴラ	輸出	34 613	40 758	34 726	20 937	33 337
	輸入	14 463	15 798	14 127	9 543	12 777
	入出超	20 150	24 960	20 599	11 394	20 560
ウガンダ	輸出	2 901	3 087	3 564	4 149	4 200
	輸入	5 596	6 729	7 696	8 251	8 745
	入出超	-2 694	-3 642	-4 132	-4 102	-4 545
エジプト	輸出	25 604	27 624	28 993	26 630	36 420
	輸入	61 627	72 000	70 919	59 843	66 558
	入出超	-36 023	-44 376	-41 926	-33 213	-30 138

各国の貿易額の推移（Ⅳ／アフリカ）（単位　百万ドル）

		2017	2018	2019	2020	2021
エチオピア	輸出	3 022	2 704	2 741	3 258	4 011
	輸入	15 761	15 305	14 554	13 115	15 719
	入出超	-12 739	-12 601	-11 813	-9 857	-11 707
ガーナ	輸出	13 835	14 943	15 668	14 472	17 000
	輸入	12 647	13 134	13 411	12 429	15 804
	入出超	1 188	1 809	2 257	2 043	1 197
ガボン	輸出	5 468	6 504	6 620	4 896	6 323
	輸入	2 886	3 082	3 157	2 876	2 912
	入出超	2 582	3 423	3 463	2 020	3 411
カメルーン	輸出	3 233	3 803	4 084	3 150	4 115
	輸入	4 796	5 656	6 264	5 349	5 670
	入出超	-1 563	-1 853	-2 180	-2 199	-1 555
ケニア	輸出	5 747	6 052	5 839	6 033	6 739
	輸入	16 687	17 378	17 655	15 435	19 559
	入出超	-10 939	-11 327	-11 816	-9 402	-12 820
コートジボワール	輸出	11 853	11 912	12 629	12 575	15 333
	輸入	9 614	10 970	10 483	10 650	14 007
	入出超	2 239	942	2 146	1 925	1 326
コンゴ民主共和国	輸出	12 296	20 004	13 382	14 122	19 900
	輸入	5 803	7 930	8 825	6 663	9 600
	入出超	6 493	12 074	4 557	7 459	10 300
ザンビア	輸出	8 000	9 034	7 047	7 821	11 100
	輸入	7 988	9 466	7 180	5 323	7 094
	入出超	12	-432	-133	2 498	4 005
赤道ギニア	輸出	5 200	6 500	5 300	3 200	5 100
	輸入	2 842	3 087	2 283	1 598	1 928
	入出超	2 358	3 413	3 017	1 602	3 172
セネガル	輸出	2 989	3 623	4 179	3 929	5 091
	輸入	6 729	8 071	8 144	7 812	9 736
	入出超	-3 740	-4 448	-3 965	-3 883	-4 645
タンザニア	輸出	4 113	4 041	5 005	6 061	6 354
	輸入	8 299	9 120	9 452	7 888	9 968
	入出超	-4 186	-5 079	-4 447	-1 827	-3 614
チュニジア	輸出	14 204	15 535	14 933	13 799	16 689
	輸入	20 654	22 698	21 564	18 333	22 488
	入出超	-6 450	-7 164	-6 631	-4 534	-5 799
ナイジェリア	輸出	44 468	60 547	62 531	35 634	46 117
	輸入	31 273	43 007	55 257	55 390	74 701
	入出超	13 195	17 540	7 274	-19 757	-28 583
ナミビア	輸出	5 229	7 488	6 256	5 600	6 642
	輸入	6 778	8 289	8 086	6 823	8 146
	入出超	-1 549	-801	-1 830	-1 223	-1 504

各国の貿易額の推移（Ｖ／アフリカ、ヨーロッパ）（単位　百万ドル）

		2017	2018	2019	2020	2021
ボツワナ	輸出‥‥	5 870	6 573	5 237	4 262	7 095
	輸入‥‥	5 329	6 312	6 564	6 516	8 308
	入出超‥	541	261	−1 327	−2 254	−1 213
マダガスカル	輸出‥‥	2 848	3 110	2 696	2 026	2 742
	輸入‥‥	3 670	4 061	3 942	3 221	4 374
	入出超‥	−822	−951	−1 246	−1 195	−1 632
南アフリカ共和国	輸出‥‥	88 947	93 970	90 016	85 834	123 572
	輸入‥‥	101 576	113 972	107 540	84 062	113 989
	入出超‥	−12 629	−20 002	−17 524	1 772	9 583
モーリシャス	輸出‥‥	2 342	2 366	2 223	1 789	1 964
	輸入‥‥	5 254	5 661	5 596	4 220	5 142
	入出超‥	−2 912	−3 295	−3 373	−2 431	−3 178
モザンビーク	輸出‥‥	4 725	5 012	4 669	3 588	5 579
	輸入‥‥	5 745	6 944	7 428	6 471	8 621
	入出超‥	−1 020	−1 932	−2 759	−2 883	−3 042
モロッコ	輸出‥‥	25 272	28 609	29 132	27 159	35 843
	輸入‥‥	44 490	51 038	50 734	43 831	58 034
	入出超‥	−19 219	−22 429	−21 602	−16 672	−22 191
リビア	輸出‥‥	17 599	27 254	25 871	6 883	25 697
	輸入‥‥	10 556	13 786	16 543	11 580	16 352
	入出超‥	7 043	13 468	9 328	−4 698	9 345
アイスランド	輸出‥‥	4 878	5 556	5 223	4 582	5 957
	輸入‥‥	6 965	7 679	6 567	5 697	7 826
	入出超‥	−2 087	−2 122	−1 344	−1 115	−1 869
アイルランド	輸出‥‥	137 359	164 794	169 625	180 104	190 157
	輸入‥‥	93 198	107 669	101 104	99 823	118 620
	入出超‥	44 162	57 125	68 521	80 281	71 536
イギリス	輸出‥‥	440 997	486 439	460 026	399 529	468 055
	輸入‥‥	641 002	672 206	696 104	638 251	694 397
	入出超‥	−200 006	−185 767	−236 078	−238 722	−226 341
イタリア	輸出‥‥	507 418	549 526	537 718	499 792	610 285
	輸入‥‥	453 122	503 240	475 006	426 867	550 388
	入出超‥	54 296	46 286	62 711	72 925	59 897
ウクライナ	輸出‥‥	43 265	47 336	50 054	49 192	68 075
	輸入‥‥	49 609	57 188	60 800	54 337	72 527
	入出超‥	−6 344	−9 852	−10 746	−5 145	−4 452
エストニア	輸出‥‥	14 559	17 017	16 101	16 354	21 521
	輸入‥‥	16 674	19 140	18 025	17 342	23 589
	入出超‥	−2 115	−2 123	−1 924	−988	−2 069
オーストリア	輸出‥‥	168 026	184 815	178 670	169 418	202 081
	輸入‥‥	175 755	193 722	184 758	172 449	218 714
	入出超‥	−7 729	−8 907	−6 088	−3 032	−16 633

各国の貿易額の推移（VI／ヨーロッパ）（単位　百万ドル）

		2017	2018	2019	2020	2021
オランダ	輸出････	652 065	726 697	708 596	674 602	835 994
	輸入････	574 646	645 502	635 678	595 122	757 074
	入出超･･	77 420	81 196	72 918	79 480	78 920
北マケドニア	輸出････	5 668	6 911	7 189	6 635	7 516
	輸入････	7 723	9 050	9 471	8 710	10 300
	入出超･･	-2 055	-2 139	-2 282	-2 075	-2 784
ギリシャ	輸出････	32 627	39 502	37 907	35 197	47 124
	輸入････	53 495	63 877	62 384	55 898	75 787
	入出超･･	-20 869	-24 375	-24 477	-20 700	-28 663
クロアチア	輸出････	16 069	17 402	17 180	17 193	22 662
	輸入････	24 829	28 203	28 160	26 830	34 349
	入出超･･	-8 760	-10 802	-10 980	-9 637	-11 688
スイス	輸出････	299 603	310 749	313 934	319 318	379 885
	輸入････	269 834	279 528	277 830	291 981	322 641
	入出超･･	29 768	31 221	36 104	27 338	57 244
スウェーデン	輸出････	152 920	165 968	160 576	155 496	189 654
	輸入････	154 215	170 605	158 971	149 985	186 650
	入出超･･	-1 295	-4 637	1 605	5 511	3 004
スペイン	輸出････	319 531	346 754	334 018	308 317	384 459
	輸入････	351 981	390 562	372 750	326 192	418 210
	入出超･･	-32 450	-43 808	-38 732	-17 876	-33 751
スロバキア	輸出････	83 414	93 425	89 509	86 640	103 620
	輸入････	81 617	92 902	90 001	84 393	103 579
	入出超･･	1 798	523	-492	2 247	41
スロベニア	輸出････	38 443	44 200	44 943	44 832	56 950
	輸入････	36 078	42 267	44 007	42 225	57 510
	入出超･･	2 365	1 933	936	2 608	-560
セルビア	輸出････	16 992	19 227	19 630	19 498	25 564
	輸入････	21 947	25 882	26 730	26 233	33 797
	入出超･･	-4 954	-6 656	-7 101	-6 735	-8 233
チェコ	輸出････	182 142	202 238	199 128	191 911	226 409
	輸入････	163 352	184 659	179 039	171 100	210 892
	入出超･･	18 791	17 580	20 089	20 811	15 517
デンマーク	輸出････	102 506	109 696	111 098	108 438	124 756
	輸入････	92 957	102 754	98 020	97 928	121 478
	入出超･･	9 549	6 942	13 079	10 510	3 278
ドイツ	輸出････	1 448 191	1 560 539	1 489 412	1 382 533	1 631 818
	輸入････	1 162 907	1 284 353	1 233 978	1 171 782	1 419 348
	入出超･･	285 283	276 186	255 433	210 751	212 469
ノルウェー	輸出････	101 054	121 791	102 799	84 459	159 498
	輸入････	81 249	86 600	85 319	80 447	97 376
	入出超･･	19 805	35 190	17 479	4 012	62 122

各国の貿易額の推移（Ⅶ／ヨーロッパ）（単位　百万ドル）

		2017	2018	2019	2020	2021
ハンガリー	輸出	113 806	124 705	123 796	120 654	141 727
	輸入	107 519	120 741	120 590	116 020	141 919
	入出超	6 287	3 964	3 207	4 635	-191
フィンランド	輸出	68 073	75 869	73 468	66 220	81 595
	輸入	70 586	78 624	73 716	68 268	85 612
	入出超	-2 513	-2 755	-248	-2 048	-4 017
フランス	輸出	535 298	582 222	570 951	488 637	585 036
	輸入	619 334	676 441	654 658	581 297	714 303
	入出超	-84 036	-94 219	-83 708	-92 660	-129 267
ブルガリア	輸出	31 438	33 617	33 340	31 954	40 861
	輸入	34 184	37 856	37 663	35 056	46 176
	入出超	-2 746	-4 238	-4 323	-3 101	-5 315
ベラルーシ	輸出	29 267	33 726	32 955	29 179	39 990
	輸入	34 231	38 409	39 477	32 767	41 593
	入出超	-4 964	-4 683	-6 522	-3 588	-1 602
ベルギー	輸出	429 645	468 213	446 851	422 334	543 313
	輸入	409 220	455 188	428 933	397 435	509 197
	入出超	20 425	13 026	17 918	24 899	34 116
ポーランド	輸出	234 364	263 569	266 595	273 835	337 908
	輸入	233 812	268 959	265 282	261 626	338 341
	入出超	552	-5 389	1 314	12 209	-433
ポルトガル	輸出	62 130	68 361	67 063	61 496	75 064
	輸入	78 763	89 060	89 538	77 895	97 461
	入出超	-16 633	-20 698	-22 475	-16 399	-22 397
マルタ	輸出	2 858	3 192	3 178	2 680	3 102
	輸入	5 997	6 769	7 388	5 223	6 865
	入出超	-3 139	-3 577	-4 211	-2 543	-3 764
モルドバ	輸出	2 425	2 706	2 779	2 467	3 144
	輸入	4 831	5 760	5 843	5 416	7 177
	入出超	-2 406	-3 054	-3 063	-2 949	-4 032
ラトビア	輸出	14 126	16 166	15 705	16 337	20 902
	輸入	17 033	19 681	18 959	18 441	24 293
	入出超	-2 907	-3 515	-3 254	-2 105	-3 391
リトアニア	輸出	29 901	33 337	33 151	32 852	40 821
	輸入	32 258	36 502	35 759	33 359	44 561
	入出超	-2 358	-3 165	-2 608	-507	-3 740
ルーマニア	輸出	70 761	79 660	76 871	70 718	87 383
	輸入	85 486	97 747	96 544	92 132	116 225
	入出超	-14 724	-18 087	-19 672	-21 414	-28 841
ルクセンブルク	輸出	15 761	16 412	16 451	13 839	16 581
	輸入	22 876	24 175	24 264	21 165	25 652
	入出超	-7 115	-7 763	-7 813	-7 326	-9 071

各国の貿易額の推移（Ⅷ／ヨーロッパ、北中・南アメリカ）（単位　百万ドル）

		2017	2018	2019	2020	2021
ロシア	輸出	352 943	443 914	419 721	333 374	494 025
	輸入	238 384	248 856	253 876	239 641	303 927
	入出超	114 559	195 058	165 845	93 733	190 098
アメリカ合衆国	輸出	1 546 273	1 663 982	1 643 161	1 424 935	1 754 578
	輸入	2 408 476	2 614 221	2 567 445	2 406 932	2 937 140
	入出超	-862 203	-950 239	-924 284	-981 997	-1 182 562
エルサルバドル	輸出	5 760	5 905	5 905	5 028	6 629
	輸入	10 572	11 464	11 602	10 248	15 076
	入出超	-4 811	-5 559	-5 697	-5 220	-8 447
カナダ	輸出	420 665	450 743	446 160	390 954	503 373
	輸入	443 651	470 466	464 002	414 809	499 218
	入出超	-22 986	-19 723	-17 841	-23 856	4 154
グアテマラ	輸出	10 990	10 769	11 175	11 521	13 727
	輸入	18 388	19 699	19 882	18 205	26 605
	入出超	-7 398	-8 930	-8 707	-6 683	-12 879
コスタリカ	輸出	10 769	11 344	11 712	12 174	15 318
	輸入	16 796	18 289	17 573	14 942	20 728
	入出超	-6 027	-6 944	-5 861	-2 768	-5 409
ジャマイカ	輸出	1 310	1 961	1 651	1 218	1 343
	輸入	5 818	6 171	6 389	4 698	5 599
	入出超	-4 508	-4 210	-4 738	-3 479	-4 255
ドミニカ共和国	輸出	10 135	10 638	11 193	10 297	12 410
	輸入	17 734	20 197	20 268	17 047	24 569
	入出超	-7 600	-9 559	-9 075	-6 749	-12 159
トリニダード・トバゴ	輸出	8 741	10 532	7 192	5 519	8 619
	輸入	6 893	7 719	6 340	4 877	5 763
	入出超	1 848	2 813	852	642	2 856
ニカラグア	輸出	5 170	5 014	5 273	5 087	6 544
	輸入	7 708	7 351	6 986	6 545	9 442
	入出超	-2 538	-2 337	-1 713	-1 458	-2 898
パナマ	輸出	11 093	11 480	11 318	9 483	13 116
	輸入	21 934	23 006	21 492	14 740	20 505
	入出超	-10 842	-11 525	-10 173	-5 257	-7 390
ホンジュラス	輸出	8 656	8 644	8 788	7 683	10 202
	輸入	11 409	12 462	12 149	10 241	14 755
	入出超	-2 753	-3 818	-3 361	-2 558	-4 553
メキシコ	輸出	409 433	450 713	460 604	416 999	494 225
	輸入	432 179	476 836	467 353	393 279	522 460
	入出超	-22 747	-26 123	-6 749	23 721	-28 236
アルゼンチン	輸出	58 644	61 781	65 116	54 884	77 935
	輸入	66 937	65 482	49 124	42 354	63 185
	入出超	-8 293	-3 701	15 992	12 530	14 750

各国の貿易額の推移（IX／南アメリカ、オセアニア）（単位　百万ドル）

		2017	2018	2019	2020	2021
ウルグアイ	輸出	7 888	7 498	7 680	6 864	9 507
	輸入	8 458	8 893	8 246	7 564	10 320
	入出超	-569	-1 396	-565	-701	-813
エクアドル	輸出	19 122	21 628	22 329	20 355	26 699
	輸入	20 010	23 177	22 564	17 918	25 687
	入出超	-887	-1 550	-235	2 437	1 012
コロンビア	輸出	36 897	41 774	39 489	31 008	40 287
	輸入	46 076	51 233	52 703	43 489	61 101
	入出超	-9 179	-9 459	-13 213	-12 481	-20 814
スリナム	輸出	1 992	2 070	2 127	2 345	2 203
	輸入	1 280	1 486	1 702	1 329	1 527
	入出超	712	584	425	1 016	676
チリ	輸出	68 823	74 708	68 763	73 485	94 705
	輸入	65 230	74 684	69 889	59 226	91 846
	入出超	3 593	24	-1 126	14 259	2 859
パラグアイ	輸出	8 680	9 042	7 968	8 518	10 547
	輸入	11 875	13 334	12 544	10 217	13 560
	入出超	-3 195	-4 292	-4 576	-1 699	-3 012
ブラジル	輸出	214 988	231 890	221 127	209 180	280 815
	輸入	165 855	192 840	193 162	166 336	234 690
	入出超	49 133	39 049	27 965	42 844	46 124
ベネズエラ	輸出	31 960	34 440	17 210	5 010	3 555
	輸入	10 570	11 710	5 870	6 590	7 795
	入出超	21 390	22 730	11 340	-1 580	-4 240
ペルー	輸出	45 422	49 068	47 982	42 904	63 106
	輸入	39 885	43 262	42 284	36 140	50 835
	入出超	5 537	5 806	5 698	6 764	12 271
ボリビア	輸出	7 846	8 965	8 757	7 015	11 030
	輸入	9 288	9 996	9 784	7 080	9 559
	入出超	-1 442	-1 031	-1 027	-65	1 471
オーストラリア	輸出	231 131	257 098	271 005	250 823	343 594
	輸入	228 780	235 386	221 564	211 824	261 263
	入出超	2 351	21 712	49 441	38 999	82 331
ニュージーランド	輸出	38 075	39 673	39 517	38 919	44 867
	輸入	40 125	43 793	42 363	37 152	49 462
	入出超	-2 050	-4 120	-2 846	1 767	-4 596
フィジー	輸出	956	1 041	1 033	826	874
	輸入	2 420	2 720	2 734	1 731	2 180
	入出超	-1 464	-1 679	-1 701	-904	-1 306

WTO Stat "International Trade Statistics"（2022年6月7日閲覧）より作成。一般貿易方式による貿易額。輸出はf.o.b.（本船渡し）価格、輸入はc.i.f.（保険料・運賃込）価格。

図 8-3 主な国の入出超額の推移

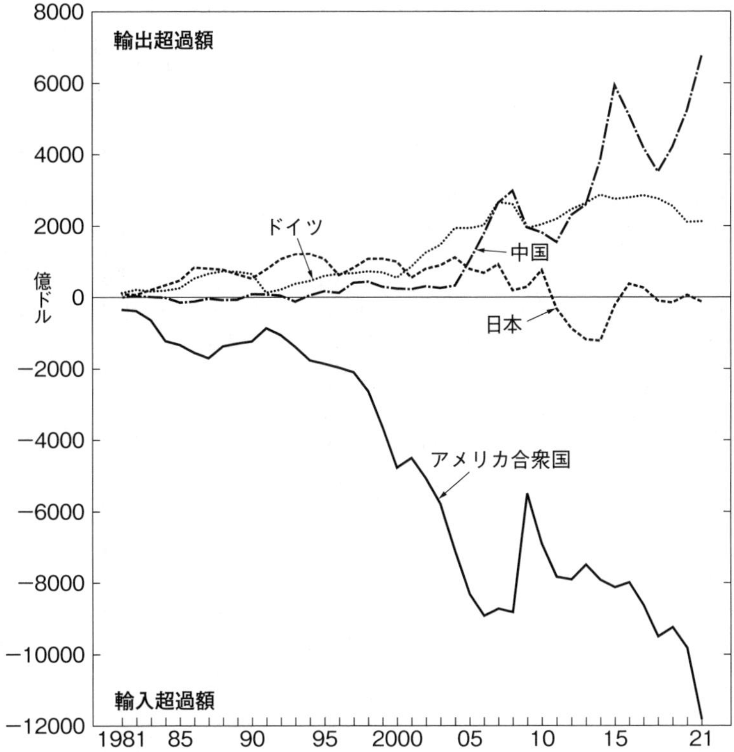

表8-2より作成。

図 8-4 主要国・地域のFTAカバー率（2020年の貿易額）

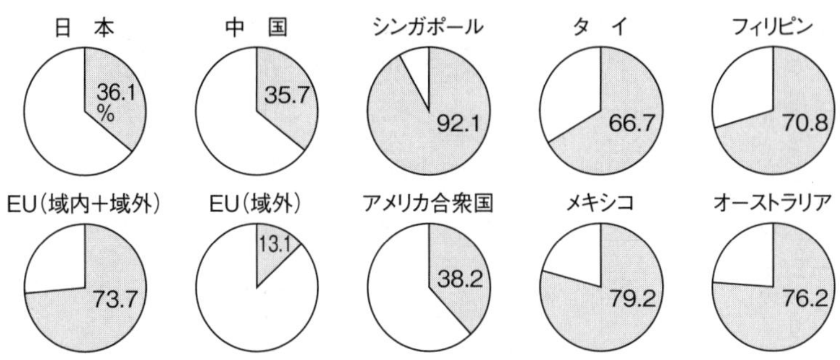

ジェトロ「ジェトロ世界貿易投資報告」(2021年版) および同「国・地域別レポート」(2021年版) より作成。FTA発効国 (基本的に2021年6月時点で発効済みのもの)との貿易額の割合。EUはイギリスを除く27か国。

表 8-3　1人あたり貿易額、貿易依存度、輸出比率（2020年）（Ⅰ）

	1人あたり貿易額（ドル）		貿易依存度（%）		輸出比率（%）
	輸出	輸入	輸出	輸入	
アジア					
日本	5 121	5 074	*12.7*	*12.6*	*50.2*
アラブ首長国連邦	36 094	26 583	*93.4*	*68.8*	*57.6*
イラン	537	444	*5.0*	*4.1*	*54.8*
インド	198	267	*10.4*	*14.0*	*42.6*
インドネシア	601	521	*15.4*	*13.4*	*53.6*
カザフスタン	2 447	1 961	*27.1*	*21.8*	*55.5*
カタール	18 658	9 359	*35.2*	*17.6*	*66.6*
韓国	9 885	9 020	*31.3*	*28.6*	*52.3*
カンボジア	1 080	1 166	*70.0*	*75.6*	*48.1*
サウジアラビア	4 830	3 834	*24.8*	*19.7*	*55.7*
シンガポール	61 344	55 810	*106.6*	*97.0*	*52.4*
スリランカ	463	739	*12.5*	*19.9*	*38.5*
タイ	3 241	2 884	*46.2*	*41.1*	*52.9*
(台湾)	14 723	12 215	*51.9*	*43.0*	*54.7*
中国	1 818	1 450	*17.6*	*14.0*	*55.6*
トルコ	2 016	2 609	*23.6*	*30.5*	*43.6*
パキスタン	97	202	*8.5*	*17.8*	*32.4*
バングラデシュ	201	315	*10.2*	*16.0*	*38.9*
フィリピン	569	809	*17.7*	*25.1*	*41.3*
ベトナム	2 924	2 718	*104.2*	*96.9*	*51.8*
(香港)	73 160	75 959	*157.0*	*163.0*	*49.1*
マレーシア	7 052	5 719	*69.5*	*56.4*	*55.2*
ミャンマー	312	336	*23.7*	*25.5*	*48.2*
モンゴル	2 300	1 608	*57.7*	*40.3*	*58.8*
アフリカ					
アルジェリア	548	792	*16.1*	*23.3*	*40.9*
アンゴラ	626	285	*33.6*	*15.3*	*68.7*
エジプト	248	557	*7.2*	*16.2*	*30.8*
エチオピア	28	112	*3.4*	*13.6*	*19.9*
ケニア	116	297	*6.0*	*15.3*	*28.1*
コートジボワール	469	397	*20.6*	*17.4*	*54.1*
ザンビア	413	281	*43.2*	*29.4*	*59.5*
チュニジア	1 135	1 507	*35.2*	*46.7*	*42.9*
南アフリカ共和国	1 460	1 430	*28.4*	*27.8*	*50.5*
モロッコ	740	1 195	*23.7*	*38.2*	*38.3*
ヨーロッパ					
アイルランド	36 413	20 182	*42.3*	*23.4*	*64.3*
イギリス	5 958	9 518	*14.5*	*23.1*	*38.5*
イタリア	8 400	7 174	*26.5*	*22.6*	*53.9*
ウクライナ	1 120	1 237	*31.6*	*34.9*	*47.5*
オーストリア	19 019	19 359	*39.1*	*39.8*	*49.6*
オランダ	38 693	34 135	*73.8*	*65.1*	*53.1*

1人あたり貿易額、貿易依存度、輸出比率（2020年）（Ⅱ）

	1人あたり貿易額（ドル）		貿易依存度（%）		輸出比率（%）
	輸出	輸入	輸出	輸入	
ギリシャ	3 348	5 317	*18.6*	*29.6*	*38.6*
スイス	36 964	33 800	*42.4*	*38.8*	*52.2*
スウェーデン	14 996	14 465	*28.7*	*27.7*	*50.9*
スペイン	6 510	6 887	*24.1*	*25.5*	*48.6*
スロバキア	15 878	15 466	*82.4*	*80.2*	*50.7*
スロベニア	21 171	19 940	*83.7*	*78.8*	*51.5*
チェコ	18 224	16 247	*78.2*	*69.7*	*52.9*
デンマーク	18 614	16 810	*30.5*	*27.5*	*52.5*
ドイツ	16 591	14 062	*35.9*	*30.5*	*54.1*
ノルウェー	15 699	14 953	*23.3*	*22.2*	*51.2*
ハンガリー	12 374	11 899	*77.4*	*74.5*	*51.0*
フィンランド	11 976	12 346	*24.5*	*25.3*	*49.2*
フランス	7 578	9 015	*18.6*	*22.1*	*45.7*
ブルガリア	4 578	5 023	*45.7*	*50.2*	*47.7*
ベルギー	36 529	34 375	*80.9*	*76.2*	*51.5*
ポーランド	7 126	6 808	*45.9*	*43.9*	*51.1*
ポルトガル	5 972	7 564	*26.9*	*34.1*	*44.1*
ルーマニア	3 637	4 739	*28.4*	*37.0*	*43.4*
ロシア	2 289	1 646	*22.5*	*16.2*	*58.2*
北中アメリカ					
アメリカ合衆国	4 242	7 165	*6.8*	*11.5*	*37.2*
カナダ	10 318	10 948	*23.8*	*25.2*	*48.5*
グアテマラ	664	1 049	*14.8*	*23.5*	*38.8*
コスタリカ	2 376	2 917	*19.8*	*24.3*	*44.9*
メキシコ	3 310	3 121	*38.8*	*36.6*	*51.5*
南アメリカ					
アルゼンチン	1 219	940	*14.3*	*11.1*	*56.4*
ウルグアイ	2 002	2 206	*12.8*	*14.1*	*47.6*
エクアドル	1 157	1 019	*20.6*	*18.1*	*53.2*
コロンビア	609	854	*11.4*	*16.0*	*41.6*
チリ	3 807	3 069	*29.1*	*23.4*	*55.4*
パラグアイ	1 287	1 544	*24.1*	*28.9*	*45.5*
ブラジル	981	780	*14.5*	*11.5*	*55.7*
ペルー	1 288	1 085	*21.1*	*17.8*	*54.3*
ボリビア	588	593	*19.2*	*19.4*	*49.8*
オセアニア					
オーストラリア	9 771	8 252	*17.6*	*14.9*	*54.2*
ニュージーランド	7 690	7 341	*18.4*	*17.5*	*51.2*

貿易額は WTO Stat "International Trade Statistics"、人口は国連 "World Population Prospects, 2022 Revision"、GDPは国連 "National Accounts Estimates of Main Aggregates" より作成。ただし、台湾は "National Statistics" などによる。貿易依存度はGDPに対する輸出額および輸入額の割合。輸出比率は輸出入額合計に対する輸出の割合。

図 8-5　主な貿易国の１人あたり貿易額と貿易依存度（2020年）

	1人あたり貿易額(ドル) 輸出	1人あたり貿易額(ドル) 輸入	貿易依存度(%) 輸出	貿易依存度(%) 輸入
シンガポール	61344	55810	106.6	97.0
オランダ	38693	34135	73.8	65.1
ベルギー	36529	34375	80.9	76.2
スイス	36964	33800	42.4	38.8
アラブ首長国連邦	36094	26583	93.4	68.8
アイルランド	36413	20182	42.3	23.4
ドイツ	16591	14062	35.9	30.5
（台　湾）	14723	12215	51.9	43.0
カナダ	10318	10948	23.8	25.2
韓　国	9885	9020	31.3	28.6
オーストラリア	9771	8252	17.6	14.9
フランス	7578	9015	18.6	22.1
イタリア	8400	7174	26.5	22.6
イギリス	5958	9518	14.5	23.1
ポーランド	7126	6808	45.9	43.9
スペイン	6510	6887	24.1	25.5
マレーシア	7052	5719	69.5	56.4
アメリカ合衆国	4242	7165	6.8	11.5
日本	5121	5074	12.7	12.6
サウジアラビア	4830	3834	24.8	19.7
メキシコ	3310	3121	38.8	36.6
タイ	3241	2884	46.2	41.1
ロシア	2289	1646	22.5	16.2
中国	1818	1450	17.6	14.0
インド	198	267	10.4	14.0

表8-3より作成。

表 8-4　主要国の相手先別貿易（Ⅰ）（2020年）

	輸出	百万ドル	%	輸入	百万ドル	%
日本	中国	140 544	*22.0*	中国	163 920	*26.0*
	アメリカ合衆国	118 293	*18.5*	アメリカ合衆国	71 642	*11.4*
	韓国	44 392	*7.0*	オーストラリア	35 623	*5.6*
	(台湾)	44 185	*6.9*	(台湾)	26 749	*4.2*
	(香港)	31 879	*5.0*	韓国	26 569	*4.2*
	計×	**638 167**	*100.0*	計×	**631 195**	*100.0*
	EU	58 824	*9.2*	EU	72 047	*11.4*
中国	アメリカ合衆国	452 832	*17.4*	(台湾)	202 055	*9.8*
	(香港)	275 463	*10.6*	日本	176 089	*8.5*
	日本	142 722	*5.5*	韓国	173 501	*8.4*
	ベトナム	114 157	*4.4*	アメリカ合衆国	136 123	*6.6*
	韓国	113 029	*4.4*	オーストラリア	114 767	*5.6*
	ドイツ	86 998	*3.3*	ドイツ	105 282	*5.1*
	計×	**2 598 014**	*100.0*	計×	**2 060 258**	*100.0*
	EU	392 802	*15.1*	EU	259 302	*12.6*
韓国	中国	132 580	*25.9*	中国	108 855	*23.3*
	アメリカ合衆国	74 531	*14.5*	アメリカ合衆国	57 763	*12.4*
	ベトナム	48 517	*9.5*	日本	46 023	*9.8*
	(香港)	30 662	*6.0*	ドイツ	20 656	*4.4*
	日本	25 086	*4.9*	ベトナム	20 577	*4.4*
	計×	**512 645**	*100.0*	計×	**467 645**	*100.0*
	EU	47 516	*9.3*	EU	55 112	*11.8*
(香港)	中国	304 902	*55.2*	中国	251 385	*43.8*
	アメリカ合衆国	40 353	*7.3*	(台湾)	53 980	*9.4*
	イギリス	18 494	*3.3*	シンガポール	41 301	*7.2*
	スイス	15 072	*2.7*	日本	33 527	*5.8*
	日本	14 117	*2.6*	韓国	32 842	*5.7*
	計×	**552 773**	*100.0*	計×	**573 785**	*100.0*
	EU	36 650	*6.6*	EU	25 333	*4.4*
シンガポール	中国	41 290	*14.3*	中国	37 802	*14.5*
	(香港)	35 490	*12.3*	マレーシア	33 448	*12.8*
	アメリカ合衆国	31 640	*11.0*	(台湾)	29 091	*11.1*
	マレーシア	26 454	*9.2*	アメリカ合衆国	27 685	*10.6*
	インドネシア	16 988	*5.9*	日本	14 386	*5.5*
	計×	**287 884**	*100.0*	計×	**261 352**	*100.0*
	EU	23 393	*8.1*	EU	27 125	*10.4*

IMF Data "Direction of Trade Statistics"（2022年6月7日閲覧）より作成。二国間（例えば日中間）の輸出入の数値に大きな開きがあるのは、主に第三国経由の貿易があるためである。EUは27か国。×その他とも。

主要国の相手先別貿易（Ⅱ）（2020年）

	輸出	百万ドル	%	輸入	百万ドル	%
タイ	アメリカ合衆国	34 103	*14.9*	中国	50 160	*24.2*
	中国	29 601	*12.9*	日本	27 824	*13.4*
	日本	22 619	*9.9*	アメリカ合衆国	14 833	*7.2*
	(香港)	11 187	*4.9*	マレーシア	10 203	*4.9*
	ベトナム	11 076	*4.8*	(台湾)	8 288	*4.0*
	オーストラリア	9 750	*4.3*	韓国	7 709	*3.7*
	計×	**229 256**	*100.0*	計×	**207 092**	*100.0*
	EU	17 302	*7.5*	EU	15 430	*7.5*
マレーシア	中国	37 774	*16.1*	中国	40 924	*21.5*
	シンガポール	33 941	*14.5*	シンガポール	17 615	*9.3*
	アメリカ合衆国	26 003	*11.1*	アメリカ合衆国	16 652	*8.7*
	(香港)	16 236	*6.9*	日本	14 589	*7.7*
	日本	14 718	*6.3*	(台湾)	13 735	*7.2*
	タイ	10 793	*4.6*	韓国	10 695	*5.6*
	計×	**233 959**	*100.0*	計×	**190 321**	*100.0*
	EU	20 068	*8.6*	EU	14 041	*7.4*
インドネシア	中国	31 776	*19.5*	中国	39 635	*28.0*
	アメリカ合衆国	18 667	*11.4*	シンガポール	12 341	*8.7*
	日本	13 663	*8.4*	日本	10 672	*7.5*
	インド	10 414	*6.4*	アメリカ合衆国	8 643	*6.1*
	マレーシア	8 131	*5.0*	マレーシア	6 933	*4.9*
	計×	**163 306**	*100.0*	計×	**141 571**	*100.0*
	EU	13 127	*8.0*	EU	10 189	*7.2*
ベトナム	アメリカ合衆国	77 151	*27.8*	中国	84 374	*32.6*
	中国	49 095	*17.7*	韓国	46 873	*18.1*
	日本	19 268	*6.9*	日本	20 345	*7.9*
	韓国	19 143	*6.9*	(台湾)	16 695	*6.5*
	(香港)	10 448	*3.8*	アメリカ合衆国	13 758	*5.3*
	オランダ	7 006	*2.5*	タイ	10 966	*4.2*
	計×	**277 271**	*100.0*	計×	**258 784**	*100.0*
	EU	34 503	*12.4*	EU	14 632	*5.7*
フィリピン	日本	9 899	*15.6*	中国	20 396	*22.7*
	アメリカ合衆国	9 784	*15.4*	日本	8 590	*9.6*
	中国	9 430	*14.8*	アメリカ合衆国	6 941	*7.7*
	(香港)	9 162	*14.4*	韓国	6 886	*7.7*
	シンガポール	3 644	*5.7*	インドネシア	5 880	*6.5*
	計×	**63 583**	*100.0*	計×	**89 785**	*100.0*
	EU	6 414	*10.1*	EU	6 169	*6.9*

資料・脚注は（Ⅰ）に同じ。×その他とも。

主要国の相手先別貿易（Ⅲ）（2020年）

	輸出	百万ドル	%	輸入	百万ドル	%
インド	アメリカ合衆国	49 340	*17.9*	中国	58 701	*16.0*
	中国	18 922	*6.9*	アメリカ合衆国	26 592	*7.2*
	アラブ首長国連邦	18 074	*6.6*	アラブ首長国連邦	23 956	*6.5*
	(香港)	9 585	*3.5*	サウジアラビア	17 756	*4.8*
	シンガポール	8 274	*3.0*	イラク	16 229	*4.4*
	バングラデシュ	7 851	*2.8*	(香港)	14 563	*4.0*
	計×	**275 590**	*100.0*	計×	**368 027**	*100.0*
	EU	38 472	*14.0*	EU	33 414	*9.1*
トルコ	ドイツ	15 979	*9.4*	中国	23 041	*10.5*
	アメリカ合衆国	10 183	*6.0*	ドイツ	21 733	*9.9*
	イギリス	11 236	*6.6*	ロシア	17 829	*8.1*
	イラク	9 142	*5.4*	アメリカ合衆国	11 525	*5.3*
	イタリア	8 083	*4.8*	イタリア	9 200	*4.2*
	計×	**169 638**	*100.0*	計×	**219 517**	*100.0*
	EU	70 020	*41.3*	EU	73 338	*33.4*
南アフリカ共和国	中国	9 909	*11.5*	中国	15 132	*20.8*
	アメリカ合衆国	7 164	*8.3*	ドイツ	6 665	*9.2*
	ドイツ	7 074	*8.2*	アメリカ合衆国	4 712	*6.5*
	イギリス	4 224	*4.9*	インド	3 811	*5.2*
	日本	3 816	*4.4*	サウジアラビア	2 853	*3.9*
	計×	**85 876**	*100.0*	計×	**72 680**	*100.0*
	EU	16 784	*19.5*	EU	19 115	*26.3*
ドイツ	アメリカ合衆国	118 688	*8.6*	オランダ	160 776	*13.7*
	中国	110 373	*8.0*	中国	93 725	*8.0*
	フランス	103 870	*7.5*	ポーランド	75 617	*6.5*
	オランダ	96 644	*7.0*	フランス	67 834	*5.8*
	イギリス	76 777	*5.6*	ベルギー	66 255	*5.7*
	ポーランド	74 406	*5.4*	イタリア	63 008	*5.4*
	計×	**1 382 533**	*100.0*	計×	**1 171 782**	*100.0*
	EU	726 678	*52.6*	EU	739 748	*63.1*
フランス	ドイツ	71 073	*14.5*	ドイツ	101 435	*17.4*
	アメリカ合衆国	37 402	*7.7*	ベルギー	56 035	*9.6*
	イタリア	37 277	*7.6*	オランダ	50 146	*8.6*
	ベルギー	36 218	*7.4*	イタリア	48 862	*8.4*
	スペイン	35 886	*7.3*	スペイン	46 256	*8.0*
	イギリス	31 261	*6.4*	中国	41 112	*7.1*
	計×	**488 637**	*100.0*	計×	**581 297**	*100.0*
	EU	261 327	*53.5*	EU	384 717	*66.2*

資料・脚注は（Ⅰ）に同じ。×その他とも。

主要国の相手先別貿易（Ⅳ）（2020年）

	輸出			輸入		
		百万ドル	%		百万ドル	%
イギリス	アメリカ合衆国	57 305	*14.5*	中国	75 520	*12.0*
	ドイツ	40 403	*10.2*	ドイツ	72 229	*11.5*
	アイルランド	26 925	*6.8*	アメリカ合衆国	58 329	*9.3*
	オランダ	24 011	*6.1*	オランダ	44 880	*7.1*
	フランス	23 062	*5.8*	フランス	28 874	*4.6*
	スイス	19 689	*5.0*	ベルギー	28 303	*4.5*
	計×	**395 389**	*100.0*	計×	**628 179**	*100.0*
	EU	180 944	*45.8*	EU	288 263	*45.9*
イタリア	ドイツ	64 090	*12.8*	ドイツ	70 117	*16.4*
	フランス	51 700	*10.3*	中国	36 816	*8.6*
	アメリカ合衆国	48 540	*9.7*	フランス	35 777	*8.4*
	スイス	28 922	*5.8*	オランダ	25 504	*6.0*
	イギリス	25 858	*5.2*	スペイン	23 350	*5.5*
	スペイン	23 873	*4.8*	ベルギー	20 770	*4.9*
	計×	**499 792**	*100.0*	計×	**426 867**	*100.0*
	EU	256 225	*51.3*	EU	249 205	*58.4*
オランダ	ドイツ	157 991	*23.4*	中国	105 091	*17.7*
	ベルギー	69 770	*10.3*	ドイツ	90 167	*15.2*
	フランス	57 858	*8.6*	ベルギー	47 742	*8.0*
	イギリス	51 285	*7.6*	アメリカ合衆国	45 208	*7.6*
	アメリカ合衆国	30 075	*4.5*	イギリス	25 360	*4.3*
	イタリア	28 031	*4.2*	フランス	18 043	*3.0*
	計×	**674 602**	*100.0*	計×	**595 122**	*100.0*
	EU	442 497	*65.6*	EU	247 008	*41.5*
ベルギー	ドイツ	73 722	*17.5*	オランダ	66 497	*16.7*
	フランス	58 233	*13.8*	ドイツ	54 794	*13.8*
	オランダ	49 177	*11.6*	フランス	38 929	*9.8*
	イギリス	32 441	*7.7*	アメリカ合衆国	27 723	*7.0*
	アメリカ合衆国	29 572	*7.0*	中国	20 870	*5.3*
	計×	**422 334**	*100.0*	計×	**397 436**	*100.0*
	EU	272 952	*64.6*	EU	243 468	*61.3*
ポーランド	ドイツ	79 317	*29.0*	ドイツ	72 158	*27.6*
	チェコ	16 046	*5.9*	中国	26 680	*10.2*
	イギリス	15 647	*5.7*	オランダ	16 105	*6.2*
	フランス	15 288	*5.6*	イタリア	13 438	*5.1*
	イタリア	11 863	*4.3*	ロシア	11 367	*4.3*
	計×	**273 835**	*100.0*	計×	**261 626**	*100.0*
	EU	202 654	*74.0*	EU	177 250	*67.7*

資料・脚注は（Ⅰ）に同じ。×その他とも。

主要国の相手先別貿易（V）（2020年）

		輸出 百万ドル	輸出 %		輸入 百万ドル	輸入 %
ロシア	中国	49 583	*14.7*	中国	54 908	*23.7*
	オランダ	25 345	*7.5*	ドイツ	23 418	*10.1*
	イギリス	23 067	*6.8*	アメリカ合衆国	13 222	*5.7*
	ドイツ	18 638	*5.5*	ベラルーシ	12 585	*5.4*
	ベラルーシ	16 029	*4.7*	イタリア	10 213	*4.4*
	トルコ	15 760	*4.7*	フランス	8 094	*3.5*
	計×	**337 885**	*100.0*	計×	**231 430**	*100.0*
	EU	113 868	*33.7*	EU	78 468	*33.9*
アメリカ合衆国	カナダ	255 328	*17.8*	中国	435 449	*18.6*
	メキシコ	212 672	*14.9*	メキシコ	325 394	*13.9*
	中国	124 649	*8.7*	カナダ	270 382	*11.6*
	日本	64 098	*4.5*	日本	119 512	*5.1*
	イギリス	59 010	*4.1*	ドイツ	115 120	*4.9*
	ドイツ	57 795	*4.0*	ベトナム	79 645	*3.4*
	韓国	51 218	*3.6*	韓国	76 020	*3.3*
	計×	**1 431 584**	*100.0*	計×	**2 336 579**	*100.0*
	EU	232 976	*16.3*	EU	415 536	*17.8*
カナダ	アメリカ合衆国	287 076	*73.6*	アメリカ合衆国	209 356	*48.9*
	中国	18 765	*4.8*	中国	60 277	*14.1*
	イギリス	14 943	*3.8*	メキシコ	23 559	*5.5*
	日本	9 191	*2.4*	ドイツ	13 607	*3.2*
	メキシコ	4 563	*1.2*	日本	10 720	*2.5*
	計×	**390 141**	*100.0*	計×	**428 467**	*100.0*
	EU	20 538	*5.3*	EU	47 160	*11.0*
メキシコ	アメリカ合衆国	338 701	*81.2*	アメリカ合衆国	177 828	*43.8*
	カナダ	11 139	*2.7*	中国	77 916	*19.2*
	中国	7 891	*1.9*	韓国	15 592	*3.8*
	ドイツ	6 585	*1.6*	日本	14 730	*3.6*
	韓国	5 361	*1.3*	ドイツ	14 703	*3.6*
	計×	**416 996**	*100.0*	計×	**405 947**	*100.0*
	EU	18 148	*4.4*	EU	42 448	*10.5*
ブラジル	中国	68 377	*32.4*	中国	36 076	*21.4*
	アメリカ合衆国	21 677	*10.3*	アメリカ合衆国	25 925	*15.4*
	アルゼンチン	8 498	*4.0*	ドイツ	9 114	*5.4*
	オランダ	7 455	*3.5*	アルゼンチン	8 256	*4.9*
	カナダ	4 221	*2.0*	韓国	4 332	*2.6*
	計×	**211 261**	*100.0*	計×	**168 469**	*100.0*
	EU	28 514	*13.5*	EU	28 431	*16.9*

資料・脚注は（I）に同じ。×その他とも。

主要国の相手先別貿易（VI）（2020年）

	輸出			輸入		
		百万ドル	%		百万ドル	%
チリ	中国	28 550	*38.9*	中国	16 459	*27.8*
	アメリカ合衆国	9 698	*13.2*	アメリカ合衆国	10 563	*17.8*
	日本	6 374	*8.7*	ブラジル	4 318	*7.3*
	韓国	4 145	*5.6*	アルゼンチン	3 312	*5.6*
	ブラジル	3 074	*4.2*	ドイツ	2 299	*3.9*
	計×	**73 485**	*100.0*	計×	**59 226**	*100.0*
	EU	6 916	*9.4*	EU	8 577	*14.5*
アルゼンチン	ブラジル	7 942	*14.5*	ブラジル	8 685	*20.5*
	中国	5 244	*9.6*	中国	8 656	*20.5*
	アメリカ合衆国	3 264	*6.0*	アメリカ合衆国	4 366	*10.3*
	チリ	2 890	*5.3*	パラグアイ	2 218	*5.2*
	ベトナム	2 851	*5.2*	ドイツ	1 988	*4.7*
	計×	**54 635**	*100.0*	計×	**42 325**	*100.0*
	EU	6 657	*12.2*	EU	6 590	*15.6*
オーストラリア	中国	100 542	*39.9*	中国	62 014	*28.9*
	日本	30 992	*12.3*	アメリカ合衆国	25 367	*11.8*
	韓国	15 723	*6.2*	日本	12 889	*6.0*
	アメリカ合衆国	13 165	*5.2*	タイ	10 439	*4.9*
	(台湾)	11 284	*4.5*	ドイツ	9 957	*4.6*
	計×	**251 923**	*100.0*	計×	**214 735**	*100.0*
	EU	8 079	*3.2*	EU	33 972	*15.8*
ニュージーランド	中国	10 839	*27.9*	中国	8 394	*22.6*
	オーストラリア	5 300	*13.7*	オーストラリア	4 501	*12.1*
	アメリカ合衆国	4 228	*10.9*	アメリカ合衆国	3 598	*9.7*
	日本	2 292	*5.9*	日本	2 115	*5.7*
	韓国	1 110	*2.9*	韓国	1 806	*4.9*
	計×	**38 824**	*100.0*	計×	**37 205**	*100.0*
	EU	2 092	*5.4*	EU	5 747	*15.4*
EU 1)	アメリカ合衆国	403 593	*7.4*	中国	440 442	*8.5*
	イギリス	318 758	*5.8*	アメリカ合衆国	231 411	*4.5*
	中国	232 194	*4.2*	イギリス	193 303	*3.8*
	スイス	163 726	*3.0*	スイス	125 244	*2.4*
	ロシア	90 296	*1.6*	ロシア	108 032	*2.1*
	トルコ	80 371	*1.5*	トルコ	71 470	*1.4*
	日本	63 003	*1.2*	日本	62 690	*1.2*
	ノルウェー	55 531	*1.0*	韓国	50 395	*1.0*
	計×	**5 475 452**	*100.0*	計×	**5 154 615**	*100.0*
	EU	3 258 095	*59.5*	EU	3 190 759	*61.9*

資料・脚注は（I）に同じ。×その他とも。1）相手先はEU加盟国以外（域外）を掲載した。

図 8-6　主要国の貿易相手先（2020年）（表8-4より作成）

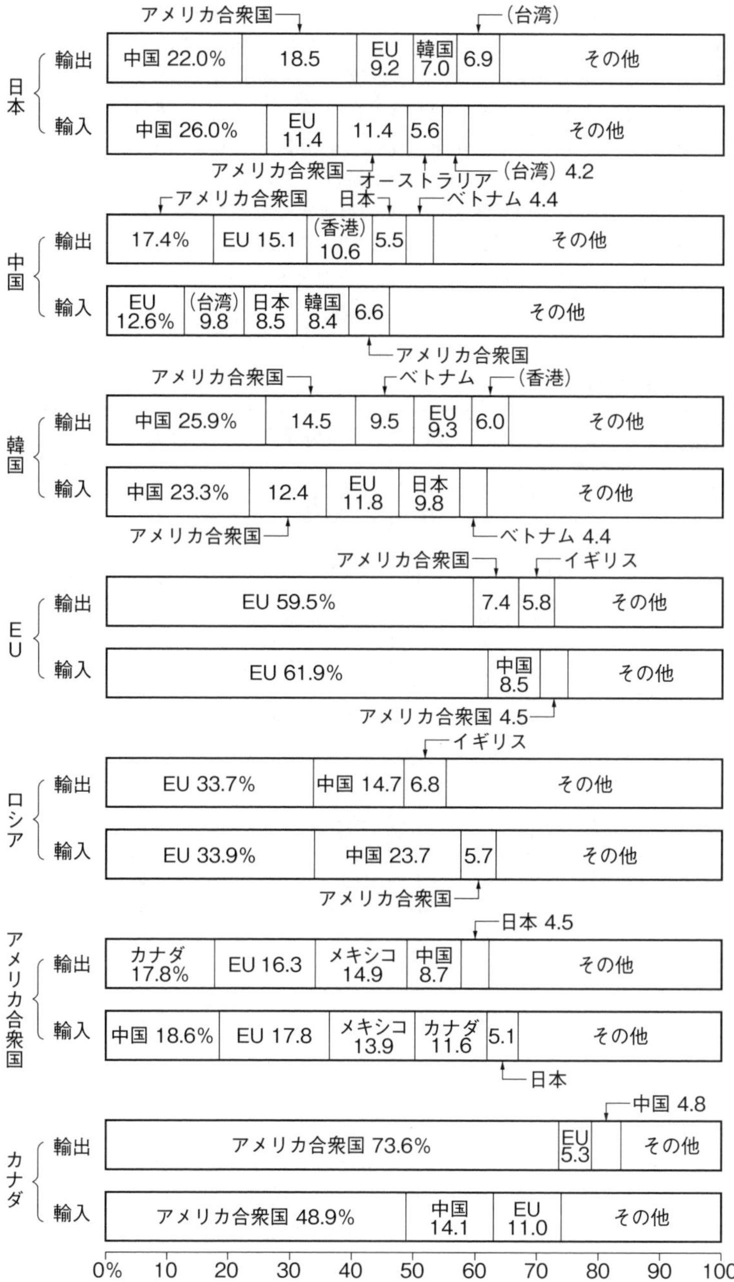

〔主な国の商品別貿易〕　表8-5〜73は国連“Comtrade Database”より作成。商品の分類は標準国際貿易分類（SITC）Rev.4を採用した。この商品分類は、財務省が定めた貿易品目分類や世界税関機構（WCO）が定めた輸出入統計品目番号（HSコード）とは異なる。輸出額はf.o.b（本船渡し）価格、輸入額はc.i.f（保険料・運賃込み）価格。ただし、f印がついた輸入はf.o.b価格。繊維品には衣類を含まない。有機化合物とは石油化学工業などでつくられる薬品類の総称（主な品目については表7-25など参照）。機械類は一般機械と電気機械の合計で、自動車や航空機などの輸送用機械および精密機械を含まないので注意が必要。自動車は部品、二輪自動車およびその他の道路走行車両を含む。×その他とも。

表 8-5　中国（2020年）

輸出	百万ドル	%	輸入	百万ドル	%
機械類	1 150 073	*44.4*	機械類	742 066	*35.9*
うち通信機器	270 786	*10.5*	うち集積回路	349 964	*16.9*
コンピュータ	170 178	*6.6*	通信機器	65 445	*3.2*
集積回路	116 496	*4.5*	原油	178 453	*8.6*
繊維品	154 091	*6.0*	鉄鉱石	123 732	*6.0*
衣類	141 501	*5.5*	精密機械	93 333	*4.5*
金属製品	107 039	*4.1*	自動車	73 911	*3.6*
自動車	81 706	*3.2*	うち乗用車	44 924	*2.2*
精密機械	78 625	*3.0*	プラスチック	65 748	*3.2*
家具	69 058	*2.7*	有機化合物	45 489	*2.2*
有機化合物	48 798	*1.9*	銅	43 522	*2.1*
鉄鋼	46 451	*1.8*	大豆	39 546	*1.9*
照明器具	38 914	*1.5*	鉄鋼	39 171	*1.9*
はきもの	38 111	*1.5*	医薬品	36 979	*1.8*
がん具	33 483	*1.3*	銅鉱	36 615	*1.8*
プラスチック	33 380	*1.3*	肉類	30 189	*1.5*
石油製品	27 006	*1.0*	石油製品	28 428	*1.4*
野菜・果実	25 562	*1.0*	液化天然ガス	23 242	*1.1*
医薬品	22 067	*0.9*	石炭	21 045	*1.0*
船舶	21 740	*0.8*	パルプ・古紙	16 860	*0.8*
計×	**2 589 098**	*100.0*	計×	**2 069 568**	*100.0*

特殊取扱品　ロシアの天然ガスなど、一部の国で資源や一部の工業製品を特殊取扱品に含めるようになった。特殊取扱品になると、個別の輸出額や輸出量が公表されなくなるため、本書では別資料で金額が判明したものについては脚注で記載している。なお、特殊取扱品とは、SITCの商品分類の１つで狭義は再輸出品などが該当し、広義には郵便小包、貨幣、非貨幣用の金が含まれている。

表 8-6　日本（2020年）

輸出	百万ドル	%	輸入	百万ドル	%
機械類	228 703	*35.7*	機械類	164 791	*25.9*
うち集積回路	26 506	*4.1*	うち通信機器	34 440	*5.4*
半導体等製造装置	23 598	*3.7*	原油	43 495	*6.8*
自動車	120 961	*18.9*	液化天然ガス	30 057	*4.7*
うち乗用車	80 962	*12.6*	医薬品	29 528	*4.6*
精密機械	33 993	*5.3*	衣類	26 265	*4.1*
鉄鋼	24 129	*3.8*	精密機械	23 080	*3.6*
プラスチック	22 661	*3.5*	自動車	19 637	*3.1*
有機化合物	14 879	*2.3*	石炭	16 145	*2.5*
船舶	10 866	*1.7*	有機化合物	15 788	*2.5*
計×	**641 283**	*100.0*	計×	**635 402**	*100.0*

表 8-7　イスラエル（2020年）

輸出	百万ドル	%	輸入	百万ドル	%
機械類	13 610	*27.1*	機械類	18 213	*26.3*
ダイヤモンド	5 417	*10.8*	自動車	5 809	*8.4*
精密機械	4 545	*9.1*	うち乗用車	4 169	*6.0*
有機化合物	4 137	*8.2*	原油	3 756	*5.4*
航空機	2 218	*4.4*	医薬品	3 384	*4.9*
医薬品	1 705	*3.4*	ダイヤモンド	2 828	*4.1*
プラスチック	1 673	*3.3*	精密機械	2 452	*3.5*
金属製品	1 329	*2.7*	衣類	1 906	*2.8*
化学肥料	1 196	*2.4*	鉄鋼	1 875	*2.7*
殺虫剤·殺菌剤類	1 195	*2.4*	金属製品	1 823	*2.6*
計×	**50 153**	*100.0*	計×	**69 261**	*100.0*

表 8-8　インド（2020年）

輸出	百万ドル	%	輸入	百万ドル	%
機械類	32 506	*11.8*	機械類	78 505	*21.3*
石油製品	26 805	*9.7*	原油	64 580	*17.5*
医薬品	20 099	*7.3*	金（非貨幣用）	21 922	*6.0*
有機化合物	16 093	*5.8*	有機化合物	17 102	*4.6*
ダイヤモンド	15 209	*5.5*	石炭	16 499	*4.5*
繊維品	15 042	*5.5*	ダイヤモンド	15 849	*4.3*
衣類	12 973	*4.7*	プラスチック	10 642	*2.9*
鉄鋼	12 562	*4.6*	石油製品	8 030	*2.2*
自動車	12 298	*4.5*	液化天然ガス	7 909	*2.1*
米	7 980	*2.9*	液化石油ガス	7 298	*2.0*
計×	**275 489**	*100.0*	計×	**367 980**	*100.0*

表 8-9　インドネシア（2020年）

輸出	百万ドル	%	輸入	百万ドル	%
パーム油……	17 364	*10.6*	機械類………	41 107	*29.0*
石炭…………	16 527	*10.1*	石油製品……	8 596	*6.1*
機械類………	14 511	*8.9*	鉄鋼…………	7 754	*5.5*
鉄鋼…………	11 222	*6.9*	プラスチック‥	5 977	*4.2*
衣類…………	7 548	*4.6*	繊維品………	5 325	*3.8*
自動車………	6 537	*4.0*	有機化合物…	4 815	*3.4*
金（非貨幣用）‥	5 616	*3.4*	自動車………	3 926	*2.8*
有機化合物…	5 451	*3.3*	原油…………	3 392	*2.4*
魚介類………	4 818	*3.0*	金属製品……	2 911	*2.1*
はきもの……	4 804	*2.9*	精密機械……	2 708	*1.9*
計×………	**163 192**	*100.0*	計×………	**141 569**	*100.0*

表 8-10　カザフスタン（2020年）

輸出	百万ドル	%	輸入	百万ドル	%
原油…………	23 704	*50.5*	機械類………	12 920	*33.9*
鉄鋼…………	3 198	*6.8*	うち加熱･冷却用機械	2 322	*6.1*
銅……………	2 785	*5.9*	自動車………	2 227	*5.8*
天然ガス……	1 876	*4.0*	金属製品……	1 935	*5.1*
放射性元素…	1 720	*3.7*	鉄鋼…………	1 870	*4.9*
銅鉱…………	1 463	*3.1*	医薬品………	1 582	*4.2*
小麦…………	1 137	*2.4*	精密機械……	823	*2.2*
石油製品……	730	*1.6*	プラスチック‥	806	*2.1*
鉄鉱石………	663	*1.4*	野菜・果実…	775	*2.0*
亜鉛…………	621	*1.3*	衣類…………	727	*1.9*
計×………	**46 949**	*100.0*	計×………	**38 081**	*100.0*

表 8-11　カタール（2020年）

輸出	百万ドル	%	輸入	百万ドル	%
天然ガス及び			機械類………	7 074	*27.4*
製造ガス‥	34 884	*67.7*	鉄鋼…………	1 164	*4.5*
原油…………	7 254	*14.1*	自動車………	1 122	*4.3*
プラスチック‥	2 065	*4.0*	航空機………	942	*3.6*
アルミニウム‥	1 205	*2.3*	船舶…………	883	*3.4*
船舶…………	775	*1.5*	金属製品……	742	*2.9*
無機化合物…	730	*1.4*	医薬品………	739	*2.9*
有機化合物…	660	*1.3*	精密機械……	734	*2.8*
機械類………	478	*0.9*	衣類…………	718	*2.8*
計×………	**51 504**	*100.0*	計×………	**25 835**	*100.0*

※「天然ガス及び製造ガス」は液化天然ガスと液化石油ガスを含む。

表 8-12　韓国（2020年）

輸出	百万ドル	%	輸入	百万ドル	%
機械類	218 896	*42.7*	機械類	150 399	*32.2*
うち集積回路	82 604	*16.1*	うち集積回路	40 233	*8.6*
自動車	53 462	*10.4*	原油	44 462	*9.5*
うち乗用車	35 639	*7.0*	精密機械	18 400	*3.9*
プラスチック	27 655	*5.4*	自動車	18 132	*3.9*
石油製品	24 943	*4.9*	液化天然ガス	15 718	*3.4*
鉄鋼	22 246	*4.3*	石油製品	13 580	*2.9*
船舶	18 731	*3.7*	有機化合物	12 329	*2.6*
精密機械	18 098	*3.5*	鉄鋼	10 849	*2.3*
有機化合物	15 137	*3.0*	衣類	9 733	*2.1*
計×	**512 710**	*100.0*	計×	**467 498**	*100.0*

表 8-13　サウジアラビア（2020年）

輸出	百万ドル	%	輸入	百万ドル	%
プラスチック	16 011	*8.6*	機械類	28 536	*21.7*
有機化合物	9 722	*5.2*	自動車	13 978	*10.6*
船舶	3 553	*1.9*	うち乗用車	10 560	*8.0*
機械類	2 991	*1.6*	鉄鋼	5 970	*4.5*
無機化合物	2 216	*1.2*	医薬品	5 719	*4.4*
金（非貨幣用）	1 976	*1.1*	石油製品	3 976	*3.0*
アルミニウム	1 790	*1.0*	精密機械	3 628	*2.8*
計×	**185 699**	*100.0*	計×	**131 313**	*100.0*

※原資料では輸出の原油、石油製品、液化石油ガス、液化天然ガスは特殊取扱品に含まれているが、サウジアラビア統計局資料では、原油166897百万ドル、石油製品28829百万ドル、液化石油ガス3860百万ドル、液化天然ガス585百万ドル（2019年）。

表 8-14　シンガポール（2020年）

輸出	百万ドル	%	輸入	百万ドル	%
機械類	186 084	*49.8*	機械類	160 405	*48.8*
うち集積回路	84 744	*22.7*	うち集積回路	69 238	*21.1*
通信機器	14 056	*3.8*	通信機器	13 692	*4.2*
石油製品	29 869	*8.0*	石油製品	31 465	*9.6*
精密機械	18 808	*5.0*	金（非貨幣用）	17 908	*5.4*
金（非貨幣用）	16 618	*4.4*	原油	14 376	*4.4*
プラスチック	11 873	*3.2*	精密機械	13 036	*4.0*
有機化合物	10 727	*2.9*	有機化合物	7 236	*2.2*
医薬品	9 820	*2.6*	航空機	6 502	*2.0*
調製食料品	6 917	*1.9*	プラスチック	5 428	*1.7*
計×	**373 684**	*100.0*	計×	**328 624**	*100.0*

表 8-15　スリランカ（2020年）

輸出	百万ドル	%	輸入	百万ドル	%
衣類…………	4 552	*42.5*	機械類………	2 548	*16.3*
茶……………	1 330	*12.4*	繊維品………	2 258	*14.5*
ゴム製品……	569	*5.3*	石油製品……	1 196	*7.7*
繊維品………	465	*4.3*	鉄鋼…………	626	*4.0*
野菜・果実…	433	*4.0*	自動車………	562	*3.6*
機械類………	407	*3.8*	医薬品………	550	*3.5*
香辛料………	312	*2.9*	プラスチック…	513	*3.3*
石油製品……	279	*2.6*	野菜・果実…	431	*2.8*
魚介類………	227	*2.1*	原油…………	405	*2.6*
金属製品……	91	*0.9*	金属製品……	391	*2.5*
計×………	**10 707**	*100.0*	計×………	**15 607**	*100.0*

表 8-16　タイ（2020年）

輸出	百万ドル	%	輸入	百万ドル	%
機械類………	72 542	*31.4*	機械類………	66 510	*32.0*
うちコンピュータ	11 795	*5.1*	うち集積回路…	8 799	*4.2*
自動車………	22 860	*9.9*	原油…………	17 636	*8.5*
金（非貨幣用）…	13 464	*5.8*	鉄鋼…………	9 977	*4.8*
プラスチック…	9 404	*4.1*	自動車………	7 830	*3.8*
ゴム製品……	7 302	*3.2*	金属製品……	7 390	*3.6*
野菜・果実…	7 156	*3.1*	プラスチック…	5 706	*2.7*
金属製品……	5 801	*2.5*	精密機械……	5 468	*2.6*
魚介類………	5 467	*2.4*	金（非貨幣用）…	5 045	*2.4*
石油製品……	5 423	*2.3*	有機化合物…	3 953	*1.9*
計×………	**231 388**	*100.0*	計×………	**207 696**	*100.0*

表 8-17　（台湾）（2020年）

輸出	百万ドル	%	輸入	百万ドル	%
機械類………	210 231	*60.6*	機械類………	134 507	*46.8*
うち集積回路…	123 060	*35.4*	うち集積回路…	62 300	*21.7*
通信機器…	16 563	*4.8*	半導体等製造装置	18 203	*6.3*
精密機械……	16 854	*4.9*	精密機械……	13 653	*4.8*
プラスチック…	15 014	*4.3*	原油…………	12 637	*4.4*
金属製品……	12 018	*3.5*	自動車………	9 544	*3.3*
自動車………	10 057	*2.9*	有機化合物…	7 168	*2.5*
記録用媒体…	9 295	*2.7*	鉄鋼…………	6 601	*2.3*
鉄鋼…………	8 269	*2.4*	プラスチック…	6 374	*2.2*
計×………	**347 195**	*100.0*	計×………	**287 429**	*100.0*

※原資料ではその他アジアであるが、国連によると国籍不明を除き台湾のみ該当。

表 8-18　トルコ（2020年）

輸出	百万ドル	%	輸入	百万ドル	%
機械類	26 052	*15.4*	機械類	42 734	*19.5*
自動車	21 309	*12.6*	金（非貨幣用）	25 184	*11.5*
うち乗用車	9 637	*5.7*	自動車	15 063	*6.9*
衣類	15 351	*9.0*	プラスチック	10 536	*4.8*
繊維品	11 697	*6.9*	鉄鋼	9 559	*4.4*
鉄鋼	10 114	*6.0*	石油製品	6 780	*3.1*
野菜・果実	8 706	*5.1*	鉄くず	6 241	*2.8*
金属製品	7 175	*4.2*	有機化合物	5 671	*2.6*
プラスチック	4 430	*2.6*	医薬品	5 355	*2.4*
石油製品	4 370	*2.6*	繊維品	5 265	*2.4*
計×	**169 658**	*100.0*	計×	**219 514**	*100.0*

表 8-19　パキスタン（2020年）

輸出	百万ドル	%	輸入	百万ドル	%
繊維品	7 112	*32.0*	機械類	8 629	*18.9*
衣類	6 177	*27.8*	石油製品	4 297	*9.4*
米	2 101	*9.4*	原油	2 267	*5.0*
野菜・果実	751	*3.4*	パーム油	2 109	*4.6*
銅	415	*1.9*	液化天然ガス	2 079	*4.5*
精密機械	377	*1.7*	プラスチック	2 077	*4.5*
魚介類	377	*1.7*	有機化合物	1 940	*4.2*
有機化合物	356	*1.6*	鉄くず	1 666	*3.6*
機械類	333	*1.5*	鉄鋼	1 632	*3.6*
肉類	314	*1.4*	自動車	1 427	*3.1*
計×	**22 237**	*100.0*	計×	**45 775**	*100.0*

表 8-20　フィリピン（2020年）

輸出	百万ドル	%	輸入	百万ドル	%
機械類	42 279	*64.8*	機械類	36 606	*38.5*
うち集積回路	23 660	*36.3*	うち集積回路	10 950	*11.5*
コンピュータ	3 452	*5.3*	自動車	5 309	*5.6*
野菜・果実	3 094	*4.7*	石油製品	4 592	*4.8*
うちバナナ	1 644	*2.5*	鉄鋼	4 006	*4.2*
精密機械	1 801	*2.8*	プラスチック	2 445	*2.6*
銅	1 665	*2.6*	金属製品	2 063	*2.2*
ニッケル鉱	1 470	*2.3*	医薬品	1 921	*2.0*
金（非貨幣用）	1 330	*2.0*	精密機械	1 910	*2.0*
自動車部品	853	*1.3*	小麦	1 628	*1.7*
計×	**65 214**	*100.0*	計×	**95 067**	*100.0*

表 8-21　ベトナム（2020年）

輸出	百万ドル	%	輸入	百万ドル	%
機械類	129 607	*46.1*	機械類	117 182	*44.8*
うち通信機器	72 172	*25.6*	うち集積回路	37 993	*14.5*
集積回路	13 836	*4.9*	通信機器	25 054	*9.6*
衣類	28 065	*10.0*	繊維品	15 476	*5.9*
はきもの	17 254	*6.1*	プラスチック	12 281	*4.7*
家具	11 301	*4.0*	鉄鋼	9 087	*3.5*
繊維品	9 798	*3.5*	精密機械	8 033	*3.1*
魚介類	8 253	*2.9*	金属製品	6 677	*2.6*
野菜・果実	6 515	*2.3*	自動車	5 265	*2.0*
鉄鋼	6 113	*2.2*	石油製品	4 238	*1.6*
計×	**281 441**	*100.0*	計×	**261 309**	*100.0*

表 8-22　（香港）（2020年）

輸出	百万ドル	%	輸入	百万ドル	%
機械類	381 878	*69.2*	機械類	383 630	*66.9*
うち集積回路	150 087	*27.2*	うち集積回路	165 738	*28.9*
通信機器	84 873	*15.4*	通信機器	82 032	*14.3*
コンピュータ	24 230	*4.4*	コンピュータ	20 823	*3.6*
金（非貨幣用）	45 212	*8.2*	精密機械	22 978	*4.0*
精密機械	23 291	*4.2*	金（非貨幣用）	22 639	*4.0*
ダイヤモンド	10 491	*1.9*	貴金属製品	11 476	*2.0*
衣類	8 223	*1.5*	ダイヤモンド	11 409	*2.0*
貴金属製品	6 489	*1.2*	衣類	7 750	*1.4*
プラスチック	5 769	*1.0*	記録用媒体	5 976	*1.0*
計×	**551 516**	*100.0*	計×	**573 061**	*100.0*

表 8-23　マレーシア（2020年）

輸出	百万ドル	%	輸入	百万ドル	%
機械類	101 487	*43.4*	機械類	74 460	*39.3*
うち集積回路	45 138	*19.3*	うち集積回路	25 465	*13.4*
石油製品	14 199	*6.1*	石油製品	13 938	*7.3*
パーム油	9 809	*4.2*	プラスチック	6 542	*3.4*
衣類	9 789	*4.2*	精密機械	5 443	*2.9*
精密機械	9 771	*4.2*	鉄鋼	4 883	*2.6*
液化天然ガス	6 869	*2.9*	原油	4 607	*2.4*
プラスチック	6 399	*2.7*	自動車	4 453	*2.3*
鉄鋼	5 400	*2.3*	アルミニウム	3 853	*2.0*
有機化合物	5 150	*2.2*	有機化合物	3 533	*1.9*
計×	**233 931**	*100.0*	計×	**189 702**	*100.0*

表 8-24　モンゴル（2020年）

輸出	百万ドル	%	輸入	百万ドル	%
石炭	2 129	*28.1*	機械類	1 055	*19.9*
金（非貨幣用）	1 788	*23.6*	石油製品	832	*15.7*
銅鉱	1 778	*23.5*	自動車	776	*14.6*
鉄鉱石	640	*8.4*	うち乗用車	297	*5.6*
羊毛・獣毛	232	*3.1*	貨物自動車	269	*5.1*
亜鉛鉱	168	*2.2*	鉄鋼	307	*5.8*
ほたる石	156	*2.1*	金属製品	211	*4.0*
原油	151	*2.0*	電力	142	*2.7*
銀鉱	124	*1.6*	医薬品	120	*2.3*
肉類	98	*1.3*	ゴム製品	98	*1.9*
計×	**7 576**	*100.0*	計×	**5 299**	*100.0*

表 8-25　アルジェリア（2017年）

輸出	百万ドル	%	輸入	百万ドル	%
原油	12 719	*36.1*	機械類	12 111	*26.3*
天然ガス	7 138	*20.3*	鉄鋼	3 718	*8.1*
石油製品	7 012	*19.9*	自動車	3 371	*7.3*
液化天然ガス	3 652	*10.4*	金属製品	2 208	*4.8*
液化石油ガス	3 151	*9.0*	医薬品	2 023	*4.4*
無機化合物	383	*1.1*	石油製品	1 818	*3.9*
うちアンモニア	342	*1.0*	小麦	1 789	*3.9*
化学肥料	327	*0.9*	プラスチック	1 767	*3.8*
			酪農品	1 407	*3.1*
			砂糖	988	*2.1*
計×	**35 191**	*100.0*	計×	**46 053**	*100.0*

表 8-26　エジプト（2020年）

輸出	百万ドル	%	輸入	百万ドル	%
石油製品	2 958	*11.0*	機械類	9 404	*15.6*
金（非貨幣用）	2 925	*10.9*	自動車	4 543	*7.5*
野菜・果実	2 862	*10.7*	原油	3 807	*6.3*
機械類	1 761	*6.6*	小麦	2 694	*4.5*
プラスチック	1 489	*5.6*	プラスチック	2 664	*4.4*
衣類	1 357	*5.1*	繊維品	2 541	*4.2*
繊維品	1 249	*4.7*	医薬品	2 537	*4.2*
原油	1 198	*4.5*	鉄鋼	2 430	*4.0*
化学肥料	1 162	*4.3*	とうもろこし	1 881	*3.1*
鉄鋼	699	*2.6*	金属製品	1 770	*2.9*
計×	**26 815**	*100.0*	計×	**60 280**	*100.0*

表 8-27　エチオピア（2020年）

輸出	百万ドル	%	輸入	百万ドル	%
コーヒー豆････	798	*31.5*	機械類････････	2 960	*21.0*
野菜・果実････	577	*22.8*	石油製品･･････	1 631	*11.6*
ごま･･････････	363	*14.3*	自動車････････	995	*7.1*
装飾用切花････	191	*7.5*	鉄鋼･･････････	829	*5.9*
衣類･･････････	140	*5.5*	医薬品････････	591	*4.2*
肉類･･････････	67	*2.6*	プラスチック･･	531	*3.8*
うち羊・やぎ肉・	64	*2.5*	金属製品･･････	524	*3.7*
機械類････････	64	*2.5*	化学肥料･･････	506	*3.6*
大豆･･････････	39	*1.5*	繊維品････････	455	*3.2*
革類･･････････	27	*1.0*	小麦･･････････	430	*3.1*
計×･･････････	**2 533**	*100.0*	計×･･････････	**14 090**	*100.0*

表 8-28　ガーナ（2019年）

輸出	百万ドル	%	輸入	百万ドル	%
金（非貨幣用）･･	6 199	*37.0*	機械類････････	2 079	*19.9*
原油･･････････	5 252	*31.3*	自動車････････	1 635	*15.7*
カカオ豆･･････	1 852	*11.0*	うち乗用車･････	882	*8.4*
ココアペースト	410	*2.4*	鉄鋼･･････････	477	*4.6*
野菜・果実････	400	*2.4*	金属製品･･････	441	*4.2*
うちカシューナッツ	243	*1.5*	プラスチック･･	431	*4.1*
マンガン鉱････	350	*2.1*	米････････････	375	*3.6*
ココアバター･･	337	*2.0*	セメント･･････	320	*3.1*
魚介類････････	200	*1.2*	石油製品･･････	269	*2.6*
無機化合物････	123	*0.7*	医薬品････････	249	*2.4*
計×･･････････	**16 768**	*100.0*	計×･･････････	**10 440**	*100.0*

表 8-29　コートジボワール（2019年）

輸出	百万ドル	%	輸入	百万ドル	%
カカオ豆･･････	3 576	*28.1*	機械類････････	1 646	*15.7*
石油製品･･････	1 119	*8.8*	原油･･････････	1 486	*14.2*
金（非貨幣用）･･	1 078	*8.5*	自動車････････	624	*6.0*
野菜・果実････	1 031	*8.1*	米････････････	604	*5.8*
うちカシューナッツ	797	*6.3*	石油製品･･････	540	*5.2*
天然ゴム･･････	906	*7.1*	魚介類････････	528	*5.0*
原油･･････････	902	*7.1*	プラスチック･･	408	*3.9*
ココアペースト	623	*4.9*	医薬品････････	374	*3.6*
ココアバター･･	374	*2.9*	金属製品･･････	357	*3.4*
綿花･･････････	362	*2.8*	鉄鋼･･････････	328	*3.1*
計×･･････････	**12 718**	*100.0*	計×･･････････	**10 483**	*100.0*

表 8-30　ザンビア（2020年）

輸出	百万ドル	%	輸入	百万ドル	%
銅……………	5 733	*73.5*	機械類………	1 059	*19.9*
銅鉱…………	183	*2.3*	自動車………	425	*8.0*
セメント……	124	*1.6*	化学肥料……	409	*7.7*
機械類………	118	*1.5*	石油製品……	266	*5.0*
葉たばこ……	112	*1.4*	医薬品………	264	*5.0*
電力…………	112	*1.4*	プラスチック‥	244	*4.6*
鉄鋼…………	98	*1.3*	原油…………	236	*4.4*
硫酸…………	95	*1.2*	鉄鋼…………	188	*3.5*
砂糖…………	86	*1.1*	金属製品……	186	*3.5*
貴石・半貴石‥	71	*0.9*	ゴム製品……	127	*2.4*
計×………	**7 805**	*100.0*	計×………	**5 314**	*100.0*

表 8-31　タンザニア（2020年）

輸出	百万ドル	%	輸入	百万ドル	%
金（非貨幣用）‥	2 959	*48.7*	機械類………	1 658	*19.5*
野菜・果実……	628	*10.3*	石油製品……	1 272	*14.9*
うちカシューナッツ	367	*6.0*	自動車………	726	*8.5*
貴金属鉱……	358	*5.9*	鉄鋼…………	538	*6.3*
ごま…………	152	*2.5*	医薬品………	445	*5.2*
葉たばこ……	149	*2.4*	プラスチック‥	418	*4.9*
コーヒー豆……	146	*2.4*	金属製品……	328	*3.8*
米……………	144	*2.4*	化学肥料……	201	*2.4*
魚介類………	140	*2.3*	小麦…………	172	*2.0*
化学肥料……	99	*1.6*	ゴム製品……	164	*1.9*
計×………	**6 076**	*100.0*	計×………	**8 517**	*100.0*

表 8-32　ナイジェリア（2020年）

輸出	百万ドル	%	輸入	百万ドル	%
原油…………	26 322	*75.4*	機械類………	14 267	*25.7*
液化天然ガス‥	3 922	*11.2*	石油製品……	8 331	*15.0*
船舶…………	2 173	*6.2*	自動車………	5 404	*9.7*
石油ガス……	472	*1.4*	医薬品………	3 084	*5.6*
ごま…………	300	*0.9*	プラスチック‥	2 395	*4.3*
カカオ豆……	292	*0.8*	小麦…………	2 151	*3.9*
化学肥料……	190	*0.5*	鉄鋼…………	1 607	*2.9*
ヘリコプター‥	171	*0.5*	魚介類………	1 333	*2.4*
野菜・果実……	140	*0.4*	有機化合物……	1 235	*2.2*
うちカシューナッツ	113	*0.3*	精密機械……	1 136	*2.0*
計×………	**34 900**	*100.0*	計×………	**55 455**	*100.0*

表 8-33　ボツワナ（2020年）

輸出	百万ドル	%	輸入	百万ドル	%
ダイヤモンド‥	3 749	*88.1*	ダイヤモンド‥	1 998	*30.7*
機械類‥‥‥‥	143	*3.4*	機械類‥‥‥‥	744	*11.4*
金（非貨幣用）‥	46	*1.1*	石油製品‥‥‥	629	*9.7*
ソーダ灰‥‥‥	40	*0.9*	自動車‥‥‥‥	383	*5.9*
銅鉱‥‥‥‥‥	26	*0.6*	電力‥‥‥‥‥	197	*3.0*
塩‥‥‥‥‥‥	24	*0.6*	金属製品‥‥‥	136	*2.1*
自動車‥‥‥‥	23	*0.5*	医薬品‥‥‥‥	126	*1.9*
牛肉‥‥‥‥‥	19	*0.5*	野菜・果実‥‥	126	*1.9*
プラスチック‥	16	*0.4*	鉄鋼‥‥‥‥‥	97	*1.5*
石炭‥‥‥‥‥	16	*0.4*	精密機械‥‥‥	80	*1.2*
計×‥‥‥‥	**4 256**	*100.0*	計×‥‥‥‥	**6 503**	*100.0*

表 8-34　南アフリカ共和国（2020年）

輸出	百万ドル	%	輸入[f]	百万ドル	%
白金族‥‥‥‥	10 741	*12.6*	機械類‥‥‥‥	16 319	*23.7*
自動車‥‥‥‥	8 395	*9.8*	原油‥‥‥‥‥	5 088	*7.4*
うち乗用車 ‥‥‥	4 611	*5.4*	自動車‥‥‥‥	4 215	*6.1*
金（非貨幣用）‥	6 727	*7.9*	石油製品‥‥‥	3 693	*5.4*
機械類‥‥‥‥	6 505	*7.6*	医薬品‥‥‥‥	2 531	*3.7*
鉄鉱石‥‥‥‥	6 118	*7.2*	衣類‥‥‥‥‥	1 646	*2.4*
野菜・果実‥‥	4 662	*5.5*	精密機械‥‥‥	1 640	*2.4*
鉄鋼‥‥‥‥‥	4 093	*4.8*	プラスチック‥	1 540	*2.2*
石炭‥‥‥‥‥	3 943	*4.6*	繊維品‥‥‥‥	1 498	*2.2*
マンガン鉱‥‥	2 478	*2.9*	金属製品‥‥‥	1 336	*1.9*
計×‥‥‥‥	**85 227**	*100.0*	計×‥‥‥‥	**68 943**	*100.0*

表 8-35　モロッコ（2020年）

輸出	百万ドル	%	輸入	百万ドル	%
機械類‥‥‥‥	5 079	*18.3*	機械類‥‥‥‥	9 709	*21.8*
自動車‥‥‥‥	3 611	*13.0*	自動車‥‥‥‥	3 964	*8.9*
うち乗用車 ‥‥‥	2 971	*10.7*	石油製品‥‥‥	3 287	*7.4*
化学肥料‥‥‥	3 381	*12.2*	繊維品‥‥‥‥	2 614	*5.9*
野菜・果実‥‥	3 223	*11.6*	プラスチック‥	1 519	*3.4*
衣類‥‥‥‥‥	2 546	*9.2*	小麦‥‥‥‥‥	1 422	*3.2*
魚介類‥‥‥‥	2 084	*7.5*	鉄鋼‥‥‥‥‥	1 389	*3.1*
りん酸類‥‥‥	1 199	*4.3*	金属製品‥‥‥	1 138	*2.6*
航空機部品‥‥	850	*3.1*	液化石油ガス‥	1 120	*2.5*
天然肥料‥‥‥	773	*2.8*	医薬品‥‥‥‥	850	*1.9*
計×‥‥‥‥	**27 703**	*100.0*	計×‥‥‥‥	**44 526**	*100.0*

表 8-36 イギリス（2020年）

輸出	百万ドル	%	輸入	百万ドル	%
機械類	87 351	*22.1*	機械類	127 075	*20.0*
自動車	34 881	*8.8*	金（非貨幣用）	89 819	*14.2*
うち乗用車	26 555	*6.7*	自動車	56 943	*9.0*
医薬品	26 173	*6.6*	うち乗用車	34 729	*5.5*
金（非貨幣用）	22 014	*5.6*	医薬品	26 961	*4.3*
原油	16 097	*4.1*	衣類	26 318	*4.1*
精密機械	14 989	*3.8*	精密機械	17 180	*2.7*
航空機	12 315	*3.1*	原油	15 624	*2.5*
白金族	11 616	*2.9*	野菜・果実	14 899	*2.3*
有機化合物	11 532	*2.9*	金属製品	13 029	*2.1*
計×	**395 692**	*100.0*	計×	**634 175**	*100.0*

表 8-37 イタリア（2020年）

輸出	百万ドル	%	輸入	百万ドル	%
機械類	123 320	*24.7*	機械類	79 741	*18.7*
医薬品	37 822	*7.6*	自動車	36 795	*8.6*
自動車	36 336	*7.3*	うち乗用車	22 978	*5.4*
衣類	22 826	*4.6*	医薬品	32 045	*7.5*
金属製品	18 454	*3.7*	原油	16 215	*3.8*
鉄鋼	16 833	*3.4*	衣類	15 782	*3.7*
プラスチック	14 077	*2.8*	鉄鋼	14 641	*3.4*
精密機械	11 478	*2.3*	プラスチック	14 518	*3.4*
はきもの	10 662	*2.1*	有機化合物	13 916	*3.3*
家具	10 514	*2.1*	精密機械	11 548	*2.7*
計×	**498 804**	*100.0*	計×	**426 476**	*100.0*

表 8-38 ウクライナ（2020年）

輸出	百万ドル	%	輸入	百万ドル	%
鉄鋼	8 224	*16.7*	機械類	12 169	*22.7*
ひまわり油	5 320	*10.8*	自動車	5 153	*9.6*
とうもろこし	4 885	*9.9*	石油製品	3 665	*6.8*
機械類	4 529	*9.2*	医薬品	2 612	*4.9*
鉄鉱石	4 239	*8.6*	プラスチック	1 901	*3.5*
小麦	3 594	*7.3*	石炭	1 776	*3.3*
植物性油かす	1 403	*2.8*	繊維品	1 373	*2.6*
なたね	1 020	*2.1*	金属製品	1 313	*2.4*
大麦	878	*1.8*	野菜・果実	1 268	*2.4*
家具	695	*1.4*	鉄鋼	1 191	*2.2*
計×	**49 231**	*100.0*	計×	**53 675**	*100.0*

表 8-39　オーストリア（2020年）

輸出	百万ドル	%	輸入	百万ドル	%
機械類	42 072	*25.9*	機械類	38 753	*23.5*
自動車	16 193	*10.0*	自動車	17 091	*10.4*
医薬品	13 460	*8.3*	医薬品	10 715	*6.5*
金属製品	8 283	*5.1*	金属製品	7 219	*4.4*
鉄鋼	6 901	*4.3*	衣類	6 661	*4.0*
プラスチック	4 190	*2.6*	プラスチック	4 300	*2.6*
精密機械	3 832	*2.4*	精密機械	4 220	*2.6*
衣類	2 913	*1.8*	鉄鋼	4 043	*2.5*
紙類	2 749	*1.7*	石油製品	3 096	*1.9*
繊維品	2 102	*1.3*	野菜・果実	3 066	*1.9*
計×	**162 145**	*100.0*	計×	**164 636**	*100.0*

表 8-40　オランダ（2020年）

輸出	百万ドル	%	輸入	百万ドル	%
機械類	140 214	*25.4*	機械類	133 441	*27.6*
石油製品	38 958	*7.1*	うち通信機器	26 650	*5.5*
医薬品	34 701	*6.3*	自動車	25 884	*5.3*
精密機械	21 847	*4.0*	医薬品	22 017	*4.5*
野菜・果実	21 805	*4.0*	原油	21 980	*4.5*
自動車	21 740	*3.9*	石油製品	21 588	*4.5*
プラスチック	17 891	*3.2*	精密機械	18 199	*3.8*
有機化合物	15 632	*2.8*	衣類	14 418	*3.0*
衣類	11 978	*2.2*	野菜・果実	14 357	*3.0*
肉類	10 640	*1.9*	有機化合物	13 047	*2.7*
計×	**551 353**	*100.0*	計×	**484 089**	*100.0*

表 8-41　ギリシャ（2020年）

輸出	百万ドル	%	輸入	百万ドル	%
石油製品	7 363	*21.0*	機械類	8 071	*14.5*
医薬品	3 289	*9.4*	原油	7 013	*12.6*
機械類	3 211	*9.2*	医薬品	3 682	*6.6*
野菜・果実	2 773	*7.9*	有機化合物	3 238	*5.8*
アルミニウム	1 686	*4.8*	石油製品	2 831	*5.1*
鉄鋼	944	*2.7*	自動車	2 324	*4.2*
プラスチック	931	*2.7*	衣類	1 870	*3.4*
酪農品	920	*2.6*	プラスチック	1 455	*2.6*
魚介類	833	*2.4*	肉類	1 223	*2.2*
衣類	805	*2.3*	精密機械	1 034	*1.9*
計×	**35 070**	*100.0*	計×	**55 534**	*100.0*

表 8-42 スイス（2020年）

輸出	百万ドル	%	輸入	百万ドル	%
医薬品	93 282	*29.3*	金（非貨幣用）	88 588	*30.5*
金（非貨幣用）	71 906	*22.6*	医薬品	39 496	*13.6*
機械類	33 559	*10.5*	機械類	34 191	*11.8*
精密機械	28 349	*8.9*	自動車	14 792	*5.1*
うち時計	18 106	*5.7*	うち乗用車	10 115	*3.5*
有機化合物	19 935	*6.3*	貴金属製品	9 197	*3.2*
貴金属製品	8 151	*2.6*	精密機械	8 760	*3.0*
整形外科用機器	5 976	*1.9*	衣類	8 032	*2.8*
金属製品	5 081	*1.6*	有機化合物	7 070	*2.4*
プラスチック	3 257	*1.0*	金属製品	5 765	*2.0*
計×	**318 580**	*100.0*	計×	**290 402**	*100.0*

表 8-43 スウェーデン（2020年）

輸出	百万ドル	%	輸入	百万ドル	%
機械類	38 273	*24.7*	機械類	38 816	*26.0*
自動車	19 916	*12.9*	自動車	16 108	*10.8*
うち乗用車	11 339	*7.3*	うち乗用車	8 396	*5.6*
医薬品	12 464	*8.0*	原油	5 679	*3.8*
紙類	7 532	*4.9*	医薬品	5 483	*3.7*
鉄鋼	5 930	*3.8*	魚介類	5 031	*3.4*
石油製品	5 888	*3.8*	衣類	4 806	*3.2*
魚介類	4 333	*2.8*	石油製品	4 700	*3.1*
金属製品	3 845	*2.5*	金属製品	4 560	*3.1*
精密機械	3 779	*2.4*	鉄鋼	4 019	*2.7*
計×	**154 936**	*100.0*	計×	**149 436**	*100.0*

表 8-44 スペイン（2020年）

輸出	百万ドル	%	輸入	百万ドル	%
自動車	48 190	*15.4*	機械類	60 879	*18.5*
うち乗用車	31 511	*10.1*	自動車	33 720	*10.2*
機械類	38 853	*12.4*	原油	18 215	*5.5*
野菜・果実	22 467	*7.2*	医薬品	17 918	*5.4*
医薬品	14 359	*4.6*	衣類	17 519	*5.3*
衣類	12 109	*3.9*	有機化合物	10 944	*3.3*
石油製品	10 833	*3.5*	プラスチック	8 096	*2.5*
肉類	10 259	*3.3*	鉄鋼	7 709	*2.3*
金属製品	8 896	*2.9*	魚介類	7 175	*2.2*
プラスチック	8 499	*2.7*	精密機械	7 147	*2.2*
計×	**312 081**	*100.0*	計×	**329 739**	*100.0*

表 8-45　チェコ（2020年）

輸出	百万ドル	%	輸入	百万ドル	%
機械類	75 059	*39.0*	機械類	69 143	*40.3*
うちコンピュータ	14 380	*7.5*	うち通信機器	14 265	*8.3*
自動車	36 317	*18.9*	自動車	15 671	*9.1*
うち乗用車	20 688	*10.8*	うち部分品	9 727	*5.7*
金属製品	8 621	*4.5*	金属製品	6 480	*3.8*
鉄鋼	4 104	*2.1*	医薬品	6 064	*3.5*
精密機械	4 094	*2.1*	鉄鋼	5 842	*3.4*
家具	4 053	*2.1*	プラスチック	5 321	*3.1*
プラスチック	3 469	*1.8*	精密機械	3 721	*2.2*
医薬品	3 387	*1.8*	衣類	3 447	*2.0*
計×	**192 307**	*100.0*	計×	**171 440**	*100.0*

表 8-46　デンマーク（2020年）

輸出	百万ドル	%	輸入	百万ドル	%
機械類	22 849	*21.4*	機械類	23 183	*24.2*
医薬品	20 829	*19.5*	自動車	7 503	*7.8*
肉類	4 848	*4.5*	医薬品	5 591	*5.8*
衣類	4 530	*4.2*	衣類	4 973	*5.2*
魚介類	3 530	*3.3*	金属製品	3 293	*3.4*
金属製品	3 337	*3.1*	魚介類	2 636	*2.8*
精密機械	3 222	*3.0*	精密機械	2 593	*2.7*
自動車	2 972	*2.8*	鉄鋼	2 544	*2.7*
家具	2 671	*2.5*	プラスチック	2 272	*2.4*
酪農品	2 600	*2.4*	家具	2 007	*2.1*
計×	**106 871**	*100.0*	計×	**95 778**	*100.0*

表 8-47　ドイツ（2020年）

輸出	百万ドル	%	輸入	百万ドル	%
機械類	397 637	*28.7*	機械類	294 892	*25.1*
自動車	205 139	*14.8*	自動車	119 836	*10.2*
うち乗用車	122 814	*8.9*	うち乗用車	65 982	*5.6*
部分品	55 623	*4.0*	医薬品	69 841	*6.0*
医薬品	100 829	*7.3*	衣類	40 080	*3.4*
精密機械	61 593	*4.4*	有機化合物	36 715	*3.1*
金属製品	43 373	*3.1*	精密機械	34 737	*3.0*
プラスチック	39 032	*2.8*	金属製品	31 157	*2.7*
航空機	28 669	*2.1*	原油	27 496	*2.3*
有機化合物	24 727	*1.8*	野菜・果実	26 378	*2.2*
計×	**1 385 852**	*100.0*	計×	**1 173 167**	*100.0*

表 8-48 ノルウェー (2020年)

輸出	百万ドル	%	輸入	百万ドル	%
原油	22 559	*27.3*	機械類	19 639	*24.1*
天然ガス	12 093	*14.6*	自動車	9 125	*11.2*
魚介類	10 732	*13.0*	うち乗用車	5 656	*6.9*
機械類	6 618	*8.0*	金属製品	3 684	*4.5*
石油製品	3 767	*4.6*	船舶	2 568	*3.1*
アルミニウム	3 171	*3.8*	衣類	2 416	*3.0*
液化石油ガス	1 507	*1.8*	医薬品	2 404	*2.9*
精密機械	1 282	*1.5*	石油製品	2 291	*2.8*
ニッケル	1 240	*1.5*	精密機械	2 262	*2.8*
有機化合物	1 146	*1.4*	鉄鋼	2 101	*2.6*
計×	**82 749**	*100.0*	計×	**81 624**	*100.0*

表 8-49 ハンガリー (2020年)

輸出	百万ドル	%	輸入	百万ドル	%
機械類	48 188	*40.2*	機械類	42 734	*37.7*
自動車	19 545	*16.3*	うち通信機器	6 665	*5.9*
うち乗用車	11 306	*9.4*	自動車	10 618	*9.4*
医薬品	7 136	*5.9*	うち部分品	5 668	*5.0*
精密機械	3 427	*2.9*	医薬品	6 179	*5.4*
金属製品	2 604	*2.2*	精密機械	3 881	*3.4*
プラスチック	2 593	*2.2*	金属製品	3 857	*3.4*
ゴム製品	2 249	*1.9*	プラスチック	3 180	*2.8*
有機化合物	1 737	*1.4*	鉄鋼	2 555	*2.3*
肉類	1 368	*1.1*	衣類	1 773	*1.6*
計×	**119 971**	*100.0*	計×	**113 423**	*100.0*

表 8-50 フィンランド (2020年)

輸出	百万ドル	%	輸入	百万ドル	%
機械類	15 832	*24.1*	機械類	15 973	*23.4*
紙類	6 286	*9.6*	自動車	6 156	*9.0*
石油製品	4 274	*6.5*	原油	3 430	*5.0*
自動車	4 173	*6.4*	医薬品	2 413	*3.5*
鉄鋼	3 360	*5.1*	石油製品	2 178	*3.2*
精密機械	2 676	*4.1*	金属製品	1 976	*2.9*
パルプ・古紙	2 155	*3.3*	衣類	1 624	*2.4*
木材	1 948	*3.0*	精密機械	1 616	*2.4*
プラスチック	1 749	*2.7*	プラスチック	1 592	*2.3*
船舶	1 424	*2.2*	鉄鋼	1 530	*2.2*
計×	**65 607**	*100.0*	計×	**68 267**	*100.0*

表 8-51　フランス (2020年)

輸出	百万ドル	%	輸入	百万ドル	%
機械類	93 951	*19.2*	機械類	125 824	*21.6*
自動車	42 597	*8.7*	自動車	63 319	*10.9*
医薬品	38 766	*7.9*	医薬品	33 228	*5.7*
航空機	29 051	*5.9*	衣類	23 674	*4.1*
精密機械	14 106	*2.9*	石油製品	17 613	*3.0*
衣類	11 885	*2.4*	精密機械	17 049	*2.9*
プラスチック	11 644	*2.4*	金属製品	16 030	*2.8*
鉄鋼	10 234	*2.1*	野菜・果実	14 461	*2.5*
ワイン	10 064	*2.1*	プラスチック	13 595	*2.3*
金属製品	9 647	*2.0*	航空機	13 056	*2.2*
計×	**488 562**	*100.0*	計×	**582 775**	*100.0*

表 8-52　ブルガリア (2020年)

輸出	百万ドル	%	輸入	百万ドル	%
機械類	6 141	*19.2*	機械類	7 105	*20.3*
銅	2 765	*8.7*	自動車	1 766	*5.0*
衣類	1 390	*4.4*	医薬品	1 762	*5.0*
医薬品	1 205	*3.8*	銅鉱	1 694	*4.8*
石油製品	1 173	*3.7*	原油	1 471	*4.2*
自動車	1 052	*3.3*	鉄鋼	1 465	*4.2*
鉄鋼	745	*2.3*	プラスチック	1 168	*3.3*
金属製品	735	*2.3*	繊維品	1 009	*2.9*
小麦	699	*2.2*	金属製品	883	*2.5*
家具	617	*1.9*	石油製品	666	*1.9*
計×	**31 915**	*100.0*	計×	**35 027**	*100.0*

表 8-53　ベルギー (2020年)

輸出	百万ドル	%	輸入	百万ドル	%
医薬品	48 360	*16.3*	機械類	45 138	*15.3*
自動車	34 099	*11.5*	医薬品	38 542	*13.1*
うち乗用車	22 101	*7.5*	自動車	36 108	*12.3*
機械類	32 982	*11.1*	うち乗用車	22 397	*7.6*
有機化合物	18 841	*6.4*	有機化合物	16 816	*5.7*
プラスチック	14 536	*4.9*	石油製品	8 962	*3.0*
石油製品	11 968	*4.0*	原油	8 877	*3.0*
鉄鋼	10 423	*3.5*	ダイヤモンド	7 916	*2.7*
ダイヤモンド	8 170	*2.8*	プラスチック	7 592	*2.6*
野菜・果実	7 045	*2.4*	精密機械	6 340	*2.2*
計×	**296 131**	*100.0*	計×	**294 179**	*100.0*

表 8-54 ポーランド（2020年）

輸出	百万ドル	%	輸入	百万ドル	%
機械類	63 160	*24.8*	機械類	67 879	*26.7*
自動車	24 725	*9.7*	自動車	20 511	*8.1*
うち部分品	12 578	*4.9*	衣類	10 977	*4.3*
家具	12 848	*5.1*	プラスチック	10 781	*4.2*
金属製品	12 626	*5.0*	鉄鋼	9 790	*3.8*
衣類	9 001	*3.5*	金属製品	8 955	*3.5*
肉類	6 978	*2.7*	医薬品	8 798	*3.5*
プラスチック	5 635	*2.2*	原油	7 910	*3.1*
鉄鋼	4 913	*1.9*	繊維品	4 940	*1.9*
製造たばこ	4 733	*1.9*	精密機械	4 910	*1.9*
計×	**254 169**	*100.0*	計×	**254 660**	*100.0*

表 8-55 ポルトガル（2020年）

輸出	百万ドル	%	輸入	百万ドル	%
機械類	9 010	*14.7*	機械類	15 227	*19.6*
自動車	8 567	*13.9*	自動車	8 188	*10.5*
衣類	3 039	*4.9*	原油	3 870	*5.0*
金属製品	2 535	*4.1*	医薬品	3 473	*4.5*
石油製品	2 520	*4.1*	プラスチック	2 622	*3.4*
繊維品	2 263	*3.7*	鉄鋼	2 278	*2.9*
プラスチック	2 163	*3.5*	衣類	2 275	*2.9*
精密機械	1 906	*3.1*	魚介類	2 161	*2.8*
野菜・果実	1 878	*3.1*	繊維品	2 154	*2.8*
計×	**61 491**	*100.0*	計×	**77 883**	*100.0*

表 8-56 ロシア（2020年）

輸出	百万ドル	%	輸入	百万ドル	%
原油	72 564	*21.5*	機械類	74 546	*32.2*
石油製品	47 665	*14.1*	うち通信機器	12 193	*5.3*
金（非貨幣用）	18 537	*5.5*	自動車	18 041	*7.8*
鉄鋼	16 828	*5.0*	医薬品	11 465	*4.9*
石炭	13 358	*4.0*	金属製品	8 173	*3.5*
機械類	12 473	*3.7*	野菜・果実	7 912	*3.4*
小麦	7 918	*2.3*	衣類	7 727	*3.3*
白金族	7 842	*2.3*	プラスチック	6 697	*2.9*
化学肥料	6 989	*2.1*	精密機械	6 444	*2.8*
計×	**337 104**	*100.0*	計×	**231 664**	*100.0*

※輸出の天然ガスは特殊取扱品に含められ不詳。

表 8-57　アメリカ合衆国（2020年）

輸出	百万ドル	%	輸入	百万ドル	%
機械類	351 431	*24.6*	機械類	702 513	*29.2*
うち集積回路	43 175	*3.0*	うち通信機器	120 061	*5.0*
自動車	101 941	*7.1*	コンピュータ	104 948	*4.4*
うち乗用車	45 643	*3.2*	自動車	250 208	*10.4*
部分品	33 978	*2.4*	うち乗用車	145 659	*6.1*
精密機械	66 617	*4.7*	部分品	60 759	*2.5*
うち医療用機器	25 574	*1.8*	医薬品	147 418	*6.1*
石油製品	64 826	*4.5*	衣類	82 417	*3.4*
医薬品	57 850	*4.0*	原油	81 630	*3.4*
原油	50 286	*3.5*	精密機械	75 121	*3.1*
プラスチック	46 615	*3.3*	金属製品	59 194	*2.5*
有機化合物	33 690	*2.4*	家具	53 998	*2.2*
大豆	25 851	*1.8*	有機化合物	50 431	*2.1*
金属製品	25 682	*1.8*	繊維品	45 165	*1.9*
野菜・果実	24 223	*1.7*	野菜・果実	42 210	*1.8*
金（非貨幣用）	23 433	*1.6*	石油製品	38 197	*1.6*
肉類	19 711	*1.4*	金（非貨幣用）	35 145	*1.5*
液化石油ガス	14 484	*1.0*	航空機	28 566	*1.2*
液化天然ガス	13 189	*0.9*	プラスチック	26 454	*1.1*
計×	**1 430 254**	*100.0*	計×	**2 405 382**	*100.0*

※原資料での航空機輸出額は9288百万ドルだが、米商務省資料では81276百万ドル。

表 8-58　カナダ（2020年）

輸出	百万ドル	%	輸入[f]	百万ドル	%
原油	47 574	*12.2*	機械類	101 707	*25.1*
自動車	44 668	*11.5*	自動車	54 606	*13.5*
うち乗用車	32 009	*8.2*	うち乗用車	21 954	*5.4*
機械類	40 217	*10.4*	医薬品	15 332	*3.8*
金（非貨幣用）	16 570	*4.3*	金属製品	11 860	*2.9*
航空機	9 679	*2.5*	金（非貨幣用）	11 169	*2.8*
野菜・果実	8 407	*2.2*	野菜・果実	10 896	*2.7*
石油製品	8 390	*2.2*	衣類	10 311	*2.5*
プラスチック	8 362	*2.2*	精密機械	9 866	*2.4*
医薬品	8 322	*2.1*	プラスチック	9 607	*2.4*
計×	**388 377**	*100.0*	計×	**404 863**	*100.0*

FTAとEPA　自由貿易協定（FTA：Free Trade Agreement）とは、特定の国・地域との間で、モノにかかる関税およびサービス貿易の障壁の撤廃を目的とした協定のこと。経済連携協定（EPA：Economic Partnership Agreement）は、FTAの内容に加え、投資規制の撤廃、紛争解決手続きの整備、人的交流の拡大、知的財産権の保護など、より幅広い経済関係の強化を目的とする協定。

表 8-59　グアテマラ（2020年）

輸出	百万ドル	%	輸入	百万ドル	%
野菜・果実	1 821	*15.6*	機械類	2 953	*16.2*
うちバナナ	956	*8.2*	石油製品	1 689	*9.3*
衣類	1 274	*10.9*	自動車	1 228	*6.7*
香辛料	1 142	*9.8*	繊維品	891	*4.9*
コーヒー豆	652	*5.6*	プラスチック	766	*4.2*
砂糖	580	*5.0*	医薬品	750	*4.1*
鉄鋼	537	*4.6*	鉄鋼	692	*3.8*
パーム油	466	*4.0*	紙類	448	*2.5*
繊維品	395	*3.4*	金属製品	424	*2.3*
医薬品	274	*2.3*	調製食料品	333	*1.8*
計×	**11 658**	*100.0*	計×	**18 198**	*100.0*

表 8-60　コスタリカ（2020年）

輸出	百万ドル	%	輸入	百万ドル	%
精密機械	3 088	*26.6*	機械類	2 839	*19.6*
うち医療用機器	2 925	*25.2*	医薬品	867	*6.0*
野菜・果実	2 674	*23.0*	石油製品	854	*5.9*
うちバナナ	1 083	*9.3*	精密機械	835	*5.8*
パイナップル	923	*7.9*	プラスチック	734	*5.1*
機械類	776	*6.7*	自動車	689	*4.8*
整形外科用機器	602	*5.2*	鉄鋼	543	*3.8*
医薬品	381	*3.3*	金属製品	535	*3.7*
コーヒー豆	329	*2.8*	紙類	353	*2.4*
ゴム製品	224	*1.9*	野菜・果実	320	*2.2*
計×	**11 623**	*100.0*	計×	**14 456**	*100.0*

表 8-61　メキシコ（2020年）

輸出	百万ドル	%	輸入[f]	百万ドル	%
機械類	150 401	*36.1*	機械類	146 870	*38.3*
うちコンピュータ	31 997	*7.7*	自動車	31 355	*8.2*
自動車	99 741	*23.9*	うち部分品	22 007	*5.7*
うち乗用車	40 247	*9.7*	石油製品	17 778	*4.6*
野菜・果実	17 017	*4.1*	精密機械	14 821	*3.9*
精密機械	16 439	*3.9*	プラスチック	14 453	*3.8*
原油	14 684	*3.5*	金属製品	12 532	*3.3*
金属製品	9 091	*2.2*	鉄鋼	9 279	*2.4*
アルコール飲料	7 115	*1.7*	有機化合物	7 285	*1.9*
家具	6 892	*1.7*	医薬品	5 488	*1.4*
計×	**416 982**	*100.0*	計×	**382 980**	*100.0*

表 8-62　アルゼンチン（2020年）

輸出	百万ドル	%	輸入	百万ドル	%
植物性油かす	7 576	*13.8*	機械類	11 297	*26.7*
とうもろこし	6 047	*11.0*	自動車	4 535	*10.7*
大豆油	3 740	*6.8*	有機化合物	2 427	*5.7*
肉類	3 305	*6.0*	医薬品	2 332	*5.5*
自動車	2 767	*5.0*	大豆	1 982	*4.7*
大豆	2 186	*4.0*	プラスチック	1 712	*4.0*
野菜・果実	2 152	*3.9*	化学肥料	1 115	*2.6*
小麦	2 029	*3.7*	精密機械	974	*2.3*
魚介類	1 704	*3.1*	天然ガス	969	*2.3*
金（非貨幣用）	1 071	*2.0*	金属製品	961	*2.3*
計×	**54 884**	*100.0*	計×	**42 356**	*100.0*

表 8-63　ウルグアイ（2020年）

輸出	百万ドル	%	輸入	百万ドル	%
肉類	1 833	*26.8*	機械類	1 396	*18.5*
うち牛肉	1 557	*22.7*	原油	681	*9.0*
木材	780	*11.4*	自動車	648	*8.6*
大豆	752	*11.0*	プラスチック	293	*3.9*
酪農品	641	*9.3*	医薬品	290	*3.8*
うちミルク・クリーム	490	*7.1*	肉類	267	*3.5*
米	462	*6.7*	化学肥料	232	*3.1*
麦芽	188	*2.7*	衣類	211	*2.8*
医薬品	162	*2.4*	鉄鋼	197	*2.6*
プラスチック	115	*1.7*	金属製品	188	*2.5*
計×	**6 853**	*100.0*	計×	**7 564**	*100.0*

表 8-64　エクアドル（2020年）

輸出	百万ドル	%	輸入	百万ドル	%
魚介類	5 359	*26.3*	機械類	3 592	*20.0*
原油	4 685	*23.0*	石油製品	2 395	*13.4*
野菜・果実	4 363	*21.4*	自動車	1 291	*7.2*
うちバナナ	3 682	*18.1*	医薬品	1 106	*6.2*
装飾用切花	838	*4.1*	プラスチック	693	*3.9*
カカオ豆	816	*4.0*	鉄鋼	574	*3.2*
石油製品	564	*2.8*	植物性油かす	477	*2.7*
木材	448	*2.2*	繊維品	451	*2.5*
金（非貨幣用）	398	*2.0*	金属製品	365	*2.0*
貴金属鉱	361	*1.8*	精密機械	364	*2.0*
計×	**20 355**	*100.0*	計×	**17 918**	*100.0*

表 8-65 コロンビア (2020年)

輸出	百万ドル	%	輸入	百万ドル	%
原油	7 130	*23.0*	機械類	10 290	*23.7*
石炭	4 166	*13.4*	うち通信機器	2 593	*6.0*
金（非貨幣用）	2 911	*9.4*	自動車	3 429	*7.9*
コーヒー豆	2 523	*8.1*	医薬品	2 677	*6.2*
石油製品	1 598	*5.1*	石油製品	2 022	*4.6*
野菜・果実	1 435	*4.6*	有機化合物	1 936	*4.5*
装飾用切花	1 423	*4.6*	プラスチック	1 716	*3.9*
プラスチック	1 094	*3.5*	繊維品	1 535	*3.5*
機械類	785	*2.5*	鉄鋼	1 411	*3.2*
鉄鋼	518	*1.7*	とうもろこし	1 222	*2.8*
計×	**31 056**	*100.0*	計×	**43 487**	*100.0*

表 8-66 チリ (2020年)

輸出	百万ドル	%	輸入	百万ドル	%
銅鉱	21 535	*29.3*	機械類	16 020	*27.1*
銅	16 609	*22.6*	うち通信機器	2 738	*4.6*
野菜・果実	7 179	*9.8*	自動車	5 153	*8.7*
魚介類	5 316	*7.2*	石油製品	3 023	*5.1*
パルプ・古紙	2 088	*2.8*	原油	2 294	*3.9*
無機化合物	1 956	*2.7*	衣類	2 183	*3.7*
ワイン	1 825	*2.5*	医薬品	1 857	*3.1*
鉄鉱石	1 512	*2.1*	金属製品	1 631	*2.8*
肉類	1 356	*1.8*	肉類	1 553	*2.6*
木材	1 011	*1.4*	プラスチック	1 490	*2.5*
計×	**73 480**	*100.0*	計×	**59 215**	*100.0*

表 8-67 ドミニカ共和国 (2020年)

輸出	百万ドル	%	輸入	百万ドル	%
金（非貨幣用）	1 804	*18.3*	機械類	2 842	*16.6*
機械類	1 468	*14.9*	石油製品	1 392	*8.1*
精密機械	871	*8.8*	自動車	1 266	*7.4*
うち医療用機器	862	*8.8*	医薬品	725	*4.2*
製造たばこ	849	*8.6*	繊維品	711	*4.2*
野菜・果実	501	*5.1*	プラスチック	707	*4.1*
医薬品	470	*4.8*	金属製品	583	*3.4*
鉄鋼	450	*4.6*	鉄鋼	549	*3.2*
衣類	407	*4.1*	貴金属製品	374	*2.2*
貴金属製品	367	*3.7*	葉たばこ	359	*2.1*
計×	**9 845**	*100.0*	計×	**17 101**	*100.0*

表 8-68　パラグアイ（2020年）

輸出	百万ドル	%	輸入	百万ドル	%
大豆…………	2 147	*25.2*	機械類………	2 980	*29.2*
電力…………	1 736	*20.4*	うち通信機器…	1 239	*12.1*
牛肉…………	1 118	*13.1*	石油製品……	1 227	*12.0*
植物性油かす‥	683	*8.0*	自動車………	799	*7.8*
大豆油………	417	*4.9*	化学肥料……	401	*3.9*
とうもろこし‥	322	*3.8*	殺虫剤･殺菌剤類	356	*3.5*
米……………	295	*3.5*	プラスチック‥	309	*3.0*
機械類………	213	*2.5*	医薬品………	295	*2.9*
繊維品………	168	*2.0*	鉄鋼…………	257	*2.5*
有機化合物……	95	*1.1*	繊維品………	220	*2.2*
計×………	**8 518**	*100.0*	計×………	**10 216**	*100.0*

表 8-69　ブラジル（2020年）

輸出	百万ドル	%	輸入[f]	百万ドル	%
大豆…………	28 564	*13.7*	機械類………	47 523	*28.6*
鉄鉱石………	25 789	*12.3*	有機化合物……	10 594	*6.4*
原油…………	19 614	*9.4*	自動車………	9 978	*6.0*
肉類…………	16 855	*8.1*	化学肥料……	8 688	*5.2*
機械類………	11 480	*5.5*	石油製品……	8 372	*5.0*
鉄鋼…………	9 066	*4.3*	医薬品………	8 281	*5.0*
砂糖…………	8 744	*4.2*	プラスチック‥	5 770	*3.5*
自動車………	6 588	*3.1*	精密機械……	4 461	*2.7*
パルプ・古紙‥	5 987	*2.9*	金属製品……	4 137	*2.5*
植物性油かす‥	5 912	*2.8*	船舶…………	3 981	*2.4*
計×………	**209 180**	*100.0*	計×………	**166 336**	*100.0*

表 8-70　ペルー（2020年）

輸出	百万ドル	%	輸入	百万ドル	%
銅鉱…………	9 187	*23.7*	機械類………	8 724	*24.2*
金（非貨幣用）‥	6 436	*16.6*	うち通信機器…	1 427	*4.0*
野菜・果実……	5 188	*13.4*	自動車………	2 679	*7.4*
銅……………	2 199	*5.7*	石油製品……	2 304	*6.4*
魚介類………	1 268	*3.3*	プラスチック‥	1 545	*4.3*
魚粉…………	1 172	*3.0*	鉄鋼…………	1 516	*4.2*
鉄鉱石………	1 081	*2.8*	繊維品………	1 356	*3.8*
亜鉛鉱………	992	*2.6*	医薬品………	1 167	*3.2*
鉛鉱…………	840	*2.2*	金属製品……	1 162	*3.2*
石油製品……	760	*2.0*	とうもろこし‥	779	*2.2*
計×………	**38 757**	*100.0*	計×………	**36 064**	*100.0*

表 8-71　ボリビア（2020年）

輸出	百万ドル	%	輸入	百万ドル	%
天然ガス……	1 989	*28.3*	機械類………	1 414	*19.9*
金（非貨幣用）‥	1 230	*17.5*	石油製品……	938	*13.2*
亜鉛鉱………	820	*11.7*	自動車………	653	*9.2*
植物性油かす‥	513	*7.3*	鉄鋼…………	398	*5.6*
銀鉱…………	482	*6.9*	プラスチック‥	281	*4.0*
大豆油………	260	*3.7*	医薬品………	262	*3.7*
野菜・果実……	200	*2.8*	金属製品……	255	*3.6*
すず…………	177	*2.5*	殺虫剤・殺菌剤類	222	*3.1*
計×………	**7 033**	*100.0*	計×………	**7 115**	*100.0*

表 8-72　オーストラリア（2020年）

輸出	百万ドル	%	輸入[f]	百万ドル	%
鉄鉱石………	80 234	*32.7*	機械類………	57 203	*27.0*
石炭…………	30 098	*12.3*	自動車………	24 019	*11.3*
金（非貨幣用）‥	17 591	*7.2*	うち乗用車 ……	13 344	*6.3*
肉類…………	10 144	*4.1*	石油製品……	12 273	*5.8*
うち牛肉 ……	6 615	*2.7*	医薬品………	9 763	*4.6*
機械類………	7 370	*3.0*	衣類…………	7 337	*3.5*
医薬品………	3 826	*1.6*	精密機械……	6 832	*3.2*
銅鉱…………	3 208	*1.3*	金属製品……	6 448	*3.0*
野菜・果実……	2 864	*1.2*	金（非貨幣用）‥	6 388	*3.0*
精密機械……	2 719	*1.1*	原油…………	4 647	*2.2*
計×………	**245 046**	*100.0*	計×………	**211 973**	*100.0*

※原資料での輸出の液化天然ガスは特殊取扱品に含まれるが、国際貿易センター（ITC）資料では輸出額は25944百万ドル。

表 8-73　ニュージーランド（2020年）

輸出	百万ドル	%	輸入	百万ドル	%
酪農品………	10 320	*26.5*	機械類………	8 968	*24.2*
うちミルク・クリーム	7 096	*18.3*	自動車………	4 047	*10.9*
肉類…………	5 446	*14.0*	うち乗用車 ……	2 447	*6.6*
うち羊・やぎ肉・	2 532	*6.5*	石油製品……	1 584	*4.3*
牛肉 ……	2 399	*6.2*	原油…………	1 545	*4.2*
野菜・果実……	3 123	*8.0*	衣類…………	1 145	*3.1*
木材…………	2 606	*6.7*	精密機械……	1 082	*2.9*
機械類………	1 751	*4.5*	金属製品……	1 080	*2.9*
ワイン………	1 306	*3.4*	医薬品………	1 058	*2.9*
魚介類………	1 086	*2.8*	プラスチック‥	830	*2.2*
計×………	**38 877**	*100.0*	計×………	**37 098**	*100.0*

図 8-7　途上国の輸出品目割合（2020年）

モンゴル	75.8億ドル	石炭 28.1%	金 23.6	銅鉱 23.5	その他	
パキスタン	222億ドル	繊維品 32.0%	衣類 27.8	米 9.4	その他	
スリランカ	107億ドル	衣類 42.5%	茶 12.4	ゴム製品 5.3	その他	
アルジェリア1)	352億ドル	原油 36.1%	天然ガス 20.3	石油製品 19.9	その他	
コートジボワール2)	127億ドル	カカオ豆 28.1%	石油製品 8.8	金 8.5	天然ゴム 7.1	その他
ナイジェリア	349億ドル	原油 75.4%	液化天然ガス 11.2	その他		
ザンビア	78.1億ドル	銅 73.5%	銅鉱 2.3	その他		
ボツワナ	42.6億ドル	ダイヤモンド 88.1%	その他			
エクアドル	204億ドル	魚介類 26.3%	原油 23.0	バナナ 18.1	その他	
パラグアイ	85.2億ドル	大豆 25.2%	電力 20.4	牛肉 13.1	植物性油かす 8.0	その他
チリ	735億ドル	銅鉱 29.3%	銅 22.6%	野菜・果実 9.8	魚介類 7.2	その他
ボリビア	70.3億ドル	天然ガス 28.3%	金 17.5	亜鉛鉱 11.7	その他	

0%　10　20　30　40　50　60　70　80　90　100

国連“Comtrade Database”より作成。途上国のなかでも比較的、特定の品目の割合が高い国を取り上げた。1）2017年。2）2019年。

表 8-74 主要国のサービス貿易（I）（単位 百万ドル）

日本	2020 輸出（受取）	2020 輸入（支払）	2020 輸出−輸入	2021 輸出（受取）	2021 輸入（支払）	2021 輸出−輸入
輸送	20 883	27 547	-6 664	25 275	31 887	-6 612
旅行	10 598	5 448	5 150	4 733	2 830	1 902
維持修理サービス	1 237	7 085	-5 849	1 167	5 704	-4 536
建設	7 506	5 528	1 978	8 306	5 510	2 796
保険・年金サービス	2 162	10 409	-8 246	2 185	11 604	-9 419
金融サービス	15 726	10 682	5 043	13 556	10 026	3 530
知的財産権等使用料	43 316	28 550	14 765	48 174	29 537	18 637
情報等サービス1)	10 210	22 561	-12 351	10 409	25 750	-15 341
その他業務サービス	45 306	72 005	-26 699	48 632	75 449	-26 817
個人向けサービス2)	1 412	984	428	1 919	2 170	-250
公的サービス等	4 001	1 816	2 184	3 917	2 131	1 785
計×	**163 791**	**198 035**	**-34 245**	**170 029**	**208 420**	**-38 391**

韓国	2020 輸出（受取）	2020 輸入（支払）	2020 輸出−輸入	2021 輸出（受取）	2021 輸入（支払）	2021 輸出−輸入
輸送	23 931	22 835	1 097	45 513	30 086	15 427
旅行	10 276	16 092	-5 816	10 457	16 683	-6 226
維持修理サービス	408	1 299	-890	541	1 546	-1 006
建設	7 251	1 394	5 857	5 828	1 728	4 100
保険・年金サービス	627	871	-244	786	1 081	-295
金融サービス	3 912	2 228	1 684	4 377	2 731	1 647
知的財産権等使用料	6 895	9 888	-2 993	8 070	11 129	-3 059
情報等サービス1)	8 159	6 117	2 042	11 378	7 863	3 515
その他業務サービス	23 604	33 348	-9 744	28 366	40 588	-12 222
個人向けサービス2)	1 126	944	183	1 519	736	783
公的サービス等	752	1 338	-586	768	1 425	-658
計×	**89 596**	**104 266**	**-14 670**	**121 187**	**124 296**	**-3 108**

中国	2020 輸出（受取）	2020 輸入（支払）	2020 輸出−輸入	2021 輸出（受取）	2021 輸入（支払）	2021 輸出−輸入
輸送	56 689	94 680	-37 991	127 280	147 865	-20 585
旅行	9 951	131 050	-121 100	11 328	105 689	-94 361
維持修理サービス	7 671	3 361	4 310	7 865	3 821	4 044
建設	12 599	8 074	4 524	15 363	9 740	5 623
保険・年金サービス	2 987	12 406	-9 419	4 903	19 295	-14 393
金融サービス	4 838	4 011	827	5 154	4 716	437
知的財産権等使用料	8 583	37 871	-29 288	11 740	46 849	-35 108
情報等サービス1)	38 984	32 551	6 433	50 722	40 095	10 627
その他業務サービス	69 848	50 343	19 505	86 914	53 056	33 858
個人向けサービス2)	1 018	3 008	-1 990	1 438	3 284	-1 846
公的サービス等	2 507	3 558	-1 050	1 552	3 233	-1 681
計×	**228 883**	**381 414**	**-152 530**	**338 441**	**438 357**	**-99 916**

主要国のサービス貿易（Ⅱ）（単位　百万ドル）

シンガポール	2020 輸出(受取)	2020 輸入(支払)	2020 輸出−輸入	2021 輸出(受取)	2021 輸入(支払)	2021 輸出−輸入
輸送	63 080	65 902	-2 822	68 127	73 873	-5 746
旅行	5 176	7 251	-2 075	3 808	4 027	-219
維持修理サービス	6 712	709	6 002	7 567	708	6 859
建設	880	492	389	1 086	632	454
保険・年金サービス	5 986	6 129	-143	5 899	6 134	-235
金融サービス	34 331	9 837	24 494	37 203	10 495	26 709
知的財産権等使用料	8 673	15 345	-6 672	11 648	17 813	-6 165
情報等サービス1)	17 479	23 167	-5 688	18 634	26 532	-7 898
その他業務サービス	65 923	67 353	-1 430	74 310	73 860	451
個人向けサービス2)	875	708	167	881	797	84
公的サービス等	299	209	89	314	223	91
計×	**209 679**	**203 833**	**5 847**	**229 866**	**223 580**	**6 286**

インド	2020 輸出(受取)	2020 輸入(支払)	2020 輸出−輸入	2021 輸出(受取)	2021 輸入(支払)	2021 輸出−輸入
輸送	20 791	19 883	908	29 343	30 467	-1 124
旅行	13 036	12 574	462	8 796	14 280	-5 484
維持修理サービス	146	933	-787	253	1 150	-897
建設	2 799	2 601	198	2 801	2 913	-112
保険・年金サービス	2 352	1 918	434	3 060	2 214	846
金融サービス	4 105	4 617	-512	5 115	5 518	-403
知的財産権等使用料	1 254	7 241	-5 987	870	8 632	-7 761
情報等サービス1)	99 471	11 007	88 464	119 524	14 390	105 135
その他業務サービス	47 310	48 604	-1 294	55 456	50 660	4 796
個人向けサービス2)	2 197	2 751	-554	2 921	4 130	-1 208
公的サービス等	653	1 064	-412	802	939	-137
計×	**203 145**	**116 037**	**87 108**	**240 657**	**137 970**	**102 687**

イギリス	2020 輸出(受取)	2020 輸入(支払)	2020 輸出−輸入	2021 輸出(受取)	2021 輸入(支払)	2021 輸出−輸入
輸送	22 722	18 900	3 822	24 196	30 039	-5 843
旅行	18 944	21 743	-2 799	22 685	24 228	-1 543
維持修理サービス	3 400	1 123	2 276	3 399	1 320	2 078
建設	4 634	4 941	-307	4 807	4 907	-100
保険・年金サービス	26 486	3 578	22 908	30 068	4 293	25 775
金融サービス	82 298	20 871	61 427	84 340	22 847	61 493
知的財産権等使用料	23 905	16 043	7 862	23 476	17 777	5 700
情報等サービス1)	37 744	15 698	22 045	42 210	16 166	26 044
その他業務サービス	154 896	96 457	58 439	171 318	108 106	63 212
個人向けサービス2)	4 635	5 975	-1 341	4 854	7 093	-2 239
公的サービス等	3 260	4 768	-1 508	2 471	4 407	-1 937
計×	**386 218**	**211 982**	**174 236**	**417 347**	**242 800**	**174 547**

主要国のサービス貿易（Ⅲ）（単位　百万ドル）

ドイツ	2020			2021		
	輸出（受取）	輸入（支払）	輸出－輸入	輸出（受取）	輸入（支払）	輸出－輸入
輸送	54 847	65 645	-10 797	80 087	94 289	-14 202
旅行	22 068	38 752	-16 685	22 113	47 815	-25 703
維持修理サービス	12 098	11 729	370	12 137	12 375	-238
建設	2 333	1 893	440	2 561	2 378	183
保険・年金サービス	13 872	8 350	5 522	14 540	9 021	5 519
金融サービス	29 342	17 662	11 680	34 788	24 454	10 333
知的財産権等使用料	36 883	16 880	20 002	58 520	20 895	37 626
情報等サービス[1]	35 539	43 591	-8 052	40 968	49 872	-8 904
その他業務サービス	92 869	97 898	-5 029	99 141	109 131	-9 990
個人向けサービス[2]	2 978	5 565	-2 587	3 295	6 360	-3 065
公的サービス等	5 459	1 632	3 827	5 864	1 701	4 163
計×	**318 690**	**315 574**	**3 116**	**386 709**	**386 039**	**671**

フランス	2020			2021		
	輸出（受取）	輸入（支払）	輸出－輸入	輸出（受取）	輸入（支払）	輸出－輸入
輸送	43 670	46 629	-2 959	70 080	52 039	18 041
旅行	32 646	27 758	4 888	40 582	34 648	5 934
維持修理サービス	10 628	8 262	2 367	10 634	7 861	2 773
建設	2 452	2 007	445	1 194	2 027	-833
保険・年金サービス	10 655	11 408	-753	9 325	14 500	-5 175
金融サービス	17 095	8 933	8 161	18 394	8 774	9 620
知的財産権等使用料	14 668	12 273	2 395	15 493	12 578	2 915
情報等サービス[1]	20 011	24 517	-4 506	22 345	28 067	-5 722
その他業務サービス	87 235	78 793	8 442	96 136	82 892	13 244
個人向けサービス[2]	4 163	4 787	-625	3 985	4 300	-314
公的サービス等	603	164	439	712	93	619
計×	**254 909**	**235 730**	**19 179**	**302 382**	**258 095**	**44 287**

ロシア	2020			2021		
	輸出（受取）	輸入（支払）	輸出－輸入	輸出（受取）	輸入（支払）	輸出－輸入
輸送	16 075	11 829	4 246	18 324	15 764	2 560
旅行	3 900	9 140	-5 240	4 003	11 372	-7 369
維持修理サービス	1 666	1 735	-69	1 701	1 961	-260
建設	4 698	7 482	-2 784	5 765	6 785	-1 021
保険・年金サービス	421	1 016	-595	563	1 194	-631
金融サービス	1 166	2 441	-1 275	1 425	2 464	-1 039
知的財産権等使用料	1 164	6 809	-5 645	1 435	7 023	-5 588
情報等サービス[1]	5 936	5 982	-46	7 232	6 653	580
その他業務サービス	11 548	15 431	-3 883	13 341	19 060	-5 719
個人向けサービス[2]	426	1 257	-831	504	1 232	-728
公的サービス等	746	1 200	-454	935	1 194	-259
計×	**48 082**	**64 499**	**-16 417**	**55 951**	**75 476**	**-19 525**

主要国のサービス貿易（Ⅳ）（単位　百万ドル）

アメリカ合衆国	2020 輸出(受取)	2020 輸入(支払)	2020 輸出−輸入	2021 輸出(受取)	2021 輸入(支払)	2021 輸出−輸入
輸送	56 705	72 410	-15 705	65 043	104 810	-39 767
旅行	72 812	35 806	37 006	68 757	57 943	10 814
維持修理サービス	13 279	6 090	7 189	12 048	7 514	4 534
建設	2 349	1 130	1 219	2 798	1 263	1 535
保険・年金サービス	20 432	55 617	-35 185	22 672	57 660	-34 988
金融サービス	144 342	42 256	102 086	164 087	44 965	119 122
知的財産権等使用料	113 779	42 984	70 795	124 827	46 849	77 978
情報等サービス1)	56 684	38 595	18 089	58 141	41 357	16 784
その他業務サービス	183 180	117 674	65 506	206 541	126 779	79 762
個人向けサービス2)	20 443	23 185	-2 742	22 964	26 952	-3 988
公的サービス等	21 642	24 553	-2 911	23 365	25 160	-1 795
計×	**705 647**	**460 300**	**245 347**	**771 243**	**541 252**	**229 991**

ブラジル	2020 輸出(受取)	2020 輸入(支払)	2020 輸出−輸入	2021 輸出(受取)	2021 輸入(支払)	2021 輸出−輸入
輸送	5 059	8 306	-3 247	6 461	10 909	-4 447
旅行	3 044	5 394	-2 350	2 947	5 250	-2 302
維持修理サービス	1 062	196	866	1 080	234	846
建設	17	3	14	18	7	11
保険・年金サービス	581	1 520	-939	784	1 896	-1 113
金融サービス	829	494	335	1 051	637	413
知的財産権等使用料	634	4 062	-3 428	705	5 173	-4 468
情報等サービス1)	2 552	5 967	-3 415	3 259	6 466	-3 207
その他業務サービス	13 764	21 526	-7 762	15 517	17 858	-2 342
個人向けサービス2)	411	301	110	669	258	411
公的サービス等	611	1 747	-1 136	669	1 586	-917
計×	**28 576**	**49 517**	**-20 941**	**33 164**	**50 275**	**-17 112**

IMF（国際通貨基金）Data“Balance of Payment Statistics”（2022年6月14日閲覧）より作成。本表は表8-75の国際収支の表中にあるサービス収支の内訳である。**輸送**は旅客や貨物の輸送および輸送に付随するサービスの取引を計上したもの。**旅行**は旅行者が滞在先で取得した財貨やサービスの取引を計上したもの。**維持修理サービス**は各種の修理、点検、アフターサービスなどを計上したもの。**建設**は自国外で行った建設・据え付け工事にかかる取引を計上したもの。**保険・年金サービス**は様々な形態の保険や年金を提供するサービスを計上したもの。**金融サービス**は、金融仲介及びこれに付随するサービスの取引を計上したもの。**知的財産権等使用料**は、研究開発やマーケティングによって生じた財産権の使用料のほか、著作物の複製・頒布権料、上映・放映権料などを計上したもの。**通信・コンピュータ・情報サービス**は、ITや情報に関連した取引を計上したもの。**その他業務サービス**は上記以外の幅広い事業者向けサービスの取引を計上したもので、特許権など産業財産権の売買なども含まれる。**個人・文化・娯楽サービス**は、個人向けサービスや文化・娯楽に関連したサービスの取引を計上したもの。**公的サービス等**は、在外公館や駐留軍の経費のほか、政府や国際機関が行うサービス取引のうち他の項目に該当しないものを計上し、自衛隊による海外での支援活動などを含む。1）原資料では、通信・コンピュータ・情報サービス。2）原資料では個人・文化・娯楽サービス。×その他とも。

図 8-8　主要国の貿易量（2015年＝100）

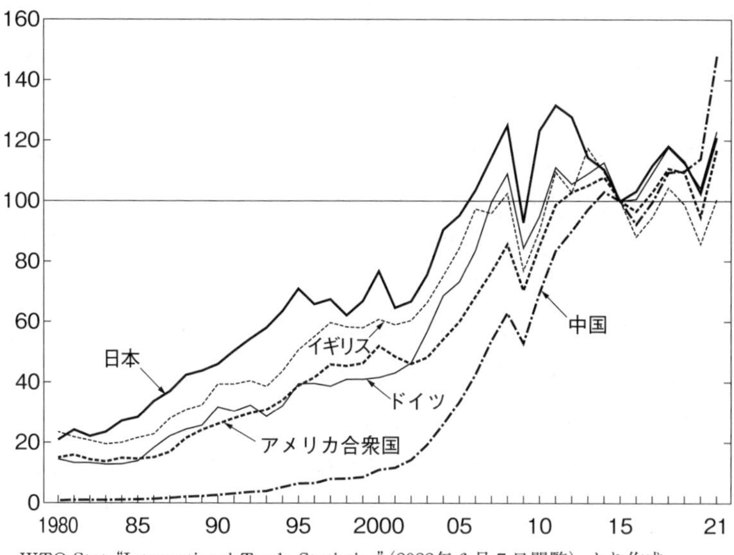

WTO Stat "International Trade Statistics"（2022年6月7日閲覧）より作成。

RCEP

RCEP（地域的な包括的経済連携）協定は、農林水産品や工業製品の関税の減免や輸出入の手続きの簡素化などにより、協定国同士の貿易やサービスの動きを自由化する取り決めである。RCEPには日本･中国･韓国･ASEANに、オーストラリアとニュージーランドを加えた15か国が参加している。日本にとって、中国や韓国と締結する初めての経済連携協定である。RCEPは2020年11月に15か国が署名し、2022年1月1日に10か国で発効、さらに同年2月に韓国、3月にマレーシアで発効された。当初、インドは参加を表明していたが、脆弱な国内製造業への打撃や貿易赤字の拡大を懸念して、参加を見送っている。RCEPは、TPPと比較すると関税撤廃率が低く、貿易の自由度が低いとされるが、それでも91%の品目で段階的に関税が撤廃される。また、RCEP参加国全体の経済規模が大きく、GDP（国内総生産）や貿易額は世界全体の約3割を占める。

RCEP参加国の貿易額（2021年）（単位　億ドル）

	輸出	輸入	輸出-輸入
日本…………	7 560	7 690	-129
ASEAN（10か国）	17 201	16 208	992
中国…………	33 640	26 875	6 764
韓国…………	6 444	6 151	293
オーストラリア‥	3 436	2 613	823
ニュージーランド	449	495	-46
計…………	**68 729**	**60 032**	**8 697**

〔国際収支〕 国際収支統計は、一定の期間における居住者と非居住者の間で行われたあらゆる対外経済取引を記録したもので、経常収支、資本移転等収支、金融収支の３つの大項目より構成される。各国の国際収支を比較すると、アメリカは巨額の経常収支赤字が続く一方で、日本、中国を始めとするアジアやドイツは経常収支黒字が継続する、経常収支の不均衡（グローバル・インバランス）が生じていることがわかる。2020年には、コロナウイルスの世界的な蔓延による人流の急激な減少や、原油需要の一時的な急落、医療製品の需要拡大などが世界各国の輸出入に影響し、不均衡は一層広がった。2021年は、原油などのエネルギー価格の高騰などが、各国の貿易収支に影響を及ぼしている。

アメリカの2021年の経常収支は前年度より赤字幅を拡大し、過去最大の8216億ドルの赤字となった。アメリカ経済は、大規模な財政措置などにより持ち直しているが、需要が増加し輸入が増えたことを背景に貿易赤字も過去最大となり、経常収支の悪化につながった。

中国は、世界に先駆けてコロナ禍から回復を遂げ、2020年には貿易収支の黒字により経常収支の黒字幅が大幅に拡大した。2021年はモノの貿易による黒字が更に増加したことなどにより、経常黒字は3173億ドルと、2020年より大きく増えている。

日本の2021年の経常収支の黒字は、2020年から減少して1425億ドルとなった。サービス収支の赤字が増え、エネルギー価格が高騰したことを背景に、貿易収支の黒字幅が減少したことが影響した（通関統計では貿易赤字）。2022年１月には原油高によって貿易収支の赤字幅が拡大し、経常収支は赤字に転じた。その後は黒字に持ち直したものの、前年同月と比較すると大幅な減少となっている。

国際協力をみると、OECD（経済協力開発機構）が発表した2021年のODA実績で、DAC加盟国の援助額は1789億ドル（GE方式、355ページ参照）と前年比10.3％の増加となった。日本の援助額は176億ドルで、コロナワクチンを公平に分配する国際的な枠組み「COVAX」に対する拠出など医療支援が増加した。日本の援助規模はアメリカ、ドイツに次ぐ３位で、援助額の対GNI比は0.34％とほぼ加盟国の平均である。

図 8-9　主要国の国際収支

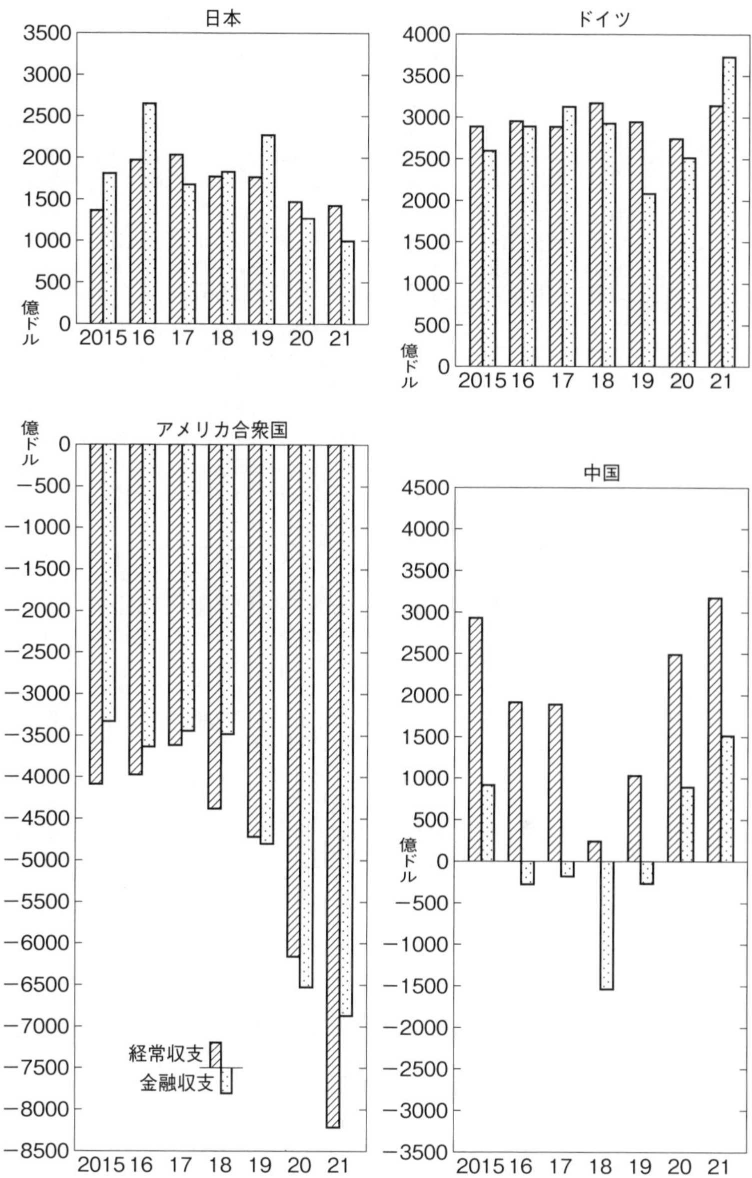

IMF Data “Balance of Payments Statistics”（2022年７月７日閲覧）より作成。

表 8-75　各国の国際収支（I）（単位　百万ドル）

		経常収支	貿易・サービス収支	貿易収支	サービス収支	第一次所得収支	第二次所得収支
日本	2018	177 269	1 405	10 587	-9 182	194 053	-18 190
	2019	176 610	-8 615	1 361	-9 977	197 824	-12 599
	2020	147 036	-7 598	26 647	-34 245	178 775	-24 141
	2021	142 491	-22 513	15 878	-38 391	187 197	-22 193
インド	2018	-65 599	-105 918	-186 692	80 774	-29 757	70 075
	2019	-29 763	-73 452	-157 678	84 226	-29 378	73 067
	2020	32 730	-8 342	-95 450	87 108	-32 045	73 117
	2021	-34 648	-74 702	-177 389	102 687	-38 184	78 237
インドネシア	2018	-30 633	-6 713	-228	-6 485	-30 815	6 895
	2019	-30 279	-4 133	3 508	-7 641	-33 775	7 629
	2020	-4 433	18 546	28 301	-9 755	-28 911	5 932
	2021	3 430	29 128	43 806	-14 678	-31 961	6 264
カタール	2018	16 652	36 750	50 981	-14 231	-3 745	-16 352
	2019	4 260	25 276	41 581	-16 305	-4 410	-16 607
	2020	-2 986	11 869	27 137	-15 268	-3 045	-11 810
	2021	26 288	44 345	60 339	-15 994	-2 763	-15 294
韓国	2018	77 467	80 717	110 087	-29 369	4 902	-8 153
	2019	59 676	52 967	79 812	-26 845	12 856	-6 147
	2020	75 902	65 935	80 605	-14 670	13 487	-3 519
	2021	88 302	73 099	76 207	-3 108	19 328	-4 125
サウジアラビア	2018	71 972	105 327	168 749	-63 422	7 711	-41 066
	2019	38 230	66 919	121 336	-54 417	7 899	-36 589
	2020	-22 814	664	47 944	-47 280	13 948	-37 427
	2021	44 324	73 486	136 464	-62 978	15 209	-44 371
シンガポール	2018	57 125	108 813	104 137	4 676	-45 821	-5 867
	2019	54 273	107 917	98 141	9 776	-46 943	-6 702
	2020	58 139	109 475	103 628	5 847	-46 229	-5 107
	2021	71 926	124 502	118 216	6 286	-47 834	-4 742
タイ	2018	28 423	44 922	22 388	22 535	-24 515	8 015
	2019	38 044	51 047	26 725	24 323	-20 186	7 182
	2020	20 279	25 664	40 856	-15 192	-11 440	6 055
	2021	-10 582	-1 044	39 955	-40 999	-17 491	7 953
中国	2018	24 131	87 905	380 074	-292 168	-61 365	-2 410
	2019	102 910	131 844	392 993	-261 149	-39 184	10 250
	2020	248 836	358 573	511 103	-152 530	-118 192	8 455
	2021	317 301	462 808	562 724	-99 916	-162 031	16 524
トルコ	2018	-21 740	-10 552	-40 726	30 174	-11 944	756
	2019	5 303	17 303	-16 781	34 084	-12 825	825
	2020	-35 537	-26 325	-37 863	11 538	-9 392	180
	2021	-13 696	-2 730	-29 281	26 551	-12 032	1 066

資本移転等収支	金融収支	直接投資	証券投資	金融派生商品	その他投資	外貨準備	誤差脱漏
-1 923	183 023	134 929	92 912	1 057	-69 798	23 923	7 677
-3 809	227 073	218 324	86 643	3 397	-105 992	24 701	54 272
-1 933	126 884	84 541	35 927	7 892	-10 078	8 603	-18 220
-3 825	99 583	122 537	-196 649	22 206	88 721	62 767	-39 083
-123	-64 011	-30 700	9 598	-189	-38 942	-3 778	1 711
-1 156	-30 360	-37 470	-24 584	-2 652	-21 422	55 768	558
-1 056	34 086	-53 240	-15 112	348	-1 764	103 853	2 412
-308	-34 742	-29 188	-5 718	5 905	-72 805	67 064	214
97	-32 255	-12 511	-9 312	-34	-3 266	-7 133	-1 719
39	-31 889	-20 531	-21 990	-186	6 144	4 674	-1 649
37	-5 288	-14 142	-3 369	-18	9 645	2 596	-892
80	1 573	-16 904	-5 076	-333	10 393	13 492	-1 938
-240	15 332	5 709	5 324	-243	-11 314	15 856	-1 081
-143	3 267	7 263	-2 179	13	-11 210	9 380	-851
-168	-4 452	5 164	12 549	-207	-22 471	512	-1 298
-145	24 527	1 253	12 161	-345	10 346	1 111	-1 616
317	76 473	26 038	47 421	-1 502	-12 978	17 496	-1 310
-169	59 027	25 605	42 377	6 233	-16 654	1 466	-480
-386	81 383	26 068	41 745	4 871	-8 692	17 392	5 867
-154	76 735	44 000	19 608	-1	-1 259	14 387	-11 413
-2 329	69 034	15 005	12 042	…	41 594	393	-609
-1 733	36 223	8 984	-11 519	…	35 711	3 047	-273
-1 845	-24 538	-488	23 690	…	-1 332	-46 408	121
-1 318	42 198	4 574	38 534	…	-3 246	2 336	-808
…	57 064	-59 012	53 044	21 038	29 438	12 556	-61
…	54 154	-55 873	108 670	6 622	3 088	-8 352	-118
…	59 069	-42 993	60 493	-1 467	-31 795	74 831	930
…	74 496	-58 095	57 004	3 059	6 273	66 256	2 570
-611	20 467	4 182	5 864	-134	3 292	7 264	-7 345
4	29 305	5 604	8 798	-822	2 141	13 584	-8 743
43	30 347	23 847	12 148	410	-24 414	18 356	10 025
0	-4 957	5 881	11 284	1 156	-16 182	-7 096	5 625
-569	-153 806	-92 338	-106 874	6 153	20 376	18 877	-177 368
-327	-26 596	-50 260	-57 948	2 355	98 545	-19 288	-129 178
-76	89 130	-99 375	-95 539	10 821	245 239	27 984	-159 629
92	151 352	-205 942	-50 962	-11 093	229 835	189 513	-166 041
80	1 050	-8 915	916	—	19 426	-10 377	22 710
34	5 055	-6 628	2 763	—	2 596	6 324	-282
-36	-39 464	-4 592	9 556	—	-12 582	-31 846	-3 891
-64	-5 586	-7 412	-796	—	-20 813	23 435	8 174

各国の国際収支（Ⅱ）（単位　百万ドル）

		経常収支	貿易・サービス収支	貿易収支	サービス収支	第一次所得収支	第二次所得収支
バングラデシュ	2018	-7 095	-21 457	-17 284	-4 173	-1 735	16 097
	2019	-2 949	-19 273	-15 929	-3 344	-2 548	18 872
	2020	1 193	-18 300	-16 394	-1 907	-2 841	22 334
	2021	-15 563	-35 917	-32 522	-3 394	-2 313	22 667
フィリピン	2018	-8 877	-39 364	-50 972	11 608	3 669	26 818
	2019	-3 047	-36 272	-49 312	13 039	5 276	27 949
	2020	11 578	-19 909	-33 775	13 866	4 101	27 386
	2021	-6 922	-39 608	-53 781	14 174	3 225	29 461
ベトナム	2018	5 899	12 860	16 540	-3 680	-15 818	8 857
	2019	13 101	19 143	21 494	-2 351	-15 283	9 241
	2020	15 060	20 421	30 708	-10 287	-14 817	9 456
	2021	-3 812	1 963	17 697	-15 734	-16 097	10 322
（香港）	2018	13 514	-765	-32 272	31 506	17 190	-2 910
	2019	21 230	5 645	-15 362	21 006	18 341	-2 755
	2020	24 092	6 631	-5 315	11 946	20 129	-2 667
	2021	41 712	17 801	2 730	15 071	26 368	-2 457
マレーシア	2018	8 026	24 054	28 426	-4 371	-11 140	-4 888
	2019	12 795	27 501	30 123	-2 622	-9 527	-5 179
	2020	14 342	21 810	33 105	-11 295	-6 825	-644
	2021	12 904	26 303	41 043	-14 740	-11 102	-2 296
ミャンマー	2018	-2 561	-2 936	-4 132	1 196	-1 812	2 187
	2019	68	167	-2 850	3 018	-2 534	2 434
	2020	…	…	…	…	…	…
	2021	…	…	…	…	…	…
ナイジェリア	2018	6 261	-5 599	20 467	-26 066	-12 275	24 134
	2019	-14 627	-30 893	2 868	-33 761	-10 103	26 369
	2020	-16 976	-32 241	-16 402	-15 840	-5 757	21 022
	2021	…	…	…	…	…	…
南アフリカ共和国	2018	-12 287	1 830	1 743	88	-11 458	-2 659
	2019	-10 065	2 040	2 622	-582	-9 711	-2 394
	2020	6 798	15 103	17 759	-2 656	-5 720	-2 585
	2021	15 529	26 028	30 512	-4 484	-8 072	-2 428
イギリス	2018	-112 484	-37 716	-189 751	152 036	-40 748	-34 020
	2019	-76 874	-26 514	-176 787	150 274	-16 564	-33 796
	2020	-69 828	6 906	-167 330	174 236	-40 285	-36 449
	2021	-82 534	-39 929	-214 476	174 547	-16 620	-25 985
イタリア	2018	52 396	50 617	54 146	-3 529	22 334	-20 554
	2019	64 519	67 358	67 887	-528	16 440	-19 280
	2020	72 034	70 466	78 586	-8 120	23 541	-21 972
	2021	53 095	51 068	62 231	-11 163	25 089	-23 063

資本移転等収支	金融収支	直接投資	証券投資	金融派生商品	その他投資	外貨準備	誤差脱漏
264	-7 616	-2 402	-22	—	-4 082	-1 109	-785
228	-4 714	-1 885	386	—	-3 737	522	-1 994
213	542	-1 521	190	—	-8 013	9 885	-864
273	-14 478	-1 344	315	—	-16 760	3 312	813
65	-11 638	-5 833	1 448	-53	-4 895	-2 305	-2 825
127	-189	-5 320	-2 474	-173	-66	7 845	2 731
63	9 118	-3 260	-1 680	-199	-1 765	16 022	-2 523
80	-5 597	-8 116	8 046	-603	-6 279	1 355	1 245
…	-2 431	-14 902	-3 021	…	9 457	6 035	-8 330
…	3 884	-15 635	-2 997	…	-742	23 258	-9 217
…	8 150	-15 420	1 256	…	5 680	16 634	-6 910
…	-15 012	-15 360	-281	…	-15 234	15 863	-11 200
-201	22 139	-22 024	78 664	-4 232	-31 262	993	8 825
-87	30 224	-20 531	27 505	-157	24 553	-1 146	9 081
-65	31 465	-34 029	68 137	-2 426	-34 138	33 921	7 437
-1 348	47 582	-53 201	105 089	-5 365	2 239	-1 179	7 218
-22	-4 767	-2 539	12 431	-259	-12 630	-1 770	-12 772
89	7 540	-1 627	7 758	116	2 957	-1 663	-5 344
-102	13 430	-673	11 701	-99	7 121	-4 619	-809
-189	3 960	-7 863	-4 581	53	5 230	11 120	-8 755
0	-2 025	-1 768	-22	—	-668	434	536
—	-2 418	-1 736	-42	—	-770	129	-2 486
…	…	…	…	…	…	…	…
…	…	…	…	…	…	…	…
…	99	-210	7	…	-2 984	3 286	-6 162
…	-21 436	-2 020	-3 091	…	-11 835	-4 490	-6 809
…	-8 457	-2 723	3 602	—	-7 636	-1 701	8 519
…	…	…	…	…	…	…	…
18	-11 389	-1 543	-3 797	-453	-6 440	844	881
17	-7 191	-1 975	-8 918	378	1 712	1 613	2 857
14	7 792	-5 089	6 749	655	8 883	-3 405	980
15	17 499	-41 295	55 188	25	-1 033	4 614	1 955
-3 585	-101 446	-3 577	-362 080	12 357	227 518	24 335	14 623
-1 689	-88 927	-50 469	44 242	9 937	-91 476	-1 162	-10 364
-3 286	-58 595	-84 326	-16 641	38 644	7 952	-4 224	14 519
-3 701	-63 370	78 998	-348 030	-39 670	221 967	23 364	22 865
-401	42 745	-5 594	156 015	-3 209	-107 543	3 074	-9 253
-1 976	60 466	1 682	-58 650	2 903	110 895	3 637	-2 078
-972	73 184	22 014	121 351	-3 187	-71 625	4 631	2 122
-2 719	31 770	3 618	144 869	-38	-141 053	24 375	-18 607

各国の国際収支（Ⅲ）（単位　百万ドル）

		経常収支	貿易・サービス収支	貿易収支	サービス収支	第一次所得収支	第二次所得収支
オーストリア	2018	4 379	13 271	1 401	11 871	-4 443	-4 449
	2019	9 341	14 768	4 265	10 505	-1 612	-3 815
	2020	8 160	12 377	3 487	8 890	-490	-3 726
	2021	-2 541	1 214	-1 939	3 157	-480	-3 278
オランダ	2018	99 060	96 360	84 612	11 747	10 445	-7 745
	2019	85 281	89 246	67 299	21 947	3 794	-7 759
	2020	63 655	95 325	74 169	21 156	-16 267	-15 403
	2021	96 623	112 079	82 921	29 158	-6 432	-9 024
ギリシャ	2018	-6 249	-3 935	-26 532	22 597	-1 968	-345
	2019	-3 112	-2 008	-25 572	23 564	-1 757	653
	2020	-12 413	-12 737	-21 135	8 398	-347	671
	2021	-12 694	-14 937	-30 217	15 280	808	1 436
スイス	2018	44 770	76 886	72 484	4 402	-22 957	-9 159
	2019	39 809	71 990	71 216	773	-19 902	-12 279
	2020	20 308	52 110	62 091	-9 981	-14 930	-16 872
	2021	75 502	104 838	112 400	-7 562	-15 402	-13 934
スウェーデン	2018	15 004	12 727	11 156	1 571	10 933	-8 657
	2019	29 362	23 645	20 710	2 935	15 712	-9 995
	2020	32 947	25 348	25 113	235	19 067	-11 469
	2021	34 684	27 693	28 623	-930	18 772	-11 781
スペイン	2018	26 482	38 485	-34 517	73 002	1 939	-13 942
	2019	29 189	40 733	-29 948	70 684	2 983	-14 530
	2020	10 788	18 962	-10 273	29 236	7 716	-15 888
	2021	13 263	21 535	-24 074	45 607	7 311	-15 580
チェコ	2018	1 260	14 919	9 379	5 539	-11 920	-1 738
	2019	898	15 116	10 482	4 634	-12 707	-1 511
	2020	4 967	16 709	12 266	4 442	-10 531	-1 210
	2021	-2 282	8 542	3 454	5 088	-9 413	-1 410
デンマーク	2018	25 762	21 806	12 829	8 977	9 816	-5 860
	2019	30 550	25 663	18 440	7 223	10 003	-5 116
	2020	28 952	22 861	18 683	4 178	12 103	-6 012
	2021	32 957	26 678	14 679	11 999	12 468	-6 189
ドイツ	2018	316 999	244 737	263 292	-18 555	131 574	-59 314
	2019	294 407	221 128	241 286	-20 157	129 085	-55 807
	2020	274 200	221 117	218 002	3 116	113 558	-60 477
	2021	314 087	228 905	228 237	671	149 099	-63 920
ノルウェー	2018	34 961	25 065	33 816	-8 751	16 571	-6 675
	2019	11 919	6 069	15 789	-9 720	12 545	-6 695
	2020	4 223	-2 914	-131	-2 783	14 632	-7 496
	2021	71 551	58 629	59 690	-1 061	20 992	-8 071

資本移転等収支	金融収支	直接投資	証券投資	金融派生商品	その他投資	外貨準備	誤差脱漏
-2 661	5 637	1 692	4 118	-924	-1 871	2 621	3 920
-76	19 343	6 437	-3 835	1 552	15 397	-206	10 078
-477	2 518	9 965	-14 517	1 312	4 019	1 740	-5 166
0	-4 926	6 991	11 755	685	-29 222	4 861	-2 384
-607	103 011	71 079	8 479	10 019	12 933	501	4 558
-454	88 412	42 865	56 907	-6 641	-5 585	867	3 585
-278	64 643	-50 907	204 424	-30 888	-57 893	-90	1 266
719	87 438	110 425	-86 763	5 899	45 630	12 247	-9 904
419	-4 870	-3 506	-1 224	850	-901	-89	960
759	-688	-4 373	25 707	1 131	-23 239	85	1 665
3 189	-8 640	-2 655	53 376	1 413	-62 546	1 772	583
4 707	-6 730	-4 805	26 810	1 210	-32 931	2 986	1 257
14 343	85 231	127 205	11 079	4 213	-71 056	13 789	26 117
-2 507	54 806	49 927	5 629	2 299	-19 227	16 177	17 504
585	30 918	124 078	33 123	-10 091	-238 608	122 415	10 024
-5 002	22 280	-20 233	37 860	242	-43 845	48 256	-48 220
215	8 274	14 174	-10 655	5 418	-736	74	-6 945
93	23 632	7 110	11 534	3 968	7 312	-6 292	-5 822
295	19 175	4 796	13 381	-10 138	10 782	354	-14 067
1 009	12 530	-6 927	44 575	-9 725	-21 635	6 241	-23 163
6 719	37 684	-20 511	28 823	-1 018	27 825	2 561	4 482
4 705	28 226	7 403	-53 950	-8 419	82 427	764	-5 669
5 176	19 840	22 346	93 090	-8 284	-87 047	-262	3 877
12 833	38 099	-11 406	35 200	5 198	-3 044	12 152	11 999
565	2 981	-2 245	1 350	-685	2 341	2 220	1 156
1 062	411	-5 976	-4 679	45	6 237	4 783	-1 549
2 865	7 107	-6 428	-5 873	434	16 932	2 042	-726
4 373	562	-253	3 688	-2 666	-13 751	13 543	-1 529
31	16 580	-2 041	52 837	-2 821	-30 247	-1 149	-9 214
128	23 151	10 135	4 025	-3 245	15 446	-3 209	-7 527
-100	18 964	7 504	-3 415	-2 893	18 225	-456	-9 888
281	36 266	18 016	9 171	-5 127	-333	14 538	3 029
892	292 585	29 052	179 985	26 782	56 312	455	-25 305
-965	208 269	84 965	77 004	27 600	19 296	-594	-85 169
-6 868	251 364	-4 173	56 908	108 322	90 371	-67	-15 970
-1 644	373 060	120 035	299 915	72 053	-156 413	37 470	60 618
-173	32 249	20 067	31 659	…	-19 180	-297	-2 539
-140	-2 900	-8 642	7 398	…	-1 740	85	-14 679
-112	-878	-7 000	5 433	…	-3 161	3 850	-4 989
-134	63 643	10 292	39 771	…	3 457	10 123	-7 774

各国の国際収支（IV）（単位　百万ドル）

		経常収支	貿易・サービス収支			第一次所得収支	第二次所得収支
				貿易収支	サービス収支		
ハンガリー	2018	415	6 901	-2 629	9 530	-5 837	-649
	2019	-1 087	3 836	-4 099	7 936	-4 068	-856
	2020	-1 563	3 325	-1 320	4 645	-3 893	-994
	2021	-5 243	1 482	-4 399	5 881	-5 531	-1 194
フィンランド	2018	-5 159	-3 435	333	-3 766	1 011	-2 735
	2019	-879	420	2 579	-2 160	1 337	-2 637
	2020	2 268	820	3 509	-2 689	4 718	-3 269
	2021	2 115	638	3 443	-2 805	5 100	-3 626
フランス	2018	-24 385	-32 201	-60 734	28 533	63 861	-56 045
	2019	-8 213	-25 561	-52 360	26 798	69 040	-51 692
	2020	-49 060	-48 562	-67 741	19 179	49 379	-49 877
	2021	-17 669	-35 925	-80 213	44 287	64 866	-46 610
ベルギー	2018	-4 259	-1 151	-2 106	956	4 858	-7 970
	2019	832	3 647	3 120	527	5 153	-7 967
	2020	4 324	7 260	5 343	1 918	5 532	-8 469
	2021	-2 157	602	-1 665	2 269	5 358	-8 119
ポーランド	2018	-7 537	17 798	-7 327	25 125	-23 614	-1 721
	2019	2 832	28 409	1 699	26 710	-23 601	-1 976
	2020	17 319	40 420	14 379	26 041	-21 253	-1 848
	2021	-3 895	30 779	-462	31 241	-30 000	-4 674
ポルトガル	2018	1 322	2 168	-18 415	20 583	-5 745	4 898
	2019	1 013	1 836	-18 226	20 064	-5 732	4 908
	2020	-2 355	-4 376	-14 236	9 862	-3 094	5 115
	2021	-2 848	-6 561	-17 693	11 133	-3 052	6 766
ロシア	2018	115 680	164 976	195 058	-30 082	-40 392	-8 904
	2019	65 542	129 243	165 845	-36 602	-53 521	-10 180
	2020	36 030	77 317	93 735	-16 417	-35 005	-6 282
	2021	122 040	170 302	189 827	-19 525	-43 273	-4 988
アメリカ合衆国	2018	-438 241	-580 956	-878 748	297 792	259 133	-116 418
	2019	-472 145	-576 338	-861 514	285 176	231 919	-127 726
	2020	-616 087	-676 679	-922 026	245 347	188 463	-127 871
	2021	-821 645	-861 395	-1 091 386	229 991	174 908	-135 158
カナダ	2018	-41 150	-33 733	-16 838	-16 894	-4 854	-2 564
	2019	-35 434	-27 407	-13 875	-13 532	-5 949	-2 079
	2020	-29 216	-33 738	-29 665	-4 073	7 697	-3 175
	2021	827	1 889	3 586	-1 697	2 125	-3 188
メキシコ	2018	-24 326	-24 708	-13 768	-10 941	-33 035	33 417
	2019	-3 471	-2 909	5 167	-8 077	-36 768	36 207
	2020	26 210	22 752	33 979	-11 227	-36 616	40 074
	2021	-4 866	-22 879	-11 467	-11 412	-32 912	50 926

資本移転等収支	金融収支	直接投資	証券投資	金融派生商品	その他投資	外貨準備	誤差脱漏
3 615	1 344	-3 532	-115	-1 074	1 981	4 084	-2 686
3 010	355	-366	1 747	19	-1 380	334	-1 568
3 196	-2 629	-2 885	-2 991	-519	-3 188	6 955	-4 262
4 540	-5 704	-2 374	436	-1 709	-6 402	4 345	-5 002
229	-18 974	13 725	-24 612	-689	-7 326	-72	-14 046
210	-9 694	-8 568	-28 373	524	26 109	616	-9 023
228	-863	7 300	-481	-1 718	-6 954	991	-3 362
213	-572	-5 547	23 935	2 256	-24 654	3 441	-2 900
2 484	-30 955	61 683	18 859	-30 830	-93 110	12 442	-9 054
2 264	-22 263	5 541	-75 816	3 933	40 916	3 163	-16 313
2 300	-58 847	40 314	-38 801	-27 351	-37 547	4 538	-12 087
13 382	-56 479	-16 884	-19 772	20 724	-67 557	27 009	-52 192
419	-5 395	5 600	-4 085	5 264	-13 035	860	-1 552
763	-896	-4 723	-7 406	1 143	10 033	55	-2 490
-165	1 722	-1 866	25 791	533	-23 765	1 029	-2 437
1 284	1 687	20 286	6 857	-619	-34 523	9 686	2 562
12 148	1 315	-15 285	4 413	-1 221	6 170	7 238	-3 296
11 757	6 247	-11 709	11 824	-1 234	-2 816	10 182	-8 342
13 846	22 913	-12 505	6 799	-1 074	10 956	18 737	-8 252
10 937	1 409	-24 744	11 453	-3 445	-751	18 896	-5 633
2 386	3 941	-6 392	10 859	730	-139	-1 115	233
2 126	3 478	-8 688	8 974	91	5 614	-2 512	340
2 483	518	-5 535	5 531	541	526	-545	393
4 514	2 275	-9 412	15 055	-2	-7 622	4 257	611
-1 104	116 686	22 592	7 593	-734	49 037	38 197	2 110
-684	63 531	-10 052	-12 686	2 620	17 165	66 484	-1 327
-519	39 324	-3 632	25 296	1 950	29 464	-13 754	3 812
-296	122 815	25 363	32 088	-696	2 493	63 567	1 070
-4 261	-348 354	-344 331	32 186	-20 404	-20 809	5 004	94 148
-6 443	-480 378	-180 008	-190 638	-41 670	-72 722	4 660	-1 790
-5 487	-652 991	100 394	-490 127	-5 780	-266 446	8 968	-31 417
-2 446	-687 100	51 679	20 897	-41 669	-832 264	114 258	136 991
-60	-35 951	20 157	3 092	…	-57 597	-1 603	5 259
-67	-38 148	29 258	-1 553	…	-66 000	148	-2 647
-36	-28 954	23 609	-66 309	…	12 464	1 282	298
-30	4 661	38 065	-41 445	…	-12 468	20 509	3 865
-65	-31 590	-25 726	-8 605	410	1 853	478	-7 199
-56	-16 128	-23 772	-6 683	1 672	10 013	2 641	-12 602
-13	22 099	-25 224	10 344	-1 800	26 782	11 997	-4 099
-48	3 100	-32 338	41 557	2 083	-18 504	10 303	8 014

各国の国際収支（V）（単位　百万ドル）

		経常収支	貿易・サービス収支	貿易収支	サービス収支	第一次所得収支	第二次所得収支
アルゼンチン	2018	-27 084	-9 678	-743	-8 935	-18 650	1 245
	2019	-3 710	13 363	18 228	-4 865	-17 892	819
	2020	3 313	12 391	14 631	-2 240	-10 197	1 119
	2021	6 800	15 219	18 696	-3 476	-9 927	1 508
エクアドル	2018	-1 308	-888	-202	-687	-2 829	2 409
	2019	-62	228	1 025	-797	-3 028	2 739
	2020	2 693	2 523	3 499	-976	-2 823	2 993
	2021	3 060	839	3 263	-2 424	-1 636	3 858
コロンビア	2018	-14 041	-10 556	-6 394	-4 162	-11 442	7 957
	2019	-14 808	-14 146	-9 863	-4 283	-9 717	9 055
	2020	-9 258	-13 089	-8 870	-4 219	-4 957	8 788
	2021	-17 892	-20 308	-13 984	-6 325	-8 358	10 775
チリ	2018	-11 640	-458	4 211	-4 669	-13 532	2 349
	2019	-10 454	-2 150	2 953	-5 103	-10 144	1 840
	2020	3 370	13 371	18 369	-4 998	-10 964	963
	2021	…	…	…	…	…	…
ブラジル	2018	-51 457	7 382	43 373	-35 991	-58 824	-15
	2019	-65 030	-8 942	26 547	-35 489	-57 272	1 184
	2020	-24 492	11 428	32 370	-20 941	-38 264	2 344
	2021	-27 925	19 252	36 363	-17 112	-50 471	3 294
ペルー	2018	-2 895	3 819	7 201	-3 382	-11 517	4 804
	2019	-1 680	2 898	6 879	-3 981	-9 600	5 021
	2020	2 398	3 531	8 196	-4 666	-6 131	4 998
	2021	-5 273	7 486	14 833	-7 347	-18 127	5 367
オーストラリア	2018	-29 892	16 720	20 836	-4 115	-45 976	-637
	2019	7 658	46 981	48 095	-1 114	-38 588	-734
	2020	35 629	50 671	40 510	10 161	-13 684	-1 358
	2021	56 691	93 062	87 986	5 076	-33 814	-2 557
ニュージーランド	2018	-8 111	-100	-3 523	3 421	-7 813	-197
	2019	-6 032	136	-2 437	2 572	-5 801	-366
	2020	-1 966	2 453	1 863	589	-3 698	-722
	2021	-14 214	-8 113	-4 332	-3 780	-5 265	-837

IMF Data "Balance of Payments Statistics"（2022年7月7日閲覧）より作成。本表はIMFの国際収支マニュアル第6版による統計である。**貿易・サービス収支**はモノの輸出と輸入のバランスを示す貿易収支と、サービス取引（輸送、旅行、知的財産権等使用料など）の受取・支払を計上するサービス収支の合計である。**第一次所得収支**は、雇用者報酬、投資収益およびその他第一次所得収支で構成される。雇用者報酬とは非居住者労働者に対する賃金、給与等の報酬の支払と、居住者が海外で得た報酬の受取の差額である。投資収益は居住者（非居住者）が所有する対外（内）金融資産から生じる所得（利子、配当金など）の収支。**第二次所得収支**は資本移転（後述）以外のすべての移転を計上する↗

資本移転等収支	金融収支	直接投資	証券投資	金融派生商品	その他投資	外貨準備	誤差脱漏
111	-28 131	-9 991	-6 924	-32	-22 448	11 264	-1 158
183	-5 037	-5 124	7 127	-24	14 352	-21 367	-1 509
177	4 482	-2 725	2 763	10	11 347	-6 913	992
233	4 457	-5 171	4 929	-16	5 427	-712	-2 576
-175	-1 695	-1 389	-2 629	—	2 152	171	-211
84	1	-975	-2 210	—	2 472	713	-21
1 847	4 659	-1 104	1 304	—	313	4 146	118
151	3 105	-621	-46	—	2 824	948	-106
…	-12 955	-6 172	862	21	-8 845	1 179	1 086
…	-13 298	-10 836	24	84	-5 888	3 318	1 510
…	-8 180	-5 773	-1 792	-513	-4 413	4 311	1 078
…	-16 412	-6 148	-4 630	365	-6 628	630	1 480
43	-11 310	-6 450	-2 536	882	-4 642	1 437	287
672	-9 188	-3 247	-9 517	1 519	2 197	-141	593
1	1 019	3 197	-12 304	2 524	10 472	-2 870	-2 352
…	…	…	…	…	…	…	…
440	-52 329	-76 138	6 861	2 753	11 257	2 937	-1 312
369	-64 357	-46 355	19 216	1 673	-12 836	-26 055	304
4 141	-12 456	-41 254	12 882	5 397	24 734	-14 215	7 895
225	-33 694	-27 285	-5 694	-960	-13 769	14 013	-5 994
6	-5 610	-6 663	1 090	-8	3 543	-3 573	-2 722
5	-434	-5 195	-3 658	115	1 505	6 799	1 241
4	-1 129	899	-9 569	195	1 895	5 450	-3 531
3	-11 219	-5 720	-23 550	630	13 163	4 258	-5 949
-361	-30 009	-61 050	14 856	6 712	20 556	-11 083	246
-554	9 498	-29 611	32 990	4 838	-1 745	3 026	2 394
-727	33 266	-6 132	16 288	16 120	23 743	-16 750	-1 636
-590	49 953	-15 910	65 339	1 843	-18 758	17 438	-6 149
-42	-2 285	-1 872	-92	1 986	-164	-2 140	5 868
-24	-4 491	-4 480	3 816	-1 282	-2 216	-330	1 564
-29	-5 102	-3 360	9 364	-5 266	-1 247	-4 593	-3 107
-61	-8 372	-5 363	-6 500	-131	503	3 119	5 904

↘項目である。食料、医療品など消費財に関する無償資金協力、国際機関分担金等、労働者送金がこれに該当する。以上、貿易・サービス収支、第一次所得収支、第二次所得収支の合計が**経常収支**である。**資本移転等収支**は、資本移転（資本形成のための無償資金援助や対価の受領を伴わない固定資産の所有権移転など）および非生産非金融資産の取得・処分に関する取引を計上したものである。**金融収支**は、金融資産にかかる居住者と非居住者間で行われた債権・債務の移動を伴う取引の収支状況を示す。直接投資、証券投資、金融派生商品、その他投資から構成される。資産・負債の増減に着目し、資産・負債の増加をプラス、減少をマイナスとする。

表 8-76　主要国の対外資産負債残高（Ⅰ）（2021年末現在）（単位　億ドル）

	日本		ドイツ		（香港）	
	資産	負債	資産	負債	資産	負債
直接投資……1)	20 030	3 546	29 621	20 374	22 192	21 591
株式資本……	18 387	2 505	22 574	8 394	18 455	18 754
負債性資本…	1 643	1 042	7 047	11 979	3 737	2 837
証券投資……2)	50 639	41 242	45 848	38 734	21 348	5 266
うち株式・投資ファンド持分	22 148	21 329	21 533	15 195	14 332	4 516
債券 ……	28 491	19 913	24 315	23 539	7 016	750
金融派生商品・3)	3 135	3 074	7 160	7 159	1 030	968
その他投資……	21 470	25 567	42 369	34 047	14 744	15 203
外貨準備………	14 157	—	2 960	—	4 968	—
貨幣用金……	499	—	1 969	—	1	—
特別引出権(SDR)4)	623	—	526	—	—	—
IMFリザーブポジション5)	106	—	95	—	0	—
その他外貨準備	12 928	—	370	—	4 966	—
合計………	**109 431**	**73 430**	**127 958**	**100 314**	**64 282**	**43 027**
対外純資産(負債)6)		36 001		27 644		21 255

	中国		ノルウェー		カナダ	
	資産	負債	資産	負債	資産	負債
直接投資……1)	25 819	36 238	2 746	2 289	23 557	16 279
株式資本……	22 341	32 992	1 806	1 477	21 993	14 381
負債性資本…	3 477	3 246	940	812	1 564	1 898
証券投資……2)	9 797	21 554	17 396	4 490	27 385	22 168
うち株式・投資ファンド持分	6 484	13 360	12 039	1 448	22 197	7 797
債券 ……	3 313	8 194	5 357	3 042	5 189	14 371
金融派生商品・3)	154	103	—	—	…	…
その他投資……	23 205	15 516	2 487	3 399	8 199	10 065
外貨準備………	34 269	—	844	—	1 055	—
貨幣用金……	1 131	—	—	—	—	—
特別引出権(SDR)4)	531	—	75	—	240	—
IMFリザーブポジション5)	107	—	14	—	45	—
その他外貨準備	32 500	—	755	—	770	—
合計………	**93 243**	**73 410**	**23 473**	**10 178**	**60 196**	**48 512**
対外純資産(負債)6)		19 833		13 296		11 684

主要国の対外資産負債残高（Ⅱ）（2021年末現在）（単位　億ドル）

	シンガポール		オランダ		スイス	
	資産	負債	資産	負債	資産	負債
直接投資・・・・・1)	13 464	20 073	65 347	53 376	21 408	19 319
株式資本・・・・	9 666	17 549	45 279	40 983	14 784	12 877
負債性資本・・	3 798	2 523	20 067	12 393	6 624	6 441
証券投資・・・・・2)	16 738	3 658	24 808	28 870	17 879	18 558
うち株式・投資ファンド持分	9 677	2 555	13 349	14 534	10 747	16 514
債券・・・・・	7 061	1 103	11 459	14 336	7 133	2 044
金融派生商品・3)	1 020	1 176	4 971	4 263	1 237	1 241
その他投資・・・・	13 835	14 139	13 393	13 517	9 656	14 868
外貨準備・・・・・・	4 168	—	648	—	11 111	—
貨幣用金・・・・	…	—	358	—	610	—
特別引出権(SDR)4)	63	—	191	—	130	—
IMFリザーブポジション5)	15	—	32	—	22	—
その他外貨準備	4 089	—	66	—	10 349	—
合計・・・・・・・・	**49 224**	**39 046**	**109 167**	**100 027**	**61 290**	**53 986**
対外純資産(負債)6)		10 178		9 140		7 304

	韓国		サウジアラビア		ロシア	
	資産	負債	資産	負債	資産	負債
直接投資・・・・・1)	5 662	2 603	1 515	2 611	4 871	6 096
株式資本・・・・	4 746	2 084	…	…	3 918	4 749
負債性資本・・	917	518	…	…	953	1 347
証券投資・・・・・2)	8 347	9 910	3 723	2 125	1 174	2 739
うち株式・投資ファンド持分	5 918	6 460	3 046	958	345	1 978
債券・・・・・	2 429	3 449	677	1 167	829	761
金融派生商品・3)	273	320	…	…	64	58
その他投資・・・・	2 871	2 356	2 606	1 705	4 067	2 755
外貨準備・・・・・・	4 631	—	4 554	—	6 306	—
貨幣用金・・・・	48	—	4	—	1 331	—
特別引出権(SDR)4)	154	—	216	—	242	—
IMFリザーブポジション5)	35	—	39	—	53	—
その他外貨準備	4 395	—	4 295	—	4 681	—
合計・・・・・・・・	**21 784**	**15 188**	**12 398**	**6 441**	**16 482**	**11 647**
対外純資産(負債)6)		6 596		5 957		4 834

主要国の対外資産負債残高（Ⅲ）（2021年末現在）（単位　億ドル）

	アメリカ合衆国		イギリス		フランス	
	資産	負債	資産	負債	資産	負債
直接投資……1)	110 345	148 399	25 619	30 297	19 886	14 585
株式資本……	97 930	131 145	21 185	24 380	14 150	9 198
負債性資本‥	12 415	17 255	4 434	5 917	5 736	5 387
証券投資……2)	164 229	285 867	41 786	53 235	32 997	44 757
うち株式・投資ファンド持分	119 909	148 242	25 749	22 610	11 787	13 358
債券……	44 320	137 624	16 036	30 625	21 210	31 399
金融派生商品・3)	19 880	19 684	30 477	30 094	9 844	11 125
その他投資……	50 530	79 169	65 998	62 143	31 327	35 731
外貨準備……	7 123	—	1 930	—	2 445	—
貨幣用金……	4 722	—	180	—	1 428	—
特別引出権(SDR)4)	1 636	—	411	—	387	—
IMFリザーブポジション5)	358	—	71	—	73	—
その他外貨準備	406	—	1 268	—	556	—
合計………	**352 107**	**533 119**	**165 810**	**175 768**	**96 499**	**106 199**
対外純資産(負債)6)		-181 012		-9 958		-9 699

	スペイン		アイルランド		オーストラリア	
	資産	負債	資産	負債	資産	負債
直接投資……1)	8 223	10 412	20 766	20 024	6 640	8 154
株式資本……	6 379	7 668	15 959	12 751	6 147	6 192
負債性資本‥	1 844	2 744	4 807	7 273	493	1 962
証券投資……2)	10 792	14 000	50 480	60 037	11 686	15 710
うち株式・投資ファンド持分	5 562	3 509	23 045	51 935	8 781	5 866
債券……	5 231	10 491	27 436	8 101	2 905	9 844
金融派生商品・3)	919	1 012	1 400	1 280	2 189	2 267
その他投資……	8 149	13 139	19 300	17 368	3 459	4 332
外貨準備……	922	—	132	—	616	—
貨幣用金……	165	—	5	—	44	—
特別引出権(SDR)4)	166	—	57	—	137	—
IMFリザーブポジション5)	35	—	11	—	26	—
その他外貨準備	557	—	59	—	408	—
合計………	**29 005**	**38 563**	**92 078**	**98 709**	**24 590**	**30 463**
対外純資産(負債)6)		-9 558		-6 632		-5 873

IMF Data "International Financial Statistics"（2022年7月8日閲覧）より作成。（Ⅰ）、（Ⅱ）は対外純資産残高の多い国で、（Ⅲ）、（Ⅳ）は対外純負債残高の多い国。1）議決権の割合が10％以上となる投資先法人に対する出資、貸付・借入等。2）株式や債券とい↗

主要国の対外資産負債残高（IV）（2021年末現在）（単位 億ドル）

	メキシコ		ブラジル		インド	
	資産	負債	資産	負債	資産	負債
直接投資……1)	2 362	6 297	4 648	7 614	2 064	5 143
株式資本……	1 862	4 942	4 290	5 193	1 292	4 879
負債性資本‥	500	1 355	358	2 421	771	264
証券投資……2)	980	5 088	523	4 360	94	2 772
うち株式・投資ファンド持分	751	1 577	440	2 506	63	1 728
債券 ……	230	3 511	83	1 854	32	1 044
金融派生商品・3)	266	224	16	3	…	…
その他投資……	1 799	1 202	807	2 428	762	5 167
外貨準備……	2 077	—	3 622	—	6 337	—
貨幣用金……	70	—	76	—	394	—
特別引出権(SDR)4)	164	—	193	—	191	—
IMFリザーブポジション5)	36	—	45	—	54	—
その他外貨準備	1 808	—	3 309	—	5 699	—
合計………	**7 485**	**12 812**	**9 616**	**14 405**	**9 258**	**13 082**
対外純資産(負債)6)		-5 327		-4 789		-3 824

	ギリシャ		インドネシア		ポーランド	
	資産	負債	資産	負債	資産	負債
直接投資……1)	196	514	1 047	2 683	800	3 217
株式資本……	159	406	715	2 261	233	2 123
負債性資本‥	37	108	332	423	567	1 094
証券投資……2)	2 166	524	244	2 696	397	1 334
うち株式・投資ファンド持分	151	200	97	683	222	480
債券 ……	2 016	324	147	2 012	176	854
金融派生商品・3)	15	73	2	1	118	114
その他投資……	829	5 870	1 567	1 715	793	1 684
外貨準備……	145	—	1 449	—	1 660	—
貨幣用金……	67	—	46	—	135	—
特別引出権(SDR)4)	33	—	78	—	59	—
IMFリザーブポジション5)	8	—	11	—	15	—
その他外貨準備	37	—	1 314	—	1 452	—
合計………	**3 352**	**6 980**	**4 310**	**7 096**	**3 770**	**6 349**
対外純資産(負債)6)		-3 629		-2 786		-2 579

↘った証券の取引。3）金融派生商品の受払未済残高額。4）IMFが創設した金や外貨を補う国際的準備資産。5）リザーブトランシュと、対IMF貸付債権。6）対外資産残高計－対外負債残高計がプラスの場合は対外純資産、マイナスの場合は対外純負債となる。

表 8-77　外貨準備高（I）（各年末現在）（単位　百万ドル）

	2000	2010	2019	2020	2021
アジア					
アラブ首長国連邦	13 541	32 785	107 293	103 293	127 960
イスラエル	23 281	70 907	126 008	173 292	212 934
イラク	6 745	50 367	63 453	48 718	58 742
インド	38 427	276 243	433 366	550 184	595 544
インドネシア	28 643	93 035	125 462	131 266	140 434
オマーン	2 393	13 024	16 661	15 006	19 730
カザフスタン	1 678	25 339	10 682	12 685	11 465
カタール	1 159	30 642	37 717	37 616	38 982
韓国	96 150	291 516	403 867	437 282	457 334
カンボジア	520	3 277	17 088	18 638	17 397
クウェート	7 198	21 373	39 924	48 245	45 028
サウジアラビア	19 795	445 281	499 646	453 732	455 493
シンガポール	80 148	225 724	279 438	362 295	416 343
タイ	32 124	167 703	217 056	248 993	232 122
(台湾)	107 360	382 739	478 783	530 598	549 075
中国	168 857	2 867 906	3 130 526	3 241 940	3 316 989
トルコ	22 659	80 914	79 393	51 119	72 082
日本	356 021	1 071 311	1 286 164	1 345 523	1 357 577
パキスタン	1 609	14 457	13 522	14 696	19 130
バングラデシュ	1 491	10 588	32 035	42 345	45 370
フィリピン	13 420	55 630	80 132	98 818	99 712
(香港)	107 545	…	441 251	491 652	496 748
マレーシア	28 383	104 947	101 786	105 343	114 702
レバノン	6 364	32 011	38 615	25 466	18 906
アフリカ					
アルジェリア	12 278	162 915	63 568	49 163	46 328
アンゴラ	1 198	19 679	16 335	13 782	14 468
エジプト	13 228	33 743	40 809	34 225	35 217
ケニア	898	4 320	9 115	8 296	9 490
ガーナ	245	4 778	7 149	7 367	9 317
チュニジア	1 821	9 471	7 599	9 406	8 456
ナイジェリア	9 942	32 339	38 336	36 730	…
ボツワナ	6 318	7 885	6 170	4 941	4 802
南アフリカ共和国	6 352	38 392	49 115	47 591	50 460
モロッコ	4 855	22 752	25 364	34 689	34 389
リビア	12 672	99 894	79 134	72 754	75 620
ヨーロッパ					
イギリス	47 353	84 543	158 859	161 691	176 513
イタリア*	29 161	51 933	59 157	65 588	87 863
ウクライナ	1 373	33 375	24 123	27 591	29 426
オーストリア*	14 872	10 075	10 342	13 870	18 013
オランダ*	10 979	19 533	14 284	17 726	29 594
ギリシャ*	13 619	1 503	3 127	5 191	7 953
クロアチア	3 524	14 133	20 771	23 254	28 309

外貨準備高（Ⅱ）（各年末現在）（単位　百万ドル）

	2000	2010	2019	2020	2021
ヨーロッパ(続き)					
スイス	35 819	225 283	805 623	1 021 857	1 050 601
スウェーデン	15 134	42 783	49 549	50 820	54 894
スペイン*	31 756	19 634	61 382	64 624	76 167
チェコ	13 040	41 931	149 477	165 564	173 015
デンマーク	15 206	73 618	63 680	68 885	78 446
ドイツ*	61 976	68 189	64 423	69 419	104 459
ノルウェー	27 651	53 215	66 946	75 259	84 271
ハンガリー	11 194	44 855	30 337	39 485	38 103
フィンランド*	8 049	7 412	9 097	10 572	13 953
フランス*	41 474	60 021	73 516	80 062	105 540
ブルガリア	3 213	15 490	25 983	35 444	36 863
ベルギー*	10 373	16 893	18 189	19 839	28 924
ポーランド	26 713	89 000	117 552	140 687	152 885
ポルトガル*	9 798	4 315	6 867	6 819	10 750
ルーマニア	2 624	43 541	37 093	46 057	45 984
ロシア	24 828	444 953	447 504	460 743	501 179
ユーロ圏 1)	260 546	318 944	403 339	440 348	582 738
北中アメリカ					
アメリカ合衆国	68 530	135 487	131 094	147 031	253 007
カナダ	32 156	57 004	85 297	90 428	106 615
グアテマラ	1 756	5 649	14 457	18 056	20 542
コスタリカ	1 318	4 627	8 937	7 232	6 921
メキシコ	35 520	120 277	177 363	191 964	200 964
南アメリカ					
アルゼンチン	25 148	49 829	42 278	35 750	36 535
ウルグアイ	2 528	7 644	14 499	16 244	16 957
コロンビア	8 931	27 778	51 995	58 254	57 752
チリ	15 038	27 817	40 644	39 152	51 238
パラグアイ	764	4 138	7 329	8 718	9 195
ブラジル	32 531	287 114	353 693	351 628	354 827
ベネズエラ	13 555	13 771	…	…	…
ペルー	8 424	42 708	66 068	72 727	…
ボリビア	969	8 195	4 440	2 731	2 309
オセアニア					
オーストラリア	18 235	38 798	55 680	39 242	53 900
ニュージーランド	3 952	16 723	17 814	13 733	16 114
世界計 2)	**2 070 898**	**9 702 075**	**12 244 212**	**13 174 994**	**13 993 533**

IMF Data, International Financial Statisticsより作成（2022年7月8日閲覧）。外貨準備高とは、一国の通貨当局が、国際収支不均衡是正のための直接的ファイナンスや為替市場介入による間接的な調整等を目的として保有する準備資産のこと。金、SDR、IMFリザーブポジションおよび外貨から成る。1）欧州中央銀行（ECB）を含む。2）IMF加盟国の合計。ちなみに、2022年6月末現在の加盟国は190か国・地域。＊ユーロ参加国。

表 8-78　公的外貨準備の通貨別構成　（単位　百万ドル）

	2000	2010	2019	2020	2021
USドル……	1 079 916	3 208 611	6 725 711	6 990 975	7 092 987
ユーロ……	277 693	1 327 937	2 279 459	2 526 414	2 480 555
日本円……	92 078	188 822	649 763	715 348	664 584
英ポンド……	41 798	203 180	513 518	561 388	578 770
中国人民元‥	…	…	214 461	271 602	337 229
カナダドル‥	…	…	205 989	246 567	286 904
豪ドル……	…	…	187 882	216 871	221 301
スイスフラン	4 087	6 628	16 564	20 738	21 196
その他通貨‥	22 497	219 450	278 198	314 627	366 884
計……… 1)	**1 936 944**	**9 263 377**	**11 822 310**	**12 701 623**	**12 920 959**

IMF Data "COFER"（2022年 7 月 8 日閲覧）より作成。1）未分類の外貨準備を含む。

図 8-10　DAC加盟国のODA（政府開発援助）の推移

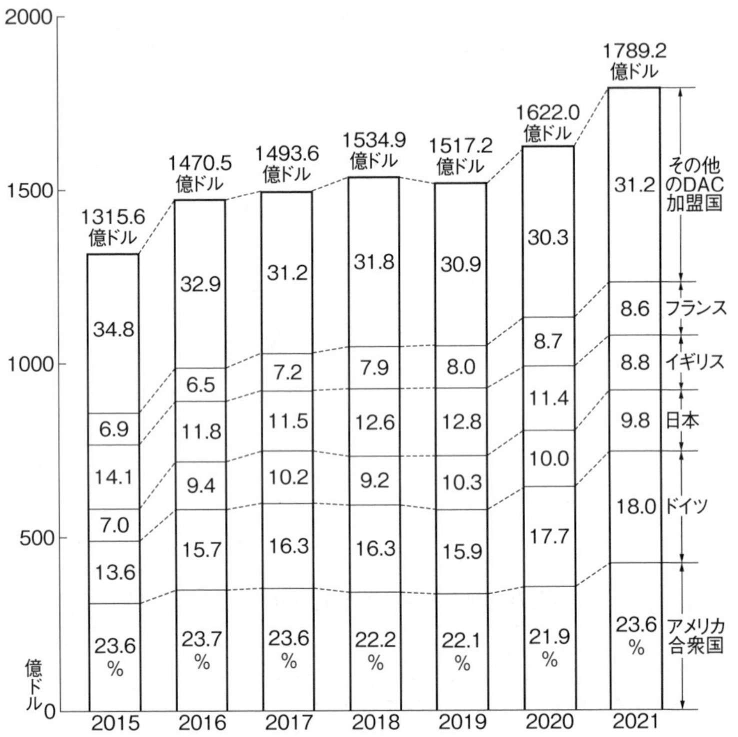

OECD Stat（2022年 6 月 8 日閲覧）より作成。2015年まで支出純額方式、16年以降はGE方式（355ページ）。

表 8-79 DAC加盟国の政府開発援助（ODA）の実績（単位 百万ドル）

	2019	2020	2021	(%)	GNI比 (%)	順位
アメリカ合衆国	33 492	35 576	42 311	*23.6*	*0.18*	23
ドイツ	24 198	28 708	32 232	*18.0*	*0.74*	4
日本	15 588	16 260	17 619	*9.8*	*0.34*	12
イギリス	19 377	18 568	15 814	*8.8*	*0.50*	9
フランス	12 211	14 125	15 448	*8.6*	*0.52*	7
カナダ	4 725	5 052	6 271	*3.5*	*0.32*	13
イタリア	4 411	4 248	6 017	*3.4*	*0.28*	18
スウェーデン	5 205	6 349	5 927	*3.3*	*0.92*	3
オランダ	5 292	5 359	5 288	*3.0*	*0.52*	6
ノルウェー	4 298	4 196	4 673	*2.6*	*0.93*	2
スイス	3 099	3 563	3 927	*2.2*	*0.51*	8
スペイン	2 944	2 987	3 542	*2.0*	*0.25*	20
オーストラリア	2 888	2 869	3 444	*1.9*	*0.22*	21
デンマーク	2 554	2 652	2 874	*1.6*	*0.70*	5
韓国	2 463	2 250	2 855	*1.6*	*0.16*	25
ベルギー	2 175	2 344	2 571	*1.4*	*0.46*	11
オーストリア	1 230	1 273	1 460	*0.8*	*0.31*	15
フィンランド	1 131	1 278	1 436	*0.8*	*0.47*	10
アイルランド	973	988	1 169	*0.7*	*0.31*	14
ポーランド	777	829	952	*0.5*	*0.15*	26
ニュージーランド	555	530	681	*0.4*	*0.28*	17
ルクセンブルク	472	452	539	*0.3*	*0.99*	1
ハンガリー	312	418	455	*0.3*	*0.29*	16
ポルトガル	410	413	450	*0.3*	*0.18*	24
チェコ	309	299	362	*0.2*	*0.13*	27
ギリシャ	368	325	264	*0.1*	*0.12*	29
スロバキア	116	141	151	*0.1*	*0.13*	28
スロベニア	88	91	115	*0.1*	*0.19*	22
アイスランド	61	58	72	*0.0*	*0.28*	19
DAC加盟国計	**151 721**	**162 200**	**178 916**	*100.0*	*0.33*	—

OECD Stat（2022年6月8日閲覧）より作成。贈与相当額計上方式による金額。卒業国向けは含まない。GNI（国民総所得）比は2021年。DAC（開発援助委員会）は、OECDの下部組織で、主として援助の量的拡大、質的向上について援助供与国間の意見調整を行う。加盟国は表に示した29か国と欧州連合。

贈与相当額計上方式（Grant Equivalent System：GE方式） 2018年から従来の純額（ネット）方式にかわり、標準のODA計上方式となったもの。有償資金協力のうち贈与に相当する額をODA実績に計上する。贈与相当額は支出額、利率、償還期間等の供与条件を定式に当てはめて算出され、供与条件が緩やかである（譲許性が大きい）ほど額が大きくなる。

表 8-80　DAC加盟国の二国間ODAの分野別配分（2020年）（%）

	社会・[1]行政基盤	うち教育	経済[2]基盤	うち運輸・倉庫	生産[3]	うち農林水産業	その他[4]
アメリカ合衆国	48.3	4.0	2.3	0.1	3.4	3.1	46.0
ドイツ	41.5	11.2	20.8	3.1	6.3	4.7	31.4
日本	23.3	2.8	42.1	39.4	4.6	2.5	30.0
イギリス	32.3	1.7	16.7	0.6	8.1	1.8	42.8
フランス	33.5	10.0	24.0	6.4	10.5	7.0	32.0
カナダ	43.2	2.7	7.5	0.1	5.0	4.8	44.3
イタリア	37.1	14.2	11.5	5.3	9.4	8.5	42.0
スウェーデン	49.3	1.8	9.5	…	5.1	2.7	36.1
オランダ	52.1	1.2	9.2	0.0	11.8	6.9	26.9
ノルウェー	46.3	9.8	8.2	0.0	5.4	4.5	40.0
スイス	40.6	4.5	4.3	0.0	9.5	7.1	45.5
スペイン	33.7	6.1	3.4	0.2	5.7	5.0	57.2
オーストラリア	42.1	5.7	9.3	4.0	9.6	6.9	39.0
デンマーク	40.7	5.6	8.0	…	2.8	2.0	48.5
韓国	57.8	9.7	12.6	5.6	9.0	6.9	20.6
ベルギー	31.6	12.3	4.1	1.3	11.2	7.9	53.1
オーストリア	38.1	25.9	23.1	0.0	10.7	6.1	28.0
フィンランド	29.7	4.8	26.5	0.0	5.8	3.7	38.0
アイルランド	43.0	7.7	0.6	0.0	5.7	5.1	50.6
ポーランド	73.2	54.9	1.9	1.5	4.2	4.0	20.7
ニュージーランド	43.3	13.5	9.5	4.1	7.5	5.7	39.7
ルクセンブルク	38.9	12.4	10.1	…	8.5	8.3	42.5
ハンガリー	67.6	50.7	0.1	…	17.7	6.6	14.6
ポルトガル	64.1	42.0	2.4	1.8	1.1	0.7	32.4
チェコ	45.4	11.9	1.1	0.1	6.2	6.0	47.3
ギリシャ	0.1	0.0	…	…	…	…	…
スロバキア	20.8	5.9	1.9	…	2.9	2.4	74.3
スロベニア	71.9	55.4	1.8	…	0.9	0.9	25.5
アイスランド	50.9	11.4	5.6	…	7.2	7.1	36.4
DAC加盟国計	39.6	6.6	17.2	8.0	6.3	4.3	36.9

OECD Stat（2022年６月８日閲覧）より作成。約束額ベース。1）教育のほか、病院等への支援、予防接種プログラム、看護、薬の提供などを含む医療・歯科サービスや、上下水道や河川開発に関する支援。ただし、農業用灌漑システムは除く。2）原子力の使用を含むエネルギーの生産と分配、道路、鉄道、水上及び航空輸送、テレビ、ラジオならびに情報ネットワーク用機器などのインフラ整備への支援。3）農林水産業における、作物や家畜の開発、生産に関する支援のほか、埋立地の土壌調査、鉱業における探鉱、地質調査、石油及び鉱石の開発・精製、食品や農作物の加工を含むあらゆる製造業への支援、輸出促進などの貿易、観光に関する支援。4）非政府組織への援助などのほか、環境やジェンダー、都市及び農村開発に重点を置いた複数分野にわたるプロジェクトや、債務免除や借り換えなどの関する支援、救援食糧援助などの人道援助を含む。

表 8-81 経済協力資金の受取額（単位 百万ドル）

	計（純額ベース）			うちODA		
	2018	2019	2020	2018	2019	2020
アジア						
アフガニスタン	3 793	4 154	4 205	3 791	4 138	4 207
イエメン	8 002	4 041	2 546	7 983	3 757	2 544
イラン	197	-227	874	166	204	235
インド	18 093	23 999	8 477	2 462	2 550	1 794
インドネシア	11 185	14 980	6 541	962	-668	1 233
ウズベキスタン	2 878	3 569	3 758	1 056	1 143	1 459
カザフスタン	-8 083	-1 021	3 709	79	53	70
シリア	9 994	10 080	9 989	9 995	10 098	10 006
タイ	5 614	7 842	-1 141	-419	-352	198
中国	31 230	42 415	10 843	-705	-609	-574
トルクメニスタン	122	-1 016	380	20	25	35
パキスタン	1 164	2 862	4 178	1 387	2 013	2 591
バングラデシュ	4 011	5 922	6 707	3 043	4 381	5 374
フィリピン	4 553	32 887	9 744	547	886	1 456
ベトナム	7 194	8 055	4 049	1 641	1 086	1 168
マレーシア	-918	11 071	394	-35	-3	-5
ヨルダン	3 172	3 834	3 508	2 525	2 689	3 114
アフリカ						
ウガンダ	2 704	2 371	3 728	1 945	2 028	3 083
エジプト	8 678	5 600	6 428	2 081	1 709	1 564
エチオピア	5 407	4 793	5 458	4 941	4 677	5 302
ケニア	3 519	3 167	4 495	2 491	3 172	3 988
コンゴ共和国	432	-444	191	145	176	215
コンゴ民主共和国	839	3 256	3 476	2 514	2 810	3 377
ナイジェリア	3 916	6 398	3 775	3 305	3 277	3 375
南アフリカ共和国	4 121	5 233	4 645	921	965	1 203
モーリシャス	-1 357	5 652	1 313	69	22	335
モーリタニア	453	-340	390	448	397	644
モロッコ	1 391	2 887	3 627	818	752	1 828
中南アメリカ						
アルゼンチン	9 573	3 486	2 454	73	9	101
エクアドル	1 702	2 823	2 053	404	507	343
コロンビア	7 506	3 608	3 732	1 781	874	1 869
ブラジル	11 641	10 044	-688	444	272	612
ベネズエラ	849	-288	309	149	260	310
メキシコ	23 093	13 302	15 102	549	525	936
オセアニア						
ミクロネシア連邦	-1 542	-1 122	165	99	93	172

OECD "Geographical Distribution of Financial Flows to Developing Countries 2022"（2022年6月8日閲覧）より作成。経済協力資金総額には、ODA（政府開発援助）、その他の政府資金、民間資金等が含まれる。受取額は純額ベースで、マイナスは返済額が受取額を上回っていることを示す。

図 8-11　ODAの対GNI比と国民１人あたり負担額（2021年）

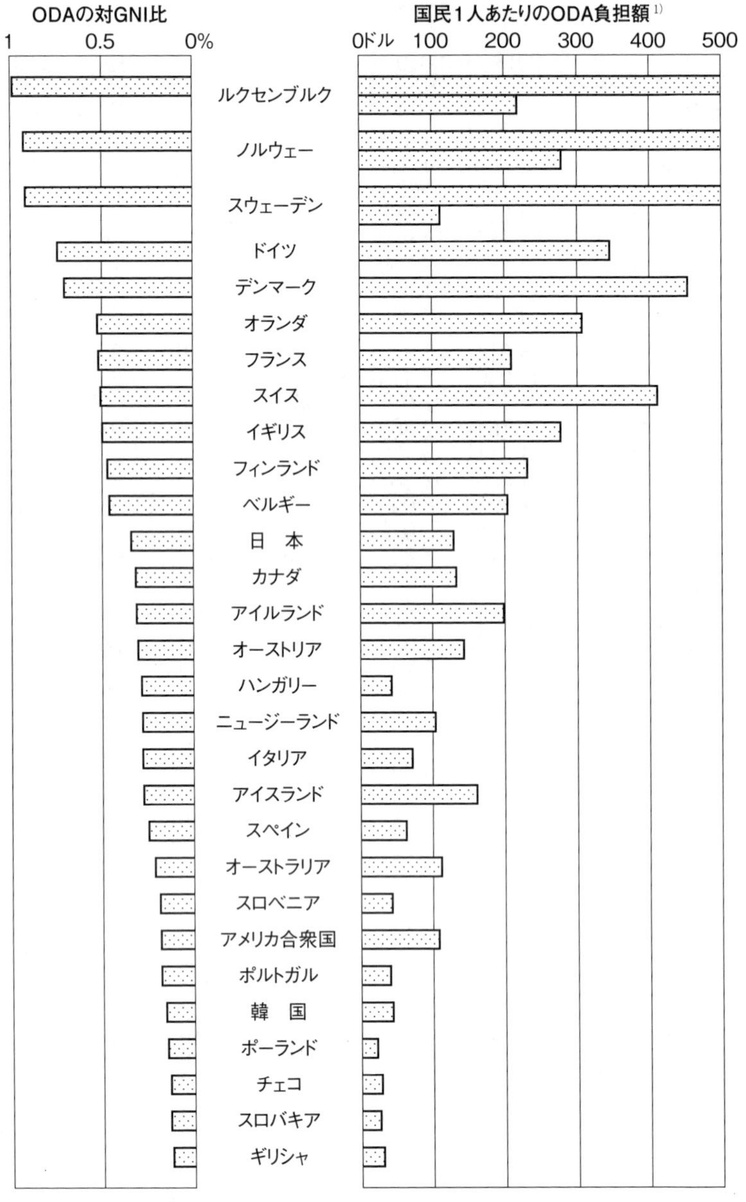

OECD Stat（2022年６月８日閲覧）より作成。1）2020年。

第9章　財政・金融・物価

2022年2月、ロシアによるウクライナ侵攻が始まり金融市場は大きく動揺し、コロナ禍からの回復を目指していた世界経済の先行きは不透明なものとなった。ロシアとウクライナは食料やエネルギー資源の主要な輸出国であるため、商品価格の高騰が各国の経済と金融市場に大きな影響を及ぼしている。IMFによる4月公表の経済見通しによると、2022年は各国で深刻なインフレが懸念される。年平均インフレ率でみると、世界全体で7.4％（2021年は4.7％）、ユーロ圏は5.3％（同2.6％）、アジア新興地域は3.5％（同2.2％）と上昇し、特にヨーロッパ新興地域（ロシア、ウクライナなど東欧やトルコ）は27.1％（同9.5％）と予測している。ウクライナ侵攻は金融市場にも影響を及ぼしており、新興国の株価が大きく下落するなど、両国の紛争が続く間、株価は不安定に推移すると見られている。また、商品価格についても、WTI原油先物価格指数が、ロシア産の原油が供給不安定になるとの懸念から、侵攻開始以前と比較して急激に上昇したのをはじめ、他のエネルギー価格も大幅な上昇となっている。ロシアとウクライナ両国の主要な輸出品目である小麦や、ウクライナの主要輸出品目の一つであるトウモロコシについても、先物価格が大幅に上昇している。原油や穀物等の商品価格の高騰は、関連製品の価格上昇につながるため、各国への影響は大きく、特に新興国や途上国の国民生活に甚大な影響を及ぼすことが懸念されている。

アメリカは大規模な財政措置と、失業保険への加算給付プログラムなどの経済対策により急速に経済回復しているが、一方で急激な財政出動による需要増加で、サプライチェーンの供給制約が起こり歴史的な水準でインフレが進んでいる。それに加えて、ロシアのウクライナ侵攻によって資源価格の高騰に伴うインフレ圧力が高まったことで、インフレ率は目標を大幅に上回る状況となっており、インフレ抑制が金融政策の課題となっている。FOMC（連邦公開市場委員会）は、2020年3月以降据え置いてきた政策金利について、利上げを行うことを決め、2022年6

月には事前に示唆していた利上げペースを上回る0.75％の利上げを決定している。財政政策では、コロナ対策によって歳出額は過去最大となった一方、経済回復による税収の増加などによって歳入が増え、財政赤字は2020年と比較して縮小している。

中国では、2021年夏よりコロナ感染者を機動的対応で早期に発見、隔離し、新規感染者を抑える、ダイナミック・ゼロコロナ政策を開始した。しかし、2022年春に上海で事実上のロックダウンに踏み切った影響で、中国株価は大きく下落し、経済成長も失速した。2022年３月に開催された全人代（全国人民代表大会）では、2022年の経済成長目標を5.5％前後とし、2021年の実績である8.1％から引き下げている。一方、景気対策として、税負担の軽減や地方政府のインフラ投資への支援を行い、積極的な財政政策を実施するほか、金融政策では預金準備率を引き下げるなど、緩和的な方針を打ち出している。また、国内総生産（GDP）に対する財政赤字を、2021年の3.2％から2.8％前後に引き下げて、コロナ前の水準に戻すとしている。

日本の2022年度予算は107兆5964億円で、10年連続で過去最大となった。防衛費が５兆3687億円と過去最大となったほか、社会保障費も過去最大の36兆2735億円となった。社会保障費に地方交付税交付金と国債費を加えた金額が歳出全体の約71％を占めており、その他の政策に自由に使える余地の少ない「財政の硬直化」が続いている。一方、税収は、コロナ禍で落ち込んだ企業の業績が回復傾向にあることから過去最大の65兆2350億円と見込まれているが、コロナの感染状況や、不安定な国際情勢を受けて先行きは不透明な部分もある。金融政策は引き続き物価安定の目標の実現を目指し、「長短金利付き量的・質的緩和」が継続される。政策金利についても現在の水準、もしくはそれを下回る水準で推移することが想定されている。これにより、利上げを決定した欧米各国との金利差が広がり、急速な円安が進行している。2022年７月には１ドル＝138円台となり、1998年以来およそ24年ぶりの円安・ドル高となった。今後、アメリカは更なる大幅利上げを実施する可能性があり、大規模な金融緩和を続ける日本の円を売る動きが続いている。

表 9-1　一般政府総債務残高の対GDP比（%）

	2010	2015	2019	2020	2021	十億ドル（推計値）
アジア・オセアニア						
オーストラリア・・	20.4	37.8	46.8	*57.8	*59.8	976.0
インドネシア・・・・	24.5	27.0	30.6	39.8	*42.8	508.0
韓国・・・・・・・・・・・・	29.5	40.8	*42.1	*48.9	*49.8	895.1
サウジアラビア・・	8.4	5.8	22.5	32.4	*30.0	250.2
シンガポール・・・・	98.7	102.2	128.2	152.0	*132.8	536.7
タイ・・・・・・・・・・・・	39.8	42.6	41.1	*49.8	*58.0	290.6
中国・・・・・・・・・・・・	33.9	41.5	57.2	*68.1	*73.3	12 788.6
トルコ・・・・・・・・・・	39.7	27.4	32.7	39.5	*41.6	336.6
日本・・・・・・・・・・・・	205.7	228.4	236.1	*259.0	*263.1	12 992.4
フィリピン・・・・・・	47.6	39.6	37.0	51.7	*57.5	226.4
ベトナム・・・・・・・・	36.8	46.1	41.3	*41.7	*40.2	145.7
ヨーロッパ						
アイルランド・・・・	86.2	76.7	57.2	*58.4	*55.3	275.5
イギリス・・・・・・・・	74.0	86.0	83.9	102.6	*95.3	3 038.6
イタリア・・・・・・・・	119.2	135.3	134.1	*155.3	*150.9	3 167.8
ウクライナ・・・・・・	40.6	79.5	50.5	61.0	*49.0	97.3
オーストリア・・・・	82.4	84.4	70.6	*83.2	*83.1	396.3
オランダ・・・・・・・・	59.4	64.6	47.6	*52.8	*56.7	577.7
ギリシャ・・・・・・・・	147.5	178.7	185.1	211.9	*198.9	430.2
スウェーデン・・・・	38.1	43.7	34.9	*39.6	*37.3	234.0
スペイン・・・・・・・・	60.5	99.3	95.5	*120.0	*118.7	1 692.1
デンマーク・・・・・・	42.6	39.8	33.6	*42.1	*37.3	147.6
ドイツ・・・・・・・・・・	82.0	72.0	58.9	68.7	*70.2	2 964.9
ノルウェー・・・・・・	43.2	34.5	40.9	46.8	*48.1	232.1
フィンランド・・・・	46.9	63.6	59.6	*69.0	*66.7	199.2
フランス・・・・・・・・	85.3	95.6	97.4	115.2	*112.3	3 297.0
ベルギー・・・・・・・・	100.3	105.2	97.7	*112.8	*108.3	649.1
ポーランド・・・・・・	53.5	51.3	45.6	*57.4	*55.5	374.4
ロシア・・・・・・・・・・	10.1	15.3	13.7	19.2	*17.0	302.3
北中アメリカ						
アメリカ合衆国・・	95.2	105.1	108.8	*134.2	*132.6	30 501.2
カナダ・・・・・・・・・・	81.2	91.2	87.2	117.8	*112.1	2 230.8
メキシコ・・・・・・・・	42.0	52.8	53.3	60.3	*57.6	746.2
南アメリカ						
アルゼンチン・・・・	43.5	52.6	88.8	102.8	*80.6	394.3
ウルグアイ・・・・・・	41.0	58.2	60.5	68.1	*67.5	40.0
ペルー・・・・・・・・・・	25.4	24.1	27.1	35.1	*35.9	80.7
アフリカ						
エジプト・・・・・・・・	69.6	88.3	84.2	89.6	*93.5	379.0
エチオピア・・・・・・	38.9	50.7	54.7	53.7	*53.0	…
タンザニア・・・・・・	27.6	39.2	39.0	40.5	*40.8	28.8
南アフリカ共和国	31.2	45.2	56.3	69.4	*69.1	289.0

IMF（国際通貨基金）"World Economic Outlook Database, April 2022" より作成（2022年7月5日閲覧）。資料の違いにより表9-5とは数値が一致しない。*印は推計値。

表 9-2　一般政府歳出と経費別構成（I）

	年次	歳出額（十億ドル）	対GDP比（%）		
				公務・公益事業	防衛
アジア					
アゼルバイジャン	2019	15.6	*32.4*	*24.8*	*11.3*
アフガニスタン‥	2017	9.1	*44.9*	*25.4*	*36.3*
アラブ首長国連邦	2020	108.8	*30.3*	*55.1*	*6.0*
イスラエル……	2020	184.6	*45.4*	*11.5*	*11.9*
インド………[1][2]	2018	440.3	*15.9*	…	*9.3*
インドネシア……	2020	206.0	*19.5*	*31.5*	*4.6*
ウズベキスタン‥	2020	16.8	*28.0*	*9.1*	…
カザフスタン……	2020	41.6	*24.3*	*12.5*	*6.7*
韓国…………	2015	455.4	*31.1*	…	…
キプロス………	2020	11.1	*46.7*	*21.1*	*4.2*
クウェート……[1]	2015	68.3	*59.6*	*20.2*	*8.5*
シンガポール……	2020	95.9	*28.2*	*10.3*	*10.4*
スリランカ……[1][2]	2019	16.4	*19.5*	*38.8*	*8.3*
タイ…………	2020	126.4	*25.2*	*36.5*	*5.5*
中国…………	2020	5 041.6	*33.9*	*13.1*	*3.7*
トルコ………	2020	257.5	*35.8*	*21.6*	*5.2*
日本…………	2020	[3] 2 357.9	*46.7*	*10.6*	*2.0*
ネパール………	2020	9.1	*27.5*	*25.7*	*4.6*
バーレーン……[1][2]	2020	10.0	*29.4*	*38.7*	*15.5*
パキスタン……[1][2]	2015	56.2	*21.0*	*82.9*	*12.1*
バングラデシュ[1][2]	2016	26.1	*11.8*	*30.6*	*10.0*
フィリピン……[1][2]	2020	80.9	*22.4*	*43.3*	*4.2*
(香港)………	2020	111.2	*32.2*	*15.2*	…
(マカオ)………	2020	12.5	*51.2*	*21.3*	…
マレーシア……[1][2]	2019	76.1	*20.8*	*47.5*	*4.3*
ミャンマー……	2019	14.1	*20.4*	*16.8*	*16.3*
ヨルダン……[1][2]	2020	13.0	*29.7*	*34.7*	*12.9*
レバノン……[1][2]	2020	12.0	*18.9*	*30.9*	*13.3*
アフリカ					
アンゴラ……[1][2]	2019	16.7	*18.7*	*48.3*	*11.4*
エジプト………	2015	104.1	*32.8*	*35.0*	*6.0*
エチオピア……[1][2]	2020	10.4	*10.8*	*58.1*	*4.2*
ケニア………	2020	26.0	*26.3*	*37.3*	*5.0*
スーダン……[1][2]	2016	11.1	*10.8*	…	…
タンザニア……[1][2]	2018	11.4	*19.6*	*43.5*	*6.3*
南アフリカ共和国	2020	150.1	*44.8*	*30.7*	*2.3*
ヨーロッパ					
アイスランド……	2020	11.0	*50.5*	*18.1*	*0.2*
アイルランド……	2020	116.5	*27.4*	*11.9*	*0.9*
イギリス………	2020	1 418.6	*51.5*	*14.1*	*4.1*
イタリア………	2020	1 078.8	*57.2*	*18.8*	*2.4*
ウクライナ……	2020	70.5	*45.3*	*19.1*	*6.3*
エストニア……	2020	14.1	*45.9*	*13.2*	*5.3*

歳出額の内訳（%）						
経済産業	環境保護	住宅・住居環境	保健	教育	社会保障・福祉	その他
29.3	0.1	1.3	3.4	8.6	19.9	1.3
19.1	0.4	1.3	4.5	8.2	4.1	0.7
10.3	1.5	4.1	11.1	5.4	4.5	2.0
13.7	1.3	0.1	13.5	15.6	29.4	3.0
14.0	…	7.7	1.7	2.7	…	…
16.2	1.4	6.6	10.5	17.9	10.5	0.8
13.0	0.1	2.5	11.5	21.8	26.1	…
7.8	2.0	9.9	11.7	19.8	26.6	3.0
…	…	…	…	…	…	…
12.3	0.8	3.3	13.1	13.0	30.2	2.0
11.6	0.1	6.4	7.8	13.8	16.3	15.3
16.3	4.9	4.8	11.9	11.2	28.3	1.9
21.5	…	13.2	8.3	9.9	…	…
14.6	0.3	1.3	5.6	12.3	22.4	1.5
28.6	2.2	6.5	8.4	10.5	25.8	1.2
13.7	0.8	2.0	16.0	9.4	29.6	1.7
18.6	2.7	1.5	18.4	7.3	38.0	0.9
31.5	1.4	10.4	6.6	11.5	7.0	1.3
8.7	0.2	2.2	12.7	8.4	11.9	1.7
2.6	0.0	0.1	0.7	1.5	0.0	0.1
19.1	0.1	8.0	6.1	18.6	6.3	1.2
16.0	0.7	0.2	4.7	17.3	13.3	0.3
35.1	3.3	5.4	12.2	12.8	13.0	…
23.1	2.0	1.3	10.5	12.3	27.0	…
13.3	0.6	4.5	9.4	20.3	…	…
42.7	0.2	4.3	4.3	9.8	4.6	1.0
4.7	0.1	2.0	9.4	12.4	21.9	1.9
12.0	0.1	0.3	4.6	8.9	29.4	0.5
11.3	0.0	4.3	5.7	10.8	7.7	0.5
6.0	0.3	3.0	5.0	12.0	29.0	3.7
14.2	0.3	0.8	5.8	14.3	2.0	0.3
20.6	0.8	4.6	7.6	17.9	5.5	0.7
…	…	…	…	…	…	…
18.9	0.0	4.7	6.1	19.6	0.8	0.1
15.8	0.6	4.4	10.5	18.8	14.9	2.0
12.3	1.5	1.3	16.9	15.3	27.4	7.0
12.9	1.4	2.4	19.9	11.3	37.4	1.9
16.0	1.4	1.5	19.1	10.6	31.9	1.3
9.4	1.7	0.8	13.8	7.5	44.1	1.5
13.5	0.5	1.7	9.3	13.3	34.7	1.6
12.8	1.5	0.9	14.6	14.3	32.8	4.6

一般政府歳出と経費別構成（Ⅱ）

	年次	歳出額（十億ドル）	対GDP比（%）	公務・公益事業	防衛
オーストリア･･･････	2020	247.1	*57.1*	*13.3*	*1.1*
オランダ･･･････	2020	439.2	*48.1*	*12.7*	*2.8*
ギリシャ･･･････	2020	112.8	*59.6*	*17.9*	*4.3*
クロアチア･･･････	2020	31.2	*55.5*	*15.9*	*2.0*
スイス･･･････	2020	274.2	*36.7*	*16.7*	*2.4*
スウェーデン･･･････	2020	284.4	*52.6*	*16.0*	*2.5*
スペイン･･･････	2020	662.2	*51.7*	*14.8*	*1.8*
スロバキア･･･････	2020	47.9	*45.8*	*19.0*	*3.0*
スロベニア･･･････	2020	27.5	*51.3*	*13.9*	*2.0*
チェコ･･･････	2020	115.7	*47.1*	*15.4*	*2.2*
デンマーク･･･････	2020	190.3	*53.4*	*13.6*	*2.2*
ドイツ･･･････	2020	1 953.8	*50.8*	*15.3*	*2.2*
ノルウェー･･･････	2020	211.0	*58.2*	*11.0*	*3.5*
ハンガリー･･･････	2020	80.3	*51.8*	*20.1*	*2.1*
フィンランド･･･････	2020	155.0	*57.5*	*16.7*	*2.4*
フランス･･･････	2020	1 621.4	*61.6*	*12.2*	*3.1*
ブルガリア･･･････	2020	29.2	*42.3*	*14.9*	*3.7*
ベラルーシ･･･････	2020	25.6	*42.4*	*19.3*	*2.8*
ベルギー･･･････	2020	308.9	*60.0*	*15.5*	*1.5*
ポーランド･･･････	2020	290.4	*48.7*	*13.9*	*3.6*
ポルトガル･･･････	2020	112.8	*49.3*	*18.3*	*1.7*
ラトビア･･･････	2020	14.5	*43.4*	*14.5*	*5.9*
リトアニア･･･････	2020	24.2	*43.4*	*11.7*	*5.3*
ルーマニア･･･････	2020	104.9	*42.2*	*18.2*	*5.6*
ルクセンブルク･･	2020	34.5	*47.2*	*13.4*	*1.5*
ロシア･･･････	2020	617.0	*41.7*	*29.6*	*4.7*
北中アメリカ					
アメリカ合衆国･･	2020	9 984.4	*47.8*	*16.4*	*7.5*
エルサルバドル･･	2020	8.8	*35.5*	*43.7*	*2.4*
カナダ･･･････	2020	850.3	*51.7*	*15.3*	*2.1*
グアテマラ･･･････	2020	13.9	*18.0*	*30.2*	*1.6*
コスタリカ･････ 4)	2020	20.1	*32.4*	*25.1*	…
ドミニカ共和国 1)2)	2020	17.7	*22.5*	*27.6*	*2.8*
パナマ･････ 1)2)	2018	10.8	*16.5*	*34.7*	…
南アメリカ					
アルゼンチン･･･ 4)	2020	114.0	*29.3*	*26.6*	*1.2*
チリ･････ 4)	2020	69.0	*27.3*	*13.0*	*2.4*
ブラジル･････ 4)	2020	564.0	*39.0*	*32.4*	*1.8*
オセアニア					
オーストラリア･･	2020	573.2	*42.3*	*13.9*	*5.2*
ニュージーランド	2020	86.4	*41.4*	*15.4*	*2.1*

IMF "Government Financial Statistics"（2022年7月5日閲覧）より作成。中央政府と地方政府、社会保障基金を含む一般政府。1）中央政府のみ。2）一般予算のみ。3）日本↗

歳出額の内訳（%）						
経済産業	環境保護	住宅・住居環境	保健	教育	社会保障・福祉	その他
17.2	0.7	0.5	16.1	8.9	40.1	2.1
13.9	3.1	1.0	16.7	11.0	36.1	2.7
16.6	2.7	0.4	11.2	7.5	37.7	1.7
20.7	1.5	4.5	13.5	10.0	28.7	3.2
12.2	1.6	0.6	6.9	14.2	42.5	2.9
10.9	1.0	1.3	14.1	13.6	37.8	2.8
12.2	1.8	0.9	14.5	8.9	42.7	2.4
12.8	2.0	1.1	13.7	10.1	35.7	2.6
15.8	1.2	1.1	15.4	11.2	36.4	3.0
15.3	1.9	1.4	19.5	10.8	30.5	3.0
9.5	0.8	0.3	16.7	11.9	41.9	3.1
9.1	1.3	0.9	16.8	9.2	43.0	2.2
13.7	1.8	1.6	16.6	10.1	38.3	3.4
18.6	1.5	1.9	12.5	9.2	26.4	7.7
9.1	0.4	0.6	13.4	10.2	44.6	2.6
11.0	1.7	1.8	14.6	8.9	44.2	2.5
20.4	1.7	2.1	14.1	9.5	31.4	2.2
11.6	0.2	5.3	12.7	12.9	32.7	2.5
13.2	2.5	0.6	14.9	11.2	38.4	2.2
18.7	1.1	1.0	11.1	10.7	37.3	2.6
12.6	1.4	1.1	14.7	10.1	38.2	1.9
16.3	1.3	2.7	11.0	13.8	31.3	3.2
13.1	1.3	1.5	13.9	12.0	38.0	3.2
14.9	1.6	2.7	13.1	8.8	32.7	2.4
12.3	2.2	1.1	12.5	10.5	43.8	2.7
11.3	0.6	3.1	5.3	8.9	34.1	2.4
14.4	…	1.1	22.0	12.7	25.4	…
10.9	0.5	1.9	14.0	11.9	14.3	0.4
14.3	1.4	1.0	19.4	10.0	34.8	1.7
8.3	2.0	2.5	12.4	19.1	22.6	1.3
7.1	0.4	0.0	21.2	21.4	24.4	…
14.7	0.5	1.9	10.2	20.5	21.1	0.7
15.9	1.9	7.4	10.1	19.9	8.8	…
11.0	0.4	1.2	7.3	4.0	48.1	0.2
10.6	0.4	1.3	22.1	19.9	29.7	0.6
2.3	0.2	0.9	6.9	5.6	49.8	0.1
16.9	2.1	1.4	17.9	14.4	26.1	2.1
17.2	2.2	2.7	16.8	14.4	26.8	2.4

↘の財務省によると2864.4十億ドル。4）中央政府と社会保障基金の合計で、地方政府を除く。

表 9-3　一般政府の歳入構成（I）

	年次	歳入額（十億ドル）	対歳出比（%）	税収	所得・利潤等課税
アジア					
アゼルバイジャン	2019	20.8	*133.1*	*33.3*	*10.0*
アラブ首長国連邦	2020	100.2	*92.1*	*41.1*	*30.6*
イスラエル……	2020	140.6	*76.1*	*71.3*	*29.7*
イラク……1)2)	2019	90.2	…	*3.5*	*2.0*
インド……1)2)	2018	364.9	*82.9*	*91.0*	*45.6*
インドネシア……	2020	135.4	*65.8*	*75.1*	*30.1*
ウズベキスタン……	2020	15.6	*93.2*	*72.3*	*28.8*
カザフスタン……	2020	29.7	*71.4*	*71.4*	*28.5*
韓国……	2020	564.1	…	*59.0*	*25.7*
キプロス……	2020	9.6	*86.6*	*59.4*	*23.9*
クウェート……1)	2015	44.3	*64.8*	*3.6*	*0.0*
サウジアラビア……	2020	252.2	…	*24.0*	*1.9*
シンガポール……	2020	63.1	*65.8*	*70.5*	*37.9*
タイ……	2020	103.7	*82.0*	*75.9*	*28.1*
中国……	2020	3 647.3	*72.3*	*66.3*	*19.1*
トルコ……	2020	227.0	*88.1*	*57.1*	*17.6*
日本……	2020	1 854.0	*78.6*	*54.3*	*27.3*
パキスタン……1)2)	2015	40.8	*72.6*	*74.7*	*28.2*
バングラデシュ1)2)	2020	32.6	…	*80.3*	*27.3*
フィリピン……1)2)	2020	57.5	*71.1*	*87.7*	*36.6*
(香港)……	2020	80.5	*72.4*	*60.2*	*33.9*
マレーシア……1)2)	2020	53.5	…	*68.6*	*45.2*
ミャンマー……	2019	11.3	*80.5*	*40.2*	*12.8*
ヨルダン……	2018	16.6	…	*42.0*	*8.3*
アフリカ					
アンゴラ……1)2)	2019	18.1	*108.4*	*46.3*	*34.8*
エジプト……	2015	70.0	*67.3*	*56.8*	*24.1*
ガーナ……1)2)	2020	9.9	…	*80.6*	*43.0*
ケニア……	2020	17.4	*67.1*	*83.1*	*38.7*
スーダン……1)2)	2016	9.3	*83.9*	*81.7*	*5.9*
南アフリカ共和国	2020	115.0	*76.6*	*73.3*	*37.9*
モロッコ……1)2)	2020	32.8	…	*74.2*	*30.8*
ヨーロッパ					
アイルランド……	2020	95.5	*81.9*	*74.5*	*43.8*
イギリス……	2020	1 002.0	*70.6*	*71.6*	*32.2*
イタリア……	2020	885.9	*82.1*	*61.8*	*31.3*
ウクライナ……	2020	62.1	*88.0*	*64.1*	*24.7*
エストニア……	2020	12.1	*86.1*	*54.3*	*19.8*
オーストリア……	2020	211.1	*85.4*	*54.0*	*24.3*
オランダ……	2020	393.8	*89.7*	*59.5*	*28.2*
ギリシャ……	2020	92.2	*81.7*	*52.7*	*16.2*
クロアチア……	2020	27.0	*86.5*	*53.5*	*12.6*

歳入額の内訳（%）						
うち個人	うち法人	財貨・サービスの国内課税	貿易・国際取引課税	その他税	社会保障保険料	税外収入
2.8	7.2	18.7	3.8	0.8	8.5	58.3
0.0	30.6	8.5	1.8	0.1	3.5	55.4
19.0	8.0	32.4	0.6	8.5	16.9	11.8
0.8	1.2	0.4	0.9	0.2	0.0	96.5
20.8	24.9	40.9	4.5	0.0	0.1	8.9
7.7	22.3	39.5	1.8	3.7	0.0	24.9
9.6	19.2	38.1	2.6	2.8	13.0	14.7
7.6	21.0	26.1	9.0	7.8	6.7	21.9
17.2	8.5	24.1	1.1	8.1	23.7	17.4
8.7	15.0	31.0	0.0	4.4	28.6	…
0.0	0.0	1.2	2.4	0.0	0.0	96.4
0.0	1.9	17.3	1.9	2.9	9.4	66.6
14.6	23.2	20.4	0.0	12.2	0.0	29.5
9.2	19.0	44.4	2.6	0.7	4.7	19.4
4.6	14.5	39.8	1.0	6.4	19.6	14.1
10.2	7.4	35.6	1.7	2.2	22.3	20.6
14.6	12.7	19.6	0.4	7.0	37.3	8.4
…	…	32.2	6.7	7.6	0.0	25.3
8.1	19.2	42.8	8.6	1.6	0.0	19.7
15.4	17.7	27.2	18.8	5.1	0.0	12.3
11.4	22.5	20.6	0.1	5.6	0.0	39.8
17.3	27.9	19.7	1.4	2.3	0.0	31.4
0.0	0.4	24.1	2.7	0.6	0.8	59.1
1.8	6.5	30.2	2.5	1.1	18.1	39.9
7.2	27.6	5.4	2.9	3.2	4.7	49.0
7.1	17.0	26.1	4.1	2.5	0.0	43.2
14.3	20.7	32.3	10.0	-4.7	0.0	19.4
21.5	17.1	36.3	8.1	0.0	0.0	16.9
…	…	59.8	15.7	0.4	0.0	18.3
25.8	12.1	28.0	2.4	4.9	1.1	25.6
13.6	16.5	38.8	3.2	1.4	0.0	25.8
29.4	14.4	26.9	0.0	3.8	17.9	…
25.7	6.5	30.1	0.0	9.2	18.7	9.7
26.9	4.4	24.2	0.0	6.4	29.5	8.7
17.6	7.1	34.2	1.8	3.4	17.9	17.9
15.6	4.2	33.9	0.0	0.6	32.2	13.5
19.3	4.3	24.1	0.0	5.6	32.9	13.0
21.0	7.2	25.8	0.0	5.5	32.7	7.8
12.9	2.5	30.6	0.0	5.8	31.5	…
7.8	4.8	39.3	0.0	1.5	25.3	21.3

一般政府の歳入構成（Ⅱ）

	年次	歳入額（十億ドル）	対歳出比（%）	税収	所得・利潤等課税
スイス	2020	253.0	92.3	61.5	38.0
スウェーデン	2020	263.3	92.6	82.0	36.6
スペイン	2020	521.8	78.8	56.1	26.5
スロバキア	2020	41.5	86.7	49.0	17.9
スロベニア	2020	23.4	85.0	47.2	16.8
セルビア	2020	25.2	…	52.5	12.6
チェコ	2020	100.0	86.4	49.0	20.5
デンマーク	2020	189.6	99.7	87.5	55.4
ドイツ	2020	1 766.5	90.4	50.6	26.7
ノルウェー	2020	197.3	93.5	50.7	25.5
ハンガリー	2020	67.2	83.7	57.9	15.3
フィンランド	2020	137.4	88.6	59.7	29.0
フランス	2020	1 364.4	84.2	59.0	23.9
ブルガリア	2020	26.4	90.5	56.2	15.0
ベラルーシ	2020	24.6	96.1	54.6	16.4
ベルギー	2020	257.7	83.4	59.6	30.9
ポーランド	2020	247.8	85.3	52.9	18.2
ポルトガル	2020	98.0	86.9	57.5	22.8
ラトビア	2020	12.9	88.7	55.8	17.7
リトアニア	2020	20.0	82.4	57.6	24.6
ルーマニア	2020	81.3	77.6	46.3	13.6
ルクセンブルク	2020	31.6	91.3	62.4	33.9
ロシア	2020	575.8	93.3	50.3	20.5
北中アメリカ					
アメリカ合衆国	2020	6 408.2	64.2	63.1	38.2
カナダ	2020	686.3	80.7	71.2	41.6
グアテマラ	2020	11.2	80.1	72.7	25.1
コスタリカ	2020	15.4	73.8	52.4	16.3
ドミニカ共和国 3)	2020	11.8	…	82.6	28.0
メキシコ	2020	238.8	…	69.6	34.5
南アメリカ					
アルゼンチン 3)	2020	67.5	59.2	62.1	9.4
ウルグアイ 3)	2020	16.5	…	60.1	22.5
エクアドル 1)	2020	19.4	…	64.0	15.4
コロンビア	2020	80.0	…	60.2	21.4
チリ	2020	55.7	…	81.3	16.8
ブラジル	2020	559.9	76.2	59.5	18.2
ペルー	2020	37.9	…	72.1	28.8
オセアニア					
オーストラリア	2020	471.5	82.3	80.6	48.0
ニュージーランド	2020	74.9	86.7	84.0	48.4

資料は表9-2に同じ。中央政府と地方政府、社会保障基金を含む一般政府。1）中央政府↗

歳入額の内訳（%）						
うち個人	うち法人	財貨・サービスの国内課税	貿易・国際取引課税	その他税	社会保障保険料	税外収入
26.3	*9.2*	*16.6*	*0.5*	*6.3*	*20.9*	*17.6*
30.5	*6.2*	*25.7*	*0.0*	*19.7*	*7.0*	*11.0*
21.7	*4.8*	*25.2*	*0.0*	*4.4*	*35.5*	*8.4*
9.6	*7.7*	*29.9*	*0.0*	*1.2*	*39.9*	…
12.3	*4.5*	*29.0*	*0.0*	*1.4*	*39.4*	…
7.8	*4.7*	*36.1*	*2.0*	*1.8*	*28.6*	*18.9*
12.9	*7.6*	*28.0*	*0.0*	*0.6*	*39.2*	*11.8*
50.5	*4.9*	*26.0*	*0.0*	*6.1*	*1.6*	…
21.1	*4.8*	*20.8*	*0.0*	*3.1*	*39.3*	*10.1*
20.9	*4.4*	*23.2*	*0.2*	*1.8*	*20.9*	…
12.3	*3.0*	*39.0*	*0.0*	*3.6*	*26.1*	*16.1*
24.8	*4.1*	*28.4*	*0.0*	*2.3*	*22.9*	*17.4*
18.5	*5.3*	*23.6*	*0.1*	*11.5*	*32.2*	…
9.3	*5.7*	*39.2*	*0.0*	*2.0*	*24.3*	…
11.1	*5.3*	*28.8*	*6.9*	*2.6*	*26.9*	*18.5*
23.7	*6.6*	*24.4*	*0.0*	*4.3*	*32.3*	*8.0*
12.7	*5.5*	*31.0*	*0.0*	*3.7*	*34.8*	…
16.3	*6.5*	*30.6*	*0.0*	*4.1*	*29.8*	*12.7*
15.8	*1.9*	*35.9*	*0.0*	*2.1*	*27.4*	*16.9*
20.1	*4.5*	*32.1*	*0.0*	*0.9*	*30.3*	*12.1*
7.8	*5.8*	*31.0*	*0.0*	*1.7*	*36.6*	*17.1*
22.8	*11.1*	*25.0*	*0.0*	*3.5*	*29.3*	…
9.6	*9.7*	*24.0*	*4.5*	*1.3*	*20.0*	*29.7*
34.1	*4.1*	*13.5*	*1.1*	*10.3*	*22.9*	*14.0*
…	…	*17.7*	*0.4*	*11.5*	*11.6*	*17.2*
3.2	*21.8*	*42.1*	*3.0*	*2.5*	*19.4*	*7.9*
6.3	*10.0*	*28.5*	*4.1*	*3.6*	*35.5*	*12.1*
8.8	*13.5*	*48.5*	*4.9*	*1.2*	*0.7*	*16.7*
17.0	*16.2*	*28.9*	*1.2*	*5.0*	*11.7*	*18.7*
2.8	*6.6*	*31.6*	*13.4*	*7.7*	*31.9*	*6.0*
14.3	*8.2*	*29.3*	*3.3*	*5.1*	*31.8*	*8.0*
0.8	*14.6*	*28.9*	*17.3*	*2.5*	*0.0*	*36.0*
8.8	*12.7*	*31.2*	*1.2*	*6.4*	*13.0*	*26.8*
…	…	*48.7*	*0.6*	*15.2*	*7.0*	*11.7*
7.9	*6.9*	*34.6*	*1.6*	*5.0*	*27.7*	*12.8*
10.0	*18.8*	*34.2*	*0.9*	*8.2*	*12.1*	*15.8*
33.7	*13.9*	*21.2*	*2.8*	*8.6*	*0.0*	*19.4*
35.2	*13.1*	*27.3*	*2.7*	*5.7*	*1.9*	*14.1*

↘のみ。2）一般予算のみ。3）中央政府と社会保障基金の合計で、地方政府を除く。

図 9-1　主な国の財政収支の対GDP比（下表より作成）

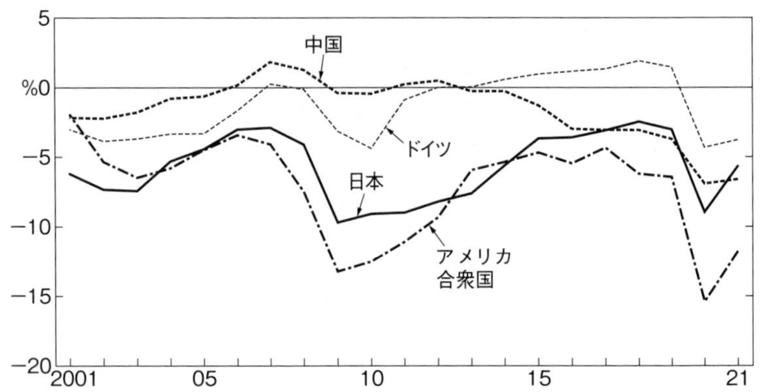

表 9-4　主要国の財政収支（対GDP比、%）

	2016	2017	2018	2019	2020	2021
インド………	*-6.9*	*-5.8*	*-5.8*	*-7.2*	*-13.3*	*-9.4*
インドネシア…	*-2.8*	*-2.4*	*-1.3*	*-1.7*	*-5.4*	*-5.8*
韓国…………	*2.2*	*2.7*	*3.0*	*1.0*	*-2.3*	*-3.0*
中国…………	*-3.0*	*-3.1*	*-3.1*	*-3.7*	*-6.9*	*-6.6*
日本…………	*-3.6*	*-3.1*	*-2.5*	*-3.0*	*-9.0*	*-5.7*
南アフリカ共和国	*-4.0*	*-4.3*	*-3.4*	*-5.7*	*-11.6*	*-6.4*
アイルランド…	*-0.8*	*-0.3*	*0.1*	*0.5*	*-5.1*	*-1.9*
イギリス………	*-3.3*	*-2.4*	*-2.2*	*-2.3*	*-12.8*	*-8.3*
イタリア………	*-2.4*	*-2.4*	*-2.2*	*-1.5*	*-9.6*	*-7.2*
オーストリア…	*-1.5*	*-0.8*	*0.2*	*0.6*	*-8.1*	*-5.9*
オランダ………	*0.0*	*1.3*	*1.4*	*1.7*	*-3.7*	*-2.5*
ギリシャ………	*0.2*	*0.6*	*0.9*	*1.1*	*-10.2*	*-7.4*
スイス………	*0.2*	*1.1*	*1.3*	*1.3*	*-2.8*	*-0.8*
スウェーデン…	*1.0*	*1.4*	*0.8*	*0.6*	*-2.6*	*-0.2*
スペイン………	*-4.3*	*-3.1*	*-2.6*	*-3.1*	*-10.3*	*-6.9*
チェコ………	*0.7*	*1.5*	*0.9*	*0.3*	*-5.8*	*-5.9*
ドイツ………	*1.2*	*1.3*	*1.9*	*1.5*	*-4.3*	*-3.8*
ノルウェー……	*4.1*	*5.0*	*7.9*	*6.6*	*-2.6*	*9.1*
フランス………	*-3.6*	*-3.0*	*-2.3*	*-3.1*	*-8.9*	*-6.4*
ベルギー………	*-2.4*	*-0.7*	*-0.9*	*-2.0*	*-9.0*	*-5.5*
ポーランド……	*-2.4*	*-1.5*	*-0.2*	*-0.7*	*-6.9*	*-1.9*
ポルトガル……	*-1.9*	*-3.0*	*-0.3*	*0.1*	*-5.8*	*-2.8*
アメリカ合衆国・	*-5.5*	*-4.3*	*-6.2*	*-6.4*	*-15.4*	*-11.8*
カナダ………	*-0.5*	*-0.1*	*0.4*	*0.0*	*-11.4*	*-5.0*
コロンビア……	*-4.9*	*-4.8*	*-5.1*	*-4.2*	*-10.1*	*-7.1*
ブラジル………	*-9.0*	*-7.8*	*-7.0*	*-5.8*	*-13.6*	*-4.0*
オーストラリア・	*-1.6*	*-0.6*	*-0.6*	*-1.2*	*-12.6*	*-5.1*

OECD “Economic Outlook No 111” より作成。国、地方、社会保障基金を含む一般政府。

図 9-2 主な国の付加価値税の標準税率（2021年1月現在）

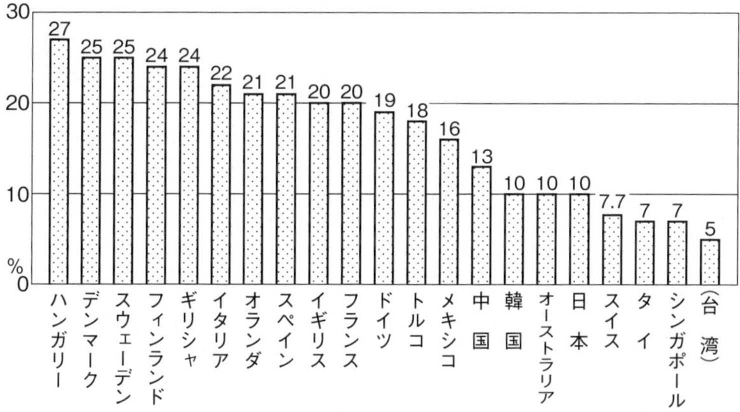

財務省資料より作成。アメリカ合衆国は州、郡、市により小売売上税がある（例、ニューヨーク州およびニューヨーク市の合計8.875%）。

表 9-5 OECD諸国の債務残高（対GDP比、%）

	2016	2017	2018	2019	2020	2021
韓国	42.8	40.8	41.9	44.2	45.4	47.9
日本	218.7	218.4	221.8	223.5	240.9	240.5
アイルランド	86.6	77.9	75.5	69.5	72.3	65.0
イギリス	118.6	119.2	115.7	118.5	149.1	143.1
イタリア	156.2	153.2	148.0	155.6	185.5	175.0
オーストリア	107.3	100.8	95.2	93.5	112.3	106.4
オランダ	77.8	70.9	66.1	62.4	69.8	66.3
ギリシャ	191.4	195.2	201.4	204.9	242.3	225.2
スイス	41.3	42.0	39.8	39.5	43.1	40.7
スウェーデン	54.6	51.9	50.6	46.9	52.1	49.3
スペイン	117.4	115.8	114.6	117.7	147.6	146.3
デンマーク	51.8	49.2	47.4	48.4	58.7	50.3
ドイツ	77.2	72.3	69.1	67.5	79.1	78.0
フィンランド	75.6	73.6	72.9	73.1	85.0	78.6
フランス	124.1	123.1	121.2	123.4	145.8	137.9
ベルギー	127.8	120.9	118.4	120.4	141.6	128.6
ポーランド	73.0	68.7	66.8	63.4	77.3	68.3
ポルトガル	146.0	145.1	137.7	136.1	157.6	145.6
ルクセンブルク	26.9	28.6	28.3	29.9	32.3	30.6
アメリカ合衆国	107.0	106.0	107.3	108.6	134.1	127.6
カナダ	98.4	93.8	92.8	92.9	126.9	117.3
オーストラリア	43.3	44.2	44.5	47.0	66.4	63.4
ニュージーランド	37.6	35.6	33.4	36.3	42.4	42.6

資料は表9-4に同じ。国、地方、社会保障基金を含む一般政府。

表 9-6　対外債務の構成（Ⅰ）（2020年末現在）（単位　百万ドル）

	短期債務	長期債務	IMFクレジット	計	うち公的債務・保証付債務
アジア					
アゼルバイジャン‥	452	15 139	221	15 812	14 000
アフガニスタン‥‥	431	1 976	629	3 036	1 958
アルメニア‥‥‥‥	1 603	10 845	646	13 094	5 616
イエメン‥‥‥‥‥	460	6 251	410	7 121	6 251
イラン‥‥‥‥‥‥	2 085	1 313	2 054	5 451	419
インド‥‥‥‥‥‥	103 533	454 916	5 730	564 179	192 785
インドネシア‥‥‥	44 488	370 192	2 852	417 532	248 419
ウズベキスタン‥‥	2 389	29 010	775	32 174	17 064
カザフスタン‥‥‥	10 034	152 445	495	162 974	25 430
カンボジア‥‥‥‥	3 782	13 659	121	17 562	8 758
キルギス‥‥‥‥‥	552	7 647	498	8 697	3 837
ジョージア‥‥‥‥	2 322	16 974	792	20 089	7 967
シリア‥‥‥‥‥‥	610	3 751	402	4 763	3 751
スリランカ‥‥‥‥	8 396	46 019	1 927	56 342	37 167
タイ‥‥‥‥‥‥‥	74 814	127 935	1 397	204 147	39 540
タジキスタン‥‥‥	1 117	5 351	330	6 798	3 125
中国‥‥‥‥‥‥‥	1 236 232	1 103 090	10 067	2 349 389	414 838
トルクメニスタン‥	142	5 394	101	5 636	5 342
トルコ‥‥‥‥‥‥	138 438	295 908	1 543	435 889	132 392
ネパール‥‥‥‥‥	361	7 174	370	7 905	7 056
パキスタン‥‥‥‥	15 063	92 540	8 902	116 506	78 893
バングラデシュ‥‥	10 986	54 654	2 109	67 749	49 029
東ティモール‥‥‥	0	220	11	232	220
フィリピン‥‥‥‥	14 209	83 064	1 207	98 480	56 220
ブータン‥‥‥‥‥	1	2 859	9	2 869	2 818
ベトナム‥‥‥‥‥	26 604	97 988	453	125 045	52 180
ミャンマー‥‥‥‥	68	12 554	726	13 348	12 519
モルディブ‥‥‥‥	349	2 961	42	3 352	2 843
モンゴル‥‥‥‥‥	3 118	29 717	401	33 236	9 728
ヨルダン‥‥‥‥‥	14 084	22 662	1 271	38 016	18 756
ラオス‥‥‥‥‥‥	985	16 106	73	17 164	10 393
レバノン‥‥‥‥‥	10 154	58 433	278	68 865	33 359
アフリカ					
アルジェリア‥‥‥	1 784	1 669	1 726	5 178	1 437
アンゴラ‥‥‥‥‥	6 377	57 918	2 992	67 287	47 144
ウガンダ‥‥‥‥‥	1 191	15 246	769	17 207	11 335
エジプト‥‥‥‥‥	11 959	99 259	20 362	131 580	98 857
エスワティニ‥‥‥	26	557	183	766	557
エチオピア‥‥‥‥	409	29 016	940	30 364	29 016
エリトリア‥‥‥‥	37	729	22	789	729
ガーナ‥‥‥‥‥‥	5 136	23 575	2 612	31 323	23 322
カーボベルデ‥‥‥	…	2 022	47	2 070	2 022
ガボン‥‥‥‥‥‥	76	6 478	1 063	7 616	6 478
カメルーン‥‥‥‥	369	12 226	1 269	13 864	11 460

対外債務の構成（Ⅱ）（2020年末現在）（単位　百万ドル）

	短期債務	長期債務	IMFクレジット	計	うち公的債務・保証付債務
ガンビア	26	647	103	776	647
ギニア	144	3 363	668	4 175	3 363
ギニアビサウ	48	709	49	806	709
ケニア	2 294	34 509	1 391	38 194	33 688
コートジボワール	1 059	20 967	3 047	25 073	19 976
コモロ	1	258	42	301	258
コンゴ共和国	282	4 809	162	5 253	4 803
コンゴ民主共和国	131	4 496	1 511	6 137	4 496
サントメ・プリンシペ	13	241	37	291	241
ザンビア	677	28 690	678	30 046	12 245
シエラレオネ	183	1 278	652	2 114	1 278
ジブチ	253	2 354	72	2 679	2 354
ジンバブエ	3 852	8 401	488	12 741	4 577
スーダン	5 822	16 584	548	22 954	16 584
セネガル	0	16 550	689	17 239	15 858
ソマリア	1 577	2 639	444	4 660	2 639
タンザニア	3 153	22 110	274	25 538	17 619
チャド	31	2 945	678	3 654	2 945
中央アフリカ共和国	133	447	355	936	447
チュニジア	10 632	27 582	2 824	41 038	25 695
トーゴ	320	1 767	459	2 546	1 767
ナイジェリア	0	64 622	5 948	70 571	29 750
ニジェール	62	4 031	498	4 591	4 031
ブルキナファソ	0	4 028	466	4 495	4 023
ブルンジ	0	493	132	626	493
ベナン	283	4 405	563	5 250	4 405
ボツワナ	218	1 297	83	1 597	1 278
マダガスカル	273	3 644	956	4 873	3 514
マラウイ	178	2 237	528	2 943	2 237
マリ	83	5 317	681	6 081	5 317
南アフリカ共和国	27 788	136 013	6 966	170 767	99 363
モーリシャス	6 245	12 143	139	18 527	1 909
モーリタニア	1 075	4 211	424	5 710	4 211
モザンビーク	1 829	18 415	689	20 932	10 192
モロッコ	8 146	53 630	3 906	65 683	43 657
リベリア	0	1 008	473	1 481	966
ルワンダ	378	7 295	520	8 193	5 122
レソト	2	931	119	1 052	931
ヨーロッパ					
アルバニア	670	9 562	627	10 859	5 278
ウクライナ	24 078	92 997	12 824	129 899	41 519
北マケドニア	1 504	8 806	297	10 607	5 102
コソボ	962	1 931	216	3 108	517
セルビア	2 353	35 473	641	38 467	18 346

対外債務の構成（Ⅲ）（2020年末現在）（単位　百万ドル）

	短期債務	長期債務	IMFクレジット	計	うち公的債務・保証付債務
ブルガリア	11 876	30 592	880	43 347	11 927
ベラルーシ	10 186	31 775	531	42 491	20 270
ボスニア・ヘルツェゴビナ	474	12 993	796	14 263	5 217
モルドバ	2 246	5 561	669	8 476	1 761
モンテネグロ	316	9 282	124	9 723	4 858
ルーマニア	17 767	123 204	1 418	142 390	58 674
ロシア	57 370	409 980	8 169	475 518	212 465
北中アメリカ					
エルサルバドル	1 871	15 813	650	18 334	10 645
グアテマラ	1 229	23 617	289	25 136	11 192
グレナダ	102	498	59	659	498
コスタリカ	3 942	26 589	757	31 288	12 570
ジャマイカ	1 785	14 801	1 449	18 035	9 151
セントビンセント・グレナディーン諸島	0	375	31	406	375
セントルシア	78	604	52	734	604
ドミニカ共和国	2 172	41 308	988	44 468	34 061
ドミニカ国	18	276	36	329	276
ニカラグア	1 168	10 513	369	12 050	5 899
ハイチ	0	2 027	291	2 318	2 027
パナマ	35 671	72 369	826	108 866	29 699
ベリーズ	8	1 492	26	1 526	1 408
ホンジュラス	619	9 733	664	11 017	8 589
メキシコ	49 709	413 696	4 106	467 512	308 532
南アメリカ					
アルゼンチン	42 607	162 279	48 874	253 760	119 182
エクアドル	942	48 468	6 781	56 191	37 816
ガイアナ	54	1 327	125	1 507	1 271
コロンビア	14 071	134 636	6 464	155 172	84 826
パラグアイ	4 614	15 013	137	19 763	10 258
ブラジル	68 983	476 093	4 158	549 234	194 237
ベネズエラ	58 572	127 071	3 663	189 306	69 341
ペルー	10 284	62 387	878	73 549	28 027
ボリビア	577	14 261	582	15 421	11 878
オセアニア					
サモア	0	394	43	437	394
ソロモン諸島	27	377	25	429	124
トンガ	0	185	9	194	185
バヌアツ	38	383	34	456	383
パプアニューギニア	400	17 012	560	17 971	5 112
フィジー	22	1 400	97	1 518	903

世界銀行 "International Debt Statistics 2022"（2022年6月20日閲覧）より作成。新興・開発途上国に関する対外債務統計。長期債務とは当初の償還期間が1年を超えるもの。

表 9-7　資金の純流入額と対外債務比率（Ⅰ）（2020年）

	資金の純流入額（百万ドル）		対外債務比率（%）		対外債務に対する外貨準備（%）
	計	うち長期	GNI	財・サービス輸出	
アジア					
アゼルバイジャン‥	-343	-179	*37.3*	*92.7*	*48.3*
アフガニスタン‥‥	290	-26	*15.0*	*176.9*	*277.3*
アルメニア‥‥‥‥	1 037	783	*105.2*	*310.1*	*20.0*
イエメン‥‥‥‥‥	-84	-38	…	…	…
イラン‥‥‥‥‥‥	299	-146	*2.7*	*14.3*	…
インド‥‥‥‥‥‥	354	3 600	*21.4*	*111.2*	*97.3*
インドネシア‥‥‥	12 784	13 095	*40.5*	*227.6*	*31.4*
ウズベキスタン‥‥	9 338	7 240	*53.9*	*199.7*	*45.6*
カザフスタン‥‥‥	8 295	7 064	*104.4*	*299.6*	*7.4*
カンボジア‥‥‥‥	1 979	1 610	*70.8*	*83.8*	*105.7*
キルギス‥‥‥‥‥	140	-118	*117.4*	*354.1*	*20.6*
ジョージア‥‥‥‥	1 040	688	*133.0*	*291.6*	*19.5*
シリア‥‥‥‥‥‥	2	0	…	…	…
スリランカ‥‥‥‥	-532	-463	*71.8*	*424.2*	*9.3*
タイ‥‥‥‥‥‥‥	24 483	9 451	*41.9*	*75.3*	*121.8*
タジキスタン‥‥‥	-264	-196	*71.1*	*230.5*	…
中国‥‥‥‥‥‥‥	232 892	201 972	*16.1*	*79.0*	*137.9*
トルクメニスタン‥	-962	-1 103	…	…	…
トルコ‥‥‥‥‥‥	4 731	-10 605	*61.3*	*207.0*	*11.5*
ネパール‥‥‥‥‥	1 123	955	*23.2*	*346.9*	*140.1*
パキスタン‥‥‥‥	6 210	7 289	*45.3*	*419.2*	*12.5*
バングラデシュ‥‥	9 041	7 176	*20.0*	*173.7*	*62.5*
フィリピン‥‥‥‥	11 614	14 613	*25.3*	*107.8*	*100.0*
ブータン‥‥‥‥‥	178	205	*132.1*	*351.5*	*52.5*
ベトナム‥‥‥‥‥	5 889	3 682	*48.9*	*42.9*	*75.8*
ミャンマー‥‥‥‥	1 561	1 201	*17.2*	…	*54.2*
モンゴル‥‥‥‥‥	2 536	2 282	*275.8*	*416.1*	*12.2*
ヨルダン‥‥‥‥‥	4 236	1 955	*87.2*	*337.4*	…
ラオス‥‥‥‥‥‥	302	-98	*94.8*	*262.3*	*8.1*
レバノン‥‥‥‥‥	-7 159	-10 265	*222.1*	*681.0*	*36.3*
アフリカ					
アルジェリア‥‥‥	-501	-20	*3.6*	*20.1*	*944.0*
アンゴラ‥‥‥‥‥	2 336	-1 796	*125.9*	*312.4*	*20.5*
ウガンダ‥‥‥‥‥	2 827	2 084	*46.5*	*300.8*	…
エジプト‥‥‥‥‥	13 915	6 772	*37.2*	*323.7*	*25.9*
エスワティニ‥‥‥	133	16	*21.4*	*40.1*	*71.2*
エチオピア‥‥‥‥	1 341	824	*28.4*	*392.9*	*10.0*
エリトリア‥‥‥‥	-16	-16	…	…	…
ガーナ‥‥‥‥‥‥	3 968	2 639	*44.3*	*137.3*	*23.5*
カーボベルデ‥‥‥	115	82	*124.6*	*467.5*	*32.6*
ガボン‥‥‥‥‥‥	126	124	*52.5*	…	…
カメルーン‥‥‥‥	694	260	*34.7*	*220.5*	…

資金の純流入額と対外債務比率（Ⅱ）（2020年）

	資金の純流入額（百万ドル）		対外債務比率（%）		対外債務に対する外貨準備（%）
	計	うち長期	GNI	財・サービス輸出	
ガンビア	47	23	42.2	422.9	49.9
ギニア	1 049	931	29.1	46.2	29.8
ギニアビサウ	171	174	55.3	…	…
ケニア	2 411	2 129	38.5	380.3	21.7
コートジボワール	3 958	2 771	42.2	…	…
コモロ	25	15	24.5	386.1	97.4
コンゴ共和国	−394	−446	61.1	…	…
コンゴ民主共和国	361	116	12.9	43.4	12.2
サントメ・プリンシペ	22	5	61.9	522.3	25.9
ザンビア	2 582	2 759	170.7	349.6	4.0
シエラレオネ	212	92	53.0	…	33.5
ジブチ	64	185	81.5	71.3	25.6
ジンバブエ	181	−25	73.0	241.7	0.3
スーダン	−51	−111	115.6	447.7	…
セネガル	1 220	774	71.7	…	…
ソマリア	−147	−350	94.1	…	…
タンザニア	281	326	41.3	294.6	…
チャド	241	58	36.7	…	…
中央アフリカ共和国	85	21	38.1	…	…
チュニジア	53	268	101.1	247.3	22.9
トーゴ	418	299	33.5	…	…
ナイジェリア	9 762	6 343	16.9	170.1	52.0
ニジェール	762	633	34.9	…	…
ブルキナファソ	565	426	27.0	…	…
ブルンジ	16	38	21.9	…	14.1
ベナン	1 073	527	33.9	…	…
ボツワナ	21	−57	10.6	33.1	309.3
マダガスカル	643	276	38.5	184.4	40.6
マラウイ	420	141	24.8	261.6	19.5
マリ	681	495	36.3	…	…
南アフリカ共和国	−10 940	−8 439	51.8	167.4	27.7
モーリシャス	271	−213	155.7	186.0	35.3
モーリタニア	174	17	73.1	193.8	26.1
モザンビーク	510	36	154.4	456.5	18.4
モロッコ	7 638	5 191	58.1	171.4	52.8
リベリア	137	79	52.1	229.7	36.4
ルワンダ	1 496	1 266	81.1	422.2	22.0
レソト	72	35	50.1	74.3	…
ヨーロッパ					
アルバニア	581	363	74.2	282.3	42.8
ウクライナ	5 140	3 053	81.4	178.2	21.2
北マケドニア	1 119	854	89.9	144.3	35.0
コソボ	413	316	39.3	154.0	35.2
セルビア	3 552	3 812	74.4	147.1	37.5

資金の純流入額と対外債務比率（Ⅲ）（2020年）

	資金の純流入額（百万ドル）		対外債務比率（%）		対外債務に対する外貨準備（%）
	計	うち長期	GNI	財・サービス輸出	
ブルガリア	2 503	714	*63.2*	*107.4*	*81.6*
ベラルーシ	2 105	2 112	*73.6*	*111.7*	*10.4*
ボスニア・ヘルツェゴビナ	695	211	*72.1*	*193.6*	*59.8*
モルドバ	676	271	*68.4*	*207.8*	*44.6*
モンテネグロ	97	-27	*200.6*	*619.1*	*22.0*
ルーマニア	18 145	16 770	*58.2*	*142.7*	*32.2*
ロシア	-10 370	-10 040	*32.8*	*111.8*	*96.1*
北中アメリカ					
エルサルバドル	1 149	1 092	*78.6*	*284.2*	*16.4*
グアテマラ	77	186	*33.0*	*182.6*	*71.8*
グレナダ	125	16	*62.5*	*147.6*	*44.5*
コスタリカ	1 436	-266	*53.7*	*155.4*	*23.1*
ジャマイカ	-545	-521	*135.0*	*493.2*	*21.8*
セントビンセント・グレナディーン諸島	51	36	*50.2*	*234.3*	*50.5*
セントルシア	108	77	*48.2*	*150.4*	*31.5*
ドミニカ共和国	5 477	5 157	*59.3*	*299.9*	*24.3*
ドミニカ国	38	19	*63.5*	*292.3*	*53.7*
ニカラグア	151	28	*98.3*	*223.8*	*26.7*
ハイチ	90	-7	*15.9*	…	…
パナマ	1 385	2 017	*208.1*	*503.9*	*8.8*
ベリーズ	108	108	*96.7*	*211.3*	*22.8*
ホンジュラス	1 174	864	*50.0*	*172.3*	*73.5*
メキシコ	-1 450	11 534	*45.1*	*105.4*	*41.0*
南アメリカ					
アルゼンチン	-21 970	2 784	*66.9*	*371.1*	*14.0*
エクアドル	4 685	59	*58.5*	*251.4*	*9.3*
ガイアナ	-50	-55	*32.7*	*52.5*	*45.2*
コロンビア	13 763	10 103	*58.3*	*364.8*	*37.5*
パラグアイ	4 415	4 515	*57.1*	*165.3*	*44.0*
ブラジル	6 715	16 912	*38.8*	*211.7*	*64.0*
ベネズエラ	-637	-637	…	…	…
ペルー	8 983	7 266	*37.6*	*152.7*	*98.8*
ボリビア	956	682	*42.7*	*200.9*	*17.3*
オセアニア					
サモア	6	-15	*56.3*	*347.0*	*63.4*
ソロモン諸島	90	90	*27.1*	*88.4*	*154.1*
バヌアツ	-7	1	*46.9*	*172.2*	*134.7*
パプアニューギニア	582	458	*73.7*	*191.8*	…
フィジー	152	183	*35.7*	*117.4*	…

資料は前表に同じ。資金の純流入額は公的債務（IMF、世界銀行を含む）および民間債務（長短含む）の実行額より元本返済額を控除したもの。長期の定義は前表に同じ。対外債務比率は、GNI、財・サービス輸出に対する割合。

図 9-3　各国の対外債務残高と対GNI比（2020年）

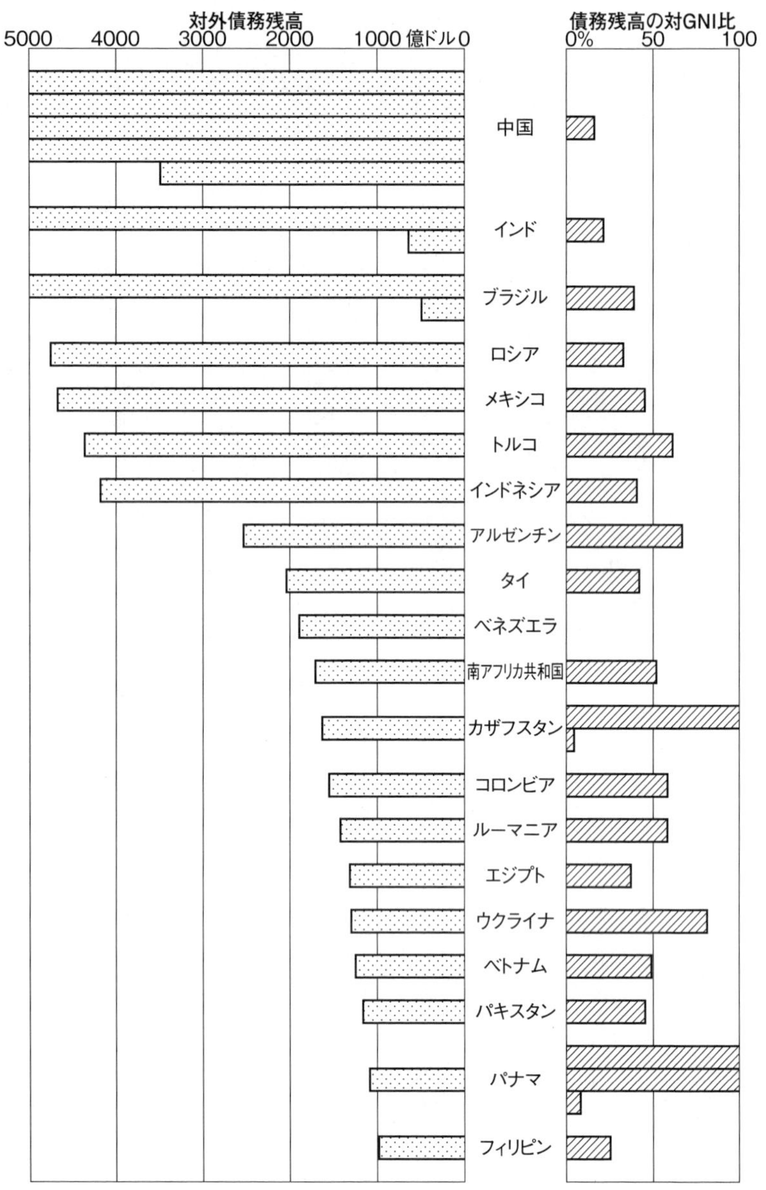

表9-6、9-7より作成。ベネズエラの債務残高の対GNI比は不明。なお、中国は表8-76に示したように対外純資産保有国であることにも留意を要する。

表 9-8　主な国の政策金利（Ⅰ）（各年末現在）（年利、％）

	2017	2018	2019	2020	2021	2022（3月末）
アジア						
アゼルバイジャン#	15.00	9.75	7.50	6.25	7.25	7.75
イスラエル	0.10	0.25	0.25	0.10	0.10	0.10
イラク#	4.00	…	…	…	…	…
インド	6.25	6.75	5.40	4.25	4.25	4.25
インドネシア#	4.25	6.00	5.00	3.75	3.50	3.50
オマーン	2.81	…	…	…	…	…
カタール#	5.00	5.00	4.25	2.50	2.50	2.50
韓国	0.50	0.50	0.50	0.25	0.25	0.25
(参考)韓国#	1.50	1.75	1.25	0.50	1.00	1.25
キルギス#	5.00	4.75	4.25	5.00	8.00	14.00
クウェート	2.75	3.00	2.75	1.50	1.50	1.75
サウジアラビア#	1.50	…	…	…	…	…
シンガポール#	1.52	1.86	2.51	1.06	0.76	…
スリランカ	15.00	15.00	15.00	…	…	…
タイ	2.00	2.25	1.75	1.00	1.00	1.00
(台湾)	1.38	1.38	1.38	1.13	1.13	1.38
中国	2.90	2.90	2.90	2.90	2.90	2.90
トルコ	8.75	18.50	12.75	15.75	15.75	14.75
日本 1)	0.30	0.30	0.30	0.30	0.30	0.30
(参考)日本#	-0.10	-0.10	-0.10	-0.10	-0.10	-0.10
ネパール	1.00	1.00	1.00	1.00	1.00	4.00
パキスタン	6.25	10.50	13.75	8.00	10.75	…
バングラデシュ#	5.00	5.00	5.00	4.00	4.00	4.00
フィリピン#	3.00	4.75	4.00	2.00	2.00	* 2.00
ベトナム#	6.25	6.25	6.00	4.00	4.00	4.00
(香港)#	1.75	2.75	2.49	0.50	0.50	0.75
マレーシア#	3.00	3.25	3.00	1.75	1.75	1.75
ミャンマー	10.00	10.00	10.00	7.00	…	…
モンゴル#	11.00	11.00	11.00	6.00	…	…
レバノン	10.00	10.00	…	…	…	…
アフリカ						
アルジェリア	3.75	3.75	3.75	3.75	3.75	3.75
アンゴラ	20.00	20.00	20.00	20.00	20.00	20.00
エジプト	19.25	17.25	12.75	8.75	8.75	9.75
ガーナ#	20.00	17.00	16.00	14.50	14.50	* 14.50
カメルーン	2.95	3.50	3.50	3.25	…	…
ケニア#	10.00	9.00	8.50	7.00	7.00	* 7.00
コンゴ民主共和国#	20.00	14.00	14.00	18.50	7.50	…
ザンビア	11.46	16.28	19.36	16.35	…	…
シエラレオネ#	14.50	16.50	16.50	14.00	14.25	* 14.25
タンザニア	9.00	7.00	7.00	5.00	…	…
チャド	2.95	…	…	…	…	…
ナイジェリア#	14.00	14.00	13.50	11.50	11.50	** 11.50
ボツワナ	5.00	5.00	4.75	3.75	3.75	3.75
南アフリカ共和国#	6.75	6.75	6.50	3.50	3.75	* 4.00

主な国の政策金利（Ⅱ）（各年末現在）（年利、％）

	2017	2018	2019	2020	2021	2022（3月末）
モロッコ……	2.25	2.25	2.25	1.50	1.50	1.50
ヨーロッパ						
アイスランド…	6.00	6.25	4.75	2.50	3.75	4.50
イギリス#…… 1)	0.50	0.75	0.75	0.10	0.25	0.75
スイス#………	−0.25	−0.25	−0.75	−0.75	−0.75	−0.75
スウェーデン#…	−0.50	…	…	…	…	…
チェコ#………	0.50	1.75	2.00	0.25	3.75	…
ノルウェー#……	0.50	0.75	1.50	0.00	0.50	0.75
ハンガリー#……	0.90	0.90	0.90	0.60	2.40	…
ベラルーシ#……	11.00	10.00	9.00	7.75	9.25	12.00
ポーランド#……	1.50	1.50	1.50	0.10	1.75	…
ユーロ圏………	0.25	…	…	…	…	…
ルーマニア#……	1.75	2.50	2.50	1.50	1.75	* 2.50
ロシア#………	7.75	7.75	6.25	4.25	8.50	* 20.00
北中アメリカ						
アメリカ合衆国1)	2.00	3.00	2.25	0.25	0.25	0.50
(参考)アメリカ合衆国#… 1)2)	1.25〜1.5	2.25〜2.5	1.5〜1.75	0.0〜0.25	0.0〜0.25	0.25〜0.5
カナダ#………	1.00	1.75	1.75	0.25	0.25	0.50
グアテマラ#……	2.75	2.75	2.75	1.75	1.75	1.75
ドミニカ共和国#	5.25	5.50	4.50	3.00	3.50	5.00
メキシコ#……	7.25	8.25	7.25	4.25	5.50	6.50
南アメリカ						
アルゼンチン#…	28.75	59.25	55.00	38.00	38.00	44.50
ウルグアイ……	30.00	30.00	30.00	15.00	15.00	15.00
エクアドル……	7.83	8.69	8.78	8.50	7.44	7.23
コロンビア……	6.75	6.25	6.25	3.75	5.00	6.00
チリ#…………	2.50	2.75	1.75	0.50	4.00	7.00
パラグアイ……	20.00	20.00	20.00	20.00	…	…
ブラジル……	13.42	12.78	10.87	8.01	15.29	* 17.12
ベネズエラ……	29.50	…	…	…	…	…
ペルー#………	3.25	2.75	2.25	0.25	2.50	4.00
ボリビア……	2.50	2.50	3.00	2.00	6.00	6.00
オセアニア						
オーストラリア#	1.50	1.50	0.75	0.10	0.10	0.10
ニュージーランド#	1.75	1.75	1.00	0.25	0.75	1.00
パプアニューギニア・	5.25	5.25	5.00	…	…	…

IMF "International Financial Statistics"（2022年7月6日閲覧）より作成。中央銀行が金融政策を行う際に使用する目標金利。金融政策の手段は国によって異なり、本表で単純比較を行うことは難しい。本表は基準割引率（中央銀行が金融機関に貸し出す基準金利で、日本では金利自由化まで「公定歩合」と呼ばれていた）のほか、#は中央銀行による政策金利で金融機関間の短期貸出金利（貸出期間の満期は国によって異なる）。*2022年2月末。**2022年1月末。1）日本銀行「金融経済統計月報」（2022年7月6日）より作成。2）フェデラルファンド誘導目標。

表 9-9 外国為替の取引高推移（取引形態別）（単位 十億ドル）

	2004	2007	2010	2013	2016	2019
スポット……	631.0	1 004.9	1 489.1	2 046.7	1 652.3	1 987.4
フォワード……	208.8	361.7	474.7	679.0	699.6	999.3
為替スワップ……	954.2	1 714.4	1 759.2	2 240.1	2 377.8	3 202.7
通貨スワップ……	21.1	31.5	42.8	54.0	82.2	108.5
オプション及びその他	119.1	211.8	207.1	336.8	254.5	297.6
外国為替取引計·	**1 934.2**	**3 324.2**	**3 972.8**	**5 356.6**	**5 066.4**	**6 595.5**

国際決済銀行（BIS）"Triennial Central Bank Survey of Foreign Exchange and Over-the-counter（OTC）Derivatives Markets in 2019" より作成。3年ごとの調査。各年4月の1日あたり平均取引高で、国内及びクロスボーダー取引の二重計上を調整した値。

表 9-10 外国為替の通貨別取引高（2019年）（単位 十億ドル）

	スポット	フォワード	為替スワップ	通貨スワップ	FXオプション	計
米ドル(USD) ……	1 687.2	883.1	2 905.8	101.9	246.1	5 824.0
ユーロ(EUR) ……	615.5	255.7	1 141.7	26.0	90.3	2 129.1
日本円(JPY) ……	360.2	145.3	515.7	24.1	63.2	1 108.5
英ポンド(GBP)…	239.8	108.7	444.2	19.1	31.9	843.7
豪ドル(AUD) ……	170.0	52.8	186.3	12.1	25.3	446.5
カナダドル(CAD)	121.8	43.0	145.7	7.2	14.4	332.1
スイスフラン(CHF)	85.7	36.2	194.1	2.0	9.0	327.0
中国人民元(CNY)	96.9	35.6	136.9	1.6	14.1	285.0
香港ドル(HKD)‥	56.7	26.4	139.3	2.6	7.9	232.9
ニュージーランドドル(NZD)	52.5	16.0	53.9	4.3	10.0	136.8
スウェーデンクローネ(SEK)	41.2	16.7	70.8	2.6	2.8	134.2
韓国ウォン(KRW)	30.3	71.6	18.7	0.9	10.3	131.8
シンガポールドル(SGD)	37.1	12.0	64.6	1.7	3.9	119.4
ノルウェークローネ(NOK)	41.6	14.8	56.3	1.1	4.9	118.7
メキシコペソ(MXN)	48.3	12.8	43.6	1.2	7.8	113.7
インドルピー(INR)	30.0	62.7	14.9	0.3	5.7	113.6
ロシアルーブル(RUB)	33.8	9.9	26.1	0.8	1.7	72.2
南アフリカランド(ZAR)	26.9	6.6	30.4	1.0	7.2	72.1
トルコリラ(TRY)	24.1	5.4	35.4	2.0	4.4	71.2
ブラジルレアル(BRL)	14.1	42.8	0.6	1.8	11.5	70.7
新台湾ドル(TWD)	12.7	34.8	10.2	0.2	2.6	60.5
デンマーククローネ(DKK)	7.0	4.7	29.8	0.1	0.0	41.7
ポーランドズウォティ(PLN)	12.2	5.2	21.9	0.1	1.3	40.7
ハンガリーフォリント(HUF)	8.6	3.1	12.4	0.0	2.3	26.6
その他…………	120.7	92.7	106.1	2.3	16.3	338.2
計…………	**1 987.4**	**999.3**	**3 202.7**	**108.5**	**297.5**	**6 595.5**

資料は表9-9と同じ。国内及びクロスボーダー取引の二重計上分を調整した値。外国為替取引は2通貨間で行われるため、通貨別取引高の合計は外国為替取引高計の2倍となる。

表 9-11　外国為替取引の通貨別シェアの推移（%）

	2004	2007	2010	2013	2016	2019
USD	*88.0*	*85.6*	*84.9*	*87.0*	*87.6*	*88.3*
EUR	*37.4*	*37.0*	*39.0*	*33.4*	*31.4*	*32.3*
JPY	*20.8*	*17.2*	*19.0*	*23.0*	*21.6*	*16.8*
GBP	*16.5*	*14.9*	*12.9*	*11.8*	*12.8*	*12.8*
AUD	*6.0*	*6.6*	*7.6*	*8.6*	*6.9*	*6.8*
CAD	*4.2*	*4.3*	*5.3*	*4.6*	*5.1*	*5.0*
CHF	*6.0*	*6.8*	*6.3*	*5.2*	*4.8*	*5.0*
CNY 1)	*0.1*	*0.5*	*0.9*	*2.2*	*4.0*	*4.3*
HKD 1)	*1.8*	*2.7*	*2.4*	*1.4*	*1.7*	*3.5*
NZD 1)	*1.1*	*1.9*	*1.6*	*2.0*	*2.1*	*2.1*
SEK	*2.2*	*2.7*	*2.2*	*1.8*	*2.2*	*2.0*
KRW 1)	*1.1*	*1.2*	*1.5*	*1.2*	*1.7*	*2.0*
計×	***200.0***	***200.0***	***200.0***	***200.0***	***200.0***	***200.0***

資料は表9-9と同じ。国内及びクロスボーダー取引の二重計上分を調整した値。外国為替取引は2通貨間で行われるため、個々の通貨の割合の合計値は200%になる。1）2013年より前の取引高は、オフショア取引の報告が不完全であったため過小評価されている可能性がある。2013年に調査方法が変更されている。×その他とも。

表 9-12　外国為替取引の通貨ペア別取引高の推移（単位　十億ドル）

	2007	2010	2013	2016	2019	%
USD / EUR	891.7	1 098.6	1 291.8	1 171.8	1 583.7	*24.0*
USD / JPY	438.4	567.0	979.9	900.8	871.5	*13.2*
USD / GBP	384.1	359.9	472.6	469.7	630.4	*9.6*
USD / AUD	185.2	248.4	364.3	262.0	358.8	*5.4*
USD / CAD	126.5	181.8	199.9	218.3	287.3	*4.4*
USD / CNY	…	31.3	112.7	192.2	270.2	*4.1*
EUR / GBP	69.2	108.9	101.8	99.8	130.7	*2.0*
EUR / JPY	86.1	110.5	148.1	79.2	113.6	*1.7*
EUR / CHF	61.6	70.8	71.2	44.0	72.7	*1.1*
EUR / SEK	24.2	34.9	27.7	35.8	36.3	*0.5*
EUR / NOK	…	…	19.8	28.0	33.5	*0.5*
EUR / AUD	8.5	12.1	20.8	16.1	18.4	*0.3*
JPY / AUD	…	24.0	45.6	31.3	35.0	*0.5*
JPY / CAD	…	…	5.6	6.6	7.2	*0.1*
JPY / NZD	…	4.1	5.2	4.9	6.3	*0.1*
JPY / TRY	…	…	1.0	3.4	5.7	*0.1*
JPY / ZAR	…	…	4.4	3.2	4.8	*0.1*
JPY / BRL	…	…	2.7	0.8	1.6	*0.0*
計×	**3 324.2**	**3 972.8**	**5 356.6**	**5 066.4**	**6 595.5**	*100.0*

資料は表9-9と同じ。国内及びクロスボーダー取引の二重計上分を調整した値。×その他とも。

図 9-4　海外の株価指数の推移

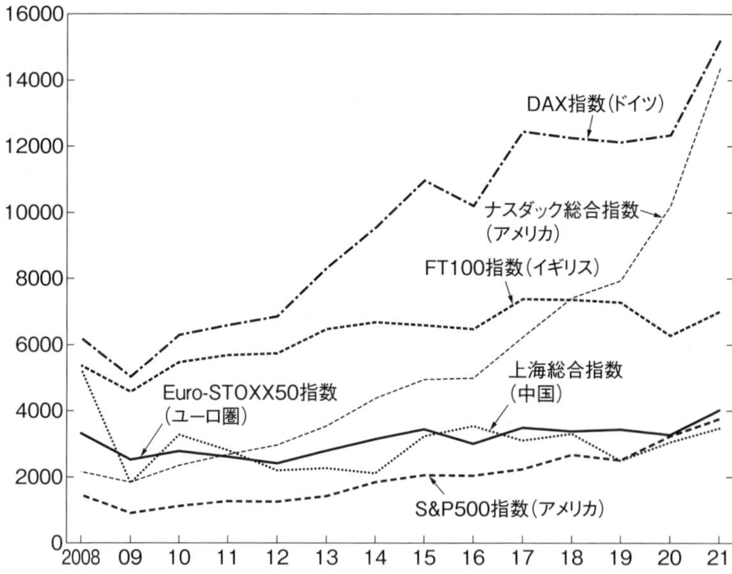

内閣府「海外経済データ」(令和 4 年 6 月号) より作成。

図 9-5　デリバティブ取引　取引所別出来高ランキング (2021年)

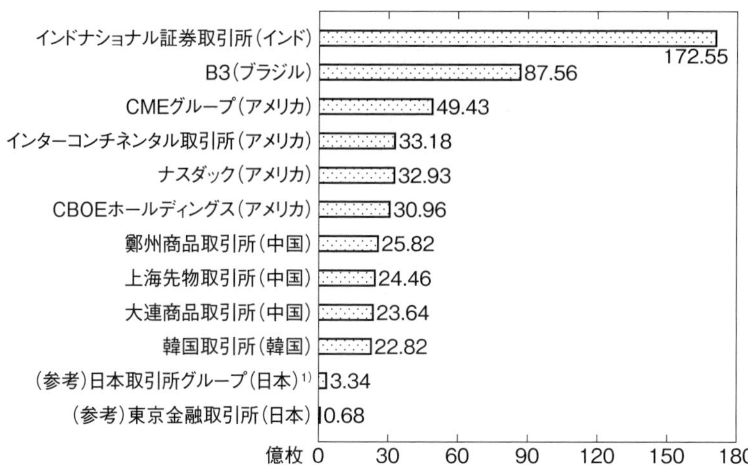

FIA (Futures Industry Association) 資料より作成 (2022年 6 月22日閲覧)。枚は取引の注文単位。1) 2019年10月、東京商品取引所は日本取引所の子会社となった。

表 9-13　国際商品価格指数と主な国際商品の価格（年平均）

	国際商品価格指数（2016年＝100）						金（ドル/トロイオンス）
	全商品 (100.0)	食料 (27.8)	飲料 (2.3)	農産原料 (4.3)	金属 (22.7)	エネルギー (40.9)	
2007	129.1	93.9	78.8	104.2	160.7	169.4	696.7
2008	163.1	110.4	95.4	110.3	144.3	234.8	871.7
2009	116.9	92.9	90.7	96.1	121.4	144.3	973.0
2010	146.1	105.4	105.5	129.6	185.8	179.8	1 224.7
2011	182.5	125.0	131.0	161.0	209.4	233.3	1 569.2
2012	174.4	120.9	107.3	127.9	172.1	229.8	1 669.5
2013	168.8	120.5	92.6	122.3	165.4	227.5	1 411.5
2014	159.1	118.6	111.2	113.1	145.3	214.2	1 265.6
2015	108.3	98.5	103.2	100.0	105.6	119.7	1 160.7
2016	100.0	100.0	100.0	100.0	100.0	100.0	1 249.0
2017	113.5	103.8	95.3	105.2	122.2	123.9	1 257.6
2018	128.2	102.5	87.5	107.3	130.3	157.7	1 269.2
2019	117.6	99.4	84.2	101.5	135.1	130.4	1 392.5
2020	105.9	101.0	87.1	98.2	139.8	91.4	1 770.3
2021	161.8	127.5	106.9	113.7	205.4	184.4	1 799.6

	綿花（ドル/kg）	アルミニウム（ドル/t）	とうもろこし（ドル/t）	原油（ドル/バレル）	大豆（ドル/t）	砂糖（ドル/kg）	小麦（ドル/t）
2007	1.40	2 638.2	163.7	72.3	383.1	0.46	255.2
2008	1.57	2 572.8	223.1	99.6	521.9	0.47	326.0
2009	1.38	1 664.8	165.5	61.7	423.6	0.55	224.1
2010	2.28	2 173.1	185.9	79.4	447.1	0.79	223.6
2011	3.33	2 401.4	291.7	95.1	537.5	0.84	316.3
2012	1.97	2 023.3	298.4	94.2	595.5	0.64	313.2
2013	1.99	1 846.7	259.4	97.9	551.4	0.45	312.2
2014	1.83	1 867.4	192.9	93.1	484.9	0.53	284.9
2015	1.55	1 664.7	169.8	48.7	392.1	0.55	204.4
2016	1.64	1 604.2	159.2	43.2	405.4	0.61	166.6
2017	1.84	1 967.7	154.5	50.9	393.4	0.62	174.2
2018	2.01	2 108.5	164.4	64.8	394.4	0.56	209.9
2019	1.72	1 794.5	170.1	57.0	368.9	0.58	201.7
2020	1.59	1 704.0	165.5	39.3	406.6	0.59	231.6
2021	2.23	2 472.8	259.5	68.0	583.3	0.74	315.2

国際商品価格指数はIMF "Primary Commodity Prices" より作成。商品別は、同資料が本書編集時点までデータ公表を行っておらず、本年版では世界銀行資料より作成した。ただし、IMFデータとは調査対象や単位などが異なり、本書昨年版とは接続しないことに留意。国際商品価格指数のかっこ内数値は、全商品に占める割合。商品別で、金とアルミニウムはロンドン金属取引所。綿花は極東で取引されているもの。とうもろこしはアメリカ。原油はWTI価格（図5-1参照）。大豆はアメリカ産。砂糖はアメリカでの期近物。小麦は硬質赤色冬小麦でアメリカでの輸出価格。

表 9-14　主な国の消費者物価（Ⅰ）

	消費者物価指数 (2010＝100)			消費者物価対前年変動率 (%)		
	2019	2020	2021	2019	2020	2021
アジア						
アゼルバイジャン	156.9	161.2	171.9	*2.6*	*2.8*	*6.7*
アフガニスタン	149.9	…	…	*2.3*	…	…
アラブ首長国連邦	114.5	112.1	…	*-1.9*	*-2.1*	…
アルメニア‥‥	129.2	130.7	140.1	*1.4*	*1.2*	*7.2*
イスラエル‥‥	108.2	107.5	109.1	*0.8*	*-0.6*	*1.5*
イラク‥‥‥‥	119.6	120.3	127.6	*-0.2*	*0.6*	*6.0*
イラン‥‥‥‥	550.9	719.5	1 031.7	*39.9*	*30.6*	*43.4*
インド‥‥‥‥	171.6	183.0	192.4	*3.7*	*6.6*	*5.1*
インドネシア‥	151.2	154.1	156.5	*3.0*	*1.9*	*1.6*
オマーン‥‥‥	113.5	112.5	114.2	*0.1*	*-0.9*	*1.5*
カザフスタン‥	188.5	201.2	…	*5.2*	*6.7*	…
カタール‥‥‥	115.4	112.4	115.0	*-0.7*	*-2.5*	*2.3*
韓国‥‥‥‥‥	115.2	115.8	118.7	*0.4*	*0.5*	*2.5*
カンボジア‥‥	130.1	133.9	137.9	*1.9*	*2.9*	*2.9*
キプロス‥‥‥	102.5	101.9	104.3	*0.3*	*-0.6*	*2.4*
キルギス‥‥‥	155.7	165.5	185.2	*1.1*	*6.3*	*11.9*
クウェート‥‥	126.6	129.3	133.7	*1.1*	*2.1*	*3.4*
サウジアラビア	118.4	122.5	126.2	*-2.1*	*3.4*	*3.1*
ジョージア‥‥	133.6	140.6	154.0	*4.9*	*5.2*	*9.6*
シンガポール‥	114.4	114.2	116.8	*0.6*	*-0.2*	*2.3*
スリランカ‥‥	155.5	165.1	176.7	*3.5*	*6.2*	*7.0*
タイ‥‥‥‥‥	113.3	112.3	113.7	*0.7*	*-0.8*	*1.2*
(台湾)‥‥‥ 1)	102.6	102.3	104.3	*0.6*	*-0.2*	*2.0*
中国‥‥‥‥‥	125.1	128.1	129.4	*2.9*	*2.4*	*1.0*
トルコ‥‥‥‥	234.4	263.2	314.8	*15.2*	*12.3*	*19.6*
日本‥‥‥‥‥	105.5	105.5	105.2	*0.5*	*0.0*	*-0.2*
ネパール‥‥‥	188.7	198.3	206.4	*5.6*	*5.1*	*4.1*
バーレーン‥‥	118.8	116.0	115.3	*1.0*	*-2.3*	*-0.6*
パキスタン‥‥	182.3	200.1	219.1	*10.6*	*9.7*	*9.5*
バングラデシュ	179.7	189.9	200.4	*5.6*	*5.7*	*5.5*
東ティモール‥	146.2	…	…	*1.0*	…	…
フィリピン‥‥	129.6	132.7	137.9	*2.4*	*2.4*	*3.9*
ブータン‥‥‥	167.2	176.6	189.6	*2.7*	*5.6*	*7.3*
ブルネイ‥‥‥	99.0	100.9	102.7	*-0.4*	*1.9*	*1.7*
ベトナム‥‥‥	163.5	168.8	171.9	*2.8*	*3.2*	*1.8*
(香港)‥‥‥‥	134.6	135.0	137.1	*2.9*	*0.3*	*1.6*
(マカオ)‥‥‥	144.0	145.2	…	*2.8*	*0.8*	…
マレーシア‥‥	121.5	120.1	123.1	*0.7*	*-1.1*	*2.5*
ミャンマー‥‥	168.2	…	…	*8.8*	…	…
モンゴル‥‥‥	195.8	203.0	217.4	*7.3*	*3.7*	*7.1*
ヨルダン‥‥‥	125.6	126.0	127.7	*0.8*	*0.3*	*1.3*
ラオス‥‥‥‥	135.9	142.8	148.2	*3.3*	*5.1*	*3.8*
レバノン‥‥‥	130.0	240.4	612.4	*3.0*	*84.9*	*154.8*

主な国の消費者物価（Ⅱ）

	消費者物価指数 (2010＝100)			消費者物価対前年変動率 (％)		
	2019	2020	2021	2019	2020	2021
アフリカ						
アルジェリア‥	151.4	155.0	166.2	*2.0*	*2.4*	*7.2*
アンゴラ‥‥‥	378.9	…	…	*17.1*	…	…
ウガンダ‥‥‥	173.9	180.5	…	*2.9*	*3.8*	…
エジプト‥‥‥	288.6	303.1	319.9	*9.2*	*5.0*	*5.5*
エスワティニ‥	166.8	…	…	*2.6*	…	…
エチオピア‥‥	322.5	388.2	492.4	*15.8*	*20.4*	*26.8*
ガーナ‥‥‥‥	278.5	306.0	336.5	*7.1*	*9.9*	*10.0*
ガボン‥‥‥‥	122.6	124.1	…	*2.5*	*1.2*	…
カメルーン‥‥	118.6	121.5	124.3	*2.5*	*2.4*	*2.3*
ガンビア‥‥‥	172.7	183.0	196.5	*7.1*	*5.9*	*7.4*
ギニア‥‥‥‥	262.9	290.8	327.5	*9.5*	*10.6*	*12.6*
ギニアビサウ‥	112.7	…	…	*0.2*	…	…
ケニア‥‥‥‥	190.0	200.2	212.5	*5.2*	*5.4*	*6.1*
コートジボワール	111.6	114.3	119.0	*-1.1*	*2.4*	*4.1*
コンゴ共和国‥	124.7	127.0	129.2	*2.2*	*1.8*	*1.7*
ザンビア‥‥‥	212.3	245.7	299.8	*9.2*	*15.7*	*22.0*
シエラレオネ‥	234.2	265.6	297.2	*14.8*	*13.4*	*11.9*
ジブチ‥‥‥‥	120.3	122.4	…	*3.3*	*1.8*	…
ジンバブエ‥‥	414.7	2 725.3	5 411.0	*255.3*	*557.2*	*98.5*
スーダン‥‥‥	1 344.2	3 364.8	16 245.9	*51.0*	*150.3*	*382.8*
赤道ギニア‥‥	124.3	130.3	…	*1.2*	*4.8*	…
セネガル‥‥‥	109.3	112.0	…	*1.8*	*2.5*	…
タンザニア‥‥	187.4	193.6	…	*3.5*	*3.3*	…
チャド‥‥‥‥	117.7	123.0	122.0	*-1.0*	*4.5*	*-0.8*
中央アフリカ共和国	151.8	154.4	161.0	*2.7*	*1.7*	*4.3*
チュニジア‥‥	155.3	164.1	173.4	*6.7*	*5.6*	*5.7*
トーゴ‥‥‥‥	113.3	115.4	…	*0.7*	*1.8*	…
ナイジェリア‥	267.5	302.9	354.3	*11.4*	*13.2*	*17.0*
ナミビア‥‥‥	158.0	161.5	167.3	*3.7*	*2.2*	*3.6*
ニジェール‥‥	109.3	112.5	116.8	*-2.5*	*2.9*	*3.8*
ブルキナファソ	108.4	110.4	114.4	*-3.2*	*1.9*	*3.7*
ブルンジ‥‥‥	182.1	195.4	211.9	*-0.7*	*7.3*	*8.4*
ベナン‥‥‥‥	110.7	114.1	116.0	*-0.7*	*3.0*	*1.7*
ボツワナ‥‥‥	149.8	152.6	163.6	*2.8*	*1.9*	*7.2*
マダガスカル‥	184.3	192.1	…	*5.6*	*4.2*	…
マラウイ‥‥‥	418.3	454.4	…	*9.4*	*8.6*	…
マリ‥‥‥‥‥	108.7	109.2	113.5	*-1.7*	*0.4*	*3.9*
南アフリカ共和国	158.9	164.0	171.6	*4.1*	*3.2*	*4.6*
南スーダン‥‥	15 749.2	20 422.9	22 570.7	*87.2*	*29.7*	*10.5*
モーリシャス‥	129.9	133.3	138.6	*0.4*	*2.6*	*4.0*
モーリタニア‥	135.0	138.2	…	*2.3*	*2.4*	…
モザンビーク‥	182.3	188.0	…	*2.8*	*3.1*	…
モロッコ‥‥‥	111.1	111.9	113.4	*0.3*	*0.7*	*1.4*

主な国の消費者物価（Ⅲ）

	消費者物価指数 (2010＝100)			消費者物価対前年変動率 (％)		
	2019	2020	2021	2019	2020	2021
ルワンダ……	151.1	165.9	165.3	*3.3*	*9.9*	*-0.4*
レソト………	155.9	163.6	173.5	*5.2*	*5.0*	*6.0*
ヨーロッパ						
アイスランド‥	129.0	132.7	138.6	*3.0*	*2.8*	*4.4*
アイルランド‥	106.6	106.2	108.7	*0.9*	*-0.3*	*2.4*
アルバニア……	119.0	121.0	123.4	*1.4*	*1.6*	*2.0*
イギリス……	119.6	120.8	123.8	*1.7*	*1.0*	*2.5*
イタリア……	110.6	110.5	112.5	*0.6*	*-0.1*	*1.9*
ウクライナ……	281.7	289.4	…	*7.9*	*2.7*	…
エストニア……	122.1	121.6	127.3	*2.3*	*-0.4*	*4.7*
オーストリア‥	118.1	119.7	123.0	*1.5*	*1.4*	*2.8*
オランダ……	115.9	117.4	120.5	*2.6*	*1.3*	*2.7*
北マケドニア‥	113.4	114.8	118.5	*0.8*	*1.2*	*3.2*
ギリシャ……	101.9	100.7	101.9	*0.3*	*-1.2*	*1.2*
クロアチア……	109.8	110.0	112.8	*0.8*	*0.2*	*2.6*
コソボ………	118.1	118.3	122.3	*2.7*	*0.2*	*3.4*
スイス………	99.5	98.8	99.4	*0.4*	*-0.7*	*0.6*
スウェーデン‥	110.5	111.1	113.5	*1.8*	*0.5*	*2.2*
スペイン……	111.0	110.6	114.0	*0.7*	*-0.3*	*3.1*
スロバキア……	115.3	117.6	121.3	*2.7*	*1.9*	*3.1*
スロベニア……	111.1	111.0	113.1	*1.6*	*-0.1*	*1.9*
セルビア……	144.0	146.3	152.2	*1.8*	*1.6*	*4.1*
チェコ………	116.5	120.2	124.8	*2.8*	*3.2*	*3.8*
デンマーク……	110.3	110.8	112.9	*0.8*	*0.4*	*1.9*
ドイツ………	112.9	113.4	117.0	*1.4*	*0.5*	*3.1*
ノルウェー……	120.3	121.8	126.1	*2.2*	*1.3*	*3.5*
ハンガリー……	121.6	125.7	132.1	*3.3*	*3.3*	*5.1*
フィンランド‥	112.3	112.7	115.1	*1.0*	*0.3*	*2.2*
フランス……	110.0	110.6	112.4	*1.1*	*0.5*	*1.6*
ブルガリア……	114.4	116.3	120.2	*3.1*	*1.7*	*3.3*
ベラルーシ……	508.3	536.5	587.3	*5.6*	*5.5*	*9.5*
ベルギー……	117.1	118.0	120.9	*1.4*	*0.7*	*2.4*
ポーランド……	114.1	118.0	123.9	*2.2*	*3.4*	*5.1*
ボスニア・ヘルツェゴビナ	104.9	103.8	105.9	*0.6*	*-1.1*	*2.0*
ポルトガル……	110.6	110.6	112.0	*0.3*	*0.0*	*1.3*
マルタ………	113.5	114.2	115.9	*1.6*	*0.6*	*1.5*
モルドバ……	166.2	172.5	181.3	*4.8*	*3.8*	*5.1*
モンテネグロ‥	116.7	116.4	119.2	*0.4*	*-0.3*	*2.4*
ラトビア……	116.9	117.1	120.9	*2.8*	*0.2*	*3.3*
リトアニア……	118.4	119.8	125.4	*2.3*	*1.2*	*4.7*
ルーマニア……	123.8	127.0	133.5	*3.8*	*2.6*	*5.1*
ルクセンブルク	115.1	116.0	119.0	*1.7*	*0.8*	*2.5*
ロシア………	180.8	186.9	199.4	*4.5*	*3.4*	*6.7*

主な国の消費者物価（Ⅳ）

	消費者物価指数 (2010＝100)			消費者物価対前年変動率 (％)		
	2019	2020	2021	2019	2020	2021
北中アメリカ						
アメリカ合衆国	117.2	118.7	124.3	*1.8*	*1.2*	*4.7*
エルサルバドル	111.2	110.8	114.7	*0.1*	*-0.4*	*3.5*
カナダ	116.8	117.6	121.6	*1.9*	*0.7*	*3.4*
グアテマラ	142.9	147.5	153.8	*3.7*	*3.2*	*4.3*
グレナダ	108.1	107.3	108.6	*0.6*	*-0.7*	*1.2*
コスタリカ	128.8	129.8	132.0	*2.1*	*0.7*	*1.7*
ジャマイカ	162.5	171.0	181.0	*3.9*	*5.2*	*5.9*
ドミニカ共和国	132.2	137.2	148.5	*1.8*	*3.8*	*8.2*
ドミニカ国	105.4	104.7	105.2	*1.5*	*-0.7*	*0.5*
トリニダード・トバゴ	143.2	144.0	…	*1.0*	*0.6*	…
ニカラグア	162.7	168.7	177.0	*5.4*	*3.7*	*4.9*
ハイチ	212.8	261.3	305.4	*18.7*	*22.8*	*16.8*
パナマ	122.1	120.2	122.1	*-0.4*	*-1.6*	*1.6*
バハマ	116.2	116.3	119.6	*2.5*	*0.0*	*2.9*
バルバドス	134.1	…	…	*4.1*	…	…
ホンジュラス	150.3	155.6	162.5	*4.4*	*3.5*	*4.5*
メキシコ	141.5	146.4	154.7	*3.6*	*3.4*	*5.7*
南アメリカ						
ウルグアイ	202.9	222.7	240.0	*7.9*	*9.8*	*7.7*
エクアドル	124.1	123.7	123.9	*0.3*	*-0.3*	*0.1*
ガイアナ	116.2	117.3	123.3	*2.1*	*1.0*	*5.0*
コロンビア	141.0	144.5	149.6	*3.5*	*2.5*	*3.5*
スリナム	294.7	397.5	632.5	…	*34.9*	*59.1*
チリ	131.9	135.9	142.1	*2.6*	*3.0*	*4.5*
パラグアイ	143.8	146.4	153.4	*2.8*	*1.8*	*4.8*
ブラジル	167.4	172.8	187.1	*3.7*	*3.2*	*8.3*
ペルー	130.3	132.9	138.6	*2.3*	*2.0*	*4.3*
ボリビア	148.3	149.7	150.8	*1.8*	*0.9*	*0.7*
オセアニア						
オーストラリア	119.8	120.8	124.3	*1.6*	*0.8*	*2.9*
キリバス	100.5	…	…	*-1.8*	…	…
サモア	117.6	115.7	119.3	*1.0*	*-1.6*	*3.1*
ソロモン諸島	133.1	137.0	136.8	*1.6*	*3.0*	*-0.1*
トンガ	128.8	128.3	…	*1.2*	*-0.3*	…
ニュージーランド	114.2	116.2	120.8	*1.6*	*1.7*	*3.9*
バヌアツ	117.1	123.4	126.3	*2.8*	*5.3*	*2.3*
パプアニューギニア	155.9	163.5	170.8	*3.9*	*4.9*	*4.5*
フィジー	132.3	128.9	129.1	*1.8*	*-2.6*	*0.2*
ミクロネシア連邦	116.1	116.7	…	*1.5*	*0.6*	…

IMF Data, “International Financial Statistics” および台湾 “National Statistics”（いずれも2022年7月10日閲覧）より作成。1）消費者物価指数は2016年を100とする。

第10章 運　　輸

新型コロナウイルス感染症が世界に広がり、2020年以降、各国で出入国が制限されたほか、ロックダウン（都市封鎖）など強制的な外出制限措置がとられた。こうした厳しい移動制限により、航空をはじめ世界の輸送機関は大きな打撃を受けた。その後、ワクチン接種が世界的に拡大して、感染対策と経済活動の両立が各国で模索されるようになった。2022年に入って入国制限を緩和する国が相次いでおり（397ページ解説欄参照）、各国の輸送機関や観光業などは回復の兆しを見せている。

途上国を含む各国は、港湾や空港、道路など交通インフラを整備して、世界の輸送需要を取り込み、自国の経済発展につなげようとしている。主要国の企業はこうした膨大なインフラ需要を獲得するため、交通インフラの設計や、整備、運営管理まで一体となった輸送システムの輸出を競っている。中国は、各国にインフラ整備のための投資や技術支援を積極的に行って、中央アジアとヨーロッパを陸路で結び、南シナ海からインド洋を経て海路でヨーロッパへ向かう、「一帯一路」と呼ばれる広域経済圏の形成を進めてきた。しかし、コロナ以降、中国の支援を受けた国の多くで、債務不履行の危険性が高まっている。一方、G７（主要７か国）は、2022年６月にドイツで開催されたサミットで、前年に合意していた途上国へのインフラ投資を進める新構想を正式に発足させた。G７は世界がコロナからの復興に動き出すのに合わせ、中国に代わってインフラ整備の主導権を握ることを目指している。

自動車の保有は先進国では飽和状態に近いが、途上国では保有率が低く、今後も途上国を中心に自動車は増えていくとみられている。環境を重視する流れのなかで、自動車は政府主導で電気自動車への転換が進んでいる。自動車では「CASE（ケース）」と呼ばれる技術革新が進み、自動車の概念が大きく変わろうとしている。CASEとは自動車とインターネットを常時接続する「Connected」、AIによる自動運転「Autonomous」、共有化「Shared」、電動化「Electric」の頭文字を並べたものである。CASE

が進展すると、公共の電気自動車が自動で目的地まで運んでくれるようになる。利用者は車を所有する必要も、運転する必要もなく、車は移動というサービスを提供する媒体となる。こうした動きをMaaS（マース）(Mobility as a Service) という。自動運転は、世界で技術開発競争が激化している。なかでも中国では、IT大手の百度（バイドゥ）が運営する「無人タクシー」が、スタッフは同乗するものの運転席を無人とする運行を2022年４月から始めるなど、完全無人運転の実用化が間近に迫っている。

新幹線など大都市間を結ぶ高速鉄道は、日本とヨーロッパを中心に整備されてきた。その後、中国で2000年代後半から大都市間や、さらに地方都市へと拡張した。世界各国で高速鉄道の建設計画があるが、近年はコロナ禍や財政上の問題により、計画の中止や見直しが増えている。

海上貨物で輸送量が最も大きいのは石油だが、近年はコンテナ貨物が伸びている。多種多様な貨物を国際規格のコンテナに入れて運ぶもので、コンテナは船からトラックや鉄道に容易に積み替えて輸送することができる。石油や鉱物資源を除き、海上貨物は1960年代からコンテナ化が進み、90年代に入るとコンテナ船の大型化が進んだ。コロナ以降、世界的に巣ごもり需要が増大し、外航コンテナの需要が急増した。しかし、外出制限等で港湾労働者が不足して、アメリカ合衆国の港湾でコンテナの滞留や滞船が発生し、世界的なコンテナ不足に陥った。これに燃料高も加わって運賃が急激に上がり、商品価格の上昇につながっている。

航空の国際路線で、航空会社が自由に路線や便数、乗り入れ企業、運賃などを設定できるようにする協定を、オープンスカイ協定という。近年、オープンスカイ協定を結ぶ国が増えたことで、LCC（格安航空会社）の新規参入が容易になった。LCCは急速に輸送網を広げ、世界の空港は使用料の安いLCC専用ターミナルを整備するなどして輸送需要を取り込んできた。しかし、コロナ禍で旅客輸送は激減した。海運コンテナ不足から、航空貨物の需要が高まっているものの、コロナ禍で旅客便を減便したため（航空貨物輸送には貨物便だけではなく旅客便も利用している）、航空貨物も減少した。2020年の航空輸送量は、19年に比べて旅客では66％減少、貨物では17％減少している（表10-10参照）。

図 10-1　各国の鉄道輸送量（2019年）

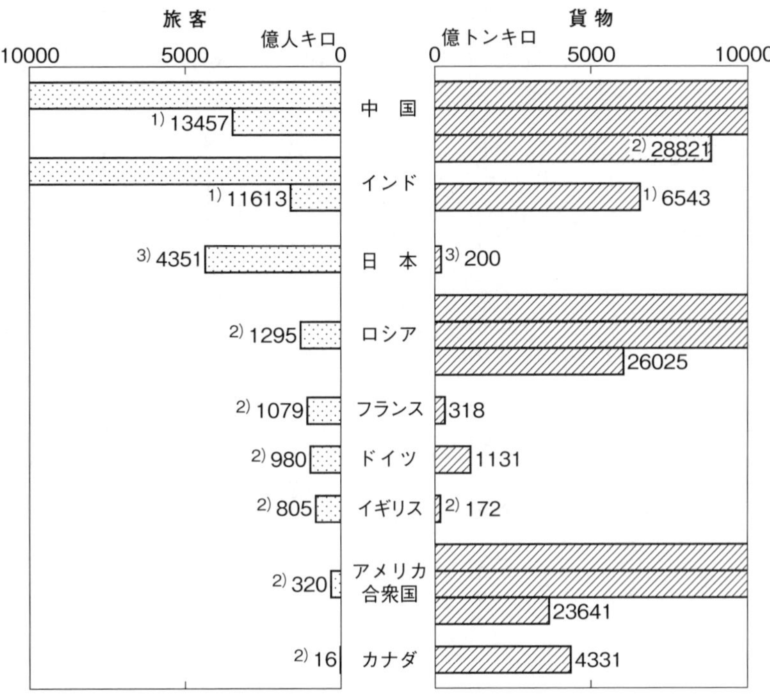

表10-2の資料より作成。表10-2の注記を参照のこと。1）2017年。2）2018年。3）2019年度。

表 10-1　主な国の鉄道営業キロ数（2019年）（単位　千km）

	営業キロ数		営業キロ数		営業キロ数
アメリカ合衆国	1) 150.5	日本	3) 27.7	カザフスタン	1) 16.1
ロシア	85.5	ウクライナ	1) 21.6	スペイン	15.7
インド	68.2	南アフリカ共和国	4) 21.0	メキシコ	1) 14.4
中国	68.1			ルーマニア	10.8
カナダ	1) 47.7	ポーランド	18.5	トルコ	10.4
ドイツ	33.4	アルゼンチン	1) 17.9	スウェーデン	9.7
ブラジル	2) 32.6	イタリア	16.8	チェコ	9.4
フランス	1) 28.2	イギリス	1) 16.3	イラン	1) 9.1

世界銀行 "World Development Indicators"（2022年5月閲覧）のデータより作成。国有鉄道や旧国有鉄道など、主に全国的なネットワークを持つ鉄道が対象。ただし、日本は国土交通省の資料によるJRと民鉄の合計値。国によりデータが大幅に改訂されている。1）2018年。2）2007年。3）2020年度末現在の旅客営業キロ数。4）2017年。

表 10-2　主な国の鉄道輸送量（Ⅰ）

	旅客（億人km）			貨物（億t.km）		
	2000	2010	2019	2000	2010	2019
アジア						
アゼルバイジャン	5	9	[1] 5	57	83	52
イスラエル	8	20	[1] 30	12	11	12
イラン	71	176	[1] 152	142	218	[1] 349
インド	4 580	9 785	[2] 11 613	3 124	6 257	[2] 6 543
インドネシア	192	203	291	50	66	[1] 151
ウズベキスタン	22	29	[1] 43	154	223	229
カザフスタン	102	154	[1] 191	1 250	2 132	[1] 2 199
韓国	496	584	[2] 900	108	95	74
サウジアラビア	3	3	[1] 1	8	19	…
ジョージア [3]	5	7	[1] 6	39	62	29
シリア	2	19	…	16	22	…
タイ	99	82	[2] 60	22	27	…
中国	4 533	8 762	[2] 13 457	13 771	27 644	[1] 28 821
トルコ	58	56	[1] 89	99	115	147
日本 [4]	3 844	3 935	4 351	221	204	200
パキスタン	185	…	[1] 249	36	…	[1] 81
バングラデシュ	39	73	[5] 100	8	7	[5] 11
ベトナム	32	44	[1] 35	19	39	[1] 40
マレーシア	12	24	[1] 23	9	15	[1] 13
モンゴル	11	24	[2] 10	43	206	174
アフリカ						
アルジェリア	11	10	[1] 16	20	13	[1] 10
エジプト	736	…	…	40	16	…
チュニジア	13	15	[1] 11	23	20	[1] 5
南アフリカ共和国	119	…	…	1 004	…	…
モロッコ	20	44	[1] 45	46	56	[2] 39
ヨーロッパ						
アイルランド	14	17	[1] 23	5	1	1
イギリス	465	635	[1] 805	182	186	[1] 172
イタリア	471	472	[1] 555	258	186	213
ウクライナ	518	502	[1] 287	1 728	2 181	1 818
エストニア	3	2	[1] 4	81	66	22
オーストリア	82	107	[1] 132	166	198	217
オランダ	154	154	[1] 189	46	59	70
ギリシャ	16	13	[1] 11	4	6	5
クロアチア	13	17	[1] 8	18	26	29
スイス	126	192	[2] 209	111	111	117
スウェーデン	82	112	[1] 138	201	235	227
スペイン	201	225	[1] 284	122	86	[1] 108
スロバキア	29	23	[1] 39	112	81	85
スロベニア	7	8	[2] 7	29	34	53

主な国の鉄道輸送量（Ⅱ）

	旅客（億人km）			貨物（億t.km）		
	2000	2010	2019	2000	2010	2019
セルビア	12	5	2) 4	19	35	29
チェコ	73	66	1) 103	175	138	162
デンマーク	55	66	5) 67	20	22	1) 26
ドイツ	754	839	1) 980	775	1 073	1 131
ノルウェー	34	37	5) 45	18	35	39
ハンガリー	97	77	1) 78	81	88	106
フィンランド	34	40	1) 45	101	98	103
フランス	823	1 022	1) 1 079	554	300	318
ブルガリア	35	21	1) 15	55	31	39
ベラルーシ	177	76	1) 62	314	462	482
ベルギー	78	104	2) 102	77	63	…
ポーランド	241	179	1) 210	544	488	546
ポルトガル	38	41	1) 45	22	23	27
モルドバ	3	4	1) 1	15	10	9
ラトビア	7	7	1) 6	133	172	150
リトアニア	6	4	1) 5	89	134	162
ルーマニア	116	54	1) 56	180	124	133
ロシア	1 671	1 389	1) 1 295	13 732	20 113	26 025
アメリカ						
アメリカ合衆国	260	319	1) 320	22 576	24 915	23 641
アルゼンチン	…	88	2) 84	87	121	2) 84
カナダ	15	14	1) 16	2 838	3 326	4 331
チリ	…	7	1) 7	…	38	31
ブラジル	…	…	2) 158	…	…	…
メキシコ	1	8	1) 16	483	788	890
オセアニア						
オーストラリア	116	150	1) 176	1 336	2 586	5) 4 135

世界銀行“World Development Indicators”(2022年5月閲覧）のデータより作成。国有鉄道や旧国有鉄道など、主に全国的なネットワークを持つ鉄道が対象。ただし、日本は国土交通省資料による会計年度の数値で、国内すべての鉄道の合計。国により過去にさかのぼって数値が改訂されている。1）2018年。2）2017年。3）2015年4月、「グルジア」から国名呼称変更。4）会計年度の数値。5）2016年。

輸送トンキロ（ton-kilometer）＝貨物の輸送トン数と同時に輸送した距離をあわせて考えるもので、各輸送貨物のトン数にその輸送した距離を乗じたものを全部合計して表す。これによって貨物の輸送総量が示される。

輸送人キロ（passenger-kilometer）＝旅客の数と同時にその乗車した距離をあわせて考えるもので、旅客数に各旅客の乗車した距離を乗じたものを全部合計して表す。これによって旅客の輸送総量が示される。

図 10-2　主な国の自動車保有台数の推移

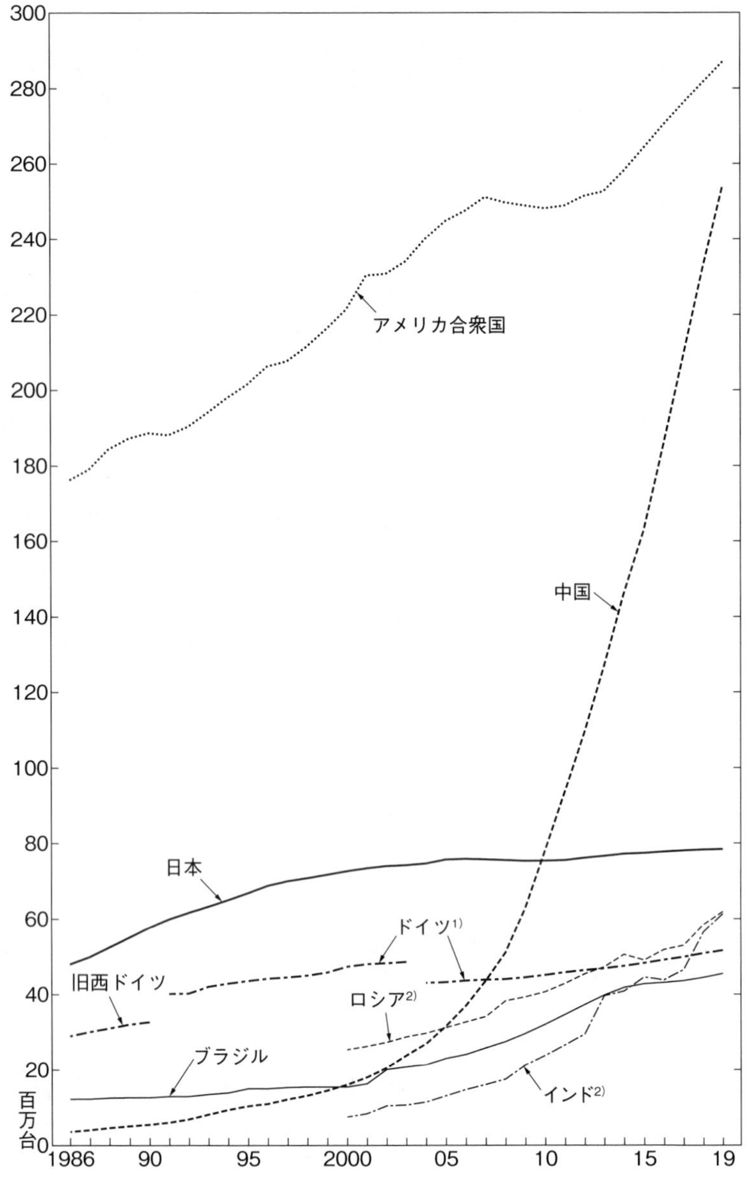

表10-3の資料より作成。乗用車・トラック・バスの合計。1）2004年以降は調査範囲が異なる。2）2005年のデータがないため、2004年と06年をつなげている。

表 10-3　自動車の保有台数（Ⅰ）（単位　千台）

	2000 合計	2010 合計	2019 乗用車	2019 トラック・バス	2019 合計	2019 人口100人あたり(台)
アジア						
中国	16 089	78 018	224 743	29 021	253 764	17.8
日本	72 649	75 362	62 140	16 276	78 417	62.3
インド	7 540	23 813	34 504	26 827	61 331	4.4
インドネシア	5 205	18 900	17 238	10 549	27 788	10.3
韓国	11 164	17 941	19 129	4 505	23 634	45.6
タイ	6 120	10 700	10 506	8 091	18 597	26.1
トルコ	6 021	11 266	12 503	5 414	17 917	21.5
マレーシア	5 242	10 050	[1] 12 900	[1] 1 475	[1] 14 375	[1] 45.0
イラン	…	9 181	[3] 12 700	[3] 1 430	[3] 14 130	[3] 17.3
(台湾)	5 600	6 666	[1] 6 763	[1] 1 121	[1] 7 884	[1] 33.3
サウジアラビア	7 064	5 425	[1] 5 170	[1] 2 344	[1] 7 515	[1] 22.0
カザフスタン	[2] 1 247	3 579	[3] 3 857	[3] 541	[3] 4 397	[3] 24.7
フィリピン	2 361	3 123	[1] 1 025	[1] 3 069	[1] 4 094	[1] 3.8
パキスタン	1 342	2 264	[1] 3 020	[1] 714	[1] 3 734	[1] 1.7
イスラエル	1 596	2 400	[1] 2 857	[1] 381	[1] 3 238	[1] 39.0
アラブ首長国連邦	542	…	[1] 2 779	[1] 145	[1] 2 924	[1] 32.2
シリア	445	1 425	[1] 1 438	[1] 1 045	[1] 2 483	[1] 13.1
ウズベキスタン	[4] 1 500	…	[1] 1 775	[1] 612	[1] 2 387	[1] 7.5
クウェート	954	1 180	[1] 1 796	[1] 428	[1] 2 225	[1] 53.9
イラク	1 060	1 043	[1] 1 600	[1] 619	[1] 2 219	[1] 5.6
ベトナム	226	1 536	[3] 2 000	[3] 170	[3] 2 170	[3] 2.4
アフガニスタン	60	843	[1] 1 190	[1] 979	[1] 2 168	[1] 6.1
アフリカ						
南アフリカ共和国	6 046	7 890	9 642	4 453	14 095	24.3
エジプト	1 943	3 862	[1] 4 384	[1] 1 445	[1] 5 830	[1] 5.7
アルジェリア	2 575	4 050	[1] 3 944	[1] 1 696	[1] 5 641	[1] 13.7
ナイジェリア	…	3 090	[3] 2 970	[3] 780	[3] 3 750	[3] 2.0
モロッコ	1 491	1 885	[1] 2 671	[1] 1 065	[1] 3 736	[1] 10.5
リビア	820	858	[1] 2 394	[1] 625	[1] 3 019	[1] 47.3
コンゴ民主共和国	277	1 631	[1] 1 236	[1] 878	[1] 2 114	[1] 2.5
ヨーロッパ						
ロシア	25 394	40 654	52 956	8 968	61 924	42.5
ドイツ [6]	47 306	45 261	47 716	3 890	51 605	62.1
イタリア	36 165	41 650	39 545	5 292	44 837	75.1
イギリス	31 463	35 479	35 732	5 277	41 009	61.4
フランス	33 813	37 744	32 125	8 127	40 252	62.5
スペイン	21 427	27 513	25 008	4 455	29 463	62.5
ポーランド	11 045	20 319	24 456	4 190	28 646	74.4
オランダ	7 489	9 113	8 939	1 192	10 130	58.3
ウクライナ	[2] 5 730	9 418	[1] 8 639	[1] 1 341	[1] 9 980	[1] 22.3
ルーマニア	3 281	5 113	[1] 5 998	[1] 1 026	[1] 7 024	[1] 35.7

自動車の保有台数（II）（単位 千台）

	2000 合計	2010 合計	2019 乗用車	2019 トラック・バス	2019 合計	2019 人口100人あたり（台）
ベルギー	5 222	6 092	5 814	910	6 724	58.4
ギリシャ	3 507	6 610	1) 5 236	1) 1 370	1) 6 606	1) 61.8
チェコ	4 292	5 197	1) 5 618	1) 752	1) 6 370	1) 60.5
ポルトガル	4 750	5 920	1) 4 640	1) 1 215	1) 5 855	1) 56.8
スウェーデン	4 387	4 875	4 888	684	5 572	54.3
オーストリア	4 493	4 847	5 040	524	5 564	62.7
スイス	3 864	4 464	4 624	598	5 222	60.9
ハンガリー	2 749	3 418	1) 3 472	1) 481	1) 3 953	1) 40.4
ベラルーシ	2) 1 502	2 654	1) 3 095	1) 450	1) 3 544	1) 36.5
フィンランド	2 449	3 332	1) 2 988	1) 428	1) 3 416	1) 62.0
ノルウェー	2 303	2 880	1) 2 719	1) 588	1) 3 307	1) 62.7
ブルガリア	2 070	3 325	1) 2 771	1) 444	1) 3 214	1) 44.8
デンマーク	2 237	2 663	1) 2 530	1) 451	1) 2 981	1) 52.0
スロバキア	1 407	1 974	1) 2 218	1) 327	1) 2 545	1) 46.8
アイルランド	1 546	2 383	1) 2 073	1) 356	1) 2 428	1) 50.9
セルビア 7)	…	1 725	1) 1 855	1) 215	1) 2 069	1) 27.7
北アメリカ						
アメリカ合衆国	221 475	248 231	121 231	165 653	286 884	85.8
カナダ	17 571	21 231	23 600	1 221	24 821	66.1
中南アメリカ						
ブラジル	15 468	32 065	37 720	7 759	45 479	21.5
メキシコ	14 850	30 427	33 008	11 860	44 867	35.9
アルゼンチン	6 607	10 116	11 067	3 576	14 644	32.7
コロンビア	1 782	3 949	1) 4 083	1) 1 817	1) 5 900	1) 12.2
チリ	2 036	3 053	1) 3 238	1) 1 481	1) 4 719	1) 25.7
ベネズエラ	2 439	3 180	1) 2 744	1) 901	1) 3 646	1) 11.9
ペルー	993	1 544	1) 1 333	1) 1 227	1) 2 560	1) 8.1
グアテマラ	203	1 475	1) 718	1) 1 326	1) 2 044	1) 12.3
オセアニア						
オーストラリア	12 025	15 352	14 679	4 245	18 924	74.6
ニュージーランド	2 662	3 099	1) 3 314	1) 755	1) 4 070	1) 85.7

日本自動車工業会「世界自動車統計年報」(2005、12、19年。2019年で廃刊)、同「日本の自動車工業」(2021年)、国際自動車工業連合会（OICA）のデータより作成。ただし、中国は中国国家統計局のデータによる。人口100人あたりの自動車保有台数は、国連“World Population Prospects：The 2022 Revision”(2022年7月閲覧）の年央人口を用いて編者が算出した。乗用車とトラック・バスの分類は国によって異なるため各国を単純に比較することはできない。中国はバスを乗用車に区分している。日本の自動車台数は被けん引車と三輪車を除き、特種（殊）用途自動車を含む。国により過去にさかのぼって数値が改訂されている場合がある。1）2017年。2）2001年。3）2015年。4）2002年。5）グルジアから国名呼称変更。6）2010年以降は調査範囲が異なる。7）コソボを含まず。

表 10-4 電気自動車の保有台数（単位 千台）

	2018	2019	2020	2021	BEV[1)]	PHEV[2)]
中国	2 289	3 349	4 509	7 843	6 246	1 596
アメリカ合衆国	1 123	1 450	1 778	2 064	1 343	721
ドイツ	177	239	633	1 315	687	628
イギリス	184	259	434	746	398	348
フランス	165	227	416	725	452	272
ノルウェー	249	329	485	637	453	184
オランダ	143	203	291	385	246	139
日本	236	264	293	337	158	179
スウェーデン	66	97	178	300	110	189
カナダ	90	141	209	298	188	110
イタリア	23	40	100	236	122	114
韓国	61	97	137	228	192	36
ベルギー	44	60	104	173	52	121
スペイン	28	46	88	156	69	86
デンマーク	15	25	62	145	67	78
スイス	35	53	86	140	85	54
フィンランド	15	29	55	100	23	77
ポルトガル	17	30	50	79	38	41
世界計×	**5 100**	**7 151**	**10 244**	**16 499**	**11 275**	**5 224**

IEA "Global EV Outlook 2022" より作成。バッテリー式およびプラグインハイブリッドの合計。乗用車。トラック・バス・バンは含まない。1) バッテリー式。2) プラグインハイブリッド。×その他とも。

各国で入国規制緩和へ

新型コロナウイルス感染症の水際対策として実施されてきた入国規制が、2022年以降各国で緩和されている。フランスでは、ワクチン接種完了者は2022年2月12日から国を問わず陰性証明書が不要となった。アメリカ合衆国でも、空路での渡航者に義務付けていた陰性証明書の提示を6月12日から撤廃し、入国時に必要なのはワクチン接種完了証明書のみとなった。日本は入国規制を緩和する取り組みの遅れが指摘されるが、感染者の少ない海外98か国・地域を対象に、6月10日以降ツアー客の受け入れを再開した。対象国からの入国の際には、ワクチン接種の有無に関わらず、出国前72時間以内の陰性証明書があれば入国時の検査や待機が免除される。

ワクチン接種の拡大や効果的な治療法の確立などにより、コロナ感染による重症化や死亡のリスクは軽減している。今後の感染状況次第では、入国規制が再び強化される可能性はあるものの、各国は外国人旅行者の受け入れを進めて、観光業など経済の回復を目指している。

表 10-5　主な国の二輪自動車保有台数（単位　千台）

	2000	2019		2000	2019
アジア			**ヨーロッパ**		
インド	1) 28 342	2) 115 478	イギリス	995	8) 1 328
インドネシア	13 563	126 589	イタリア	8 330	4) 8 721
スリランカ	*795	3) 3 566	オランダ	1030	8) 1 228
タイ	13 817	4) 21 080	ギリシャ	638	8) 1 803
(台湾)	11 423	13 993	スペイン	3 648	8) 5 033
中国	37 720	67 656	ドイツ	1) 5 246	6 221
トルコ	1 000	3) 2 723	フランス	2 410	8) 3 015
日本	5) 13 974	5) 10 540	ポーランド	1 200	8) 1 311
パキスタン	*1 977	2) 7 284	ロシア	6 329	6) 4 710
フィリピン	1 235	4) 7 101	**アメリカ**		
ベトナム*	6 060	6) 25 415	アメリカ合衆国	9) 4 189	10) 8 393
マレーシア	5 357	14 322	コロンビア	1 000	3) 4 911
ミャンマー	…	3) 3 419	ブラジル	4 123	3) 21 575
アフリカ			**オセアニア**		
ナイジェリア	442	7) 3 040	オーストラリア	334	3) 745

日本自動車工業会「世界自動車統計年報」、同「日本の自動車工業」(2021年）より作成。モペット（国際規格で50cc以下かつ50km／h以下と定義されるもの）を含む。国により二輪自動車の定義が異なる。国により過去にさかのぼって数値が改訂されている。*モペットを除く。1）2001年。2）2012年。3）2013年。4）2018年。5）3月末時点。6）2009年。7）2007年。8）2014年。9）2002年。10）2017年。

表 10-6　世界の主要貨物海上荷動き量

	石油	鉄鉱石	石炭	穀物	液化ガス 1)	計×
実数（百万 t）						
2000	2 332	447	509	230	148	6 420
2010	2 829	990	926	319	277	9 186
2015	2 970	1 364	1 137	430	329	10 871
2019	3 096	1 454	1 284	478	462	12 005
2020	2 827	1 502	1 165	512	465	11 598
2021*	2 842	1 517	1 231	525	492	11 982
構成比（%）						
2000	*36.3*	*7.0*	*7.9*	*3.6*	*2.3*	*100.0*
2010	*30.8*	*10.8*	*10.1*	*3.5*	*3.0*	*100.0*
2015	*27.3*	*12.5*	*10.5*	*4.0*	*3.0*	*100.0*
2019	*25.8*	*12.1*	*10.7*	*4.0*	*3.8*	*100.0*
2020	*24.4*	*13.0*	*10.0*	*4.4*	*4.0*	*100.0*
2021*	*23.7*	*12.7*	*10.3*	*4.4*	*4.1*	*100.0*

国土交通省「海事レポート」などより作成。石油は原油と石油製品の合計。数値は過去にさかのぼって改訂されている。*推計値。1）LPGとLNG。×その他とも。

表 10-7　世界の商船船腹量（単位　千総トン）

	2020年初	うち油送船	2021年初	うち油送船	2022年初	うち油送船
パナマ	218 364	32 093	227 116	34 150	230 520	36 884
リベリア	171 629	50 141	185 189	52 951	207 371	58 285
マーシャル諸島	161 177	53 165	168 086	55 761	177 802	57 218
(香港)	127 353	22 804	129 736	24 197	131 229	24 268
シンガポール	92 941	23 044	91 037	19 538	88 949	15 855
マルタ	80 476	20 829	81 886	20 386	83 238	19 697
中国	67 657	9 080	70 887	10 734	75 259	11 419
バハマ	63 320	15 874	61 440	14 527	61 301	13 509
ギリシャ	39 965	24 161	37 533	22 047	36 444	20 702
日本	29 403	5 341	28 699	5 457	29 949	5 459
デンマーク	21 173	2 558	22 196	3 323	22 958	4 142
イギリス	25 391	3 772	23 773	2 850	22 848	2 341
キプロス	23 150	1 490	23 042	2 303	22 600	2 531
インドネシア	19 663	4 890	20 827	5 118	21 117	5 079
ノルウェー	19 211	4 353	20 059	4 648	19 859	4 343
ポルトガル	15 305	1 300	16 617	1 505	19 224	1 509
イタリア	14 568	2 150	14 355	2 045	14 185	2 080
韓国	10 907	882	12 499	878	12 580	815
イラン	11 112	8 162	11 840	8 322	11 561	8 044
アメリカ合衆国	10 880	2 411	10 807	2 440	10 862	2 444
インド	10 600	5 248	10 470	4 979	10 449	4 642
(バーミューダ)[1]	10 018	795	10 498	771	10 396	689
ロシア	8 436	2 117	9 129	2 499	9 370	2 232
マレーシア	8 395	1 700	8 392	1 553	7 923	1 156
フランス	6 369	1 845	6 999	1 845	7 882	1 678
サウジアラビア	7 835	6 116	7 689	5 991	7 786	6 046
ベトナム	5 718	1 017	6 392	1 303	7 508	2 239
ドイツ	8 171	315	7 494	295	6 784	251
オランダ	6 841	109	6 393	122	6 362	119
ベルギー	6 150	2 830	5 956	2 751	5 965	3 137
トルコ	5 306	935	4 898	972	4 846	920
アンティグア・バーブーダ	5 034	1	4 892	1	4 738	45
(台湾)	4 534	174	4 717	176	4 559	176
フィリピン	4 525	317	4 324	315	4 283	289
(ケイマン諸島)[1]	4 643	1 478	4 609	1 478	3 864	1 275
ブラジル	3 852	1 629	3 604	1 392	3 605	1 323
タイ	4 085	2 180	3 731	1 860	3 317	1 553
ナイジェリア	2 956	744	3 025	787	3 054	818
世界計×	**1 400 127**	**330 385**	**1 439 863**	**339 979**	**1 485 638**	**345 139**

UNCTADSTAT（2022年7月1日閲覧）より作成。各年1月1日現在。100総トン以上の鋼船。漁船は含まない。昨年版まで資料として使っていたIHS Global Limited "IHS Maritime&Trade, World Fleet Statistics" が2020年版で廃刊となったたため、新しくUNCTAD（国連貿易開発会議）のデータを用いた。1）イギリス領。×その他とも。

図 10-3　商船の国別・船種別の船腹量（2022年初）

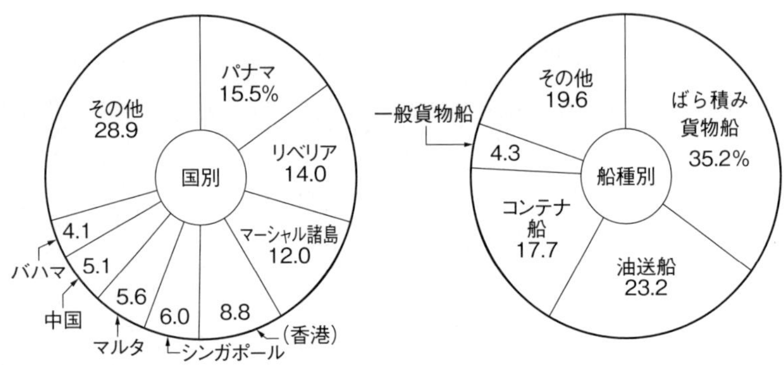

UNCTADSTAT（2022年7月1日閲覧）より作成。1月1日現在。100総トン以上の鋼船。漁船は含まない。表10-7の注記参照。ばら積み貨物とは、穀物や石炭、鉄鉱石など、包装されず、ばら積みの状態で輸送される貨物のこと。

表 10-8　港湾別のコンテナ取扱量（単位　千TEU）

2018		2019		2020	
上海	42 010	上海	43 303	上海	43 501
シンガポール	36 599	シンガポール	37 196	シンガポール	36 871
寧波舟山（中国）	26 350	寧波舟山	27 540	寧波舟山	28 734
深圳（中国）	25 736	深圳	25 770	深圳	26 553
釜山（韓国）	21 663	広州	22 840	広州	23 192
広州（中国）	21 623	釜山	21 740	青島	22 005
香港	19 596	青島	21 010	釜山	21 599
青島（中国）	19 315	香港	18 302	天津	18 356
ロサンゼルス 1)	17 550	天津	17 301	香港	17 971
天津（中国）	16 007	ロサンゼルス 1)	16 970	ロサンゼルス 1)	17 327
ドバイ 2)	14 954	ロッテルダム 3)	14 811	ロッテルダム 3)	14 349
ロッテルダム 3)	14 513	ドバイ 2)	14 111	ドバイ 2)	13 486
ポートケラン 4)	12 316	ポートケラン 4)	13 581	ポートケラン 4)	13 244
アントワープ 5)	11 100	アントワープ 5)	11 860	アントワープ 5)	12 031
厦門（中国） 6)	10 702	厦門 6)	11 110	厦門 6)	11 410
高雄（台湾）	10 446	高雄	10 429	タンジュンペラパス 4)	9 846
大連（中国）	9 767	ハンブルク 7)	9 282	高雄	9 622
タンジュンペラパス 4)	8 961	タンジュンペラパス 4)	9 077	ハンブルク 7)	8 500
ハンブルク 7)	8 770	大連	8 760	ニューヨーク 9)	7 586
レムチャバン 8)	8 075	レムチャバン 8)	7 981	レムチャバン 8)	7 553

国土交通省「海事レポート」より作成。国際標準規格の20フィートコンテナを1TEUとする。2020年は速報値。1）ロサンゼルス港・ロングビーチ港。2）アラブ首長国連邦。3）オランダ。4）マレーシア。5）ベルギー。6）アモイ。7）ドイツ。8）タイ。9）ニューヨーク港・ニュージャージー港。

表 10-9 世界の港湾コンテナ取扱量（単位 千TEU）

	2000	2010	2018	2019	2020
中国	41 000	131 989	233 202	242 030	245 104
アメリカ合衆国	28 300	42 031	54 776	55 519	54 964
シンガポール	17 100	29 147	37 388	37 195	36 871
韓国	9 030	18 520	28 868	28 312	28 425
マレーシア	4 642	16 843	24 956	26 859	26 664
日本	13 100	18 966	22 610	22 277	21 386
アラブ首長国連邦	5 056	15 177	19 054	19 171	19 298
ドイツ	7 696	14 674	19 707	19 596	18 029
(香港)	…	23 600	19 641	18 360	17 969
スペイン	5 790	12 549	17 155	17 373	17 373
インド	2 451	8 890	16 946	17 053	16 286
オランダ	6 407	11 410	14 696	14 987	14 522
ベルギー	5 058	11 056	12 686	13 831	14 067
インドネシア	3 798	9 010	14 061	14 764	14 025
ベトナム	1 190	6 430	13 009	13 659	…
トルコ	1 592	5 658	10 888	11 679	…
ブラジル	2 413	8 951	10 477	10 869	10 377
タイ	3 179	6 819	10 244	10 756	10 214
イタリア	6 919	8 022	9 923	10 120	9 800
サウジアラビア	1 503	5 313	8 683	8 906	9 394
イギリス	6 435	8 222	10 313	10 223	8 692
オーストラリア	3 543	6 372	8 569	8 799	8 657
フィリピン	3 032	5 589	8 654	8 818	7 505
パナマ	2 370	5 593	7 015	7 355	…
モロッコ	329	2 800	4 711	6 069	6 981
スリランカ	1 733	4 100	7 000	7 230	6 850
メキシコ	1 316	3 698	6 988	7 029	6 386
カナダ	2 928	4 694	6 770	6 902	6 197
エジプト	1 626	6 833	6 370	6 307	5 928
ギリシャ	1 391	1 137	5 332	5 992	5 756
オマーン	1 162	3 835	4 224	4 904	5 142
フランス	2 923	5 185	5 963	5 871	5 108
ロシア	316	3 243	5 060	4 932	4 872
コロンビア	792	2 448	4 583	4 403	4 481
チリ	1 253	3 167	4 661	4 497	4 192
南アフリカ共和国	1 847	3 959	4 892	4 592	4 029
パキスタン	…	2 149	3 461	3 368	3 339
ニュージーランド	1 067	2 331	3 328	3 229	3 174
イスラエル	…	2 282	2 946	2 917	2 994
ポーランド	…	1 054	2 834	3 046	2 905
ポルトガル	670	1 400	3 192	2 725	2 801
世界計×	**224 775**	**544 871**	**796 180**	**810 578**	…

世界銀行“World Development Indicators”(2022年6月1日閲覧）のデータより作成。国際標準規格の20フィートコンテナを1TEUとする。各国とも海外領土を含まない。×その他とも。

表 10-10　世界の民間航空輸送量（定期輸送）

航空会社の所属国	旅客（百万人km）			貨物（百万t.km）		
	2019	2020	2020（%）	2019	2020	2020（%）
中国	1 169 680	629 669	*21.1*	25 395	19 264	*10.1*
アメリカ合衆国	1 698 805	608 724	*20.4*	42 498	40 793	*21.4*
ロシア	259 556	131 906	*4.4*	6 481	4 315	*2.3*
アラブ首長国連邦	414 386	111 408	*3.7*	14 766	12 172	*6.4*
インド	220 200	85 619	*2.9*	1 938	875	*0.5*
アイルランド	232 491	75 429	*2.5*	175	132	*0.1*
イギリス	344 592	75 331	*2.5*	5 851	3 675	*1.9*
トルコ	202 496	73 686	*2.5*	6 816	6 870	*3.6*
フランス	210 880	69 374	*2.3*	4 523	2 468	*1.3*
日本	204 188	66 233	*2.2*	8 919	7 842	*4.1*
カナダ	232 007	62 757	*2.1*	3 109	2 306	*1.2*
ブラジル	135 078	58 124	*1.9*	1 521	1 210	*0.6*
カタール	172 589	57 173	*1.9*	12 740	13 544	*7.1*
サウジアラビア	83 407	55 836	*1.9*	2 043	649	*0.3*
ドイツ	250 462	53 329	*1.8*	7 764	5 455	*2.9*
メキシコ	109 056	50 926	*1.7*	1 073	733	*0.4*
オーストラリア	161 600	42 170	*1.4*	1 931	1 201	*0.6*
オランダ	131 171	41 585	*1.4*	5 656	5 305	*2.8*
韓国	189 826	41 115	*1.4*	10 664	12 457	*6.5*
スペイン	145 472	39 851	*1.3*	1 191	494	*0.3*
インドネシア	101 949	37 789	*1.3*	982	675	*0.4*
ベトナム	73 958	33 632	*1.1*	1 023	572	*0.3*
タイ	136 173	33 518	*1.1*	2 328	684	*0.4*
シンガポール	155 409	30 046	*1.0*	6 412	3 020	*1.6*
マレーシア	116 121	24 847	*0.8*	1 379	817	*0.4*
ハンガリー	64 987	23 808	*0.8*	…	…	…
(香港)	159 668	22 554	*0.8*	11 739	8 085	*4.3*
フィリピン	76 954	18 853	*0.6*	927	361	*0.2*
オーストリア	49 993	16 978	*0.6*	320	75	*0.0*
スイス	63 015	16 719	*0.6*	1 641	843	*0.4*
エチオピア	45 289	16 407	*0.5*	2 450	2 897	*1.5*
スカンジナビア1)	82 737	15 870	*0.5*	986	304	*0.2*
チリ	40 483	13 855	*0.5*	1 232	1 458	*0.8*
ポルトガル	48 224	13 744	*0.5*	537	280	*0.1*
ニュージーランド	38 452	11 843	*0.4*	1 208	774	*0.4*
コロンビア	39 098	11 605	*0.4*	1 548	1 497	*0.8*
イタリア	52 030	11 396	*0.4*	1 345	979	*0.5*
世界計×	**8 676 650**	**2 990 002**	*100.0*	**228 371**	**190 220**	*100.0*

ICAO"ANNUAL REPORT OF THE COUNCIL 2020"より作成。ICAO（国際民間航空機関）加盟国の統計。国内線と国際線の合計。貨物には郵便物を含まない。2020年の旅客輸送量の多い順に掲載した。1）デンマーク、ノルウェーおよびスウェーデンの3か国の合計。×その他とも。

表 10-11　世界の空港の乗降旅客数（単位　千人）

	2019		2020	
国際・国内	アトランタ 1)	110 531	広州白雲	43 768
	北京首都	100 014	アトランタ 1)	42 919
	ロサンゼルス	88 068	成都双流	40 742
	ドバイ	86 397	ダラス・フォートワース	39 365
	東京 2)	85 505	深圳宝安	37 916
	オヘア（シカゴ）	84 649	重慶江北	34 938
	ヒースロー（ロンドン）	80 888	北京首都	34 514
	上海浦東	76 153	デンバー	33 741
	パリ・シャルル・ド・ゴール	76 150	昆明長水	32 991
	ダラス・フォートワース	75 067	上海虹橋	31 166
	広州白雲	73 395	西安咸陽	31 074
	アムステルダム・スキポール	71 707	東京 2)	31 055
	香港	71 415	オヘア（シカゴ）	30 860
	仁川（ソウル）	71 204	上海浦東	30 477
	フランクフルト	70 556	ロサンゼルス	28 780
	デンバー	69 016	インディラ・ガンディー（デリー）	28 501
	インディラ・ガンディー（デリー）	68 491	杭州蕭山	28 224
	シンガポール・チャンギ	68 283	シャーロット・ダグラス	27 205
	スワンナプーム（バンコク）	65 422	ドバイ	25 837
うち国際	ドバイ	86 329	ドバイ	25 831
	ヒースロー（ロンドン）	76 044	アムステルダム・スキポール	20 881
	アムステルダム・スキポール	71 680	ヒースロー（ロンドン）	20 650
	香港	71 288	パリ・シャルル・ド・ゴール	19 058
	仁川（ソウル）	70 578	フランクフルト	16 837
	パリ・シャルル・ド・ゴール	69 841	イスタンブール	15 945
	シンガポール・チャンギ	67 601	ハマド（ドーハ）	12 522
	フランクフルト	63 068	仁川（ソウル）	11 956
	スワンナプーム（バンコク）	52 933	シンガポール・チャンギ	11 635
	イスタンブール	3) 51 311	マドリード 4)	11 052
	マドリード 4)	44 919	スワンナプーム（バンコク）	9 710
	クアラルンプール	44 855	ガトウィック（ロンドン）	9 222
	ガトウィック（ロンドン）	43 124	香港	8 814
	ハマド（ドーハ）	38 787	ミュンヘン	8 549
	バルセロナ＝エル・プラット	38 632	JFK（ニューヨーク）	8 363
	ミュンヘン	38 309	クアラルンプール	8 198
	成田	36 645	チューリッヒ	8 133
	JFK（ニューヨーク）	34 317	リスボン	8 083

ICAO “ANNUAL REPORT OF THE COUNCIL 2020” および日本航空協会「航空統計要覧」（2021年版）より作成。ICAO加盟国の統計。空港名のうち「国際空港」は省略した。空港名の横のカッコ内は空港のある都市、または近隣にある大都市名。各年とも乗降旅客数が多い順に掲載。1）ハーツフィールド・ジャクソン・アトランタ。2）羽田。3）アタテュルク国際空港（2019年4月、イスタンブール空港に全面移転）を含む。4）アドルフォ・スアレス・マドリード＝バラハス。

表 10-12　主要航空会社の輸送実績（定期輸送）

	2019		2020	
旅客輸送量（百万人km）	デルタ航空（米）……	350 145	アメリカン航空……	123 997
	ユナイテッド航空(米)	342 935	中国南方航空……	110 650
	アメリカン航空（米）·	342 510	デルタ航空……	106 488
	エミレーツ航空…… 1)	299 496	ユナイテッド航空……	100 188
	中国南方航空……	213 573	中国東方航空……	88 728
	サウスウエスト航空(米)	211 379	サウスウエスト航空··	87 263
	中国東方航空……	186 644	エミレーツ航空…… 1)	78 746
	ライアンエアー…… 2)	185 405	中国国際航空……	71 417
	カタール航空……	172 591	ライアンエアー…… 2)	64 928
	中国国際航空……	169 030	カタール航空……	57 171
	ルフトハンザ·ドイツ航空	165 945	ターキッシュエアラインズ3)	52 206
	ブリティッシュ・エアウェイズ	155 252	エールフランス……	48 809
	エールフランス……	150 870	LATAM航空…… 4)	41 385
	ターキッシュエアラインズ3)	150 240	ブリティッシュ・エアウェイズ	38 825
	LATAM航空（チリ）4)	122 083	インディゴ航空(インド)	38 061
	キャセイパシフィック航空5)	119 328	ルフトハンザ·ドイツ航空	37 503
	エア・カナダ……	110 263	アエロフロート·ロシア航空	35 140
	KLMオランダ航空…	109 476	四川航空（中国）……	34 231
	（参考）全日本空輸…	90 449	（参考）全日本空輸…	26 311
貨物輸送量（百万t·km）	フェデラルエクスプレス(米)	17 503	フェデラルエクスプレス	19 656
	カタール航空……	13 024	UPS…… 6)	14 371
	UPS（米）…… 6)	12 842	カタール航空……	13 740
	エミレーツ航空…… 1)	12 052	エミレーツ航空…… 1)	9 569
	キャセイパシフィック航空5)	10 930	キャセイパシフィック航空5)	8 137
	大韓航空（韓）……	7 412	大韓航空……	8 104
	ルフトハンザ·ドイツ航空	7 226	カーゴルックス航空 7)	7 345
	カーゴルックス航空 7)	7 180	ターキッシュエアラインズ3)	6 977
	ターキッシュエアラインズ3)	7 029	中国南方航空……	6 591
	中国南方航空……	6 825	中華航空…… 8)	6 317
	中国国際航空……	6 767	中国国際航空……	6 121
	シンガポール航空……	6 146	アトラス航空……	5 458
	中華航空（台湾）… 8)	5 334	カリッタエア（米）…	5 211
	エアブリッジ・カーゴ航空9)	5 168	アエロロジック（独）·	4 870
	ユナイテッド航空(米)	4 852	ルフトハンザ·ドイツ航空	4 828
	アトラス航空（米）…	4 522	エアブリッジ·カーゴ航空9)	4 609
	全日本空輸……	4 389	シンガポール航空……	4 156
	ブリティッシュ・エアウェイズ	4 206	ユナイテッド航空……	3 950
	ポーラーエアカーゴ(米)	3 809	（参考）全日本空輸…	3 172

日本航空協会「航空統計要覧」より作成。国内線と国際線の合計。各年とも輸送量が多い順に掲載。1）アラブ首長国連邦。2）アイルランド。3）トルコ。4）チリのラン航空とブラジルのTAM航空の合併により誕生したチリに本社を置く南米の航空グループ。5）香港。6）ユナイテッド・パーセル・サービス。7）ルクセンブルク。8）日本での呼称はチャイナエアライン。9）ロシア。

第11章　情報通信・科学技術

ITU（国際電気通信連合）によると、世界の2020年の固定電話契約数は9億800万件（推定値、以下同じ）で、近年減少が続いている。移動電話契約数は83億3500万件で、コロナ禍の経済活動の停滞で増加の勢いが落ちた。ただし、2021年は途上国を中心に再び増加傾向にある。

2020年の世界全体のインターネット利用者率は59.1％（利用者数45億8500万人）で、2010年の28.5％（同19億8100万人）と比べて30.6ポイント増加した。前年からの増加率は過去10年間で最も高く、コロナ禍に伴う巣ごもり需要の影響がみられる。

デジタルプラットフォーム企業とよばれるGAFA（グーグル、アップル、フェイスブック、アマゾン）は、情報を収集し占有して競争力の源泉としているほか、デジタル経済の独占的な立ち位置を活かして市場の公平な競争を妨げていると、欧米をはじめ各国で懸念されている。欧州では、2022年に自社のシステム利用の強制を制限する「デジタル市場法」を制定した。アメリカでも、GAFAが豊富な資金を活かして企業買収を進めて市場を独占することが懸念されており、あらかじめ特定の企業の独占を防止できるよう、反トラスト（独占禁止）法の見直しが求められている。日本では、GAFAなどのデジタルプラットフォーム提供者に対して情報開示を義務付けており、デジタル広告の規制も進められている。

デジタルプラットフォーム企業に情報が集中するWeb2.0から、ネットワークにつながるユーザーが分散して情報を保持するWeb3.0に期待が高まっている。Web3.0では、改ざんが困難な分散型のブロックチェーン技術を用い、中央集権不在で個人同士が自由につながり交流や取引を行う。暗号資産（仮想通貨）や、NFTとよばれる偽造不能な所有証明付きデジタルデータの売買など、Web3.0による新たな経済活動への期待がある一方、個人のITリテラシーの向上が求められる。欧米では競争力強化のためWeb3.0のグローバルハブ化に向けて取り組みを始めている。シンガポールやアラブ首長国連邦では、税制優遇等で企業誘致を先行している。

表 11-1　固定電話契約数（I）

	契約数（千件）			100人あたり契約数（件）		
	2000	2010	2020	2000	2010	2020
アジア						
アゼルバイジャン	801	1 507	1 653	9.9	16.7	16.3
アラブ首長国連邦	1 020	1 479	2 381	32.5	17.3	24.1
イエメン・・・・・・	347	1 046	1 240	2.0	4.5	4.2
イスラエル・・・・	2 974	3 408	3 370	50.0	46.4	38.9
イラク・・・・・・・・	675	1 721	2 700	2.9	5.8	6.7
イラン・・・・・・・・	9 486	25 815	29 094	14.5	35.0	34.6
インド・・・・・・・・	32 436	35 090	20 052	3.1	2.8	1.5
インドネシア・・	6 663	40 931	9 662	3.1	16.9	3.5
ウズベキスタン	1 655	1 892	3 550	6.7	6.6	10.6
カザフスタン・・	1 834	4 058	3 091	12.3	25.0	16.5
韓国・・・・・・・・・・	25 863	28 543	23 858	54.6	57.6	46.5
北朝鮮・・・・・・・・	500	1 180	1 180	2.2	4.8	4.6
サウジアラビア	2 965	4 166	5 749	14.3	15.2	16.5
シリア・・・・・・・・	1 675	4 069	2 857	10.2	19.0	16.3
シンガポール・・	1 946	1 996	1 891	48.3	38.9	32.3
スリランカ・・・・	767	3 578	2 608	4.1	17.7	12.2
タイ・・・・・・・・・・	5 591	6 835	5 003	8.9	10.2	7.2
（台湾）・・・・・・・・	12 642	16 433	12 750	57.6	70.9	53.5
中国・・・・・・・・・・	144 829	294 383	181 908	11.2	21.5	12.6
トルコ・・・・・・・・	18 395	16 201	12 449	29.1	22.4	14.8
日本・・・・・・・・・・	61 957	65 619	1) 61 979	48.6	51.0	1) 49.0
パキスタン・・・・	3 053	6 079	2 877	2.1	3.4	1.3
バングラデシュ	491	1 281	1 390	0.4	0.9	0.8
フィリピン・・・・	3 061	3 335	4 731	3.9	3.5	4.3
ベトナム・・・・・・	2 543	14 374	3 206	3.2	16.3	3.3
（香港）・・・・・・・・	3 926	4 362	3 901	59.4	62.6	52.0
マレーシア・・・・	4 628	4 610	7 468	20.0	16.3	23.1
ラオス・・・・・・・・	41	103	1 491	0.8	1.6	20.5
アフリカ						
アルジェリア・・	1 761	2 923	4 784	5.7	8.1	10.9
エジプト・・・・・・	5 484	9 618	9 858	8.0	11.6	9.6
エチオピア・・・・	232	909	1 252	0.4	1.0	1.1
カメルーン・・・・	95	540	964	0.6	2.7	3.6
チュニジア・・・・	955	1 290	1 533	9.8	12.1	13.0
南アフリカ共和国	4 962	4 861	2 099	11.0	9.5	3.5
モロッコ・・・・・・	1 425	3 749	2 357	4.9	11.6	6.4
リビア・・・・・・・・	605	1 228	1 576	11.3	19.8	22.9
ヨーロッパ						
アイルランド・・	1 832	2 078	1 679	48.4	45.6	34.0
イギリス・・・・・・	35 228	33 409	32 037	59.8	52.6	47.2
イタリア・・・・・・	27 153	22 536	19 607	47.9	38.0	32.4
ウクライナ・・・・	10 417	12 941	3 314	21.3	28.3	7.9
オーストリア・・	3 997	3 398	3 787	49.5	40.4	42.0

固定電話契約数（Ⅱ）

	契約数（千件）			100人あたり契約数（件）		
	2000	2010	2020	2000	2010	2020
オランダ……	9 889	7 232	4 937	62.1	43.3	28.8
ギリシャ……	5 659	5 898	5 028	51.1	54.2	48.2
クロアチア……	1 721	1 866	1 299	38.9	43.1	31.7
スイス……	5 236	4 908	3 071	73.3	62.9	35.5
スウェーデン…	6 056	4 734	1 479	68.2	50.4	14.6
スペイン……	17 104	20 181	19 456	41.9	43.0	41.6
セルビア……	…	3 110	2 572	…	42.7	37.4
チェコ……	3 872	2 367	1 335	37.6	22.5	12.5
ドイツ……	2) 50 220	52 900	3) 38 300	2) 61.7	65.4	3) 45.7
ハンガリー……	3 798	2 977	4) 2 970	37.2	30.0	4) 30.7
フランス……	33 987	40 622	37 759	57.6	64.6	57.8
ベラルーシ……	2 752	4 139	4 407	27.9	43.9	46.6
ベルギー……	5 036	4 640	3 635	49.0	42.4	31.4
ポーランド……	10 946	7 667	5 777	28.4	20.0	15.3
ポルトガル……	4 321	4 486	5 213	42.0	42.3	51.1
モルドバ……	584	1 161	1 028	13.9	28.4	25.5
ルーマニア……	3 899	4 500	3 025	17.6	22.0	15.7
ロシア……	32 070	44 916	25 892	21.9	31.3	17.7
北中アメリカ						
アメリカ合衆国	5) 192 513	149 652	101 526	5) 68.3	48.4	30.7
カナダ……	20 840	18 394	13 340	68.1	53.9	35.3
キューバ……	489	1 164	1 502	4.4	10.4	13.3
グアテマラ……	677	1 499	2 272	5.8	10.2	12.7
ドミニカ共和国	894	1 013	1 155	10.6	10.4	10.7
メキシコ……	12 332	19 919	24 500	12.5	17.5	19.0
南アメリカ						
アルゼンチン…	6) 7 894	9 914	7 356	6) 21.4	24.2	16.3
ウルグアイ……	929	962	1 225	28.0	28.6	35.3
エクアドル……	1 224	2 086	2 063	9.7	13.9	11.7
コロンビア……	7 193	7 186	7 248	18.1	15.9	14.2
チリ……	3 302	3 459	2 568	21.5	20.3	13.4
ブラジル……	30 926	42 141	30 654	17.7	21.5	14.4
ベネズエラ……	2 536	7 083	5 251	10.5	24.9	18.5
ペルー……	1 717	3 160	2 470	6.5	10.9	7.5
オセアニア						
オーストラリア	7) 10 050	8) 10 625	6 200	7) 52.9	8) 48.0	24.3
世界計×……	**976 008**	**1 229 000**	**907 500**	…	17.8	11.6

ITUウェブサイト（2022年6月6日閲覧）より作成。推定値や暫定値を含む。アナログ回線のほか、VoIPやWLL（無線で回線を直接つなぐ）、ISDN音声回線、固定公衆電話を含む。ISDNは2回線分とする場合がある。1）2021年3月末。2）公衆電話を除く。3）ISBN音声回線相当分を除く。4）主要8事業者を元にした推計。5）ローカルループ（加入者線）。6）主要2事業者のみ。7）ISDNを除く。8）VoIPを除く。×ITUによる推定値。2000年の契約数は原資料掲載国の合計。

表 11-2　移動電話契約数（I）

	契約数（千件）			100人あたり契約数（件）		
	2000	2010	2020	2000	2010	2020
アジア						
アフガニスタン	—	10 216	22 678	—	35.0	58.3
アラブ首長国連邦	1 428	10 926	18 374	45.6	127.8	185.8
イエメン……	32	11 085	15 178	0.2	47.9	50.9
イラク……	—	23 264	37 475	—	78.2	93.2
イラン……	963	54 052	127 625	1.5	73.3	151.9
インド……	3 577	752 190	1 153 710	0.3	60.9	83.6
インドネシア…	3 669	211 290	355 620	1.7	87.4	130.0
ウズベキスタン	53	20 952	33 387	0.2	73.5	99.8
カザフスタン…	197	19 403	24 294	1.3	119.4	129.4
韓国……	26 816	50 767	70 514	56.6	102.5	137.5
カンボジア……	131	8 151	21 087	1.1	56.9	126.1
サウジアラビア	1 376	51 564	43 215	6.7	188.0	124.1
シリア……	30	11 696	16 660	0.2	54.8	95.2
スリランカ……	430	17 359	29 730	2.3	85.7	138.8
タイ……	3 056	71 726	116 294	4.9	106.7	166.6
(台湾)……	17 874	27 840	29 351	81.4	120.1	123.2
中国……	85 260	859 003	1 718 411	6.6	62.8	119.4
トルコ……	16 133	61 770	82 128	25.5	85.4	97.4
日本……[1]	66 784	[2] 123 287	[2] 195 055	52.4	[2] 95.9	[2] 154.2
ネパール……	10	9 196	38 213	0.0	34.0	131.2
パキスタン……	306	99 186	175 624	0.2	55.3	79.5
バングラデシュ	279	67 924	176 279	0.2	46.0	107.0
フィリピン……	6 454	83 150	149 579	8.3	88.5	136.5
ベトナム……	789	111 570	138 935	1.0	126.8	142.7
(香港)……	5 447	13 794	21 865	82.5	198.0	291.7
マレーシア……	5 122	33 859	43 724	22.1	120.0	135.1
ミャンマー……	13	594	78 548	0.0	1.2	144.4
アフリカ						
アルジェリア…	86	32 780	45 556	0.3	91.1	103.9
アンゴラ……	26	9 403	14 645	0.2	40.3	44.6
ウガンダ……	127	12 828	27 689	0.5	39.6	60.5
エジプト……	1 360	70 661	95 357	2.0	85.4	93.2
エチオピア……	18	6 854	44 500	0.0	7.8	38.7
ガーナ……	130	17 437	40 462	0.7	70.4	130.2
カメルーン……	103	8 637	22 350	0.7	42.5	84.2
ケニア……	127	24 969	61 409	0.4	59.4	114.2
コートジボワール	473	15 599	40 095	2.9	76.0	152.0
コンゴ民主共和国	[3] 15	11 820	40 798	[3] 0.0	18.3	45.6
ザンビア……	99	5 447	19 104	0.9	40.0	103.9
スーダン……	[4] 23	18 093	35 195	[4] 0.1	52.4	80.3
セネガル……	250	8 344	19 079	2.6	65.8	113.9
タンザニア……	111	20 984	51 220	0.3	47.3	85.7
チュニジア……	119	11 114	14 853	1.2	104.5	125.7

移動電話契約数（Ⅱ）

	契約数（千件）			100人あたり契約数（件）		
	2000	2010	2020	2000	2010	2020
ナイジェリア‥	30	87 298	204 229	0.0	55.1	99.1
ニジェール‥‥	2	3 669	14 239	0.0	22.3	58.8
ブルキナファソ	25	5 708	22 117	0.2	36.6	105.8
マダガスカル‥	63	7 712	15 869	0.4	36.5	57.3
マリ‥‥‥‥‥	10	7 440	25 316	0.1	49.4	125.0
南アフリカ共和国	8 339	50 372	95 959	18.5	98.4	161.8
モザンビーク‥	51	7 224	15 463	0.3	30.7	49.5
モロッコ‥‥‥	2 342	31 982	49 421	8.1	98.9	133.9
ヨーロッパ						
イギリス‥‥‥	43 452	76 730	79 007	73.7	120.9	116.4
イタリア‥‥‥	42 246	93 666	77 581	74.5	157.9	128.3
ウクライナ‥‥	819	53 929	53 978	1.7	117.8	129.3
オランダ‥‥‥	10 755	19 179	21 415	67.5	115.0	125.0
スペイン‥‥‥	24 265	51 389	55 648	59.4	109.5	119.0
ドイツ‥‥‥‥	3) 48 202	88 400	107 400	3) 59.2	109.4	128.2
フランス‥‥‥	29 052	57 785	72 751	49.2	91.9	111.5
ポーランド‥‥	6 747	5) 46 952	49 351	17.5	5) 122.5	130.4
ルーマニア‥‥	2 499	6) 24 360	6) 22 592	11.3	6) 119.0	6) 117.4
ロシア‥‥‥‥	3 263	7) 237 689	238 733	2.2	7) 165.7	163.6
北中アメリカ						
アメリカ合衆国	109 478	285 118	351 477	38.9	92.3	106.2
カナダ‥‥‥‥	8 727	25 825	8) 32 360	28.5	75.6	8) 85.7
グアテマラ‥‥	857	18 068	20 391	7.4	123.5	113.8
メキシコ‥‥‥	14 078	91 383	122 898	14.2	80.1	95.3
南アメリカ						
アルゼンチン‥	6 488	57 082	54 764	17.6	139.6	121.2
エクアドル‥‥	482	9) 14 781	9) 15 485	3.8	9) 98.5	9) 87.8
コロンビア‥‥	2 257	44 478	67 673	5.7	98.4	133.0
チリ‥‥‥‥‥	3 402	19 852	25 068	22.2	116.3	131.1
ブラジル‥‥‥	23 188	196 930	10) 205 835	13.3	100.6	10) 96.8
ベネズエラ‥‥	5 447	27 880	16 544	22.5	98.0	58.2
ペルー‥‥‥‥	1 274	29 115	44 000	4.8	100.3	133.4
オセアニア						
オーストラリア	8 562	22 500	27 453	45.1	101.6	107.7
世界計×‥‥	**738 876**	**5 290 100**	**8 335 200**	…	76.6	107.0

資料は表11-1に同じ。一般の電話網の技術を用いた通常の移動電話。国や年次によって集計範囲が異なる場合があるが、基本的にはデータ通信カードやUSBモデム、公衆データサービス等を含まない。また、利用中（プリペイドは基本的に過去3か月以内に使用）の回線数で推定値を含む。1）PHSを含む。2）データ通信カードを含む。3）未利用の回線を含む。4）カナール社が固定電話として計上。5）M2Mを含む。6）過去6か月以内に使用したプリペイドを含む。7）発行SIMカード数で未使用を含む。8）2020年よりモバイルブロードバンド等を除外。9）公衆無線電話を含む。10）Anatel社は過去3か月間に使用した回線のみ調査。×ITUによる推定値。2000年の契約数は原資料掲載国の合計。

表 11-3　固定ブロードバンド契約数（Ⅰ）

	契約数（千件）			100人あたり契約数（件）		
	2000	2010	2020	2000	2010	2020
アジア						
アゼルバイジャン	[1] 1	475	1 995	[1] 0.0	5.3	19.7
アラブ首長国連邦	2	787	3 245	0.1	9.2	32.8
イスラエル	[2] 44	1 762	2 602	[2] 0.7	24.0	30.1
イラク	—	3	6 254	—	0.0	15.5
イラン	0	988	9 564	0.0	1.3	11.4
インド	[2] 50	10 990	22 950	[2] 0.0	0.9	1.7
インドネシア	4	2 280	11 722	0.0	0.9	4.3
ウズベキスタン	[3] 3	118	4 820	[3] 0.0	0.4	14.4
カザフスタン	[3] 1	870	2 620	[3] 0.0	5.4	14.0
韓国	3 870	17 194	22 327	8.2	34.7	43.5
サウジアラビア	[2] 14	1 712	7 890	[2] 0.1	6.2	22.7
シリア	[4] 1	70	1 549	[4] 0.0	0.3	8.9
シンガポール	69	1 338	[5] 1 510	1.7	26.1	[5] 25.8
スリランカ	[2] 0	228	1 782	[2] 0.0	1.1	8.3
タイ	[2] 2	3 252	11 478	[2] 0.0	4.8	16.4
(台湾)	229	5 312	6 050	1.0	22.9	25.4
中国	23	126 337	483 550	0.0	9.2	33.6
トルコ	[2] 11	7 098	16 735	[2] 0.0	9.8	19.8
日本	855	34 102	44 001	0.7	26.5	34.8
ネパール	—	60	1 270	—	0.2	4.4
パキスタン	—	789	[6] 2 523	—	0.4	[6] 1.1
バングラデシュ	—	415	[7] 10 053	—	0.3	[7] 6.1
フィリピン	[2] 10	[8] 1 791	7 937	[2] 0.0	[8] 1.9	7.2
ベトナム	[1] 1	3 669	16 699	[1] 0.0	4.2	17.2
(香港)	444	2 168	[5] 2 886	6.7	31.1	[5] 38.5
マレーシア	[2] 4	2 098	3 359	[2] 0.0	7.4	10.4
アフリカ						
アルジェリア	[3] 18	900	3 790	[3] 0.1	2.5	8.6
エジプト	[1] 51	1 452	9 349	[1] 0.1	1.8	9.1
タンザニア	—	8	1 136	—	0.0	1.9
チュニジア	[1] 0	482	1 334	[1] 0.0	4.5	11.3
南アフリカ共和国	[1] 3	743	1 303	[1] 0.0	1.5	2.2
モロッコ	[1] 2	[9] 504	2 102	[1] 0.0	[9] 1.6	5.7
ヨーロッパ						
アイルランド	[1][10] 11	1 020	1 516	[1][10] 0.3	22.4	30.7
イギリス	53	[11] 19 152	27 330	0.1	[11] 30.2	40.3
イタリア	115	13 098	18 129	0.2	22.1	30.0
ウクライナ	—	2 956	7 769	—	6.5	18.6
オーストリア	191	2 050	2 606	2.4	24.4	28.9
オランダ	260	6 329	7 525	1.6	37.9	43.9
ギリシャ	[3] 10	2 253	4 257	[3] 0.1	20.7	40.8
スイス	56	2 914	4 028	0.8	37.3	46.5
スウェーデン	249	3 000	4 180	2.8	31.9	41.4

固定ブロードバンド契約数（Ⅱ）

	契約数（千件）			100人あたり契約数（件）		
	2000	2010	2020	2000	2010	2020
スペイン……	76	10 652	16 189	0.2	22.7	34.6
スロバキア……	1) 4	877	1 702	1) 0.1	16.2	31.2
セルビア……	—	860	1 730	—	11.8	25.2
チェコ……	3	2 261	3 845	0.0	21.5	35.9
デンマーク……	67	2 112	2 590	1.3	38.0	44.7
ドイツ……	265	26 162	36 215	0.3	32.4	43.2
ノルウェー……	23	1 723	2 388	0.5	35.3	44.0
ハンガリー……	3	2 159	3 265	0.0	21.8	33.8
フィンランド…	35	1 559	1 846	0.7	29.1	33.3
フランス……	197	21 337	30 627	0.3	33.9	46.9
ブルガリア……	4) 7	12) 1 125	13) 2 115	4) 0.1	12) 15.1	13) 30.4
ベラルーシ……	1) 0	14) 1 667	3 256	1) 0.0	14) 17.7	34.5
ベルギー……	144	3 373	4 734	1.4	30.8	40.8
ポーランド……	2) 12	12) 5 858	12) 8 369	2) 0.0	12) 15.3	12) 22.1
ポルトガル……	25	2 127	4 161	0.2	20.1	40.8
ルーマニア……	2) 6	15) 3 001	16) 5 685	2) 0.0	15) 14.7	16) 29.6
ロシア……	1) 11	15 700	33 893	1) 0.0	10.9	23.2
北中アメリカ						
アメリカ合衆国	17) 7 070	17) 84 522	121 176	17) 2.5	17) 27.4	36.6
カナダ……	1 411	10 817	15 826	4.6	31.7	41.9
メキシコ……	15	10 583	21 936	0.0	9.3	17.0
南アメリカ						
アルゼンチン…	2) 94	4 028	9 572	2) 0.3	9.9	21.2
ウルグアイ……	4) 27	384	1 064	4) 0.8	11.4	30.6
エクアドル……	2) 3	18) 221	2 371	2) 0.0	18) 1.5	13.4
コロンビア……	9	2 643	7 765	0.0	5.8	15.3
チリ……	8	1 789	3 764	0.1	10.5	19.7
ブラジル……	100	19) 14 101	20) 36 345	0.1	19) 7.2	20) 17.1
ベネズエラ……	21) 4	1 673	2 562	21) 0.0	5.9	9.0
ペルー……	22) 1	933	3 044	22) 0.0	3.2	9.2
オセアニア						
オーストラリア	2) 123	5 510	9 100	2) 0.6	24.9	35.7
ニュージーランド	5	1 092	1 765	0.1	25.0	36.6
世界計×……	**15 891**	**526 300**	**1 227 500**	…	7.6	15.8

資料は表11-1に同じ。推定値を含む。FTTHやDSL、ケーブルなど下り速度が256kbps以上の固定インターネット回線で、定義上比較的低速なものを含む。1）2002年。2）2001年。3）2003年。4）2004年。5）2021年3月末。6）WIMAX、EV-DOを含む。7）2021年6月。8）2011年。9）1Mbit/s以上のADSL。10）通信速度で集計されていない。11）企業の接続分を除く。12）144kbps以上。13）専用線を含む。14）固定無線回線を含む。15）下り144kbps以上（ただし256kbps未満のものは少ない）。16）SIMによる固定回線を含む。17）一方向が200kbps以上。18）2010年より256kbps以上。19）少なくとも一方が64kbps以上。20）256kbps未満を含む。21）56kbps以上。22）128/64kbpsのADSLを含む。×ITUによる推定値。2000年の契約数は原資料掲載国の合計。

表 11-4　移動ブロードバンド契約数（Ⅰ）

	契約数（千件）			100人あたり契約数（件）		
	2010	2015	2020	2010	2015	2020
アジア						
アラブ首長国連邦	1) 1 127	12 537	22 179	1) 13.2	135.3	224.2
イスラエル……	2 400	6 700	10 500	32.7	84.0	121.3
イラク………	—	1 271	18 460	—	3.6	45.9
イラン………	—	15 913	77 707	—	20.3	92.5
インド………	—	2) 120 030	725 120	—	2) 9.2	52.5
インドネシア…	44 822	107 518	284 996	18.5	41.6	104.2
ウズベキスタン	4 119	13 070	31 363	14.4	42.3	93.7
カザフスタン…	3 700	12 251	17 819	22.8	69.7	94.9
韓国…………	47 323	54 562	59 932	95.5	107.4	116.9
カンボジア……	150	6 711	16 520	1.0	43.2	98.8
サウジアラビア	7 000	33 388	41 380	25.5	105.3	118.9
スリランカ……	294	3 408	15 689	1.5	16.3	73.3
タイ…………	—	59 688	63 060	—	86.9	90.3
(台湾)………	8 549	18 698	27 614	36.9	79.4	115.9
中国…………	47 051	777 992	1 364 966	3.4	55.3	94.8
トルコ………	7 219	39 068	65 630	10.0	49.7	77.8
日本…………	3) 111 612	162 761	255 799	3) 86.8	127.2	202.3
ネパール……	4) 19	7 500	17 890	4) 0.1	27.8	61.4
パキスタン……	5) 111	6) 24 522	91 297	5) 0.1	6) 12.3	41.3
バングラデシュ	46	25 189	7) 97 315	0.0	16.1	7) 59.1
フィリピン……	2 175	42 330	70 509	2.3	41.5	64.3
ベトナム……	7 029	35 782	78 099	8.0	38.6	80.2
(香港)………	2 741	7 841	10 138	39.3	109.1	135.2
マレーシア……	2 578	27 759	38 837	9.1	91.7	120.0
ミャンマー……	—	8) 18 156	71 575	—	8) 34.5	131.5
アフリカ						
アルジェリア…	—	16 319	39 741	—	41.1	90.6
ウガンダ……	541	7 350	20 117	1.7	19.2	44.0
エジプト……	13 267	42 913	66 273	16.0	46.4	64.8
エチオピア……	116	3 630	23 000	0.1	3.6	20.0
ガーナ………	1 673	18 031	26 512	6.7	64.7	85.3
カメルーン……	—	1 000	10 822	—	4.3	40.8
ケニア………	83	7 113	25 145	0.2	14.9	46.8
コートジボワール	—	8 602	19 651	—	37.0	74.5
コンゴ民主共和国	—	6 037	20 878	—	7.9	23.3
ザンビア……	34	2 140	10 220	0.3	13.5	55.6
ジンバブエ……	609	5 872	8 695	4.8	42.5	58.5
スーダン……	1 342	11 649	18 566	3.9	29.9	42.3
セネガル……	24	3 954	11 169	0.2	27.1	66.7
チュニジア……	93	6 951	8 988	0.9	62.2	76.0
ナイジェリア…	950	38 449	85 941	0.6	21.2	41.7
ブルキナファソ	—	2 739	10 904	—	15.1	52.2
マリ…………	63	3 063	9) 9 372	0.4	17.6	9) 46.3

移動ブロードバンド契約数（Ⅱ）

	契約数（千件）			100人あたり契約数（件）		
	2010	2015	2020	2010	2015	2020
南アフリカ共和国	8 700	31 809	65 628	17.0	57.4	110.7
モロッコ……	1 566	13 337	27 743	4.8	38.5	75.2
ヨーロッパ						
イギリス……	26 790	10) 55 871	73 097	42.2	10) 84.8	107.7
イタリア……	22 861	50 221	56 334	38.5	82.9	93.2
ウクライナ……	1 900	3 413	35 596	4.1	8.0	85.3
オーストリア…	2 760	6 032	9 639	32.8	69.5	107.0
オランダ……	6 314	19 313	21 466	37.8	114.0	125.3
ギリシャ……	2 787	5 079	9 231	25.6	47.6	88.6
スイス……	2 354	8 400	8 783	30.1	101.2	101.5
スウェーデン…	7 860	11 835	13 028	83.7	121.2	129.0
スペイン……	10 997	39 031	49 231	23.4	83.6	105.3
チェコ……	3 580	7 759	10 109	34.0	73.2	94.4
ドイツ……	21 200	58 471	75 984	26.2	71.5	90.7
フィンランド…	4 522	7 863	8 630	84.3	143.5	155.8
フランス……	11) 22 905	48 512	64 793	11) 36.4	75.3	99.3
ベラルーシ……	1 200	5 725	8 654	12.7	60.7	91.6
ベルギー……	1 041	6 940	10 338	9.5	61.5	89.2
ポーランド……	19 157	21 931	74 720	50.0	57.7	197.4
ルーマニア……	2 030	12) 13 739	12) 17 700	9.9	12) 69.0	12) 92.0
ロシア……	49 584	101 180	146 249	34.6	69.8	100.2
北中アメリカ						
アメリカ合衆国	187 517	375 504	518 730	60.7	117.0	156.7
カナダ……	10 025	22 034	27 241	29.4	61.2	72.2
メキシコ……	4 821	63 920	101 378	4.2	52.5	78.6
南アメリカ						
アルゼンチン…	2 022	33 052	31 026	4.9	76.7	68.6
エクアドル……	1 323	5 693	9 845	8.8	35.1	55.8
コロンビア……	1 110	20 293	31 455	2.5	42.7	61.8
チリ……	1 444	10 057	19 460	8.5	56.0	101.8
ブラジル……	20 628	13) 180 486	13) 190 739	10.5	13) 88.3	13) 89.7
ベネズエラ……	6 223	13 450	12 463	21.9	44.7	43.8
ペルー……	14) 267	15) 17 146	23 345	14) 0.9	15) 56.3	70.8
ボリビア……	105	3 731	9 820	1.0	34.3	84.1
オセアニア						
オーストラリア	12 426	30 260	31 668	56.1	126.4	124.2
世界計×……	**806 900**	**3 281 600**	**6 022 600**	11.5	44.6	77.3

資料は表11-1に同じ。推定値を含む。実際の加入者が対象。1）2011年1月。2）下り256kbps以上。3）WCDMA、EVDO、LTE契約者。4）EVDO、3G。5）EVDO。6）携帯電話事業者からの数値。7）2021年6月。8）MPTとTelenor契約者。9）3Gと4G。10）M2Mを除く。11）利用中の3G契約者。12）SIMベースの固定回線を除く。13）Anatel社は過去3か月間に使用した回線のみ調査。14）モデムUSB、タブレット、その他データ専用端末。15）携帯端末ベース。×ITUによる推定値。

図 11-1　世界の電話、インターネットブロードバンド契約数

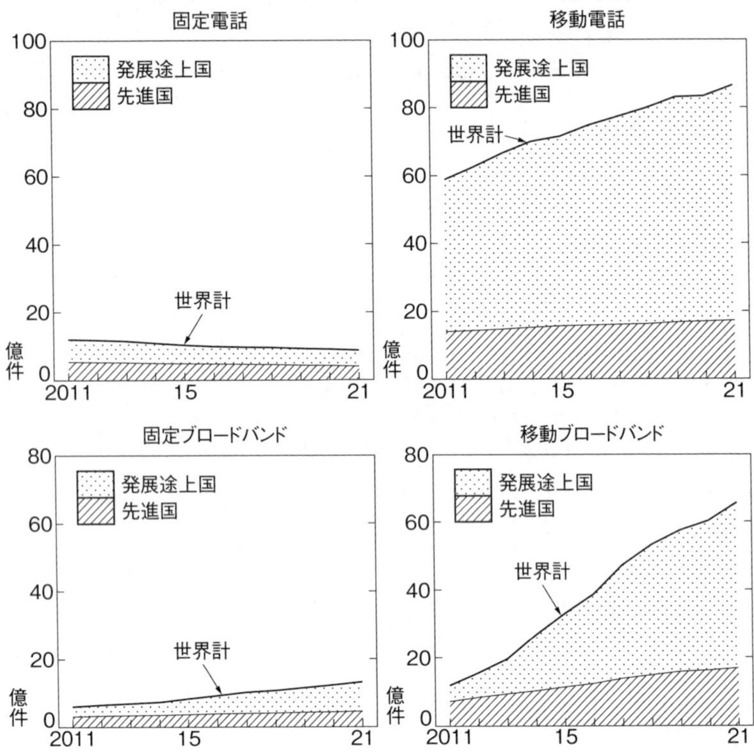

ITUウェブサイトより作成。表11-1、2、3、4の注記参照。

企業で進むメタバースの活用

メタバースは、インターネット上の仮想空間を通して、ユーザー同士のコミュニケーションや、現実のようなライフスタイルを送ることができる世界である。現実世界と仮想現実を融合する技術の活用でリアルな体験が可能になり、企業はメタバースを活用したビジネスの活性化を進めている。すでに、衣料品の試着や化粧品のバーチャルメイク、不動産の内覧といった商品体験に用いられており、今後さらに拡大するとみられる。

2022年6月、米メタ（旧フェイスブック）や米マイクロソフトなど37の企業・団体が参画する「メタバース・スタンダーズ・フォーラム」が設立された。メタバースが今後普及するためには、業界や企業で統一できていない通信規格や3D規格などを相互運用できる標準規格の構築が必要で、どのような組織にも無償でオープンな標準規格の開発を目指している。

表 11-5　100人あたりブロードバンド契約数（2021年６月）（単位　件）

	固定ブロードバンド通信				移動ブロードバンド通信		
	FTTH 1)	DSL	ケーブル	計2)	携帯電話等	通信専用3)	計
イスラエル	3.4	16.6	8.4	28.4	…	…	137.8
韓国	37.5	0.9	5.3	43.7	110.0	6.3	116.3
トルコ	5.2	13.5	1.6	20.8	81.4	0.6	81.9
日本	28.2	0.8	5.2	34.2	101.8	85.3	187.1
アイスランド	27.9	10.5	0.3	38.8	102.7	16.2	118.9
アイルランド	6.2	15.9	7.6	31.2	98.2	6.9	105.1
イギリス	2.3	30.7	7.9	41.0	102.1	7.6	109.8
イタリア	3.8	7.8	0.0	30.7	82.3	11.9	94.2
エストニア	15.3	7.5	6.8	35.3	108.0	65.2	173.2
オーストリア	1.5	16.5	10.9	29.2	90.7	24.3	115.0
オランダ	10.2	13.2	20.0	43.4	124.4	4.9	129.4
ギリシャ	0.2	40.3	0.0	40.5	84.8	4.0	88.8
スイス	11.2	23.4	11.8	47.4	95.1	7.3	102.4
スウェーデン	30.8	2.8	6.7	40.5	112.9	14.3	127.2
スペイン	26.0	3.2	4.4	34.1	102.2	3.0	105.2
スロバキア	11.7	8.4	3.2	31.5	83.6	6.1	89.7
スロベニア	14.6	7.5	8.8	31.3	82.8	6.0	88.8
チェコ	6.9	9.1	5.8	36.6	94.2	3.5	97.7
デンマーク	17.7	10.8	15.3	44.6	118.8	20.1	138.9
ドイツ	2.8	30.5	10.6	43.9	88.6	4.0	92.6
ノルウェー	28.2	3.4	10.4	44.9	103.7	5.6	109.3
ハンガリー	11.0	5.8	15.8	34.0	70.0	7.0	77.0
フィンランド	19.5	4.4	9.0	33.4	118.1	37.6	155.7
フランス	18.3	20.3 4)	6.4	45.9	…	…	98.2
ベルギー	0.9	18.5	22.0	41.5	87.5	3.1	90.5
ポーランド	7.1	4.2	7.3	22.1	111.0	21.8	132.9
ポルトガル	23.7	3.0	11.6	41.1	72.3	5.7	78.0
ラトビア	18.3	5.2	0.8	25.7	93.4	44.8	138.2
リトアニア	22.1	4.2	0.7	28.6	91.8	25.8	117.6
ルクセンブルク	20.3	13.8	3.9	38.2	112.6	11.1	123.7
アメリカ合衆国	6.4	5.5	24.0	37.3	…	…	161.9
カナダ	9.1	9.4	21.2	42.3	71.4	1.8	73.1
メキシコ	5.5	4.7	7.7	18.2	84.1	1.0	85.0
コロンビア	3.3	2.3	10.2	16.6	65.4	1.0	66.4
チリ	10.3	1.0	8.7	21.0	100.8	4.6	105.4
オーストラリア	8.0	17.5	8.0	35.3	105.4	17.8	123.2
ニュージーランド	22.5	6.5	0.9	35.4	95.9	8.2	104.0

OECD "Broadband Portal" より作成。下りが256kbps以上の回線。1）FTTH（家庭への光ファイバーの引き込み）だけではなく、FTTB（ビルへの引き込み）などを含む。2）衛星通信や固定無線回線を含む。3）データカードやUSBモデムなどを用いて、音声通話契約とは別に契約されるもの。モバイルWiMAXを含む。4）VDSL２や固定４G回線を含む。

表 11-6　インターネット利用者率（%）

	2010	2020
アジア		
アフガニスタン	4.0	18.4
イエメン	12.4	1) 26.7
イラク	2.5	2)3) 60.0
イラン	4) 15.9	84.1
インド	7.5	43.0
インドネシア	10.9	53.7
ウズベキスタン	15.9	71.1
カザフスタン	5) 31.6	85.9
カンボジア	1.3	1) 32.9
韓国	6) 83.7	96.5
サウジアラビア	41.0	97.9
シリア	20.7	35.8
タイ	22.4	77.8
(台湾)	71.5	7) 89.0
中国	34.3	70.4
トルコ	5) 39.8	77.7
日本	4) 78.2	8) 90.2
ネパール	7.9	37.7
パキスタン	8.0	25.0
バングラデシュ	3.7	24.8
フィリピン	25.0	49.8
ベトナム	30.7	70.3
マレーシア	56.3	89.6
ミャンマー	0.3	35.1
アフリカ		
アルジェリア	12.5	62.9
アンゴラ	2.8	36.0
ウガンダ	4.3	19.9
エジプト	4) 21.6	71.9
エチオピア	0.8	24.0
ガーナ	9) 7.8	58.0
カメルーン	4.3	37.8
ケニア	7.2	29.5
コートジボワール	2.7	2) 36.3
コンゴ民主共和国	0.7	13.6
ザンビア	3.0	19.8
セネガル	9) 8.0	42.6
タンザニア	2.9	22.0
チャド	1.7	10.4
ナイジェリア	11.5	35.5
ニジェール	0.8	1)10) 10.2
ブルキナファソ	2.4	22.0
マダガスカル	1.7	11) 15.0
マラウイ	2.3	2) 9.9
マリ	2.0	27.4
南アフリカ共和国	24.0	70.0
モザンビーク	4.2	16.5
モロッコ	12) 52.0	84.1
ヨーロッパ		
イギリス	5) 85.0	94.8
イタリア	5) 53.7	70.5
ウクライナ	23.3	75.0
オランダ	5) 90.7	91.3
ギリシャ	5) 44.4	78.1
スペイン	13) 65.8	93.2
チェコ	5) 68.8	81.3
ドイツ	5) 82.0	89.8
フランス	5) 77.3	84.8
ベルギー	75.0	91.5
ポーランド	5) 62.3	83.2
ルーマニア	5) 39.9	78.5
ロシア	5) 49.0	85.0
北中アメリカ		
アメリカ合衆国	6) 71.7	90.9
カナダ	7) 80.3	97.0
キューバ	14) 15.9	74.0
グアテマラ	10.5	50.0
メキシコ	31.1	72.0
南アメリカ		
アルゼンチン	45.0	15) 85.5
エクアドル	16) 29.0	64.6
コロンビア	16) 36.5	11) 69.8
チリ	16) 45.0	88.3
ブラジル	13) 40.7	81.3
ベネズエラ	37.4	1) 61.6
ペルー	4) 34.8	65.3
オセアニア		
オーストラリア	76.0	89.6
世界全体	28.5	59.1

資料は表11-1に同じ。国により調査対象などが異なる。1）2017年。2）2019年。3）クルド人地域を含む。4） 6 歳以上。5）16～74歳。6） 3 歳以上。7）16歳以上。8）総務省「通信利用動向調査」では83.4%（ 6 歳以上）。9）12歳以上。10）15歳以上。11）2018年。12）電化された地域の 6 ～74歳。13）10歳以上。14）キューバ国内のネットワークのみにアクセスできる者を含む。15） 4 歳以上で都市部のみ。16） 5 歳以上。

表 11-7 BtoC電子商取引（EC）市場規模（単位 億ドル）

	2019	2020		2019	2020
中国	18 015	22 970	ドイツ	795	969
アメリカ合衆国	6 017	7 945	フランス	660	738
イギリス	1 339	1 804	インド	426	554
日本	1 235	1 413	カナダ	325	392
韓国	871	1 106	スペイン	268	364

経済産業省「産業経済研究委託事業（電子商取引に関する市場調査）」（2020年度）より作成。原資料はeMarketer。BtoCは企業から消費者向け。旅行、チケット、税金等を除く。世界のBtoCのEC推定市場規模は、2020年で4兆2800億ドル。
参考 CtoC（個人間）電子商取引の市場規模は、日本は2020年で1兆9586億円（IMF年平均レートによる編者換算で183億ドル。中国は中古品取引（中古車市場を除く、大半がCtoC-EC）が1兆2540億元（2020年見通し、編者換算で1817億ドル）。アメリカはアパレルのリユース市場が320億ドル（2020年）でオンラインを中心とするリセール市場は100億ドル（2020年）。

表 11-8 越境EC（電子商取引）市場規模（推計値）（2020年）（単位 億円）

	日本から購入	対前年増加率（%）	アメリカから購入	対前年増加率（%）	中国から購入	対前年増加率（%）
日本	—	—	3 076	*7.4*	340	*8.9*
アメリカ合衆国	9 727	*7.7*	—	—	7 382	*12.9*
中国	19 499	*17.8*	23 119	*15.1*	—	—

資料は上表に同じ。世界の越境EC市場規模は2019年で7800億米ドルと推定。（IMF年平均レートによる編者換算で85兆円）。

（参考）主要国のキャッシュレス決済比率（2018年）（%）

韓国	*94.7*	イギリス	*57.0*	アメリカ合衆国	*47.0*
シンガポール	*57.6*	スウェーデン	*48.9*	カナダ	*62.0*
中国	*77.3*	ドイツ	*17.9*	オーストラリア	*59.0*
日本	*24.2*	フランス	*44.8*		

キャッシュレス推進協議会「キャッシュレス・ロードマップ」(2021年）より作成。原資料は世界銀行“Household final consumption expenditure”（2018年）（2021年2月17日更新）および国際決済銀行“Redbook”の非現金手段による年間支払金額から算出したもの。中国に関しては、Euromonitor Internationalのデータを参考値として記載している。なお、本表におけるキャッシュレス決済比率は、国の民間最終消費支出に対するキャッシュレス支払手段による年間支払金額の比率で、これはクレジットカード、デビットカード、電子マネーの利用額により算出されている。経済産業省によると、日本のキャッシュレス決済比率は、2021年は32.5%に上昇している。

表 11-9　出版統計（データが得られた主要国のみ）（2020年）

出版タイトル数

	タイトル数（点）	うち一般書		タイトル数（点）	うち一般書
イギリス	186 000	…	ポルトガル	18 925	…
イタリア	125 948	97 763	メキシコ	18 713	9 215
ロシア[1]	115 171	…	チェコ[1]	16 305	15 500
フランス[2]	97 327	71 730	セルビア	14 901	12 362
トルコ	88 975	66 848	ノルウェー	14 114	11 626
スペイン	83 622	…	ブルガリア[1]	12 194	10 400
ドイツ[2]	77 272	…	アルゼンチン[1]	11 514	9 528
日本[2]	69 850	68 608	デンマーク	10 715	…
韓国[1,2]	…	65 432	フィンランド	10 208	8 048
ブラジル[2]	46 083	26 276	タイ	…	9 710
ポーランド[1]	22 939	21 201	ハンガリー[1]	9 589	7 155
コロンビア[1]	19 996	…	ギリシャ	9 583	6 401
オーストラリア	19 241	…	オーストリア	8 711	7 800
ウクライナ	18 967	12 914	スウェーデン	…	8 227

（参考）ISBN（国際標準図書番号）年間登録数

アメリカ合衆国	3 931 270	日本[3]	114 272	オーストラリア	32 114
韓国	329 582	ブラジル	114 114	アルゼンチン[3]	27 694
ドイツ[3]	284 000	イラン	90 000	チェコ	26 367
中国	263 066	スペイン	80 704	ウクライナ	23 640
イギリス[3]	188 553	トルコ	78 500	メキシコ	20 925
インドネシア[3]	144 793	オランダ	40 105	コロンビア	20 344
イタリア	135 133	デンマーク	39 479	ポルトガル	18 925
ロシア	124 454	スウェーデン[3]	34 016	タイ	17 952

出版業の収益

	百万ドル	うち一般書		百万ドル	うち一般書
アメリカ合衆国	23 614	16 668	メキシコ[1,2]	535	138
日本	10 824	9 817	ポーランド[1]	436	283
ドイツ	10 626	…	タイ[1,2]	…	431
韓国[1]	6 225	3 773	オーストリア	375	314
イギリス	4 755	2 732	スウェーデン	327	212
イタリア	3 491	1 867	デンマーク	327	233
フランス	2 977	2 057	チェコ[1]	296	281
スペイン	2 787	…	ノルウェー	291	166
ブラジル	1 023	375	フィンランド	283	169
トルコ	924	440	ポルトガル	258	167
オランダ	914	342	コロンビア	244	…

WIPO "World Intellectual Property Indicators 2021" より作成。一般書と教育部門の出版物。ただし、統計が得られたもののみで、アメリカや中国の出版点数など、国によってデータがないものがある。ISBN（国際標準図書番号）は書籍を出版する際に付与する固有の番号。1）2019年。2）印刷物のみ。3）データ不足で数値が過少である可能性がある。

表 11-10 日刊新聞発行部数（単位 千部）

	2019	2020		2019	2020
中国	162 191	146 630	スイス	2 079	1 675
インド	146 147	129 803	ポーランド	1 630	1 360
アメリカ合衆国	33 958	28 262	スウェーデン	1 501	1 162
ドイツ	18 376	15 504	スペイン	1 546	1 139
タイ	7 814	6 800	ノルウェー	1 391	1 097
イギリス	8 274	6 656	ベルギー	1 216	1 012
ブラジル	7 783	6 240	コロンビア	1 025	858
メキシコ	7 140	6 215	アルゼンチン	1 018	821
パキスタン	6 889	6 080	チェコ	932	778
韓国	7 229	5 818	ハンガリー	916	767
ロシア	7 002	5 051	アラブ首長国連邦	854	755
インドネシア	5 745	4 598	南アフリカ共和国	947	740
エジプト	4 739	4 330	オーストラリア	943	697
トルコ	4 781	4 153	フィンランド	906	682
ベトナム	4 427	3 866	イスラエル	675	561
フランス	4 689	3 793	ギリシャ	659	518
カナダ	3 868	3 149	デンマーク	585	482
(香港)	3 708	3 105	シンガポール	602	468
フィリピン	3 425	2 925	ナイジェリア	498	452
(台湾)	3 301	2 819	チリ	476	389
オランダ	2 269	2 017	アイルランド	378	299
サウジアラビア	2 130	1 905	ニュージーランド	266	201
マレーシア	2 168	1 793	ケニア	210	193
オーストリア	2 147	1 714	ポルトガル	184	142
ペルー	1 955	1 709	ルーマニア	164	124
イタリア	1 746	1 700			

日本新聞協会ウェブサイトより作成。世界ニュース発行者協会（WAN-IFRA）が外部委託した部数調査に基づく。本書昨年版までのデータと調査方法が異なる。電子版は含まない。

表 11-11 主要国の検索サービスシェア（2022年3月）（%）

	Google	Yahoo!	bing	Baidu	YANDEX	その他
インド	*98.7*	*0.3*	*1.0*	…	…	*0.0*
韓国	*77.2*	*0.3*	*2.6*	*0.2*	*0.2*	*19.5*
(台湾)	*94.6*	*4.0*	*1.2*	*0.2*	…	*0.0*
中国	*2.5*	*0.0*	*6.7*	*84.3*	*0.5*	*6.0*
日本	*76.1*	*16.6*	*6.6*	*0.2*	*0.1*	*0.4*
イギリス	*92.5*	*1.5*	*4.6*	*0.0*	*0.1*	*1.3*
ドイツ	*90.3*	*0.7*	*5.7*	*0.0*	*0.4*	*2.9*
フランス	*90.1*	*1.3*	*5.3*	…	*0.2*	*3.1*
ロシア	*47.1*	*0.2*	*0.5*	*0.0*	*50.4*	*1.8*
アメリカ合衆国	*87.3*	*3.2*	*6.6*	*0.1*	*0.1*	*2.7*

StatCounterより作成。StatCounterを利用する各国ウェブサイトのアクセス集計。

表 11-12　主要国のゲーム市場規模（単位　億円）

	2016	2017	2018	2019	2020	ハードウェア	ソフトウェア
アメリカ合衆国	8 870	10 190	10 192	8 273	9 410	5 458	3 942
日本・・・・・・・・・1)	3 147	3 867	3 506	3 330	3 759	1 854	1 906
中国・・・・・・・・・・	348	437	798	852	2 754	…	…
イギリス・・・・・・	1 855	2 138	2 157	1 542	2 190	1 158	1 032
ドイツ・・・・・・・・	1 780	2 154	2 024	1 762	1 829	957	872
フランス・・・・・・	1 641	1 954	2 055	1 633	1 640	815	826
韓国・・・・・・・・・・	152	219	663	710	1 243	…	…
ロシア・・・・・・・・	424	621	792	785	863	…	…
カナダ・・・・・・・・	664	821	841	689	858	534	324
スペイン・・・・・・	743	910	936	725	781	365	416
イタリア・・・・・・	685	748	870	1 024	778	427	351
ポーランド・・・・	131	276	522	544	702	…	…
トルコ・・・・・・・・	152	149	190	145	182	…	…
インド・・・・・・・・	87	92	137	158	164	…	…
(参考)							
東南アジア・・・・	120	449	656	571	2 764	…	…
中南アメリカ・・	2 132	2 324	2 672	2 392	1 510	…	…
オセアニア・・・2)	1 110	1 370	1 402	1 315	1 491	…	…
中東・北アフリカ	587	921	1 015	597	770	…	…

CESA（コンピュータエンターテインメント協会）「CESAゲーム白書」（2021年版）より作成。原資料はIDG CONSULTING調査。家庭用ゲーム機およびゲームソフトウェア、パソコン用ゲームソフトウェアで、ダウンロードソフトウェアを除く。原資料でデータが現地通貨のものは、IMF年平均レートで編者換算。1）CESAによる推計値。家庭用ゲームの小売店等でのパッケージ販売ベース。2）オーストラリアとニュージーランドのみ。

表 11-13　スマートデバイスゲームアプリ市場規模（単位　億円）

	2018	2019	2020	Android	iOS	1人あたり(円)(2020)
中国・・・・・・・・・・	21 585	17 805	20 767	10 183	10 584	1 470
アメリカ合衆国	14 465	16 343	19 396	10 692	8 705	5 880
日本・・・・・・・・・・	13 126	13 431	12 113	5 179	6 934	9 620
韓国・・・・・・・・・・	4 818	5 051	5 442	4 863	579	10 510
イギリス・・・・・・	2 059	2 333	2 300	1 121	1 179	3 430
ドイツ・・・・・・・・	1 541	1 727	2 270	1 729	541	2 730
(台湾)・・・・・・・・	1 174	1 637	1 692	967	725	7 180
カナダ・・・・・・・・	1 069	1 200	1 387	710	677	3 650
フランス・・・・・・	921	959	1 312	976	336	2 010
オーストラリア	891	934	1 105	596	509	4 300
ロシア・・・・・・・・	621	746	914	654	260	630
計×・・・・・・・・	**69 568**	**71 805**	**77 255**	**43 429**	**33 826**	…

資料は表11-12に同じ。（株）インターアローズから提供されたPRIORI DATAのデータを元に、CESAが算出した推計値。×その他とも。調査対象の55の国や地域の計。

表 11-14 主要国の研究費と研究者数

	研究費(百万ドル)		研究費対GDP比(%)		研究者数1)(千人)	
	2010	2020	2010	2020	2010	2020
イスラエル・・・・	2) 8 628	2) 19 780	2) 3.92	2) 5.44	…	…
韓国・・・・・・・・・・	52 147	112 868	3.32	4.81	264.1	446.7
シンガポール・・	7 374	3) 11 061	1.93	3) 1.89	32.0	3) 42.3
(台湾)・・・・・・・・	25 045	47 856	2.82	3.64	128.1	163.5
中国・・・・・・・・・・	212 138	582 805	1.71	2.40	1 210.8	2 281.1
トルコ・・・・・・・・	10 070	25 013	0.79	1.09	64.3	149.7
日本・・・・・・・・・・	140 512	174 065	3.10	3.27	2) 656.0	2) 689.9
南アフリカ共和国	4 383	4) 6 026	0.74	4) 0.83	18.7	4) 29.5
アイルランド・・	3 142	5 735	1.60	1.23	14.2	23.5
イギリス・・・・・・	37 540	3) 55 984	1.64	3) 1.71	256.6	3) 316.3
イタリア・・・・・・	25 384	38 211	1.22	1.53	2) 103.4	161.5
オーストリア・・	9 578	15 896	2.73	3.20	2) 36.6	51.8
オランダ・・・・・・	12 753	23 716	1.70	2.29	53.7	101.3
ギリシャ・・・・・・	1 873	4 474	0.60	1.50	2)5) 24.7	41.8
スイス・・・・・・・・	6) 13 664	3) 19 438	6) 2.85	3) 3.15	6) 35.8	3) 47.7
スウェーデン・・	12 544	20 099	3.17	3.53	49.3	80.1
スペイン・・・・・・	20 069	25 133	1.36	1.41	2) 134.7	145.4
チェコ・・・・・・・・	3 875	8 863	1.33	1.99	29.2	44.2
デンマーク・・・・	6 959	10 402	2.92	2.96	37.4	44.6
ドイツ・・・・・・・・	86 970	143 407	2.73	3.14	328.0	451.9
ノルウェー・・・・	4 672	7 677	1.65	2.28	26.5	36.3
ハンガリー・・・・	2 454	5 185	1.13	1.61	21.3	42.1
フィンランド・・	7 742	8 204	3.71	2.91	41.4	41.7
フランス・・・・・・	50 863	74 563	2.18	2.35	243.5	321.5
ベルギー・・・・・・	8 950	21 311	2.06	3.48	40.8	66.6
ポーランド・・・・	5 771	18 089	0.72	1.39	64.5	124.4
ポルトガル・・・・	4 425	5 692	1.54	1.62	41.5	53.2
ルーマニア・・・・	1 570	2 907	0.46	0.47	19.8	18.3
ロシア・・・・・・・・	33 081	47 954	1.05	1.10	442.1	397.2
(参考) EU・・・7)	270 187	441 996	1.86	2.20	1 344.9	1 892.3
アメリカ合衆国	2) 410 093	720 872	2) 2.73	3.45	1 200.0	3) 1 586.5
カナダ・・・・・・・・	24 889	30 051	1.83	1.70	158.7	8) 167.4
メキシコ・・・・・・	8 613	7 157	0.49	0.30	38.5	45.0
アルゼンチン・・	4 155	3) 4 725	0.56	3) 0.46	46.2	3) 55.1
コロンビア・・・・	930	2 189	0.19	0.29	…	…
チリ・・・・・・・・・・	1 021	3) 1 641	0.33	3) 0.34	2)9) 5.4	2)3) 9.7
オーストラリア	20 565	3) 24 012	2.18	3) 1.80	100.4	…
ニュージーランド	5) 1 767	3) 3 185	5) 1.23	3) 1.41	5) 16.3	3) 28.0

OECD "OECD.Stat" (2022年6月17日閲覧) より作成。推定値や暫定値を含む。研究費は各年の購買力平価換算。1) フルタイム換算。2) 研究費や研究者数の定義が異なる。3) 2019年。4) 2017年。5) 2011年。6) 2012年。7) イギリスを除くEU27か国。8) 2018年。9) 過少推計している、または過少推計した統計を元にした数値。

表 11-15　研究費の多い企業 (2020年) (単位　百万ユーロ)

	研究費	売上高比 (%)		研究費	売上高比 (%)
アルファベット(米)[1]	22 470	*15.1*	ダイムラー(独)…	8 441	*5.5*
ファーウェイ(中)・	17 460	*15.7*	ブリストル・マイヤーズ・スクイブ(米)	8 409	*24.3*
マイクロソフト(米)	16 882	*12.3*	メルク(米)……	8 331	*21.3*
サムスン電子(韓)・	15 895	*9.0*	ファイザー(米)…	7 837	*22.9*
アップル(米)……	15 282	*6.8*	バイエル(独)……	7 704	*18.1*
フェイスブック(米)[2]	15 033	*21.5*	アリババ(中)……	7 138	*8.0*
フォルクスワーゲン(独)………	13 885	*6.2*	ノバルティス(スイス)	7 114	*17.5*
ロシュ(スイス)…	11 247	*20.8*	BMW (独) ……	6 279	*6.3*
インテル(米)……	11 047	*17.4*	ホンダ (日)……	6 225	*6.0*
ジョンソン&ジョンソン(米)……	9 909	*14.7*	ロベルト・ボッシュ(独)………	6 044	*8.5*
トヨタ(日)……	8 620	*4.0*	フォード(米)……	5 786	*5.6*

EU "EU Industrial R&D Investment Scoreboard" (2021年) より作成。アマゾン (米) は決算書で技術投資とコンテンツ投資を合算しており、研究費は不明。EUはアマゾンの研究費をアルファベットより少し大きいと推定している。1) グーグルの持ち株会社。2) 2021年10月に、メタに社名変更。

表 11-16　各国特許庁別特許出願・登録件数 (2020年) (単位　件)

特許出願	出願数	うち内国人	特許登録	登録数	うち内国人
中国………	1 497 159	1 344 817	中国………	530 127	440 691
アメリカ合衆国	597 172	269 586	アメリカ合衆国	351 993	164 562
日本………	288 472	227 348	日本………	179 383	140 329
韓国………	226 759	180 477	韓国………	134 766	103 881
欧州特許庁…	180 346	81 511	欧州特許庁…	133 706	58 653
ドイツ……	62 105	42 260	ロシア……	28 788	17 181
インド……	56 771	23 141	インド……	26 361	4 988
ロシア……	34 984	23 759	カナダ……	21 284	2 075
カナダ……	34 565	4 452	ブラジル……	20 407	1 793
オーストラリア	29 294	2 368	オーストラリア	17 778	940
ブラジル……	24 338	5 280	ドイツ……	17 305	11 084
(香港)……	21 556	423	フランス……	12 874	11 339
イギリス……	20 649	11 990	イギリス……	9 772	4 470
フランス……	14 313	12 771	イタリア……	9 152	8 247
メキシコ……	14 312	1 132	マレーシア…	8 206	1 147
シンガポール・・	13 265	1 778	インドネシア・・	7 981	641

WIPO "IP Statistics Data Center" (2021年11月更新データ) より作成。各国特許庁のほか、ヨーロッパ各国へは欧州特許庁、旧ソ連構成国のうち8か国へはユーラシア特許庁でも出願できる (日本特許庁は2022年5月よりユーラシア特許庁との特許審査ハイウェイを一時停止)。なお、ロシアは2022年3月より、国家安全保障等のために権利者の同意なく特許権等を行使する際に、非友好国居住者に対する対価を0%とすることを決定した。

表 11-17 各国出願人の国内外別特許出願件数（2020年）（単位 件）

	国内	国外		国内	国外
中国	1 344 817	96 269	オーストリア	4 427	9 336
アメリカ合衆国	269 586	226 537	デンマーク	3 664	9 922
日本	227 348	195 916	ベルギー	3 252	10 226
韓国	180 477	80 137	フィンランド	3 483	8 570
ドイツ	68 214	99 878	オーストラリア	2 368	9 539
フランス	23 377	40 910	イラン	11 396	154
イギリス	17 709	35 370	スペイン	3 225	6 945
スイス	9 492	35 314	トルコ	8 520	1 590
インド	23 141	14 754	サウジアラビア	2 134	7 648
オランダ	8 574	24 238	シンガポール	1 778	6 168
イタリア	14 669	17 882	ブラジル	5 280	1 991
ロシア	24 212	6 071	アイルランド	1 047	6 018
スウェーデン	6 183	20 038	北朝鮮	6 937	12
カナダ	4 452	19 403	ポーランド	4 492	1 842
イスラエル	1 642	14 581	ノルウェー	1 526	4 456

資料は表11-16に同じ。各特許庁の国籍別出願数を合算したもの。

表 11-18 国際出願特許件数（単位 件）

出願人の国籍別	2020	2021	メーカー別	2020	2021
中国	68 942	69 562	ファーウェイ(中)	5 464	6 952
アメリカ合衆国	58 437	59 440	クアルコム(米)	2 173	3 931
日本	50 584	50 262	サムスン電子(韓)	3 093	3 041
韓国	20 044	20 676	LGエレクトロ		
ドイツ	18 497	17 320	ニクス(韓)	2 759	2 885
フランス	7 786	7 337	三菱電機(日)	2 810	2 673
イギリス	5 886	5 830	OPPO(中)	1 801	2 208
スイス	5 140	5 408	BOE(中)	1 892	1 980
スウェーデン	4 355	4 451	エリクソン(ス)	1 989	1 877
オランダ	3 996	4 114	ソニー(日)	1 793	1 789
イタリア	3 397	3 578	パナソニック(日)	1 611	1 741
カナダ	2 605	2 632	平安科技(中)	1 304	1 564
イスラエル	1 929	2 124	NTT(日)	1 372	1 508
インド	1 907	2 093	ZTE(中)	1 316	1 493
フィンランド	1 679	1 907	ヒューレット・		
オーストラリア	1 721	1 777	パッカード(米)	1 595	1 485
トルコ	1 616	1 744	NEC(日)	1 121	1 350
シンガポール	1 314	1 638	VIVO(中)	955	1 336
オーストリア	1 515	1 585	マイクロソフト(米)	1 529	1 303
スペイン	1 461	1 562	ロベルト・ボッシ		
計×	**274 889**	**277 116**	ュ(米)	1 375	1 213

WIPO "IP Statistics Data Center"（2022年6月更新データ）および同 "PCT Yearly Riview"（2022年版）より作成。**国際出願特許**は、特許協力条約により同条約加盟国すべてに同時に出願したことと同じ効果を与えるもの。ス＝スウェーデン。×その他とも。

表 11-19　主要分野別国際出願特許件数（2021年）（単位　件）

	韓国	中国	日本	ドイツ	フランス	アメリカ合衆国
電気機器……1)	1 751	4 275	5 301	1 738	464	2 192
電気通信……	904	2 160	915	148	110	1 348
デジタル通信‥	2 181	9 876	2 286	438	252	5 616
コンピュータ技術	1 653	10 145	3 434	670	387	7 197
半導体………	764	2 862	2 497	359	127	1 303
光学機器……	435	2 578	2 119	336	153	1 421
計測系………	569	2 871	2 760	1 063	410	2 235
制御系………	264	1 248	1 362	491	129	836
医療技術……	1 159	2 517	2 548	900	505	6 245
有機化学、農薬2)	472	1 139	797	519	399	1 519
バイオ技術…	548	1 436	907	352	237	3 413
医薬品………	731	1 861	765	399	371	4 730
基礎材料化学‥	232	645	1 157	505	216	1 322
エンジン類…3)	173	620	912	569	371	614
機械要素……	250	822	1 017	977	259	758
輸送…………	440	1 645	2 191	1 629	750	1 219

WIPO "IP Statistics Data Center"（2022年6月更新データ）より作成。1）電気エネルギーを含む。2）原資料では有機ファイン化学。3）エンジン、ポンプ、タービン。

表 11-20　知的財産使用料の貿易額（単位　百万ドル）

輸出（受取）額	2019	2020	輸入（支払）額	2019	2020
アメリカ合衆国	115 529	113 779	アイルランド‥	94 262	96 919
オランダ……	41 345	45 025	アメリカ合衆国	41 730	42 984
日本…………	47 150	43 038	オランダ……	40 691	42 768
ドイツ………	36 237	35 863	中国…………	34 370	37 782
イギリス……	26 355	23 901	日本…………	26 774	28 218
スイス………	29 874	23 242	スイス………	22 632	26 418
アイルランド‥	11 868	15 031	イギリス……	17 488	16 043
フランス……	15 521	14 668	ドイツ………	16 389	16 026
シンガポール‥	8 653	8 673	シンガポール‥	15 330	15 345
中国…………	6 605	8 554	カナダ………	13 084	13 703
スウェーデン‥	8 671	8 374	フランス……	12 191	12 273
カナダ………	6 786	7 218	韓国…………	9 909	9 888
韓国…………	7 752	6 895	スウェーデン‥	6 950	9 199
デンマーク…	4 059	5 149	インド………	7 890	7 241
イタリア……	4 497	4 243	ロシア………	6 866	6 809

国際貿易投資研究所ウェブサイトより作成。原資料はIMFの国際収支統計。

参考　アイルランドでは多国籍企業の法人税を極端に優遇する措置があり、アメリカ企業を中心に欧州本部機能が集中した。知的財産使用料がアイルランドから本国などに還流するため、本表の輸入（支払）額が大きくなっている。また、アイルランドやオランダ、タックスヘイブンを介した複雑な会計処理などによる極端な租税回避（BEPS、税源浸食と利益移転）が横行した。近年は、BEPS防止に向けた国際的な取り組みが進んでいる。

第12章　諸国民の生活

2020年以降、新型コロナウイルス感染症（COVID-19）のパンデミック（世界的大流行）は、２年以上にわたって世界全体に甚大な影響を与えてきた。世界の累計死亡者は、2022年６月末現在で633万6000人に及び、最も多いのはアメリカ合衆国で100万人を超える（厚生労働省、原資料はジョンズ・ホプキンス大学データベース、2022年７月６日閲覧）。2022年に入り、コロナ禍は終息に至っていないものの、各国で感染拡大防止に向けた取り組みが進み、ワクチン接種が途上国を含めて広まった結果、人々の日常生活は少しずつ元に戻りつつある。多くの国で水際対策の入国制限措置が徐々に緩和され、日本では2022年６月10日から外国人観光客の受け入れを再開し、１日あたりの入国者数の上限を２万人に増やしている。今後は、ワクチンによる感染予防に加えて、患者に投与できる治療薬が世界に広がることが期待されている。

新型コロナの感染拡大は、貧富の格差を拡大する要因となり、特に低所得者層の生活を圧迫してきた。政情や財政が不安定な貧困国では、医療インフラが不足し、援助が制限される中で最低水準のライフラインの確保が難しい状況が続いている。ワクチンの普及は世界各地で大きな格差があり、WHOは、2022年５月現在、低所得国において10億人以上がワクチン接種を受けていないと公表した。60歳以上の高齢者や基礎疾患を有する者、医療従事者に関しては、早急に100％の接種を目指しているが、そのためには先進国からの支援が必要で、公平な分配を目指す国際的枠組み「COVAX（コバックス）ファシリティ」への財政的貢献が求められている。将来のパンデミックへの備えのために作られたCEPI（感染症流行対策イノベーション連合）への支援も必要である。2022年５月に開かれた日米欧主要７か国（G７）財務相・保健相の合同会議では、ワクチン生産が増えても途上国での接種が進まないという課題を解決するために、世界銀行に感染症対策の基金を新設することで合意した。

世界銀行は、紛争、新型コロナ、気候変動などの複合的な要因により、国連「持続可能な開発目標（SDGs）」の達成が極めて困難な状況であると発表した。さらに、ロシアのウクライナ侵攻によって小麦などの食料価格が上昇し、十分な食料の確保が困難な人が増加している。特に子どもたちの生活はあらゆる側面で悪化しており、重度の消耗症（身長に対して極度に痩せている状態）が増加し、多くが深刻な栄養不良に陥っている。また、東アフリカ地域を中心に、気候変動の影響とみられる天候不順を受けて、過去40年で最悪の干ばつが2022年に発生した。世界食糧計画（WFP）は、エチオピア、ソマリア、ケニアの一部の地域で1300万人以上が厳しい飢えに直面していると警告している。

子どもたちの教育格差も大きな問題となっている。近年、初等教育の就学率は全体的に上昇してきたが、コロナ禍で、世界中の多くの子どもたちが教育の機会を失った。学校での対面授業が中断された一方で、インターネットを利用するオンライン学習が普及したが、低所得者層の国・地域では、家庭にインターネット接続環境や機器を整備することが難しく、オンライン学習に参加できない子どもたちも多い。世界銀行、ユネスコ、ユニセフは、世界的な学力の低下を指摘しており、さらに、性別による格差が拡大していると報告している。

2022年、ヨーロッパ諸国を中心に「サル痘」感染症の増加が確認された。天然痘ウイルスに似た「サル痘ウイルス」に感染して起きる病気で、体中に発疹が広がる症状などが見られる。中央アフリカなどで散発的にみられる感染症で、ヨーロッパなど普段定着していない地域で感染が広がることは異例である。WHOは、2022年7月23日にサル痘が「国際的に懸念される公衆衛生上の緊急事態（FHEIC）」にあたると宣言した。FHEICとは、国際的に公衆衛生上の危険をもたらし、国際的な調整が必要な事態が発生したときに出される宣言である。過去にFHEICが出された事例は、2009年新型インフルエンザ、2014～16年エボラ出血熱（西アフリカ）、2014年ポリオ、2016年ジカ熱、2018～20年エボラ出血熱（コンゴ民主共和国）、2020年新型コロナウイルスの6件で、今回の宣言は7件目となる。サル痘に関しては、さらに情報を収集し、引き続き状況を監視していくことになる。

表 12-1 貧困率（1日1.90ドルの国際貧困ライン）（%）

	2000	2019
アジア		
イラン	[1] 2.9	0.6
インド	[2] 39.9	[3] 22.5
インドネシア	34.9	2.7
キルギス	35.1	0.6
ジョージア	19.2	3.8
タイ	2.4	0.1
中国	[4] 40.3	0.1
トルコ	[5] 2.1	0.4
日本	…	[6] 0.7
パキスタン	[7] 28.2	[8] 3.6
バングラデシュ	34.2	[9] 14.3
フィリピン	13.7	[8] 2.7
ベトナム	[5] 37.0	[8] 1.8
ミャンマー	…	[10] 1.4
モンゴル	[5] 9.5	[8] 0.5
ラオス	[5] 32.1	[8] 10.0
アフリカ		
アンゴラ	36.4	[8] 49.9
ウガンダ	[4] 67.5	41.0
エジプト	[4] 2.4	[10] 3.8
エスワティニ	48.9	[9] 29.2
ガボン	…	[10] 3.4
ギニア	[5] 63.0	[8] 23.2
コートジボワール	[5] 24.4	[8] 9.2
コンゴ民主共和国	[2] 94.3	[11] 77.2
ザンビア	[5] 52.1	[12] 58.7
シエラレオネ	[13] 73.0	[8] 43.0
ジブチ	[5] 20.2	[10] 17.0
ジンバブエ	…	39.5
ソマリア	…	[10] 68.6
タンザニア	86.2	[8] 49.4
チャド	[13] 60.0	[8] 33.2
トーゴ	…	[8] 24.1
ナイジェリア	[13] 55.9	[8] 39.1
ナミビア	[13] 32.6	[12] 13.8
ニジェール	[14] 75.3	[8] 41.4
マラウイ	[2] 72.5	73.5
マリ	[7] 58.8	[8] 16.3
南アフリカ共和国	34.8	[15] 18.7
南スーダン	…	[9] 76.5
ベナン	[13] 51.4	[8] 19.2
ブルキナファソ	[13] 57.4	[8] 33.7
モザンビーク	[5] 79.8	[15] 63.7
リベリア	…	[9] 44.4
ルワンダ	78.0	[9] 56.5
ヨーロッパ		
イタリア	1.2	[8] 1.5
エストニア	[13] 2.3	0.5
オーストリア	0.2	0.6
北マケドニア	…	[8] 3.4
ギリシャ	0.5	0.7
クロアチア	…	0.3
ジョージア	19.2	3.8
スペイン	0.5	0.8
スロバキア	[2] 0.1	0.1
ブルガリア	…	0.9
ポーランド	[2] 2.1	[8] 0.2
ポルトガル	[13] 0.9	0.1
モンテネグロ	…	[8] 2.9
ルーマニア	…	2.0
アメリカ		
アメリカ合衆国	0.7	1.0
アルゼンチン	6.8	1.3
エクアドル	28.4	3.6
エルサルバドル	12.4	1.3
コスタリカ	6.7	1.0
コロンビア	16.8	4.9
チリ	4.3	[10] 0.3
ドミニカ共和国	5.5	0.6
パナマ	12.3	1.2
パラグアイ	[4] 9.9	0.9
ブラジル	[4] 13.3	4.9
ペルー	16.4	2.2
ボリビア	28.6	3.2
ホンジュラス	[4] 26.8	14.8
メキシコ	9.0	[8] 2.7
世界平均	27.7	[8] 8.6

世界銀行"World Development Indicators"より作成（2022年7月5日閲覧）。世界銀行が設定した国際貧困ライン（2011年の購買力平価で1日1.90ドル）に基づく絶対的貧困を表す。絶対的貧困とは、生きるうえで必要最低限の生活水準が満たされていない状態のこと。貧困率は1日あたり1.90ドル未満で生活する人口の比率。1）1998年。2）2004年。3）2011年。4）1999年。5）2002年。6）2013年。7）2001年。8）2018年。9）2016年。10）2017年。11）2012年。12）2015年。13）2003年。14）2005年。15）2014年。

表 12-2　栄養不足まん延率（%）

	2001	2019
アジア		
アゼルバイジャン	17.0	2.5
アフガニスタン	47.8	25.6
アルメニア	26.1	3.4
イラク	22.4	37.5
イラン	4.8	5.5
インド	18.4	15.3
インドネシア	19.2	6.5
ウズベキスタン	17.9	2.5
オマーン	12.3	8.2
カンボジア	23.6	6.2
北朝鮮	35.7	42.4
キプロス	5.1	2.5
キルギス	15.1	7.2
ジョージア	7.7	8.7
スリランカ	16.9	6.8
タイ	17.3	8.2
中国	10.1	2.5
トルクメニスタン	6.8	4.1
ネパール	23.5	4.8
パキスタン	21.1	12.9
バングラデシュ	15.9	9.7
東ティモール	41.5	22.6
フィリピン	18.7	9.4
ベトナム	19.7	6.7
ミャンマー	37.6	7.6
モンゴル	31.1	4.3
ヨルダン	9.7	9.5
レバノン	7.8	9.3
アフリカ		
アルジェリア	8.0	2.5
アンゴラ	67.5	17.3
エジプト	5.2	5.4
エスワティニ	10.5	11.6
エチオピア	47.0	16.2
ガーナ	14.9	6.1
カーボベルデ	14.5	15.4
ガボン	10.7	15.7
カメルーン	22.9	5.3
ガンビア	17.8	13.6
ケニア	32.2	24.8
コートジボワール	20.4	14.9
コンゴ共和国	27.0	37.7
コンゴ民主共和国	38.2	41.7
シエラレオネ	50.7	26.2
スーダン	21.5	12.3
セネガル	24.0	7.5
タンザニア	33.0	25.1
チャド	38.8	31.7
トーゴ	31.3	20.4
ナイジェリア	8.9	14.6
ナミビア	13.5	19.8
ブルキナファソ	22.6	14.4
ボツワナ	23.7	29.3
マダガスカル	33.8	43.2
マラウイ	23.6	17.3
マリ	16.2	10.4
南アフリカ共和国	3.9	6.5
モーリタニア	8.3	9.1
モザンビーク	36.5	31.2
モロッコ	6.3	4.2
リベリア	36.6	38.9
ルワンダ	38.5	35.2
アメリカ		
アルゼンチン	3.0	3.9
エクアドル	21.0	12.4
エルサルバドル	7.2	8.5
ガイアナ	6.5	5.2
キューバ	2.5	2.5
グアテマラ	22.2	16.8
コスタリカ	4.7	3.1
コロンビア	8.7	8.8
スリナム	11.8	8.7
チリ	3.4	3.4
ドミニカ共和国	20.4	8.3
ニカラグア	27.5	19.3
ハイチ	53.2	46.8
パナマ	24.5	7.5
パラグアイ	10.5	9.2
バルバドス	6.4	4.1
ブラジル	10.7	2.5
ベネズエラ	14.9	27.4
ベリーズ	5.8	5.9
ペルー	21.5	8.7
ボリビア	27.9	12.6
ホンジュラス	21.9	13.5
メキシコ	3.3	7.2
世界平均	13.2	8.9

世界銀行“World Development Indicators”より作成（2022年7月5日閲覧）。原資料はFAO。栄養摂取量が生活に必要な最低レベルを下回る人口の割合。

表 12-3　5歳未満児の発育阻害および過体重の割合（%）

発育阻害[1]	2000	2020	過体重[2]	2000	2020
ブルンジ‥‥‥‥	62.3	57.6	リビア‥‥‥‥‥	17.6	25.4
エリトリア‥‥‥	47.7	49.1	レバノン‥‥‥‥	17.6	19.7
東ティモール‥‥	54.8	48.8	オーストラリア・	8.2	18.5
パプアニューギニア	41.9	48.4	シリア‥‥‥‥‥	16.9	18.2
ニジェール‥‥‥	52.1	46.7	エジプト‥‥‥‥	13.9	17.8
リビア‥‥‥‥‥	20.5	43.5	ウクライナ‥‥‥	23.1	17.0
グアテマラ‥‥‥	53.8	42.8	チュニジア‥‥‥	4.6	16.5
コンゴ民主共和国	47.8	40.8	アルバニア‥‥‥	18.7	14.6
マダガスカル‥‥	55.2	40.2	ギリシャ‥‥‥‥	10.7	13.9
中央アフリカ共和国	43.4	40.1	カタール‥‥‥‥	9.9	13.9
モザンビーク‥‥	50.5	37.8	アルジェリア‥‥	13.0	12.9
アンゴラ‥‥‥‥	47.8	37.7	アルゼンチン‥‥	11.6	12.9
イエメン‥‥‥‥	55.2	37.2	南アフリカ共和国	11.2	12.9
マラウイ‥‥‥‥	55.7	37.0	ボスニア‥‥‥[3]	16.4	12.8
パキスタン‥‥‥	42.1	36.7	トンガ‥‥‥‥‥	10.4	12.6
エチオピア‥‥‥	57.5	35.3	パラグアイ‥‥‥	7.2	12.0
ナイジェリア‥‥	42.3	35.3	カナダ‥‥‥‥‥	8.8	11.8
アフガニスタン・	54.6	35.1	バルバドス‥‥‥	7.8	11.4
チャド‥‥‥‥‥	42.5	35.0	モロッコ‥‥‥‥	12.2	11.3
ジブチ‥‥‥‥‥	30.0	34.0	インドネシア‥‥	4.0	11.1
スーダン‥‥‥‥	40.8	33.7	ボツワナ‥‥‥‥	9.4	11.0
ルワンダ‥‥‥‥	49.1	32.6	トリニダード・トバゴ	5.9	11.0
世界平均‥‥‥	33.1	22.0	世界平均‥‥‥	5.4	5.7
後開発途上国・	49.4	33.7	後開発途上国・	3.9	3.4

WHO（世界保健機関）“The Global Health Observatory” より作成。推計値。2020年の世界計は、発育阻害が1億4920万人、過体重が3890万人。1）日常的に栄養を十分に取れずに慢性栄養不良となり、年齢相応の身長まで成長しない症状。身長年齢比の中央値から標準偏差がマイナス2を下回る。2）身長に相応しない体重過多。身長体重比の中央値から標準偏差がプラス2を上回る。3）ボスニア・ヘルツェゴビナ。

表 12-4　5歳未満児および妊婦の貧血率（2019年）（%）

	生後6～59か月	15～49歳妊婦		生後6～59か月	15～49歳妊婦
イエメン‥‥‥	79.5	57.5	ニジェール‥‥	72.0	54.9
マリ‥‥‥‥‥	79.0	59.0	ベナン‥‥‥‥	71.0	58.1
ブルキナファソ	76.6	55.3	ナイジェリア‥	68.9	55.9
ギニア‥‥‥‥	73.8	53.0	モザンビーク‥	68.2	45.8
中央アフリカ共和国	73.6	51.5	ギニアビサウ‥	68.0	52.3
シエラレオネ‥	73.4	54.4	セネガル‥‥‥	67.9	56.1
トーゴ‥‥‥‥	72.4	53.7	チャド‥‥‥‥	66.3	45.3
リベリア‥‥‥	72.3	49.7	モーリタニア‥	65.5	49.1
コートジボワール	72.2	54.4	コンゴ民主共和国	64.9	46.5

資料は上表に同じ。貧血は、血液中のヘモグロビン濃度が110g/L未満の症状（標高と喫煙に関しては調整が行われる）。日本では、生後6～59か月16.7%、15～49歳妊婦23.4%。

表 12-5　男女別の死因別年齢調整死亡率（Ⅰ）（2019年）（人口10万あたり　人）

	感染症・寄生虫症		悪性新生物（がん）		循環器系疾患	
	男	女	男	女	男	女
アジア						
アルメニア	11.3	4.4	172.7	96.1	373.3	238.7
イスラエル	23.1	16.3	117.3	88.8	87.4	53.8
イラク[1)]	11.7	9.8	84.6	65.3	453.6	334.5
イラン[1)]	11.7	6.9	102.6	72.5	258.7	225.8
カザフスタン	9.4	4.2	159.6	90.9	427.3	288.7
韓国	12.2	8.3	137.8	63.5	78.0	50.8
キルギス	19.6	7.4	120.9	80.1	463.0	299.4
クウェート	2.1	1.2	79.2	102.5	197.8	85.4
シンガポール	4.7	3.1	108.5	77.0	125.4	68.4
タイ[1)]	48.2	29.8	143.2	94.8	130.4	84.6
中国[1)]	8.2	4.7	183.0	91.0	299.7	184.1
トルコ[1)]	3.7	2.7	201.8	89.3	182.9	162.4
日本	6.7	4.3	127.5	72.7	88.1	50.0
フィリピン	65.7	38.2	100.3	81.7	446.7	294.3
ブルネイ[1)]	44.9	39.1	122.5	146.7	252.4	195.3
モンゴル[1)]	23.3	10.9	255.5	148.2	715.2	408.1
アフリカ						
エジプト[1)]	11.9	8.0	142.5	102.7	449.7	330.2
南アフリカ共和国[1)]	233.3	195.9	171.4	113.5	253.4	202.1
モーリシャス	28.5	13.2	92.5	76.0	259.0	160.1
ヨーロッパ						
アイスランド	3.1	4.0	115.4	96.7	120.3	71.1
アイルランド	4.5	3.5	130.7	100.7	114.2	73.4
イギリス	5.5	4.5	131.0	99.1	107.5	64.7
イタリア	9.1	6.9	133.1	84.9	115.8	77.5
ウクライナ[1)]	27.4	15.6	182.8	94.5	579.5	324.8
エストニア	9.3	4.6	192.3	96.8	277.0	154.5
オーストリア	5.9	4.1	132.4	90.2	149.6	100.0
オランダ	8.8	7.1	146.7	109.0	94.4	65.2
北マケドニア[1)]	3.7	1.8	192.5	113.1	527.0	421.6
ギリシャ[1)]	16.9	17.6	157.9	85.8	152.3	91.2
クロアチア	7.6	4.7	203.2	109.7	240.4	147.8
スイス	5.1	3.6	118.0	80.4	97.8	66.3
スウェーデン	9.2	6.7	110.0	88.3	122.0	78.1
スペイン	7.9	5.0	138.8	73.1	98.4	58.4
スロバキア	5.0	3.4	228.0	112.6	221.5	118.6
スロベニア	2.2	1.6	177.5	101.9	149.2	103.3
セルビア	7.1	4.3	199.4	126.4	351.7	265.4
チェコ	9.5	6.4	165.8	101.4	228.8	143.9
デンマーク	9.5	6.4	144.3	111.3	106.6	65.0
ドイツ	9.3	5.3	141.9	93.0	149.8	74.1
ノルウェー	9.0	6.8	123.0	92.3	93.2	61.8
ハンガリー	4.8	3.2	216.4	125.8	342.0	208.3

不慮の外傷		自殺		全死因		（参考）粗死亡率（全死因）	
男	女	男	女	男	女	男	女
46.7	13.8	4.9	1.0	785.5	469.7	930.0	795.8
17.0	7.0	8.3	2.1	402.4	278.0	532.3	532.4
87.6	29.9	7.3	2.4	889.2	619.7	454.0	360.4
56.8	20.5	7.5	2.7	593.6	462.3	517.9	359.9
53.0	16.5	30.9	6.9	940.2	543.4	738.7	633.6
23.1	7.5	29.7	13.4	422.7	225.4	625.3	527.3
42.2	13.9	13.5	3.5	867.5	526.9	508.6	423.4
38.4	8.7	3.8	0.7	454.5	287.1	242.5	123.1
10.0	3.2	12.7	6.4	395.0	247.5	503.6	417.0
79.9	19.9	13.9	2.3	631.6	380.6	811.5	620.4
48.5	19.6	8.6	4.8	722.0	416.3	807.7	588.4
22.1	10.0	3.6	1.2	581.0	404.6	532.4	502.6
17.5	7.3	17.5	6.9	378.8	205.5	1 124.5	1 009.2
41.6	15.2	3.9	1.3	1 258.8	794.0	734.2	622.5
36.8	15.5	4.2	0.8	762.4	702.9	535.1	494.9
95.4	22.6	31.1	5.6	1 420.6	782.8	889.8	564.6
31.2	13.7	4.6	2.2	957.5	688.6	619.4	525.7
78.5	28.3	37.9	9.8	1 261.0	883.0	934.8	762.5
37.4	9.5	15.0	2.5	842.4	527.8	994.8	801.3
16.7	11.3	18.7	3.5	403.8	295.7	697.0	683.9
14.8	6.1	14.3	3.6	432.5	308.4	657.4	606.6
16.3	8.4	10.4	3.4	442.7	322.6	916.1	904.0
18.3	7.9	6.7	2.1	403.0	261.0	1 062.1	1 089.0
56.0	11.2	32.7	4.6	1 048.6	524.4	1 442.6	1 271.8
31.7	10.0	20.2	4.5	684.7	337.7	1 136.9	1 153.4
25.4	10.8	16.6	4.6	459.7	297.0	943.5	954.1
18.4	12.7	12.5	6.1	422.7	318.3	877.6	912.8
23.0	8.4	11.0	3.5	908.5	654.0	1 242.1	1 161.1
28.2	10.9	5.9	1.5	490.2	304.3	1 233.3	1 166.3
32.7	12.8	17.7	5.1	654.4	376.1	1 264.7	1 243.9
17.2	8.7	14.2	5.6	367.6	254.4	787.6	820.1
18.6	8.1	16.9	7.7	407.6	292.0	904.7	933.1
16.3	6.6	7.9	2.8	410.6	238.0	941.1	886.1
45.5	15.7	16.7	2.6	685.7	380.1	987.5	864.8
30.8	13.8	22.7	5.5	497.6	289.7	968.5	1 000.2
21.2	6.0	12.2	3.9	777.9	530.6	1 356.1	1 278.6
33.5	12.2	15.4	3.8	614.8	365.5	1 104.3	1 020.6
14.2	6.8	11.1	4.2	460.7	324.4	948.9	920.7
20.2	8.4	12.8	3.9	491.0	274.8	1 152.3	875.5
19.2	9.6	13.4	6.3	397.9	286.8	739.0	782.7
31.3	12.3	19.1	5.5	793.6	461.2	1 332.4	1 298.4

男女別の死因別年齢調整死亡率（Ⅱ）（2019年）（人口10万あたり　人）

	感染症・寄生虫症		悪性新生物（がん）		循環器系疾患	
	男	女	男	女	男	女
フィンランド	2.8	1.7	114.4	80.6	154.1	81.9
フランス	7.6	4.8	161.9	93.3	89.5	51.6
ブルガリア 1)	8.8	4.4	156.1	94.3	496.5	310.3
ベラルーシ	7.7	3.9	179.1	82.5	575.0	283.3
ベルギー	9.7	7.3	142.7	91.6	108.1	71.9
ポーランド 1)	5.0	2.3	197.3	114.2	243.8	144.2
ポルトガル	11.7	5.8	163.8	79.8	122.4	75.4
モルドバ	16.2	5.3	170.6	84.0	490.1	335.9
ラトビア	16.8	7.5	214.3	106.3	435.3	229.3
リトアニア	17.7	8.7	209.2	102.7	392.6	211.3
ルクセンブルク	7.6	5.4	131.0	90.7	113.7	76.6
ルーマニア	15.9	7.7	189.9	104.3	386.1	249.0
ロシア 1)	27.1	12.6	184.3	97.4	501.4	280.2
北中アメリカ						
アメリカ合衆国	14.5	10.9	117.5	91.0	158.0	101.6
カナダ	6.2	4.4	121.3	95.1	98.3	60.5
キューバ	10.9	5.3	160.5	103.0	217.0	149.4
グアテマラ 1)	40.7	32.1	84.1	81.7	157.5	129.7
グレナダ	23.1	19.0	188.7	131.9	281.4	204.1
コスタリカ	12.8	5.5	96.7	73.6	113.1	74.2
ニカラグア	14.2	8.8	98.0	75.0	248.4	177.6
ジャマイカ	45.2	13.6	152.5	129.7	158.3	152.1
パナマ	38.5	21.8	86.6	68.8	146.9	94.2
ベリーズ	49.0	33.1	105.9	78.9	181.1	140.2
メキシコ	15.5	8.6	76.6	67.1	179.8	125.0
南アメリカ						
アルゼンチン 1)	31.7	20.6	143.3	100.2	203.1	115.9
ウルグアイ 1)	21.3	10.9	200.4	122.1	177.9	98.0
エクアドル 1)	16.3	8.7	94.8	87.2	135.3	98.7
コロンビア	18.8	8.9	92.9	78.0	152.8	112.5
スリナム 1)	53.9	26.6	154.7	98.5	356.7	236.9
チリ	13.0	7.1	126.4	88.7	121.3	74.9
パラグアイ 1)	30.7	17.6	110.7	81.1	194.1	130.9
ブラジル	33.1	20.8	123.8	88.0	195.1	125.8
ベネズエラ	51.7	39.8	104.3	88.2	217.0	139.8
オセアニア						
オーストラリア	6.4	4.6	121.3	83.9	88.1	58.4
ニュージーランド	4.6	3.6	130.1	101.6	114.7	76.7

WHO（世界保健機関）“Global Health Estimates 2019” より作成。2019年の推計値。年齢調整死亡率（age-standardized death rates）は、年齢構成の異なる地域間の死亡状況が比較できるように年齢構成の違いを補正した死亡率。（参考）粗死亡率は人口に対する通常の死亡率で、若年者の多い地域では低く、高齢者が多い国では高くなる傾向がある。感染症・寄生虫症は、結核、エイズ/ヒト免疫不全ウイルス（HIV）病、破傷風、髄膜炎、↗

不慮の外傷		自殺		全死因		（参考）粗死亡率（全死因）	
男	女	男	女	男	女	男	女
28.0	9.5	20.1	6.8	472.2	289.2	1 006.0	991.6
26.9	11.6	15.2	4.5	439.3	254.8	941.5	895.6
31.3	9.3	10.6	2.9	869.5	501.2	1 624.2	1 415.5
60.2	13.5	30.1	5.3	1 012.6	458.9	1 319.9	1 151.5
24.7	13.2	19.6	8.4	466.8	306.2	970.4	992.3
35.1	10.0	16.5	2.4	684.0	361.1	1 118.6	1 001.0
27.6	9.5	11.6	3.5	498.0	276.4	1 167.8	1 018.7
58.6	14.7	22.1	3.3	961.5	551.9	1 108.2	929.6
58.7	15.1	29.0	4.6	923.1	447.1	1 538.2	1 582.3
53.9	13.0	36.1	6.2	878.0	420.1	1 516.5	1 525.9
22.3	11.2	11.8	5.4	415.5	284.9	679.6	700.2
43.5	11.7	12.6	2.4	834.6	468.1	1 428.3	1 247.2
68.3	18.5	38.2	7.2	1 027.7	514.8	1 307.1	1 157.4
34.2	16.3	22.4	6.8	572.5	398.0	926.2	866.9
19.5	10.4	15.3	5.4	411.4	286.7	764.5	723.0
38.6	21.9	16.7	4.1	641.3	422.6	1 076.6	880.4
108.7	25.7	10.3	2.5	880.0	605.7	617.2	467.2
63.6	19.2	0.5	0.7	896.2	621.8	966.8	842.8
42.1	12.4	13.3	1.9	475.3	301.2	536.3	410.2
57.0	15.0	7.8	1.9	811.2	508.3	547.6	437.2
31.4	13.7	3.6	1.0	660.1	506.1	721.4	589.2
36.1	7.5	4.8	1.0	533.7	338.8	543.5	408.6
81.5	20.0	13.6	1.8	773.2	502.0	597.0	369.6
44.2	13.3	8.7	2.2	699.8	460.3	634.6	484.7
40.9	14.4	13.5	3.3	740.5	445.6	815.5	744.6
48.6	16.7	31.1	7.7	736.0	405.5	1 042.5	970.8
60.5	18.3	11.9	3.6	555.9	396.5	501.4	421.6
37.3	9.6	6.0	1.7	535.4	348.1	532.6	420.5
64.3	25.8	41.3	11.8	1 051.4	657.3	858.7	684.7
41.0	12.5	13.4	3.0	500.3	310.2	617.3	540.2
64.7	19.8	9.0	3.3	698.6	452.4	564.9	409.3
50.0	15.6	10.3	2.8	732.7	440.1	737.2	566.3
86.0	20.3	3.6	0.7	810.4	461.8	718.8	491.6
18.8	9.4	17.0	5.6	382.4	262.8	682.0	623.9
26.9	13.3	15.4	5.4	414.3	303.3	719.2	672.7

↘生物媒介の疾患（マラリアなど）など。循環器系疾患は心臓と血管に係る病気で、リウマチ性心疾患、高血圧性疾患、虚血性心疾患など。不慮の外傷による死亡は、交通事故、中毒、落下事故、火事、溺死、自然災害による事故などが含まれており、意図的な争いや集団的紛争被害は含まず。1）データの信ぴょう性がかなり低いことから、比較には注意を要する。

表 12-6　各種ワクチン接種率（1歳児）（2020年）（%）

	BCG[1)]	三種混合 DTP*[2)]	ポリオ*	B型肝炎*	Hib*[3)]	PCV*[4)]
インド……	85	85	85	85	85	21
インドネシア	87	77	76	77	77	4
フィリピン‥	64	71	72	71	71	66
ヨルダン…．	76	77	76	77	77	…
エチオピア‥	70	71	74	71	71	67
カメルーン‥	80	69	70	69	69	69
コンゴ共和国	72	73	73	73	73	71
コンゴ民主共和国	73	57	59	57	57	58
ジブチ……	77	70	70	70	70	70
ソマリア…．	37	42	47	42	42	…
中央アフリカ共和国	61	42	46	42	42	40
ナイジェリア	67	57	57	57	57	57
マダガスカル	73	68	76	70	70	65
マリ………	78	70	65	70	70	66
南スーダン‥	52	49	50	49	49	…
モーリタニア	80	71	76	71	71	70
リビア……	74	73	73	73	73	73
リベリア…．	85	65	67	65	65	65
アルゼンチン	75	74	74	74	74	75
エクアドル‥	81	70	72	70	70	76
ハイチ……	73	51	51	51	51	51
ブラジル…．	67	77	74	77	77	79
ベリーズ…．	76	79	79	79	79	…
ボリビア…．	82	68	68	68	68	68

WHO（世界保健機関）"The Global Health Observatory" より作成。1歳児においてワクチン接種した比率（*3回接種）。1）結核。2）ジフテリア、破傷風、百日咳の三種混合。3）ヒブ（ヘモフィルス・インフルエンザ菌b型）。4）肺炎球菌。

表 12-7　子宮頸がんワクチン接種率（15歳女子）（%）

	2019	2020		2019	2020
アラブ首長国連邦	27	29	イタリア……．	52	27
イスラエル…．	54	55	スペイン……．	79	79
インドネシア‥	6	7	ドイツ………	43	43
韓国…………	52	…	フランス……．	33	33
日本…………	0	1	アメリカ合衆国·	49	49
エチオピア…．	84	76	アルゼンチン‥	59	46
ケニア………	…	16	カナダ………	83	87
イギリス……	82	64	オーストラリア·	79	66

WHO（世界保健機関）"The Global Health Observatory" より作成。子宮頸がんを予防するHPV（ヒトパピローマウイルス）ワクチンの15歳女子の接種率。日本では、2022年4月以降、小学校6年〜高校1年の女子を対象に、積極的な接種勧奨を再開した（2013年から開始した定期接種は、同年6月より勧奨が中止されていた）。

表 12-8　医師数と看護師・助産師数（2020年）（人口1万あたり　人）

	医師数	看護師・助産師数
アジア		
アラブ首長国連邦 1)	26.0	57.5
イスラエル	36.3	119.9
イラク	9.7	23.9
イラン 2)	15.8	20.8
インド	7.4	17.5
インドネシア	6.2	39.5
オマーン	17.7	39.4
カタール 2)	24.9	72.0
韓国 1)	24.8	81.8
サウジアラビア	27.4	1) 58.2
スリランカ	12.3	25.0
タイ	9.5	1) 31.5
トルコ 1)	19.3	30.5
日本 2)	24.8	119.5
パキスタン 1)	11.2	4.8
バングラデシュ	6.7	4.9
ミャンマー 1)	7.4	10.8
レバノン	1) 22.1	2) 16.7
アフリカ		
アルジェリア 2)	17.2	15.5
エジプト	1) 7.5	2) 19.3
エチオピア	1.1	7.8
ガーナ	1.7	36.2
ガンビア	0.8	9.5
ケニア 2)	1.6	11.7
コートジボワール 1)	1.6	6.6
シエラレオネ 2)	0.7	7.5
ジンバブエ	2.0	21.4
セネガル 1)	0.9	5.4
チャド	0.6	2.0
トーゴ	0.8	5.1
ナイジェリア	2) 3.8	1) 15.0
ブルキナファソ 1)	0.9	9.3
ベナン 1)	0.7	3.0
ボツワナ 2)	3.8	54.6
マラウイ	0.5	7.1
マリ 2)	1.3	4.4
南アフリカ共和国	1) 7.9	2) 49.7
モザンビーク	0.9	4.9
ルワンダ 1)	1.2	9.5
ヨーロッパ		
アイルランド	34.9	1) 179.8
イギリス	30.0	88.5
イタリア	39.5	62.7
オーストリア	52.9	1) 105.6
オランダ	40.8	116.4
ギリシャ 1)	63.1	37.3
スイス	43.8	1) 182.6
スペイン 1)	44.4	61.4
スロバキア 1)	35.7	60.6
スロベニア 1)	32.8	104.6
チェコ	41.5	1) 89.3
デンマーク 2)	42.3	105.4
ドイツ	44.4	1) 141.9
ノルウェー	50.5	184.2
ハンガリー	60.6	1) 69.2
フィンランド 2)	46.4	223.1
フランス 1)	32.7	117.8
ブルガリア 2)	42.1	47.9
ベルギー	60.8	200.8
ポルトガル 1)	54.8	74.1
モンテネグロ	27.4	53.7
ラトビア	34.1	44.3
リトアニア	50.8	100.8
ロシア	38.2	62.3
アメリカ		
アメリカ合衆国 2)	26.1	156.9
アルゼンチン	40.6	3) 26.0
カナダ	1) 24.4	110.7
キューバ 2)	84.2	75.6
グアテマラ	12.4	22.4
グレナダ 2)	14.4	62.8
コスタリカ	33.0	38.0
コロンビア	23.3	14.6
チリ	28.4	43.5
ニカラグア	2) 16.7	3) 15.5
パナマ 1)	16.3	32.1
パラグアイ	10.5	2) 16.6
ブラジル 1)	23.1	74.0
ベリーズ 2)	10.8	23.4
ペルー 2)	13.7	29.8
メキシコ 1)	24.3	28.2
オセアニア		
オーストラリア	41.3	1) 131.4
ニュージーランド	36.2	117.8

WHO（世界保健機関）"The Global Health Observatory" より作成。1）2019年。2）2018年。3）2017年。

図 12-1　保健医療支出の対GDP比の推移

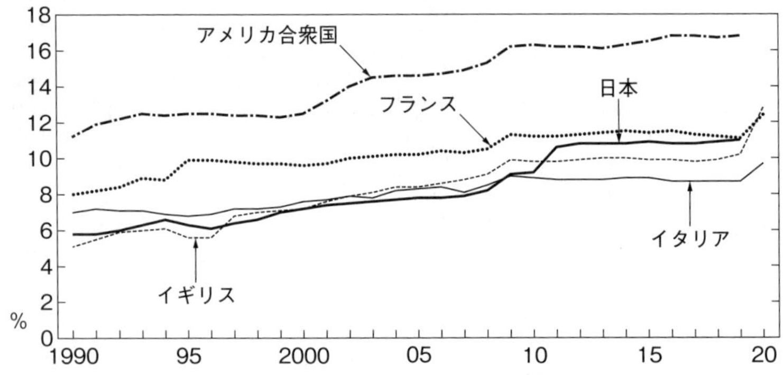

資料・注記は下表に同じ。2019年以前の数値の大幅な上昇は推計方法変更による。

表 12-9　保健医療支出

	保健医療支出対GDP比（%）		財源割合（%）(2020)		1人あたり(ドル)[1] (2020)	
	2019	2020	一般政府財源	自己負担等	計	うち自己負担等
イスラエル	7.5	…	[2] 64.8	[2] 33.1	[2] 2 903	[2] 962
韓国	8.2	8.4	62.2	37.8	3 494	1 322
日本	11.0	…	[2] 83.9	[2] 16.1	[2] 4 691	[2] 755
イギリス	10.2	12.8	81.7	18.3	5 268	962
イタリア	8.7	9.7	76.3	23.7	3 819	906
オランダ	10.2	11.2	84.6	15.4	6 299	973
スイス	11.3	…	[2] 66.8	[2] 33.2	[2] 7 138	[2] 2 372
スウェーデン	10.9	11.4	85.1	14.9	5 754	858
スペイン	9.1	…	[2] 70.6	[2] 29.4	[2] 3 600	[2] 1 058
デンマーク	10.0	10.6	83.8	16.2	5 849	947
ドイツ	11.7	12.5	85.1	14.9	6 731	1 002
ノルウェー	10.5	11.3	86.0	14.0	6 748	945
フィンランド	9.2	9.6	78.3	21.7	4 662	1 011
フランス	11.1	12.4	[2] 83.7	[2] 16.3	5 564	[2] 859
ベルギー	10.7	…	[2] 76.8	[2] 23.2	[2] 5 458	[2] 1 266
ポーランド	6.5	7.2	73.3	26.7	2 547	679
ポルトガル	9.5	10.1	65.1	34.9	3 308	1 154
アメリカ合衆国	16.8	…	[2] 82.7	[2] 17.3	[2] 10 948	[2] 1 895
カナダ	10.8	11.6	[2] 70.2	[2] 29.8	[2] 5 370	[2] 1 602
メキシコ	5.4	6.2	50.6	49.4	1 198	591
オーストラリア	9.4	…	[2] 68.7	[2] 31.3	[2] 4 919	[2] 1 540

OECD（経済協力開発機構）"OECD.Stat"、"OECD Health Statistics 2021" より作成。データ比較には、国により医療制度が異なることに留意。保健医療支出は財とサービスの最終消費の指標で、治療やリハビリなどに加えて、医薬品、政府や保険者の管理コスト等を含む。1）購買力平価（PPP）換算。2）2019年。

表 12-10 HIV感染者数（2020年）（単位 千人）

	HIV（ヒト免疫不全ウイルス）			抗レトロウイルス治療（ART）		エイズ関連死者数
	感染者数	感染率[1]（15-49）（%）	年間新規感染者数	治療者数	治療者の割合（%）	
南アフリカ共和国	7 800	*19.1*	230	5 600	…	83
インド	2 300	…	…	1 494	*64*	…
モザンビーク	2 100	*11.5*	98	1 403	*68*	38
ナイジェリア	1 700	*1.3*	86	1 492	*86*	49
タンザニア	1 700	*4.7*	68	1 423	*82*	32
ザンビア	1 500	*11.1*	69	1 179	*81*	24
ケニア	1 400	*4.2*	33	1 230	*86*	19
ウガンダ	1 400	*5.4*	38	1 279	*90*	22
ジンバブエ	1 300	*11.9*	25	1 185	*93*	22
マラウイ	990	*8.1*	21	853	*86*	12
ブラジル	930	*0.6*	48	649	*70*	13
エチオピア	620	*0.9*	12	483	*78*	13
インドネシア	540	*0.4*	28	143	*26*	24
コンゴ民主共和国	510	*0.7*	20	377	*75*	17
カメルーン	500	*3.0*	15	368	*74*	14
タイ	500	*1.0*	7	395	*79*	12
世界計×	**37 700**	*0.7*	**1 500**	**27 500**	*73*	**680**

WHO（世界保健機関）"The Global Health Obseratory"、UNAIDS（国連合同エイズ計画）AIDSinfoより作成。ART治療者数以外の項目は、実数が存在するであろう範囲の中位データ。ARTは数種類の抗レトロウイルス薬を組み合わせて使用するHIV感染の治療法で、ウイルスの体内での増殖能力を抑制してエイズ（後天性免疫不全症候群）の発症を遅らせる。1）15～49歳人口に占めるHIV感染者の割合。×その他を含む。

表 12-11 男女別の喫煙率（15歳以上）（2020年）（%）

	男	女		男	女
イスラエル	*28.9*	*13.5*	ケニア	*19.5*	*2.7*
インド	*41.3*	*13.0*	南アフリカ共和国	*34.0*	*6.5*
インドネシア	*71.4*	*3.7*	イギリス	*17.3*	*13.5*
韓国	*35.7*	*5.9*	イタリア	*26.6*	*19.5*
サウジアラビア	*26.5*	*2.0*	ドイツ	*24.1*	*19.9*
タイ	*41.3*	*2.9*	フランス	*34.9*	*31.9*
中国	*49.4*	*1.7*	ベルギー	*25.8*	*21.0*
トルコ	*42.1*	*19.2*	ロシア	*40.8*	*12.8*
日本	*30.1*	*10.0*	アメリカ合衆国	*28.4*	*17.5*
バングラデシュ	*52.2*	*17.1*	アルゼンチン	*29.4*	*19.6*
ベトナム	*47.4*	*2.2*	カナダ	*15.3*	*10.7*
エジプト	*48.1*	*0.4*	オーストラリア	*15.6*	*11.5*

WHO "The Global Health Observatory" より作成。たばこ製品（無煙を含む）を使用している15歳以上の人口割合。年齢調整値。電子たばこ等は含まない。

表 12-12　飲用水源・衛生設備の利用人口の割合（2020年）（%）

	飲用水源				衛生設備			
	基準以上の設備	水源へ往復30分以上	未改良の設備	川や湖など	基準以上の設備	共用トイレ	未改良の設備	野外排便
アジア								
アフガニスタン	75	1	15	9	50	11	28	11
イエメン・・・・	61	29	8	3	54	5	31	10
インド・・・・・・	90	5	4	<1	71	12	2	15
インドネシア	92	<1	6	1	86	6	1	6
カンボジア・・	71	14	6	9	69	8	4	19
ネパール・・・・	90	4	5	1	77	11	3	10
パキスタン・・	90	4	4	2	68	11	14	7
バングラデシュ	98	1	<1	<1	54	24	22	<1
ミャンマー・・	84	2	5	10	74	12	8	7
モンゴル・・・・	85	2	7	6	68	21	3	8
ラオス・・・・・・	85	4	11	<1	79	3	1	16
アフリカ								
アンゴラ・・・・	57	9	19	14	52	21	9	18
ウガンダ・・・・	56	27	12	5	20	18	58	5
エチオピア・・	50	27	19	5	9	9	65	17
エスワティニ	71	10	10	10	64	22	10	4
ガーナ・・・・・・	86	7	3	5	24	47	11	18
カメルーン・・	66	13	15	6	45	15	35	6
ケニア・・・・・・	62	10	10	19	33	25	33	9
コンゴ民主共和国	46	13	33	8	15	20	52	12
ザンビア・・・・	65	6	22	7	32	20	37	11
ジンバブエ・・	63	14	16	7	35	30	11	23
スーダン・・・・	60	27	4	9	37	8	31	24
ソマリア・・・・	56	28	13	2	39	17	21	23
タンザニア・・	61	11	15	13	32	19	39	11
チャド・・・・・・	46	15	32	8	12	5	19	64
ナイジェリア	78	5	12	6	43	20	19	19
ナミビア・・・・	84	7	4	5	35	13	5	47
ニジェール・・	47	22	27	4	15	10	7	68
ブルキナファソ	47	31	21	<1	22	32	6	40
ブルンジ・・・・	62	19	15	4	46	13	39	3
南アフリカ共和国	94	3	1	2	78	15	7	<1
モザンビーク	63	10	17	10	37	5	37	21
リベリア・・・・	75	9	3	13	18	29	15	38
世界平均・・	90	4	5	2	78	7	8	6
後発開発途上国	67	13	14	6	37	16	31	16

WHO（世界保健機関）とユニセフ“Progress on household drinking water、sanitation and hygiene、2000-2020”より作成。全国平均。飲用水源の基準以上の設備は、水道水、汚染されていない井戸や泉、雨水、配給水などが含まれ、水源への時間は待ち時間を含み往復30分未満であること。衛生設備（トイレ）の基準以上の設備は、下水道システム、浄化槽、排泄物がきちんと隔離される汲み取り式トイレなどを含み、共用トイレを含まず。

表 12-13　手洗い施設の利用人口の割合（2020年）（%）

	全国			農村			都市	
	手洗い可能	水道又は石けん無し	未設備	手洗い可能	水道又は石けん無し	未設備	手洗い可能	未設備
アジア								
アフガニスタン	*38*	*34*	*28*	*29*	*38*	*33*	*64*	*13*
イエメン・・ 1)	*49*	*27*	*24*	*36*	*31*	*33*	*70*	*9*
インド・・・・・・	*68*	*29*	*3*	*60*	*37*	*3*	*82*	*2*
インドネシア	*94*	*6*	*<1*	*91*	*9*	*<1*	*96*	*<1*
カンボジア・・	*74*	*13*	*14*	*71*	*14*	*15*	*83*	*9*
ネパール・・・・	*62*	*36*	*1*	*59*	*40*	*2*	*75*	*1*
パキスタン・・	*80*	*18*	*2*	*74*	*24*	*2*	*90*	*2*
バングラデシュ	*58*	*36*	*6*	*54*	*39*	*7*	*66*	*4*
ミャンマー・・	*75*	*20*	*5*	*71*	*23*	*6*	*83*	*3*
モンゴル・・・・	*86*	*14*	*<1*	*81*	*19*	*<1*	*89*	*<1*
ラオス・・・・・・	*56*	*34*	*10*	*46*	*43*	*11*	*73*	*8*
アフリカ								
アンゴラ・・・・	*27*	*15*	*58*	*13*	*14*	*73*	*34*	*50*
ウガンダ・・・・	*23*	*32*	*45*	*18*	*34*	*48*	*36*	*37*
エチオピア・・	*8*	*54*	*38*	*5*	*52*	*43*	*20*	*20*
エスワティニ	*24*	*31*	*44*	*17*	*33*	*50*	*48*	*26*
ガーナ・・・・・・	*42*	*37*	*22*	*35*	*40*	*25*	*47*	*19*
カメルーン・・	*36*	*60*	*4*	*22*	*74*	*4*	*47*	*4*
ケニア・・・・・・	*27*	*33*	*40*	*24*	*32*	*44*	*33*	*29*
コンゴ民主共和国	*19*	*38*	*42*	*12*	*39*	*49*	*27*	*35*
ザンビア・・・・	*18*	*31*	*51*	*9*	*29*	*62*	*29*	*36*
ジンバブエ・・	*42*	*55*	*3*	*36*	*60*	*3*	*56*	*2*
スーダン・・・・	*13*	…	…	…	…	…	…	…
ソマリア・・・・	*25*	*54*	*21*	*19*	*55*	*26*	*32*	*15*
タンザニア・・	*48*	*35*	*17*	*40*	*40*	*19*	*63*	*12*
チャド・・・・・・	*25*	*30*	*44*	*22*	*31*	*47*	*35*	*37*
ナイジェリア	*33*	*36*	*30*	*25*	*41*	*34*	*41*	*27*
ナミビア・・ 1)	*45*	*43*	*12*	*27*	*58*	*15*	*62*	*9*
ニジェール・・	*23*	*53*	*24*	*20*	*51*	*28*	*39*	*2*
ブルキナファソ	*9*	*27*	*64*	*5*	*27*	*68*	*17*	*54*
ブルンジ・・・・	*6*	*94*	*<1*	*4*	*96*	*<1*	*19*	*<1*
南アフリカ共和国	*44*	*43*	*12*	*27*	*55*	*18*	*53*	*10*
モザンビーク 2)	*12*	*32*	*55*	*8*	*37*	*55*	*21*	*55*
リベリア・・ 1)	*1*	*1*	*97*	*<1*	*1*	*98*	*2*	*97*
世界平均・・	*71*	*21*	*9*	*60*	*29*	*11*	…	…
後発開発途上国	*37*	*36*	*27*	*31*	*39*	*30*	*47*	*21*

資料は表12-12に同じ。各家庭において石けんを使用して手を洗うための施設の状況を表す指標で、人口に対する割合。全国平均（National）、農村（Rural）、都市（Urban）で比較。「手洗い可能」は石けんと水で手洗いすることが可能な人口割合。「水道又は石けん無し」は、手洗いすることはできるが、水道設備が整っていないか、もしくは使用できる石けんがない状況にある人口の割合。1）2017年。2）2015年。

表 12-14　電気へのアクセス率（%）

	2000	2010	2019	2020	都市	地方
南スーダン……	—	1.5	6.7	7.2	13.9	5.6
チャド………	3.2	6.4	8.4	11.1	40.6	2.0
ブルンジ……	2.5	5.3	11.4	11.7	63.7	3.5
マラウイ……	4.8	8.7	11.2	14.9	54.0	6.6
中央アフリカ共和国	6.0	9.8	14.3	15.5	33.6	2.3
ブルキナファソ·	9.1	13.1	18.4	19.0	65.8	…
コンゴ民主共和国	6.7	12.7	19.1	19.1	40.7	1.0
ニジェール……	6.5	13.3	19.0	19.3	48.4	13.4
シエラレオネ…	7.8	11.5	22.7	26.2	54.7	4.8
リベリア……	…	5.2	23.1	27.5	45.2	8.4
モザンビーク…	6.1	18.8	29.7	30.6	75.0	4.5
ギニアビサウ…	…	6.0	31.0	33.3	56.3	15.2
マダガスカル…	12.7	12.3	31.0	33.7	70.2	10.9
タンザニア……	8.9	14.8	37.7	39.9	72.9	22.0
ベナン………	21.5	34.2	40.3	41.4	66.1	18.2
ウガンダ……	7.4	12.1	41.3	42.1	69.9	32.8
ザンビア……	16.7	22.0	43.0	44.5	82.4	14.0
ギニア………	15.1	28.0	42.2	44.7	88.1	19.3
ルワンダ……	6.2	9.7	40.4	46.6	86.4	38.2
アンゴラ……	24.2	34.9	45.6	46.9	73.7	…
ハイチ………	33.7	37.1	46.0	46.9	80.5	2.2
モーリタニア…	18.7	34.0	45.8	47.3	88.4	…
レソト………	4.3	17.0	44.5	47.4	77.7	34.9
コンゴ共和国…	29.1	39.8	48.4	49.5	66.0	14.8
ソマリア……	1.9	52.2	49.2	49.7	70.1	32.3
マリ…………	9.6	26.9	47.8	50.6	94.1	16.5
エチオピア……	12.7	25.4	48.1	51.1	93.2	39.4
エリトリア……	29.3	40.2	50.9	52.2	76.3	39.0
北朝鮮………	…	29.3	50.0	52.3	43.3	67.2
ジンバブエ……	33.7	38.8	46.8	52.7	85.7	37.1
トーゴ………	17.0	30.8	52.4	54.0	94.1	24.0
スーダン……	23.0	38.0	54.0	55.4	81.5	41.2
ナイジェリア…	43.1	48.0	55.4	55.4	83.9	24.6
ナミビア……	36.5	44.6	55.2	56.3	74.7	36.3
パプアニューギニア	7.6	19.5	59.7	60.4	83.6	56.8
ジブチ………	56.4	56.2	61.2	61.8	72.2	24.8
ガンビア……	34.3	46.7	62.1	62.3	80.6	31.6
カメルーン……	41.0	52.8	63.5	64.7	94.0	25.0
赤道ギニア……	65.6	66.2	66.6	66.7	91.0	0.9
バヌアツ……	22.1	44.1	64.6	67.3	95.6	57.7
世界平均……	78.2	83.2	90.0	90.5	97.3	82.7

世界銀行“World Development Indicators”より作成。総人口、都市（Urban）および地方（Rural）の人口が電気にアクセスできる割合。

図 12-2　所得の分配

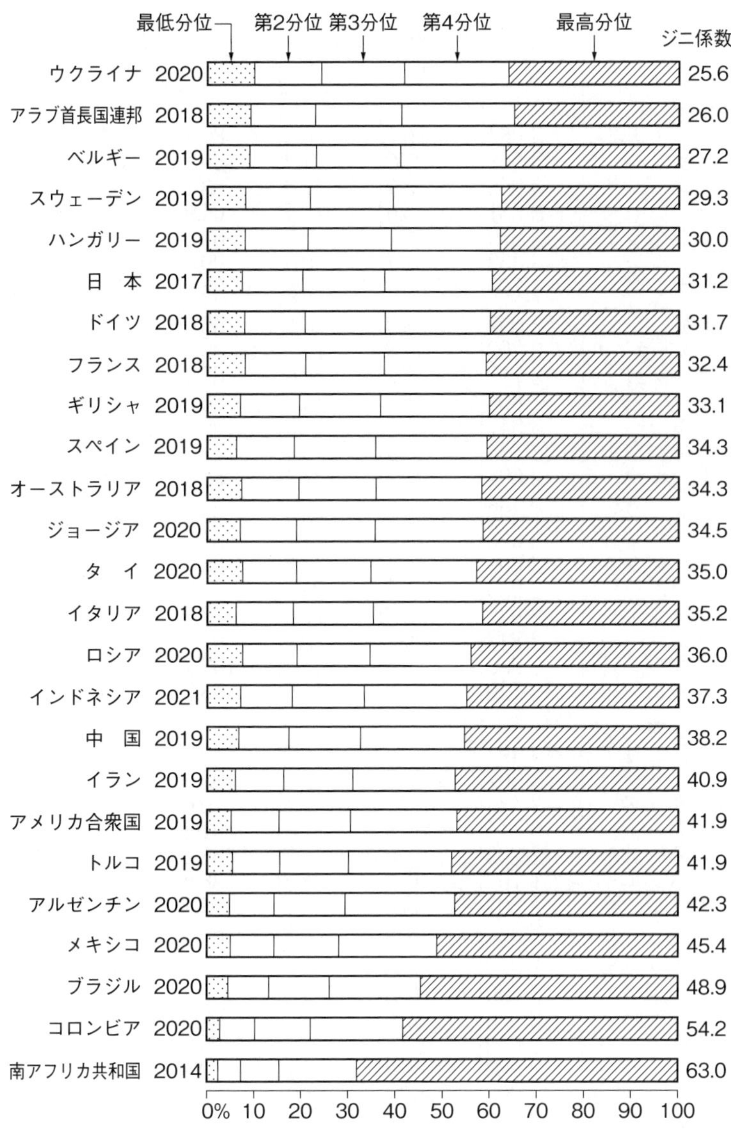

世界銀行“World Development Indicators”より作成。日本は厚生労働省「所得再分配調査報告書」(2017年版) による (3年毎の調査、2020年調査は中止)。区分は人口を1人あたりの所得または支出をもとに20%単位で5階級に分けたもの。各国での所得の概念や標本設定にばらつきがあるため比較には注意が必要。ジニ係数とは所得分配の平等度を示す指数で、0から100の範囲で大きくなるほど貧富の差が大きい。

表12-15　1人1日あたり食料供給栄養量（Ⅰ）（2019年）

	熱量 (kcal)	でん粉質 (%)	動物性 (%)	たん白質 (g)	動物性 (%)	脂質 (g)
アジア						
アラブ首長国連邦	3 084	*36.1*	*16.6*	80.4	*44.4*	126.2
イスラエル……	3 558	*33.0*	*24.0*	126.1	*60.6*	149.1
イラン………	3 005	*53.9*	*11.3*	83.1	*30.1*	78.8
インド………	2 581	*55.6*	*11.5*	64.9	*23.8*	59.8
インドネシア…	2 879	*62.7*	*7.8*	67.5	*36.3*	67.3
韓国…………	3 453	*34.4*	*20.0*	99.0	*54.4*	123.5
カンボジア……	2 700	*68.3*	*7.8*	65.5	*28.6*	39.0
北朝鮮………	2 097	*68.3*	*6.3*	55.0	*18.6*	36.4
サウジアラビア	3 302	*48.8*	*14.1*	89.6	*39.9*	105.6
スリランカ……	2 719	*57.7*	*7.6*	67.4	*28.1*	51.9
タイ…………	2 808	*45.9*	*12.7*	60.8	*43.1*	66.7
中国…………	3 347	*50.5*	*22.5*	105.3	*39.2*	105.2
トルコ………	3 734	*43.4*	*16.4*	111.1	*35.8*	125.9
日本…………	2 691	*41.7*	*21.1*	88.0	*55.9*	89.2
パキスタン……	2 483	*49.4*	*23.0*	66.0	*43.6*	82.7
バングラデシュ…	2 626	*78.4*	*4.7*	61.3	*19.9*	34.3
フィリピン……	2 809	*60.4*	*14.8*	65.3	*40.2*	59.1
ベトナム……	2 939	*56.7*	*21.1*	88.2	*39.0*	80.1
マレーシア……	2 931	*42.2*	*17.6*	77.5	*55.8*	99.1
ミャンマー……	2 847	*49.2*	*22.4*	97.6	*47.4*	87.8
モンゴル……	2 880	*36.2*	*45.4*	103.7	*71.1*	129.8
ヨルダン……	2 529	*41.3*	*14.5*	63.7	*39.5*	97.5
アフリカ						
アルジェリア…	3 493	*50.6*	*10.9*	90.8	*26.5*	98.1
エジプト……	3 307	*66.2*	*8.1*	95.5	*24.8*	59.2
エチオピア……	2 439	*76.1*	*4.1*	70.6	*9.1*	27.5
ガーナ………	3 114	*65.8*	*4.0*	61.8	*23.7*	42.0
ケニア………	2 205	*57.6*	*11.7*	61.2	*24.8*	48.2
ジンバブエ……	1 707	*55.0*	*8.2*	38.2	*27.4*	51.6
セネガル……	2 601	*63.2*	*6.4*	64.4	*22.8*	68.3
タンザニア……	2 374	*57.5*	*6.9*	60.1	*19.0*	50.8
中央アフリカ…	1 870	*52.6*	*14.2*	50.9	*41.3*	58.4
チュニジア……	3 499	*48.8*	*11.5*	100.8	*28.2*	100.6
ナイジェリア…	2 565	*67.6*	*3.0*	58.1	*12.1*	59.1
マラウイ……	2 600	*63.5*	*11.0*	70.0	*20.9*	54.9
マリ…………	2 888	*69.6*	*8.1*	80.4	*22.3*	55.1
南アフリカ共和国	2 898	*52.4*	*16.1*	79.8	*44.0*	87.5
モザンビーク…	2 130	*69.3*	*4.8*	47.3	*15.4*	43.8
モロッコ……	3 365	*60.6*	*10.0*	99.2	*28.1*	72.1
ヨーロッパ						
アイルランド…	3 811	*33.0*	*26.5*	111.1	*57.0*	139.8
イギリス……	3 395	*34.6*	*29.0*	106.2	*55.4*	138.7
イタリア……	3 505	*34.8*	*24.0*	104.5	*53.2*	150.2

1人1日あたり食料供給栄養量（Ⅱ）（2019年）

	熱量 (kcal)	でん粉質 (%)	動物性 (%)	たん白質 (g)	動物性 (%)	脂質 (g)
オーストリア·	3 691	*28.5*	*31.3*	109.0	*59.2*	164.5
オランダ·····	3 353	*28.6*	*34.5*	108.1	*64.4*	137.5
ギリシャ·····	3 396	*29.3*	*24.8*	107.4	*58.2*	155.0
クロアチア···	3 128	*29.5*	*30.5*	93.5	*61.1*	118.3
スイス·······	3 379	*24.9*	*33.6*	97.2	*63.1*	159.4
スウェーデン·	3 184	*29.9*	*32.9*	108.1	*64.2*	133.2
スペイン·····	3 348	*26.4*	*26.0*	108.5	*62.9*	154.7
スロバキア···	2 914	*32.5*	*31.5*	71.1	*53.6*	138.8
チェコ·······	3 286	*26.7*	*28.8*	86.8	*60.0*	147.8
ドイツ·······	3 559	*28.9*	*29.7*	104.2	*60.1*	149.6
ノルウェー···	3 449	*33.2*	*31.9*	116.3	*55.4*	139.6
ハンガリー···	3 391	*29.3*	*32.6*	89.5	*56.2*	156.1
フィンランド·	3 320	*33.4*	*38.5*	117.5	*62.2*	135.0
フランス·····	3 532	*33.2*	*31.6*	109.7	*58.8*	151.5
ベルギー·····	3 800	*26.4*	*33.1*	100.3	*60.4*	173.4
ポーランド···	3 508	*38.7*	*28.7*	105.0	*54.2*	123.3
ポルトガル···	3 458	*32.4*	*30.2*	117.7	*63.9*	140.1
ルーマニア···	3 588	*41.5*	*26.1*	107.8	*50.6*	122.6
ロシア·······	3 363	*41.1*	*25.9*	104.8	*53.3*	110.5
北中アメリカ						
アメリカ合衆国	3 862	*23.4*	*29.2*	115.0	*66.0*	180.1
カナダ·······	3 539	*29.2*	*27.1*	108.6	*56.3*	156.0
キューバ·····	3 375	*46.1*	*15.6*	82.6	*41.4*	73.1
コスタリカ···	2 996	*32.3*	*23.1*	80.8	*57.2*	102.6
ジャマイカ···	2 770	*40.0*	*19.1*	77.1	*49.7*	74.3
ニカラグア···	2 620	*52.8*	*11.2*	65.9	*28.8*	56.8
メキシコ·····	3 163	*43.2*	*22.1*	91.7	*49.0*	102.1
南アメリカ						
アルゼンチン·	3 304	*36.1*	*30.8*	107.0	*63.5*	122.1
コロンビア···	2 992	*34.3*	*18.7*	72.7	*52.4*	90.0
チリ·········	3 078	*44.2*	*25.7*	93.9	*52.8*	87.8
パラグアイ···	2 770	*49.9*	*13.2*	70.1	*38.1*	86.4
ブラジル·····	3 246	*31.0*	*27.0*	93.8	*58.5*	131.4
ベネズエラ···	2 204	*40.2*	*13.2*	51.6	*43.7*	78.2
ペルー·······	2 786	*52.7*	*16.5*	88.6	*48.5*	60.6
オセアニア						
オーストラリア	3 417	*24.4*	*32.2*	107.9	*67.5*	159.7
ニュージーランド	3 228	*31.2*	*30.0*	96.5	*57.7*	120.5

FAO（食糧農業機関）FAOSTAT "Food Balances" より作成（2022年5月31日閲覧、2022年2月14日に更新されたデータ）。1日1人あたりの人間の消費に向けられた食料分で、個人が実際に消費した分の数値ではない。輸出分の食料、肥料や種子用などに用いられる分は含まれない。熱量はアルコール類を含む。でん粉質食料は、穀類（ビールを除く）、いも類・でん粉の合計。

表12-16　1人1日あたり食料供給量（Ⅰ）（2019年）（単位　g）

	穀物[1]	いも類	野菜	肉類[2]	牛乳・乳製品[3]	水産物[4]
アジア						
アラブ首長国連邦	321	48	173	136	81	70
イスラエル	376	111	408	295	470	69
イラン	548	85	380	106	64	31
インド	511	84	244	14	202	19
インドネシア	660	186	123	35	14	120
韓国	413	48	552	231	24	248
カンボジア	682	346	103	38	5	114
北朝鮮	508	93	335	39	8	30
サウジアラビア	512	47	193	149	123	30
スリランカ	614	53	136	28	41	82
タイ	504	35	102	78	40	80
中国	557	188	1 060	184	64	140
トルコ	560	128	655	112	491	13
日本	384	69	265	146	130	129
パキスタン	397	45	70	50	311	5
バングラデシュ	790	149	107	13	48	70
フィリピン	685	49	174	117	2	70
ベトナム	668	46	472	170	22	101
マレーシア	484	50	189	151	14	154
ミャンマー	581	42	236	179	48	124
モンゴル	314	122	158	343	576	2
ヨルダン	325	57	244	101	132	14
アフリカ						
アルジェリア	585	183	566	57	193	10
エジプト	709	88	410	86	68	62
エチオピア	500	172	39	22	77	1
ガーナ	257	1 258	81	40	5	66
ケニア	380	181	140	46	227	8
ジンバブエ	291	51	41	47	64	9
セネガル	596	113	355	53	32	50
タンザニア	356	431	155	34	78	18
中央アフリカ	92	736	52	116	41	21
チュニジア	567	80	746	81	250	35
ナイジェリア	364	752	200	22	3	24
マラウイ	410	507	226	80	28	32
マリ	675	77	317	73	120	24
南アフリカ共和国	486	94	105	189	110	17
モザンビーク	384	346	108	23	14	32
モロッコ	704	114	272	103	70	52
ヨーロッパ						
アイルランド	373	185	220	227	522	63
イギリス	361	211	217	221	575	51
イタリア	440	99	273	214	549	82

1人1日あたり食料供給量（Ⅱ）（2019年）（単位　g）

	穀物1)	いも類	野菜	肉類2)	牛乳・乳製品3)	水産物4)
オーストリア	326	161	249	236	499	38
オランダ	263	209	195	147	860	60
ギリシャ	347	165	411	228	630	54
クロアチア	310	107	788	245	613	52
スイス	286	128	243	200	782	46
スウェーデン	301	150	230	212	500	89
スペイン	307	163	326	296	446	116
スロバキア	281	140	184	164	469	27
チェコ	280	181	211	226	396	25
ドイツ	320	177	242	215	462	35
ノルウェー	341	135	205	193	454	139
ハンガリー	337	97	254	230	446	17
フィンランド	326	161	233	206	922	92
フランス	394	139	264	236	489	94
ベルギー	317	241	372	192	485	62
ポーランド	410	272	340	233	497	34
ポルトガル	370	169	363	273	415	157
ルーマニア	480	265	388	202	624	23
ロシア	424	245	284	221	388	55
北中アメリカ						
アメリカ合衆国	301	145	294	353	633	61
カナダ	317	229	279	259	441	60
キューバ	443	279	300	173	219	16
コスタリカ	350	56	161	149	421	50
ジャマイカ	336	187	266	181	199	69
ニカラグア	465	55	99	81	181	18
メキシコ	446	46	182	207	251	39
南アメリカ						
アルゼンチン	359	121	181	329	439	20
コロンビア	341	220	150	179	301	19
チリ	422	154	196	234	251	32
パラグアイ	324	470	138	123	115	11
ブラジル	335	138	139	284	381	25
ベネズエラ	331	84	119	95	245	28
ペルー	420	361	171	150	150	66
オセアニア						
オーストラリア	262	136	235	341	606	72
ニュージーランド	305	128	308	288	358	67

FAO（食糧農業機関）FAOSTAT "Food Balances" より作成（2022年5月31日閲覧、2022年2月14日に更新されたデータ）。表12-15の注記参照。原資料では年間の供給量が記載されているため、1日あたり供給量に編者算出。1）ビールを除く。2）内蔵、くず肉を含む。3）バターを除く。4）魚介類と海藻類を含む水産物全般を指す（原資料にある「Fish, Seafood」と「Aquatic Products, Other」を足し合わせたもの）。

表 12-17　初等教育における指標（%）

	不就学率[1)]（2019）		修了率[2)]（2020）		最低限の習熟度に達した最終学年の子どもの割合（2019）（男女計）	
	男	女	男	女	読解力	算数
イラン	…	…	95.9	96.1	[3)] 66.0	38.9
インド	[3)] 4.7	[3)] 5.0	92.0	94.8	[4)] 36.5	[4)] 38.8
インドネシア	[4)] 0.6	[4)] 0.6	96.4	97.7	…	[5)] 17.5
カンボジア	…	…	67.5	82.6	11.0	19.0
キルギス	[6)] 1.1	[6)] 0.9	99.6	99.8	[4)] 40.3	[4)] 39.8
ネパール	5.1	7.0	78.9	82.3	[6)] 45.0	[6)] 28.3
パキスタン	[6)] 19.5	[6)] 26.8	56.4	61.1	[3)] 52.1	7.6
バングラデシュ	8.3	4.7	73.3	86.9	[4)] 52.6	[4)] 47.3
フィリピン	[6)] 2.6	[6)] 1.6	84.2	94.6	10.0	17.0
マレーシア	…	…	99.2	99.7	58.0	64.0
ミャンマー	[3)] 5.5	[3)] 7.0	79.1	85.5	11.0	12.0
ラオス	[4)] 7.3	[4)] 7.9	83.6	86.9	2.0	8.0
アンゴラ	[5)] 21.3	[5)] 22.2	59.0	58.3	…	…
エチオピア	[3)] 25.0	[3)] 23.9	49.4	62.9	7.7	10.4
カメルーン	[6)] 12.9	[6)] 16.7	74.7	78.3	30.2	11.1
ガンビア	[7)] 21.9	[7)] 15.1	60.6	66.6	…	…
ギニア	[6)] 31.4	[6)] 36.7	66.4	52.4	22.2	6.8
ケニア	…	…	67.4	82.0	[6)] 44.3	[6)] 29.3
コートジボワール	[3)] 20.4	[3)] 25.4	63.5	56.9	22.0	2.6
コンゴ共和国	[5)] 3.4	[5)] 3.0	75.0	75.8	33.6	7.7
コンゴ民主共和国	[6)] 20.9	[6)] 22.3	[6)] 67.1	[6)] 66.3	9.2	3.2
セネガル	39.8	37.7	54.6	60.6	41.1	27.2
ソマリア	…	…	40.4	32.7	…	…
チャド	54.4	59.7	37.6	33.3	7.6	1.8
中央アフリカ共和国	23.2	29.8	46.6	36.4	…	…
トーゴ	[4)] 7.6	[4)] 8.8	74.4	71.4	19.4	15.9
ニジェール	…	…	45.5	36.2	14.4	7.9
ブルキナファソ	…	…	41.3	45.2	33.0	25.0
ブルンジ	[4)] 17.0	[4)] 16.9	47.8	57.4	4.5	18.0
ベナン	[6)] 28.4	[6)] 34.9	[6)] 50.9	[6)] 44.1	45.5	19.1
マダガスカル	[6)] 24.4	[6)] 19.4	46.0	57.7	6.3	6.3
マラウイ	[3)] 6.3	[3)] 4.8	42.2	55.5	…	…
マリ	[6)] 42.0	[6)] 45.1	59.6	56.6	…	…
南スーダン	…	…	13.2	9.5	…	…
モーリタニア	[5)] 44.9	[5)] 40.8	52.4	52.1	…	…
モザンビーク	…	…	43.5	47.3	…	…
モロッコ	…	…	85.7	79.2	[3)] 36.0	18.5
リベリア	…	…	28.6	32.2	…	…
ルワンダ	[5)] 6.7	[5)] 4.5	[5)] 47.6	[5)] 61.1	[4)] 56.4	[4)] 59.0

UNESCO（ユネスコ）UIS.Statより作成（2022年6月10日閲覧）。1）初等教育年齢層で、初等学校に就学していない子どもの割合。2）初等教育年齢層で、最終学年を修了した子どもの割合。終了時の年齢は、初等教育の公式最終学年年齢よりも3～5歳高い年齢まで含む。3）2016年。4）2017年。5）2015年。6）2018年。7）2020年。

図 12-3 教育機関に対する支出の対GDP比
（全教育段階）（2018年）

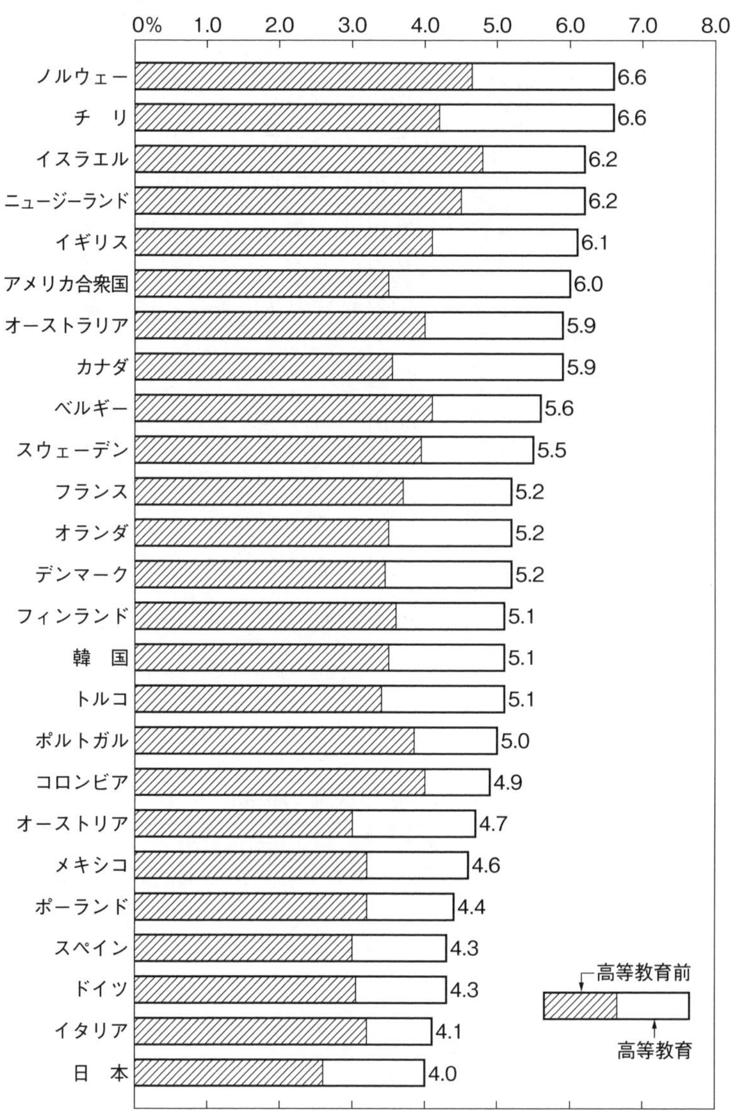

経済協力開発機構（OECD）"Education at a Glance"（2021年版）より作成。国内総生産（GDP）に占める教育支出の割合。教育支出は、施設や設備にかかる費用、教職員の給与などの教育機関に関する支出。高等教育には、研究・開発費などを含む。家庭教師や学習塾への支出は含まない。

表 12-18　非識字人口と識字率（15歳以上）（2018年）

	非識字人口（万人）	識字率（%）		非識字人口（万人）	識字率（%）
インド	25 286	*74.4*	アルジェリア	548	*81.4*
パキスタン 1)	5 883	*58.0*	ウガンダ	532	*76.5*
ナイジェリア	4 176	*62.0*	メキシコ 2)	454	*95.2*
中国	3 704	*96.8*	ミャンマー 1)	433	*89.1*
バングラデシュ 2)	3 024	*74.9*	セネガル 3)	424	*51.9*
エチオピア 3)	3 015	*51.8*	南スーダン	418	*34.5*
エジプト 3)	1 852	*71.2*	ギニア	417	*39.6*
アフガニスタン 4)	1 458	*37.3*	ガーナ	389	*79.0*
ブラジル	1 117	*93.2*	ベナン	381	*42.4*
スーダン	977	*60.7*	マダガスカル	363	*76.7*
コンゴ民主共和国 5)	956	*77.0*	タイ	359	*93.8*
イラン 5)	870	*85.5*	マラウイ 6)	347	*62.1*
インドネシア 2)	810	*96.0*	イラク 3)	332	*85.6*
マリ 2)	739	*30.8*	カメルーン	332	*77.1*
ニジェール	729	*35.1*	ベトナム 1)	314	*95.8*
モロッコ	688	*73.8*	フィリピン 1)	280	*96.3*
ブルキナファソ	653	*39.3*	ハイチ 5)	274	*61.7*
ネパール	628	*67.9*	シエラレオネ	256	*43.2*
タンザニア 6)	624	*77.9*	グアテマラ	216	*80.8*
モザンビーク 3)	618	*60.7*	トルコ 1)	209	*96.7*
チャド 5)	590	*22.3*			
ケニア	571	*81.5*	世界計× 2)	**77 073**	*86.7*

UNESCO（ユネスコ）UIS.Statにより作成（2022年6月10日閲覧）。非識字人口は、15歳以上で日常的な読み書きができない人の数。1）2019年。2）2020年。3）2017年。4）2021年。5）2016年。6）2015年。×その他を含む。

表 12-19　高等教育における留学生の状況（2019年）

受入国	留学生数（人）	留学生率（%）	出身国	留学生数（人）	留学率（%）
アメリカ合衆国	976 853	*5.2*	中国	1 061 511	*2.3*
オーストラリア	509 160	*28.4*	インド	461 792	*1.3*
イギリス	489 019	*18.7*	ベトナム	126 059	*6.4*
ドイツ	333 233	*10.1*	ドイツ	122 445	*3.7*
ロシア	282 922	*5.0*	フランス	103 161	*3.8*
カナダ	279 168	*16.2*	アメリカ合衆国	102 246	*0.5*
フランス	246 378	*9.2*	韓国	101 493	*3.3*
中国	1) 225 100	1) *0.4*	ネパール	93 921	*21.4*
アラブ首長国連邦	1) 215 975	1) *73.0*	カザフスタン	89 292	*13.0*
日本	202 907	*5.2*	ブラジル	81 882	*0.9*
世界計×	**6 063 665**	*2.6*	ウクライナ	77 586	*4.8*

資料は表12-18に同じ。受入国の留学生率は、高等教育就学者に占める留学生の割合。出身国の留学率は、出身国の高等教育就学者に占める他国へ留学する人の割合。日本出身の留学生は3万2365人、留学率は0.8%。1）2020年。×その他を含む。

表 12-20　道路交通事故（2020年）

	死傷者発生事故件数（件）	事故後30日以内死者数（人）			負傷者数（人）
		総数	人口10万あたり	走行車10万台あたり	
アジア・オセアニア					
イスラエル……	10 836	305	3.3	8.3	17 921
インド………1)	464 910	147 913	11.0	…	470 975
オーストラリア‥	…	1 091	4.2	5.5	2) 38 945
韓国…………	209 654	3 081	6.0	11.3	306 194
中国…………3)	247 646	62 763	…	…	256 101
トルコ………	150 275	4 866	5.8	4) 31.8	226 266
日本…………	309 178	3 416	2.7	3.7	368 899
ニュージーランド	10 292	318	6.3	4) 9.5	12 835
ヨーロッパ					
アイルランド……	3) 5 862	3) 140	3) 2.8	3) 5.0	4) 8 011
イギリス………	95 222	1 528	2.3	4) 4.7	120 292
イタリア………	118 298	2 395	4.0	4.3	159 249
オーストリア……	30 670	344	3.9	4.9	37 730
ギリシャ………	9 098	585	5.5	5.9	10 741
クロアチア……	7 710	237	5.9	4) 15.7	10 035
スイス………	16 897	227	2.6	3.5	19 795
スウェーデン……	12 243	204	2.0	3.2	15 354
スペイン……3)	104 080	1 755	3.7	4.8	139 358
スロバキア……	4 555	247	4.5	4) 9.2	5 376
スロベニア……	4 780	80	3.8	5.2	5 704
チェコ………	18 419	518	4.8	6.6	22 687
デンマーク……3)	2 808	199	3.4	6.0	3 076
ドイツ………	264 499	2 719	3.3	4.7	327 550
ノルウェー……	3 585	93	1.7	2.3	4 436
ハンガリー……	13 778	460	4.7	9.7	17 716
フィンランド……	3 591	222	4.0	4.5	4 392
フランス………	45 121	2 541	3.8	5.3	55 836
ベルギー………	30 232	499	4.3	6.5	36 613
ポーランド……	23 540	2 491	6.6	3) 9.1	26 463
ポルトガル……	3) 35 704	3) 626	3) 6.1	1) 9.8	3) 45 351
リトアニア……	2 817	176	6.3	9.8	3 193
ルーマニア……3)	31 146	1 864	9.6	22.6	39 669
ロシア………	145 073	16 152	11.2	…	183 040
アメリカ					
アメリカ合衆国‥	1) 1 923 000	38 680	11.7	3) 12.1	4) 2 710 000
アルゼンチン…1)	102 623	5 420	…	…	113 173
カナダ………3)	105 792	1 762	4.7	6.9	140 801
チリ…………	28 870	1 794	9.4	32.7	41 840
メキシコ……3)	12 056	3 044	…	…	8 501

経済協力開発機構（OECD）The International Transport Forum（ITF）資料より作成（2022年6月1日閲覧）。1）2017年。2）2016年。3）2019年。4）2018年。

第12章 諸国民の生活

表 12-21　犯罪状況（2020年）

	殺人犠牲者数（人）		人口10万あたり認知件数（件）			
	実数	人口10万あたり	車両窃盗	侵入盗	汚職	詐欺
アジア						
インド	81 302	8.8	1) 12.9	1) 8.2	…	…
シンガポール	30	0.5	1.0	2.8	15.7	282.4
韓国	610	1.8	5.4	50.1	…	…
日本	636	0.8	11.2	34.9	…	24.1
アフリカ						
ケニア	5 543	10.4	0.6	2.1	0.2	1.0
モロッコ	916	3.7	2.2	7.8	66.6	6.9
南アフリカ共和国	19 846	33.5	…	…	…	…
ヨーロッパ						
イタリア	855	1.4	167.1	181.1	6.1	469.2
オランダ	321	1.9	157.6	289.6	34.0	3) 371.0
ギリシャ	2) 156	2.3	147.7	133.3	5.8	38.9
スイス	141	1.6	111.9	379.2	43.0	242.5
スウェーデン	372	6.1	211.6	803.4	196.0	2 762.1
スペイン	894	1.9	42.7	288.1	1.6	771.2
チェコ	231	2.2	56.8	192.9	15.8	74.3
デンマーク	165	2.9	4.6	664.6	66.9	929.9
ドイツ	2 346	2.8	51.2	356.1	5.0	964.5
ノルウェー	93	1.7	74.9	4) 289.6	0.7	350.4
ハンガリー	240	2.5	5) 32.5	5) 292.4	24.6	159.9
フィンランド	91	1.6	116.7	140.6	72.9	850.6
フランス	2 593	4.1	3) 249.8	452.0	3.5	356.3
ポーランド	798	2.1	29.3	196.9	19.8	365.1
ルーマニア	562	4.4	8.7	133.8	17.7	58.3
ロシア	32 078	22.9	22.0	95.0	21.1	225.5
アメリカ						
アメリカ合衆国	60 859	19.7	2) 219.4	2) 339.7	2.8	2) 34.2
エルサルバドル	2) 4 755	2) 114.2	10.3	49.1	0.8	49.9
カナダ	2 221	5.9	207.1	364.4	…	444.8
コスタリカ	1 140	33.6	4) 88.1	349.4	61.5	297.8
コロンビア	23 038	68.6	70.5	64.3	24.4	103.9
チリ	1 741	13.5	139.7	629.5	2.1	439.2
ブラジル	95 328	67.9	81.4	16.8	…	…
ペルー	6) 4 889	6) 23.0	62.2	7) 13.9	4.9	40.5
メキシコ	72 872	85.6	64.7	45.7	19.1	62.8
オセアニア						
オーストラリア	671	2.6	188.5	525.0	…	45.3
ニュージーランド	2) 239	2) 7.4	1 001.3	1 206.9	…	61.7

UNODC（国連薬物犯罪事務所）資料より作成（2022年6月13日閲覧）。犯罪の法的定義は各国で異なるため、データの比較には注意が必要。1）2013年。2）2019年。3）2016年。4）2014年。5）2015年。6）2018年。7）2009年。

表 12-22　国際観光の到着数と収入（インバウンド）

	到着数（万人）			国際観光収入（億ドル）		
	2010	2019	2020	2010	2019	2020
フランス	18 983	21 788	11 711	562	708	360
アメリカ合衆国	16 228	16 548	4 504	1 618	2 394	842
中国	13 376	16 254	3 040	…	…	…
スペイン	9 374	12 617	3 641	…	…	…
メキシコ	8 195	9 741	5 113	126	258	114
イタリア	7 323	9 540	3 842	…	519	205
ポーランド	5 834	8 852	…	99	157	84
ハンガリー	3 990	6 140	3 164	66	102	42
クロアチア	4 901	6 002	2 161	83	120	56
(香港)	3 603	5 591	357	272	327	…
トルコ	3 300	5 175	1 597	263	414	138
イギリス	3 040	4 086	1 110	…	…	…
日本	861	3 188	412	154	492	114
世界×	**175 572**	**240 307**	…	**11 664**	**18 631**	…

世界銀行“World Development Indicators”より作成（2022年７月７日閲覧）。原資料は国連世界観光機関。2019年の到着数が多い順で作成。海外からの到着数は、ビジネスなどを含む目的のために訪れる延べ人数。前年版データまで日帰り旅行者を含まないとしていたが、「含む」に訂正。×その他を含む。

表 12-23　国際観光の出国数と支出（アウトバウンド）

	出国数（万人）			国際観光支出（億ドル）		
	2010	2019	2020	2010	2019	2020
アメリカ合衆国	12 157	17 093	6 055	1 238	1 861	488
中国	5 739	15 463	2 033	…	…	…
ドイツ 1)	8 587	9 953	…	909	1 012	…
(香港)	8 444	9 472	826	174	…	…
イギリス	6 465	9 309	2 383	…	…	…
メキシコ	9 166	8 275	3 606	90	123	43
イタリア	5 530	6 221	2 145	…	379	130
ポーランド	4 276	5 060	…	89	102	55
フランス	2 997	4 928	2 129	467	598	312
ロシア	3 932	4 533	1 236	302	406	108
カナダ	5 362	3 785	…	372	…	…
ウクライナ	1 774	2 935	1 125	41	89	48
韓国	1 249	2 871	428	208	353	167
日本	1 664	2 008	317	393	291	67
世界×	**145 702**	**203 443**	…	**10 304**	**14 391**	…

資料・注記は表12-22を参照。1）日帰り旅行者を含まず。

図 12-4　世界の年平均地上気温平年差の推移

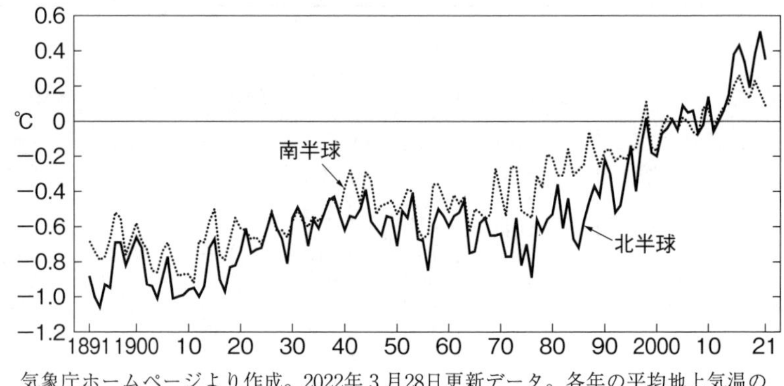

気象庁ホームページより作成。2022年 3 月28日更新データ。各年の平均地上気温の基準値（1991～2020年の30年平均値）との差。

表 12-24　温室効果ガス排出量増減率（2020年）（対基準年　%）

	植林吸収量を除く	植林吸収量を含む		植林吸収量を除く	植林吸収量を含む
アイスランド・	*22.7*	*5.0*	デンマーク・・・	*−39.2*	*−40.5*
アイルランド・	*6.1*	*6.7*	ドイツ・・・・・・・	*−41.3*	*−43.5*
アメリカ合衆国	*−7.3*	*−6.6*	トルコ・・・・・・・	*138.4*	*184.8*
EU（28か国）[1]	*−34.4*	*−36.1*	日本・・・・・・・・・	*−9.6*	*−9.0*
イギリス・・・・・	*−49.1*	*−49.5*	ニュージーランド	*20.8*	*26.1*
イタリア・・・・・	*−26.7*	*−32.4*	ノルウェー・・・	*−4.2*	*−29.2*
ウクライナ・・・	*−66.3*	*−65.3*	ハンガリー・・・	*−43.2*	*−48.2*
エストニア・・・	*−71.2*	*−65.3*	フィンランド・	*−32.8*	*−47.2*
オーストラリア	*24.0*	*−22.1*	フランス・・・・・	*−27.0*	*−26.5*
オーストリア・	*−6.2*	*9.0*	ブルガリア・・・	*−56.5*	*−58.5*
オランダ・・・・・	*−25.4*	*−25.7*	ベラルーシ・・・	*−39.0*	*−56.4*
カザフスタン・	*−11.1*	*−8.0*	ベルギー・・・・・	*−26.9*	*−25.7*
カナダ・・・・・・・	*13.1*	*25.3*	ポーランド・・・	*−35.1*	*−36.6*
キプロス・・・・・	*59.1*	*61.7*	ポルトガル・・・	*−1.6*	*−15.0*
ギリシャ・・・・・	*−27.7*	*−30.1*	マルタ・・・・・・・	*−18.4*	*−18.2*
クロアチア・・・	*−24.4*	*−27.5*	モナコ・・・・・・・	*−31.8*	*−31.8*
スイス・・・・・・・	*−19.2*	*−19.3*	ラトビア・・・・・	*−59.6*	*−18.2*
スウェーデン・	*−35.2*	*−81.3*	リトアニア・・・	*−57.8*	*−65.1*
スペイン・・・・・	*−5.3*	*−5.9*	リヒテンシュタイン	*−21.4*	*−21.8*
スロバキア・・・	*−49.6*	*−55.3*	ルーマニア・・・	*−64.2*	*−73.0*
スロベニア・・・	*−22.5*	*−29.1*	ルクセンブルク	*−28.8*	*−32.3*
チェコ・・・・・・・	*−42.7*	*−33.2*	ロシア・・・・・・・	*−35.1*	*−52.0*

国連気候変動枠組条約（UNFCCC）資料より作成（2022年 7 月 7 日閲覧）。温室効果ガス排出量の基準年（主に1990年）との増減比。FCCCで規定される附属書 I 締約国（離脱国等も含む）のデータ。植林吸収量とは、森林等の陸上部門「土地利用、土地利用変化及び林業部門」（LULUCF：Land Use、Land Use Change and Forestry）のことで、新規植林や森林減少などによる炭素吸収量・排出量を算定する。1）イギリスを含む。

図 12-5　世界の温室効果ガス排出量の割合

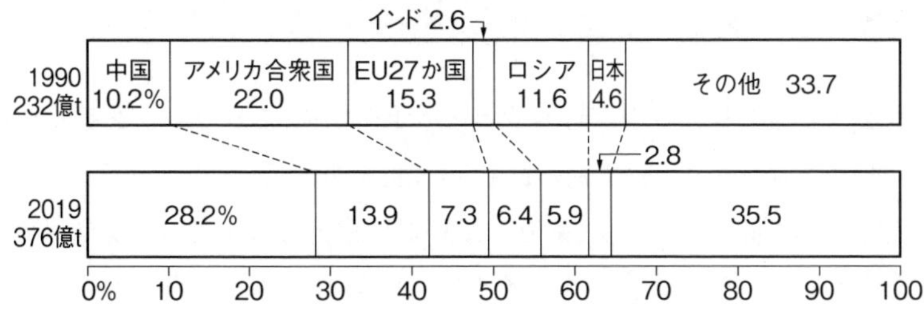

表12-25の資料に同じ。EUは27か国（2019年のEU加盟国の割合はドイツ1.7%、イタリア0.9%、フランス0.8%など）。

表 12-25　主な国の温室効果ガス排出量（二酸化炭素換算）

	温室効果ガス総排出量（百万 t）				二酸化炭素（CO_2）排出量（2019）	
	1990	2000	2010	2019	1人あたり（t）	GDPあたり1)（kg）
中国	2 361	3 426	8 485	10 619	7.07	0.69
アメリカ合衆国	5 112	6 045	5 701	5 246	14.44	0.24
EU（27か国）2)	3 550	3 343	3 221	2 730	5.92	0.18
ドイツ	957	830	777	658	7.75	0.18
イタリア	397	430	404	320	5.13	0.16
フランス	355	374	349	303	4.36	0.11
インド	602	960	1 668	2 422	1.69	0.85
ロシア	2 685	1 927	2 046	2 209	11.36	1.14
日本	1 064	1 162	1 147	1 071	8.37	0.23
イラン	273	440	672	778	7.04	1.43
インドネシア	177	310	454	650	2.16	0.56
カナダ	446	552	580	638	15.19	0.34
韓国	238	437	558	594	11.33	0.36
サウジアラビア	213	301	496	582	14.45	0.73
南アフリカ共和国	274	318	463	477	7.40	1.33
メキシコ	292	405	490	465	3.33	0.33
ブラジル	201	317	407	451	1.95	0.23
オーストラリア	278	362	419	430	15.01	0.28
イギリス	567	540	489	354	5.12	0.11
ベトナム	24	55	146	300	2.93	1.12
世界計×	**23 242**	**26 207**	**34 187**	**37 630**	4.39	0.40
（再掲）						
OECD 3)	11 616	13 170	13 055	12 117	8.34	0.22
OECD以外	10 989	12 174	20 000	24 195	3.33	0.64

IEA "Greenhouse Gas Emissions from Energy"（2021年版）より作成。二酸化炭素（CO_2）換算。世界計はバンカー油（国際輸送に供される船舶や航空機の燃料）による温室効果ガス排出を含む。1）2015年価格1米ドルGDP（国内総生産）あたり。2）イギリスを含まず。3）リトアニアを含む36か国。×その他を含む。

第13章　軍備・軍縮

2022年2月より、ロシアのウクライナ侵攻が始まった。ウクライナは欧米西側諸国の軍事組織であるNATO（北大西洋条約機構、457ページ解説参照）への加入を目指しており、NATOの東方拡大を自国の安全保障への脅威とするロシアは、ウクライナを自国勢力圏にとどめるべく軍事進攻に踏み込んだ。当初ロシア軍は首都キーウを目指した軍事作戦を展開したが、ウクライナ軍が撃退、本書編集時点でロシア軍はウクライナ東部に集中して攻勢を続けている。北欧のフィンランドとスウェーデンは長年にわたり中立の立場にあったが、ウクライナ侵攻でロシアへの脅威を強く認識し、2022年5月、NATO加盟申請を正式に決定した。ロシアは、両国のNATO加盟に向けた動きに対しても「報復措置」を取ると警告している。NATO加盟には全加盟国の同意が必要で、反対していたトルコも支持に転じている。加盟実現により、NATOの防衛体制は強化される一方で、ロシアとの緊張関係が一層高まることは必至である。

英国のシンクタンク国際戦略研究所（IISS）によると、2021年の世界の防衛費（軍事費）は、名目ベースで対前年比3.5％増の1兆9057億ドルであった（表13-3）。アメリカ合衆国が前年より減少したが、ロシアやヨーロッパ各国では軍備増強が図られ、防衛費が増加している。ロシアの脅威に対処するため、ドイツやデンマーク、ポーランド、ルーマニア、リトアニアなどは、さらなる防衛費の引き上げを表明した。ドイツは、アメリカ合衆国がNATO加盟国に要求しているGDP比2％を目標としており、実現すれば中国に次ぐ世界3位の軍事大国となる。アジアでは、中国、台湾、インド、韓国などで防衛費が増加し、中国の台頭を背景に、オーストラリアでは対前年比9.2％の増加となっている。また、北朝鮮の核ミサイル開発が安全保障を脅かす大きな要因となっており、日本でも防衛力の抜本的な強化を表明している。

北朝鮮は、2022年に入ってから6月5日までの間に16回のミサイル発射を実施した。潜水艦発射弾道ミサイル（SLBM）や大陸間弾道ミサイル（ICBM）と推定されるものもあり、射程距離は1万5000キロメートルを超えると分析される。7回目の核実験実施の準備を進めていることも報道されており、金正恩（キム・ジョンウン）総書記は、必要ならば核兵力を先制的に使用する可能性に言及している。韓国の尹錫悦(ユン・ソンニョル）新大統領は、北朝鮮の非核化を南北関係改善の前提としており、日米との連携強化を図る構えである。

イランの核開発問題は、2018年にアメリカが「イラン核合意」から離脱して以降、トランプ前政権がイランへの経済制裁を再開し、イランは逆に核開発を加速させてきた。2021年1月のバイデン大統領就任を機に、EUなどの仲介で、米イランの間接的な協議が開始したが、イランでは2021年8月に反米保守強硬派のライシ大統領が就任し、経済制裁の解除を求めて妥協しない姿勢を見せている。国際原子力機関（IAEA）報告書によると、2022年5月時点で、イランの濃縮度60％のウラン備蓄量は43キログラムとなり、これは核爆弾の製造に十分な量に相当する。ライシ大統領は中国やロシアとの協力関係を強めており、2021年9月には、上海協力機構（SCO）へのイランの正式加盟が認められた（34ページ参照)。2022年1月には、ロシアのプーチン大統領を訪問し、共に反米意識を高めて、相互協力を強化していくことで合意している。

図 13-1　世界の武力紛争の数

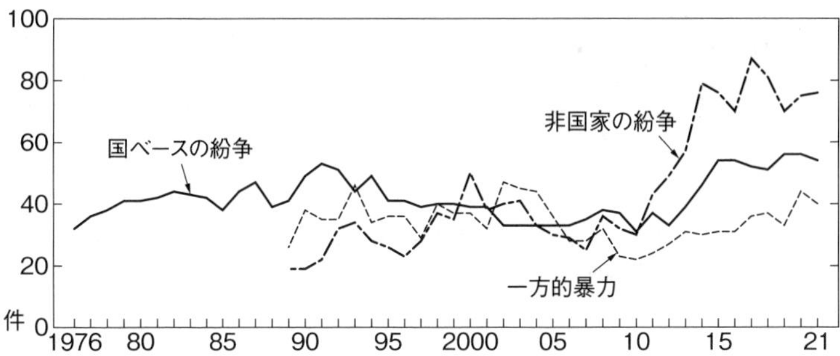

UCDP（ウプサラ紛争データプログラム）/PRIO（オスロ国際平和研究所）の武力紛争データベースより作成（2022年6月28日閲覧)。国ベースの紛争は、少なくとも片方が国家による武力紛争で、年間の死者が25人以上。一方的な暴力は、国家または正式に組織されたグループによる一方的な武力行使で、年間の死者が25人以上。非国家の紛争は、紛争当事者に国家が含まれない武力行使。

図 13-2　核弾頭総保有数の推移

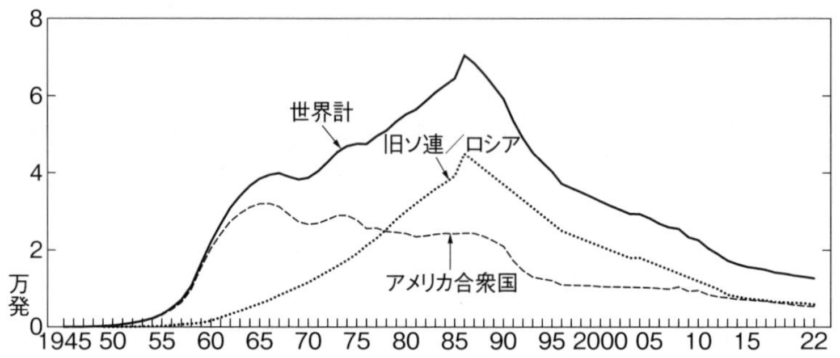

資料・注記は表13-1に同じ。予備分等を含む総計。概数。

表 13-1　世界の核弾頭保有状況（2022年）（単位　発）（概数）

	実戦配備分		予備分（実戦配備可能なもの）	総計（備蓄・退役分を含む）	核実験実施年（初年）
	戦略核	戦術核			
ロシア………	1 588	1) …	2 889	2) 5 977	1949
アメリカ合衆国	1 644	3) 100	1 964	4) 5 428	1945
中国…………5)	…	…	350	350	1964
フランス………	280	…	10	290	1960
イギリス………	120	…	60	6) 225	1952
パキスタン……	—	…	165	165	1998
インド………	—	…	160	160	1974
イスラエル……	—	…	90	7) 90	8) …
北朝鮮………	—	…	9) 20	9) 20	10) 2006
世界計………	～3 632	～100	～5 708	～12 705	

Federation of American Scientists（FAS：米国科学者連盟）の資料（fas.org/issues/nuclear-weapons/status-world-nuclear-forces/）より作成。2022年2月更新のデータ。核弾頭の保有状況は機密性が高く、推定を含む概数である。FASによると、実戦配備核弾頭のうち、即時に発射できる厳戒態勢にあるものは、ロシアとアメリカ合衆国、イギリス、フランスが持つ計2000発ほど。1）すべての戦術核は倉庫で保管中と報告される。多くは解体待ち。2）解体処分待ちの1500発を含む。3）ヨーロッパ（ベルギー、ドイツ、イタリア、オランダ、トルコ）に配備される。4）このうち1900発が解体処分待ち。5）200発前半の核弾頭が実戦配備と推定される。射程距離に関係なく、中国は全てを戦略核と分類。6）2020年代半ばまでに180発以下に縮小される計画であったが、ジョンソン政権は備蓄を260発以下にすると発表した。7）100～200発程度の核弾頭を製造できる分のプルトニウムを所有と考えられる。8）核実験実施の有無については不詳。9）発射可能な状況にあるかどうかは不明。10）2006年、09年、13年、16年、17年に6回の核実験が実施された。

戦略核兵器とは、戦略的な目的のために保有する核兵器で、ロシアとアメリカ合衆国では、大陸間弾道ミサイル（ICBM）や戦略爆撃機、潜水艦発射弾道ミサイル（SLBM）に核弾頭を搭載した核兵器の総称。**戦術核兵器**とは、通常兵器の延長での使用を目的とする核兵器で、一般に戦略核よりも射程距離が短い。

表 13-2　各国の主要な核運搬手段（2021/22年）（概数）

	航空機（機）	陸上発射ミサイル		海上発射ミサイル	
		ICBM（基）	IRBM/MRBM（基）	SLBM（基）	（参考）SSBN（隻）
ロシア········	76	283	—	160	11
アメリカ合衆国	66	400	—	280	14
中国··········	104	94	254	72	6
フランス······	40	—	—	64	4
イギリス······	—	—	—	48	4

防衛省「防衛白書」(2021年版) より作成。ほかに、米国科学誌“Bulletin of the Atomic Scientists”、SIPRI“SIPRI Yearbook”、およびイギリス国際戦略研究所（IISS）“The Military Balance”なども参照。発射実験が行われ核搭載が可能とみられるミサイル等で、実際の配備状況は不詳。項目については下の注記参照。

ICBM（大陸間弾道ミサイル）の射程は5500km以上で、飛行時間は約20〜30分。
IRBM/MRBM（中距離弾道ミサイル）の射程は1000〜5500kmで、飛行時間は約10〜20分。射程距離が1000km以下はSRBM（短距離弾道ミサイル）と呼ばれる。
SLBM（潜水艦発射弾道ミサイル）は、射程距離に関係なくSSBNに搭載されるミサイル。
SSBN（弾道ミサイル搭載原子力潜水艦）はミサイル搭載可能な原子力潜水艦。

NATO加盟国（2022年 6 月末現在）

北大西洋条約機構（NATO）は、共産主義の拡大を進めるソ連に対抗し、集団的自衛権を行使する軍事同盟として1949年に設立された。原加盟国はアメリカ合衆国やカナダ、イギリス、フランスなど西側12か国である。1991年のソ連崩壊後は、ポーランド、チェコ、ハンガリー、バルト三国、ルーマニア、ブルガリアなど東欧諸国に拡大し、2022年 6 月末現在、30か国が加盟している。

NATOが東方拡大を続ける中、隣国ウクライナもNATO加盟を目指すようになり、ロシアはそれを阻止するために、2022年 2 月、ウクライナへの軍事侵攻に踏み切った。NATOは直接の軍事介入を避けつつも、ウクライナに大量の武器を供与している。周辺国はロシアの武力行使に危機感を強め、同年 5 月には北欧のフィンランドとスウェーデンがNATO加盟を申請した。

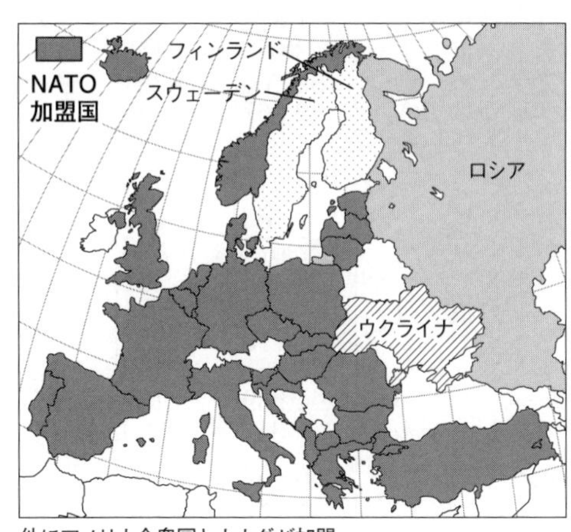

他にアメリカ合衆国とカナダが加盟。

表 13-3　各国の防衛費と兵力比較（Ⅰ）

	防衛費（百万ドル）			1人あたり防衛費（ドル）		
	2019	2020	2021	2019	2020	2021
北アメリカ・・・・	764 463	794 671	777 251	1 383	1 431	1 432
アメリカ合衆国	745 732	774 527	754 019	2 247	2 328	2 251
カナダ・・・・・・・・	18 731	20 144	23 232	518	534	612
ヨーロッパ・・・・	299 222	313 483	350 845	396	411	469
アイスランド・1)	55	52	44	159	149	124
アイルランド・・	1 113	1 187	1 280	217	229	245
アルバニア・・・・	198	222	246	64	72	80
イギリス・・・・・・	59 438	61 473	71 627	908	935	1 084
イタリア・・・・・・	27 049	29 696	33 785	434	476	542
エストニア・・・・	688	716	786	557	583	644
オーストリア・・	3 238	3 466	3 681	367	391	414
オランダ・・・・・・	12 060	12 594	14 763	700	729	851
北マケドニア・・	151	188	209	71	88	98
キプロス・・・・・・	402	419	523	321	331	408
ギリシャ・・・・・・	4 806	4 976	7 728	447	469	731
クロアチア・・・・	1 047	997	1 071	247	236	255
スイス・・・・・・・・	5 343	5 724	5 722	640	681	677
スウェーデン・・	6 373	7 036	8 359	630	690	815
スペイン・・・・・・	12 630	12 729	13 767	254	254	291
スロバキア・・・・	1 871	1 847	2 010	344	339	370
スロベニア・・・・	628	605	670	299	288	319
セルビア・・・・・・	903	896	1 039	128	128	149
チェコ・・・・・・・・	2 910	3 253	3 971	272	304	371
デンマーク・・・・	4 557	4 919	5 419	780	838	919
ドイツ・・・・・・・・	48 398	52 094	56 051	603	650	701
トルコ・・・・・・・・	12 082	10 885	10 160	148	133	123
ノルウェー・・・・	6 689	6 476	7 457	1 234	1 184	1 353
ハンガリー・・・・	1 824	2 000	2 633	186	205	271
フィンランド・・	3 920	4 153	5 962	706	745	1 067
フランス・・・・・・	52 100	54 864	59 342	771	809	872
ブルガリア・・・・	2 067	1 249	1 282	295	179	185
ベルギー・・・・・・	4 817	5 323	6 400	414	454	543
ポーランド・・・・	11 817	12 780	13 419	308	334	351
ボスニア・・・・・2)	165	168	194	43	44	51
ポルトガル・・・・	2 674	2 853	2 959	259	277	288
マルタ・・・・・・・・	84	81	86	185	177	186
モンテネグロ・・	74	74	87	120	121	143
ラトビア・・・・・・	710	757	835	373	402	448
リトアニア・・・・	1 061	1 161	1 252	384	425	462
ルーマニア・・・・	4 939	5 182	5 613	231	243	264
ルクセンブルク	341	390	416	552	620	650
ロシア・ユーラシア	55 453	53 500	55 973	116	117	124
アゼルバイジャン	1 787	2 267	2 698	176	222	262

防衛費のGDPに占める割合（%）			兵力（千人）(2021)			
2019	2020	2021	正規	推定予備	準軍隊	
2.28	*2.47*	*2.22*	1 462	878	5	**北アメリカ**
3.49	*3.71*	*3.29*	1 395	843	—	アメリカ合衆国
1.08	*1.23*	*1.15*	67	34	5	カナダ
1.40	*1.47*	*1.48*	1 967	1 826	732	**ヨーロッパ**
0.22	*0.24*	*0.17*	—	—	—	アイスランド1)
0.28	*0.28*	*0.25*	9	1	—	アイルランド
1.29	*1.50*	*1.47*	8	—	—	アルバニア
2.10	*2.27*	*2.30*	153	75	—	イギリス
1.35	*1.58*	*1.59*	162	18	176	イタリア
2.24	*2.36*	*2.19*	7	18	—	エストニア
0.73	*0.80*	*0.76*	23	116	—	オーストリア
1.32	*1.38*	*1.47*	34	6	7	オランダ
1.25	*1.57*	*1.51*	8	5	8	北マケドニア
1.61	*1.76*	*1.97*	12	50	1	キプロス
2.34	*2.63*	*3.65*	143	221	4	ギリシャ
1.72	*1.77*	*1.69*	17	21	3	クロアチア
0.73	*0.76*	*0.71*	20	123	—	スイス
1.19	*1.30*	*1.34*	15	10	—	スウェーデン
0.91	*0.99*	*0.96*	123	15	76	スペイン
1.78	*1.77*	*1.72*	18	—	—	スロバキア
1.16	*1.13*	*1.10*	7	1	—	スロベニア
1.75	*1.69*	*1.71*	28	50	4	セルビア
1.15	*1.33*	*1.43*	27	—	—	チェコ
1.31	*1.38*	*1.37*	15	44	—	デンマーク
1.24	*1.36*	*1.33*	183	30	—	ドイツ
1.59	*1.51*	*1.28*	355	379	157	トルコ
1.65	*1.79*	*1.67*	25	40	—	ノルウェー
1.12	*1.29*	*1.45*	34	20	12	ハンガリー
1.46	*1.54*	*2.01*	19	238	3	フィンランド
1.91	*2.09*	*2.02*	203	41	101	フランス
3.03	*1.81*	*1.65*	37	3	—	ブルガリア
0.90	*1.03*	*1.10*	24	6	—	ベルギー
1.98	*2.14*	*2.05*	114	—	75	ポーランド
0.82	*0.85*	*0.89*	11	6	—	ボスニア2)
1.11	*1.25*	*1.18*	27	212	25	ポルトガル
0.53	*0.54*	*0.51*	2	—	—	マルタ
1.42	*1.65*	*1.58*	2	3	10	モンテネグロ
2.11	*2.28*	*2.26*	9	11	—	ラトビア
1.96	*2.09*	*2.01*	23	7	14	リトアニア
1.98	*2.09*	*1.95*	71	55	57	ルーマニア
0.48	*0.53*	*0.50*	—	—	1	ルクセンブルク
2.13	*2.38*	*2.20*	1 422	3 778	880	**ロシア・ユーラシア**
3.71	*5.32*	*5.12*	67	300	15	アゼルバイジャン

各国の防衛費と兵力比較（Ⅱ）

	防衛費（百万ドル）			1人あたり防衛費（ドル）		
	2019	2020	2021	2019	2020	2021
アルメニア・・・・	644	628	603	212	208	200
ウクライナ・・・・	3 968	4 353	4 269	90	99	98
ウズベキスタン	…	…	…	…	…	…
カザフスタン・・	1 595	1 430	1 539	84	75	80
キルギス・・・・・・	…	…	…	…	…	…
ジョージア・・・・	310	283	279	63	57	57
タジキスタン・・	89	89	93	10	10	10
トルクメニスタン	…	…	…	…	…	…
ベラルーシ・・・・	651	601	638	69	63	68
モルドバ・・・・・・	43	44	51	12	13	15
ロシア・・・・・・・・	46 366	43 804	45 802	327	309	322
アジア・・・・・・・・	433 857	452 394	487 574	289	287	316
アフガニスタン	1 963	2 014	1 880	55	55	50
インド・・・・・・・・	63 306	63 507	65 079	48	48	49
インドネシア・・	7 600	8 098	8 399	29	30	31
オーストラリア	29 912	31 418	34 306	1 262	1 234	1 329
韓国・・・・・・・・・・	40 071	40 999	46 650	776	791	902
カンボジア・・・・	1 043	1 032	1 024	62	61	59
北朝鮮・・・・・・・・	…	…	…	…	…	…
シンガポール・・	11 339	9 879	11 566	1 858	1 591	1 972
スリランカ・・・・	1 666	1 684	1 529	73	74	66
タイ・・・・・・・・・・	7 315	6 839	7 273	106	99	105
(台湾)・・・・・・・・	11 010	13 903	16 214	467	589	688
中国・・・・・・・・・・	177 075	188 597	207 340	127	135	148
日本・・・・・・・・・・	48 229	49 762	49 254	383	396	395
ニュージーランド	2 673	3 287	3 273	584	667	656
ネパール・・・・・・	398	435	408	13	14	13
パキスタン・・・・	10 175	9 332	10 393	48	40	44
パプアニューギニア	79	94	87	11	13	12
バングラデシュ	3 652	3 786	4 059	23	23	25
東ティモール・・	31	42	39	23	30	28
フィジー・・・・・・	56	52	47	60	55	50
フィリピン・・・・	4 684	5 269	5 651	44	48	51
ブルネイ・・・・・・	432	439	457	945	946	969
ベトナム・・・・・・	5 221	5 727	6 345	53	58	62
マレーシア・・・・	3 698	3 706	3 903	115	114	116
ミャンマー・・・・	2 132	2 390	2 299	38	42	40
モンゴル・・・・・・	98	105	97	31	33	30
ラオス・・・・・・・・	…	…	…	…	…	…
中東・北アフリカ	160 476	161 391	166 229	955	920	956
アラブ首長国連邦	19 329	19 826	19 159	1 964	1 984	1 944
アルジェリア・・	10 300	9 699	9 039	243	226	207
イエメン・・・・・・	…	…	…	…	…	…
イスラエル・・・・	16 804	17 234	20 299	1 965	1 987	2 310

防衛費のGDPに占める割合（%）			兵力（千人）（2021）			
2019	2020	2021	正規	推定予備	準軍隊	
4.73	*4.97*	*4.43*	43	210	4	アルメニア
2.65	*2.85*	*2.42*	196	900	102	ウクライナ
…	…	…	48	—	20	ウズベキスタン
0.88	*0.84*	*0.79*	39	—	32	カザフスタン
…	…	…	11	—	10	キルギス
1.98	*2.03*	*1.68*	21	—	5	ジョージア
1.09	*1.11*	*1.15*	9	20	8	タジキスタン
…	…	…	37	—	20	トルクメニスタン
1.01	*1.00*	*0.97*	48	290	110	ベラルーシ
0.36	*0.37*	*0.41*	5	58	1	モルドバ
2.74	*2.96*	*2.78*	900	2 000	554	ロシア
2.14	*2.25*	*2.11*	9 231	13 295	3 508	**アジア**
10.40	*10.00*	*8.47*	165	—	—	アフガニスタン
2.21	*2.39*	*2.21*	1 460	1 155	1 608	インド
0.68	*0.77*	*0.73*	396	400	280	インドネシア
2.15	*2.31*	*2.13*	60	30	—	オーストラリア
2.43	*2.50*	*2.56*	555	3 100	14	韓国
3.85	*4.10*	*3.93*	124	—	67	カンボジア
…	…	…	1 280	600	189	北朝鮮
3.03	*2.91*	*3.05*	51	253	8	シンガポール
1.98	*2.09*	*1.89*	255	6	62	スリランカ
1.34	*1.36*	*1.33*	361	200	94	タイ
1.80	*2.08*	*2.06*	169	1 657	12	（台湾）
1.23	*1.27*	*1.23*	2 035	510	500	中国
0.94	*0.99*	*0.97*	247	56	14	日本
1.27	*1.57*	*1.32*	10	3	—	ニュージーランド
1.17	*1.28*	*1.19*	97	—	15	ネパール
3.70	*3.57*	*3.61*	652	—	291	パキスタン
0.32	*0.40*	*0.33*	4	—	—	パプアニューギニア
1.21	*1.17*	*1.14*	163	—	64	バングラデシュ
1.87	*2.66*	*2.41*	2	—	—	東ティモール
1.02	*1.15*	*1.00*	4	6	—	フィジー
1.25	*1.47*	*1.48*	145	131	12	フィリピン
3.21	*3.66*	*2.91*	7	1	1	ブルネイ
1.60	*1.68*	*1.73*	482	5 000	40	ベトナム
1.01	*1.10*	*1.05*	113	52	23	マレーシア
3.10	*2.94*	*3.44*	356	—	107	ミャンマー
0.72	*0.82*	*0.68*	10	137	8	モンゴル
…	…	…	29	—	100	ラオス
4.45	*4.99*	*4.36*	2 572	1 683	1 152	**中東・北アフリカ**
4.63	*5.52*	*4.67*	63	—	—	アラブ首長国連邦
6.02	*6.57*	*5.52*	139	150	187	アルジェリア
…	…	…	40	—	—	イエメン
5.05	*5.04*	*5.05*	170	465	8	イスラエル

各国の防衛費と兵力比較（Ⅲ）

	防衛費（百万ドル）			1人あたり防衛費（ドル）		
	2019	2020	2021	2019	2020	2021
イラク・・・・・・・・	9 855	10 191	7 352	239	262	185
イラン・・・・・・・・	17 189	16 549	25 002	205	195	291
エジプト・・・・・・	3 353	4 106	4 824	33	39	45
オマーン・・・・・・	7 530	7 483	6 431	2 113	2 059	1 741
カタール・・・・・・	6 399	6 466	6 258	2 659	2 645	2 523
クウェート・・・・	7 820	6 823	9 635	2 645	2 279	3 178
サウジアラビア	50 933	52 000	46 667	1 514	1 522	1 342
シリア・・・・・・・・	…	…	…	…	…	…
チュニジア・・・・	999	1 153	1 222	86	98	103
バーレーン・・・・	1 411	1 405	1 399	957	934	916
モーリタニア・・	161	207	212	41	52	52
モロッコ・・・・・・	4 817	5 955	6 349	139	167	177
ヨルダン・・・・・・	1 691	1 719	1 801	158	159	165
リビア・・・・・・・・	…	…	…	…	…	…
レバノン・・・・・・	1 885	575	579	322	105	110
中南アメリカ・・	55 004	49 176	50 113	116	115	109
アルゼンチン・・	3 281	2 904	2 572	73	64	56
ウルグアイ・・・・	423	535	525	125	158	154
エクアドル・・・・	1 590	1 545	1 593	95	91	93
エルサルバドル	145	172	248	23	27	38
ガイアナ・・・・・・	67	66	71	90	88	91
キューバ・・・・・・	…	…	…	…	…	…
グアテマラ・・・・	341	366	337	20	21	19
コスタリカ・・・・	440	457	434	87	90	84
コロンビア・・・・	5 948	5 480	5 970	122	112	119
ジャマイカ・・・・	262	238	209	93	85	74
スリナム・・・・・・	…	…	…	…	…	…
チリ・・・・・・・・・・	4 416	4 049	4 219	245	223	230
ドミニカ共和国	616	589	579	59	56	55
トリニダード・トバゴ	906	954	773	747	789	633
ニカラグア・・・・	79	79	77	13	13	12
パナマ・・・・・・・・	805	753	830	209	193	211
パラグアイ・・・・	284	278	274	40	39	38
ブラジル・・・・・・	27 133	22 234	21 752	129	105	102
ベネズエラ・・・・	…	…	…	…	…	…
ベリーズ・・・・・・	23	25	20	59	61	49
ペルー・・・・・・・・	2 238	2 132	1 868	71	67	58
ボリビア・・・・・・	479	479	476	42	41	40
ホンジュラス・・	348	345	347	37	37	37
メキシコ・・・・・・	5 067	5 352	6 760	40	42	52
サハラ以南アフリカ	16 506	17 007	17 738	32	32	32
アンゴラ・・・・・・	1 607	1 014	956	51	31	28
ウガンダ・・・・・・	562	960	1 199	13	22	27

防衛費のGDPに占める割合（%）			兵力（千人）(2021)			
2019	2020	2021	正規	推定予備	準軍隊	
4.32	*6.01*	*3.65*	193	—	266	イラク
2.96	*1.98*	*2.31*	610	350	40	イラン
1.54	*1.49*	*1.55*	439	479	397	エジプト
9.86	*11.81*	*7.98*	43	—	4	オマーン
3.64	*4.45*	*3.70*	17	—	5	カタール
5.74	*6.44*	*7.28*	18	24	7	クウェート
6.42	*7.43*	*5.54*	257	—	25	サウジアラビア
…	…	…	169	—	100	シリア
2.77	*3.16*	*2.95*	36	—	12	チュニジア
3.67	*4.05*	*3.58*	8	—	11	バーレーン
2.04	*2.56*	*2.31*	16	—	5	モーリタニア
4.03	*5.20*	*5.04*	196	150	50	モロッコ
4.75	*4.90*	*5.07*	101	65	15	ヨルダン
…	…	…	…	…	…	リビア
3.80	*3.29*	*3.50*	60	—	20	レバノン
1.07	*1.18*	*1.05*	1 488	2 132	1 248	**中南アメリカ**
0.73	*0.75*	*0.57*	72	—	31	アルゼンチン
0.68	*0.95*	*0.87*	21	—	1	ウルグアイ
1.47	*1.56*	*1.52*	41	118	1	エクアドル
0.55	*0.70*	*0.90*	25	10	17	エルサルバドル
1.30	*1.20*	*0.97*	3	1	—	ガイアナ
…	…	…	49	39	27	キューバ
0.44	*0.47*	*0.40*	18	64	25	グアテマラ
0.70	*0.75*	*0.71*	—	—	10	コスタリカ
1.85	*2.03*	*1.99*	256	35	172	コロンビア
1.66	*1.71*	*1.41*	6	3	—	ジャマイカ
…	…	…	2	—	—	スリナム
1.58	*1.60*	*1.27*	69	19	45	チリ
0.69	*0.75*	*0.65*	56	—	15	ドミニカ共和国
3.90	*4.42*	*3.58*	5	1	—	トリニダード・トバゴ
0.62	*0.63*	*0.58*	12	—	—	ニカラグア
1.21	*1.42*	*1.38*	—	—	28	パナマ
0.75	*0.78*	*0.74*	14	165	15	パラグアイ
1.44	*1.54*	*1.32*	367	1 340	395	ブラジル
…	…	…	123	8	220	ベネズエラ
1.23	*1.44*	*1.05*	2	1	—	ベリーズ
0.97	*1.04*	*0.83*	81	188	77	ペルー
1.16	*1.30*	*1.23*	34	—	37	ボリビア
1.39	*1.45*	*1.32*	15	60	8	ホンジュラス
0.40	*0.50*	*0.53*	216	82	125	メキシコ
1.35	*1.49*	*1.42*	1 463	213	268	**サハラ以南アフリカ**
1.90	*1.74*	*1.36*	107	—	10	アンゴラ
1.48	*2.52*	*2.77*	45	10	1	ウガンダ

各国の防衛費と兵力比較（IV）

	防衛費（百万ドル）			1人あたり防衛費（ドル）		
	2019	2020	2021	2019	2020	2021
エチオピア‥‥	516	429	375	5	4	3
エリトリア‥‥	…	…	…	…	…	…
ガーナ‥‥‥‥	244	276	355	9	9	11
ガボン‥‥‥‥	267	272	315	123	122	138
カメルーン‥‥	422	407	448	16	15	16
ギニア‥‥‥‥	195	211	234	16	17	18
ケニア‥‥‥‥	1 232	1 115	1 100	25	21	20
コートジボワール	538	608	644	20	22	23
コンゴ共和国‥	300	311	317	58	59	59
コンゴ民主共和国	337	346	290	4	3	3
ザンビア‥‥‥	394	358	268	23	21	14
シエラレオネ‥	11	7	10	2	1	1
ジブチ‥‥‥‥	…	…	…	…	…	…
ジンバブエ‥‥	67	39	287	5	3	19
スーダン‥‥‥	…	…	…	…	…	…
セネガル‥‥‥	342	346	479	22	22	30
ソマリア‥‥‥	…	…	…	…	…	…
タンザニア‥‥	728	803	831	13	14	13
チャド‥‥‥‥	205	274	289	13	16	17
中央アフリカ共和国	32	41	44	6	7	8
トーゴ‥‥‥‥	106	116	120	13	13	14
ナイジェリア‥	1 827	2 505	2 543	9	12	12
ナミビア‥‥‥	407	378	357	158	144	133
ニジェール‥‥	172	211	205	8	9	9
ブルキナファソ	358	388	464	18	19	22
ブルンジ‥‥‥	63	62	66	5	5	5
ベナン‥‥‥‥	68	56	228	6	4	17
ボツワナ‥‥‥	535	560	522	234	242	222
マダガスカル‥	77	107	101	3	4	4
マラウイ‥‥‥	68	69	82	3	3	4
マリ‥‥‥‥‥	722	787	863	38	40	43
南アフリカ共和国	3 495	3 292	3 126	63	58	55
南スーダン‥‥	68	99	43	7	9	4
モザンビーク‥	127	131	140	5	4	5
リベリア‥‥‥	14	12	20	3	2	4
ルワンダ‥‥‥	112	128	150	9	10	12
レソト‥‥‥‥	44	38	36	22	19	17
世界計‥‥‥3)	1 785 020	1 841 624	1 905 723	297	297	319

イギリス国際戦略研究所（IISS）“The Military Balance”（2022年版）より作成。防衛費は各国公表値のドル換算（公式レート）で名目値。防衛費を公表していない国等に関しては、IISSによる推計値となっている。公表される防衛費に含まれる内容は、国ごとに異なるため注意。ロシアに関しては、中央政府予算の防衛（軍事）予算のみで、その他の予算枠組み下にある防衛関連支出（軍人恩給、研究開発費、海外からの武器調達費など）が↗

防衛費のGDPに占める割合（%）			兵力（千人）(2021)			
2019	2020	2021	正規	推定予備	準軍隊	
0.56	*0.44*	*0.40*	138	—	—	エチオピア
…	…	…	202	120	—	エリトリア
0.36	*0.40*	*0.47*	16	—	—	ガーナ
1.58	*1.77*	*1.72*	5	—	2	ガボン
1.08	*1.02*	*1.00*	25	—	9	カメルーン
1.45	*1.37*	*1.40*	10	—	3	ギニア
1.23	*1.09*	*1.00*	24	—	5	ケニア
0.92	*0.99*	*0.94*	27	—	…	コートジボワール
2.35	*3.01*	*2.49*	10	—	2	コンゴ共和国
0.67	*0.71*	*0.53*	134	—	—	コンゴ民主共和国
1.69	*1.85*	*1.24*	15	3	1	ザンビア
0.26	*0.17*	*0.23*	9	—	—	シエラレオネ
…	…	…	10	—	3	ジブチ
0.34	*0.18*	*1.11*	29	—	22	ジンバブエ
…	…	…	104	—	40	スーダン
1.47	*1.40*	*1.74*	14	—	5	セネガル
…	…	…	14	—	—	ソマリア
1.20	*1.25*	*1.20*	27	80	1	タンザニア
1.88	*2.52*	*2.34*	33	—	12	チャド
1.42	*1.73*	*1.72*	9	—	1	中央アフリカ共和国
1.46	*1.53*	*1.41*	9	—	1	トーゴ
0.41	*0.58*	*0.53*	143	—	80	ナイジェリア
3.24	*3.53*	*2.92*	10	—	6	ナミビア
1.33	*1.53*	*1.31*	5	—	5	ニジェール
2.24	*2.23*	*2.33*	11	—	—	ブルキナファソ
2.10	*2.05*	*2.06*	30	—	1	ブルンジ
0.47	*0.36*	*1.26*	7	—	5	ベナン
3.22	*3.72*	*2.96*	9	—	—	ボツワナ
0.55	*0.82*	*0.72*	14	—	8	マダガスカル
0.62	*0.58*	*0.67*	11	—	4	マラウイ
4.18	*4.50*	*4.41*	21	—	20	マリ
0.90	*0.98*	*0.75*	74	—	15	南アフリカ共和国
1.48	*2.22*	*1.32*	53	—	—	南スーダン
0.82	*0.94*	*0.89*	11	—	—	モザンビーク
0.45	*0.40*	*0.58*	2	—	—	リベリア
1.08	*1.24*	*1.44*	33	—	2	ルワンダ
1.95	*19.00*	*1.46*	2	—	—	レソト
1.83	*1.99*	*1.85*	**19 605**	**23 803**	**7 793**	世界計[3)]

↘含まれないと推測されている。NATO加盟国は、原則としてNATO定義（軍人恩給、自国内に駐留する他の部隊に対する受入国政府負担経費、研究開発費など、当該国の国防に対するすべての支出を含む）による。地域区分は原資料通りで、他表の分類とは異なる。1）沿岸警備隊費。軍隊は設立されていない。2）ボスニア・ヘルツェゴビナ。3）公表値未発表の国を含まない。各地域計も同じ。

図13-3　防衛費の上位10か国（2021年）

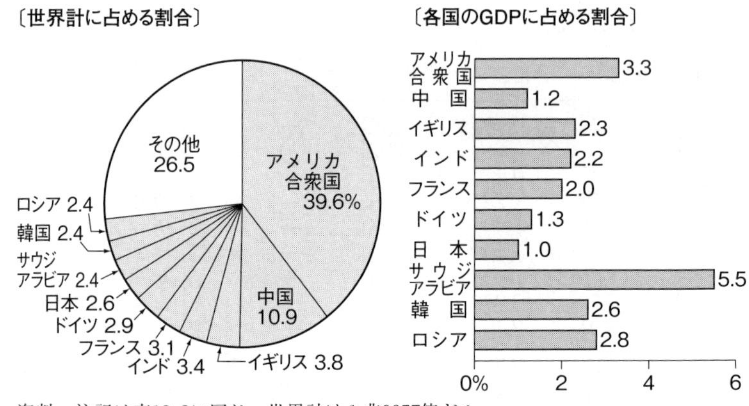

資料・注記は表13-3に同じ。世界計は1兆9057億ドル。

図13-4　主な国の兵力（概数）（2020/21年）

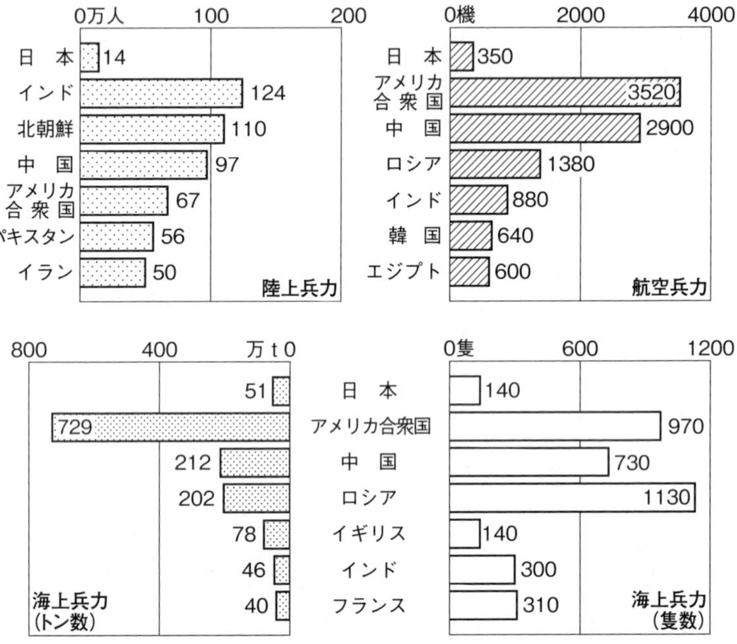

防衛省「防衛白書」（2021年版）より作成（原資料は「ミリタリー・バランス」および「ジェーン年鑑」など）。陸上兵力は陸軍の兵員。海上兵力は艦船トン数および隻数。航空兵力は作戦機数。日本は2020年度末の実勢力で，航空兵力の作戦機数は、航空自衛隊の作戦機（輸送機を除く）と海上自衛隊の作戦機（固定翼のみ）の合計。

表 13-4　主な国の軍種別兵力（2021年11月現在）（単位　千人）

	正規兵力				推定予備兵力	準軍隊
	計	陸軍	海軍	空軍		
中国	2 035	965	260	395	510	500
インド	1 460	1 237	71	140	1 155	1 608
アメリカ合衆国	1 395	489	350	329	843	—
北朝鮮	1 280	1 100	60	110	600	189
ロシア	900	280	150	165	2 000	554
パキスタン	652	560	22	70	—	291
イラン	610	350	18	37	350	40
韓国	555	420	70	65	3 100	14
ベトナム	482	412	40	30	5 000	40
エジプト	439	310	19	30	479	397
インドネシア	396	300	65	30	400	280
ブラジル	367	214	85	68	1 340	395
タイ	361	245	70	46	200	94

イギリス国際戦略研究所（IISS）"The Military Balance"（2022年版）より作成。正規兵力の計には、陸・海・空軍以外で各国が有する兵力を含む。

表 13-5　主要国・地域の兵役制度

	区分	徴兵の服務期間および備考
アメリカ	志願	
ロシア	徴兵	12か月、志願制を併用
イギリス	志願	
中国	徴兵	24か月（選択的徴兵制）
フランス	志願	2001年に徴兵制廃止（1997年より新規徴兵を停止）
ドイツ	志願	2011年徴兵制廃止（緊迫事態に際して復活が可能）
ウクライナ	徴兵	20歳以上で、陸空軍：18か月、海軍：24か月
スウェーデン	徴兵	4～11か月（2018年より選択徴兵制復活）
フィンランド	徴兵	165日、255日、347日
ノルウェー	徴兵	19か月（最長）
インド	志願	
韓国	徴兵	男性、陸軍：18か月、海軍：20か月、空軍：22か月
北朝鮮	徴兵	陸軍：5～12年、海軍：5～10年、空軍：3～4年
（台湾）	志願	2018年末に完全志願制に移行（4か月間の強制的な軍事訓練は継続）
タイ	徴兵	24か月（男性）で、くじ引きによる選抜
ベトナム	徴兵	陸軍・防空軍：2年、空軍・海軍：3年 特技者は3年、一部の少数民族は2年
イスラエル	徴兵	将校：48か月、その他：32か月、女性：24か月 兵役義務はユダヤ教とイスラム教ドゥルーズ派のみ
イラン	徴兵	18～21か月
トルコ	徴兵	12か月（大学者5.5か月、免除のある大卒者21日）
エジプト	徴兵	12か月～36か月

イギリス国際戦略研究所（IISS）"The Military Balance"（2022年版）などより作成。

国連平和維持活動（PKO）の現況（2022年３月末現在）

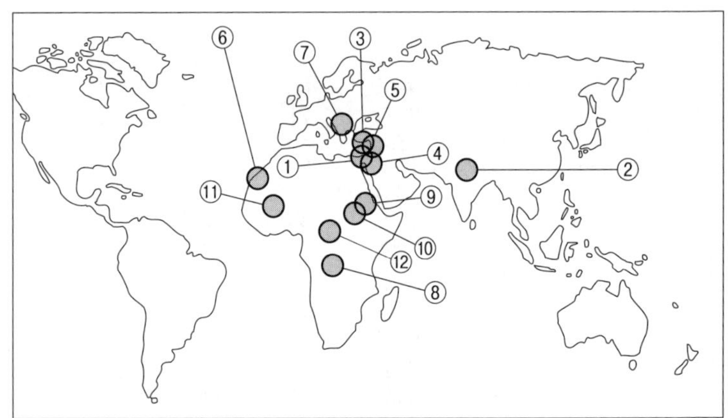

①**UNTSO（国連休戦監視機構）**：1948年５月
　パレスチナにおける休戦状態の監視。
②**UNMOGIP（国連インド・パキスタン軍事監視団）**：1949年１月
　ジャム・カシミール地域での両国の休戦を監視。
③**UNFICYP（国連キプロス平和維持隊）**：1964年３月
　ギリシャ系のキプロス国家守備隊とトルコ系軍との戦闘再発を防止。
④**UNDOF（国連兵力引き離し監視隊）**：1974年５月
　イスラエルとシリアのゴラン高原での休戦を監視。
⑤**UNIFIL（国連レバノン暫定隊）**：1978年３月
　レバノン南部からのイスラエル軍の撤退を確認。
⑥**MINURSO（国連西サハラ住民投票監視団）**：1991年４月
　モロッコへの統合か独立かを選択するための住民投票を監視。
⑦**UNMIK（国連コソボ暫定行政ミッション）**：1999年６月
　2008年の独立により権限が移譲されたコソボ政府の監視・監督。
⑧**MONUSCO（国連コンゴ民主共和国安定化ミッション）**：2010年７月
　1999年11月から開始したミッションを引き継ぎ、文民保護などに当たる。
⑨**UNISFA（国連アビエ暫定治安部隊）**：2011年６月
　スーダン南部アビエ地区の武装解除と治安維持。
⑩**UNMISS（国連南スーダン共和国ミッション）**：2011年７月
　新独立国の南スーダンの国家建設と発展に向けての援助と治安の維持。
⑪**MINUSMA（国連マリ多面的統合安定化ミッション）**：2013年４月
　2013年７月１日にアフリカ主導の多国籍軍から任務を引き継ぐ。
⑫**MINUSCA（国連中央アフリカ多面的統合安定化ミッション）**：2014年４月
　内戦下での民間人の保護、人道支援の促進などにあたる。

図 13-5　各国のPKOへの派遣人員と予算分担率（2022年）

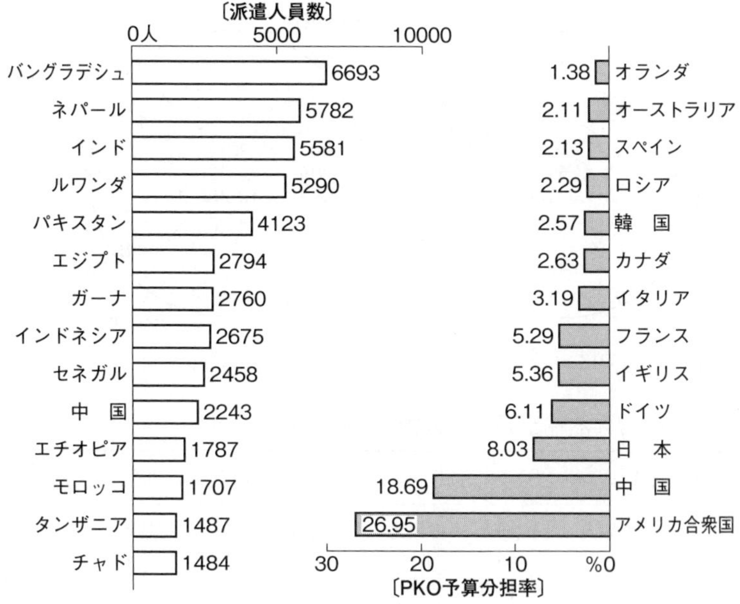

国連平和維持活動（United Nations Peacekeeping Operations）資料より作成。派遣人員数は警官などを含み、2022年４月末時点で総数は７万3852人。日本人は４人。PKO年間予算は2021／22年で、総額63億7878万ドル。

図 13-6　通常兵器の輸出の推移

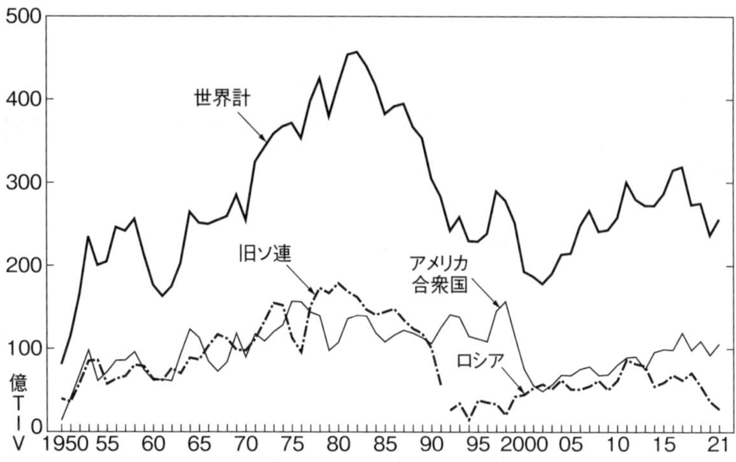

資料・注記は表13-6に同じ。データは過去に遡って見直されるので注意。

第13章 軍備・軍縮

図 13-7　通常兵器輸出入国の割合（2017〜2021年計）（単位　TIV）

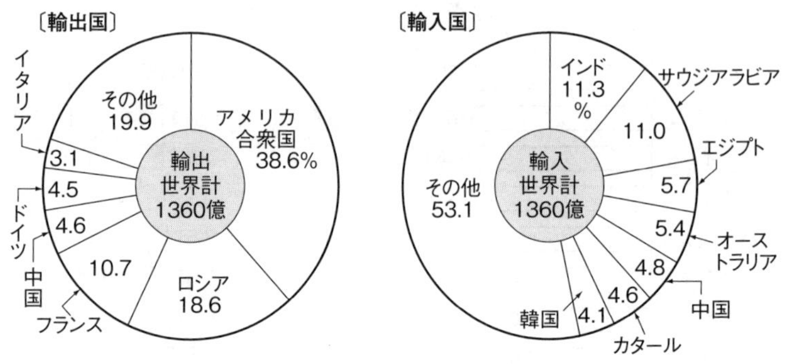

資料・注記は表13-6に同じ。

表 13-6　通常兵器輸出国・輸入国（単位　百万TIV）

輸出国	2017	2018	2019	2020	2021	2017〜21の合計
アメリカ合衆国	11 909	9 824	10 923	9 233	10 613	52 502
ロシア	6 234	7 097	5 531	3 686	2 744	25 293
フランス	2 343	1 996	3 713	2 484	3 954	14 490
中国	1 601	1 306	1 504	775	1 085	6 270
ドイツ	1 948	1 073	1 000	1 217	914	6 152
イタリア	774	496	351	847	1 717	4 185
イギリス	1 173	704	957	556	601	3 992
計×	**31 878**	**27 327**	**27 502**	**23 677**	**25 638**	**136 022**

輸入国	2017	2018	2019	2020	2021	2017〜21の合計
インド	2 980	1 705	3 444	2 813	4 414	15 356
サウジアラビア	3 929	3 266	3 485	2 543	1 723	14 946
エジプト	2 388	1 680	1 039	1 323	1 355	7 785
オーストラリア	1 656	1 557	1 189	1 657	1 235	7 294
中国	1 302	2 052	1 436	870	901	6 561
カタール	665	620	2 199	943	1 767	6 194
韓国	1 052	1 100	1 480	1 292	720	5 643
パキスタン	877	879	669	760	884	4 069
アラブ首長国連邦	853	1 151	800	534	440	3 778
日本	441	654	911	699	885	3 591
アルジェリア	1 139	1 291	164	661	237	3 491
イギリス	1 002	519	342	639	893	3 396
アメリカ合衆国	522	378	844	747	738	3 229
イスラエル	540	546	521	372	610	2 588

ストックホルム国際平和研究所（SIPRI）Arms Transfers Database（http://www.sipri.org/databases　2022年7月1日閲覧）より作成。TIV（trend-indicator value）はSIPRIによる独自の価格単位で、通常兵器の移転に関する販売価格ではなく生産コストなどに基づいて見積もられた評価額のこと。×はその他を含む。輸入の計は輸出と同じ。

図 13-8　通常兵器輸出入国の輸出先と輸入先（2017～2021年計）

〔輸出国の輸出先〕

アメリカ合衆国	サウジアラビア 23.4%、オーストラリア 9.4、韓国 6.8、日本 6.7、カタール 5.4、イギリス 5.0、イスラエル 4.5、アラブ首長国連邦 4.4、その他 34.4
ロシア	インド 27.9%、中国 21.1、エジプト 12.6、アルジェリア 11.2、ベトナム 4.0、その他 23.2
フランス	インド 29.0%、カタール 15.5、エジプト 11.4、シンガポール 7.0、サウジアラビア 5.3、その他 31.8
中国	パキスタン 46.7%、バングラデシュ 15.6、タイ 5.0、ミャンマー 4.9、その他 27.8
ドイツ	韓国 24.7%、エジプト 14.4、アメリカ合衆国 6.1、イタリア 4.7、サウジアラビア 4.3、その他 45.8

0%　10　20　30　40　50　60　70　80　90　100

〔輸入国の輸入先〕

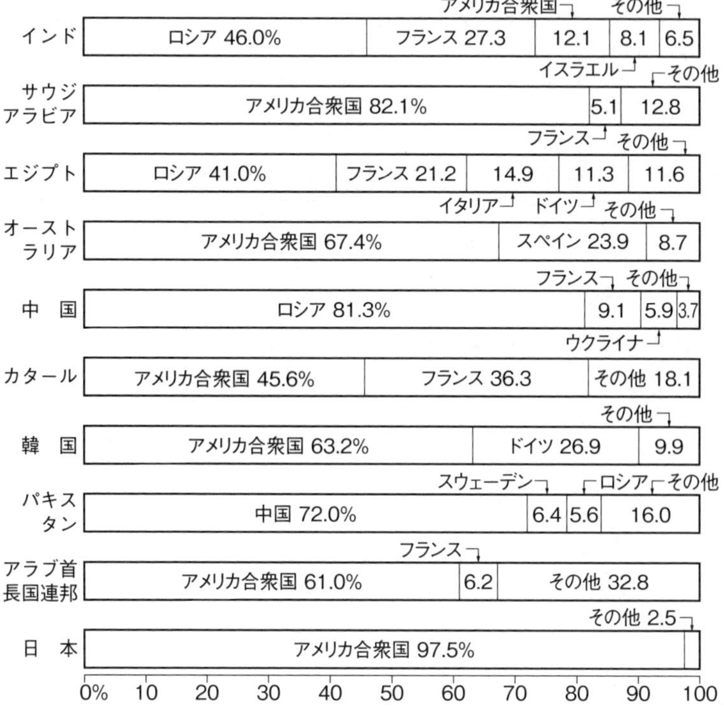

資料・注記は表13-6に同じ。

表 13-7　世界の兵器製造および軍事関連企業

企業名	国名	軍事売上高（百万ドル）		対総売上高（%）
		2019	2020	2020
1 ロッキード・マーチン	アメリカ	53 230	58 210	*89*
2 レイセオン	〃	38 421	36 780	*65*
3 ボーイング	〃	33 580	32 130	*55*
4 ノースロップ・グラマン	〃	29 220	30 420	*83*
5 ゼネラル・ダイナミクス	〃	24 500	25 840	*68*
6 ＢＡＥ　システムズ	イギリス	22 240	24 020	*97*
7 中国兵器工業集団（NORINCO）	中国	15 580	17 930	*25*
8 中国航空工業集団（AVIC）	〃	16 710	16 980	*25*
9 中国電子科技集団（CETC）	〃	15 090	14 610	*43*
10 L3ハリス・テクノロジーズ	アメリカ	13 920	14 190	*78*
11 エアバス	1)	11 290	11 990	*21*
12 中国航天科工集団（CASIC）	中国	11 850	11 870	*32*
13 レオナルド	イタリア	11 110	11 160	*73*
14 ターレス	フランス	9 390	9 050	*47*
15 ハンティントン・インガルス2)	アメリカ	7 740	8 240	*88*

ストックホルム国際平和研究所（SIPRI）資料より作成。企業名の前にある数字は、軍事売上高の順位。2015年以降、中国の軍需企業が本データに組み込まれるようになったが、データの不確実性の高い企業も含まれている。1）オランダ、フランス、ドイツなどから成る欧州多国籍企業。2）ハンティントン・インガルス・インダストリーズ。

表 13-8　主な軍事衛星（2021年11月現在）（単位　基）

	通信	測位・航法1)	気象	情報2)	電子信号3)	宇宙監視	早期警戒4)	計
アメリカ合衆国	46	30	6	18	27	6	9	142
中国	9	45	8	32	67	—	—	161
ロシア	64	26	—	11	7	—	5	113
インド	2	7	—	11	1	—	—	21
フランス	4	—	—	6	3	—	—	13
日本	2	—	—	9	—	—	—	11
イスラエル	3	—	—	7	—	—	—	10
イタリア	4	—	—	5	—	—	—	9
イギリス	8	—	—	—	—	—	—	8
ドイツ	2	—	—	5	—	—	—	7
アラブ首長国	3	—	—	1	—	—	—	4

イギリス国際戦略研究所（IISS）"The Military Balance"（2022年版）より作成。主として各国の国防担当省が管理。同じ名称下で複数の衛星がある場合は、それぞれを１基とする。民生利用を併用するものもある。1）測位・航法およびタイミング（PNT）衛星。アメリカ合衆国はGPS、中国はBeidou。2）情報収集・監視・偵察衛星（ISR）。地表の軍事施設などを光学画像などで監視。日本の情報収集衛星は内閣官房の管理下で、北朝鮮ミサイル問題を契機に2003年導入。3）ELINT/SIGINT（Electric Intelligence/Signals Intelligence）。通信、電子信号などによる情報収集。4）弾道ミサイル発射の探知。

索　引

[編集]
編集長 岡田 康弘
原 正和
白崎 あけみ
吉田 博一
井口 萌奈
福地 早希子
大沼 昇一
編集協力 有働 洋

世界国勢図会 2022／23

2022年（令和４年）９月１日発行
編集・発行 公益財団法人 矢野恒太記念会
理事長 斎藤勝利
編集長 岡田康弘
〒100-0006 東京都千代田区有楽町 1-13-1 第一生命本館
電話 編集室 (03) 5221-7405
総務部 (03) 5221-7403, 7404
URL: https://www.yanotsuneta-kinenkai.jp

ISBN978-4-87549-457-7
定価 2,970円（本体2,700円＋税10%）
乱丁・落丁本はお取りかえいたします。印刷／大日本印刷株式会社

カバーには、環境を配慮してリサイクルしやすいニス仕上げを用いています